2024-25年合格目標

大卒程度 公務員試験

本気で合格!

過去問解きまくり!

⑪ 民法Ⅱ

(債権・親族・相続)

JN080045

はしがき

1　「最新の過去問」を掲載

2023年に実施された公務員の本試験問題をいち早く掲載しています。公務員試験は年々変化しています。今年の過去問で最新の試験傾向を把握しましょう。

2　段階的な学習ができる

公務員試験を攻略するには，さまざまな科目を勉強することが必要です。したがって，勉強の効率性は非常に重要です。『公務員試験 本気で合格！過去問解きまくり！』では，それぞれの科目で勉強すべき項目をセクションとして示し，必ずマスターすべき必修問題を掲載しています。このため，何を勉強するのかをしっかり意識し，必修問題から実践問題（基本レベル→応用レベル）とステップアップすることができます。問題ごとに試験種ごとの頻出度がついているので，自分にあった効率的な勉強が可能です。

3　満足のボリューム（充実の問題数）

本試験問題が解けるようになるには良質の過去問を繰り返し解くことが必要です。『公務員試験 本気で合格！過去問解きまくり！』は，なかなか入手できない地方上級の再現問題を収録しています。類似の過去問を繰り返し解くことで知識の定着と解法パターンの習得を図れます。

4　メリハリをつけた効果的な学習

公務員試験の攻略は過去問に始まり過去問に終わるといわれていますが，実際に過去問の学習を進めてみると戸惑うことも多いはずです。『公務員試験 本気で合格！過去問解きまくり！』では，最重要の知識を絞り込んで学習ができるインプット（講義ページ），効率的な学習の指針となる出題傾向分析，受験のツボをマスターする10の秘訣など，メリハリをつけて必要事項をマスターするための工夫が満載です。

※本書は，2024年４月時点で施行されている，または施行予定の法律に基づいて作成しています。

みなさんが本書を徹底的に活用し，合格を勝ち取っていただけたら，わたくしたちにとってもそれに勝る喜びはありません。

2023年11月吉日

株式会社　東京リーガルマインド
LEC総合研究所　公務員試験部

本書の効果的活用法

STEP1 出題傾向をみてみよう

各章の冒頭には，取り扱うセクションテーマについて，過去９年間の出題傾向を示す一覧表と，各採用試験でどのように出題されたかを分析したコメントを掲載しました。志望先ではどのテーマを優先して勉強すべきかがわかります。

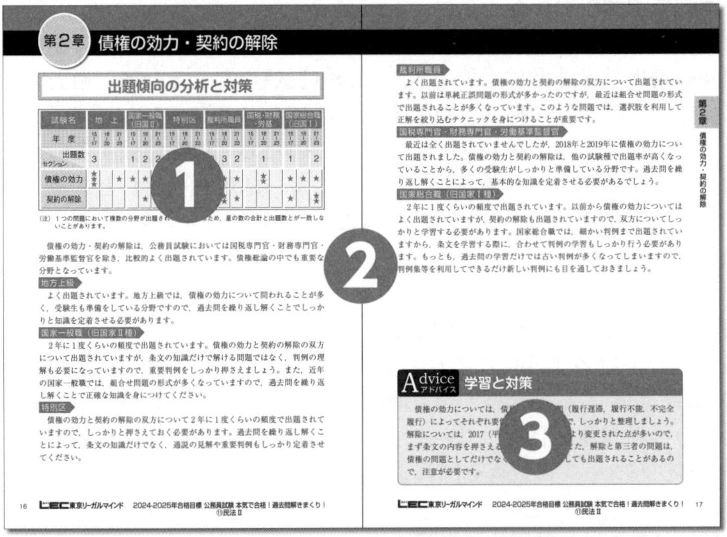

第2章 債権の効力・契約の解除

出題傾向の分析と対策

試験名	地上			国家一般職（旧国Ⅱ）			特別区			裁判所職員			国税・財務・労基			国家総合職（旧国Ⅰ）		
年度	15-17	18-20	21-23	15-17	18-20	21-23	15-17	18-20	21-23	15-17	18-20	21-23	15-17	18-20	21-23	15-17	18-20	21-23
出題数 セクション	3			1	2	2	[illegible]	[illegible]	[illegible]	[illegible]	3	2		1		1		2
債権の効力	★★★		★	★	★	[illegible]	[illegible]	[illegible]	[illegible]	[illegible]	★	★		★★		★	★	★
契約の解除					★	[illegible]	[illegible]	[illegible]	[illegible]	[illegible]	★★	★				★		★★

（注）１つの問題において複数の分野が出題され[illegible]ため，星の数の合計と出題数とが一致しないことがあります。

債権の効力・契約の解除は，公務員試験においては国税専門官・財務専門官・労働基準監督官を除き，比較的よく出題されています。債権総論の中でも重要な分野となっています。

地方上級

よく出題されています。地方上級では，債権の効力について問われることが多く，受験生も準備をしている分野ですので，過去問を繰り返し解くことでしっかりと知識を定着させる必要があります。

国家一般職（旧国家Ⅱ種）

２年に１度くらいの頻度で出題されています。債権の効力と契約の解除の双方について出題されていますが，条文の知識だけで解ける問題ではなく，判例の理解も必要になっていますので，重要判例をしっかり押さえましょう。また，近年の国家一般職では，組合せ問題の形式が多くなっていますので，過去問を繰り返し解くことで正確な知識を身につけてください。

特別区

債権の効力と契約の解除の双方について２年に１度くらいの頻度で出題されていますので，しっかりと押さえておく必要があります。過去問を繰り返し解くことによって，条文の知識だけでなく，通説の見解や重要判例もしっかり定着させてください。

16 LEC東京リーガルマインド 2024-2025年合格目標 公務員試験 本気で合格！過去問解きまくり！ ⑪民法Ⅱ

裁判所職員

よく出題されています。債権の効力と契約の解除の双方について出題されています。以前は単純正誤問題の形式が多かったのですが，最近は組合せ問題の形式で出題されることが多くなっています。このような問題では，選択肢を利用して正解を絞り込むテクニックを身につけることが重要です。

国税専門官・財務専門官・労働基準監督官

最近は全く出題されていませんでしたが，2018年と2019年に債権の効力について出題されました。債権の効力と契約の解除は，他の試験種で出題率が高くなっていることから，多くの受験生がしっかりと準備している分野です。過去問を繰り返し解くことによって，基本的な知識を定着させる必要があるでしょう。

国家総合職（旧国家Ⅰ種）

２年に１度くらいの頻度で出題されています。以前から債権の効力についてはよく出題されていますが，契約の解除も出題されていますので，双方についてしっかりと学習する必要があります。国家総合職では，細かい判例まで出題されていますから，条文を学習する際に，合わせて判例の学習もしっかり行う必要があります。もっとも，過去問の学習だけでは古い判例が多くなってしまいますので，判例集等を利用してできるだけ新しい判例にも目を通しておきましょう。

Advice アドバイス 学習と対策

債権の効力については，債[illegible]（履行遅滞，履行不能，不完全履行）によってそれぞれ要[illegible]で，しっかりと整理しましょう。解除については，2017（平[illegible]より変更された点が多いので，まず条文の内容を押さえる[illegible]た，解除と第三者の問題は，債権の問題としてだけでな[illegible]しても出題されることがあるので，注意が必要です。

LEC東京リーガルマインド 2024-2025年合格目標 公務員試験 本気で合格！過去問解きまくり！ ⑪民法Ⅱ 17

第2章 債権の効力・契約の解除

❶ 出題傾向一覧

章で取り扱うセクションテーマについて，過去９年間の出題実績を数字や★で一覧表にしています。出題実績も９年間を３年ごとに区切り，出題頻度の流れが見えるようにしています。志望先に★が多い場合は重点的に学習しましょう。

❷ 各採用試験での出題傾向分析

出題傾向一覧表をもとにした各採用試験での出題傾向分析と，分析に応じた学習方法をアドバイスします。

❸ 学習と対策

セクションテーマの出題傾向などから，どのような対策をする必要があるのかを紹介しています。

●公務員試験の名称表記について

本書では公務員試験の職種について，下記のとおり表記しています。

地上	地方公務員上級（※1）
東京都	東京都職員
特別区	東京都特別区職員
国税	国税専門官
財務	財務専門官
労基	労働基準監督官
裁判所職員	裁判所職員(事務官)／家庭裁判所調査官補(※2)
裁事	裁判所事務官（※2）
家裁	家庭裁判所調査官補（※2）
国家総合職	国家公務員総合職
国Ⅰ	国家公務員Ⅰ種（※3）
国家一般職	国家公務員一般職
国Ⅱ	国家公務員Ⅱ種（※3）
国立大学法人	国立大学法人等職員

（※1）道府県，政令指定都市，政令指定都市以外の市役所などの職員
（※2）2012年度以降，裁判所事務官（2012～2015年度は裁判所職員）・家庭裁判所調査官補は，教養科目に共通の問題を使用
（※3）2011年度まで実施されていた試験区分

STEP2 「必修」問題に挑戦してみよう

「必修」問題はセクションテーマを代表する問題です。まずはこの問題に取り組み，そのセクションで学ぶ内容のイメージをつかみましょう。問題文の周辺には，そのテーマで学ぶべき内容や覚えるべき要点を簡潔にまとめていますので参考にしてください。

本書の問題文と解答・解説は見開きになっています。効率よく学習できます。

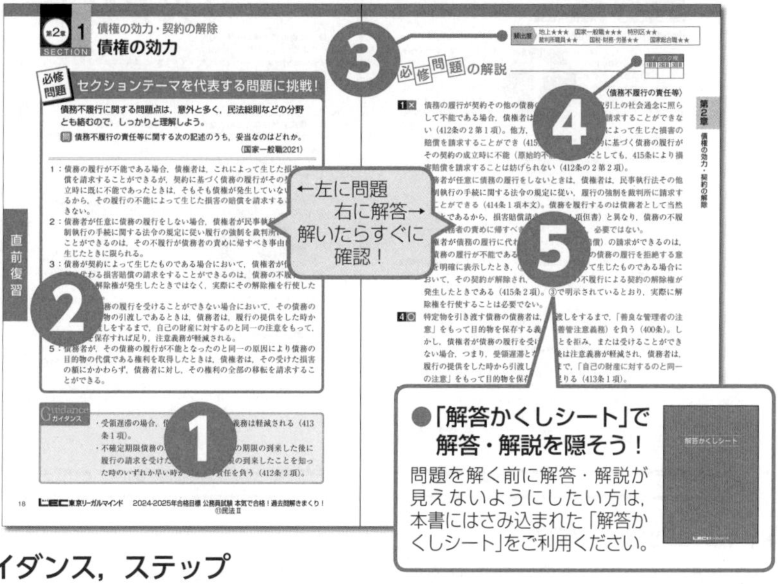

❶ガイダンス，ステップ

「ガイダンス」は必修問題を解くヒント，ひいてはテーマ全体のヒントです。

「ステップ」は必修問題において，そのテーマを理解するために必要な知識を整理したものです。

❷直前復習

必修問題と，後述の実践問題のうち，ＬＥＣ専任講師が特に重要な問題を厳選しました。試験の直前に改めて復習しておきたい問題を表しています。

❸頻出度

各採用試験において，この問題がどのくらい出題頻度が高いか＝重要度が高いかを★の数で表しています。志望先に応じて学習の優先度を付ける目安となります。

❹チェック欄

繰り返し学習するのに役立つ，書き込み式のチェックボックスです。学習日時を書き込んで復習の期間を計る，正解したかを○×で書き込んで自身の弱点分野をわかりやすくするなどの使い方ができます。

❺解答・解説

問題の解答と解説が掲載されています。選択肢を判断する問題では，肢１つずつに正誤と詳しく丁寧な解説を載せてあります。また，重要な語句や記述は太字や色文字などで強調していますので注目してください。

STEP3 テーマの知識を整理しよう

必修問題の直後に，セクションテーマの重要な知識や要点をまとめた「インプット」を設けています。この「インプット」で，自身の知識を確認し，解法のテクニックを習得してください。

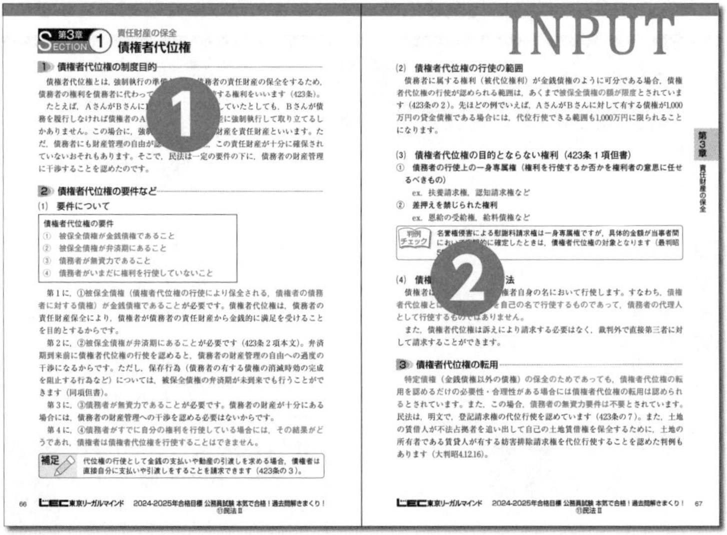
第3章 SECTION 1 責任財産の保全
債権者代位権

1 債権者代位権の制度目的

債権者代位権とは，強制執行の準備 … 債務者の責任財産の保全をするため，債務者の権利を債務者に代わって … する権利をいいます（423条）。
たとえば，Aさんが Bさんに … していたとしても，Bさんが債務を履行しなければ債権者のA … 産に強制執行して取り立てるしかありません。この場合に，強制 … 財産を責任財産といいます。ただ，債務者にも財産管理の自由が認 … この責任財産が十分に確保されていないおそれもあります。そこで，民法は一定の要件の下に，債務者の財産管理に干渉することを認めたのです。

2 債権者代位権の要件など

(1) 要件について

債権者代位権の要件
① 被保全債権が金銭債権であること
② 被保全債権が弁済期にあること
③ 債務者が無資力であること
④ 債務者がいまだに権利を行使していないこと

第1に，①被保全債権（債権者代位権の行使により保全される，債権者の債務者に対する債権）が金銭債権であることが必要です。債権者代位権は，債務者の責任財産保全により，債権者が債務者の責任財産から金銭的に満足を受けることを目的とするからです。
第2に，②被保全債権が弁済期にあることが必要です（423条2項本文）。弁済期到来前に債権者代位権の行使を認めると，債務者の財産管理の自由への過度の干渉になるからです。ただし，保存行為（債務者の有する債権の消滅時効の完成を阻止する行為など）については，被保全債権の弁済期が未到来でも行うことができます（同項但書）。
第3に，③債務者が無資力であることが必要です。債務者の財産が十分にある場合には，債務者の財産管理への干渉を認める必要はないからです。
第4に，④債務者がすでに自分の権利を行使している場合には，その結果がどうであれ，債権者は債権者代位権を行使することはできません。

補足 代位権の行使として金銭の支払いや動産の引渡しを求める場合，債権者は直接自分に支払いや引渡しをすることを請求できます（423条の3）。

66 LEC東京リーガルマインド 2024-2025年合格目標 公務員試験 本気で合格！過去問解きまくり！ ⑪民法Ⅱ

INPUT

(2) 債権者代位権の行使の範囲
債務者に属する権利（被代位権利）が金銭債権のように可分である場合，債権者代位権の行使が認められる範囲は，あくまで被保全債権の額が限度とされています（423条の2）。先ほどの例でいえば，Aさんが Bさんに対して有する債権が1,000万円の貸金債権である場合には，代位行使できる範囲も1,000万円に限られることになります。

(3) 債権者代位権の目的とならない権利（423条1項但書）
① 債務者の行使上の一身専属権（権利を行使するか否かを権利者の意思に任せるべきもの）
ex. 扶養請求権，認知請求権など
② 差押えを禁じられた権利
ex. 恩給の受給権，給料債権など

判例チェック 名誉権侵害による慰謝料請求権は一身専属権ですが，具体的金額が当事者間において … 的に確定したときは，債権者代位権の対象となります（最判昭5…

(4) 債権 … 法
債権者は … 権者自身の名において行使します。すなわち，債権者代位権とは … を自己の名で行使するものであって，債務者の代理人として行使するも … はありません。
また，債権者代位権は訴えにより請求する必要はなく，裁判外で直接第三者に対して請求することができます。

3 債権者代位権の転用
特定債権（金銭債権以外の債権）の保全のためであっても，債権者代位権の転用を認めるだけの必要性・合理性がある場合には債権者代位権の転用は認められるとされています。また，この場合，債務者の無資力要件は不要とされています。民法は，明文で，登記請求権の代位行使を認めています（423条の7）。また，土地の賃借人が不法占拠者を追い出して自己の土地賃借権を保全するために，土地の所有者である賃貸人が有する妨害排除請求権を代位行使することを認めた判例もあります（大判昭4.12.16）。

第3章 責任財産の保全

LEC東京リーガルマインド 2024-2025年合格目標 公務員試験 本気で合格！過去問解きまくり！ ⑪民法Ⅱ 67

❶「インプット」本文

セクションテーマの重要な知識や要点を，文章や図解などで整理しています。重要な語句や記述は太字や色文字などで強調していますので，逃さず押さえておきましょう。

❷ サポートアイコン

「インプット」本文の内容を補強し，要点を学習しやすくする手助けになります。以下のようなアイコンがありますので学習に役立ててください。

●サポートアイコンの種類

補足	「インプット」に登場した用語を理解するための追加説明です。
ポイント	「インプット」の内容を理解するうえでの考え方などを示しています。
具体例	「インプット」に出てくることがらの具体例を示しています。
ミニ知識	「インプット」を学習するうえで，付随的な知識を盛り込んでいます。
注意！	受験生たちが間違えやすい部分について，注意を促しています。
○○○	「インプット」に出てくる専門用語など，語句の意味の紹介です。
注目	実際に出題された試験種以外の受験生にも注目してほしい問題です。
判例チェック	「インプット」の記載の根拠となる判例と，その内容を示しています。
判例	「インプット」に出てくる重要な判例を紹介しています。

科目によって，サポートアイコンが一部使われていない場合もあります。

STEP4 「実践」問題を解いて実力アップ!

「インプット」で知識の整理を済ませたら，本格的に過去問に取り組みましょう。「実践」問題ではセクションで過去に出題されたさまざまな問題を，基本レベルから応用レベルまで収録しています。

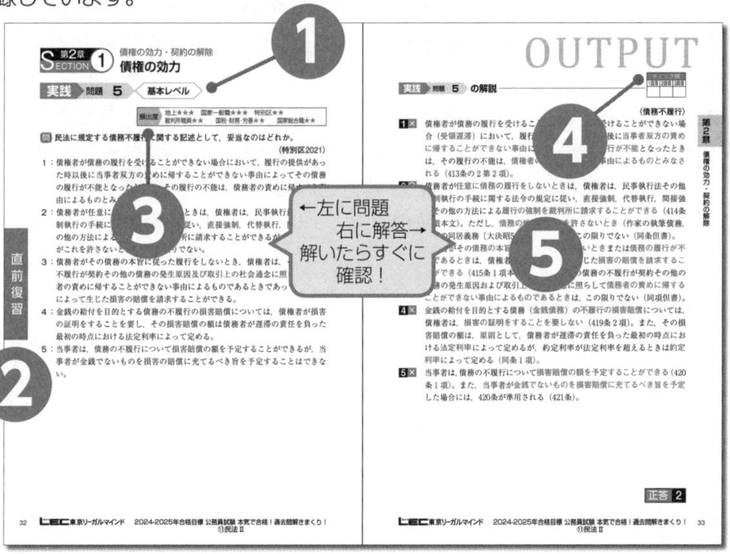

❶難易度

収録された問題について，その難易度を「基本レベル」「応用レベル」で表しています。

1周目は「基本レベル」を中心に取り組んでください。2周目からは，志望先の採用試験について頻出度が高い「応用レベル」の問題にもチャレンジしてみましょう。

❷直前復習，❸頻出度，❹チェック欄，❺解答・解説

※各項目の内容は，STEP 2 をご参照ください。

STEP5 「章末CHECK」で確認しよう

章末には，この章で学んだ内容を一問一答形式の問題で用意しました。

知識を一気に確認・復習しましょう。

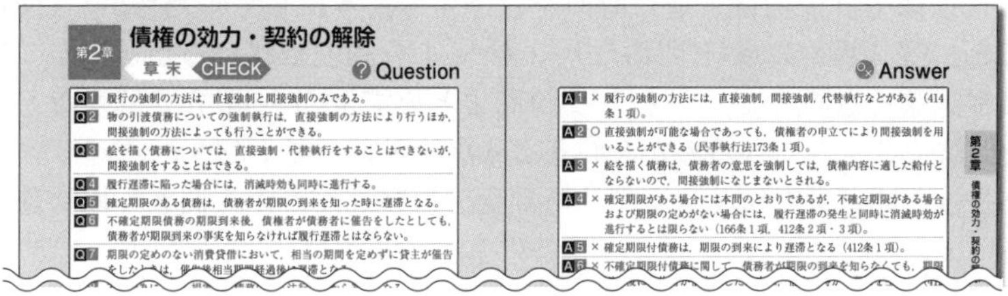

LEC専任講師が，『過去問解きまくり！』を使った「オススメ学習法」をアドバイス！⇒

講師のオススメ学習法

どこから手をつければいいのか?

まず各章の最初にある「出題傾向の分析と対策」を見て，その章の中で出題数が多いセクションがどこなのかを確認してください。

そのセクションを捨ててしまうと致命傷になりかねません。必ず取り組むようにしてください。逆に出題数の少ないセクションは 1 度解くにとどめる程度でよいでしょう。

各セクションにおいては，①最初に，必修問題に挑戦し，そのセクションで学ぶ内容のイメージをつけてください。②次に，必修問題の次ページのインプットの項目で，そのセクションで学習する考え方や知識を学びます。③そして，いよいよ実践問題に挑戦です。実践問題の基本レベルの問題を解いてみましょう。

演習のすすめかた

本試験で民法の解答に割くことができる時間は，1 問あたり 3 分～ 4 分程度です。

❶1周目（数分～20分程度：解法を学ぶため時間は気にしない）

最初は解答に至るまで考え抜くということが重要なので，いろいろと試行錯誤することになります。したがって，この段階では時間を気にしないで解けそうなら20分でも時間をかけ，解けなければ解説を見て考え方を学んでください。

❷2周目（3分～10分程度：解けるかどうかを確認するため時間内に解けなくてもよい）

問題集をひととおり終えて 2 周目に入ったときは，時間を意識して解いていきましょう。ただし，時間内に解けなくても気にしなくてよいです。2 周目は解答に至るプロセスと知識を覚えているかどうかの復習に重点を置くので，実際に解くことができるという実感が大切です。問題を自分の力で解くということを意識してください。

❸3周目以降や直前期（3分～4分程度：時間内に解くことを意識する）

3 周目以降や直前期は，逆に時間を意識するようにしてください。このとき，1 問ごとに解く場合には 1 問あたり 3 分～ 4 分程度で解けるかどうか，直前期などは本試験を意識して，たとえば10問まとめて30分～40分で解くなど，時間内に何問解くことができるのかというような練習をしてください。

まとまった問題数を解くことで，時間配分や時間がかかる問題を取捨選別する力を養います。

一般的な学習のすすめかた（目標正答率80%以上）

債権・親族・相続といった民法Ⅱ全体をひととおり学習する場合です。
全体的に学習することで，さまざまな職種や問題に対応することができることから，安定して合格に必要な得点をとることを目指します。
セクション１から順にすべての範囲を解いてください。得意な分野については実践問題の応用レベルにも挑戦していきましょう。

ほどほどに学習する場合のすすめかた（目標正答率60～80%）

試験まで時間はあるが，この科目にあまり時間をかけられない場合です。
頻出分野に絞って練習することにより，効率よく合格に必要な得点をとることを目指します。
学習のすすめかたとしては，最初に確認した「出題傾向の分析と対策」の中で出題数が多い分野を優先的に学習します。目指す職種が決まっている方はその職種の出題数に応じて分野の調整をしてください。
全体的には，①債権総論では，責任財産の保全，債権の消滅，多数当事者の債権債務関係，債権譲渡，②債権各論では，売買，賃貸借，不法行為，③親族では，婚姻・離婚，親子，④相続では相続人・相続分の優先順位が高いといえます。

短期間で学習する場合のすすめかた（目標正答率50～60%）

試験までの日数が少なく，短期間で最低限必要な学習をする場合です。
学習効果が高い問題に絞って演習をすることにより，最短で合格に必要な得点をとることを目指します。
学習のすすめかたとしては，必修問題34問と，以下の「講師が選ぶ『直前復習』50問」に掲載されている問題を解くことが肝要です。

直前復習

必修問題34問 ＋

講師が選ぶ「直前復習」50問

実践1	実践45	実践89	実践124	実践168
実践5	実践54	実践90	実践128	実践177
実践7	実践59	実践101	実践138	実践180
実践11	実践61	実践103	実践143	実践181
実践19	実践66	実践105	実践144	実践186
実践26	実践71	実践110	実践152	実践196
実践27	実践72	実践113	実践153	実践197
実践32	実践83	実践114	実践161	実践205
実践35	実践86	実践122	実践163	実践207
実践38	実践87	実践123	実践167	実践215

目次 CONTENTS

第6編 親族・相続

（注１）本書において，民法の条文は，原則として，条文番号のみ（○○条○項○号など）で表記しています。
（注２）問題文に用いられている日付には，近時の民法改正の施行日前のものもありますが，本書では，そのような問題にも2024年４月１日時点で施行されている（または施行予定の）民法が適用されるものと仮定して解説をしています。

Topics 国家公務員試験が変わります！

人事院や裁判所をはじめとして，2024（令和６）年度から国家公務員試験の筆記試験が大きく変更されます。下記以外にもさまざまな点で変更があるので，2024（令和６）年度以降の受験生は要注意です！

≪基礎能力試験の変更≫（人事院の例）

基礎能力試験では，①出題数の削減，②試験時間の短縮，③知能分野の比率増加，④知識分野問題の時事問題化，⑤新たに情報分野からの出題が発表されています。

2023（令和５）年度以前		2024（令和６）年度以降
〈総合職・大卒程度試験〉		
40題／ 3時間 ［知能分野27題］ 文章理解⑪ 判断・数的推理（資料解釈を含む）⑯ ［知識分野13題］ 自然・人文・社会（時事を含む）⑬	⇒	30題／ 2時間20分 ［知能分野24題］ 文章理解⑩ 判断・数的推理（資料解釈を含む）⑭ ［知識分野６題］ 自然・人文・社会に関する時事，情報⑥
〈一般職/専門職・大卒程度試験〉		
40題／ 2時間20分 ［知能分野27題］ 文章理解⑪・判断推理⑧ 数的推理⑤・資料解釈③ ［知識分野13題］ 自然・人文・社会（時事を含む）⑬	⇒	30題／ 1時間50分 ［知能分野24題］ 文章理解⑩・判断推理⑦ 数的推理④・資料解釈③ ［知識分野６題］ 自然・人文・社会に関する時事，情報⑥

≪専門記述試験の変更≫

国家公務員のうち国家総合職試験で，専門記述試験の①解答数の削減，②解答時間の短縮が発表されています。

2023（令和５）年度以前		2024（令和６）年度以降
〈総合職〉		
〈院卒者行政〉〈法律〉〈経済〉 〈政治・国際〉区分 ３題解答／ 4時間	⇒	〈院卒者行政〉〈法律〉〈経済〉 〈政治・国際・人文〉区分 ２題解答／ 3時間
〈上記以外の区分〉 ２題解答／ 3時間30分	⇒	〈上記以外の区分〉 ２題解答／ 3時間

2023年８月28日現在の情報です。

民法をマスターする10の秘訣

❶ 過去問は合格への航海図。

❷ 条文を制するものは民法を制する。

❸ 5つの曖昧な知識より，1つの正確な知識。

❹ 要件・効果を意識しろ。

❺ 2度出る問題は，3度出る。

❻ 出題者のメッセージを読み取れ。

❼ 過去問を使って事例問題に慣れろ。

❽ 手を広げるな。ど真ん中を繰り返せ。

❾ 実力は急に伸びない。日々の研鑽がスパートにつながる。

❿ できないことは気にするな！　最後は常識で解け！

第1章

債権総説

SECTION

① 債権総説

第1章 債権総説

出題傾向の分析と対策

試験名	地上			国家一般職（旧国Ⅱ）			特別区			裁判所職員			国税・財務・労基			国家総合職（旧国Ⅰ）		
年度	15-17	18-20	21-23	15-17	18-20	21-23	15-17	18-20	21-23	15-17	18-20	21-23	15-17	18-20	21-23	15-17	18-20	21-23
出題数 / セクション	1	1	1											1				
債権総説	★	★	★★											★				

（注）１つの問題において複数の分野が出題されることがあるため，星の数の合計と出題数とが一致しないことがあります。

債権総説は，公務員試験ではほとんど出題されていませんが，試験種によっては時々出題されていますので，注意してください。

地方上級

たまに出題されています。もっとも，基本的な内容についての出題であり，今後もその傾向が続くと思われますので，過去問を繰り返し解いて正確な知識を身につければ，十分対処できるでしょう。

国家一般職（旧国家Ⅱ種）

最近は全く出題されていませんが，過去には出題されたことがあります。出題内容は基本的であり，過去問でしっかりと理解していれば，十分対処できる問題です。ただし，国家一般職では，組合せ問題の形式で出題される傾向がありますから，正確な知識を身につけましょう。

特別区

最近は全く出題されていません。もっとも，債権総説は債権全体の基本となる分野ですから，本書のインプット部分や過去問を一読して，基本的な知識を身につけましょう。

裁判所職員

ほとんど出題されていません。もっとも，債権総説は債権全体の基本となる分野です。基本を重視する裁判所事務官の試験では，今後出題される可能性も十分にありますから，本書のインプット部分や過去問を一読して，基本的な知識を身につけましょう。

国税専門官・財務専門官・労働基準監督官

ほとんど出題されていなかったのですが，2018年に久しぶりに出題されました。債権総説は債権全体の基本となる分野ですから，本書のインプット部分や過去問を一読して，基本的な知識を身につけましょう。

国家総合職（旧国家Ｉ種）

最近は全く出題されていませんが，過去には出題されたことがあります。国家総合職においても，本書のインプット部分や過去問をしっかり理解していれば，十分に対処できる問題となっています。出題形式が組合せ問題や空欄補充など多様化してきていますが，過去問等を繰り返し解いて，できるだけこのような形式に慣れてください。

Advice アドバイス 学習と対策

債権総説は債権総論を全体として見渡すうえで重要な分野ですが，公務員試験ではそれほど多く出題されていません。そのため，過去問を多くこなすことができませんが，本書のインプット部分などを読み，基本的な知識を身につけましょう。たとえば，特定物と不特定物の区別や種類債権の特定は，今後も出題される可能性が高いテーマですから，しっかりと理解しましょう。

債権総説

必修問題 セクションテーマを代表する問題に挑戦！

債権と物権の違いを意識しつつ，債権の基本原理をしっかり身につけましょう!!

問 債権の性質に関するア～オの記述のうち，妥当なもののみを全て挙げているのはどれか。 （国税2018）

ア：同一の特定人に対する同一内容の債権の併存が認められる以上，債権には排他性が認められないと一般に解されている。

イ：債権の目的が特定物の引渡しであるときは，債務者はその引渡しをするまで自己の財産に対するのと同一の注意をもってその物を保存しなければならない。

ウ：持参債務の履行について確定期限があるときは，債務者は，その期限の到来したことを知った時から遅滞の責任を負う。

エ：金銭債務の不履行における損害賠償については，債務者は，不可抗力をもって抗弁とすることができない。

オ：金銭債務の強制履行は，代替執行又は間接強制によるべきこととされており，直接強制によることはできない。

1：ア，イ
2：ア，エ
3：イ，ウ
4：ウ，エ
5：ウ，オ

Guidance ガイダンス

債権の特徴

・自由に譲渡できる…第三者に対しては対抗要件を備える必要
・裁判所に強制履行を請求できる・不可侵性あり・排他性なし

直前復習

頻出度	地上★★★　国家一般職★　特別区★　裁判所職員★　国税･財務･労基★　国家総合職★

必修問題の解説

チェック欄		
1回目	2回目	3回目

〈債権の性質〉

ア○ 物権が一定の物を直接に支配する権利であるのに対して，債権は特定人（債務者）に対して特定の行為を請求する権利であることから，物権には排他性があるが，債権には排他性がないとされる。すなわち，１つの物について同一内容の物権は１つしか成立しない（一物一権主義）が，同一債務者に対する同一内容の債権は複数成立しうる。

イ× 特定物の引渡しを目的とする債権（特定物債権）の債務者は，その引渡しをするまで，「善良な管理者の注意」（善管注意）をもって，その物を保存しなければならない（善管注意義務。400条）。善管注意の内容･程度は，「契約その他の債権の発生原因及び取引上の社会通念に照らして」定まり，具体的な債務者の能力に応じた注意である「自己の財産に対するのと同一の注意」（無償寄託。659条）と対比される。

ウ× 持参債務（債務者が目的物を債権者の住所に持参して債務を履行すべき債務）の履行について確定期限があるときは，債務者は，その期限の到来した時から遅滞の責任を負う（412条１項）。

エ○ 金銭債務の不履行における損害賠償については，債務者は不可抗力をもって抗弁とすることができない（419条３項）。なぜなら，金銭は相当の利息を支払えば容易に入手できるので，履行不能は考えられないからである。

オ× 金銭債務の強制履行の方法は，原則として直接強制のみが認められる（民事執行法43条以下・122条以下・143条以下）。ただし，扶養義務等の金銭債務については，一定の要件の下に，間接強制も認められる（同法167条の15・167条の16）。

以上より，妥当なものはア，エであり，肢２が正解となる。

正答 2

SECTION 1 第1章 債権総説

債権総説

1 債権とは

債権とは，特定人（債権者）が特定人（債務者）に対して一定の財産上の行為（給付）を請求する権利をいいます。たとえば，A銀行がBさんに100万円を貸し付けた場合，A銀行はBさんに100万円を期限までに支払えと請求することができます。そして，期限までに債務者Bさんが給付をしなかった場合，債権者A銀行としては，以下の手段をとることができます。

① **現実的履行の強制**

② **損害賠償請求**

③ **解除**

2 債権の種類

(1) 特定物債権と種類債権

・特定物債権

特定物の引渡しを目的とする債権

※特定物

具体的な取引において当事者がその物の個性に着目して取引の対象とした物

ex. 土地，中古車

・種類債権（不特定物債権）

種類物（不特定物）の引渡しを目的とする債権

※種類物（不特定物）

一定の種類に属する一定量の物

特定物が滅失した場合，これに代わるものを給付することができないため，特定物債権は履行不能となります。これに対し，不特定物が滅失した場合，代わりの物を調達することが可能ですから，同種の物が市場に存在する限り，種類債権は履行不能となることはありません。

ただし，種類債権であっても，以下の場合には目的物の「特定」が生じ，その後特定物債権と同様に扱われることになります（401条２項）。

① **債務者が給付に必要な行為を完了したとき**

② **債権者の同意を得て給付すべき物を指定したとき**

そして，いつ債務者が給付に必要な行為を完了したといえるのかについては，債務の履行方法によって異なるとされています。

債務の種類	特定の時期
持参債務	債務者が目的物を債権者の住所に持参して提供した時
取立債務	債務者が目的物を分離して準備し，これを債権者に通知した時

(2) 金銭債権

金銭債権とは，売買代金債権のように一定額の**金銭の支払いを目的とする債権**のことをいいます。金銭はいつどこでも代わりのものを調達することが可能であるといえるため，金銭債権は履行不能になることはありません。

(3) 選択債権

選択債権とは，複数の給付の中から特定の給付を選択して給付することを目的とする債権のことをいいます。たとえば，AさんがBさんに「バイクか車のいずれかを君にあげよう」と言ったような場合です。この場合，選択権者は原則として債務者（具体例だとAさん）となりますが（406条），特約によって債権者または第三者とすることもできます。

債権総説

実践 問題 1 基本レベル

頻出度			
	地上★★★	国家一般職★	特別区★
	裁判所職員★	国税·財務·労基★	国家総合職★

問 特定物と種類物に関する次の記述のうち，妥当なのはどれか。　（地上2015）

1：特定物の引渡しを目的とする債権について，債務者は，その引渡しをするまで，善良な管理者の注意をもって，その物を保存しなければならない。

2：種類物の引渡しを目的とする債権について，債務者は，その引渡しをするまで，善良な管理者の注意をもって，その物を保存しなければならない。

3：特定物の引渡しは，債権者の現在の住所でしなければならない。

4：特定物と種類物のどちらにおいても，売買契約によって所有権が移転する。

5：種類物について，現状で引き渡せば引渡債務は消滅するが，引渡前にその物が滅失すれば履行不能となる。

チェック欄

1回目	2回目	3回目

実践 問題 1 の解説

〈特定物と種類物〉

1 ○ 特定物債権の債務者は，「その引渡しをするまで……善良な管理者の注意をもって，その物を保存しなければならない」（善管注意義務。400条）。「善良な管理者の注意」（善管注意）の内容と程度は，「契約その他の債権の発生原因及び取引上の社会通念に照らして」定まる。

2 × 種類債権の債務者は，①特定後は，その特定した物が債権の目的物となるので（401条2項），引渡しまで善管注意義務を負うが（400条），②特定前は，目的物が滅失しても，同種の他の物を市場で探してくる調達義務を負うので，善管注意義務は負わない。

3 × 弁済をすべき場所について，別段の意思表示がないときは，特定物の引渡しは「債権発生の時にその物が存在した場所」で，その他の弁済は「債権者の現在の住所」でしなければならない（484条1項）。

4 × 売買による所有権の移転時期は，特定物売買においては，原則として売買契約成立時であるが（最判昭33.6.20），種類物（不特定物）売買においては，原則として目的物が特定した時である（最判昭35.6.24）。

5 × 特定物債権の債務者は，「契約その他の債権の発生原因及び取引上の社会通念に照らしてその引渡しをすべき時の品質を定めることができないときは……引渡しをすべき時の現状で」目的物を引き渡す義務を負い（483条），引渡前にその物が滅失すれば，引渡債務は履行不能となる。同条の反対解釈として，「契約その他の債権の発生原因及び取引上の社会通念に照らしてその引渡しをすべき時の品質を定めることができ」るときは，特定物であってもその品質を備えた物の引渡しを義務付けられ，品質に合致していない物を引き渡せば，引渡債務の不履行となる。これに対して，種類債権における目的物の品質は，法律行為の性質（587条参照）または当事者の意思によって定められるが，これらによって定まらない場合には，債務者は，中等の品質を有する物を給付しなければならない（401条1項）。また，種類債権の債務者は，特定前は，目的物が滅失しても調達義務を負うので，引渡債務は履行不能とならない。

正答 1

第1章 債権総説

章末 CHECK　? Question

Q1 物権・債権のいずれにも排他性を有するのが，通説的な理解である。

Q2 第三者の債権侵害に対して不法行為責任を追及することはできない。

Q3 金銭に見積もることができないものである場合には，債権の目的とすることができない。

Q4 債権の目的が特定物の引渡しであるときは，債務者は自己の財産に対するのと同一の注意義務を負担する。

Q5 中古車を給付する債務を負う者は，その中古車が契約締結後に第三者の放火によって焼失してしまったときには，中古車を引き渡す債務を免れる。

Q6 車の売買契約において，目的物が「Ａメーカーの新車のスポーツカー，色は赤」と指定された場合，売主は特定物引渡債務を負う。

Q7 債権の目的を種類のみで指定した場合で，特段の約定がない場合には，最良の品質を有する物を給付しなければならない。

Q8 種類債権の場合における特定の時期は，持参債務の場合，債務者が目的物を分離して準備し，これを債権者に通知した時である。

Q9 取立債務について，債務者が不特定物である目的物を分離して準備すれば，債権者に通知しなくても目的物は分離されたものに特定する。

Q10 債務の目的物が金銭である場合であっても，手元に現金がないなど履行不能となりうる場合がある。

Q11 利息を生ずべき債権について別段の意思表示がない場合には，その利率は，その利息が生じた最初の時点における法定利率による。

Q12 債権の目的が数個の給付の中から選択によって定まるときは，その選択権は，債務者に属する。

Q13 選択債権における選択による特定の効果は，選択債権の行使の意思表示をした時から効力を生ずるものとされている。

Answer

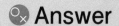

A1 × 物権は排他性を有するが（一物一権主義），債権には排他性がない。

A2 × かつては本問のとおり理解されていたが，現在では第三者の債権侵害による不法行為責任が成立すると理解されている（大判大4.3.10）。

A3 × 399条において，金銭に見積もることができないものである場合でも債権の目的とすることができるとしている。

A4 × 400条において，特定物の引渡しの場合には，善管注意義務を負うとしている。

A5 ○ 中古車は特定物であり，特定物が滅失した場合，引渡債務は履行不能となるので，引渡債務者はその債務を免れることになる。

A6 × 本問の目的物は，「Ａメーカーの新車のスポーツカー，色は赤」であればどれでもよく，当事者が物の個性に着目しているとはいえないので，不特定物である。

A7 × 債権の目的を種類のみで指定した場合で，特段の約定がない場合には，中等の品質を有する物を給付しなければならない（401条１項）。

A8 × 種類債権の場合における特定（401条２項）の時期は，持参債務の場合，債務者が目的物を債権者の住所に持参して提供した時である。

A9 × 取立債務については，債務者が目的物を分離して準備し，これを債権者に通知した時に，債務者が給付に必要な行為（401条２項前段）を完了したといえ，種類債権の特定が生じる。

A10 × 金銭債権の場合には，履行不能となりえない。

A11 ○ 法定利率は３年ごとに更新される変動利率となっており，利息を生ずべき債権について別段の意思表示がないときは，その利率は，利息が生じた最初の時点における法定利率によることとされている（404条１項）。債権が成立した後に法定利率の見直しがあったとしても，途中から新たな利率に変更されるものではない。なお，改正民法施行当初の３年の民事法定利率は，年３パーセントである（同条２項・３項）。

A12 ○ 406条は，本問のとおり定めている。

A13 × 選択債権における選択による特定の効果は，債権発生の時に遡及して効力を生ずるものとされている（411条本文）。

memo

第2章

債権の効力・契約の解除

SECTION

① 債権の効力
② 契約の解除

第2章 債権の効力・契約の解除

出題傾向の分析と対策

試験名	地　上			国家一般職（旧国Ⅱ）			特別区			裁判所職員			国税・財務・労基			国家総合職（旧国Ⅰ）		
年　度	15-17	18-20	21-23	15-17	18-20	21-23	15-17	18-20	21-23	15-17	18-20	21-23	15-17	18-20	21-23	15-17	18-20	21-23
出題数 / セクション	3			1	2	2	2	2	2	3	3	2		1		1		2
債権の効力	★★★		★	★	★	★★	★	★	★	★★	★	★		★★		★	★	★
契約の解除					★		★	★	★	★★	★★	★				★		★★

（注）１つの問題において複数の分野が出題されることがあるため，星の数の合計と出題数とが一致しないことがあります。

債権の効力・契約の解除は，公務員試験においては国税専門官・財務専門官・労働基準監督官を除き，比較的よく出題されています。債権総論の中でも重要な分野となっています。

地方上級

よく出題されています。地方上級では，債権の効力について問われることが多く，受験生も準備をしている分野ですので，過去問を繰り返し解くことでしっかりと知識を定着させる必要があります。

国家一般職（旧国家Ⅱ種）

２年に１度くらいの頻度で出題されています。債権の効力と契約の解除の双方について出題されていますが，条文の知識だけで解ける問題ではなく，判例の理解も必要になっていますので，重要判例をしっかり押さえましょう。また，近年の国家一般職では，組合せ問題の形式が多くなっていますので，過去問を繰り返し解くことで正確な知識を身につけてください。

特別区

債権の効力と契約の解除の双方について２年に１度くらいの頻度で出題されていますので，しっかりと押さえておく必要があります。過去問を繰り返し解くことによって，条文の知識だけでなく，通説の見解や重要判例もしっかり定着させてください。

裁判所職員

よく出題されています。債権の効力と契約の解除の双方について出題されています。以前は単純正誤問題の形式が多かったのですが，最近は組合せ問題の形式で出題されることが多くなっています。このような問題では，選択肢を利用して正解を絞り込むテクニックを身につけることが重要です。

国税専門官・財務専門官・労働基準監督官

最近は全く出題されていませんでしたが，2018年と2019年に債権の効力について出題されました。債権の効力と契約の解除は，他の試験種で出題率が高くなっていることから，多くの受験生がしっかりと準備している分野です。過去問を繰り返し解くことによって，基本的な知識を定着させる必要があるでしょう。

国家総合職（旧国家Ⅰ種）

２年に１度くらいの頻度で出題されています。以前から債権の効力についてはよく出題されていますが，契約の解除も出題されていますので，双方についてしっかりと学習する必要があります。国家総合職では，細かい判例まで出題されていますから，条文を学習する際に，合わせて判例の学習もしっかり行う必要があります。もっとも，過去問の学習だけでは古い判例が多くなってしまいますので，判例集等を利用してできるだけ新しい判例にも目を通しておきましょう。

Advice アドバイス 学習と対策

債権の効力については，債務不履行の種類（履行遅滞，履行不能，不完全履行）によってそれぞれ要件，効果が異なるので，しっかりと整理しましょう。解除については，2017（平成29）年民法改正により変更された点が多いので，まず条文の内容を押さえることが重要です。また，解除と第三者の問題は，債権の問題としてだけでなく，物権の問題としても出題されることがあるので，注意が必要です。

債権の効力

必修問題 セクションテーマを代表する問題に挑戦！

債務不履行に関する問題点は，意外と多く，民法総則などの分野とも絡むので，しっかりと理解しよう。

問 債務不履行の責任等に関する次の記述のうち，妥当なのはどれか。

（国家一般職2021）

1：債務の履行が不能である場合，債権者は，これによって生じた損害の賠償を請求することができるが，契約に基づく債務の履行がその契約の成立時に既に不能であったときは，そもそも債権が発生していないのであるから，その履行の不能によって生じた損害の賠償を請求することはできない。

2：債務者が任意に債務の履行をしない場合，債権者が民事執行法その他強制執行の手続に関する法令の規定に従い履行の強制を裁判所に請求することができるのは，その不履行が債務者の責めに帰すべき事由によって生じたときに限られる。

3：債務が契約によって生じたものである場合において，債権者が債務の履行に代わる損害賠償の請求をすることができるのは，債務の不履行による契約の解除権が発生したときではなく，実際にその解除権を行使したときである。

4：債権者が債務の履行を受けることができない場合において，その債務の目的が特定物の引渡しであるときは，債務者は，履行の提供をした時からその引渡しをするまで，自己の財産に対するのと同一の注意をもって，その物を保存すれば足り，注意義務が軽減される。

5：債務者が，その債務の履行が不能となったのと同一の原因により債務の目的物の代償である権利を取得したときは，債権者は，その受けた損害の額にかかわらず，債務者に対し，その権利の全部の移転を請求することができる。

Guidance ガイダンス

・受領遅滞の場合，債務者の目的物保管義務は軽減される（413条1項）。

・不確定期限債務の場合，債務者は，その期限の到来した後に履行の請求を受けた時またはその期限の到来したことを知った時のいずれか早い時から遅滞の責任を負う（412条2項）。

直前復習

頻出度　地上★★★　国家一般職★★★　特別区★★
裁判所職員★★　国税・財務・労基★★　国家総合職★★

チェック欄

1回目	2回目	3回目

必修問題の解説

〈債務不履行の責任等〉

1 × 債務の履行が契約その他の債務の発生原因および取引上の社会通念に照らして不能である場合，債権者は，その債務の履行を請求することができない（412条の2第1項）。他方，債権者は，履行不能によって生じた損害の賠償を請求することができ（415条1項本文），契約に基づく債務の履行がその契約の成立時に不能（原始的不能）であったとしても，415条により損害賠償を請求することは妨げられない（412条の2第2項）。

2 × 債務者が任意に債務の履行をしないときは，債権者は，民事執行法その他強制執行の手続に関する法令の規定に従い，履行の強制を裁判所に請求することができる（414条1項本文）。債務を履行するのは債務者として当然のことであるから，損害賠償請求（415条1項但書）と異なり，債務の不履行が債務者の責めに帰すべき事由によることは，必要ではない。

3 × 債権者が債務の履行に代わる損害賠償（塡補賠償）の請求ができるのは，①債務の履行が不能であるとき，②債務者がその債務の履行を拒絶する意思を明確に表示したとき，③債務が契約によって生じたものである場合において，その契約が解除され，または債務の不履行による契約の解除権が発生したときである（415条2項）。③で明示されているとおり，実際に解除権を行使することは必要でない。

4 ○ 特定物を引き渡す債務の債務者は，引渡しをするまで，「善良な管理者の注意」をもって目的物を保存する義務（善管注意義務）を負う（400条）。しかし，債権者が債務の履行を受けることを拒み，または受けることができない場合，つまり，受領遅滞となった後は注意義務が軽減され，債務者は，履行の提供をした時から引渡しをするまで，「自己の財産に対するのと同一の注意」をもって目的物を保存すれば足りる（413条1項）。

5 × 債務者が，その債務の履行が不能となったのと同一の原因により債務の目的物の代償である権利（第三者に対する損害賠償請求権など）または利益（保険金など）を取得したときは，公平の観点から，債権者は，その受けた損害の額の限度において，債務者に対し，その権利の移転またはその利益の償還を請求することができる（代償請求権。422条の2）。

正答 4

第2章 SECTION 1 債権の効力・契約の解除

債権の効力

1 履行の強制（強制履行）

債務が任意に履行されない場合の履行の強制（強制履行）について，以下の3種類の方法があります。

① 直接強制

債務者の意思にかかわらず，国家機関が債権の内容を直接的・強制的に実現するもの　ex. 金銭の支払債務，物の引渡債務

② 代替執行

第三者に債権の内容を実現させて，その費用を債務者から取り立てるもの
ex. 建物を収去する（取り壊す）債務

③ 間接強制

債務を履行するまでの間，裁判所が債務者に対して一定の金銭の支払義務を課すことによって，債務者を心理的に圧迫して給付を実現させようとするもの
ex. 建築禁止債務（建ててはいけない建物を建てた場合，建築工事をやめるまで一定の金銭を支払うことを裁判所が命ずることができます）
→ただし，直接強制や代替執行が可能な債務についても，債権者は間接強制を選択可

2 損害賠償請求と解除

民法は，強制執行が功を奏さなかった場合の事後的救済として，債権者に債務不履行に基づく損害賠償請求権を認めています（415条）。

では，損害賠償請求にはどのような要件が必要でしょうか。債務不履行には①履行遅滞，②履行不能，③不完全履行があります。

① 履行遅滞の場合

履行遅滞とは，期限内に債務を履行しないことをいいます。履行遅滞の要件は，㋐履行が可能であること，㋑履行期を徒過したこと（412条参照），㋒履行しないことが違法である（債務者に留置権や同時履行の抗弁権がない）こと，㋓債務者に帰責事由があることです。

なお，いつの時点で履行遅滞になるかは債務の種類により異なります。

【遅滞に陥る時期】

債務の種類	遅滞に陥る時期
確定期限債務	期限到来時（412Ⅰ）
不確定期限債務	債務者が期限到来後に催告を受けた時または期限到来を知った時のいずれか早い時（412Ⅱ）
期限の定めのない債務	債務者が履行の請求を受けた時（412Ⅲ）
期限の定めのない消費貸借	貸主の催告から相当期間経過後（591Ⅰ）
不法行為による損害賠償債務	不法行為時（判例・通説）

履行遅滞の効果として，債権者は，(ア)損害賠償請求をすることができます（415条1項）。なお，(イ)まだ履行が可能である以上，本来の給付をするよう請求することもできますが，(ウ)債権が契約から生じたものである場合，債務者に履行を催告をしても相当期間内に履行されないときには，契約を解除することができます（541条本文）。

② 履行不能の場合

履行不能とは，債務を履行することが不可能なことをいいます。履行不能の要件は，(ア)履行が不可能となったこと（412条の2参照），(イ)不能が違法であること，(ウ)債務者に帰責事由があることです。

履行不能の効果として，債権者は，(ア)損害賠償請求をすることができます（415条1項）。なお，(イ)履行遅滞と異なり催告なしに契約を解除することもできます（542条1項1号）。

③ 不完全履行の場合

不完全履行とは，新車自動車が引き渡されたがエンジンが不調であったなど，債務は一応履行されたものの，それが完全ではない場合をいいます。不完全履行の要件は，(ア)不完全な履行がなされたこと，(イ)不完全履行が違法であること，(ウ)債務者に帰責事由があることです。

不完全履行の効果として，債権者は，(ア)追完（不完全な履行を完全なものにすること）が可能であれば，債務の本旨に従った完全な履行を請求することができます（追完請求権。具体的には修補請求・代物請求など）。(イ)また，追完が可能かどうかを問わず，履行が不完全なことから生ずる損害の賠償を請求することができます（415条1項）。(ウ)さらに，追完が可能であれば，履行遅滞に準じて，催告したうえで解除することができ（541条本文），追完が不可能であれば，履行不能に準じて，催告なしに解除することができます（542条）。

3 受領遅滞

これまでは，債務者が履行をしない場合をみてきました。では，その逆に債権者が債務者の履行に協力をしない場合にはどうなるのでしょうか。これが受領遅滞の問題です。

① 受領遅滞の法的性質

判例・通説は，債権者は給付を受領する権限を有するものの，給付を受領すべき義務を負うことはないとして，受領遅滞の法的性質を公平の観念から特に定められた法定責任であるとします（**法定責任説**）。これに対し，受領遅滞は債権者による債務不履行の一種であるとする見解（**債務不履行説**）も有力です。ここでは，判例・通説に従って説明していきます。

> **ミニ知識** 債務不履行説は，債権者は給付を受領すべき法律上の義務を負い，その不受領は債務不履行になると考えています。債務不履行責任なので，受領遅滞の要件として，債権者の帰責事由が必要となります。

② 受領遅滞の要件

受領遅滞となるためには，**弁済の提供**がなされたが，これを**債権者が受領しないか受領できない**ということが必要です（413条）。ただし，この点についての**債権者の帰責事由は不要**とされています（**法定責任説**）。

③ 受領遅滞の効果

㋐ **注意義務の軽減**（413条１項）

目的物の保管に関する債務者の注意義務の程度が，善良な管理者の注意（400条）から自己の財産に対するのと同一の注意へと軽減されます。

㋑ **増加費用の負担**（413条２項）

受領遅滞の結果として履行の費用が増加した場合，その増加額は**債権者の負担**となります。

㋒ **危険の移転**（413条の２第２項）

債権者が受領遅滞に陥った後に当事者双方の責めに帰することができない事由により履行が不能となった場合（受領遅滞中の履行不能），その履行不能は**債権者の責めに帰すべき事由**によるものとみなされます。

法定責任説に立つ場合，債権者に債務不履行責任は発生しないので，原則として，**債務者の側から契約を解除したり，損害賠償を請求したりすることはできません**。

memo

第2章 SECTION 1 債権の効力・契約の解除

債権の効力

実践 問題 2 基本レベル

頻出度	
	地上★★★　国家一般職★★★　特別区★★ 裁判所職員★★　国税·財務·労基★★　国家総合職★★

問 民法に規定する債務不履行に関する記述として，妥当なのはどれか。

（特別区2015改題）

1：債務の履行について確定期限があるときは，債務者は，その期限の到来した時から遅滞の責任を負うが，債務の履行について期限を定めなかったときは，履行の請求を受けたとしても，遅滞の責任を負うことはない。

2：債務者が任意に債務の履行をしないときは，債務の性質が履行の強制を許さない場合を除いて，債権者は，履行の強制を裁判所に請求することができるので，この場合，債権者は，損害賠償を請求することはできない。

3：債権者が，損害賠償として，その債権の目的である物又は権利の価額の全部の支払を受けたときは，債務者は，その物又は権利について当然に債権者に代位する。

4：最高裁判所の判例では，硫黄鉱区の採掘権を有する者が，鉱石を採掘してこれを売り渡す売買契約において，契約の存続期間を通じて採掘する鉱石の全量を買主に売り渡す約定があったとしても，鉱石市況の悪化を理由として，買主が契約期間内に採掘した鉱石を引き取らないことは，信義則に反しないとした。

5：最高裁判所の判例では，売買契約の目的物である不動産の価格が，売主の所有権移転義務の履行不能後も騰貴を続けているという特別の事情があり，かつ，履行不能の際に売主がそのような特別の事情の存在を知っていたとしても，買主は履行不能時の価格を基準として算定した損害額の賠償を請求すべきとした。

実践 問題 2 の解説

チェック欄		
1回目	2回目	3回目

〈債務不履行〉

1 × 債務の履行について確定期限があるときは，債務者は，「その期限の到来した時」から遅滞の責任を負う（412条1項）。しかし，債務の履行について期限を定めなかったときは，債務者は，「履行の請求を受けた時」から遅滞の責任を負う（同条3項）。

2 × 債務者が任意に債務の履行をしないときは，債務の性質が履行の強制を許さない場合を除いて，債権者は，民事執行法に従って履行の強制を裁判所に請求できる（414条1項）。しかし，債権者は，履行の強制ができる場合でも，債権者に損害があれば，「損害賠償の請求を妨げない」（同条2項）。これは，当然のことを注意的に規定したものにすぎない。

3 ○ 「債権者が，損害賠償として，その債権の目的である物又は権利の価額の全部の支払を受けたときは，債務者は，その物又は権利について当然に債権者に代位する」（損害賠償による代位。422条）。債権者が物または権利について賠償を受けていながら，なおその物または権利を保有することを認めたのでは，二重の利得を認めることになり公平に反するためである。

4 × 判例は，売買契約において，契約期間を通じて採掘する鉱石の全量が売買されるべきと定められている場合，売主は買主に対し鉱石を継続的に供給すべき義務を負うので，信義則に照らし，売主が採掘した鉱石全部を順次買主に出荷できるよう，買主は鉱石を引き取り，かつ，その代金を支払うべき義務を負うと判示した（最判昭46.12.16）。本判例は，413条の受領遅滞の法的性質について，買主はあくまで権利者なので，受領義務はないという法定責任説の立場を前提としつつ，例外的に，信義則上受領義務を認めることができる場合があることを判示した，という評価が可能である。

5 × 債務者（売主）が債務の目的物を不法に処分したために債務が履行不能となった場合における損害賠償額の算定基準時につき，判例は，原則として処分当時（履行不能時）の目的物の時価であるとするが（最判昭37.11.16），履行不能後も「目的物の価格が騰貴を続けているという特別の事情があり，かつ，債務者が，債務を履行不能とした際，右のような特別の事情の存在を知っていたかまたはこれを知りえた場合」には，債権者（買主）は，債務者に対し，「その目的物の騰貴した現在の価格」を基準として算定した損害額の賠償を請求しうると判示した（最判昭47.4.20）。

正答 3

実践 問題 3 基本レベル

頻出度	地上★★★　国家一般職★★★　特別区★★ 裁判所職員★★　国税·財務·労基★★　国家総合職★★

問 債務不履行による損害賠償に関する次の記述のうち，妥当なのはどれか。ただし，争いのあるものは判例の見解による。（国家一般職2016）

1：損害が債務者の帰責事由だけではなく，債権者の過失も原因となって発生した場合には，発生した損害の全てを債務者に負担させることは公平に反するため，裁判所は，債権者の過失に応じて損害賠償額を減額することができるが，債務者の責任全てを免れさせることはできない。

2：債務不履行による損害賠償の方法には，金銭賠償と原状回復とがある。金銭賠償とは金銭を支払うことによって損害が発生しなかった状態を回復するものであり，原状回復とは債務者が自ら又は他人をして現実に損害を回復するものであり，損害賠償の方法としては，金銭賠償が原則である。

3：債務者が，その債務の履行が不能となったのと同一の原因により債務の目的物の代償である利益を取得した場合には，その利益を債務者に享受させることは公平に反するため，債権者は，その受けた損害の額の限度を超えても，債務者に対し，その利益全ての償還を請求することができる。

4：債権者と債務者との間であらかじめ違約金を定めておいた場合には，その違約金は原則として債務不履行に対する制裁であるため，債務者は，債権者に対し，現実に発生した損害賠償額に加えて違約金を支払わなければならない。

5：債務不履行により債権者が損害を被った場合には，債務不履行による損害賠償の範囲は，債務不履行がなければ生じなかった損害全てに及び，特別な事情による損害も，通常生ずべき損害と同様に，損害賠償の対象となる。

チェック欄		
1回目	2回目	3回目

実践 問題 3 の解説

〈債務不履行〉

1 × 債務不履行またはこれによる損害の発生・拡大に関して債権者に過失があったときは，裁判所は，公平の見地からこれを考慮して損害賠償の責任およびその額を定める（418条）。これを過失相殺といい，不法行為にも類似の規定がある（722条2項）。しかし，不法行為と異なり，債務不履行では，①債権者に過失があれば，必ずこれを考慮しなければならない。また，②「額」のみならず「責任」の有無も考慮できるので，債務者の賠償責任自体を否定することも可能である。

2 ○ 債務不履行による損害賠償の方法には，債務不履行による損害を金銭に見積ってその金額を支払う「金銭賠償」と，債務不履行がなかったのと同じ状態に戻す「原状回復」とがある。民法は，便利だからという理由で金銭賠償を原則とした（417条）。

3 × 履行不能が生じたのと同一の原因により債務者が債務の目的物の代償である権利または利益を取得した場合，公平の観点から，債権者は受けた損害の限度でその権利の移転または利益の償還を債務者に請求できる（代償請求権。422条の2）。

4 × 「違約金」の定めには，①損害賠償額の予定である場合と，②違約罰である場合がある。①は，当事者があらかじめ債務不履行の場合の損害賠償の額を約定することであり，現実に発生した損害に代わるものである（420条1項）。これに対して，②は，債務不履行に対する制裁であり，違約金とは別に現実に発生した損害の賠償を請求できる。どちらか明確でない場合は，①の損害賠償額の予定と推定される（同条3項）。したがって，①の場合，債務者は，違約金とは別に現実に発生した損害賠償額を支払う必要はない。

5 × 債務不履行に基づく損害賠償の範囲は，債務不履行がなければ生じなかった損害すべてに及ぶとすると，損害の範囲は際限なく広がってしまい債務者に酷である。そこで，民法は，原則として債務不履行によって通常生ずべき損害（通常損害）に限定し（416条1項），特別の事情によって生じた損害（特別損害）は，当事者がその事情を予見すべきであったときに限り損害賠償の対象となるとした（同条2項）。

正答 2

実践 問題 4 基本レベル

頻出度	地上★★★　国家一般職★★★　特別区★★ 裁判所職員★★　国税·財務·労基★★　国家総合職★★

問 債務不履行に関する次のア～オの記述のうち，適当なもののみを全て挙げているものはどれか（争いのあるときは，判例の見解による。）。

（裁事2016改題）

ア：安全配慮義務の債務不履行に基づく損害賠償債務は，不法行為に基づく損害賠償債務に準じた債務であることから，債務者の義務違反時に発生し，債権者からの履行の請求を受けなくても履行遅滞に陥る。

イ：Xから甲物件を賃借したYは，Xの承諾を得て甲物件をZに転貸していたところ，Zの行為により，甲物件が滅失した。この場合，Xは，Yに対し，X・Y間の賃貸借契約の債務不履行に基づく損害賠償請求をすることができる余地がある。

ウ：Xがその所有する甲建物をYに譲渡し，その後，Yへの所有権移転登記がされる前にZにも甲建物を譲渡して，Zへの所有権移転登記がされた場合，原則として，XのYに対する甲建物所有権移転義務は履行不能となる。

エ：当事者が債務不履行について損害賠償の額を予定している場合，裁判所は，その損害賠償の予定額を増減することはできず，過失相殺により賠償額を減額することもできない。

オ：消費貸借の約定利率が法定利率を超える場合，借主が返済を遅滞したときにおける損害賠償の額は約定利率に基づいて計算されるが，仮に貸主が約定利率以上の損害が生じていることを立証した場合には，その賠償を請求することができる。

1：ア，イ
2：ア，エ
3：イ，ウ
4：ウ，オ
5：エ，オ

チェック欄		
1回目	2回目	3回目

実践 問題 4 の解説

〈債務不履行〉

ア× 判例は，安全配慮義務について，ある法律関係に基づいて特別な社会的接触の関係に入った当事者間において，当該法律関係の付随義務として当事者の一方または双方が相手方に対して信義則上負う義務であるとしており（最判昭50.2.25），不法行為に基づく損害賠償債務に準じた債務とは言っていない。また，安全配慮義務違反を理由とする債務不履行に基づく損害賠償債務は，期限の定めのない債務であるから，債権者から履行の請求を受けた時に履行遅滞となる（412条３項）と解されている（最判昭55.12.18）。

イ○ 承諾ある転貸借において，転借人Ｚが目的物（甲物件）を滅失させた場合について，判例は，転借人Ｚは賃借人Ｙの用法遵守義務（616条・594条１項）・保管義務（400条）の履行補助者であることを理由に，賃借人Ｙの賃貸人Ｘに対する債務不履行責任（415条１項）を肯定する（大判昭4.3.30）。もっとも，2017（平成29）年民法改正により，債務不履行における過失責任主義が否定されたため（同項但書），一般的に，履行補助者の故意・過失を債務者の故意・過失と同視すると説明することは難しくなった。そこで，近時，この問題は，履行補助者の理論ではなく，賃貸借契約の解釈問題として処理すべきであるが，賃貸人のした転貸の承諾（612条１項）には賃借人を免責する趣旨まで含まれないことが多いから，原則として，賃借人は転借人の過失について責任を負うとする見解が有力である（結論は判例と同じ）。

ウ○ 債務の履行が「契約その他の債務の発生原因及び取引上の社会通念に照らして不能であるとき」は，債権者は，その債務の履行を請求することができない（412条の２第１項）。つまり，履行不能には，物理的に不可能な場合だけでなく，社会通念上不可能な場合も含まれる。本記述のように，売主Ｘが不動産（甲建物）を二重譲渡した場合，一方の買主Ｚに対する所有権移転登記が完了した時点で，他方の買主Ｙに対する不動産の所有権を移転すべき債務は履行不能になる（最判昭35.4.21）。

エ× 将来の債務不履行に備えて，あらかじめ損害賠償の額を契約により定めること（損害賠償額の予定）ができる（420条１項）。もっとも，予定賠償額が高すぎる場合や低すぎる場合に，裁判所がその額を公序良俗に反し無効（90条）と判断することや増減することは否定されない。また，判例は，損害賠償額の予定がある場合でも，過失相殺（418条）は排除されず，債務不履行に関し債権者に過失があったときには，特段の事情のない限り，裁判所は損害賠償責任およびその金額を定めるにつき，債権者の過失を考慮すべきであるとした（最判平6.4.21）。

オ × 金銭債務の不履行について，その損害賠償の額は，原則として，債務者が遅滞の責任を負った最初の時点における法定利率によって定めるが，約定利率が法定利率を超える場合には約定利率による（419条1項）。しかし，判例は，金銭を目的とする債務の履行遅滞による損害賠償の額は，たとえ約定または法定の利率以上の損害が生じたことを立証しても，その賠償を請求できないとした（最判昭48.10.11）。

以上より，妥当なものはイ，ウであり，肢3が正解となる。

正答 3

memo

債権の効力

実践 問題 5 基本レベル

頻出度 地上★★★ 国家一般職★★★ 特別区★★ 裁判所職員★★ 国税･財務･労基★★ 国家総合職★★

問 民法に規定する債務不履行に関する記述として，妥当なのはどれか。

（特別区2021）

1：債権者が債務の履行を受けることができない場合において，履行の提供があった時以後に当事者双方の責めに帰することができない事由によってその債務の履行が不能となったときは，その履行の不能は，債務者の責めに帰すべき事由によるものとみなす。

2：債務者が任意に債務の履行をしないときは，債権者は，民事執行法その他強制執行の手続に関する法令の規定に従い，直接強制，代替執行，間接強制その他の方法による履行の強制を裁判所に請求することができるが，債務の性質がこれを許さないときは，この限りでない。

3：債務者がその債務の本旨に従った履行をしないとき，債権者は，その債務の不履行が契約その他の債務の発生原因及び取引上の社会通念に照らして債務者の責めに帰することができない事由によるものであるときであっても，これによって生じた損害の賠償を請求することができる。

4：金銭の給付を目的とする債務の不履行の損害賠償については，債権者が損害の証明をすることを要し，その損害賠償の額は債務者が遅滞の責任を負った最初の時点における法定利率によって定める。

5：当事者は，債務の不履行について損害賠償の額を予定することができるが，当事者が金銭でないものを損害の賠償に充てるべき旨を予定することはできない。

チェック欄		
1回目	2回目	3回目

実践 問題 5 の解説

〈債務不履行〉

1 × 債権者が債務の履行を受けることを拒み，または受けることができない場合（受領遅滞）において，履行の提供があった時以後に当事者双方の責めに帰することができない事由によってその債務の履行が不能となったときは，その履行の不能は，債権者の責めに帰すべき事由によるものとみなされる（413条の2第2項）。

2 ○ 債務者が任意に債務の履行をしないときは，債権者は，民事執行法その他強制執行の手続に関する法令の規定に従い，直接強制，代替執行，間接強制その他の方法による履行の強制を裁判所に請求することができる（414条1項本文）。ただし，債務の性質がこれを許さないとき（作家の執筆債務，夫婦の同居義務〔大決昭5.9.30〕など）は，この限りでない（同条但書）。

3 × 債務者がその債務の本旨に従った履行をしないときまたは債務の履行が不能であるときは，債権者は，これによって生じた損害の賠償を請求することができる（415条1項本文）。ただし，その債務の不履行が契約その他の債務の発生原因および取引上の社会通念に照らして債務者の責めに帰することができない事由によるものであるときは，この限りでない（同項但書）。

4 × 金銭の給付を目的とする債務（金銭債務）の不履行の損害賠償については，債権者は，損害の証明をすることを要しない（419条2項）。また，その損害賠償の額は，原則として，債務者が遅滞の責任を負った最初の時点における法定利率によって定めるが，約定利率が法定利率を超えるときは約定利率によって定める（同条1項）。

5 × 当事者は，債務の不履行について損害賠償の額を予定することができる（420条1項）。また，当事者が金銭でないものを損害賠償に充てるべき旨を予定した場合には，420条が準用される（421条）。

正答 2

債権の効力

実践 問題 6 基本レベル

頻出度	地上★★★ 国家一般職★★★ 特別区★★ 裁判所職員★★ 国税･財務･労基★★ 国家総合職★★

問 債務不履行に基づく損害賠償に関するア～エの記述のうち，妥当なもののみを全て挙げているのはどれか。 （国家一般職2022）

ア：売買契約における債務の不履行に対する損害賠償の請求は，その損害が特別の事情によって生じた場合には，当事者が契約締結時にその事情を予見していたときに限りすることができる。

イ：将来において取得すべき利益についての損害賠償の額を定める場合において，その利益を取得すべき時までの利息相当額を控除するときは，その損害賠償の請求権が生じた時点における法定利率により行う。

ウ：金銭の給付を目的とする債務の不履行に基づく損害賠償については，債務者は，不可抗力をもって抗弁とすることができない。

エ：売買契約の当事者は，債務の不履行について損害賠償の額を予定した場合であっても，解除権を行使することができる。

1：ア，ウ
2：イ，ウ
3：イ，エ
4：ア，イ，エ
5：イ，ウ，エ

実践 問題 6 の解説

チェック欄 1回目 2回目 3回目

〈債務不履行〉

ア× 債務不履行に基づく損害賠償（415条）の範囲は，原則として，債務不履行によって「通常生ずべき損害」（通常損害）に限られるが（416条1項），「特別の事情によって生じた損害」（特別損害）であっても，「当事者がその事情を予見すべきであったとき」は，債権者は，その賠償を請求することができる（同条2項）。416条2項（予見可能性の主体・判定時期）について，判例は，債務者が債務不履行時（履行期）に予見すべきであった事情が基礎になるとしている（大判大7.8.27）。

イ○ 将来において取得すべき利益（人身損害の場合の逸失利益など）についての損害賠償の額を定める場合には，その利益を現在価値に換算するため，その利益を取得すべき時までの利息相当額（中間利息）を控除する必要がある。この中間利息の計算は，その損害賠償請求権が生じた時点における法定利率（現在は年3パーセント。404条2項）により行う（417条の2第1項）。

ウ○ 金銭の給付を目的とする債務（金銭債務）の不履行による損害賠償（419条1項）については，債務者は，不可抗力をもって抗弁とすることができない（同条3項）。その理由は，金銭は相当の利息を支払えば容易に入手できるから，履行不能は考えられないし，帰責事由のない不履行も想定しにくいという点にある。

エ○ 債務不履行があった場合に備えて損害賠償額の予定（420条1項）が存在したとしても，履行の請求または解除権の行使は妨げられない（同条2項）。当然の規定である。

以上より，妥当なものはイ，ウ，エであり，肢5が正解となる。

正答 5

債権の効力

実践 問題 7 基本レベル

頻出度 地上★★★ 国家一般職★★★ 特別区★★ 裁判所職員★★ 国税·財務·労基★★ 国家総合職★★

問 債務不履行に関する次のア～エの記述のうち，妥当なもののみを全て挙げているものはどれか（争いのあるときは，判例の見解による。）。 （裁事2022）

ア：安全配慮義務違反を理由とする債務不履行に基づく損害賠償債務は，損害が発生した時から遅滞に陥る。

イ：債務の履行について不確定期限があるときは，債務者は，その期限の到来した後に履行の請求を受けた時又はその期限の到来を知った時のいずれか早い時から遅滞の責任を負う。

ウ：善意の受益者の不当利得返還債務は，債権者に損失が生じた時から遅滞に陥る。

エ：返還時期の定めがない消費貸借契約において，貸主が相当期間を定めずに目的物の返還を催告したときは，借主は催告の時から相当期間を経過した後に遅滞の責任を負う。

1：ア，イ
2：ア，ウ
3：イ，ウ
4：イ，エ
5：ウ，エ

チェック欄

1回目	2回目	3回目

実践 問題 7 の解説

〈債務不履行（履行遅滞に陥る時期）〉

ア× 判例は，安全配慮義務違反を理由とする債務不履行に基づく損害賠償債務（415条）は，期限の定めのない債務であり，412条3項により債務者が履行の請求を受けた時から遅滞に陥るとしている（最判昭55.12.18）。不法行為に基づく損害賠償債務が，損害の発生と同時に遅滞に陥ると解されていること（最判昭37.9.4）と区別する必要がある。

イ○ 債務の履行について不確定期限があるときは，債務者は，①その期限の到来した後に履行の請求を受けた時，または，②その期限の到来したことを知った時，のいずれか早い時から遅滞の責任を負う（412条2項）。

ウ× 判例は，善意の受益者の不当利得返還債務（703条）は，期限の定めのない債務であり，412条3項により債務者（受益者）が返還請求を受けた時から遅滞に陥るとしている（大判昭2.12.26）。

エ○ 返還時期の定めのない消費貸借においては，貸主は，「相当の期間」を定めて返還の催告をする必要がある（591条1項）。したがって，貸主が相当期間を定めずに目的物の返還を催告しても，借主は催告の時から相当期間を経過した後に遅滞の責任を負うと解されている（大判昭5.1.29）。

以上より，妥当なものはイ，エであり，肢4が正解となる。

正答 4

債権の効力

実践 問題 8 応用レベル

頻出度 地上★　国家一般職★★★　特別区★　裁判所職員★　国税·財務·労基★　国家総合職★★

問 安全配慮義務に関するア～オの記述のうち，判例に照らし，妥当なもののみを全て挙げているのはどれか。（国家総合職2012）

ア：安全配慮義務は，何らかの契約関係に基づいて特別な社会的接触の関係に入った当事者間において当該法律関係の給付義務として当事者の一方又は双方が相手方に対して契約上負う義務として一般的に認められるべきものであって，国と国家公務員との間においても別異に解すべき論拠はなく，国は，国家公務員に対し安全配慮義務を負わなければならない。

イ：国は，自衛隊員を自衛隊車両に公務の遂行として乗車させる場合には，自衛隊員に対する安全配慮義務として，車両の整備を十全ならしめて車両自体から生ずべき危険を防止し，車両の運転者としてその任に適する技能を有する者を選任し，かつ，当該車両を運転する上で特に必要な安全上の注意を与えて車両の運行から生ずる危険を防止すべき義務を負うのであるから，運転者が道路交通法その他の法令に基づいて当然に負うべきものとされる通常の注意義務は，安全配慮義務の内容となり，安全配慮義務の履行補助者たる自衛隊員が当該車両に自ら運転者として乗車する場合において，当該運転者に運転上の注意義務違反があったときには，国の安全配慮義務違反があったというべきである。

ウ：国が国家公務員に対して負う安全配慮義務に違反し，当該公務員の生命，健康等を侵害し，同人に損害を与えたことを理由として損害賠償を請求する訴訟において，安全配慮義務の内容を特定し，かつ，義務違反に該当する事実を主張・立証する責任は，国の義務違反を主張する原告にある。

エ：安全配慮義務違反によって発生する損害賠償債務は，債務不履行に基づくものであるが，不法行為による損害賠償債務に類似することから，期限の定めのない債務であって債権者から履行の請求を受けた時から履行遅滞となり，また，同義務違反によって死亡した者の遺族は，固有の慰謝料請求権を有する。

オ：下請企業の労働者が，請負人の管理する設備，工具等を用い，請負人の指揮，監督を受けて稼働し，その作業内容も請負人の従業員とほとんど同じであった場合であっても，特段の事情がない限り，請負人は，下請企業の労働者との間に特別な社会的接触の関係に入ったとはいえず，当該労働者に対し安全配慮義務を負わない。

1：ア　　2：ウ　　3：ア，ウ　　4：イ，エ　　5：エ，オ

チェック欄		
1回目	2回目	3回目

実践 問題 8 の解説

〈安全配慮義務〉

ア× 安全配慮義務について，判例は，「ある法律関係」（契約関係に限らない）に基づいて特別な社会的接触の関係に入った当事者間において，当該法律関係の「付随義務」（給付義務ではない）として当事者の一方または双方が相手方に対して「信義則上」負う義務（契約上の義務ではない）として一般的に認められるべきものであって，国と公務員との間においても別異に解すべき論拠はなく，国が，公務員に対し安全配慮義務を負い，これを尽くすことが必要不可欠であるとしている（最判昭50.2.25）。

イ× 判例は，①国は自衛隊員に対して本記述の内容の安全配慮義務を負うとするが，②運転者が当然に負うべき通常の注意義務は，国の安全配慮義務の内容に含まれるものではなく，③安全配慮義務の履行補助者たる運転者に運転上の注意義務違反があったからといって，国の安全配慮義務違反があったものとすることはできないとしている（最判昭58.5.27）。

ウ○ 安全配慮義務違反は「債務不履行」としての性格を有するが，国の国家公務員に対する安全配慮義務の違反を理由とする国に対する損害賠償請求訴訟においては，安全配慮義務の内容を特定し，かつ，義務違反に該当する事実を主張・立証する責任は，国の義務違反を主張する原告にあるとするのが判例（最判昭56.2.16）である。

エ× 安全配慮義務違反を理由とする債務不履行に基づく損害賠償債務は，期限の定めのない債務であって，412条３項により債権者から履行の請求を受けた時に履行遅滞となる（最判昭55.12.18）。これは，不法行為に基づく損害賠償債務が不法行為の時から履行遅滞となる（最判昭37.9.4）のとは異なる。また，安全配慮義務違反の債務不履行により死亡した者の遺族は，雇用契約ないしこれに準ずる法律関係の当事者ではないので，固有の慰謝料請求権を有しない（前掲最判昭55.12.18）。これは，不法行為では，被害者の遺族（父母・配偶者・子）に固有の慰謝料請求権が認められている（711条）のとは異なる。

オ× 判例は，下請企業の労働者が元請企業（請負人）で社外工として労務を提供するにあたり，元請企業の管理する設備，工具等を用い，事実上元請企業の指揮，監督を受けて稼働し，その作業内容も元請企業の従業員である本工とほとんど同じであった場合には，元請企業は，下請企業の労働者との間に「特別な社会的接触の関係」に入ったものであり，信義則上，当該労働者に対し安全配慮義務を負うとしている（最判平3.4.11）。

以上より，妥当なものはウであり，肢２が正解となる。

正答 2

債権の効力

実践 問題 9 応用レベル

頻出度			
	地上★	国家一般職★★★	特別区★
	裁判所職員★	国税·財務·労基★	国家総合職★★

問 債務不履行に関する次のア～エの記述の正誤の組合せとして最も適当なものはどれか（争いのあるときは，判例の見解による。）。（裁判所職員2014）

ア：期限の定めのない金銭消費貸借契約の債務者は，債権者から催告を受けた日から履行遅滞となる。

イ：種類物の売買契約において，買主が売主の下を訪れて目的物の引渡しを行うという合意がされた場合に，売主は，買主に対して目的物を引き取りにくるよう通知しただけでは，その後に当該目的物が滅失したときに，売主は同種の物を調達して買主に引き渡さなければ，債務不履行の責任を負う。

ウ：売買契約において，買主が目的物の受領を拒絶した場合，売主は買主の受領拒絶を理由として，債務不履行に基づく損害賠償請求をすることはできない。

エ：売買契約の買主が代金の支払を遅滞したときは，買主において代金支払の遅滞が不可抗力によるものであることを立証すれば，買主は債務不履行の責めを免れることができる。

	ア	イ	ウ	エ
1：	正	誤	正	正
2：	正	誤	正	誤
3：	誤	正	正	誤
4：	誤	正	誤	誤
5：	誤	誤	誤	正

チェック欄		
1回目	2回目	3回目

実践 問題 9 の解説

〈債務不履行〉

ア× 期限の定めのない債務の場合，原則として，債務者は「履行の請求を受けた時」から履行遅滞となる（412条3項）。ただし，期限の定めのない消費貸借では，貸主は「相当の期間」を定めて催告しなければならない（591条1項）。したがって，相当期間を定めずに催告しても，催告の時から相当期間経過後に履行遅滞となる（大判昭5.1.29）。

イ○ 種類債権（買主の種類物引渡債権）は，債務者（売主）が「物の給付をするのに必要な行為を完了」したときに特定するが（401条2項前段），本記述のような取立債務の場合には，債務者が目的物を「分離」し，引渡しの準備を整えてこれを債権者に「通知」することが必要である（通説）。本記述のように，売主が買主に対して目的物を引き取りにくるよう「通知」しただけでは，特定は生じない（最判昭30.10.18）。したがって，その後に当該目的物が滅失したときは，売主は，同種の物を調達して買主に引き渡さなければならず（調達義務の存続），それをしなければ買主に対して債務不履行責任を負う（415条）。

ウ× 本記述の場合，買主の受領遅滞となるが（413条），その効果として，売主による損害賠償請求や契約の解除が認められるかについては争いがある。判例は，法定責任説を基本とし，債権者の受領遅滞を理由とする債務者からの損害賠償請求や契約の解除を否定するが（最判昭40.12.3），継続的な鉱石採掘契約において，信義則に照らして，買主の引取義務を認め，買主の引取拒絶は債務不履行であるとして，売主の損害賠償請求を認めたものもある（最判昭46.12.16）。よって，買主の受領拒絶を理由として，売主の損害賠償請求が認められる場合もある。

エ× 金銭債務（代金債務等）の履行遅滞では，債務者は不可抗力をもって抗弁とすることができない（419条3項）。その理由は，金銭は相当の利息を支払えば容易に入手できるから，履行不能は考えられないという点にある。したがって，買主は，代金支払いの遅滞が不可抗力によるものであることを立証しても，債務不履行責任を免れることができない。

以上より，ア―誤，イ―正，ウ―誤，エ―誤であり，肢4が正解となる。

正答 4

債権の効力

実践 問題 10 応用レベル

頻出度			
	地上★	国家一般職★★★	特別区★
	裁判所職員★	国税·財務·労基★	国家総合職★★

問 債務不履行の責任等に関する次の記述のうち，妥当なのはどれか。ただし，争いのあるものは判例の見解による。 （国家総合職2021）

1：契約の一方当事者が，当該契約の締結に先立ち，信義則上の説明義務に違反して，当該契約を締結するか否かに関する判断に影響を及ぼすべき情報を相手方に提供しなかった場合には，当該一方当事者は，相手方が当該契約を締結したことにより被った損害につき，当該契約上の債務不履行による賠償責任を負うことがあるのは格別，不法行為による賠償責任を負うことはない。

2：安全配慮義務は，ある法律関係に基づいて特別な社会的接触の関係に入った当事者間において，当該法律関係の付随義務として当事者の一方又は双方が相手方に対して信義則上負う義務であるところ，拘置所に収容された被勾留者に対する診療行為に関しては，国と被勾留者との間には特別な社会的接触の関係があり，国は，当該診療行為に関し，かかる安全配慮義務を負担していると解すべきである。

3：債権者が債務の履行を受けることを拒み，又は受けることができない場合であっても，その債務の目的が特定物の引渡しであるときは，債務者は，履行の提供をした時からその引渡しをするまで，契約その他の債権の発生原因及び取引上の社会通念に照らして定まる善良な管理者の注意をもって，その物を保存しなければならない。

4：債務者が任意に債務の履行をしないときは，債権者は，当該債務の性質にかかわらず，民事執行法その他強制執行の手続に関する法令の規定に従い，直接強制，代替執行，間接強制その他の方法による履行の強制を裁判所に請求することができる。

5：債務者が，その債務の履行が不能となったのと同一の原因により債務の目的物の代償である権利又は利益を取得したときは，債権者は，その受けた損害の額の限度において，債務者に対し，その権利の移転又はその利益の償還を請求することができる。

実践 問題 10 の解説

チェック欄		
1回目	2回目	3回目

〈債務不履行の責任等〉

1 × 判例は，契約の一方当事者が，当該契約の締結に先立ち，信義則上の説明義務に違反して，当該契約を締結するか否かに関する判断に影響を及ぼすべき情報を相手方に提供しなかった場合には，不法行為による賠償責任を負うことがあるのは格別，当該契約上の債務の不履行による賠償責任を負うことはないとしている(最判平23.4.22)。なぜなら，後に締結された契約は，上記説明義務の違反によって生じた結果と位置付けられるのであって，上記説明義務をもって上記契約に基づいて生じた義務であるということは，一種の背理だからである。

2 × 安全配慮義務は，「ある法律関係に基づいて特別な社会的接触の関係に入った当事者間において，当該法律関係の付随義務として当事者の一方又は双方が相手方に対して信義則上負う義務として一般的に認められるべきもの」である（最判昭50.2.25)。しかし，拘置所に収容された被勾留者に対する診療行為に関して国の安全配慮義務違反が問題となった事案で，判例は，未決勾留による拘禁関係は，「勾留の裁判に基づき被勾留者の意思にかかわらず形成され，法令等の規定に従って規律されるもの」であり，「当事者の一方又は双方が相手方に対して信義則上の安全配慮義務を負うべき特別な社会的接触の関係とはいえない」ので，国は，拘置所に収容された被勾留者に対して，信義則上の安全配慮義務を負わないとした（最判平28.4.21)。

3 × 特定物の引渡しを目的とする特定物債権の債務者は，その引渡しをするまで，「契約その他の債権の発生原因及び取引上の社会通念に照らして定まる善良な管理者の注意をもって，その物を保存しなければならない」（善管注意義務。400条)。しかし，「債権者が債務の履行を受けることを拒み，又は受けることができない場合」（受領遅滞）には，注意義務は軽減され，債務者は，履行の提供をした時からその引渡しをするまで，「自己の財産に対するのと同一の注意」をもって保存すれば足りる（413条１項)。

4 × 債務者が任意に債務の履行をしないときは，債権者は，民事執行法その他強制執行の手続に関する法令の規定に従い，直接強制，代替執行，間接強制その他の方法による履行の強制を裁判所に請求することができる（414条１項本文)。ただし，債務の性質が履行の強制を許さないとき（たとえば，画家の絵画を描く債務）は，この限りでない（同項但書)。

5 ○ 債務者が，その債務の履行が不能となったのと同一の原因により債務の目的物の代償である権利(第三者に対する損害賠償請求権など)または利益(保険金など）を取得したときは，公平の観点から，債権者は，その受けた損害の額の限度において，債務者に対し，その権利の移転またはその利益の償還を請求することができる（代償請求権。422条の２)。

正答 5

契約の解除

必修問題 セクションテーマを代表する問題に挑戦！

解除の要件と効果，解除と第三者について正確な知識を身につけましょう。

問 債務不履行を理由とする契約の解除に関する次のア～オの記述のうち，妥当なもののみを全て挙げているものはどれか（争いのあるときは，判例の見解による。）。（裁事2022）

ア：債務の全部の履行が不能である場合，債権者が契約を解除するためには催告をする必要がある。

イ：催告をして契約を解除する場合に相当期間を定めないでした催告は，催告時から客観的にみて相当期間が経過したとしても無効である。

ウ：催告をして契約を解除する場合，相当期間経過時における債務の不履行がその契約及び取引上の社会通念に照らして軽微であるときは，債権者は，契約を解除することができない。

エ：解除の意思表示は，解除の理由を示す必要がある。

オ：債務者の帰責事由は，契約を解除するための要件とされていない。

1：ア，イ
2：ア，オ
3：イ，エ
4：ウ，エ
5：ウ，オ

直前復習

頻出度	地上★ 国家一般職★ 特別区★★ 裁判所職員★★★ 国税·財務·労基★ 国家総合職★★

チェック欄		
1回目	2回目	3回目

必修問題の解説

〈契約の解除〉

ア× 債務の全部の履行が不能である場合には，催告をしても無意味であるから，債権者は，催告をすることなく，直ちに契約を解除することができる（542条1項1号）。

イ× 債務者が債務を履行しない（履行遅滞などの債務不履行があった）からといって，債権者は，直ちに契約を解除できるわけではなく，相当の期間を定めてその履行の催告をすることが必要である（541条本文）。もっとも，相当期間を定めた催告を必要とするのは，債務者に最後の履行の機会を与える趣旨である。したがって，相当期間を定めないで催告をした場合であっても，催告が無効になるわけではなく，催告の時から客観的にみて相当期間が経過すれば，解除権は発生する（大判昭2.2.2）。

ウ○ 債務不履行があった場合において，催告後相当期間が経過したときは，債権者は，原則として，契約を解除することができる（記述イの解説参照）。ただし，不履行の程度が軽微な場合にまで解除を認めて，債権者を契約の拘束力から解放するのは妥当でないから，催告期間（相当期間）の経過時における債務の不履行がその契約および取引上の社会通念に照らして軽微であるときは，債権者は，契約を解除することができない（541条但書）。

エ× 解除は，相手方に対する意思表示によって行う（540条1項）。この解除の意思表示において，その理由を示す必要はないとするのが判例である（大判大元.8.5，最判昭58.9.20）。

オ○ 民法は，債務者の帰責事由を解除の要件としていない（541条·542条参照）。これは，債務不履行による解除は債務の履行を得られない債権者を契約の拘束力から解放するための制度であるという理解に立つものである。

以上より，妥当なものはウ，オであり，肢5が正解となる。

正答 5

第2章 SECTION 2 債権の効力・契約の解除

契約の解除

1 解除とは

解除とは，契約の成立後に，当事者の一方的な意思表示によって，契約が初めから存在しなかったのと同様の状態に戻す効果を生じさせる制度をいいます。

2 債務不履行による解除の要件

(1) 催告解除（541条）

① 債務者による履行遅滞

債務者の帰責事由は不要です。

② 相当の期間を定めた履行の催告

期間を定めなかった場合や，定めた期間が不相当に短かった場合も，催告時から客観的にみて相当な期間経過後は解除が可能です（判例）。

③ 催告期間内に履行がないこと

④ 軽微な不履行でないこと

「軽微」かどうかは,「その契約及び取引上の社会通念に照らして」判断されます。

⑤ 不履行につき債権者の帰責事由がないこと（543条）

(2) 無催告解除（542条）

① 542条１項各号，２項各号の事由があること

履行不能，明確な履行拒絶，定期行為の履行遅滞，催告をしても履行の見込みがない場合に無催告解除が認められます。債務者の帰責事由は不要です。

② ①の事由につき債権者の帰責事由がないこと（543条）

3 解除権の行使

解除権は，相手方に対する一方的な意思表示によって行います（単独行為。540条１項）。また,契約の一方または双方に当事者が複数いる場合,解除の意思表示は,当事者の全員から,または全員に対してしなければなりません（**解除権の不可分性**。544条１項）。

4 解除の効果

解除の効果
(1) 契約の遡及的消滅
(2) 原状回復義務
(3) 損害賠償義務

⑴ 契約の遡及的消滅

解除がなされると，契約は初めに遡ってなかったことになり，いまだ履行されていない債務は，当然に消滅します（直接効果説。判例・通説）。

⑵ 原状回復義務

解除がなされるまでに物や金銭の引渡しがあった場合，それを相手方に返還する義務（原状回復義務）が発生します（545条１項）。

⑶ 損害賠償義務

債権者を保護するために債務不履行に基づく損害賠償請求権（415条）は存続します（545条４項）。なお，両当事者の負担する原状回復義務と損害賠償義務は同時履行の関係に立ちます（546条）。

5 解除と第三者

⑴ 解除前の第三者

545条１項但書の「第三者」とは，解除された契約から生じた法律効果を基礎として，解除までに新たな権利を取得した者をいい，解除前の第三者はこれにあたります。この場合，第三者の善意・悪意は問われませんが，不動産売買における第三者がこの保護を受けるには登記が必要です（判例・通説）。

⑵ 解除後の第三者

解除後の第三者には545条１項但書が適用されません。「第三者」とは，解除の遡及効によって害される第三者，すなわち解除前の第三者をいうとされるからです。そして，判例は，解除権者と解除後の第三者との関係は二重譲渡類似の関係にあるとして，対抗問題（177条）として処理します（最判昭35.11.29）。

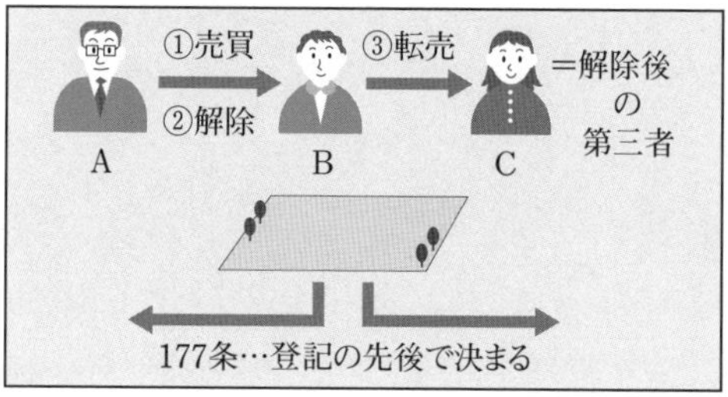

契約の解除

実践 問題 11 基本レベル

頻出度			
	地上★	国家一般職★	特別区★★
	裁判所職員★★★	国税·財務·労基★	国家総合職★★

問 **解除に関する次のア～オの記述のうち，適当なもののみをすべて挙げているのはどれか（争いのあるときは，判例の見解による。）。（裁判所職員2012）**

ア：解除の意思表示は撤回することができない。

イ：期限の定めのない債務につき履行遅滞を理由に解除する場合，債務を履行遅滞に付するための催告と解除の要件としての催告は別個のものであるから，1回の催告で両方の催告を兼ねることはできない。

ウ：履行遅滞を理由に解除するに当たり，期間を定めないで催告をした場合であっても，催告をしてから解除の意思表示をするまでに相当な期間が経過していれば，解除は有効である。

エ：解除の意思表示に条件を付けることはできないから，解除の催告と同時に催告期間内に適法な履行のないことを停止条件として解除の意思表示をしても，当該解除の意思表示は効力を有しない。

オ：民法545条1項ただし書は，解除の遡及効により害される第三者の権利を保護する規定であり，解除前に権利を有するに至った第三者は，解除権を行使する者との関係では，その権利につき対抗要件を具備していなくても保護される。

1：ア，ウ
2：ア，オ
3：イ，ウ
4：イ，エ
5：エ，オ

チェック欄

1回目	2回目	3回目

実践 問題 11 の解説

〈契約の解除〉

ア○ 540条２項は，解除の意思表示の撤回を禁止した。解除の意思表示を任意に撤回できるとすると，相手方の地位が不安定となるからである。なお，相手方の承諾があれば，解除の意思表示の撤回も許されるが（最判昭51.6.15），本記述は，原則である540条２項のとおりであり，判例を否定する記述もないので，妥当であると考えてよい。

イ× 期限の定めのない債務は，催告により債務者の履行遅滞となる（412条３項）。また，履行遅滞を理由として契約を解除するためにも催告が必要である（541条）。このため，期限の定めのない債務の履行遅滞を理由とする解除は，まず催告により債務者を履行遅滞に陥らせ，そのうえでさらに履行の催告をすることが必要となるとも考えられる。しかし，判例は，履行遅滞に付するための催告と解除の要件としての催告を１回の催告で行えるとする（大判大6.6.27）。いずれの催告も履行せよという内容であり，繰り返すのは無駄だからである。

ウ○ 判例は，債権者が期間を定めずに催告した場合であっても，相当の期間の経過後には解除権を行使しうるとする（大判昭2.2.2）。なぜなら，解除までに実質的に与えられた猶予期間が相当であれば，債務者は債務を履行することができるので，債務者に履行遅滞の責任を負担させても不当ではないからである。

エ× 原則として，単独行為について条件を付すことはできない。これを認めると，相手方の地位を不安定にさせるためである。解除の意思表示も単独行為であることから（540条１項参照），条件を付することはできないのが原則である。しかし，「催告期間内に適法な履行」という相手方が当然行うべき行為を停止条件とすることは，相手方に不利益を課すものではないので，このような停止条件付解除の意思表示は効力を有する（大判明43.12.9）。

オ× 判例は，545条１項但書により第三者が保護を受けるためには，その権利につき対抗要件を備えていることを必要とするとしている（最判昭33.6.14）。

以上より，妥当なものはア，ウであり，肢１が正解となる。

正答 1

契約の解除

実践 問題 12 基本レベル

頻出度	地上★	国家一般職★	特別区★★
	裁判所職員★★★	国税・財務・労基★	国家総合職★★

問 民法に規定する契約の解除に関する記述として，通説に照らして，妥当なのはどれか。 **（特別区2016改題）**

1：当事者相互の契約によって解除権が留保されている場合の解除を約定解除というが，解除権の行使方法や効果について，法定解除の限定された要件や効果を修正するためにすることは一切できない。

2：定期行為の履行遅滞による解除の場合，催告をすることなく，直ちに契約を解除したものとみなされるため，定期行為について解除しないで本来の給付を請求することはできない。

3：契約の当事者の一方が数人ある場合には，契約の解除は，その全員から又はその全員に対してのみ，することができ，解除権が当事者のうちの一人について消滅したときは，他の者についても消滅する。

4：解除権が行使されると，解除によって遡及的に契約の効力が失われ，各当事者は相手方を原状に復させる義務を負い，相手方の債務不履行を理由に契約を解除する場合であっても，損害賠償を請求することはできない。

5：解除権を有する者が故意によって契約の目的物を著しく損傷したときは，解除権は消滅するが，加工又は改造によってこれを他の種類の物に変えたときは，解除権は消滅しない。

チェック欄

1回目	2回目	3回目

実践 問題 12 の解説

〈契約の解除〉

1 × 解除には，当事者相互の契約によって留保された解除権を行使して契約を解消する約定解除と，法律の規定によって生じた解除権を行使して契約を解消する法定解除がある。そして，契約自由の原則により，契約当事者は自由に約定解除権を設定することができる。したがって，約定解除では，法定解除の限定された要件（541条～543条）や効果（545条）を修正するために，解除権の行使方法や効果について特別の定めをすることも可能である。

2 × 定期行為とは，契約の性質または当事者の意思表示により，特定の日時または一定の期間内に履行をしなければ契約した目的を達することができない場合をいう。定期行為の履行遅滞の場合，債権者は，催告をすることなく直ちに契約を解除できるのであって（542条1項4号），解除したものとみなされるわけではない。また，契約を解除するか否かは債権者の自由であり，債権者は，解除をしないで，本来の給付を請求することもできる（大判大10.3.2）。

3 ○ 当事者の一方が数人ある場合には，契約の解除は，その全員から，またはその全員に対してのみすることができる（544条1項）。また，解除権が当事者のうちの1人について消滅したときは，他の者についても消滅する（同条2項）。この解除権の不可分性は，当事者が知らない間に契約関係が消滅することを防ぎ，また，一部の当事者についてのみ解除の効果を認めることによる法律関係の複雑化を回避する趣旨である。

4 × 解除権が行使されると，解除によって契約の効力は遡及的に消滅する（直接効果説）。その結果，各当事者は，契約目的物の返還などによって，相手方を原状に復させる義務（原状回復義務）を負う（545条1項本文）。もっとも，解除権の行使は損害賠償の請求を妨げない（同条4項）。これは，解除をした債権者を保護するために，遡及効を制限し，債務不履行による損害賠償請求権が残ることを定めたものである。

5 × 解除権者が「故意若しくは過失によって契約の目的物を著しく損傷し，若しくは返還することができなくなったとき」は，解除権が消滅する（548条本文前段）。なぜなら，解除すれば自分が返還しなければならない物を，自ら返還不能にしておきながら解除権を行使することは，信義則に反するからである。また，「加工若しくは改造によってこれを他の種類の物に変えたとき」も，同様に解除権が消滅する（同条本文後段）。

正答 3

契約の解除

実践 問題 13 基本レベル

頻出度	地上★	国家一般職★	特別区★★
	裁判所職員★★★	国税·財務·労基★	国家総合職★★

問 契約の解除に関するア～オの記述のうち，妥当なもののみを全て挙げているのはどれか。ただし，争いのあるものは判例の見解による。

（国家一般職2019）

ア：当事者の一方が数人ある場合には，契約の解除は，その一人から又はその一人に対してすることができ，また，解除権が当事者のうちの一人について消滅しても，他の者については消滅しない。

イ：契約又は法律の規定により当事者の一方が解除権を有する場合は，その解除は，相手方に対する意思表示によってするが，解除に条件を付けることは認められないことから，当事者の一方がその債務を履行しないときに，履行の催告をすると同時に，相当の期間内に履行しないならば解除する旨の意思表示を行うことはできない。

ウ：解除権の行使について期間の定めがない場合は，相手方は，解除権を有する者に対し，相当の期間を定めて，その期間内に解除するかどうかを確答すべき旨の催告をすることができ，その期間内に解除の通知を受けないときは，解除権は消滅する。

エ：当事者の一方がその解除権を行使した場合は，各当事者は，その相手方を原状に復させる義務を負う。また，解除前の第三者に対しては，原状回復義務を理由としてその権利を害することはできないが，当該第三者が解除原因を知っているときは保護されない。

オ：不動産を目的とする売買契約に基づき買主に移転した所有権が解除によって遡及的に売主に復帰した場合において，売主は，その所有権取得の登記を了しなければ，その契約解除後に買主から不動産を取得した第三者に対し，所有権の取得を対抗することができない。

1：ア，イ
2：ア，エ
3：イ，ウ
4：ウ，オ
5：エ，オ

チェック欄

1回目	2回目	3回目

実践 問題 13 の解説

〈契約の解除〉

ア × 契約の当事者の一方が数人ある場合，契約の解除は，その全員からまたはその全員に対してすることが必要であり（544条1項），解除権が当事者のうちの1人について消滅したときは，他の者についても消滅する（同条2項）。法律関係の複雑化を避ける趣旨であり，これを解除権の不可分性という。

イ × 解除は，相手方に対する意思表示によってする（540条1項）。そして，解除のような単独行為に条件を付けることは，相手方の地位を不安定にするから，原則として認められない（通説）。もっとも，相手方の地位を不安定にしない場合には条件を付けることを認めてもよく，当事者の一方がその債務の履行をしない場合に，履行の催告（541条）と同時に，催告期間内に適法な履行のないことを停止条件とする解除の意思表示をすることは有効であると解されている（大判明43.12.9）。

ウ ○ 解除権の行使について期間の定めがない場合，解除権者がいつまでも解除権を行使しないと，相手方は不安定な状態に置かれる。そこで，相手方は，解除権を有する者に対し，相当の期間を定めて，その期間内に解除するかどうかを確答すべき旨の催告をすることができ，その期間内に解除の通知を受けないときは，解除権は消滅する（547条）。

エ × 当事者の一方が解除権を行使した場合，契約は遡及的に消滅し（直接効果説＝判例・通説），各当事者は，その相手方を原状に復させる義務（原状回復義務）を負う（545条1項本文）。ただし，「第三者」の権利を害することはできない（同項但書）。同項但書は，解除の遡及効によって害される第三者を保護するための規定であるから，解除前の第三者に適用される。また，「第三者」は，解除原因について善意であることを要しない。解除原因があっても解除されるとは限らないので，解除原因の存在を知っているだけでは保護に値しないとはいえないからである。

オ ○ 本記述の第三者は解除後の第三者であるため，545条1項但書によっては保護されない（記述エの解説参照）。そして，解除者と解除後の第三者との関係について，判例は，対抗問題（177条）と捉え，登記の具備により優劣が決まるとする（最判昭35.11.29）。したがって，本記述の場合，売主（解除者）は，その所有権取得の登記を了しなければ，解除後の第三者に対して，所有権の復帰を対抗できない。

以上より，妥当なものはウ，オであり，肢4が正解となる。

正答 4

契約の解除

実践 問題 14 基本レベル

頻出度			
	地上★	国家一般職★	特別区★★
	裁判所職員★★★	国税·財務·労基★	国家総合職★★

問 次のア～エの記述のうち，妥当なもののみを全て挙げているものはどれか（争いのあるときは，判例の見解による。）。　(裁事2019)

ア：同一当事者間に，甲契約及び乙契約の２つの契約が存在する場合であっても，両契約の目的とするところが相互に密接に関連づけられていて，社会通念上，甲契約又は乙契約のいずれかが履行されるだけでは契約を締結した目的が全体としては達成されないと認められる場合には，甲契約上の債務の不履行を理由に，甲契約と併せて乙契約を解除することができる。

イ：履行遅滞を理由とする解除の要件として必要とされる催告は，債務者が履行の機会を与えられることなく解除による不利益を受けることを防ぐ趣旨のものであり，債権者が，期間を定めずにした催告や，定めた期間が不当に短かった催告は，無効である。

ウ：売主Ａが買主Ｂとの間で，甲土地の売買契約を締結し，ＢがＡに対して手付を交付したところ，Ａが履行に着手していた場合には，Ｂが履行に着手していない場合であっても，ＡはＢに対して手付の倍額を償還して，契約の解除をすることができない。

エ：売主Ａが買主Ｂとの間で，第三者Ｃが所有する甲土地の売買契約を締結した場合，売買契約当時からＣに土地を他に譲渡する意思がなく，Ａが土地を取得してＢに移転することができない場合であっても，なおその売買契約は有効に成立する。

1：ア，イ
2：ア，エ
3：イ，ウ
4：イ，エ
5：ウ，エ

チェック欄		
1回目	2回目	3回目

実践 問題 14 の解説

〈解除等〉

ア○ 原則として解除権は契約ごとに発生しているため，甲契約の債務不履行を理由に乙契約を解除することはできない。しかし，判例は，同一当事者間の債権債務関係が，その形式は甲契約および乙契約といった2個以上の契約から成る場合でも，それらの目的が相互に密接に関連付けられていて，社会通念上，甲契約または乙契約のいずれかが履行されるだけでは契約を締結した目的が全体としては達成されないと認められる場合には，甲契約上の債務の不履行を理由に，その債権者は法定解除権の行使として甲契約とあわせて乙契約をも解除できるとしている（最判平8.11.12）。

イ× 履行遅滞を理由とする解除の要件としての催告は，履行して解除を阻止する最後の機会を債務者に与えることで債務者が解除による不利益を受けることを防ぐ趣旨であり，債権者が「相当の期間」を定めて履行の催告をすることが必要である（541条）。しかし，判例は，期間を定めなかった場合や，定めた期間が不当に短かった場合も，催告が無効になるわけではなく，催告の時から客観的にみて相当な期間が経過した場合には，解除権が発生するとしている（大判昭2.2.2，最判昭31.12.6）。

ウ× 買主Bが売主Aに手付を交付した場合，買主Bはその手付を放棄し，売主Aはその倍額を現実に提供して，契約を解除することができるが（解約手付の原則。557条1項本文），相手方が契約の履行に着手した後は解除することができない（同項但書）。したがって，売主Aが履行に着手していたとしても，買主Bが履行に着手していない限り，Aは手付の倍額を償還して，契約を解除することができる。

エ○ 第三者Cが所有する甲土地を売買の目的とした場合，売主Aは甲土地を取得して買主Bに移転する義務を負う（561条）。同条は，他人物売買も有効であることを前提とした規定であり，判例は，目的物（甲土地）の所有者（C）が売買契約成立時から当該目的物を他に譲渡する意思がなく，したがって売主（A）が当該目的物を取得して買主（B）に移転できない場合でも，なおその売買は有効に成立するとしている（最判昭25.10.26）。

以上より，妥当なものはア，エであり，肢2が正解となる。

正答 2

第2章 SECTION 2 債権の効力・契約の解除

契約の解除

実践 問題 15 応用レベル

頻出度			
	地上★	国家一般職★	特別区★
	裁判所職員★★	国税·財務·労基★	国家総合職★★

問 民法に規定する契約の解除に関する記述として，妥当なのはどれか。

(特別区2023)

1：当事者の一方がその解除権を行使した場合は，各当事者は，その相手方を原状に復させる義務を負い，また，この場合において，金銭以外の物を返還するときには，その受領の時以後に生じた果実をも返還しなければならない。

2：解除権を有する者がその解除権を有することを知らずに，故意に契約の目的物を著しく損傷し，又は返還することができなくなったときは，解除権は消滅する。

3：当事者の一方が数人ある場合には，契約の解除は，そのうちの１人から又はそのうちの１人に対してすることができ，当事者のうちの１人の解除権が消滅しても，他の者の解除権は消滅しない。

4：債権者の責めに帰すべき事由により債務者がその債務を履行しない場合において，債権者が相当の期間を定めてその履行の催告をし，その期間内に履行がないときは，債権者は，契約の解除をすることができる。

5：債務者がその債務の一部の履行を拒絶する意思を明確に表示した場合において，残存する部分のみで契約をした目的を達することができるときには，債権者は，催告をすることなく，直ちに契約の全部の解除をすることができる。

実践 問題 15 の解説

〈契約の解除〉

1 ○ 当事者の一方がその解除権を行使したときは，各当事者は，その相手方を原状に復させる義務（原状回復義務）を負う（545条1項本文）。この場合において，金銭を返還するときは，その受領の時からの利息を付さなければならず（同条2項），金銭以外の物を返還するときは，その受領の時以後に生じた果実をも返還しなければならない（同条3項）。

2 × 解除権者が故意または過失によって契約の目的物を，①著しく損傷したとき，②返還することができなくなったとき，③加工または改造によってこれを他の種類の物に変えたときは，解除権は消滅する（548条本文）。上記の場合には，解除権者が解除権を放棄したものとみなすことができるからである。ただし，解除権者がその解除権を有することを知らなかったときは，①②③の行為を行っても，解除権を放棄したとはいえないから，解除権は消滅しない（同条但書）。

3 × 契約当事者の一方が数人いる場合における契約の解除について，544条は，法律関係の複雑化を避けるため，解除権の不可分性を定めている。すなわち，契約当事者の一方が数人いる場合，契約の解除は，その全員からまたはその全員に対してのみ，することができる（同条1項）。また，解除権が当事者のうちの1人について消滅したときは，他の者についても消滅する（同条2項）。

4 × 当事者の一方（債務者）がその債務を履行しない場合において，相手方（債権者）が相当の期間を定めてその履行の催告をし，その期間内に履行がないときは，相手方は，契約を解除することができる（催告解除。541条本文）。しかし，債務の不履行が債権者の責めに帰すべき事由によるものであるときは，債権者は契約を解除することができない（543条）。債務不履行が債権者の帰責事由によって生じた場合にまで解除を認めて，債権者を契約の拘束力から解放することは，公平に反するし，債権者の不当な行動を誘発することになるからである。

5 × 債務者がその債務の一部の履行を拒絶する意思を明確に表示した場合（一部の履行拒絶）において，残存する部分のみでは契約をした目的を達することができないときには，債権者は，催告（肢4の解説参照）をすることなく，直ちに契約の全部を解除すること（無催告解除）ができる（542条1項3号）。他方，一部の履行拒絶の場合であっても，本肢のように，残存する部分のみで契約をした目的を達することができるときには，債権者は，無催告で契約の一部の解除ができるにすぎない（同条2項2号）。

正答 1

第2章

債権の効力・契約の解除

章末 CHECK　? Question

Q1 履行の強制の方法は，直接強制と間接強制のみである。

Q2 物の引渡債務についての強制執行は，直接強制の方法により行うほか，間接強制の方法によっても行うことができる。

Q3 絵を描く債務については，直接強制・代替執行をすることはできないが，間接強制をすることはできる。

Q4 履行遅滞に陥った場合には，消滅時効も同時に進行する。

Q5 確定期限のある債務は，債務者が期限の到来を知った時に遅滞となる。

Q6 不確定期限債務の期限到来後，債権者が債務者に催告をしたとしても，債務者が期限到来の事実を知らなければ履行遅滞とはならない。

Q7 期限の定めのない消費貸借において，相当の期間を定めずに貸主が催告をしたときは，催告後相当期間経過後に遅滞となる。

Q8 不法行為に基づく損害賠償債務は，不法行為時から遅滞となる。

Q9 債権者が受領遅滞に陥った場合，債務者は債権者に対し，保管費用および弁済費用の増加額の支払いを請求することができる。

Q10 解除事由は法律上認められた事由に限られ，当事者の合意により解除事由を定めることはできない。

Q11 履行遅滞による解除の場合の催告は，常に相当の期間の定めをしなければ，解除の効力を生じない。

Q12 履行不能による解除の場合には，履行遅滞による解除と異なり，催告をしなくてよい。

Q13 解除の意思表示は，たとえ相手方の同意があったとしても，撤回することができない。

Q14 民法545条1項における「第三者」とは，解除された契約から生じた法律効果を基礎として，解除までに新たな権利を取得した者を指す。

Answer

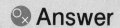

A1 × 履行の強制の方法には，直接強制，間接強制，代替執行などがある（414条１項）。

A2 ○ 直接強制が可能な場合であっても，債権者の申立てにより間接強制を用いることができる（民事執行法173条１項）。

A3 × 絵を描く債務は，債務者の意思を強制しては，債権内容に適した給付とならないので，間接強制になじまないとされる。

A4 × 確定期限がある場合には本問のとおりであるが，不確定期限がある場合および期限の定めがない場合には，履行遅滞の発生と同時に消滅時効が進行するとは限らない（166条１項，412条２項・３項）。

A5 × 確定期限付債務は，期限の到来により遅滞となる（412条１項）。

A6 × 不確定期限付債務に関して，債務者が期限の到来を知らなくても，期限到来後に債権者が催告をした場合は，催告の時から遅滞を生じる（412条２項）。

A7 ○ 返還時期を定めなかった消費貸借では，貸主が相当の期間を定めて催告し，その期間が経過した時に履行遅滞に陥る（591条１項）。貸主が相当の期間を定めないで催告した場合でも，催告後相当期間経過後に遅滞を生じる（大判昭5.1.29）。

A8 ○ 不法行為に基づく損害賠償債務は，法律の規定により生じる債務であり，期限の定めのない債務である。しかし，被害者保護のため，催告を要することなく，損害の発生と同時に遅滞となるとするのが判例である（最判昭37.9.4）。

A9 ○ 受領遅滞の効果として，増加費用は債権者の負担となる（413条２項）。

A10 × 解除は，法定の解除事由のみならず，「契約」すなわち約定による解除事由に基づくことも可能である（540条１項）。

A11 × 相当の期間を定めずに催告しても，相当期間経過後に解除すれば有効である（大判昭2.2.2）。

A12 ○ 履行不能を理由として解除をする場合，催告は不要である（542条１項１号）。

A13 × 解除の意思表示は，撤回することができないの原則である（540条２項）。しかし，本条は相手方に不当な不利益を被らせないようにするために設けられた規定であるから，相手方が同意している場合には撤回をすることができる（最判昭51.6.15）。

A14 ○ 判例は本問のとおり解している（大判明42.5.14）。

memo

第3章

責任財産の保全

SECTION

第3章　責任財産の保全

出題傾向の分析と対策

試験名	地上			国家一般職（旧国Ⅱ）			特別区			裁判所職員			国税・財務・労基			国家総合職（旧国Ⅰ）		
年度	15-17	18-20	21-23	15-17	18-20	21-23	15-17	18-20	21-23	15-17	18-20	21-23	15-17	18-20	21-23	15-17	18-20	21-23
出題数 / セクション					1	1	1		2	1	2	2	1		2	2	2	
債権者代位権						★	★		★		★★	★	★		★	★	★★	
詐害行為取消権					★		★		★	★	★	★★	★		★	★	★	

（注）１つの問題において複数の分野が出題されることがあるため，星の数の合計と出題数とが一致しないことがあります。

責任財産の保全は，債権者代位権，詐害行為取消権の双方についてよく出題されています。試験種によっては，この２つをほぼ交互に出題することもあれば，同年に両方を出題することもあります。いずれにしても，しばらく出題されていない場合は注意が必要です。なお，2017（平成29）年民法改正により債権者代位権・詐害行為取消権に関する条文の数が大幅に増えたため，今後，過去問で出題されていない条文の内容を問う問題が出題されることも予想されるので，まず条文の内容を押さえることが重要です。

地方上級

３年に１度くらいの頻度で出題されていましたが，最近は出題されていません。債権者代位権，詐害行為取消権ともに基本的な内容について問われていますので，過去問を繰り返し解き知識を定着させることで，十分対処できます。債権者代位権，詐害行為取消権をそれぞれ比較して理解することも必要となります。

国家一般職（旧国家Ⅱ種）

最近は出題されていませんでしたが，2020年に詐害行為取消権，2021年に債権者代位権が出題されました。もっとも，国家一般職では，債権者代位権および詐害行為取消権が同じ年に同時に出題されることもありましたので，双方を万全に準備したいところです。奇をてらった問題はなく，基本的な内容について判例と合わせて出題されていますが，近年では組合せ問題が多くなっていますので，正確な知識が必要です。過去問を繰り返し解くことによって，知識を定着させてください。

特別区

3年に1度くらいの頻度で出題されています。基本的な内容について判例と合わせて出題されていますので，過去問を繰り返し解くことによって，条文・判例をしっかりと理解してください。債権者代位権，詐害行為取消権をそれぞれ比較して理解することも必要となります。

裁判所職員

よく出題されています。債権者代位権および詐害行為取消権について，同じ年に同時に出題されることもあります。重要な判例について理解を問う問題が多いので，過去問に出てくる判例は確実に押さえましょう。近年は組合せ問題が多くなっていますので，正確な知識を持つことが必要となります。

国税専門官・財務専門官・労働基準監督官

3年に1度くらいの頻度で出題されています。債権者代位権，詐害行為取消権ともに，条文知識のほか判例に照らして妥当かどうかを問う形式で出題されていますが，ほとんどが過去問の範囲でカバーできるものとなっています。近年は組合せ問題が多くなっていますので，過去問を繰り返し解くことで正確な知識を定着させましょう。

国家総合職（旧国家Ⅰ種）

よく出題されています。国家総合職においても，出題される内容は，他の試験種と同様に条文の知識や重要判例の理解がほとんどです。ただし，他の試験種と同様，今後，過去問で出題されていない条文の内容を問う問題が出題されることも予想されるので，まず条文の内容を押さえることが重要です。

Advice アドバイス 学習と対策

債権者代位権と詐害行為取消権については，過去問も多くそろっていますので，まず過去問で問われた内容を完璧に覚えましょう。その際，債権者代位権と詐害行為取消権の相違点を押さえてください。また，債権者代位権の転用事例は頻出ですから，注意して学習してください。

第3章 SECTION 1

責任財産の保全

債権者代位権

必修問題 セクションテーマを代表する問題に挑戦！

債権者代位権の制度趣旨を押さえたうえで，過去問と重要判例をしっかり押さえましょう。

問 民法に規定する債権者代位権に関するA～Dの記述のうち，妥当なものを選んだ組合せはどれか。（特別区2021）

A：債権者は，その債権が強制執行により実現することのできないものであるときは，被代位権利を行使することができない。

B：債権者は，その債権の期限が到来しない間は，保存行為であっても，裁判上の代位によらなければ被代位権利を行使することができない。

C：債権者は，被代位権利を行使する場合において，被代位権利が金銭の支払を目的とするものであるときは，相手方に対し，金銭の支払を自己に対してすることを求めることができない。

D：債権者が被代位権利を行使した場合であっても，債務者は，被代位権利について，自ら取立てその他の処分をすることを妨げられず，この場合においては，相手方も，被代位権利について，債務者に対して履行をすることを妨げられない。

1：A　B
2：A　C
3：A　D
4：B　C
5：B　D

直前復習

Guidance ガイダンス

債権者代位権の要件

・被保全債権が金銭債権であること（例外あり）
・被保全債権が弁済期にあること（例外あり）
・債務者が無資力であること（例外あり）
・債務者がいまだに権利を行使していないこと
・債権者代位権の目的とならない権利
　→一身専属権（扶養請求権等）と差押えを禁じられた権利

頻出度	地上★	国家一般職★	特別区★★
	裁判所職員★★	国税・財務・労基★★	国家総合職★★

必修問題の解説

チェック欄		
1回目	2回目	3回目

〈債権者代位権〉

A ○ 債権者は，自己の債権を保全するため必要があるときは，債務者に属する権利（被代位権利）を行使することができるが（423条1項本文），その債権が強制執行により実現することのできないものであるときは，被代位権利を行使することができない（同条3項）。債権者代位権は，債務者の責任財産を保全し強制執行の準備をするための制度だからである。

B × 債権者代位権は強制執行の準備をするための制度だから，被保全債権の期限が到来しない間（強制執行が可能となる前）は，原則として，債権者は被代位権利を行使できない（423条2項本文）。ただし，債務者の財産の現状を維持する保存行為（未登記の権利の登記，消滅時効の完成猶予など）の場合には，被保全債権の履行期前でも被代位権利を行使できる（同項但書）。履行期前に行使したとしても債務者に不利益はないし，急を要することが多いからである。なお，かつては，もう1つの例外として，裁判上の代位という制度（旧423条2項本文）があったが，ほとんど利用されていなかったので，2017（平成29）年改正によって廃止された。

C × 債権者は，被代位権利を行使する場合において，被代位権利が金銭の支払いを目的とするものであるときは，相手方に対し，その支払いを自己に対してすることを求めることができる（423条の3前段）。これを認めないと，債務者が受領を拒絶しているときに代位権行使の目的を達成できないからである。

D ○ 債権者が被代位権利を行使した場合であっても，債務者は，被代位権利について，自ら取立てその他の処分をすることを妨げられない（423条の5前段）。この場合においては，相手方も，被代位権利について，債務者に対して履行をすることを妨げられない（同条後段）。

以上より，妥当なものはA，Dであり，肢3が正解となる。

正答 3

第3章 SECTION 1 責任財産の保全 債権者代位権

1 債権者代位権の制度目的

債権者代位権とは，強制執行の準備として，債務者の責任財産の保全をするため，債務者の権利を債務者に代わって債権者自身が行使する権利をいいます（423条）。

たとえば，AさんがBさんに1,000万円の債権を有していたとしても，Bさんが債務を履行しなければ債権者のAさんは，Bさんの財産に強制執行して取り立てるしかありません。この場合に，強制執行の目的となる財産を責任財産といいます。ただ，債務者にも財産管理の自由が認められる以上，この責任財産が十分に確保されていないおそれもあります。そこで，民法は一定の要件の下に，債務者の財産管理に干渉することを認めたのです。

2 債権者代位権の要件など

(1) 要件について

債権者代位権の要件
① 被保全債権が金銭債権であること
② 被保全債権が弁済期にあること
③ 債務者が無資力であること
④ 債務者がいまだに権利を行使していないこと

第1に，①**被保全債権**（**債権者代位権の行使により保全される，債権者の債務者に対する債権**）**が金銭債権であること**が必要です。債権者代位権は，債務者の責任財産保全により，債権者が債務者の責任財産から金銭的に満足を受けることを目的とするからです。

第2に，②**被保全債権が弁済期にあること**が必要です（423条2項本文）。弁済期到来前に債権者代位権の行使を認めると，債務者の財産管理の自由への過度の干渉になるからです。ただし，保存行為（債務者の有する債権の消滅時効の完成を阻止する行為など）については，被保全債権の弁済期が未到来でも行うことができます（同項但書）。

第3に，③**債務者が無資力であること**が必要です。債務者の財産が十分にある場合には，債務者の財産管理への干渉を認める必要はないからです。

第4に，④**債務者がすでに自分の権利を行使している場合には，その結果がどうであれ，債権者は債権者代位権を行使することはできません。**

補足 代位権の行使として金銭の支払いや動産の引渡しを求める場合，債権者は直接自分に支払いや引渡しをすることを請求できます（423条の3）。

(2) 債権者代位権の行使の範囲

債務者に属する権利（被代位権利）が金銭債権のように可分である場合，債権者代位権の行使が認められる範囲は，あくまで被保全債権の額が限度とされています（423条の２）。先ほどの例でいえば，ＡさんがＢさんに対して有する債権が1,000万円の貸金債権である場合には，代位行使できる範囲も1,000万円に限られることになります。

(3) 債権者代位権の目的とならない権利（423条１項但書）

① **債務者の行使上の一身専属権（権利を行使するか否かを権利者の意思に任せるべきもの）**

ex. 扶養請求権，認知請求権など

② **差押えを禁じられた権利**

ex. 恩給の受給権，給料債権など

判例チェック　名誉権侵害による慰謝料請求権は一身専属権ですが，具体的金額が当事者間において客観的に確定したときは，債権者代位権の対象となります（最判昭58.10.6)。

(4) 債権者代位権の行使方法

債権者は債務者の債権を債権者自身の名において行使します。すなわち，債権者代位権とは，他人の権利を自己の名で行使するものであって，債務者の代理人として行使するものではありません。

また，債権者代位権は訴えにより請求する必要はなく，裁判外で直接第三者に対して請求することができます。

3 債権者代位権の転用

特定債権（金銭債権以外の債権）の保全のためであっても，債権者代位権の転用を認めるだけの必要性・合理性がある場合には債権者代位権の転用は認められるとされています。また，この場合，債務者の無資力要件は不要とされています。

民法は，明文で，登記請求権の代位行使を認めています（423条の７）。また，土地の賃借人が不法占拠者を追い出して自己の土地賃借権を保全するために，土地の所有者である賃貸人が有する妨害排除請求権を代位行使することを認めた判例もあります（大判昭4.12.16)。

債権者代位権

実践 問題 16 基本レベル

頻出度 地上★ 国家一般職★ 特別区★★ 裁判所職員★★ 国税·財務·労基★★ 国家総合職★★

問 債権者代位権に関する次の記述のうち，妥当なのはどれか。ただし，争いのあるものは判例の見解による。 (国税2010)

1：債権者が債権者代位権の行使によって債務者の第三債務者に対する金銭債権を行使する場合，債務者への金銭の引渡しを求めることはもちろん，債権者自身への直接の引渡しを求めることも認められる。

2：債権者が，自己の有する500万円の金銭債権を保全するために債務者の有する1,000万円の金銭債権を代位行使する場合，代位行使することができる金額は1,000万円全額であり，被保全債権である500万円に限定されない。

3：債権者代位権は債権者の債権の引当てとなる債務者の責任財産を保全するための制度であるから，被保全債権は金銭債権であることが必要であり，金銭以外の債権を保全するために用いることは認められない。

4：債権者代位権は裁判上でのみ行使することができ，裁判外で行使することは認められない。

5：債権者代位における債権者は債務者の債権を代位行使するにすぎないから，自己の名で権利行使することは認められず，あくまで債務者の代理人としての地位に基づきこれを行使することができるにとどまる。

チェック欄		
1回目	2回目	3回目

実践 問題 16 の解説

〈債権者代位権〉

1 ○ 債権者が債権者代位権（423条１項本文）の行使によって債務者の第三債務者に対する金銭債権を行使する場合，債権者は，第三債務者に対して，①債務者への支払いを求めることができるだけでなく，②債権者自身への直接の支払いを求めることもできる（423条の３前段）。②を認めないと，債務者が弁済の受領を拒絶しているときに代位権行使の目的を達成できないからである。

2 × 被代位権利の目的が可分である場合，債権者は，自己の債権の額の限度においてのみ，被代位権利を行使することができる（423条の２）。したがって，債権者が自己の有する500万円の金銭債権を保全するために，債務者の有する1,000万円の金銭債権を代位行使する場合，代位行使することができる金額は被保全債権である500万円の範囲に限定される。

3 × 債権者代位権は，強制執行の準備として，債権者の債権の引当てとなる債務者の責任財産を保全するための制度であるから，被保全債権は「金銭債権」であることが予定されている。しかし，判例は，金銭債権以外の「特定債権」（登記請求権，賃借権等）を保全するために債権者代位権を行使することを認めている（債権者代位権の転用。大判昭4.12.16等）。民法も登記・登録請求権を保全するための債権者代位権を認めている（423条の７）。

4 × 債権者代位権は，詐害行為取消権（424条１項）とは異なり，裁判外で行使することもできる。

5 × 債権者代位権の行使は，債権者が自己の名で自ら債務者の債権を行使するものである。代位債権者は，債務者の代理人としてではなく，自己の名で債務者に属する権利を行使する（大判昭9.5.22）。

正答 1

第3章 SECTION 1 責任財産の保全

債権者代位権

実践 問題 17 基本レベル

頻出度			
	地上★	国家一般職★	特別区★★
	裁判所職員★★	国税·財務·労基★★	国家総合職★★

問 民法に規定する債権者代位権に関する記述として，判例，通説に照らして，妥当なのはどれか。 **(特別区2013改題)**

1：債権者は，その債権の期限が到来しない間は，代位権を行使することができず，時効の完成を阻止する行為などの保存行為についても，代位権を行使することはできない。

2：債権者代位における債権者は，債務者の代理人として債務者に属する権利を行使することができるが，自己の名においてその権利を行使することはできない。

3：債権者が，特定物に関する債権を保全するため代位権を行使するためには，金銭債権を保全するために代位権を行使する場合と同様に，債務者が無資力であることが必要である。

4：最高裁判所の判例では，債務者がすでに自ら権利を行使している場合であっても，その行使の方法又は結果が債権者にとって不利益になる場合には，債権者は代位権を行使することができるとした。

5：債権者が債務者に対する金銭債権に基づいて債務者の第三債務者に対する金銭債権を代位行使する場合においては，債権者は自己の債権額の範囲においてのみ債務者の債権を行使しうる。

チェック欄		
1回目	2回目	3回目

実践 問題 17 の解説

〈債権者代位権〉

1 × 債権者代位権を行使するためには，債権者の債権（被保全債権）が弁済期にあることが必要である（423条2項本文）。ただし，時効の完成を阻止する行為などの「保存行為」（債務者の財産の減少を防止する行為）については，弁済期前でも代位行使できる（同項但書）。

2 × 判例は，債権者代位における債権者は，債務者の代理人としてではなく，自己の名で債務者に属する権利を行使するとした（大判昭9.5.22）。

3 × 「金銭債権」保全のために代位権を行使する場合，債権者代位権の要件としての保全の必要性（423条1項本文）とは，債務者が債権を弁済するに足りる資力を有しないこと（債務者の無資力）を意味する，とするのが判例である（最判昭40.10.12）。債務者の資力が十分にあれば，代位権行使を認めなくても，債権者の金銭債権は満足できるからである。これに対して，「特定物に関する債権」（非金銭債権）保全のために代位権を行使する場合（債権者代位権の転用），その債権の実現可能性は債務者の資力の有無とは無関係だから，債務者の無資力要件は不要であるとするのが判例（大判昭4.12.16等）である。

4 × 債権者代位権を行使するためには，債務者自身が代位の対象となる権利を行使していないことが必要である。債権者代位権は債務者の財産の自由処分に対する干渉なので，必要最小限に限定されるべきだからである。したがって，債務者がすでに自らその権利を行使したときは，たとえその行使の方法または結果が債権者にとって不利益となる場合であっても，債権者はもはやその権利を代位行使できない，とするのが判例である（最判昭28.12.14）。

5 ○ 金銭債権のように被代位権利の目的が可分である場合，債権者は，自己の債権の額の限度においてのみ，被代位権利を行使することができる（423条の2）。

正答 5

第3章 SECTION 1 責任財産の保全

債権者代位権

実践 問題 18 基本レベル

頻出度	
	地上★　国家一般職★　特別区★★
	裁判所職員★★　国税･財務･労基★★　国家総合職★★

問 **債権者代位権に関する次のア～オの記述のうち，適当なもののみを全て挙げているものはどれか（争いのあるときは，判例の見解による。）。**

（裁判所職員2014改題）

ア：甲が乙に対してＡ土地を売却し，さらに，乙は丙に対してＡ土地を売却したところ，乙が甲からＡ土地の所有権移転登記を経ていない場合，乙が無資力でなければ，丙は乙の甲に対する所有権移転登記請求権を代位行使することができない。

イ：債権者代位権を行使するためには，代位して行使する権利が発生するよりも前に被保全債権が成立していることが必要である。

ウ：甲からＡ土地を賃借している乙は，Ａ土地を不法占有している丙に対して，甲の丙に対する所有権に基づく妨害排除請求権を代位行使し，Ａ土地を乙に明け渡すよう請求することができる。

エ：甲が乙にＡ土地を売却したが，まだＡ土地の所有権移転登記手続をしていないときに，甲に対して債権を有する丙が，同債権を被保全債権として，甲の乙に対する売買代金債権を代位行使した場合，乙は，甲に対して主張できた同時履行の抗弁権を丙に対しては主張することができない。

オ：遺留分権利者が遺留分侵害額請求権を第三者に譲渡するなどして，その権利行使の確定的意思を外部に表明した場合には，債権者代位権に基づき遺留分侵害額請求権を代位行使することができる。

1：ア，エ
2：イ，ウ
3：ウ，オ
4：エ，イ
5：オ，ア

チェック欄		
1回目	2回目	3回目

実践 問題 18 の解説

〈債権者代位権〉

ア× 本記述の場合，丙は，乙に対する所有権移転登記請求権を保全するために，乙の甲に対する所有権移転登記請求権を代位行使できる（423条の7）。そして，所有権移転登記請求権（非金銭債権）のような債務者の資力の有無にかかわらない権利を保全するために債権者代位権が利用される場合（債権者代位権の転用）には，債務者（乙）の無資力を必要としない。

イ× 債権者代位権で問題となるのは，債務者の権利不行使による責任財産の減少であるから，債権者代位権を行使するためには，代位権行使時に被保全債権が有効に存在していればよいのであって，被保全債権が代位される権利よりも前に成立している必要はない（最判昭33.7.15）。

ウ○ 本記述の場合，乙は，甲に対する賃借権（非金銭債権）を保全するために，甲の丙に対する所有権に基づく妨害排除請求権を代位行使できる（大判昭4.12.16）。この場合も，債権者代位権の転用であるから，債務者甲の無資力を必要としない（同判決）。さらに，乙が甲の丙に対する妨害排除請求権を代位行使する場合，自己へのA土地の明渡しも請求できる（最判昭29.9.24）。これを認めないと，甲が受領を拒絶しているときに代位権行使の目的を達成できないからである。

エ× 本記述の場合，丙が行使しているのは甲の権利であるから，乙は甲自らが権利行使する場合に比べて不利な地位に置かれるべきではない。したがって，第三債務者乙は，債務者甲に主張できる抗弁（同時履行の抗弁権等）を，債権者丙に対しても主張できる（423条の4）。

オ○ 2018（平成30）年民法改正前の判例は，遺留分減殺請求権（現在の遺留分侵害額請求権。1046条1項）は，遺留分権利者がこれを第三者に譲渡するなど権利行使の確定的意思を有することを外部に表明したと認められる特段の事情がある場合を除き，債権者代位（423条）の目的とすることができないとしている（最判平13.11.22）。したがって，遺留分権利者がその権利行使の確定的意思を外部に表明した場合には，遺留分侵害額請求権も債権者代位権の目的となりうる。

以上より，妥当なものはウ，オであり，肢3が正解となる。

正答 3

第3章 SECTION 1 責任財産の保全

債権者代位権

実践 問題 19 基本レベル

頻出度			
	地上★	国家一般職★	特別区★★
	裁判所職員★★	国税·財務·労基★★	国家総合職★★

問 債権者代位権に関するア～オの記述のうち，妥当なもののみを全て挙げているのはどれか。（国家一般職2021）

ア：債権者は，その債権の期限が到来しない間であっても，裁判上の代位によれば，債務者に属する権利を行使することができる。

イ：債権者は，債務者に属する権利を行使する場合において，その権利の目的が可分であるときは，自己の債権の額の限度においてのみ，その権利を代位行使することができる。

ウ：債権者は，債務者に属する権利を行使する場合において，その権利が金銭の支払を目的とするものであるときは，相手方に対し，その支払を債務者に対してすることを求めることはできるが，自己に対してすることを求めることはできない。

エ：債権者が債務者に属する権利を行使した場合であっても，債務者は，その権利について，自ら取立てをすることができる。

オ：登記をしなければ権利の得喪及び変更を第三者に対抗することができない財産を譲り受けた者は，その譲渡人が第三者に対して有する登記手続をすべきことを請求する権利を行使しないときであっても，その第三者の同意を得れば，その権利を行使することができる。

1：ア，イ
2：ア，オ
3：イ，エ
4：ウ，エ
5：ウ，オ

直前復習

チェック欄		
1回目	2回目	3回目

実践 問題 19 の解説

〈債権者代位権〉

ア× 債権者代位権は強制執行の準備をするための制度だから，被保全債権の期限が到来しない間（強制執行が可能となる前）は，原則として，債権者は被代位権利（債務者に属する権利）を行使できない（423条2項本文）。ただし，債務者の財産の現状を維持する保存行為（未登記の権利の登記，消滅時効の完成猶予など）の場合には，被保全債権の履行期前でも被代位権利を行使できる（同項但書）。なお，かつては，もう1つの例外として，裁判上の代位という制度（旧423条2項本文）があったが，ほとんど利用されていなかったので，2017（平成29）年改正によって廃止された。

イ○ 債権者代位権は，債権の保全のために例外的に債務者の財産処分への干渉が認められるのだから，その行使の範囲は，債権保全のために必要最小限の範囲に限られる。したがって，債権者は，金銭債権のように被代位権利の目的が可分であるときは，自己の債権（被保全債権）の額の限度においてのみ，被代位権利を行使できる（423条の2）。

ウ× 債権者は，被代位権利が金銭の支払いを目的とするものであるときは，相手方に対し，その支払いを自己に対してすることを求めることができる（423条の3前段）。これを認めないと，債務者が受領を拒絶しているときに代位権行使の目的を達成できないからである。

エ○ 債権者が被代位権利を行使した場合であっても，債務者は，被代位権利について，自ら取立てその他の処分をすることを妨げられない（423条の5前段）。債権者が債権者代位権の行使に着手した後であっても，債務者が自ら権利を行使するのであれば，それによって債務者の責任財産は維持されるのであり，それにもかかわらず，債務者による処分を制限するのは，債務者の財産管理に対する過剰な介入となるからである。

オ× たとえば，不動産がC→B→Aへと譲渡されたが，登記名義がCに残っている場合に，判例は，Aが，AのBに対する登記請求権を保全するために，BのCに対する登記請求権を代位行使できるとしていた（大判明43.7.6）。この登記請求権の代位行使は，被保全債権が金銭債権ではなく登記請求権である点，債務者の無資力が要求されない点に特色がある（債権者代位権の転用）。2017（平成29）年改正民法は，この判例を明文化した。すなわち，登記（登録）をしなければ権利の得喪および変更を第三者に対抗することができない財産を譲り受けた者（上例のA）は，その譲渡人（B）が第三者（C）に対して有する登記（登録）手続をすべきことを請求する権利を行使しないときは，その権利を行使することができる（423条の7）。この代位行使をする場合に，第三者の同意を得る必要はない。

以上より，妥当なものはイ，エであり，肢3が正解となる。

正答 3

債権者代位権

実践 問題 20 基本レベル

頻出度			
	地上★	国家一般職★	特別区★★
	裁判所職員★★	国税･財務･労基★★	国家総合職★★

問 **債権者代位権に関するア～オの記述のうち，妥当なもののみを全て挙げているのはどれか。** **(国税・財務・労基2022)**

ア：債権者は，債権者代位権を，債務者の代理人として行使するのではなく自己の名において行使することができるが，相手方は，債務者に対して主張することができる抗弁をもって，債権者に対抗することができる。

イ：名誉を侵害されたことを理由とする被害者の加害者に対する慰謝料請求権は，被害者が当該請求権を行使する意思を表示しただけでその具体的な金額が当事者間で客観的に確定しない間は，被害者の債権者がこれを債権者代位の目的とすることはできないが，具体的な金額の慰謝料請求権が当事者間において客観的に確定したときは，債権者代位の目的とすることができるとするのが判例である。

ウ：債権者代位権は裁判外において行使することはできず，裁判所に被代位権利の行使に係る訴えを提起しなければならないが，訴えを提起した債権者は，遅滞なく債務者に対し訴訟告知をしなければならない。

エ：債権者が債権者代位権を行使した場合において，債務者が債権者の権利行使につき通知を受けたとき又はこれを知ったときは，債務者は，被代位権利について，自ら取立てその他の処分をすることができない。

オ：債権者は，債権者代位権を行使する場合において，被代位権利が金銭の支払又は不動産の明渡しを目的とするものであるときは，相手方に対し，その支払又は明渡しを自己に対してすることを求めることができる。

1：ア，イ
2：ア，エ
3：イ，ウ
4：ウ，オ
5：エ，オ

チェック欄		
1回目	2回目	3回目

実践 問題 20 の解説

〈債権者代位権〉

ア○ 債権者代位権は，債務者が自らの権利を行使しないときに，債権者が債務者に代わってその権利を行使できる権利である。しかし，債権者代位権は，債権者が自己の債権を保全するため必要があるときに行使することが認められる権利であるから（423条1項本文），債権者は，債務者の代理人としてではなく，自己の名で債務者の権利（被代位権利）を行使する（大判昭9.5.22）。もっとも，被代位権利の相手方は，債務者自身が権利行使した場合に比べて不利な立場に置かれるべきではないから，債権者が被代位権利を行使したときは，相手方は，債務者に対して主張することができる抗弁（相殺，権利消滅，同時履行の抗弁など）をもって，債権者に対抗することができる（423条の4）。

イ○ 名誉侵害（不法行為）を理由とする慰謝料請求権について，判例は，①本来行使上の一身専属性（特定の権利者だけが行使できるという性質）を有し，債権者代位権の対象にならないが（423条1項但書），②具体的な金額の慰謝料請求権が当事者間で客観的に確定したときは，行使上の一身専属性を認めるべき理由を失い，被害者の債権者は債権者代位権の対象とすることができるとしている（最判昭58.10.6）。

ウ× 裁判所に請求しなければならないとされている詐害行為取消権（424条1項本文）と異なり，債権者代位権は，裁判外でも行使することができる。なお，債権者が被代位権利の行使に係る訴え（代位訴訟）を提起した場合，代位訴訟は法定訴訟担当に該当し，債務者にもその判決の効力が及ぶ（民事訴訟法115条1項2号）と解されている（大判昭15.3.15）。そこで，債務者にも手続に関与する機会を保障するため，代位訴訟を提起した債権者は，遅滞なく，債務者に対し，訴訟告知（民事訴訟法53条）をしなければならない（423条の6）。したがって，本記述の後半は妥当である。

エ× 債権者が被代位権利を行使した場合であっても，債務者は，被代位権利について，自ら取立てその他の処分をすることを妨げられない（423条の5前段）。これは，本記述のように解していた2017（平成29）年改正前民法下の判例（大判昭14.5.16）を変更したものである。なぜなら，債権者が債権者代位権の行使に着手した後であっても，債務者が自ら権利を行使するのであれば，それによって責任財産は維持されるのであり，それにもかかわらず，債務者による処分を制限するのは，債務者の財産管理に対する過剰な介入となるからである。

オ × 債権者は，被代位権利を行使する場合において，被代位権利が金銭の支払いまたは動産の引渡しを目的とするものであるときは，相手方に対し，その支払いまたは引渡しを自己に対してすることを求めることができる（423条の3）。他方，同条は，被代位権利が不動産の明渡しを目的とするものであるときについては規定していないので，債権者は，相手方に対し，不動産の明渡しを自己に対してすることを求めることはできない。この場合，債権者としては，債務者への移転登記請求が認められれば十分である（不動産に対する強制執行が可能な状態を作出できる）からである。

以上より，妥当なものはア，イであり，肢1が正解となる。

正答 1

memo

債権者代位権

実践 問題 21 応用レベル

頻出度			
地上★	国家一般職★	特別区★
裁判所職員★	国税·財務·労基★	国家総合職★★

問 **債権者代位権に関するア～オの記述のうち，妥当なもののみを全て挙げているのはどれか。ただし，争いのあるものは判例の見解による。（国家総合職2012）**

ア：債権者代位権は，債務者の責任財産を保全するため，債権者が債務者に代わって債務者の権利を行使し，強制執行の準備手続をすることを認めるものであり，取消権・解除権等の，性質上強制執行の目的とならない債務者の権利は，債権者代位権の目的とすることができない。

イ：名誉を侵害されたことを理由とする被害者の加害者に対する慰謝料請求権は，名誉という被害者の人格的価値の回復を目的とするものであるが，金銭の支払を目的とする債権である点においては一般の金銭債権と異なるところはなく，被害者が当該請求権を行使する意思を表示した時点から，債権者代位権の目的とすることができる。

ウ：債権者代位権を行使し得る範囲は，債権者の債権を保全するために必要な限度に限られるべきであり，債権者が債務者に対する金銭債権に基づいて債務者の第三債務者に対する金銭債権を代位行使する場合においては，債権者は自己の債権額の範囲においてのみ債務者の債権を行使し得る。

エ：債権者代位訴訟における原告は，債務者自身が原告になった場合と同様の地位を有するものであり，第三債務者である被告の提出した，債務者に対する債権を自働債権とする相殺の抗弁に対し，代位債権者である原告の提出することができる再抗弁は，債務者自身が主張することのできる再抗弁事由に限られる。

オ：交通事故の被害者が，当該交通事故に係る損害賠償債権を保全するため，加害者である債務者の有する自動車対人賠償責任保険の保険金請求権を代位行使する場合は，代位債権者の債権は，代位行使の目的である債権によって本来担保されるべき関係にあるものであり，債務者の資力が債権を弁済するについて十分でないことを要するものではない。

1：ア，イ
2：ア，エ
3：イ，オ
4：ウ，エ
5：ウ，オ

チェック欄

1回目	2回目	3回目

実践 問題 21 の解説

〈債権者代位権〉

ア× 債権者代位権は，債権者が自己の債権を保全するため，債務者に代わって債務者の権利を行使することができる権利である（423条1項本文）。その存在理由は，債務者の責任財産を保全し強制執行の準備をすることにある。よって，取消権・解除権などの，強制執行の目的とならない債務者の権利も，それが債務者の責任財産を構成する場合には，債権者代位権の目的とすることができる。

イ× 債務者の一身に専属する権利（一身専属権）は債権者代位権の対象にならない（423条1項但書）。このため，判例は，不法行為（名誉毀損）を受けた債務者（被害者）が慰謝料請求権を行使する意思を表示しただけで，具体的な金額が当事者間で客観的に確定しない間は，債務者（被害者）がなおその請求意思を貫くかどうかをその自律的判断に委ねるべきだから，当該請求権は（行使上の）一身専属性を有し，債権者は債権者代位権の目的とすることはできないとしている（最判昭58.10.6）。

ウ○ 債権者代位権は，債権の保全のために例外的に債務者の財産処分への干渉が認められるのだから，その行使の範囲は，債権保全のために必要最小限の範囲に限られる。したがって，金銭債権の債権者が債務者の金銭債権を代位行使する場合には，自己の債権額の範囲内に限られる（423条の2）。

エ○ 判例は，債権者代位訴訟において，第三債務者（被告）が債務者に対する抗弁事由を代位債権者（原告）に主張した（423条の4）のに対し，代位債権者（原告）が提出できる再抗弁事由は，債務者自身が主張できる事由に限られ，代位債権者（原告）独自の事情は主張できないとする（最判昭54.3.16）。

オ× 判例は，交通事故による損害賠償債権も金銭債権だから，保険金請求権を代位行使するには債務者の無資力が要件となるとしている（最判昭49.11.29）。

以上より，妥当なものはウ，エであり，肢4が正解となる。

正答 4

第3章 SECTION 1 責任財産の保全

債権者代位権

実践 問題 22 応用レベル

頻出度 地上★ 国家一般職★ 特別区★ 裁判所職員★ 国税·財務·労基★ 国家総合職★★

問 債権者代位権に関するア～オの記述のうち，判例に照らし，妥当なもののみを全て挙げているのはどれか。（国家総合職2015改題）

ア：Aは，BがCに対して負担する債務のために，自己所有の土地に抵当権を設定して物上保証人となった。BのCに対する債務について，物上保証人は消滅時効を援用し得るのにAがこれを援用しない場合，Aに対して履行期の到来した金銭債権を有するDは，Aの資力が自己の債権の弁済を受けるについて十分でない事情がある場合に限り，その債権を保全するに必要な限度で，Aに代位してBのCに対する債務の消滅時効を援用することができる。

イ：遺留分侵害額請求権は，遺留分権利者が，これを第三者に譲渡するなど，権利行使の確定的意思を有することを外部に表明したと認められる特段の事情がある場合を除き，債権者代位の目的とすることができない。

ウ：A所有の土地の賃借人であるBは，Cが当該土地を不法占有している場合，当該賃借権が対抗力を有しているときに限り，当該土地の賃貸人であるAのCに対する妨害排除請求権を代位行使することができる。

エ：Aは，自己所有の土地をBに売却した。その後，Aが死亡し，Aの相続人であるC及びDは，AのBに対する当該土地の所有権移転登記義務を相続した。しかし，Cが当該義務の履行を拒絶しているため，Bは，相続人全員による当該義務の履行の提供があるまで代金全額について弁済を拒絶する旨の同時履行の抗弁権を行使している。この場合，Dは，Bに対する代金債権を保全するため，Bが無資力のときに限り，Bに代位して，登記に応じないCに対するBの所有権移転登記手続請求権を行使することができる。

オ：債権者代位訴訟における原告は，債務者に対する自己の債権を保全するため債務者の第三債務者に対する権利について管理権を取得し，その管理権の行使として債務者に代わり自己の名において債務者に属する権利を行使するものであるから，第三債務者である被告の提出した債務者に対する債権を自働債権とする相殺の抗弁に対し，代位債権者たる原告の提出することのできる再抗弁は，債務者自身が主張することのできる再抗弁事由に限定されず，債務者と関係のない，原告の独自の事情に基づく抗弁も提出することができる。

1：ア，イ
2：ア，ウ
3：イ，オ
4：ウ，オ
5：エ，オ

第3章 SECTION 1 責任財産の保全
債権者代位権

実践 問題 22 の解説

チェック欄		
1回目	2回目	3回目

〈債権者代位権〉

ア○ 債権者代位権の対象となる権利は，「債務者に属する権利」（423条１項）であれば，原則としてその種類を問わないので，債務者が有する消滅時効の援用権でもよい（最判昭43.9.26）。そして，物上保証人も時効の援用権者なので（145条かっこ書），物上保証人Ａの消滅時効の援用権も債権者代位権の対象となる。さらに，債権者代位権は債務者の責任財産保全を図る制度なので，原則として債務者の無資力要件が必要である。また，債務者の財産的自由を制約するものである以上，代位権行使の範囲も最小限とすべきなので，債権の保全に必要な範囲に限られる（423条の２）。

イ○ 債務者の一身に専属する権利は，債務者の意思を尊重すべきものなので，債権者代位権の対象とならない（423条１項但書）。ここで，遺留分侵害額請求権が，債権者代位の対象となるのかどうかが問題となる。2018（平成30）年民法改正前の判例は，遺留分制度は被相続人の財産処分の自由と相続人の利益との調整を図るもので，被相続人の財産処分の自由を尊重し，その意思どおりの効果を生じさせたうえで，これを覆して遺留分を回復するかどうかを遺留分権利者の自律的決定に委ねており，遺留分減殺請求権（現在の遺留分侵害額請求権）は行使上の一身専属性を有するとした。もっとも，遺留分権利者が，遺留分減殺請求権を第三者に譲渡するなど，権利行使の確定的意思を外部に表明したと認められる特段の事情がある場合には，債権者代位の対象となるとしている（最判平13.11.22）。

ウ× 債権者代位権は，債務者の責任財産保全を図る制度なので，被保全債権としては金銭債権が想定される。もっとも，責任財産の保全が目的ではなく，金銭債権以外の特定債権を実現するためにも債権者代位権の行使を認める必要がある（転用事例）。たとえば，本記述のような，第三者が不法占有している場合に，賃借人が賃貸人の妨害排除請求権を代位行使する場合である。判例は，賃借人が賃貸人に対して有する賃借権を被保全債権として，賃借人が賃貸人の不法占有者に対する妨害排除請求権を代位行使することを認めた（大判昭4.12.16）。なお，民法は，対抗力がある不動産賃借権には妨害排除請求権を認めているが（605条の４），上記の債権者代位権の転用は不動産賃借権の対抗力の有無にかかわらず認められる。

エ× 債権者代位権における転用事例の場合（記述ウの解説参照），責任財産の保全とは無関係なので，無資力要件は不要とされる。この他に無資力要件の有無が問題となったものとして，土地の買主（B）が売主（A）の共同相続人（C・D）に移転登記請求したが，相続人の１人（C）が移転登記に応じず，買主（B）は代金支払を拒んだので，DがCに対し，Bに対する代金債権を被保全債権として，BのCに対する所有権移転登記請求権を代位行使した事案がある。判例は，債務者たる買主の資力の有無を問わず，買主に代位して，登記に応じない相続人に対する買主の所有権移転登記手続請求権を行使できるとした（最判昭50.3.6）。これは，代位債権者（D）が自らの代金債権を行使する前提として，債務者（B）の有する同時履行の抗弁権を消滅させるために代位権を行使したもので，責任財産保全とは無関係なので，無資力要件は不要といえる。

オ× 債権者代位訴訟の行使方法について，判例は，代位債権者は自己の名で債務者に属する権利を行使するもので，その地位は債務者になり代わるものであって，債務者自身が原告になった場合と同様の地位を有するものとしたうえで，被告である第三債務者は，債務者自ら原告になった場合に比べてより不利益な地位に立たされることがないとともに，原告となった債権者もまた，債務者が現に有する法律上の地位に比べてより有利な地位を享受しうるものではないとした。そして，被告である第三債務者が提出した債務者に対する債権を自働債権とする相殺の抗弁に対し，原告たる代位債権者が提出できる再抗弁は，債務者自身が提出できる再抗弁事由に限定され，原告独自の事情に基づく抗弁を提出できないものとした（最判昭54.3.16）。

以上より，妥当なものはア，イであり，肢１が正解となる。

正答 1

詐害行為取消権

必修問題 セクションテーマを代表する問題に挑戦！

債権者代位権とあわせ，毎年のように出題される分野です。要件の理解と判例の学習に努めましょう。

問 詐害行為取消権に関するア～オの記述のうち，妥当なもののみを全て挙げているのはどれか。　（国税・財務・労基2021）

ア：債権者は，その債権が強制執行により実現することのできないものであるときは，詐害行為取消請求をすることができない。

イ：詐害行為取消請求に係る訴えは，債務者が債権者を害することを知って行為をしたことを債権者が知った時から１年を経過したときは提起することができず，その行為の時から20年を経過したときも同様である。

ウ：詐害行為取消請求を認容する確定判決は，債務者及びその全ての債権者に対してもその効力を有する。

エ：詐害行為取消請求に係る訴えは，受益者又は転得者を被告として提起しなければならないが，その際，債務者に対して訴訟告知をする必要はない。

オ：債権者は，詐害行為取消請求をする場合において，債務者がした行為の目的が可分であるときであっても，総債権者のために，自己の債権の額の限度を超えて，その行為の取消しを請求することができる。

1：ア，イ
2：ア，ウ
3：イ，エ
4：ウ，オ
5：エ，オ

Guidance ガイダンス

詐害行為取消権の要件

・被保全債権が詐害行為より前の原因に基づいて成立していること
・被保全債権が強制執行により実現可能であること
・財産権を目的とする行為であること
・債権者を害する行為（詐害行為）であること
・債務者の詐害意思
・受益者・転得者の悪意
＊行使方法 ＝ 必ず裁判上で行使する必要がある。裁判外の行使は不可

頻出度	地上★　国家一般職★　特別区★★ 裁判所職員★★　国税·財務·労基★★　国家総合職★★

必修問題の解説

チェック欄		
1回目	2回目	3回目

〈詐害行為取消権〉

ア○ 債権者は，その債権が強制執行により実現することのできないものであるときは，詐害行為取消請求をすることができない（424条4項）。詐害行為取消権は，債務者の責任財産を保全し強制執行の準備をするための制度だからである。

イ× 詐害行為取消請求の訴えは，債務者が債権者を害することを知って行為をしたことを債権者が知った時から2年，または（詐害）行為の時から10年を経過したときは，提起することができない（426条）。このように出訴期間が制限されている理由は，①詐害行為取消権は第三者に与える影響が大きいので，なるべく早く法律関係を安定させるのが望ましいこと，②長期間経過後に訴訟になると，当事者の善意・悪意の立証が困難になることにある。

ウ○ 詐害行為取消請求を認容する確定判決は，債務者およびそのすべての債権者に対してもその効力を有する（425条）。訴訟当事者である債権者および受益者または転得者（記述エの解説参照）に確定判決の効力が及ぶのは当然であるが（民事訴訟法115条1項1号），その範囲を債務者およびすべての債権者にまで拡張している点にこの規定の意義があり，相対効取消しと解していた2017（平成29）年民法改正前の判例（大連判明44.3.24）を変更するものである。

エ× 詐害行為取消権は裁判上行使しなければならないが（424条1項本文），受益者に対する詐害行為取消請求の訴えは受益者を，転得者に対する詐害行為取消請求の訴えは転得者を被告としなければならない（424条の7第1項）。他方，債務者は詐害行為取消請求の訴えの被告とはならないが，詐害行為取消請求を認容する確定判決の効力は債務者にも及ぶので（記述ウの解説参照），債務者にも詐害行為取消請求の訴えに関与する機会を与える必要がある。そこで，債権者は，詐害行為取消請求の訴えを提起したときは，遅滞なく，債務者に対し，訴訟告知（民事訴訟法53条）をしなければならないとされている（424条の7第2項）。

オ× 詐害行為取消権は，債権の保全のために例外的に債務者の財産処分への干渉が認められるのだから，その行使の範囲は，債権保全のために必要最小限の範囲に限られる。したがって，債権者は，債務者がした詐害行為の目的が可分であるときは，自己の債権（被保全債権）の額の限度においてのみ，その行為の取消しを請求することができる（424条の8第1項）。

正答 2

以上より，妥当なものはア，ウであり，肢2が正解となる。

第3章 SECTION ② 責任財産の保全

詐害行為取消権

1 詐害行為取消権とは

詐害行為取消権（債権者取消権ともいいます）とは，債務者が債権者を害することを知りながらした行為の取消しを裁判所に求める権利をいいます（424条）。債権者代位権と同様，強制執行の準備段階として，責任財産を保全することを目的とする制度です。

2 詐害行為取消権の要件

(1) 要件（債権者側：①②，債務者側：③④⑤，受益者・転得者側：⑥）

① 被保全債権が詐害行為よりも前の原因に基づいて生じたものであること（424条3項）

債務者の権利の譲渡が債権成立前にされた場合には，その対抗要件具備が債権成立後にされたときであっても，権利移転行為・対抗要件具備行為は詐害行為取消権の対象となりません（最判昭55.1.24，最判平10.6.12）。

② 被保全債権が強制執行により実現可能であること（424条4項）

詐害行為取消権が債務者の責任財産を保全する制度である以上，被保全債権は金銭債権でなければならないのが原則です。ただし，判例は，特定物債権も，債務不履行の場合には損害賠償債権（金銭債権）になりうる以上，被保全債権となりうるとしています（最大判昭36.7.19）。

③ 財産権を目的とする行為であること（424条2項）

たとえば，婚姻・離婚・養子縁組・相続放棄（最判昭49.9.20）は，詐害行為取消権の対象となりません。また，離婚に伴う財産分与は，財産分与の形を借りた不相当に過大な財産処分でない限り，詐害行為取消権の対象となりません（最判昭58.12.19）。これに対して，相続財産の帰属を確定させる遺産分割協議は，詐害行為取消権の対象となります（最判平11.6.11）。

④ 債権者を害する行為（詐害行為）であること（424条1項本文）

「債権者を害する」とは，債務者の行為の結果，債権者が十分な満足を得られなくなること（債務者の無資力）です。なお，債務者の無資力は，詐害行為時だけでなく，詐害行為取消権の行使時にも存在しなければなりません。債務者が行為後に資力が回復したのなら，取消しを認める必要がないからです。

⑤ 債務者が債権者を害することを知っていたこと（債務者の詐害意思。424条1項本文）

一般論としては，その行為によって債権者を害することについての認識があれば足り，特定の債権者を害する意図があることまでは必要ありません（最判昭35.4.26）。

⑥　受益者または転得者（中間転得者がいるときはすべての転得者）が詐害行為または転得の当時，債権者を害することを知っていたこと（受益者・転得者の悪意。424条１項但書・424条の５）

⑵　詐害行為性の判断（要件④，⑤について）

相当の対価を得てした財産の処分行為や，特定の債権者に対する弁済・担保供与は，原則として，詐害行為となりません。しかし，相当の対価による処分であっても，財産を金銭に換えて隠匿などをしようと債務者が思っており，それを相手方も知っている場合には，詐害行為となります（424条の２）。また，特定の債権者に対する弁済等も，債権者と通謀してその者だけに特別の利益を与えようとするものである場合には，詐害行為として取り消すことができます（424条の３）。

3 詐害行為取消権の行使方法

詐害行為取消権は，必ず裁判上で（訴えによって）行使しなければなりません（424条１項本文）。この点で，債権者代位権と異なります。そして，この場合の訴えの相手方は，債務者ではなく，**受益者または転得者**です（424条の７第１項）。訴えを提起した場合，債権者は債務者に対して訴訟告知をしなければなりません（同条２項）。

4 詐害行為取消権の効果

詐害行為取消請求を認容する確定判決の効力は，被告とされた受益者（または転得者）のほか，**債務者およびそのすべての債権者に対して及びます**（425条）。

また，取消しの効果として金銭や動産の返還がなされる場合には，**債権者は直接自己への支払い・引渡しを請求することができます**（424条の９）。

5 権利行使期間（出訴期間）

詐害行為取消請求に係る訴えは，**債務者が債権者を害することを知って詐害行為をしたことを債権者が知った時から２年を経過したときは**，提起することができなくなります（426条前段）。また，**詐害行為の時から10年を経過したときも**，訴えを提起することができません（同条後段）。

詐害行為取消権

実践 問題 23 基本レベル

頻出度			
	地上★	国家一般職★	特別区★★
	裁判所職員★★	国税·財務·労基★★	国家総合職★★

問 詐害行為取消権に関する次のア～オの記述のうち，適当なもののみをすべて挙げているのはどれか（争いのあるときは，判例の見解による。）。

（裁判所職員2012改題）

ア：遺産分割協議は身分行為であり，詐害行為取消権の対象にはならない。

イ：詐害行為取消権は訴えにより行使できるが，裁判において抗弁として主張することはできない。

ウ：債権譲渡行為が被保全債権の成立前にされた場合でも，債権譲渡通知が被保全債権の成立後であれば，準法律行為である債権譲渡通知だけを詐害行為として取り消すことが可能である。

エ：債務の弁済に代えて第三者に対する自己の債権を譲渡した場合，譲渡された債権の額が債務の額を超えない場合には，債務者の詐害の意思の有無にかかわらず，詐害行為には当たらない。

オ：詐害行為取消請求に係る訴えの出訴期間の起算点である「債権者が知った時」とは，客観的に債権者を害する法律行為が存在することを知ったことだけでは足りず，債務者の詐害の意思まで知ったことが必要である。

1：ア，ウ
2：ア，エ
3：イ，ウ
4：イ，オ
5：エ，オ

チェック欄		
1回目	2回目	3回目

実践 問題 23 の解説

〈詐害行為取消権〉

ア × 身分行為については，たとえ債務者の財産状態を悪化させるようなものであったとしても，詐害行為取消権の対象となりえない（424条２項）。詐害行為取消権は責任財産の保全を目的とするものなので，その対象となる行為は財産権を目的とするものに限られるべきであり，また，身分行為の取消しを許すと，債務者の人格的自由を不当に侵害することとなり妥当でないからである。もっとも，遺産分割協議については，詐害行為取消権の対象になるとするのが判例である（最判平11.6.11）。遺産分割協議は，その性質上，財産権を目的とする法律行為といえるからである。

イ ○ 詐害行為取消権は訴えによらなければならない（424条１項本文）。詐害行為取消権は他人の経済活動に介入するという重大な効果を持つため，その行使要件の充足の判断を裁判所に委ねることにしたのである。このため判例は，詐害行為取消権を抗弁の方法で行使することはできないとする（最判昭39.6.12）。

ウ × 判例は，債務者が自己の第三者に対する債権を譲渡した場合において，債務者がこれについてした確定日付のある債権譲渡の通知は，詐害行為取消権の対象とならないとする（最判平10.6.12）。なぜなら，債権譲渡の通知は単にその時から初めて債権の移転を債務者その他の第三者に対抗しうる効果を生じさせるにすぎず，譲渡通知の時に当該債権移転行為がされたこととなったり，債権移転の効果が生じたりするわけではないからである。

エ × 債務の弁済に代えて第三者に対する自己の債権を譲渡する行為は，代物弁済にあたる。代物弁済は，期限到来前に行われれば，債務者の義務に属さない債務消滅行為となり，給付額が債務額より過大か否かを問わず，①債務者が支払不能になる前30日以内に行われたものであり，かつ，②債務者と受益者が通謀して他の債権者を害する意図をもって行われたものであるときは，詐害行為として取消しの対象となる（424条の３第２項）。

オ ○ 詐害行為取消請求に係る訴えは，「債務者が債権者を害することを知って行為をしたことを債権者が知った時」から２年を経過したときは，提起することができない（426条前段）。債務者が債権者を害することを知って詐害行為をした事実を知った時であることを要し，客観的にみて債権者を害する行為が存在することを知っただけでは足りない。

以上より，妥当なものはイ，オであり，肢４が正解となる。

正答 4

詐害行為取消権

実践 問題 24 基本レベル

頻出度			
	地上★	国家一般職★	特別区★★
	裁判所職員★★	国税・財務・労基★★	国家総合職★★

問 債権者代位権及び詐害行為取消権に関するア～オの記述のうち，妥当なもののみを全て挙げているのはどれか。ただし，争いのあるものは判例の見解による。（国税・財務・労基2016）

ア：ＡＢ間で土地の賃貸借契約が締結され，Ｂが当該土地を借り受けていたが，第三者Ｃが同土地上に勝手に建物の建築を始めた。この場合，Ｂは，ＡのＣに対する妨害排除請求権を代位行使することができる。

イ：金銭債権に基づいて債務者の金銭債権を代位行使する場合には，代位行使することができる債権の範囲は，責任財産保全の観点から，代位債権者の有する債権額に限定される。

ウ：詐害行為取消債権者が第三債務者から金銭の引渡しを受けた場合，他の一般債権者は当該債権者に対して自己への分配請求をすることができる。

エ：離婚に伴う財産分与は，民法第768条第３項の規定の趣旨に反して不相当に過大であり，財産分与に仮託してされた財産処分であると認めるに足りるような特段の事情がない限り，詐害行為とはならない。

オ：債権者代位権及び詐害行為取消権を行使する場合には，裁判上の行使である必要はなく，裁判外においても，自由にこれを行使することができる。

1：ア，イ
2：イ，オ
3：ウ，エ
4：ア，イ，エ
5：ウ，エ，オ

チェック欄		
1回目	2回目	3回目

実践 問題 24 の解説

〈債権者代位権・詐害行為取消権〉

ア○ 債権者代位権（423条）は，債務者の責任財産の保全を図る制度なので，被保全債権としては金銭債権が想定される。もっとも，判例は，責任財産の保全が目的ではなく，金銭債権以外の特定債権を実現するためにも，債権者代位権の行使を認めている（債権者代位権の転用）。本記述の場合，Bは，Aに対して有する賃借権を被保全債権として，AのCに対する（所有権に基づく）妨害排除請求権を代位行使できる（大判昭4.12.16）。

イ○ 債権者代位権は，債権の保全のために例外的に債務者の財産処分への干渉が認められるものであるから，その行使の範囲は，債権保全のために必要最小限の範囲に限られる。したがって，金銭債権の債権者が債務者の金銭債権を代位行使する場合には，代位行使できる範囲は，代位債権者の有する債権額に限られる（423条の２）。

ウ× 判例は，第三債務者から金銭の引渡しを受けた取消債権者は，他の一般債権者に対してその金銭を平等の割合で（債権額に応じて）分配すべき義務を負うものではないとする（最判昭37.10.9）。取消債権者は優先弁済を受ける権利を取得するものではないが，現行法は他の債権者に分配する手続を欠くからである。

エ○ 財産権を目的としない法律行為は，詐害行為取消権の対象とならない（424条２項）。もっとも，離婚に伴う財産分与（768条）について，判例は，①それが768条３項の規定に反して不相当に過大であり，②財産分与に仮託してなされた財産処分であると認めるに足りるような特段の事情のない限り，詐害行為とはならないとして（最判昭58.12.19），取消しの余地を認めている。

オ× 債権者代位権は，裁判外でも行使できる。これに対して，詐害行為取消権は，必ず裁判上で行使しなければならない（424条１項本文）。これは，他人間の法律行為を取り消すというのは重大な効果であり，第三者にも影響が及ぶので，要件充足の有無を裁判所に判断させるべきだということである。

以上より，妥当なものはア，イ，エであり，肢４が正解となる。

正答 4

第3章 SECTION ② 責任財産の保全

詐害行為取消権

実践 問題 25 基本レベル

頻出度			
	地上★	国家一般職★	特別区★★
	裁判所職員★★	国税·財務·労基★★	国家総合職★★

問 債権者代位権及び詐害行為取消権に関する次のア～エの記述の正誤の組合せとして最も妥当なものはどれか（争いのあるときは，判例の見解による。）。

（裁事2019）

ア：取消債権者が債務者に対して有すべき被保全債権は，詐害行為前に成立したものであることを要し，代位債権者が債務者に対して有する被保全債権も，被代位債権の発生前に成立したものである必要がある。

イ：債務者が，その所有する不動産を第三者に客観的価値を下回る価格で譲渡した場合であっても，当該不動産に，当該不動産の客観的価値を上回る債権を被担保債権とする抵当権が設定されていた場合には，当該譲渡行為は，詐害行為とはならない。

ウ：詐害行為取消権は，金銭債権の引き当てとなる債務者の責任財産を回復するための権利であるから，特定物の引渡請求権を債務者に対して有するにすぎない者は，当該特定物が第三者に譲渡されたことで債務者が無資力となったとしても，詐害行為取消権を行使することはできない。

エ：AがBに代位してBがCに対して有する債権を代位行使する場合，Cは，Bに対して行使することができる抗弁権を有しているとしても，Aに対しては，その抗弁権を行使することはできない。

	ア	イ	ウ	エ
1：	正	誤	正	誤
2：	正	正	正	正
3：	誤	正	誤	誤
4：	誤	誤	誤	正
5：	誤	正	正	正

チェック欄		
1回目	2回目	3回目

実践 問題 25 の解説

〈債権者代位権・詐害行為取消権〉

ア× 債権者が詐害行為取消権を行使するためには，被保全債権が詐害行為の前の原因に基づいて生じたものであることが必要である（424条3項）。なぜなら，債権者が自己の債権の発生原因が生ずる前の時点における債務者の財産処分行為にまで介入するのは行きすぎだからである。他方，債権者が債権者代位権（423条）を行使するためには，被保全債権が被代位債権の発生前に成立している必要はない（最判昭33.7.15）。

イ○ 債権者を「害する」とは，債務者の行為によって責任財産が減少し，その結果，債権者が十分な満足を得られなくなることである。したがって，債務者がその所有する不動産を第三者に客観的価値を下回る価格で譲渡する行為は，債務者に十分な弁済資力がなければ，原則として詐害行為となる。しかし，当該不動産に，当該不動産の客観的価値を上回る債権を被担保債権とする抵当権が設定されていた場合には，当該不動産の競売価格の全部から抵当権者が優先弁済を受けることになるので，当該不動産は一般債権者の共同担保となる余地はない（最判昭46.1.26）。したがって，本記述の譲渡行為は詐害行為とはならない。

ウ× 判例は，特定物引渡請求権（特定物債権）であっても，債務者が目的物を処分することにより無資力となった場合には，当該特定物債権者はその処分行為を詐害行為として取り消すことができるとしている（最大判昭36.7.19）。特定物債権も，窮極において損害賠償債権に変じうるので，債務者の一般財産により担保されなければならないことは，金銭債権と同様だからである。

エ× 代位行使の相手方（第三債務者）Cは，権利者（債務者）Bでなく，代位債権者Aが権利を行使するからといって，不利益を受ける理由はない。したがって，第三債務者Cは，債務者Bに対して主張できる事由（同時履行の抗弁権など）を，代位債権者Aに対しても主張できる（423条の4）。

以上より，ア―誤，イ―正，ウ―誤，エ―誤であり，肢3が正解となる。

正答 3

詐害行為取消権

実践 問題 26 基本レベル

頻出度	
地上★ 国家一般職★ 特別区★★	裁判所職員★★ 国税·財務·労基★★ 国家総合職★★

問 詐害行為取消権に関するア～オの記述のうち，妥当なもののみを全て挙げているのはどれか。（国家一般職2020）

ア：債権者は，その債権が詐害行為の前の原因に基づいて生じたものである場合に限り，詐害行為取消請求をすることができる。

イ：債務者が，その有する財産を処分する行為をした場合には，受益者から相当の対価を取得しているときであっても，その財産を隠匿する意思があったと直ちにみなされるため，債権者は，その行為について詐害行為取消請求をすることができる。

ウ：債権者は，受益者に対する詐害行為取消請求において財産の返還を請求する場合であって，その返還の請求が金銭の支払又は動産の引渡しを求めるものであるときは，受益者に対して，その支払又は引渡しを自己に対してすることを求めることはできない。

エ：詐害行為取消請求を認容する確定判決は，債務者及びその全ての債権者に対してもその効力を有する。

オ：詐害行為取消請求に係る訴えは，債務者が債権者を害することを知って行為をした時から1年を経過したときは，提起することができない。

1：ア，イ
2：ア，エ
3：イ，オ
4：ウ，エ
5：ウ，オ

実践 問題 26 の解説

チェック欄		
1回目	2回目	3回目

〈詐害行為取消権〉

ア○ 債権者は，その債権（被保全債権）が詐害行為の前の原因に基づいて生じたものである場合に限り，詐害行為取消請求をすることができる（424条3項）。債権者が自己の債権の発生原因が生ずる前の時点における債務者の財産処分行為にまで介入するのは行きすぎだからである。

イ× 債務者が相当の対価を得てした財産処分行為については，行為の客観的な詐害性が弱いことから，①不動産の金銭への換価など財産の種類の変更によって，債務者が隠匿，無償の供与その他の債権者を害することとなる処分（隠匿等の処分）をするおそれを現に生じさせるものであること，②債務者が，その行為の当時，対価として取得した金銭その他の財産について，隠匿等の処分をする意思を有していたこと，③受益者が，その行為の当時，債務者が隠匿等の処分をする意思を有していたことを知っていたこと，のすべてに該当する場合に限り，債権者は詐害行為取消請求をすることができる（424条の2）。

ウ× 債権者は，受益者に対する詐害行為取消請求により財産の返還を請求する場合（424条の6第1項前段）において，その返還の請求が金銭の支払いまたは動産の引渡しを求めるものであるときは，受益者に対して，その支払いまたは引渡しを自己に対してすることを求めることができる（424条の9第1項前段）。これを認めないと，債務者が受領を拒絶しているときに詐害行為取消請求の目的を達成できないからである。

エ○ 詐害行為取消請求を認容する確定判決は，債務者およびそのすべての債権者に対してもその効力を有する（425条）。これは，取消しの効力は相対的であって，詐害行為取消訴訟の原告である債権者と被告である受益者または転得者の間にのみ及ぶとしていた2017（平成29）年改正前民法下の判例（大連判明44.3.24）を変更するものである。

オ× 詐害行為取消請求に係る訴えは，債務者が債権者を害することを知って行為をしたことを債権者が知った時から2年を経過したときは，提起することができない（426条前段）。（詐害）行為の時から10年を経過したときも同様である（同条後段）。このように出訴期間が制限されている理由は，①詐害行為取消権は第三者に与える影響が大きいので，なるべく早く法律関係を安定させるのが望ましいこと，②長期間経過後に訴訟になると，当事者の善意・悪意の立証が困難になることにある。

以上より，妥当なものはア，エであり，肢2が正解となる。

正答 2

詐害行為取消権

実践 問題 27 基本レベル

頻出度			
	地上★	国家一般職★	特別区★★
	裁判所職員★★	国税·財務·労基★★	国家総合職★★

問 債権者代位権及び詐害行為取消権に関する次のア～オの記述のうち，妥当なもののみを全て挙げているものはどれか（争いのあるときは，判例の見解による。）。
（裁事2021）

ア：債権者代位権は，債務者の責任財産の保全のためのものであるから，被保全債権が300万円の金銭債権，被代位権利が500万円の金銭債権である場合，債権者は被代位権利全額について代位をした上で，これを債務者に返還することができる。

イ：債権者代位権は，自己の債権を保全する必要性がある場合に認められるものであるから，債権者代位権を行使するためには，常に債務者が無資力であることが必要である。

ウ：被代位権利が不法行為に基づく慰謝料請求権である場合は，具体的な金額の請求権が当事者間で客観的に確定する前の段階では，代位行使の対象とならない。

エ：詐害行為取消権は，債務者の責任財産の保全のためのものであるから，取消債権者は，受益者から返還を受ける物が動産である場合，直接自己への引渡しを請求することはできず，債務者への返還を請求することができるにとどまる。

オ：詐害行為となる債務者の行為の目的物が，不可分な一棟の建物であり，その価額が債権者の被保全債権額を超える場合において，債権者は，詐害行為の全部を取り消すことができる。

1：ア，イ
2：ア，エ
3：イ，ウ
4：ウ，オ
5：エ，オ

チェック欄		
1回目	2回目	3回目

実践 問題 27 の解説

〈債権者代位権・詐害行為取消権〉

ア× 債権者代位権は，債権の保全のために例外的に債務者の財産処分への干渉が認められるのだから，その行使の範囲は，債権保全のために必要最小限の範囲に限られる。したがって，500万円の金銭債権のように被代位権利の目的が可分である場合，債権者は，自己の債権（被保全債権）の額300万円の限度においてのみ，被代位権利を行使できる（423条の２）。

イ× 債権者代位権は，債権者が「自己の債権を保全するため必要があるとき」に認められる（423条１項本文）。この保全の必要性は，被保全債権が金銭債権の場合，債務者の無資力を意味する（最判昭40.10.12）。債務者の資力が十分にあれば，代位権行使を認めなくても，債権者の金銭債権は満足できるからである。これに対して，被保全債権が特定債権（非金銭債権）の場合（債権者代位権の転用），特定債権が実現するか否かは債務者の資力とは無関係だから，債務者の無資力は不要である（大判昭4.12.16等）。

ウ○ 債務者の一身専属権は，債権者代位権の対象とならない（423条１項但書）。一身専属権とは，権利の行使が権利者の意思のみによって決まるもの（行使上の一身専属権）を意味する。人格権侵害を理由とする不法行為に基づく慰謝料請求権について，判例は，①本来，行使上の一身専属性を有し，債権者代位権の対象にならないが，②具体的な金額の請求権が当事者間で客観的に確定した場合には，行使上の一身専属性を認めるべき理由を失い，被害者の債権者は債権者代位権の対象とできるとした（最判昭58.10.6）。

エ× 詐害行為取消権を行使する債権者は，受益者に対して財産の返還を請求する場合（424条の６第１項前段）において，その返還の請求が動産の引渡しを求めるものであるときは，受益者に対してその引渡しを，自己に対してすることを求めることができる（424条の９第１項前段）。債務者への返還を請求できるにとどまるとすると，債務者が受領を拒絶しているときに，詐害行為取消権行使の目的を達成できないからである。

オ○ 債権者代位権の場合（記述アの解説参照）と同様，債務者がした詐害行為の目的が可分であるときは，債権者は，自己の債権（被保全債権）の額の限度においてのみ，その行為の取消しを請求することができる（424条の８第１項）。これに対して，債務者がした詐害行為の目的物が１棟の建物など不可分なものであるときは，その価額が被保全債権額を超過する場合であっても，債権者は，原則として詐害行為の全部を取り消すことができる（最判昭30.10.11）。

以上より，妥当なものはウ，オであり，肢４が正解となる。

正答 4

詐害行為取消権

実践 問題 28 基本レベル

頻出度 地上★ 国家一般職★ 特別区★★ 裁判所職員★★ 国税･財務･労基★★ 国家総合職★★

問 民法に規定する詐害行為取消権に関する記述として，妥当なのはどれか。

（特別区2023）

1：債権者は，債務者が債権者を害することを知ってした詐害行為の取消しを裁判所に請求することができるが，この行為は，法律行為に限られるため，弁済を含まない。

2：債権者は，その債権が詐害行為の前に生じたものである場合に限り，詐害行為取消請求をすることができ，最高裁判所の判例では，詐害行為取消権によって保全される債権の額には，詐害行為後に発生した遅延損害金は含まれないとした。

3：債務者が，その有する財産を処分する行為をした場合において，受益者から相当の対価を取得しているときは，その行為の当時，対価として取得した金銭について隠匿等の処分をする意思を有していれば，隠匿等の処分をするおそれを現に生じさせなくとも，債権者は詐害行為取消請求をすることができる。

4：債権者は，受益者に対する詐害行為取消請求において，債務者がした行為の取消しとともに，その行為によって受益者に移転した財産の返還を請求することができ，受益者がその財産の返還をすることが困難であるときは，その価額の償還を請求することができる。

5：受益者に対する詐害行為取消請求に係る訴えにおいては，受益者と債務者を共同被告とし，債権者は，訴えを提起したときは，遅滞なく，他の全ての債権者に対し，訴訟告知をしなければならない。

チェック欄		
1回目	2回目	3回目

実践 問題 28 の解説

〈詐害行為取消権〉

1 × 債権者は，債務者が債権者を害することを知ってした「行為」の取消しを裁判所に請求することができる（424条1項本文）。「行為」は，厳密な意味での法律行為に限られず，**弁済**（424条の3参照），時効の更新事由としての権利の承認（152条），法定追認の効果を生じる行為（125条）なども含まれる。

2 × 債権者は，その債権（被保全債権）が詐害「行為の**前の原因**」に基づいて生じたものである場合に限り，詐害行為取消請求をすることができる（424条3項）。判例は，詐害行為**前に発生した債権**に基づいて，詐害行為**後に発生した遅延損害金**も被保全債権に含まれるとしていたので（最判昭35.4.26，最判平8.2.8），2017（平成29）年民法改正によって明文化されたのが上記規定である。

3 × 債務者が，その有する**財産を処分する行為**をした場合において，受益者から**相当の対価**を取得しているときは，債権者は，①**その行為**が，**隠匿等の処分**（不動産の金銭への換価その他の当該処分による財産の種類の変更により，債務者において隠匿，無償の供与その他の債権者を害することとなる処分）**をするおそれを現に生じさせる**ものであること，②**債務者**が，その行為の当時，対価として取得した金銭その他の財産について，**隠匿等の処分をする意思**を有していたこと，③**受益者**が，その行為の当時，**債務者が隠匿等の処分をする意思を有していたことを知っていた**こと，の3つの要件をすべて充たす場合に限り，詐害行為取消請求をすることができる（424条の2）。隠匿等の処分をするおそれを現に生じさせない場合には，①の要件を充たさないので，詐害行為取消請求はできない。

4 ○ 債権者は，受益者に対する詐害行為取消請求において，債務者がした**行為の取消し**とともに，その行為によって受益者に移転した**財産（現物）の返還**を請求することができる（424条の6第1項前段）。受益者がその**財産の返還**をすることが**困難**であるときは，債権者は，その**価額の償還**を請求することができる（同項後段）。

5 × 詐害行為取消権は，裁判所に訴えを提起する方法により行使しなければならないが（424条1項本文），受益者に対する詐害行為取消請求に係る訴えにおいては，**受益者**を被告とするのであって（424条の7第1項1号），**債務者は被告とならない**。しかし，詐害行為取消請求を認容する確定判決の効力は，債務者にも及ぶ（425条）。そこで，債務者にも審理に参加する機会を保障するため，債権者は，詐害行為取消請求に係る訴えを提起したときは，遅滞なく，**債務者**に対し，**訴訟告知**（民事訴訟法53条）をしなければならないが（424条の7第2項），他のすべての債権者に対する訴訟告知は要求されていない。

正答 4

詐害行為取消権

実践 問題 29 基本レベル

頻出度			
	地上★	国家一般職★	特別区★★
	裁判所職員★★	国税·財務·労基★★	国家総合職★★

問 詐害行為取消権に関する次のア～オの記述のうち，妥当なもののみを全て挙げているものはどれか（争いのあるときは，判例の見解による。）。

（裁事2023）

ア：相続放棄は，詐害行為取消請求の対象にすることができる。

イ：詐害行為時に債務者が無資力であったのであれば，その後その資力が回復した場合であっても，債権者は詐害行為取消請求をすることができる。

ウ：不可分な目的物の譲渡契約を取り消す場合，債権者は，自己の債権額にかかわらず，当該譲渡契約の全部を詐害行為として取り消すことができる。

エ：不動産が債務者から受益者に，受益者から転得者に順次譲渡された場合，債務者の行為が債権者を害することについて，受益者が善意であるときは，転得者が悪意であっても，債権者は転得者に詐害行為取消請求をすることができない。

オ：詐害行為取消請求は，債務者及び受益者を共同被告として裁判所に訴えを提起する方法により行う必要がある。

1：ア，イ
2：ア，オ
3：イ，エ
4：ウ，エ
5：ウ，オ

チェック欄		
1回目	2回目	3回目

実践 問題 29 の解説

〈詐害行為取消権〉

ア× 財産権を目的としない行為は，詐害行為取消権の対象とならない（424条2項）。財産権を目的としない行為の典型は，婚姻，離婚，養子縁組などの家族法上の行為であるが，これらの行為は行為者本人の意思を尊重すべきであり，債務者の財産状態が悪化しても，第三者の干渉を認めるべきではないからである。もっとも，家族法上の行為であっても，財産の変動を目的とするものについては問題がある。相続放棄について，判例は，①消極的に財産の増加を妨げる行為にすぎないこと，②相続放棄のような身分行為は他人の意思で強制すべきでないことを理由に，詐害行為取消権の対象とならないとしている（最判昭49.9.20）。

イ× 詐害行為取消権の対象となるのは，「債権者を害する」行為である（424条1項本文）。「債権者を害する」とは，債権者が十分な弁済を受けられなくなること，すなわち，債務者が無資力となることを意味する。さらに，債務者の無資力は，詐害行為時と取消権行使時（正確には事実審口頭弁論終結時）の両時点で必要である（大判大15.11.13）。詐害行為後に債務者の資力が回復したのであれば，責任財産保全という詐害行為取消権の目的に照らし，取消しを認める必要はないからである。

ウ○ 債務者がした詐害行為の目的が可分（金銭等）である場合には，債権者は，自己の債権（被保全債権）の額の限度においてのみ，その行為の取消しを請求できる（424条の8第1項）。これに対して，詐害行為の目的が不可分（不動産等）である場合には，債権者は，被保全債権の額にかかわらず，原則として，詐害行為の全部を取り消し，現物返還を請求できる（最判昭30.10.11）。

エ○ （受益者からの）転得者に対する詐害行為取消請求が認められるためには，①受益者に対して詐害行為取消請求ができることを前提に，②転得者が悪意であること（転得者が転得の当時「債務者がした行為が債権者を害することを知っていた」こと）が必要である（424条の5第1号）。受益者が詐害行為の時に債権者を害することを知らなかったときは，債権者はその行為を取り消すことができないので（424条1項但書），受益者が善意であるときは，転得者が悪意であっても，転得者に対する詐害行為取消請求は認められない。

オ× 詐害行為取消請求は，裁判所に訴えを提起する方法により行う必要があるが（424条1項本文），受益者に対する詐害行為取消請求の場合には，受益者を被告とし，転得者に対する詐害行為取消請求の場合には，転得者を被告とする（424条の7第1項）。いずれの場合も，債務者は被告とならない。

以上より，妥当なものはウ，エであり，肢4が正解となる。

正答 4

詐害行為取消権

実践 問題 30 応用レベル

頻出度			
	地上★	国家一般職★	特別区★
	裁判所職員★	国税·財務·労基★	国家総合職★★

問 詐害行為取消権に関する次の記述のうち，判例に照らし，妥当なのはどれか。
（国家一般職2012改題）

1：他に資力のない債務者が，生計及び子女の教育に必要な費用を借り受けるために，家財衣料等を譲渡担保に供することは，債権者の一般担保を減少させる行為ではあるが，供与した担保物の価格が借入額を超過するなど特別の事情がない限り，詐害行為とはならない。

2：債務者が自己所有の不動産を第三者に売却した場合において，債権者が当該第三者に対して詐害行為取消訴訟を提起し，その不動産の売却行為が詐害行為であるとして取り消されたときであっても，債務者は，当該第三者に対して，その移転された登記の抹消を請求することができない。

3：債務者が自己の第三者に対する債権を譲渡した場合は，当該債権譲渡行為自体が詐害行為を構成しないときでも，債務者がこれについてした確定日付のある債権譲渡の通知は，詐害行為取消権行使の対象となる。

4：詐害行為の目的物が不可分な一棟の建物である場合において，建物の価額が取消債権者の債権額を超過するときは，その債権者は，当該詐害行為の全部を取り消すことはできない。

5：詐害行為の取消しの効果は全ての債権者のために生じるから，取消債権者が取消権行使により受益者から金銭の引渡しを受けた場合には，取消債権者は，他の債権者からの請求に応じ，債権額の割合に従い分配する義務を負う。

チェック欄		
1回目	2回目	3回目

実践 問題 30 の解説

〈詐害行為取消権〉

1 ○ 新たな借入れに伴う担保の供与は，担保に供された財産が積極財産から除外される代わりに金銭が入ってくることになるから，不動産の相当価額での売買と類似する。そこで，424条の２の規律に従うことになるが，本肢のように生計および子女の教育に必要な費用を借り受ける行為は，財産の隠匿やその意思を欠き，同条の要件を充たさないため，詐害行為とはならない。

2 × 債務者が自己所有の不動産を第三者に売却した行為を詐害行為として債権者が取り消した場合，「債権者」は，第三者（受益者）に対して，移転登記の抹消（抹消されれば登記は債務者名義に戻る）を請求できる（大判大6.3.31）。また，詐害行為取消請求を認容する確定判決は，債務者に対しても効力が及ぶ（425条）。したがって，「債務者」も，受益者に対して移転登記の抹消を請求することができる。

3 × 債権譲渡行為自体が詐害行為を構成しない場合に，債務者がした確定日付のある債権譲渡通知のみを切り離して詐害行為取消権の対象とすることはできないとするのが判例（最判平10.6.12）である。債権譲渡通知は対抗要件にすぎず（467条２項），それによって債権移転行為がされたことになったり，債権移転の効果が生じたりするわけではないからである。

4 × 債務者のした詐害行為の目的が可分（金銭等）であるときは，自己の債権（被保全債権）の額の限度においてのみ，その行為の取消しを請求することができる（424条の８第１項）。しかし，詐害行為の目的物が不可分のもの（建物等）であるときは，その価額が債権額を超過する場合であっても，債権者は，原則として詐害行為の全部を取り消すことができる（最判昭30.10.11）。

5 × 取消債権者は，受益者から引き渡された金銭を他の債権者に平等の割合で（債権額の割合に応じて）分配する義務を負うかが問題となるが，判例はこれを否定する（最判昭37.10.9）。取消債権者は優先弁済を受ける権利を取得するものではないが，現行法は他の債権者に分配する手続を欠くからである。

正答 1

第3章

責任財産の保全

章末 CHECK　? Question

Q1 債権者代位権，詐害行為取消権は責任財産の保全を目的とする。

Q2 債務者がすでに自らの債権を行使している場合であっても，債権者は債務者の当該債権を代位行使できることがある。

Q3 債権者代位権の行使は，債権者が債務者の代理人として債務者の権利を行使するものである。

Q4 建物の賃借人は，建物所有者たる賃貸人に代位して，当該建物の不法占拠者に対し妨害排除請求権を行使することはできない。

Q5 名誉権侵害による慰謝料請求権は，債務者の一身に専属する権利なので，債権者代位権の対象となることはない。

Q6 債権者代位権は，詐害行為取消権と異なり，裁判外で行使することも許される。

Q7 特定物引渡請求権を有する債権者は，債務者が目的物を処分して無資力となった場合でも，その処分行為を取り消すことはできない。

Q8 離婚に伴う財産分与が，詐害行為取消権の対象となる余地はない。

Q9 いったん詐害行為が行われた以上，その後に債務者が十分な資力を回復したとしても，債権者は詐害行為取消権を行使することができる。

Q10 債務者に詐害の意思があったといえるためには，債務者が債権者を害することを意図しもしくは欲していたことが常に必要である。

Q11 債務者が自己の所有する不動産を相当価格で売却することは，詐害行為にはあたらず，詐害行為取消権の対象とはならない。

Q12 債権者の１人が債務者の不動産譲渡を詐害行為として取り消す場合には，直接自己に対する所有権移転登記を求めることはできない。

Answer

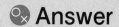

A1 ○ 債権者代位権，詐害行為取消権は責任財産の保全という目的において共通する。

A2 × 債権者代位権の行使には，債務者自らがその権利を行使していないことを要する。

A3 × 債権者代位権の行使は，債権者が自己の名において債務者の権利を行使するものである。

A4 × 必要性・合理性が認められる限り，特定債権の保全のために債権者代位権を転用することも認められる（大判昭4.12.16）。

A5 × 判例は，名誉権侵害による慰謝料請求権は，具体的金額が当事者間において確定したときは，一身専属性を認めるべき理由を失うことから，債権者代位権の対象となりうるとする（最判昭58.10.6）。

A6 ○ 債権者代位権は，裁判外での行使も認められる。これに対し，詐害行為取消権は常に裁判上で行使しなければならない（424条１項本文）。

A7 × 判例は，特定物引渡請求権も究極においては損害賠償債権に転化しうることを理由に，本問のような場合に，債務者の処分行為を詐害行為として取り消すことを認めている（最大判昭36.7.19）。

A8 × 判例は，特段の事情のある場合には，財産分与を詐害行為として取り消すことを認めている（最判平12.3.9）。

A9 × 債務者が処分行為時に無資力であっても，その後，債務を弁済するのに十分な資力を回復した場合は，もはや詐害行為取消権を行使することはできない（大判大15.11.13）。

A10 × 判例は，客観的要件と主観的要件を総合判断して詐害行為にあたるか否かを認定しており，詐害意思の成立には，必ずしも債権者を害することを意図し，もしくはそれを欲することは要しないとする（最判昭35.4.26）。

A11 × 相当価格での売却であっても，①不動産の金銭への換価等により，債務者が隠匿等の処分をするおそれを現に生じさせるものであること，②債務者が対価として取得した金銭の隠匿等の処分をする意思を有していたこと，③相手方（受益者）も債務者が②の意思を有していたことを知っていたこと，のすべての要件を充たす場合は，詐害行為取消権の対象となる（424条の２）。

A12 ○ 取消債権者は直接自己に対する所有権移転登記を求めることはできない（最判昭53.10.5）。

memo

第4章

債権の消滅

SECTION

① 弁済
② 相殺
③ 債権の消滅総合

第4章 債権の消滅

出題傾向の分析と対策

試験名	地　上			国家一般職（旧国Ⅱ）			特別区			裁判所職員			国税・財務・労基			国家総合職（旧国Ⅰ）		
年　度	15-17	18-20	21-23	15-17	18-20	21-23	15-17	18-20	21-23	15-17	18-20	21-23	15-17	18-20	21-23	15-17	18-20	21-23
出題数 / セクション	1	1	1	2	2	1	2	3	1	2	4	3	1			2	3	2
弁済	★			★		★	★	★	★	★★	★★	★★				★	★★	★★
相殺		★			★★		★	★★				★	★			★	★	
債権の消滅総合			★	★							★★	★						

（注） 1つの問題において複数の分野が出題されることがあるため，星の数の合計と出題数とが一致しないことがあります。

債権の消滅は，公務員試験においては国税専門官・財務専門官・労働基準監督官を除き，よく出題されており，重要な分野の1つとなっています。

地方上級

3年に1度くらいの頻度で出題されています。その中でも弁済，相殺について出題率が高くなっていますが，条文の知識を問うような基本的な問題が多くなっています。過去問を通して基本的な知識を身につけましょう。

国家一般職（旧国家Ⅱ種）

よく出題されています。その中でも弁済，相殺についての出題率が高くなっています。また，最近は組合せ問題の形式で出題されることが多くなっています。このような問題では，選択肢を利用して正解を絞り込むテクニックを身につけることが重要です。

特別区

よく出題されています。その中でも弁済，相殺がよく出題されています。条文の知識と過去問の範囲でほとんど対応できる程度の問題ですので，過去問を繰り返し解くことで知識を定着させましょう。

裁判所職員

よく出題されています。出題レベルとしては非常に難易度が高いというわけではありません。もっとも，近年は組合せ問題が多くなっていますので，過去問を繰り返し解くことで正確な知識を定着させましょう。

国税専門官・財務専門官・労働基準監督官

最近はあまり出題されていません。もっとも，過去に全く問われていないわけではないので，過去問を通して基本的な知識を身につけましょう。

国家総合職（旧国家Ｉ種）

ほぼ毎年出題されています。少し細かいところまで出題されていますので，条文をしっかり理解し，判例にもできるだけ触れるようにしましょう。他の試験種ではあまり出題されない弁済による代位も過去に出題されていますので，注意が必要です。

Advice アドバイス 学習と対策

弁済については，弁済の提供の方法に関する判例や，受領権者としての外観を有する者に対する弁済に関する判例についても，しっかり学習しましょう。

相殺については，苦手意識を持つ受験生もいるでしょうが，まず相殺の要件を理解し，それから相殺禁止の場合をよく学習しましょう。過去問を解く際には，自分で関係図を描いていくと理解しやすいでしょう。

第4章 1 SECTION

債権の消滅

弁済

必修問題 セクションテーマを代表する問題に挑戦！

弁済の提供についてはその方法が重要です。関連する判例を理解しておきましょう。

問 弁済に関する次のア～エの記述の正誤の組合せとして最も妥当なものはどれか（争いのあるときは，判例の見解による。）。

（裁事2023）

ア：当事者間で別段の意思表示がない限り，弁済に要する費用は債務者の負担となる。

イ：複数ある金銭債務への弁済の充当順序が当事者間で合意されていたとしても，債務者は弁済時に当該合意と異なる充当を指定することができる。

ウ：債務の履行に債権者の協力が必要な場合，債務者としては，債権者に弁済の準備をしたことを通知し，受領を催告しておけば，履行期が過ぎても履行遅滞の責任を負うことはない。

エ：債務者は，弁済の提供をしたが債権者に受領を拒否されたというだけでは，供託の方法を用いて債務を免れることはできない。

	ア	イ	ウ	エ
1：	正	正	誤	正
2：	正	誤	正	誤
3：	誤	正	誤	誤
4：	誤	誤	誤	正
5：	誤	正	正	正

Guidance ガイダンス

弁済の提供

原則として債務の本旨に従って現実にしなければいけない

口頭の提供で足りる場合

債権者があらかじめ受領を拒んだとき

債務の履行につき債権者の行為を必要とするとき

口頭の提供も不要な場合

債権者が弁済を受領しない意思が明確である場合

直前復習

頻出度	地上★　国家一般職★★　特別区★★ 裁判所職員★★★　国税·財務·労基★　国家総合職★★★

チェック欄		
1回目	2回目	3回目

必修問題の解説

〈弁済〉

ア○ 弁済の費用（荷造費，運送費など）は，別段の意思表示がなければ，原則として，弁済を行う債務者が負担する（485条本文）。ただし，債権者が住所の移転その他の行為によって弁済の費用を増加させたときは，その増加額は債権者が負担する（同条但書）。本記述は，原則どおりの結論であるから，他の記述と比較すれば，正しいと判断してよい。

イ× 債務者が同一の債権者に対して同種の給付を目的とする数個の債務を負担する場合において，弁済として提供した給付がすべての債務を消滅させるのに足りないときは，弁済者は，給付の時に，その弁済を充当すべき債務を指定することができる（指定充当。488条1項）。ただし，当事者（弁済者・弁済受領者）間に弁済の充当の順序に関する合意があるときは，その順序に従い，その弁済を充当する（490条）。つまり，合意による充当が指定充当に優先するから，債務者は弁済時に当事者間の合意と異なる充当を指定することができない。

ウ○ 弁済の提供は，原則として，債務の本旨に従って現実にしなければならないが（現実の提供。493条本文），①債権者があらかじめ受領を拒んだ場合，または②債務の履行について債権者の行為を要する場合（本記述の場合）には，弁済の準備をしたことを通知してその受領の催告をすれば足りる（口頭の提供。同条但書）。そして，弁済の提供をした債務者は，弁済の提供の時から，債務を履行しないこと（履行遅滞）によって生ずべき責任を免れる（492条）。

エ× 供託（弁済供託）は，弁済者が債権者のために弁済の目的物を供託所に寄託することによって債務を消滅させる制度である（494条1項柱書）。供託できる場合（供託原因）は，①弁済の提供をした場合において，債権者がその受領を拒んだとき（受領拒絶。同項1号），②債権者が弁済を受領することができないとき（受領不能。同項2号），③弁済者が過失なく債権者を確知することができないとき（債権者不確知。同条2項）である。本記述は①の場合であり，供託は可能である。

以上より，ア―正，イ―誤，ウ―正，エ―誤であり，肢2が正解となる。

正答 2

第4章 SECTION 1 債権の消滅
弁済

1 債権の消滅原因

債務者が給付をし債権者がこれを受領したときは，債権はその本来の目的を達して消滅します。弁済・代物弁済・供託がこれにあたります。また，給付の内容を実現させる必要がなくなった場合も債権は消滅します。相殺・更改・免除・混同がこれにあたります。

2 弁済

(1) 弁済とは

弁済とは，債権の給付内容を実現させる債務者その他の者の行為をいいます。弁済により債権は目的を達成して消滅します（473条）。

(2) 弁済の提供

① 弁済の提供の方法

弁済の提供とは，債務者側において，給付を実現するために必要な準備をして債権者の協力を求めることをいいます。

弁済の提供は，原則として債務の本旨（内容）に従って現実にしなければなりません（現実の提供。493条本文）。

> **判例チェック** 金銭債務について，期日に現金を持参すれば，たとえ債権者が不在だったり履行場所に来なかったりした場合でも，現実の提供があったとされます（最判昭39.10.23，最判昭32.6.27）。

しかし，債務の履行に債権者の行為を要するときは，弁済の準備をしたことを通知してその受領を催告すれば足りるとされています（口頭の提供。493条但書）。また，債権者があらかじめ受領を拒んだ場合も口頭の提供で足りるとされます（同条但書）。

さらに進んで，債権者の受領拒絶の意思がきわめて明確であって，口頭の提供をしても無意味であると認められる場合，口頭の提供すら不要であるとするのが判例です（最大判昭32.6.5）。

② 弁済の提供の効果

弁済の提供が有効になされると，債務者はその提供の時より債務不履行責任を免れることができます（492条）。

また，債権者が弁済を受領しない場合に，弁済者が弁済の目的物を債権者のために供託所に供託して債務を免れることもできます（494条以下）。

(3) 第三者の弁済

弁済は，債務者本人のほか，第三者もすることもできます（474条１項)。ただし，債務の性質が許さないとき，または当事者が禁止・制限する旨の意思表示をしたときは，例外的に第三者の弁済は許されません（同条４項)。

また，当該債務の弁済につき正当な利益を有しない第三者は，債務者の意思に反して弁済することはできません（同条２項)。正当な利益を有する者とは，弁済についての法律上の利害関係が認められる者をいいます。たとえば，物上保証人（抵当権設定者など)，担保不動産の第三取得者（抵当権付不動産を譲り受けた者など）が法律上の利害関係人にあたります。そのため，債務者（成年者）の父親など，事実上の利害関係しか有しない者は債務者の意思に反して弁済することはできません。

※弁済による代位

債務者のために弁済をした者は，債務者に対して求償権を取得します。この求償権を確保するために認められたのが弁済による代位の制度です（499条以下)。すなわち，債務者について消滅した債権者の権利が求償権の範囲で弁済者に移転するものとされるのです。

① 任意代位

弁済をするにつき正当な利益を有しない者が弁済により債権者に代位することを任意代位といいます。

② 法定代位

弁済をするにつき正当な利益を有する者が弁済により債権者に代位することを法定代位といいます。

> **注意!** 任意代位については，債権譲渡の規定（467条）が準用され，債務者・第三者に代位を対抗するには対抗要件を備えることが必要です（500条)。これに対し，法定代位を対抗するのに対抗要件は不要です（同条かっこ書)。

(4) 代物弁済

弁済は本来債務の本旨に従ったものでなければなりません。しかし，債権者との契約により，本来の給付に代えて別の給付をすることによって債権を消滅させることができます。これを代物弁済といいます（482条)。たとえば，金銭支払債務を負う者も，債権者との合意があれば自動車の給付によって債権を消滅させることができます。この場合，代わりの物の経済的価値が本来の債務と同価値である必要はありません。債権者との合意がある以上，債権者に不当に不利益を及ぼすものではないからです。

ポイント 代物弁済は，代物の給付が現実になされたときに債権の消滅という効果が生じる点で，新たな債務を負担するだけで旧債務の消滅の効果を生じさせる更改（513条以下）とは異なります。

代物弁済の要件
① 債権が存在すること
② 本来の給付と異なる給付をすることにより債権を消滅させる旨の合意があること

本来の給付と異なる給付をしたといえるためには，確定的に給付目的物の所有権が債権者に移転することが必要です。不動産の場合には登記を移転することが必要となります（最判昭40.4.30）。

ただし，所有権移転の効果は，原則として当事者間の代物弁済契約の意思表示によって生じること（176条）に注意しましょう。

(5) 受領権者としての外観を有する者に対する弁済

弁済の受領権限がない者にした弁済は無効であり，債権消滅の効果は生じないのが原則です。たとえば，受領権限がないのに債権者の使者と称した者に債務を弁済した場合には弁済は有効とはならず，債務者は改めて債権者に弁済をしなければならないのが原則です。しかし，弁済の受領権限があるかのような外観を信頼して債務者が弁済した場合，この信頼を保護する必要があります。そこで，受領権者としての外観を有する者に対して善意かつ無過失で弁済した場合，その弁済は有効とされます（478条）。

たとえば，債権者の代理人と称する者（詐称代理人）は，受領権者としての外観を有する者にあたります。また，盗まれた銀行預金の通帳と印鑑を持参した者は，預金者（預金債権者）であるかのような外観がありますから，受領権者としての外観を有する者にあたります（大判昭16.6.20）。したがって，銀行がその者に善意・無過失で払い戻した場合，その払戻しは有効となり，真の権利者の銀行に対する預金債権は消滅します。

ここで注意したいのは，弁済が有効となっても，債務者が真の債権者に二重払いをする必要がなくなるというだけで，弁済の受領者が弁済の受領権限を有していないことには変わりありません。したがって，真の権利者は，弁済の受領者に対して不当利得に基づく返還請求をすることができます（703条・704条）。

判例チェック 機械払の方法による預金の払戻しについても，478条の適用があります（最判平15.4.8）。

実践 問題 31 基本レベル

頻出度 地上★ 国家一般職★★ 特別区★★ 裁判所職員★★★ 国税·財務·労基★ 国家総合職★★★

問 弁済に関するア～オの記述のうち，妥当なもののみを全て挙げているのはどれか。 (国家一般職2013)

ア：抵当不動産の物上保証人は，債務者の意思に反しても，弁済をすることができる。

イ：抵当不動産の物上保証人は，債権者が弁済の受領を拒んで受領遅滞に陥ったときであっても，供託をすることはできない。

ウ：抵当不動産の物上保証人が１名，保証人が２名いる場合，物上保証人が債権の全額を弁済したときは，物上保証人は，債権全額の３分の１の割合をもって，各保証人に対し，債権者に代位してその有していた権利を行使することができる。

エ：抵当不動産の物上保証人が債権の全額を弁済した場合であっても，債権者は，債務者本人から借用証書の返還請求があれば，物上保証人に借用証書を交付することはできない。

オ：抵当不動産の物上保証人が債権の一部のみを弁済した場合には，残額を完済するまでは，物上保証人は債権者に代位してその権利を行使することはできない。

1：ア，ウ
2：ア，オ
3：イ，ウ
4：イ，エ
5：エ，オ

チェック欄

1回目	2回目	3回目

実践 問題 31 の解説

〈弁済〉

ア○ 債務の弁済は，原則として，債務者以外の第三者もすることができる（474条1項）。ただし，「弁済をするについて正当な利益」を有しない第三者は，債務者の意思に反して弁済できない（同条2項本文）。この「弁済をするについて正当な利益」を有する第三者とは，物上保証人，担保不動産の第三取得者などのように，弁済をするについて法律上の利害関係を有する第三者をいう（最判昭39.4.21）。

イ× 供託をすることができる者は「弁済をすることができる者」（弁済者）であるから（494条・482条），債務者に限らず，抵当不動産の物上保証人も弁済をすることができる第三者（記述アの解説参照）として供託することができる。また，供託原因は，①債権者の受領拒絶，②債権者の受領不能，③債権者不確知（弁済者が過失なく債権者を確知できないとき）の3つである（494条）。本記述は①の場合であるから，供託は可能である。

ウ○ 弁済による代位の効果について，保証人と物上保証人との間では，頭数に応じて債権者に代位する（501条3項4号本文）。したがって，抵当不動産の物上保証人が1名，保証人が2名いる場合，物上保証人が債権の全額を弁済したときは，物上保証人は債権全額の3分の1の割合をもって，各保証人に対し，債権者に代位してその有していた権利を行使できる。

エ× 債権証書返還請求権を行使できるのは，債権の全部を弁済した者である（487条）。したがって，抵当不動産の物上保証人が債権の全額を弁済した場合には，債務者ではなく物上保証人が債権証書返還請求権を行使できるのであるから，債権者は，債務者本人からの借用証書の返還請求があっても，物上保証人から借用証書の返還請求があれば，物上保証人に借用証書を交付しなければならない。

オ× 物上保証人は，債務を負担する者ではないが，債務を弁済しないと債権者から自己の財産について執行を受ける義務を負っているので，「弁済をするについて正当な利益を有する者」として，弁済によって当然に債権者に代位できる（法定代位。499条・500条かっこ書）。この弁済による代位については，物上保証人が債権の一部のみを弁済した場合にも，債権者の同意を得て，その弁済をした価額に応じて，残存部分についてなお権利を有する債権者とともにその権利を行使できる（一部代位。502条1項）。

以上より，妥当なものはア，ウであり，肢1が正解となる。

正答 1

SECTION 1 第4章 債権の消滅

弁済

実践 問題 32 基本レベル

頻出度 地上★ 国家一般職★★ 特別区★★ 裁判所職員★★★ 国税·財務·労基★ 国家総合職★★★

問 **弁済に関する次のア～エの記述の正誤の組合せとして最も適当なものはどれか（争いのあるときは，判例の見解による。）。** **（裁判所職員2015改題）**

ア：弁済の費用は，別段の意思表示がないときには，原則として債務者の負担となる。

イ：債権者の代理人と称して債権を行使する者は，受領権者としての外観を有する者に当たらない。

ウ：物上保証人は，弁済をするについて正当な利益を有しない第三者であるから，主債務者の意思に反して弁済をすることができない。

エ：債権者があらかじめ弁済の受領を拒んだときは，債務者は弁済の提供として口頭の提供をすれば足り，債権者が契約そのものの存在を否定する等弁済を受領しない意思が明確と認められる場合には，口頭の提供も不要である。

	ア	イ	ウ	エ
1：	正	誤	正	正
2：	正	誤	誤	正
3：	正	正	誤	正
4：	誤	正	誤	誤
5：	誤	正	正	誤

直前復習

チェック欄		
1回目	2回目	3回目

実践 問題 32 の解説

〈弁済〉

ア○ 弁済の費用（運送費や荷造費など）は，別段の意思表示がないときは，債務者の負担となる（485条本文）。ただし，債権者が住所の移転その他の行為によって弁済の費用を増加させたときは，その増加額は債権者の負担となる（同条但書）。

イ× 478条は，受領権者としての外観を有する者に対して，善意・無過失で弁済した債務者を保護するものである。債権者の代理人と称する者（詐称代理人）も，受領権者としての外観を有する者にあたる。

ウ× 債務の弁済は第三者もできるが（474条１項），「弁済をするについて正当な利益」を有しない第三者は，債務者の意思に反しては弁済できない（同条２項本文）。「弁済をするについて正当な利益」を有しない第三者とは，自らが弁済して債務を消滅させることに法律上の利害関係を有しない第三者をいう。これに対して，物上保証人，担保不動産の第三取得者は，法律上の利害関係を有する第三者である（最判昭39.4.21）。したがって，物上保証人は主債務者の意思に反して弁済できる。

エ○ 弁済の提供の方法について，民法は，原則として債務の本旨に従って現実になすこと（現実の提供）を要するが，債権者があらかじめ弁済の受領を拒んでいるときと，債務の履行について債権者の行為を要するときは，弁済の準備をしたことを通知してその受領を催告すること（口頭の提供）で足りるとした（493条）。さらに，判例は，債権者が契約そのものの存在を否定する等「弁済を受領しない意思が明確と認められる場合」には，債務者は口頭の提供をしなくても債務不履行責任を免れるとしている（最大判昭32.6.5）。この場合には，翻意の可能性が全くないため，履行の準備と催告を求めることは無意味だからである。

以上より，ア―正，イ―誤，ウ―誤，エ―正であり，肢２が正解となる。

正答 2

実践 問題 33 基本レベル

頻出度	
地上★ 国家一般職★★ 特別区★★	
裁判所職員★★★ 国税·財務·労基★ 国家総合職★★★	

問 次のア～エの記述のうち，第三者の弁済が許される場合が二つあるが，妥当なものをすべて挙げているのはどれか。ただし，争いがあるものは判例の見解による。（地上2016）

ア：絵を描く債務を負っている債務者Aに代わって，第三者Bが絵を描いた場合

イ：使用者Cの承諾を得て，労働者Aに代わって，第三者Bが労働に従事した場合

ウ：債務者Aの担保を提供している物上保証人Bが，Aの意思に反して弁済をした場合

エ：金銭債務を負っている債務者Aに代わって，その子Bが，Aの意思に反して弁済をした場合

1：ア，ウ
2：ア，エ
3：イ，ウ
4：イ，エ
5：ウ，エ

チェック欄		
1回目	2回目	3回目

実践 問題 33 の解説

〈第三者の弁済〉

474条は，債務の弁済は第三者もすることができることを原則とするが（１項），①債務の性質がこれを許さないとき，②当事者が禁止・制限する旨の意思表示をしたときは，第三者弁済ができないとし（４項），③弁済をするについて正当な利益を有しない第三者は，債務者の意思に反しては弁済できないとする（２項本文）。

ア× 上記①について，通説は一身専属的給付を目的とする場合を指すと解しており，学者の講演など債務者自身が履行しなければ債務の目的を実現できないものが挙げられる。絵を描く債務は，一般に債務者自身が履行しなければ債務の目的を実現できないので，一身専属的給付に該当する。

イ○ 労働者の労働は，債権者（使用者）の承諾がなければ第三者に給付させることが許されない（625条２項）という意味で，一身専属的給付（記述アの解説参照）に該当する。もっとも，本記述では使用者Ｃの承諾を得ているので，債務の性質上，第三者弁済（第三者が労働に従事すること）が許される。

ウ○ 上記③の「弁済をするについて正当な利益」を有しない第三者とは，自らが弁済して債務を消滅させることに法律上の利害関係を有しない第三者をいう（最判昭39.4.21）。たとえば，物上保証人，担保不動産の第三取得者は，弁済により担保が消滅し，所有権を失うおそれがなくなるので，法律上の利害関係を有する。したがって，物上保証人Ｂは，債務者Ａの意思に反しても弁済できる。

エ× 判例は，債務者の友人や親族などは事実上の利害関係を有するが，法律上の利害関係（記述ウの解説参照）はないとする（大判昭14.10.13）。したがって，債務者Ａの子Ｂは，Ａの意思に反しては弁済できない。

以上より，妥当なものはイ，ウであり，肢３が正解となる。

正答 3

第4章 SECTION 1 債権の消滅

弁済

実践 問題 34 基本レベル

頻出度	
	地上★　国家一般職★★　特別区★★ 裁判所職員★★★　国税･財務･労基★　国家総合職★★★

問 弁済に関する次の記述のうち，判例に照らし，妥当なのはどれか。

(国家一般職2016改題)

1：連帯債務の弁済においては，連帯債務者のうち少なくとも一人が弁済することに賛同していれば，他の連帯債務者の意思に反する場合であっても，弁済をするについて正当な利益を有しない第三者は弁済することができ，意思に反する連帯債務者との関係でもこの弁済は有効である。

2：弁済をするについて正当な利益を有しない第三者は，債務者の意思に反して弁済することができないところ，正当な利益を有する者には，物上保証人，担保不動産の第三取得者など弁済をすることに法律上の利害関係を有する第三者のみならず，債務者の配偶者と第三者の配偶者が兄弟である場合の第三者のような，単に債務者と親族関係にある第三者も含まれる。

3：借地上の建物の賃借人は，土地賃貸人との間には直接の契約関係はないが，土地賃借権が消滅する場合，土地賃貸人に対して賃借建物から退去して土地を明け渡すべき義務を負う法律関係にあり，土地賃借人の土地賃貸人に対する敷地の賃料を弁済することについて正当な利益を有する。

4：債権の二重譲渡において劣後する譲受人は，対抗要件を先に具備した他の譲受人に対抗し得ないから，債務者において，その劣後する譲受人が真正の債権者であると信じてした弁済につき過失がなかった場合であっても，この弁済は効力を有しない。

5：無権限者のした機械払の方法による預金の払戻しについても民法第478条の適用があるが，銀行が預金の払戻しにつき無過失であるというためには，払戻しの際に機械が正しく作動していれば足り，銀行において，機械払システムの設置管理全体について，可能な限度で無権限者による払戻しを排除し得るよう注意義務を尽くしていたことまでは必要ない。

(参考)　民法

(受領権者としての外観を有する者に対する弁済)

第478条　受領権者（債権者及び法令の規定又は当事者の意思表示によって弁済を受領する権限を付与された第三者をいう。以下同じ。）以外の者であって取引上の社会通念に照らして受領権者としての外観を有するものに対してした弁済は，その弁済をした者が善意であり，かつ，過失がなかったときに限り，その効力を有する。

チェック欄		
1回目	2回目	3回目

実践 問題 34 の解説

〈弁済〉

1 × 債務の弁済は，債務者以外の第三者もできるのが原則であるが（474条１項），「弁済をするについて正当な利益」を有しない第三者は「債務者の意思」に反して弁済できない（同条２項本文）。この「債務者の意思」について，判例は，第三者の弁済が連帯債務者の１人の意思に反しない場合であっても，他の連帯債務者の意思に反するときは，その意思に反する連帯債務者との関係では弁済は無効であるとした（大判昭14.10.13）。

2 × 肢１の解説のとおり，「弁済をするについて正当な利益」を有しない第三者は債務者の意思に反して弁済できない（474条２項）。「弁済をするについて正当な利益」を有しない第三者とは，自らが弁済して債務を消滅させることに法律上の利害関係を有しない第三者をいう（最判昭39.4.21）。たとえば，物上保証人，担保不動産の第三取得者は，弁済により担保が消滅し，所有権を失うおそれがなくなるので，法律上の利害関係を有する。これに対して，本肢のように債務者と親族関係にある第三者は，事実上の利害関係を有するが，法律上の利害関係はない（大判昭14.10.13）。

3 ○ 借地上の建物賃借人と土地賃貸人との間には直接の契約関係はないが，土地賃借権が消滅すると，建物賃借人は土地賃貸人に対して，賃借建物から退去して土地を明け渡す義務を負う法律関係にある。そこで，判例は，借地上の建物賃借人は，敷地の地代の弁済について法律上の利害関係（肢２の解説参照）を有するとした（最判昭63.7.1）。

4 × 債権の二重譲渡があった場合，劣後する譲受人（劣後譲受人）は，対抗要件を先に具備した他の譲受人（優先譲受人）に対抗できない（467条２項）。そうすると，優先譲受人が債権者になるので，債務者から劣後譲受人に対する弁済は原則として有効とならない。もっとも，判例は，債務者が劣後譲受人を真正の債権者であると信じ，かつそのように信じたことにつき過失がなかったときには，478条の適用により，受領権者としての外観を有する者に対する弁済として効力を有するとした（最判昭61.4.11）。

5 × 判例は，機械払の方法（現金自動入出機＝ＡＴＭ）による預金の払戻しについても，478条の適用があるとした（最判平15.4.8）。さらに，同判例は，機械払の方法による預金の払戻しにつき銀行が無過失であるというためには，払戻しの際に機械が正しく作動したことだけでなく，銀行において，預金者による暗証番号などの管理に遺漏がないようにさせるため機械払の方法により預金の払戻しが受けられる旨を預金者に明示することなどを含め，機械払システムの設置管理の全体について，可能な限度で無権限者による払戻しを排除しうるよう注意義務を尽くしていたことを要するとした。

正答 3

実践 問題 35 基本レベル

頻出度			
	地上★	国家一般職★★	特別区★★
	裁判所職員★★★	国税·財務·労基★	国家総合職★★★

問 **弁済に関する次のア～オの記述のうち，適当なもののみを全て挙げているものはどれか（争いのあるときは，判例の見解による。）。（裁事2017改題）**

ア：特定物の売買契約において，代金支払債務が先履行とされた場合には，買主は，別段の意思表示のない限り，買主の現在の住所地において代金を支払わなければならない。

イ：特定物の売買契約において，買主があらかじめ目的物の受領を拒絶している場合には，売主は，引渡しの準備をしたことを買主に通知して目的物の受領を催告すれば，引渡債務の債務不履行責任を免れる。

ウ：債務者が，真実は債権者の代理人ではないのに，代理人を詐称する者に対して弁済した場合であっても，債務者が，当該人物が代理人ではないことについて善意無重過失であるときは，当該弁済は有効である。

エ：債務者が，金銭債務についてその全額に満たない金額の金銭を持参した場合は，原則として債務の本旨に従った弁済の提供とはいえない。

オ：弁済をするについて正当な利益を有しない第三者は，債務の弁済が債務者の意思に反する場合には，債権者の承諾を得たときに限り，債務の弁済をすることができる。

1：ア，イ
2：ア，エ
3：イ，エ
4：ウ，エ
5：ウ，オ

チェック欄		
1回目	2回目	3回目

実践 問題 35 の解説

〈弁済〉

ア× 弁済すべき場所は，別段の意思表示がない限り，①特定物の引渡しは債権発生時にその物が存在した場所，②その他の弁済は債権者の現在の住所となる（484条1項）。代金支払債務の弁済は②に該当するので，買主（債務者）は，売主（債権者）の現在の住所で代金を支払わなければならない。なお，売買契約につき弁済場所の特則（574条）があるが，これは売買目的物の引渡しと代金支払いが同時履行の場合に関する規定であり，本記述の場合にあてはまらないことには注意を要する。

イ○ 債務者（売主）は弁済の提供により（引渡債務の）債務不履行責任を免れることができる（492条）。この弁済の提供の方法は，債務の本旨に従って現実になされることが原則である（現実の提供。493条本文）が，本記述のように，債権者（買主）があらかじめ弁済の提供（目的物）の受領を拒絶している場合にまで，常に現実の提供を要するとなると，債務者に酷である。そこで，この場合には，債務者が弁済の準備をしたことを債権者に通知して受領を催告すれば足りる（口頭の提供。同条但書）。

ウ× 債権者の代理人と称する者（詐称代理人）も受領権者としての外観を有する者にあたるから，詐称代理人への弁済は，478条により有効な弁済となりうる。もっとも，同条は，弁済者の善意・無「過失」を要件としている。したがって，弁済者が善意・無重過失であっても，軽過失があれば，弁済は無効である。

エ○ 弁済の提供（現実の提供）は，「債務の本旨」に従ったものでなければならない（記述イの解説参照）。金銭債務の場合，債務の全額の提供でなければならず，一部の金額の提供は，原則として債務の本旨に従ったものとはならない（大判明44.12.16）。ただし，判例は，提供された金額が債務額にごくわずか不足する場合，信義則を根拠として，有効な弁済の提供となりうることを例外的に認めている（最判昭35.12.15）。

オ× 弁済をするについて正当な利益を有しない第三者は，債務者の意思に反して弁済をすることができない（474条2項本文）。ただし，債務者の意思に反することを債権者が知らなかったときは，弁済をするについて正当な利益を有する者でない第三者の弁済も有効になる（同項但書）。債権者の承諾を得たからといって，債務者の意思に反する当該第三者の弁済が有効となるわけではない。

正答 3

以上より，妥当なものはイ，エであり，肢3が正解となる。

実践 問題 36 基本レベル

頻出度	
	地上★ 国家一般職★★ 特別区★★
	裁判所職員★★★ 国税·財務·労基★ 国家総合職★★★

問 民法に規定する弁済に関するA～Dの記述のうち，判例，通説に照らして，妥当なものを選んだ組合せはどれか。（特別区2019改題）

A：弁済の提供は，債務の本旨に従って現実にしなければならないが，債権者があらかじめ債務の受領を拒んだときに限り，弁済の準備をしたことを通知してその受領の催告をすれば足りる。

B：弁済の費用について別段の意思表示がないときは，その費用は，債務者の負担とするが，債権者が住所の移転その他の行為によって弁済の費用を増加させたときは，その増加額は，債権者の負担とする。

C：最高裁判所の判例では，借地上の建物の賃借人と土地賃貸人との間には直接の契約関係はないものの，当該建物賃借人は，敷地の地代を弁済し，敷地の賃借権が消滅することを防止することに正当な利益を有するとした。

D：最高裁判所の判例では，債権者の代理人と称して債権を行使する者もいわゆる受領権者としての外観を有する者にあたると解すべきであり，受領権者としての外観を有する者に対する弁済が有効とされるには，弁済者が善意であればよく，無過失である必要はないとした。

1：A B
2：A C
3：A D
4：B C
5：B D

チェック欄

1回目	2回目	3回目

実践 問題 36 の解説

〈弁済〉

A × 弁済の提供は，債務の本旨に従って現実にしなければならないのが原則である（現実の提供。493条本文）。ただし，①債権者があらかじめ弁済の受領を拒み，または②債務の履行について債権者の行為を要するときは，弁済の準備をしたことを通知してその受領の催告をすれば足りる（口頭の提供。同条但書）。本記述は，口頭の提供で足りる場合を①の場合に限定している点が妥当でない。

B ○ 弁済の費用について別段の意思表示がないときは，その費用は，債務者の負担とするのが原則である（485条本文）。ただし，債権者が住所の移転その他の行為によって弁済の費用を増加させたときは，その増加額は，債権者の負担とする（同条但書）。

C ○ 借地上の建物の賃借人と土地賃貸人との間には直接の契約関係はなく，当該建物賃借人は当該土地賃借人の地代債務の弁済義務者ではない。しかし，当該建物賃借人は，敷地の賃借権が解除により消滅すると，建物から退去して土地賃貸人に土地を明け渡さなければならない。そこで，判例は，当該建物賃借人はその敷地の地代の弁済について法律上の利害関係（474条２項の「正当な利益」）を有するとし，当該土地賃借人の意思に反しても地代の弁済ができるとした（最判昭63.7.1）。

D × 判例は，債権者の代理人と称して債権を行使する者（詐称代理人）もいわゆる旧478条における「債権の準占有者」にあたるとした（最判昭37.8.21）。なお，2017（平成29）年改正民法は，「債権の準占有者」の文言を「受領権者……以外の者であって取引上の社会通念に照らして受領権者としての外観を有するもの」に改めたため，詐称代理人も含まれることが明確になった。しかし，受領権者としての外観を有する者に対する弁済が有効とされるには，弁済者が善意・無過失でなければならないと478条は規定しており，上記判例も同規定のように解している。

以上より，妥当なものはB，Cであり，肢４が正解となる。

正答 4

実践 問題 37 基本レベル

頻出度			
	地上★	国家一般職★★	特別区★★
	裁判所職員★★★	国税･財務･労基★	国家総合職★★★

問 弁済に関する次のア～エの記述のうち，妥当なもののみを全て挙げているものはどれか（争いがあるときは，判例の立場による。）。（裁事2019改題）

ア：債権が二重に譲渡された場合，譲受人間の優劣は，対抗要件具備の先後によるが，債務者が法律上劣後する譲受人に誤って弁済したときであっても，受領権者としての外観を有する者に対する弁済として有効な弁済となる場合がある。

イ：受領権者としての外観を有する者に対する弁済を一定の要件のもとに有効な弁済として扱うのは，債権者らしき外観を信頼した者を保護する趣旨であるから，債権者の代理人らしき外観を有していたにすぎない者に対する弁済は，債務者の主観を問わず，無効である。

ウ：債権者及び債務者が，債務者が債権者に対して負っている金銭債務の弁済に代えて，債務者が所有する不動産を債権者に譲渡することを合意した場合，当該金銭債務が消滅する効果は，当該合意の成立時に発生する。

エ：第三者が，債務者の意思に反して，債務の弁済をする場合には，正当な利益を有することが必要であるが，借地上の建物の賃借人は，敷地の地代の弁済につき，正当な利益があると認められる。

1：ア，イ
2：ア，ウ
3：ア，エ
4：イ，ウ
5：イ，エ

チェック欄		
1回目	2回目	3回目

実践 問題 37 の解説

〈弁済〉

ア○ 債権が二重に譲渡された場合，譲受人間の優劣は，対抗要件（確定日付ある証書による通知または承諾）具備の先後によって決せられ（467条２項），債務者との関係でも，優先譲受人のみが債権者となる（大連判大8.3.28）。もっとも，債務者が劣後譲受人に誤って弁済した場合でも，判例は，劣後譲受人を真の債権者であると信ずるにつき相当の理由があるときは，旧478条の「債権の準占有者」（現478条の「受領権者としての外観を有するもの」）に対する弁済として有効となるとする（最判昭61.4.11）。

イ× 債権者の代理人を詐称する者（詐称代理人）に対する弁済の効力について，判例は，詐称代理人も旧478条の「債権の準占有者」に含まれるとして，真実の代理人でないことにつき弁済者が善意かつ無過失であったときは，詐称代理人に対する弁済は有効となるとした（最判昭37.8.21）。これに対して，2017（平成29）年改正民法は，「債権の準占有者」の文言を「受領権者……以外の者であって取引上の社会通念に照らして受領権者としての外観を有するもの」に改めたため，詐称代理人も含まれることが明確になった。

ウ× 弁済をすることができる者（弁済者）が，債権者との間で，債務者の負担した給付に代えて他の給付をすることにより債務を消滅させる旨の契約をした場合において，弁済者が当該他の給付をしたときは，その給付は，弁済と同一の効力を有する（代物弁済。482条）。もっとも，判例は，不動産の譲渡をもって代物弁済をする場合，債務消滅の効力が生じるには，原則として，単に所有権移転の意思表示をしただけでは足りず，所有権移転登記手続の完了を要するとしている（最判昭40.4.30）。

エ○ 債務の弁済は，原則として第三者もすることができる（474条１項）。しかし，「正当な利益」を有しない第三者は，債務者の意思に反して弁済することができない（同条２項本文）。したがって，「正当な利益」を有する第三者であれば，債務者の意思に反しても弁済することができる。判例は，借地上の建物の賃借人は，敷地の地代の弁済について法律上の利害関係（＝「正当な利益」）を有するとしている（最判昭63.7.1）。

以上より，妥当なものはア，エであり，肢３が正解となる。

正答 3

弁済

実践 問題 38 基本レベル

頻出度 地上★ 国家一般職★★ 特別区★★ 裁判所職員★★★ 国税·財務·労基★ 国家総合職★★★

問 弁済に関するア～オの記述のうち，妥当なもののみを挙げているのはどれか。

（国家一般職2023）

ア：債務の弁済は第三者もすることができるが，その債務の性質が第三者の弁済を許さないとき，又は当事者が第三者の弁済を禁止し，若しくは制限する旨の意思表示をしたときは，弁済をするについて正当な利益を有する第三者であっても，弁済をすることができない。

イ：債務者が債権者に対して債務の弁済として他人の物を引き渡した場合には，債権者が弁済として受領した物を善意で消費し，又は譲り渡したときであっても，その弁済は無効である。

ウ：弁済をする者は，弁済と引換えに，弁済を受領する者に対して受取証書の交付を請求することができ，弁済を受領する者に不相当な負担を課するものでなければ，受取証書の交付に代えて，その内容を記録した電磁的記録の提供を請求することもできる。

エ：借用証などの債権証書がある場合において，債務者が全部の弁済をしたときは，債務者は，債権者にその証書の返還を請求することができるが，債権証書の返還と弁済は同時履行の関係にあり，債権者は，債権証書を返還しなければ，債務者に履行を請求することができない。

オ：代物弁済契約は，債務者が，その負担した給付に代えて他の給付をすることにより債務を消滅させることを債権者との間で約する諾成契約であり，債権者と代物弁済契約を締結することができるのは，債務者に限られる。

1：ア，ウ
2：ア，オ
3：イ，ウ
4：イ，エ
5：エ，オ

チェック欄		
1回目	2回目	3回目

実践 問題 38 の解説

〈弁済〉

ア○ 債務の弁済は，原則として，第三者もすることができる（474条1項）。ただし，①**債務の性質**が第三者の弁済を許さないとき，または，②**当事者**が第三者の弁済を**禁止**し，もしくは**制限**する旨の**意思表示**をしたときは，第三者弁済ができない（同条4項）。どちらの場合も，第三者が弁済をするについて**正当な利益を有するか否かを問わず**，弁済できない。

イ× 弁済者が弁済として**他人の物**を引き渡した場合，債務の本旨に従った履行とはいえず，その**弁済**は原則として**無効**であるが，直ちに弁済者に返還させるのは，債権者の利益を害する。そこで，弁済者は，**さらに有効な弁済**をしなければ，その物を取り戻すことができない（475条）。もっとも，債権者が弁済として受領した物を**善意で消費**し，または**第三者に譲渡**したときは，その**弁済は有効**になる（476条前段）。有効な弁済がされたと信じた債権者を保護する趣旨である。

ウ○ 弁済者は，**弁済と引換え**に，弁済受領者に対して**受取証書**（弁済の受領を証明する書面。領収書など）**の交付**を請求することができる（486条1項）。これは，債務者が二重弁済を強いられないようにするための権利であり，受取証書の交付と弁済は**同時履行の関係に立つ**。また，弁済者は，弁済受領者に不相当な負担を課するものでなければ，受取証書の交付に代えて，その内容を記録した**電磁的記録**の提供を請求することもできる（同条2項）。

エ× 債権証書（債権の成立を証明する書面。借用証書など）がある場合において，弁済者が**全部の弁済**をしたときは，**債権証書の返還**を請求することができる（487条）。受取証書（記述ウの解説参照）と異なり，債権証書の返還と弁済は**同時履行の関係に立たない**（通説）。弁済者の保護は受取証書の交付を受けることで十分であるし，債権者が債権証書を紛失したり手元に置いていない場合に弁済者が弁済を拒めるのは不当だからである。

オ× 弁済をすることができる者（**弁済者**）が，債権者との間で，債務者の負担した給付に代えて他の給付をすることにより債務を消滅させる旨の契約（**代物弁済契約**）をした場合において，当該**他の給付**をすることを代物弁済という（482条）。代物弁済契約は，弁済者と債権者との間の合意のみで成立する**諾成契約**であり，弁済者が**他の給付**を現実にしたときに，本来の債権の消滅（473条）という**弁済と同一の効力**が生じる。したがって，本記述の前半は妥当である。しかし，債権者と代物弁済契約を締結できるのは「弁済をすることができる者」であり，**債務者に限らず**，第三者（記述アの解説参照）でもよい。

正答 1

以上より，妥当なものはア，ウであり，肢1が正解となる。

第4章 SECTION 1 債権の消滅

弁済

実践 問題 39 基本レベル

頻出度			
	地上★	国家一般職★★	特別区★★
	裁判所職員★★★	国税･財務･労基★	国家総合職★★★

問 民法に規定する弁済に関する記述として，妥当なのはどれか。（特別区2023）

1：受領権者である，債権者及び法令の規定又は当事者の意思表示によって弁済を受領する権限を付与された第三者を除き，取引上の社会通念に照らして受領権者としての外観を有する者に対してした弁済は，その弁済をした者が善意であり，かつ，過失がなかったときに限り，その効力を有する。

2：弁済をすることができる者は，債務者の負担した給付に代えて他の給付をすることにより債務を消滅させる，要物契約である代物弁済をすることができ，その弁済をすることができる者が当該他の給付をしたときには，その給付は，弁済と同一の効力を有する。

3：弁済の費用について別段の意思表示がないときには，その費用は，債権者と債務者の双方が等しい割合で負担するが，債権者が住所の移転によって弁済の費用を増加させたときには，その増加額は，債権者が負担する。

4：債権に関する証書がある場合において，債権者がこの証書を所持するときには，債権はなお存在するものと推定され，債務の一部の弁済をした者は，いかなる場合においても，この証書の返還を請求することができる。

5：弁済をすることができる者が無過失で債権者を確知することができないときには，債権者のために弁済の目的物を供託することができるが，この弁済をすることができる者は，当該無過失について主張・立証責任を負う。

チェック欄		
1回目	2回目	3回目

実践 問題 39 の解説

〈弁済〉

1 ○ 弁済は，債権者自身や債権者の代理人など受領権限を有する者に対してしなければならず，受領権者（債権者および法令の規定または当事者の意思表示によって弁済を受領する権限を付与された第三者）以外の者への弁済は，原則として無効である。しかし，受領権者以外の者であって取引上の社会通念に照らして受領権者としての外観を有するものに対してした弁済は，弁済をした者が善意であり，かつ，過失がなかったときに限り，有効となる（478条）。外観に対する信頼を保護する制度の１つである。

2 × 弁済をすることができる者（弁済者）が，債権者との間で，債務者の負担した給付に代えて他の給付をすることにより債務を消滅させる旨の契約（代物弁済契約）をした場合において，当該他の給付をすることを代物弁済という（482条）。代物弁済契約は，弁済者と債権者との間の合意のみで成立する諾成契約であり，弁済者がその契約で合意した他の給付を現実にしたときに，本来の債権の消滅（473条）という弁済と同一の効力が生じる（482条）。

3 × 弁済の費用（荷造費，運送費など）は，別段の意思表示がなければ，弁済を行う債務者が負担する（485条本文）。ただし，債権者が住所の移転その他の行為によって弁済の費用を増加させたときは，その増加額は債権者が負担するので（同条但書），本肢の後半は妥当である。なお，売買契約に関する費用（契約書作成費など）は，当事者双方が等しい割合で負担する（558条。559条により他の有償契約に準用される）。

4 × 債権に関する証書（債権証書）とは，債権の成立を証明するために，債権者が債務者に作成させ，交付を受けた書面である（借用証書など）。債権者が債権証書を所持する場合には，債権の存在が推定される。そこで，債務者が二重弁済を強いられないようにするため，弁済者が全部の弁済をしたときは，債権証書の返還を請求することができる（487条）。これに対して，一部弁済の場合には，債権証書の返還を請求することができない。

5 × 弁済者が債権者を確知することができないとき（債権者不確知）は，債権者のために弁済の目的物を供託することができる（494条２項本文）。ただし，弁済者に過失があるときは，供託することができない（同項但書）。民法は但書に規定することで，弁済者に過失があることの主張・立証責任は，債権者など供託の効力を争う者が負うことを明らかにしている。

正答 1

実践 問題 40 応用レベル

頻出度 地上★ 国家一般職★★ 特別区★ 裁判所職員★★ 国税·財務·労基★ 国家総合職★★★

問 弁済に関する次のア～エの記述の正誤の組合せとして，最も適当なのはどれか（争いのあるときは，判例の見解による。）。（裁事2011）

ア：自ら債務を負っていない第三者は，債権者と債務者の合意で認められた場合以外は，債務の弁済をすることができない。

イ：借地上の建物の賃借人は，借地人の意思に反する場合であっても，借地人の土地賃貸人に対する地代の弁済をすることができる。

ウ：不動産所有権の譲渡をもって代物弁済をする場合，債務消滅の効力が生じるには，特約がない限り，単に所有権移転の意思表示をしただけで足り，所有権移転登記手続の完了までは要しない。

エ：元本のほか，利息，費用の債務が存在し，債権者と債務者との間で，弁済の充当に関する合意がない場合には，債務者が，まず元本に充当することを求めたとしても，債権者はこれを拒絶することができる。

	ア	イ	ウ	エ
1：	正	正	正	誤
2：	正	誤	正	正
3：	正	誤	正	誤
4：	誤	正	誤	正
5：	誤	正	誤	誤

チェック欄

1回目	2回目	3回目

実践 問題 40 の解説

〈弁済〉

ア× 原則として，債務の弁済は，債務者以外の第三者もすることができる（474条１項)。第三者の行為により債権の給付内容が実現した場合，これを弁済として認めても債権者に不利益はないからである。ただし,①債務の性質上,第三者弁済が許されない場合や，②当事者が反対の意思を表示したときは,第三者弁済をすることができないし（同条４項)，③弁済をするについて正当な利益を有しない第三者は，債務者または債権者の意思に反して弁済できない（同条２項本文・３項本文)。

イ○ 借地上の建物の賃借人は，借地権が解除により消滅すると，建物から退去して土地賃貸人に土地を明け渡さなければならない。したがって，借地上の建物の賃借人は，借地人（建物賃貸人）の地代債務の弁済について法律上の利害関係（474条２項の「正当な利益」）があり，借地人の意思に反しても地代債務の弁済ができるとするのが判例（最判昭63.7.1）である。

ウ× 代物弁済とは，債務者が，債権者との契約により，本来の債権の給付内容とは異なる他の給付を現実にすることによって本来の債権を消滅させることをいう（482条)。「他の給付」は現実に行わなければならず，物の給付を目的とする場合には，権利の移転に加え，第三者に対する対抗要件の具備が必要である（判例・通説)。したがって，不動産所有権の譲渡をもって代物弁済をする場合，所有権移転の意思表示をしただけでは足りず，所有権移転登記手続を完了しなければ，債務消滅の効力は生じない（最判昭40.4.30)。

エ○ 元本のほかに利息および費用を支払うべき場合において，①両当事者間に充当に関する合意があるときは，それによる（490条）が，②合意がなく，かつ弁済をする者がその債務の全部を消滅させるのに足りない給付をしたときは，費用，利息，元本の順に充当しなければならない（489条１項)。費用は，多くは債務者の支払うべき分を債権者が一時的に立て替えたものなので，まず支払われるべきであるし，利息は，債権者の通常の収入となるべきものなので，長く弁済を怠るべきではないし，元本を先に弁済すると利息が付かなくなり，債務者に過度に有利になるからである。②は指定による充当（488条１項～３項）よりも優先されるので，債務者が，まず元本に充当することを求めたとしても，債権者はこれを拒絶できる。

以上より，ア―誤，イ―正，ウ―誤，エ―正であり，肢４が正解となる。

正答 4

実践 問題 41 応用レベル

頻出度 地上★ 国家一般職★★ 特別区★ 裁判所職員★★ 国税·財務·労基★ 国家総合職★★★

問 民法に規定する弁済に関するA～Dの記述のうち，妥当なものを選んだ組合せはどれか。 (特別区2014改題)

A：弁済をするについて正当な利益を有しない第三者は，当事者が第三者の弁済を禁止または制限する旨の意思表示をした場合は，債務の弁済をすることができないが，正当な利益を有する第三者は，当事者が第三者の弁済を禁止または制限する旨の意思表示をした場合であっても，債務の弁済をすることができる。

B：弁済の費用について別段の意思表示がないときは，その費用は，債務者の負担となるが，債権者が住所の移転その他の行為によって弁済の費用を増加させたときは，その増加額は，債権者の負担となる。

C：債権の目的が特定物の引渡しである場合において，契約その他の債権の発生原因及び取引上の社会通念に照らしてその引渡しをすべき時の品質を定めることができないときは，弁済をする者は，その引渡しをすべき時の現状でその物を引き渡さなければならない。

D：債権に関する証書がある場合において，弁済をした者が全部の弁済をしたときは，弁済をした者は，弁済を受領した者に対して受取証書の交付を請求できるので，債権に関する証書の返還を請求することはできない。

1：A　B
2：A　C
3：A　D
4：B　C
5：B　D

チェック欄		
1回目	2回目	3回目

実践 問題 41 の解説

〈弁済〉

A × 債務の弁済は，原則として第三者もすることができるが（474条1項），①債務の性質上，第三者弁済が許されない場合と，②「当事者」が禁止・制限する旨の意思表示をした場合は，第三者弁済が許されない（同条4項）。②は弁済をするについて正当な利益を有する第三者であっても同様である。③弁済をするについて正当な利益を有しない第三者のみ弁済することができないのは，その弁済が「債務者」または「債権者」の意思に反する場合である（同条2項本文・3項本文）。

B ○ 弁済は債務者の行為なので，弁済の費用は，別段の意思表示がなければ，債務者が負担するのが原則である（485条本文）。ただし，債権者の住所移転などの行為により費用を増加させた場合には，その増加額は債権者が負担する（同条但書）。

C ○ 債権の目的が特定物の引渡しである場合において，契約その他の債権の発生原因および取引上の社会通念に照らしてその引渡しをすべき時の品質を定めることができないときは，弁済をする者は，その引渡しをすべき時の現状でその物を引き渡さなければならない（483条）。反対に，引渡しをすべき時の品質を定めることができるときは，特定物であってもその品質を備えた物の引渡しを義務付けられる。

D × 弁済者は，弁済の事実を証明するため（二重弁済の危険を避けるため），弁済受領者に対し2つの権利を持つ。①弁済者は，弁済と引換えに，弁済受領者に対し，受取証書（領収書など弁済の受領を証明する文書）の交付を請求できる（486条1項）。②債権証書（借用証書など債権の成立を証明する文書）がある場合に，弁済者が全部の弁済をしたときは，債権証書の返還を請求できる（487条）。なお，受取証書の交付は弁済と同時履行の関係に立つのに対し，債権証書の返還は弁済と同時履行の関係に立たない（通説）が，これらは弁済者に①②の請求権が認められることとは別の問題である。

以上より，妥当なものはB，Cであり，肢4が正解となる。

正答 4

実践 問題 42 応用レベル

頻出度	地上★ 国家一般職★★ 特別区★ 裁判所職員★★ 国税･財務･労基★ 国家総合職★★★

問 **代位に関するア～オの記述のうち，妥当なもののみを全て挙げているのはどれか。ただし，争いのあるものは判例の見解による。　(国家総合職2020)**

ア：AのBに対する3,000万円の債権について，C及びDが保証人となり，Dが自己所有の不動産甲（担保価値1,000万円）に抵当権を設定・登記し，Eが自己所有の不動産乙（担保価値2,000万円）に抵当権を設定・登記した。その後，CがAに3,000万円を弁済した場合，Cは，Dに対して1,500万円，Eに対して750万円についてAに代位する。

イ：Aは，Bに対する100万円の債権を有しており，Bは，Cに対する100万円の債権を有していたが，Bは他にみるべき財産を有していなかった。この場合において，CがBに対して債務を免除するように依頼したときは，A，Bの両債権の期限が到来していなくても，Aは，BのCに対する債権を代位して行使することができる。

ウ：Aは，Bに対する50万円の債権を有しており，その期限が到来している。一方，Bは，Cに対し，名誉毀損による100万円の慰謝料請求権を有しており，その支払を命ずる判決が確定している。この場合，Aは，Bの債権のうち50万円分について代位して行使することができる。

エ：AのBに対する3,000万円の債権について，Bが自己所有の不動産甲（担保価値1,000万円）に抵当権を設定・登記し，Cが保証人となった後，BはDに甲を譲渡し，さらに，DはEに甲を譲渡した。その後，CがAに3,000万円を弁済した場合，Cは，Eに対して1,500万円について代位する。

オ：Aは，Bから時価50万円の茶器を預かっていたが，その保管が不十分であったため，Cが過失により当該茶器を割ってしまった。その後，AがBに50万円の賠償をした場合，Aは，BのCに対する損害賠償請求権についてBに代位する。

1：ア，イ
2：ア，ウ
3：イ，エ
4：ウ，オ
5：エ，オ

チェック欄		
1回目	2回目	3回目

実践 問題 42 の解説

〈各種の代位〉

下記のように，民法では，種々の意味で「代位」の語が用いられているが，「元のものに代わる」という点が共通している。

ア× 本記述は弁済による代位の問題である。保証人と物上保証人がいる場合には，その頭数に応じて債権額（負担部分）を分け，その範囲内で債権者に代位し，さらに物上保証人が複数いる場合には，保証人の負担部分を除いた残額について，各不動産の価格に応じて債権者に代位する（501条３項４号）。もっとも，本記述のＤのように，保証人と物上保証人の二重の資格を持つ者がいる場合については明文の規定がない。判例は，この場合の代位の割合は，501条３項３号・４号の基本的な趣旨・目的である公平の理念に基づいて，二重資格者も１人と扱い，全員の頭数に応じた平等の割合であるとしている（最判昭61.11.27）。本記述では，ＡのＢに対する3,000万円の債権について，保証人Ｃ，保証人兼物上保証人Ｄ，物上保証人Ｅがいて，ＣがＡに3,000万円全額を弁済したので，各自の負担部分は3,000万円×１/３＝1,000万円であり，Ｃは，Ｄに対して1,000万円，Ｅに対して1,000万円についてＡに代位する。

イ× 本記述は債権者代位権の問題である。ＡがＢのＣに対する債権を代位行使するためには，原則として，ＡのＢに対する債権（被保全債権）の履行期が到来していることが必要である（423条２項本文）。ただし，債務者Ｂの財産の現状を維持する保存行為の場合は，被保全債権の履行期前でも債権者Ａは代位権を行使できるが（同項但書），ＣがＢに対して債務を免除するように依頼しただけでは，Ａの代位権行使は保存行為とはいえない。また，ＢのＣに対する債権（被代位権利）の履行期前において，ＢがＣに対して履行を請求できない以上，Ａが代位行使することもできない。したがって，ＡがＢのＣに対する債権を代位行使するためには，ＢのＣに対する債権の履行期が到来していることも必要である。

ウ○ 本記述は債権者代位権の問題である。名誉毀損（不法行為）による慰謝料請求権について，判例は，①本来，行使上の一身専属性を有し，債権者代位権の対象にならない（423条１項但書）が，②具体的な金額の慰謝料請求権が当事者間で客観的に確定したときは，行使上の一身専属性を認めるべき理由を失い，被害者の債権者は債権者代位権の対象とすることができるとしている（最判昭58.10.6）。本記述では，ＢのＣに対する名誉毀損による

100万円の慰謝料請求権については，その支払いを命ずる判決が確定しているので，Bの債権者Aによる債権者代位権の対象となりうる。ただし，AのBに対する債権（被保全債権）は50万円であるから，Aは，BのCに対する100万円の慰謝料請求権のうち，50万円分についてのみ代位行使できる（423条の2）。

エ× 本記述は弁済による代位の問題である。弁済による代位において，債務者から担保の目的となっている財産を譲り受けた者を第三取得者といい（501条3項1号かっこ書），第三取得者から担保目的財産を譲り受けた者も第三取得者とみなされるので（同項5号前段），本記述のEは第三取得者である。そして，第三取得者Eは債務者Bに準じて扱われ，債権者Aに3,000万円全額を弁済した保証人Cは，Eに対して全額代位できる。特別の規定は設けられていないが，「債権者に代位した者は，債権の効力及び担保としてその債権者が有していた一切の権利を行使することができる」とする同条1項からの当然の帰結である。

オ○ 本記述は損害賠償による代位の問題である。Cが過失によりB所有の茶器（時価50万円）を割ってしまったので，BはCに対し不法行為による損害賠償を請求できる（709条）。また，Bから茶器を預かっていたAによる保管が不十分だったことも，茶器が割れてしまった原因なので，BはAに対し債務不履行（保管義務違反）による損害賠償を請求できる（415条1項）。そして，債権者Bが，損害賠償として，その債権の目的である物（茶器）または権利の価額の全部（50万円）の支払いを受けたときは，賠償した債務者Aは，その物または権利について当然に債権者Bに代位する（422条）。そうでないと，債権者Bが二重の利得を得ることになるからである。したがって，Aは，BのCに対する損害賠償請求権についてBに代位する。

以上より，妥当なものはウ，オであり，肢4が正解となる。

正答 4

memo

実践 問題 43 応用レベル

頻出度			
	地上★	国家一般職★★	特別区★
	裁判所職員★★	国税·財務·労基★	国家総合職★★★

問 弁済に関するア～オの記述のうち，妥当なもののみを全て挙げているのはどれか。 (国家総合職2022)

ア：債務者が債権者に対し弁済として他人の物を引き渡し，債権者がそのことを知らないままその物を消費してしまった場合，他人の物とは知らなかったことについて債権者に過失があるときは，その弁済は無効となる。

イ：債務の履行について不確定期限が付されている場合，債務者は，その期限が到来したことを知っていたとしても，債権者から履行の請求を受けない限りは，遅滞の責任を負わない。

ウ：債務者が債権者の預金口座への払込みによって弁済をする場合，その払い込まれた金額について債権者が預金口座から払い戻すことができるようになった時点で，弁済の効力が生じる。

エ：弁済をするについて正当な利益を有する者でない第三者であっても，債権者の意思に反して弁済をすることができる場合がある。

オ：代物弁済をする場合，代物弁済に供する物の価値と債権額は，必ずしも一致する必要はないが，両者の間に著しい不均衡があり，暴利行為に当たる場合には，公序良俗に反し無効となることがある。

1：ア，ウ
2：イ，エ
3：ア，ウ，オ
4：イ，エ，オ
5：ウ，エ，オ

チェック欄		
1回目	2回目	3回目

実践 問題 43 の解説

〈弁済〉

ア× 弁済者が弁済として他人の物を引き渡した場合，債務の本旨に従った履行とはいえず，その弁済は原則として無効であるが，債権者の利益のために，弁済者は，さらに有効な弁済をしなければ，その物を取り戻すことができないとされている（475条）。もっとも，債権者が弁済として受領した物を善意で消費し，または第三者に譲渡したときは，その弁済は有効になる（476条前段）。有効な弁済がされたと信じた債権者を保護する趣旨であり，過失の有無を問わない。

イ× 債務の履行について不確定期限があるときは，債務者は，①その期限の到来した後に履行の請求を受けた時，または，②その期限の到来したことを知った時，のいずれか早い時から遅滞の責任を負う（412条２項）。したがって，債務者は，その期限が到来したことを知っていたとき（②）は，債権者から履行の請求を受けなくても，遅滞の責任を負う。

ウ○ 債権者の預金または貯金の口座に対する払込み（振込み）によってする弁済は，債権者がその預金または貯金に係る債権（預貯金債権）の債務者（銀行）に対してその払込みに係る金額の「払戻しを請求する権利を取得した時」（払い戻すことができるようになった時）に，その効力を生ずる（477条）。

エ○ 債務の弁済は，原則として，第三者もすることができる（474条１項）。もっとも，弁済をするについて正当な利益を有する者でない第三者は，債権者の意思に反して弁済をすることができない（同条３項本文）。ただし，その第三者が債務者の委託を受けて弁済をする場合（たとえば，債務者と第三者が履行引受契約を締結しており，第三者が履行引受人として弁済する場合）において，そのことを債権者が知っていたときは，その第三者は債権者の意思に反して弁済をすることができる（同項但書）。

オ○ 代物弁済をするためには，弁済者が債権者との間で，「債務者の負担した給付に代えて他の給付をすることにより債務を消滅させる旨の契約」をすることを要する（482条）。「他の給付」は，本来の給付（金銭債権の場合は債権額）と同価値である必要はないが（大判大10.11.24），両者の間に著しい不均衡があり，暴利行為にあたる場合には，公序良俗に反し無効（90条）となることがある（最判昭27.11.20）。

以上より，妥当なものはウ，エ，オであり，肢５が正解となる。

正答 5

債権の消滅
相殺

必修問題 セクションテーマを代表する問題に挑戦！

まず相殺を行うことができる要件を理解しましょう。そのうえで，相殺が禁止される場合を学習しましょう。

問 民法に規定する相殺に関する記述として，妥当なのはどれか。

（特別区2011改題）

1：第三債務者が，差押えによって支払いを差し止められた場合には，その後に取得した反対債権を自働債権として相殺しても，これをもって差押債権者に対抗できない。

2：相殺は，債権者と債務者とが相互に同種の内容の債権債務を持つ場合に，その債権と債務とを対当額において消滅させる意思表示であり，この意思表示には，当事者の合意があっても条件や期限を付することは一切できない。

3：当事者は，契約で生ずる債権に関しては契約により，単独行為で生ずるものについては単独行為によって相殺を禁止できるが，この相殺禁止の意思表示の効果は，善意又は悪意を問わず第三者には対抗できない。

4：相殺は，弁済する場合の時間と費用を節減し，決済において当事者の公平を図るという機能があるため，相殺するには，当事者間に同種の目的を有する債権が対立して存在し，両債権ともに当初に定めた弁済期が必ず到来していなければならない。

5：相殺は，意思表示によって効力を生ずるから，相殺適状になっても相殺しない間に債権が時効により消滅すれば相殺適状がなくなってしまうため，自働債権が時効によって消滅した後は，相殺することができない。

直前復習

Guidance ガイダンス

相殺の要件（相殺適状）
- 両当事者の債権が対立すること
- 対立する債権が有効に存在すること
- 双方の債権が同種の目的を有すること
- 双方の債権が弁済期にあること
- 債務の性質が相殺を許すものであること

相殺が禁止される場合
- 悪意による不法行為に基づく損害賠償請求権を受働債権として相殺することは不可

頻出度	地上★　国家一般職★★　特別区★★ 裁判所職員★　国税·財務·労基★　国家総合職★★

必修問題の解説

チェック欄		
1回目	2回目	3回目

〈相殺〉

1 ○ 差押えを受けた債権の第三債務者は，差押後に取得した債権によって相殺しても，差押債権者に対抗できない（511条１項前段）。

2 × 相殺とは，債務者が債権者に対して自らも同種の債権を有する場合に，その債権と債務とを対当額で消滅させる一方的意思表示である（505条１項・506条１項前段）。この相殺の意思表示（単独行為）に条件や期限を付することはできない（506条１項後段）。条件を許さないのは，相手方を不当に不利益な地位に立たせないためであり，期限を許さないのは，遡及効（同条２項）を有する相殺に期限を付するのは無意味だからである。もっとも，当事者の合意で条件・期限を付けることは妨げられない。

3 × 当事者が相殺を禁止·制限する意思表示をした場合には，相殺できない（505条２項）。債権が契約により発生する場合は，両当事者の合意により，単独行為により発生する場合には，その単独行為により，相殺を禁止することができる。この相殺禁止・制限の意思表示は，第三者との関係では，第三者が悪意・重過失の場合に限り対抗することができる（同項）。

4 × 相殺をするためには，①債権が対立していること，②双方の債権が同種の目的を有すること，③双方の債権が弁済期にあること，④債権の性質が相殺を許すものであることが必要である（505条１項）。ただし，③が必要となるのは，弁済期前の相殺を許すと，債務者の有する期限の利益を失わせることになるからである。したがって，（相手方が債務者である）自働債権については弁済期の到来が必要である。これに対して，（自分が債務者である）受働債権については，（当初に定めた）弁済期が未到来でも，期限の利益を放棄すれば（136条２項），相殺が可能となる。ただし，相殺適状にあるというためには，期限の利益の放棄・喪失等により受働債権の弁済期が現実に到来していることが必要である（最判平25.2.28）。

5 × 自働債権が時効によって消滅した後でも，時効消滅以前に相殺適状にあったときは，なお相殺をすることができる（508条）。いったん相殺適状になった以上，当事者としては当然に清算されたと考えるのが通常であり，そのような相殺についての期待および利益は保護に値するからである。

正答 1

第4章 SECTION 2 債権の消滅

相殺

1 相殺とは

【事例】

Ａさんは Ｂさんに80万円の売掛代金債権を有していましたが，Ｂさんも Ａさんに100万円の貸金債権を有していました。Ｂさんは80万円を用意してＡさんに弁済しなければならないのでしょうか。

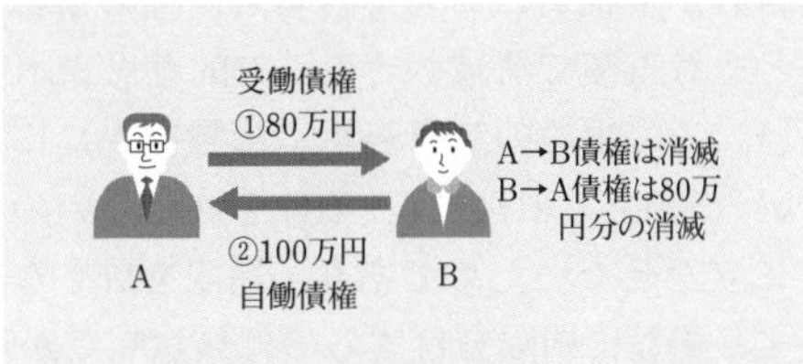

ポイント 相殺する側の債権を自働債権，相殺される側の債権を受働債権といいます。

相殺とは，債権者と債務者とが相互に同種の債権・債務を有する場合に，その債権と債務とを対当額において消滅させる一方的意思表示をいいます（505条1項)。①当事者間の公平を図り，②簡易・迅速な決済をなすことを目的とし，③お互いの債権を担保する機能を有します。上記の事例では，Ｂさんが相殺の意思表示をすると，80万円の範囲でＡさんの債権とＢさんの債権が消滅します。

ポイント 相殺には，当事者の公平，簡易・迅速な決済という機能に加え，債権の担保的機能があって，この点が重視されています。

2 相殺の要件（相殺適状）

相殺をするのに適した状態を相殺適状といいます。

【相殺適状とは】

① 両当事者の債権が対立すること
② 対立する債権が有効に存在すること
③ 双方の債権が同種の目的を有すること
④ 双方の債権が弁済期にあること
⑤ 債務の性質が相殺を許すものであること

① 「両当事者の債権が対立すること」

原則として，自働債権は相殺者が被相殺者に対して有する債権であることを要します。ただし，条文上の例外があります（連帯債務：443条１項，保証債務：463条１項，債権譲渡：469条）。

また，受働債権は，被相殺者が相殺者に対して有する債権であることが必要です。たとえば，抵当不動産の第三取得者は抵当権者に対する債権をもって抵当権者が債務者に対して持っている債権と相殺をすることはできません（大判昭8.12.5）。

② 「対立する債権が有効に存在すること」

いずれか一方の債権が不存在または無効であるときは，相殺も無効となります。

ただし，自働債権が時効によって消滅している場合でも，その消滅以前に相殺適状にあったときは，相殺することができるとされています（508条）。債権が相殺適状にあったときは，当事者双方は債権関係が決済されたものと考えるのが普通だからです。

補足　除斥期間の経過した債権を自働債権として相殺することも，508条の類推適用により認められます（最判昭51.3.4）。

③ 「双方の債権が同種の目的を有すること」

たとえば，金銭債権と自動車引渡請求権（債権）とは相殺することはできません。

④ 「双方の債権が弁済期にあること」

自働債権は弁済期にあることが必要です。弁済期未到来の債権を自働債権として相殺することを許すと，相手方は理由もなく期限の利益を失うからです。これに対して，期限未到来の受働債権については，債務者が期限の利益を放棄すれば（136条２項），相殺が可能となります。ただし，相殺適状にあるというためには，受働債権につき，期限の利益を放棄できるというだけでなく，期限の利益の放棄・喪失等によりその弁済期が現実に到来していることが必要です（最判平25.2.28）。

⑤ 「債務の性質が相殺を許すものであること」

なす債務（物の引渡し以外の一定の行為を内容とする債務）については，相殺は認められません。また，自働債権に相手方の同時履行の抗弁権（533条），催告および検索の抗弁権（452条・453条）などが付着している場合も相殺できません。

相殺

3 相殺が許されない場合

形式的には相殺適状にあっても，次の債権は相殺することができません。

① 当事者が相殺禁止・制限の意思表示をした場合（505条2項）

相殺禁止・制限の意思表示（相殺制限特約）は，第三者との関係では，第三者が悪意・重過失の場合に限り対抗することができます（同項）。

② 受働債権が不法行為等によって生じた場合（509条）

受働債権が次の２つに該当する場合は，相殺することはできません。その趣旨は，①被害者に現実の弁済を受けさせること，②不法行為の誘発（弁済を受けられない債権者が，腹いせとして債務者に不法行為を加えること）を防止することにあります。

㋐ 悪意による不法行為に基づく損害賠償債権（同条１号）

「悪意」といえるためには，故意では足りず，積極的意欲まで必要です。

㋑ 人の生命または身体の侵害による損害賠償債権（同条２号）

不法行為に基づく侵害だけでなく，債務不履行に基づく侵害についても適用があります。

なお，㋐㋑の債権を相手方が第三者から譲り受けた場合は，相殺は禁止されません（同条但書）。

③ 受働債権が差押禁止債権である場合（510条）

扶養料・恩給などの差押禁止債権を受働債権として相殺することはできません。これらの債権は債権者の生活を支えるものであるので，現実の支払いを確保する必要があるからです。

④ 受働債権が差押えを受けた場合（511条）

受働債権が差し押さえられた場合には，差押後に取得した債権を自働債権として相殺することはできません（511条１項前段）。債権の差押えの実効性を確保するためです。これに対して，受働債権の差押前に取得した債権を自働債権として相殺することはできます（同項後段）。両債権の弁済期の先後は問題となりません（無制限説）。

補足 無制限説は，相殺の担保的機能を重視すべきであることを根拠とします。

4 相殺の方法・効果

相殺は，当事者の一方から相手方に対する意思表示によりなされます（単独行為。506条１項前段）。相殺の意思表示に条件や期限を付与することはできません（同項後段）。

相殺の意思表示によって双方の債権は，その対当額において消滅します（505条１項本文）。そして，相殺は，双方の債権が相殺適状を生じた時に遡及して効力を生じます（遡及効。506条２項）。その結果，相殺適状後に発生した利息は発生しなかったことになり，支払済みの利息については不当利得の返還の問題が生じます。

相殺

実践 問題 44 基本レベル

頻出度 地上★ 国家一般職★★ 特別区★★ 裁判所職員★ 国税·財務·労基★ 国家総合職★★

問 相殺に関する次のア～オの記述のうち，適当なもののみを全て挙げているのはどれか（争いのあるときは，判例の見解による。）。（裁判所職員2013）

ア：甲が乙に対して有する債権Aを担保するために抵当権が設定された不動産の第三取得者丙は，自らが甲に対する債権Bを有する場合であっても，当然には債権Bを自働債権，債権Aを受働債権として相殺することはできない。

イ：相殺適状にあるためには自働債権と受働債権とがいずれも弁済期にあることを要するため，受働債権について弁済期が到来していない場合には，直ちに相殺をすることはできず，相殺の意思表示とともに，受働債権について期限の利益の放棄の意思表示をする必要がある。

ウ：賃貸借契約が賃料不払のために解除された場合であっても，賃借人が解除当時に賃貸人に対する債権を有していたのであれば，賃借人は，この債権を自働債権とし，賃料債権を受働債権として相殺の意思表示をすることにより，賃料債務はさかのぼって消滅するから，解除は無効であったことになる。

エ：単独行為である相殺の意思表示には条件や期限を付することはできないが，合意によって相殺する場合には条件や期限を付することは妨げられない。

オ：甲は，乙の甲に対する貸金債権を受働債権とし，消滅時効期間が満了した甲の乙に対する貸金債権を自働債権として，乙に対し相殺の意思表示をした。この場合，甲が上記自働債権を消滅時効の期間満了後に丙から譲り受け，乙が時効を援用しているときには，甲の上記相殺は認められない。

1：ア，イ，ウ
2：ア，ウ，エ
3：ア，エ，オ
4：イ，ウ，オ
5：イ，エ，オ

チェック欄		
1回目	2回目	3回目

実践 問題 44 の解説

〈相殺〉

ア○ 判例は，抵当不動産の第三取得者（丙）が，自己の抵当権者（甲）に対する債権（債権B）を自働債権とし，抵当権者（甲）の債務者（乙）に対する被担保債権（債権A）を受働債権として相殺することは認められないとした（大判昭8.12.5）。

イ× 自働債権については弁済期の到来が必要であるが，受働債権については，弁済期が未到来でも，期限の利益を放棄すれば（136条2項），相殺が可能となる（大判昭7.2.20）。ただし，判例は，相殺適状にあるというためには，期限の利益の放棄・喪失等により受働債権の弁済期が現実に到来していることが必要であるとするが（最判平25.2.28），期限の利益の放棄の意思表示は，相殺の意思表示に含まれていると解することができるし，期限の利益の喪失の場合には不要なので，常に必要となるわけではない。

ウ× 相殺による債権消滅の効果は，双方の債務が相殺適状を生じた時点に遡って生ずる（506条2項）。ただし，判例は，賃貸借契約が賃料不払いのために解除された後に，賃借人が賃貸人に対する債権の存在を知って相殺の意思表示をし，賃料債務が遡って消滅しても，解除の効力には影響がないとした（最判昭32.3.8）。相殺で解除が無効になるとすると，解除以後の法律関係が不確定な状態のままとなるからである。

エ○ 相殺の意思表示には条件や期限を付することはできない（506条1項後段）。条件を許さないのは，相手方を不当に不利益な地位に立たせないためであり，期限を許さないのは，遡及効を有する相殺（記述ウの解説参照）に期限を付するのは無意味だからである。もっとも，当事者間の合意によって相殺する場合には，条件・期限を付することは妨げられない（通説）。

オ○ 債権が時効消滅したとしても，その消滅以前に相殺適状にあった場合には，債権者はその債権を自働債権として相殺できる（508条）。相殺適状になったことにより，当事者は当然に清算されたと考えるのが通常だからである。したがって，すでに時効にかかった債権を譲り受けて，これを自働債権として相殺することは認められない（最判昭36.4.14）。当該債権が時効消滅する以前に，当該債権の譲受人と債務者との間は相殺適状になっていないからである。

以上より，妥当なものはア，エ，オであり，肢3が正解となる。

正答 3

第4章 SECTION 2 債権の消滅
相殺

実践 問題 45 基本レベル

頻出度 地上★ 国家一般職★★ 特別区★★ 裁判所職員★ 国税·財務·労基★ 国家総合職★★

問 相殺に関するア～オの記述のうち，妥当なもののみを全て挙げているのはどれか。ただし，争いのあるものは判例の見解による。

（国税・財務・労基2015改題）

ア：損害賠償の債務が悪意による不法行為に基づいて生じたときは，その債務者は相殺によって債権者に対抗することは認められない。

イ：相殺は，相殺適状にある債権の債権者にとって担保的な機能を有し，当該担保的機能への期待は尊重されるべきであることから，民法上，差押禁止債権を受働債権として相殺を行うことも認められる。

ウ：相殺を行うには当事者双方の債務が弁済期にあることが要件とされているから，自働債権が弁済期にある場合であっても，受働債権が弁済期にないときには，受働債権の期限の利益を放棄して相殺を行うことも認められない。

エ：相殺が認められるためには，当事者相互が同種の目的を有する債務を負担することが必要であり，当事者双方の債務の履行地が同じであることが必要である。

オ：時効によって消滅した債権を自働債権とする相殺をするためには，消滅時効が援用された自働債権は，その消滅時効期間が経過する以前に受働債権と相殺適状にあったことが必要である。

1：ア，イ
2：ア，オ
3：イ，ウ
4：ウ，エ
5：エ，オ

直前復習

チェック欄		
1回目	2回目	3回目

実践 問題 45 の解説

〈相殺〉

ア○ 損害賠償の債務が悪意による不法行為によって生じたときは，その債務者は，相殺をもって債権者に対抗することができない（509条1号）。同条の趣旨は，被害者に現実の弁済を受けさせることと，不法行為の誘発の防止にある。

イ× 相殺は，相殺適状にある債権の債権者にとって（他の債権者に優先して回収できるという意味で）担保的な機能を有しており，当該担保的機能への期待は尊重されるべきである。しかし，差押禁止債権の債務者は，これを受働債権として相殺することができない（510条）。差押禁止の趣旨は，債権者の生活保障に関わる債権につき現実の給付を確保することであるから，その趣旨を貫徹するために債務者による相殺も禁止しているのである。

ウ× 相殺を行うには，「双方の債務が弁済期にある」ことが要件となる（505条1項本文）。弁済期にない債権を自働債権とする相殺を認めると，債務者の期限の利益を一方的に奪うことになるからである。しかし，自働債権が弁済期にある場合，受働債権が弁済期にないときでも，債務者は原則として期限の利益を放棄できるので（136条2項），債務者が受働債権の期限の利益を放棄して相殺を行うことは可能である（大判昭8.5.30）。

エ× 相殺が認められるためには，当事者相互が「同種の目的」を有する債務を負担することが必要である（505条1項本文）。もっとも，「双方の債務の履行地が異なるときであっても」，相殺することができる（507条前段）。履行地が異なる債務の相殺により当事者の利益が害されることもありうるが，民法は相殺の利益を優先し，害される利益については損害賠償（同条後段）で解決することにしたのである。

オ○ 「時効によって消滅した債権がその消滅以前に相殺に適するようになっていた場合には，その債権者は，相殺をすることができる」（508条）。同条の趣旨は，相殺適状が生じたときは，当事者は当然に債権関係が清算されたと考えるのが通常なので，このような当事者の相殺に対する期待を保護する点にある。そこで，判例は，同条が適用されるためには，消滅時効が援用された自働債権は，その消滅時効期間が経過する以前に受働債権と相殺適状にあったことを要するとしている（最判平25.2.28）。

以上より，妥当なものはア，オであり，肢2が正解となる。

正答 2

第4章 SECTION 2 債権の消滅
相殺

実践 問題 46 基本レベル

頻出度			
	地上★	国家一般職★★	特別区★★
	裁判所職員★	国税·財務·労基★	国家総合職★★

問 民法に規定する相殺に関する記述として，妥当なのはどれか。

（特別区2018改題）

1：相殺をするためには，相対立する債権が相殺適状にあることが必要であるが，当事者が相殺禁止の意思表示をした場合は，相殺は適用されず，その意思表示は，善意の第三者にも対抗することができる。

2：相殺は，当事者の一方から相手方に対する意思表示によって効力を生じるが，その相殺の効力発生時期は，実際に相殺の意思表示をした時期であり，双方の債権が相殺適状になった時に遡及して効力を生じることはない。

3：時効によって消滅した債権がその消滅以前に相殺適状にあったときは，その債権者は，時効消滅した債権を自働債権として，その時点に遡及して相殺することはできない。

4：悪意による不法行為に基づく損害賠償債権の債務者は，不法行為による損害賠償債権を受働債権として，不法行為による損害賠償債権以外の債権と相殺することはできない。

5：第三債務者が差押えによって支払を差し止められた場合において，その後に取得した反対債権を自働債権として相殺したときは，これをもって差押債権者に対抗することができる。

チェック欄		
1回目	2回目	3回目

実践 問題 46 の解説

〈相殺〉

1 × 相殺をするためには，相対立する債権が相殺適状（相殺しようと思えばできる状態）にあることが必要である（505条1項本文）。もっとも，相殺適状にあっても，当事者が相殺禁止の意思表示をした場合は，相殺できないが，この意思表示は悪意・重過失の第三者に限り対抗することができる（同条2項）。

2 × 相殺は，当事者の一方から相手方に対する意思表示によって行う（506条1項前段）。相殺の意思表示によって，双方の債権は対当額において消滅するが（505条1項本文），この債権消滅の効果は，双方の債権が相殺適状になった時に遡及して生じる（506条2項）。相殺適状にある債権債務については，当事者はすでに清算されたものと考えるのが通常であり，それが公平にも合致するからである。

3 × 相殺をするためには，相殺の意思表示がなされる時点において，対立する債権が有効に存在していることが必要である（505条1項本文）。しかし，債権が時効によって消滅したとしても，その消滅以前に相殺適状にあったときは，債権者はその債権を自働債権として相殺することができる（508条）。いったん相殺適状になった以上，当事者としては当然に清算されたと考えるのが通常であり，そのような相殺についての期待および利益は保護に値するからである。

4 ○ 悪意による不法行為に基づく損害賠償債権の債務者（加害者）は，これを受働債権として（不法行為による損害賠償債権以外の債権と）相殺することができない（509条1号）。その趣旨は，①被害者に現実の弁済を受けさせること，②不法行為の誘発を防止することにある。

5 × 差押えを受けた債権の第三債務者は，差押後に取得した債務者に対する債権による相殺をもって差押債権者に対抗できない（511条1項前段）。差押前は，債務者に対して相殺によって債権を回収するという第三債務者の期待を保護しつつ，差押後には差押えの効力が無になることを防いで，差押債権者を保護する趣旨である。

正答 4

実践 問題 47 基本レベル

頻出度			
	地上★	国家一般職★★	特別区★★
	裁判所職員★	国税·財務·労基★	国家総合職★★

問 民法に規定する相殺に関する記述として，判例，通説に照らして，妥当なのはどれか。 **（特別区2020）**

1：相殺が有効になされるためには，相対立する債権の弁済期について，自働債権は必ずしも弁済期にあることを必要としないが，受働債権は常に弁済期に達していなければならない。

2：相殺は，双方の債務の履行地が異なるときであってもすることができ，この場合において，相殺をする当事者は，相手方に対し，これによって生じた損害を賠償する必要はない。

3：相殺は，対立する債権がいずれも有効に存在していなければならないので，時効により債権が消滅した場合には，その消滅前に相殺適状にあっても，その債権者はこれを自働債権として相殺することができない。

4：最高裁判所の判例では，賃金過払による不当利得返還請求権を自働債権とし，その後に支払われる賃金の支払請求権を受働債権としてする相殺は，過払と賃金の清算調整が合理的に接着していない時期にされても，違法ではないとした。

5：最高裁判所の判例では，賃貸借契約が賃料不払のため適法に解除された以上，たとえその後，賃借人の相殺の意思表示により当該賃料債務が遡って消滅しても，その解除の効力に影響はないとした。

チェック欄		
1回目	2回目	3回目

実践 問題 47 の解説

〈相殺〉

1 × 相殺適状が生じるためには，双方の債権が弁済期にあることが必要である（505条１項本文）。弁済期未到来の債権を自働債権とする相殺を許せば，一方的に相手方の期限の利益を奪うことになるから，自働債権は常に弁済期に達していなければならない。これに対して，受働債権については，相殺をしようとする債務者は期限の利益を放棄できる（136条２項）。しかし，相殺適状にあるというためには，受働債権につき，期限の利益を放棄できるというだけではなく，期限の利益の放棄または喪失等により，その弁済期が現実に到来していることを要する（最判平25.2.28）。

2 × 双方の債務の履行地が異なる場合でも，相殺することができる（507条前段）。この場合，相殺をする当事者は，相手方に対し，これによって生じた損害を賠償しなければならない（同条後段）。

3 × 相殺適状が生じるためには，対立する債権が有効に存在していることが必要である（505条１項本文）。ただし，債権が時効消滅したとしても，その消滅以前に相殺適状にあった場合には，その債権者はこれを自働債権として相殺できる（508条）。いったん相殺適状になった以上，当事者としては当然に清算されたと考えるのが通常であり，そのような相殺についての期待および利益は保護に値するからである。

4 × 使用者は，賃金の全額を支払わなければならないので（全額払いの原則。労働基準法24条１項本文），労働者の賃金債権を受働債権とする相殺については，原則として，全面的に禁止されると解されている（最大判昭36.5.31等）。ただし，過払賃金の不当利得返還請求権を自働債権とし，その後に支払われる賃金支払請求権を受働債権とする相殺（調整的相殺）について，判例は，過払いのあった時期と賃金の清算調整の実を失わない程度に合理的に接着した時期においてされ，また，あらかじめ労働者にそのことが予告されるとかその額が多額にわたらないとか，労働者の経済生活の安定を脅かすおそれのない場合には，全額払いの原則に違反せず，適法にすることができるとした（最判昭44.12.18）。したがって，過払いと賃金の清算調整が合理的に接着していない時期にされた場合には，違法となる。

5 ○ 相殺の効力は「双方の債務が互いに相殺に適するようになった時」に遡って生じる（506条２項）。しかし，判例は，本肢のように判示して，相殺の遡及効は，相殺の意思表示以前に有効になされた契約解除の効力には何らの影響を与えるものではないとした（最判昭32.3.8）。相殺で解除が無効になるとすると，解除以後の法律関係が不確定な状態のままとなるからである。

正答 5

第4章 SECTION ② 債権の消滅

相殺

実践 問題 48 応用レベル

頻出度			
	地上★	国家一般職★★	特別区★
	裁判所職員★	国税·財務·労基★	国家総合職★★

問 相殺に関するア～オの事例のうち，Aの行った相殺が有効な事例のみを全て挙げているのはどれか。ただし，争いのあるものは判例の見解による。

（国家総合職2012改題）

ア：AがBに対し貸金債権を有しており，その期限が到来してもまだ支払がなされなかった。また，AはBに代金債務を負っていたが，当該債務の弁済期前にAの貸金債権が差し押さえられた。その後，Aは，Bへの代金債務の期限が到来したので，当該貸金債権と当該代金債務を対当額で相殺した。

イ：Aはレストランを営んでいたが，上得意客のBには代金後払いを認めていた。Bが飲食した時から５年経過したがBが時効を主張して代金を支払わず，その後，AがBに対して負った貸金債務の期限が到来したので，Aは当該代金債権と当該貸金債務を対当額で相殺した。

ウ：Aは，Bの悪意による不法行為によって損害を被り，Bに対する損害賠償債権を取得した。他方AはBに貸金債務を負っており，当該貸金債務の期限が到来したので，Aは当該損害賠償債権と当該貸金債務を対当額で相殺した。

エ：Aは，建物の建築を請負人Bに注文したが，Bが完成させ引渡しを受けた建物が契約の内容に適合せず，それによって損害賠償債権を取得したので，Aは当該損害賠償債権と期限が到来した請負代金債務を対当額で相殺した。

オ：Aは，Bとの間でAの所有する絵画をBに売却する契約を結び，Bに対する代金債権を取得した。他方，BはAに対する貸金債権を有していたところ，Bは，当該貸金債権をCに譲渡し，Aに通知した。その後，Aの売主としての引渡債務もBの買主としての代金債務も期限が到来したが履行されていない状況において，Aの貸金債務の期限が到来したので，Aは当該代金債権と当該貸金債務を対当額で相殺した。

1：ア，イ
2：イ，オ
3：ウ，エ
4：ア，ウ，エ
5：イ，エ，オ

チェック欄		
1回目	2回目	3回目

実践 問題 48 の解説

〈相殺〉

ア× AのBに対する貸金債権が差し押さえられると，Aは被差押債権（貸金債権）の取立てその他の処分（譲渡・免除・相殺など）をすることができなくなる（民事執行法145条1項）。したがって，たとえAのBに対する代金債務が差押前に発生したものであっても，Aは貸金債権と代金債務を対当額で相殺することができない。

イ× 債権が時効消滅したとしても，その消滅以前に相殺適状にあった場合には，債権者はなおその債権を自働債権として相殺できる（508条）。しかし，判例は，当事者の相殺に対する期待の保護という508条の趣旨に照らし，同条が適用されるためには，消滅時効が援用された自働債権がその消滅時効期間経過以前に受働債権と相殺適状にあったことを要し，そのためには同期間経過以前に，受働債権の弁済期が現実に到来していたことを要するとしている（最判平25.2.28）。本記述では，Aの代金債権（自働債権）の消滅時効期間経過後にBの貸金債権（受働債権）の期限が到来しているので，Aは両債権を対当額で相殺することができない。

ウ○ 509条1号の場合と異なり，悪意による不法行為の被害者Aが，不法行為に基づく損害賠償債権を自働債権として相殺することは許される（最判昭42.11.30）。

エ○ Aの損害賠償債権（559条・564条・415条）とBの請負代金債権は同時履行の関係に立つので（533条本文かっこ書），Aによる両債権の相殺は，Bの同時履行の抗弁権を奪うことになり許されない（記述オの解説参照）とも考えられる。しかし，判例は，両債権の相殺を認める（最判昭53.9.21）。なぜなら，①この場合，相互に現実の履行をさせなければならないという特別の利益は存在しないし，②むしろ相殺によって清算したほうが，当事者にとって便宜だからである。

オ× 債務者は，対抗要件具備時より前に取得した譲渡人に対する債権による相殺をもって譲受人に対抗できるので（469条1項），Aは，貸金債権の譲渡の通知（467条1項）を受けるより前に取得した譲渡人Bに対する代金債権による相殺をもって譲受人Cに対抗することができそうである。しかし，Aの引渡債務もBの代金債務も履行されていない状況では，互いに同時履行の抗弁権を主張できる（533条）。この状況でAがBに対する代金債権（Bの同時履行の抗弁権が付着している）を自働債権として相殺することを許すと，Bの同時履行の抗弁権を一方的に奪うことになるので，Aの相殺は許されないとするのが判例である（大判昭13.3.1）。

以上より，Aの行った相殺が有効な事例はウ，エであり，肢3が正解となる。

正答 3

実践 問題 49 応用レベル

頻出度			
頻出度	地上★	国家一般職★★	特別区★
	裁判所職員★	国税·財務·労基★	国家総合職★★

問 **相殺に関するア～オの記述のうち，妥当なもののみを全て挙げているのはどれか。ただし，争いのあるものは判例の見解による。** （国家総合職2020）

ア：Aは，Bに対する100万円の代金債権を有している。一方，Bは，Aに対する100万円の貸金債権を有していたが，Bの債権は消滅時効期間を経過してしまった。その後，Aの債権の支払期限が到来した。この場合，Aは，自己の債権とBの債権を相殺することができないが，Bは，自己の債権とAの債権を相殺することができる。

イ：Aは，自転車で走行中のBの不注意によって怪我を負わされたため，Bに対する100万円の損害賠償債権を有している。一方，Bは，Aに対する100万円の貸金債権を有しており，その返済期限が到来している。この場合，Bは，自己の債権とAの債権を相殺することができないが，Aは，自己の債権とBの債権を相殺することができる。

ウ：Aは，Bに対する100万円の貸金債権を有しており，その返済期限が到来している。一方，Bも，Aに対する100万円の給与債権を有しており，その支払期限が到来している。この場合，Bは，自己の債権とAの債権を相殺することができないが，Aは，自己の債権とBの債権を相殺することができる。

エ：Aは，Bに対して，2020年4月10日に100万円の商品を販売し，その代金の支払期限は同月20日であった。一方，Bは，Aに対して，同月3日に100万円を貸し付け，その返済期限は同月15日であった。Cは，Bに対する貸金債権を有していたが，Bが弁済しないので，同月13日，BのAに対する債権を差し押さえた。この場合，同月21日に，Aは，自己の債権とBの債権を相殺することができないが，Bは，自己の債権とAの債権を相殺することができる。

オ：Aは，B及びDに対する100万円の貸金債権を有しており，いずれもその返済期限が到来している。一方，Bも，A及びCに対する100万円の貸金債権を有しており，いずれもその返済期限が到来している。AB間には互いの債権について相殺禁止の合意があった。Aは，Bに対する債権をCに譲渡し，その旨をBに通知した。Bも，Aに対する債権をDに譲渡し，その旨をAに通知した。Cは相殺禁止の合意を知らず，それについての過失もなかったが，Dは当該合意を知っていた。この場合，Dは，Bから譲り受けた債権とAのDに対する債権を相殺することができないが，Cは，Aから譲り受けた債権とBのCに対する債権を相殺することができる。

1：ア，イ
2：ア，ウ
3：イ，オ
4：ウ，エ
5：エ，オ

チェック欄		
1回目	2回目	3回目

実践 問題 49 の解説

〈相殺〉

ア× 本記述では，Bの債権は消滅時効期間を経過してしまっているが，債務者Aは時効の利益を放棄できるので（146条の反対解釈），Aが，支払期限が到来した自己の債権（自働債権）と，消滅時効期間が経過したBの債権（受働債権）を相殺することは，当然にできる。他方，債権が時効消滅したとしても，その消滅以前に相殺適状にあった場合には，その債権者はこれを自働債権として相殺できる（508条）。しかし，判例は，当事者の相殺に対する期待の保護という508条の趣旨に照らし，同条が適用されるためには，消滅時効が援用された自働債権がその消滅時効期間経過以前に受働債権と相殺適状にあったことを要し，そのためには同期間経過以前に，受働債権の弁済期が現実に到来していたことを要するとしている（最判平25.2.28）。本記述では，Bの債権の消滅時効期間経過後にAの債権の支払期限が到来しているので，Bは，消滅時効期間が経過した自己の債権（自働債権）と，同期間経過後に支払期限が到来したAの債権（受働債権）を相殺できない。

イ○ ①悪意による不法行為に基づく損害賠償債務と，②人の生命・身体の侵害による損害賠償債務について，その債務者（加害者）は①②を受働債権とする相殺を債権者（被害者）に対抗できない（509条）。その理由は，被害者に現実に弁済を受けさせてその保護を図ることと，不法行為の誘発を防止することにある。本記述では，自転車で走行中のBの不注意（過失）によって怪我を負わされた（身体の侵害）AがBに対して（不法行為に基づく）100万円の損害賠償債権を有しているが，債務者Bにとってこの債務は，①にはあたらないが，②にはあたる。したがって，Bは，返済期限が到来した自己の貸金債権（自働債権）と，Aの損害賠償債権（受働債権）を相殺できない（同条２号）。他方，509条の相殺禁止の趣旨から，債権者（被害者）が①②を自働債権として相殺することは許される（最判昭42.11.30）。したがって，Aは，自己の損害賠償債権（自働債権）と，返済期限が到来したBの貸金債権（受働債権）を相殺できる。

ウ× 差押禁止債権については，その債務者は，これを受働債権とする相殺を債権者に対抗できない（510条）。債権者に現実の給付を受けさせてその保護を図るという差押禁止の趣旨を貫徹するためである。もっとも，給与債権はその一部の差押えが禁止されているにすぎないが（民事執行法152条），労働者の賃金については，労働基準法により，通貨で直接労働者にその全額を支払うべきであると定められている（同法24条１項）。そこで，労働者の賃金債権を受働債権とする相殺について，判例は，原則として全面的に禁止されるとしている（最大判昭36.5.31等）。したがって，Ａは，原則として，返済期限が到来した自己の貸金債権（自働債権）と，Ｂの給与債権（受働債権）を相殺できない。他方，510条の相殺禁止の趣旨から，債権者が差押禁止債権を自働債権として相殺することは許されると解されている。したがって，Ｂは，自己の給与債権（自働債権）と，返済期限が到来したＡの貸金債権（受働債権）を相殺できる。

エ × 本記述では，Ｂの債権者Ｃは，2020年４月13日にＢのＡに対する貸金債権を差し押さえているが，Ａは，Ｂに対して，差押え前の同月10日に代金債権を取得している。したがって，差押えを受けた（ＢのＡに対する貸金）債権の第三債務者Ａは，差押え前に取得した（ＡのＢに対する代金）債権を自働債権とする相殺をもって差押債権者Ｃに対抗できる（511条１項後段）。この相殺は，条文の制約がない以上，自働債権と受働債権の弁済期の前後を問わず，差押え後でも，相殺適状に達しさえすれば認められるので，同月21日に，Ａは，自己の代金債権（自働債権）と，差押えを受けたＢの貸金債権（受働債権）を相殺できる。他方，ＢのＡに対する貸金債権が差し押さえられると，Ｂは被差押債権（貸金債権）の取立てその他の処分（譲渡・免除・相殺等）ができなくなる（民事執行法145条１項）。したがって，たとえＡのＢに対する代金債権が差押え前に取得したものであっても，同月21日に，Ｂは，差押えを受けた自己の貸金債権（自働債権）と，Ａの代金債権（受働債権）を相殺できない。

オ ○ 相殺禁止の合意（特約）は，当事者ＡＢ間では有効であるが，当然に第三者にも対抗できるとしたのでは第三者が害されるので，第三者がその合意を知り，または重大な過失によって知らなかったときに限り，第三者に対抗できる（505条２項）。本記述では，相殺禁止の合意は，当該合意につき善意・無過失のＣには対抗できないが，当該合意につき悪意のＤには対抗できる。したがって，Ｃは，Ａから譲り受けた債権とＢのＣに対する債権を相殺できるが，Ｄは，Ｂから譲り受けた債権とＡのＤに対する債権を相殺できない。

以上より，妥当なものはイ，オであり，肢３が正解となる。

正答 3

実践 問題 50 応用レベル

頻出度			
	地上★	国家一般職★★	特別区★
	裁判所職員★	国税·財務·労基★	国家総合職★★

問 相殺に関する次のア～エの記述のうち，妥当なもののみを全て挙げているものはどれか（争いのあるときは，判例の見解による。）。（裁事2022）

ア：時効によって消滅した債権を自働債権とする相殺をするためには，消滅時効が援用された自働債権は，その消滅時効が援用される以前に受働債権と相殺適状にあったというだけでは足りず，その消滅時効期間が経過する以前に受働債権と相殺適状にあったことを要する。

イ：賃料不払のため賃貸人が賃貸借契約を解除した後，賃借人が自働債権の存在を知って相殺の意思表示をし，賃料債務が遡って消滅した場合，賃貸人による上記解除は遡って無効となる。

ウ：Aの債権者であるBは，AのCに対するX債権を差し押さえた。その後，CはAに対するY債権をDから取得したが，Y債権は差押え前の原因に基づいて生じたものであった。Cは，Y債権を自働債権，X債権を受働債権とする相殺をもってBに対抗することができる。

エ：Aの債権とBの債権が令和3年10月1日に相殺適状になったが，相殺されていない状態で，Bの債権についてAが同年11月1日に弁済した場合，その後，Bは相殺をすることができない。

1：ア，イ
2：ア，エ
3：イ，ウ
4：イ，エ
5：ウ，エ

チェック欄		
1回目	2回目	3回目

実践 問題 50 の解説

〈相殺〉

ア○ 時効によって消滅した債権が，その消滅以前に相殺適状にあった場合には，債権者はその債権を自働債権として相殺することができる(508条)。判例は，当事者の相殺に対する期待の保護という同条の趣旨に照らし，同条が適用されるためには，消滅時効が援用された自働債権が，その消滅時効期間が経過する以前に受働債権と相殺適状にあったことを要するとしている（最判平25.2.28)。

イ× 相殺の意思表示は，相殺適状が生じた時点に遡って効力を生じる（相殺の遡及効。506条２項)。しかし，判例は，賃料不払いのため賃貸人が賃貸借契約を解除した後，賃借人が賃貸人に対する自働債権の存在を知って相殺の意思表示をし，賃料債務が遡って消滅しても，解除の効力には影響がないとしている（最判昭32.3.8)。相殺により解除が無効になるとすると，解除以後の法律関係が不確定な状態のままとなるからである。

ウ× 差押えを受けた債権の第三債務者は，差押え後に取得した債権による相殺をもって，差押債権者に対抗することができないのが原則であるが（511条１項前段)，債権が差押え前の原因に基づいて生じたものであるときは，その第三債務者は，その債権による相殺をもって差押債権者に対抗することができる（同条２項本文)。ただし，本記述のように，第三債務者Ｃが差押え後に他人ＤのＹ債権を取得したときは，第三債務者Ｃは，Ｙ債権を自働債権，差押えを受けたＸ債権を受働債権とする相殺をもって差押債権者Ｂに対抗することができない（同項但書)。この場合，第三債務者Ｃは，差押えの時点で，相殺に対する保護されるべき期待を有していたとはいえないからである。

エ○ 相殺するためには，相殺の意思表示がされる時点で，対立する債権債務が存在していることが必要である。本記述のように，Ａの債権とＢの債権が令和３年10月１日にいったん相殺適状になったとしても，その後（同年11月１日）にＢの債権がＡの弁済により消滅すれば，Ｂはもはや相殺することができなくなる。

以上より，妥当なものはア，エであり，肢２が正解となる。

正答 2

債権の消滅総合

必修問題 セクションテーマを代表する問題に挑戦！

債権の消滅原因にはさまざまなものがあります。その違いに注意して覚えましょう。

問 債権の消滅事由に関するア～オの記述のうち，妥当なもののみを全て挙げているのはどれか。ただし，争いのあるものは判例の見解による。（国家一般職2015改題）

ア：悪意による不法行為に基づく損害賠償債権を受働債権として相殺をすることは許されないが，不法行為に基づく損害賠償債権を自働債権とし，不法行為に基づく損害賠償債権以外の債権を受働債権として相殺をすることは許される。

イ：相殺は，当事者の一方から相手方に対する意思表示によって行われ，その効果は，当該意思表示が相手方に到達した時から生じ，相殺適状の時に遡らない。

ウ：不動産所有権の譲渡による代物弁済の効果として債権の消滅という効果が生じるためには，単に所有権移転の意思表示をするのみで足り，所有権移転登記手続を完了することは必要ない。

エ：代物弁済として給付した物が契約の内容に適合しない場合には，債権者は追完を請求することができるため，売主の担保責任に関する規定が準用されることはない。

オ：債権者が弁済の受領を拒んでいる場合，債務者は，供託所との間で供託契約を締結して弁済の目的物を供託することができる。その後，債権者が受益の意思表示をして供託物還付請求権を取得することにより，債務者は債務を免れることができる。

1：ア
2：イ
3：ア，オ
4：イ，エ
5：ウ，オ

直前復習

頻出度	地上★	国家一般職★	特別区★
	裁判所職員★★	国税･財務･労基★	国家総合職★

必修問題の解説

チェック欄		
1回目	2回目	3回目

〈債権の消滅事由〉

ア○ 悪意による不法行為に基づく損害賠償債権の債務者（加害者）は，この債権を受働債権として相殺することができない（509条1号）。同号の趣旨は，不法行為の被害者に対する現実の救済の確保と，不法行為の誘発の防止にある。この趣旨からすると，不法行為の被害者からの（自働債権だけが不法行為から生じた場合の）相殺は許されることになる（最判昭42.11.30）。

イ× 相殺は，当事者の一方から相手方に対する意思表示によって行われる（506条1項前段）。相殺の意思表示によって，双方の債権はその対当額について消滅するが（505条1項本文），その効果は，相殺の意思表示の時点ではなく，「双方の債務が互いに相殺に適するようになった時」（相殺適状時）に遡って生ずる（506条2項）。これは，相殺適状にある債権債務については，当事者はすでに決済されたものと考えるのが通常であり，それが当事者間の公平にも合致するからである。

ウ× 代物弁済とは，債権者との契約により，本来の債権の給付内容とは異なる他の給付を現実に行うことによって本来の債権を消滅させることである（482条）。代物弁済は，代わりの給付が現実になされない限り債権消滅の効果は認められない。そして，現実の給付があったというためには，権利の移転に加え，第三者に対する対抗要件（不動産なら登記，動産なら引渡し）の具備が必要である（最判昭40.4.30）。

エ× 代物弁済契約は，債権の消滅と代物の給付との有償交換という点で有償契約である。したがって，他の有償契約と同様に，売主の担保責任の規定が準用される（559条・562条以下）。

オ× 供託は，弁済者が弁済の目的物を供託所に寄託することによって債務を消滅させる制度である。供託原因は，①債権者の受領拒絶・受領不能，②債権者不確知であり，供託（弁済の目的物を供託所に寄託すること）により債務は一方的に消滅する（494条）。なお，供託は，弁済者が供託所に目的物を寄託し，債権者が供託所に対し供託物還付請求権を取得する（498条1項）という構成をとるので，その法的性質は，第三者（債権者）のためにする（弁済者と供託所の間の）寄託契約であるが，通常の第三者のためにする契約と異なり，債権者の受益の意思表示（537条3項）は不要である。

以上より，妥当なものはアであり，肢1が正解となる。

正答 1

第4章 SECTION 3 債権の消滅

債権の消滅総合

実践 問題 51 基本レベル

頻出度	
地上★ 国家一般職★ 特別区★	
裁判所職員★★ 国税･財務･労基★ 国家総合職★	

問 債権の消滅事由に関する記述として最も妥当なものはどれか（争いのあるときは，判例の見解による。）。 （裁事2020）

1：更改とは，当事者がもとの債務を存続させつつ，当該債務に新たな債務を付加する契約である。

2：不法行為の被害者は，不法行為による損害賠償債権を自働債権とし，不法行為による損害賠償債権以外の債権を受働債権として相殺することができる。

3：賃貸人が賃借人に土地を賃貸し，同賃借人（転貸人）が転借人に同土地を転貸した後に，転借人が賃貸人から同土地を購入した場合，賃貸借及び転貸借は混同により消滅する。

4：債権者は，債務者の意思に反して債務を免除することができない。

5：相殺は，その意思表示のときから効力を生ずる。

チェック欄		
1回目	2回目	3回目

実践 問題 51 の解説

〈債権の消滅事由〉

1 × 更改とは，従前の債務（元の債務）に代えて，新たな債務を発生させる契約であり，これによって従前の債務は消滅する（513条）。

2 ○ ①悪意による不法行為に基づく損害賠償債務と，②人の生命・身体の侵害による損害賠償債務について，その債務者（加害者）は①②を受働債権とする相殺を債権者（被害者）に対抗できない（509条）。その理由は，被害者に現実に弁済を受けさせてその保護を図ることと，不法行為の誘発を防止することにある。他方，509条の相殺禁止の趣旨から，債権者（被害者）が①②を自働債権として相殺することは許される（最判昭42.11.30）。

3 × 本肢のように，転借人が賃貸人から賃貸目的物（土地）を購入し，賃貸人の地位と転借人の地位とが同一人（転借人）に帰属した場合について，判例は，賃貸借関係および転貸借関係は，当事者間に消滅させる合意がない限り，当然には消滅しないとしている（最判昭35.6.23）。混同による債権消滅により既存の第三者の権利を害すべきではないからである（520条但書）。

4 × 免除は，債権者の一方的意思表示によって債権を消滅させる単独行為であるから（519条），債務者の意思に反してもすることができる。

5 × 相殺の効力は「双方の債務が互いに相殺に適するようになった時」（相殺適状時）に遡って生じる（506条２項）。相殺適状にある債権債務については，当事者はすでに清算されたものと考えるのが通常であり，それが公平にも合致するからである。

正答 2

第4章 SECTION ③ 債権の消滅

債権の消滅総合

実践 問題 52 応用レベル

頻出度			
	地上★	国家一般職★	特別区★
	裁判所職員★	国税・財務・労基★	国家総合職★

問 民法に規定する弁済の目的物の供託に関する記述として，判例，通説に照らして，妥当なのはどれか。 (特別区2012)

1：債務者は，弁済の目的物を供託した場合，遅滞なく，債権者に供託の通知をしなければならず，これを怠ったときは，当該供託は無効であり，債務は消滅しない。

2：債権者があらかじめ受領しないことが明確であるときであっても，受領遅滞は供託の要件であるので，債務者は弁済の準備をして口頭の提供をする必要があり，口頭の提供をしないでした供託は無効である。

3：債権者が供託を受諾せず，又は供託を有効と宣告した判決が確定しない間は，当該供託によって質権又は抵当権が消滅した場合であっても，弁済者は供託物を取り戻すことができる。

4：最高裁判所の判例では，本来，一部供託は無効であるが，債務の一部ずつの弁済供託がなされた場合であっても，各供託金の合計額が債務全額に達したときは，その全額について供託があったものとして，これを有効な供託と解するのが相当であるとした。

5：最高裁判所の判例では，民法は，消滅時効は権利を行使することができる時から進行すると定めているので，弁済供託における供託金取戻請求権の消滅時効は，供託者が免責の効果を受ける必要が消滅した時から進行するのではなく，供託の時から進行するとした。

チェック欄		
1回目	2回目	3回目

実践 問題 52 の解説

〈供託〉

1 × 供託をした者は，遅滞なく，債権者に供託の通知をしなければならない（495条３項）。しかし，供託の通知は供託の有効要件ではなく，供託の通知を怠ったとしても，供託は有効であり，債務は消滅する。

2 × 判例は，供託の要件としての受領拒絶は受領遅滞を意味し，債権者があらかじめ受領を拒んだときでも，債務者は，①原則として口頭の提供（493条但書）をしたうえでないと供託できないが（大判大10.4.30），②口頭の提供をしても債権者が受領しないことが明らかなときは，例外として，口頭の提供をしないで直ちに供託できるとしている（大判大11.10.25）。

3 × 供託は弁済者の利益のために認められた制度であるから，債権者が供託を受諾せず，または供託を有効とする判決が確定しない間は，弁済者は供託物を取り戻すことができる（供託物取戻請求権。496条１項）。ただし，供託によって質権または抵当権が消滅した場合には，取戻しを認めて抵当権等が復活すると，第三者が害されるおそれがあるので，取戻しはできない（同条２項）。

4 ○ 供託は，債務消滅という効果を生じさせる（494条）以上，債務の本旨に従ってなされる必要がある。したがって，債権額の一部の供託では，その部分についても供託の効力を生じないのが原則である（大判明44.12.16）。もっとも，債務の一部ずつの供託がされた場合であっても，各供託金の合計額が債務全額に達したときには，その全額について供託があったものとして，有効な供託となるとするのが判例（最判昭46.9.21）である。

5 × 供託物取戻請求権の消滅時効の起算点は，供託の基礎となった債務について紛争の解決等によってその不存在が確定するなど，供託者が免責の効果を受ける必要が消滅した時とするのが判例である（最大判昭45.7.15）。

正答 4

第4章

債権の消滅

章末CHECK

? Question

Q1 弁済の提供は，原則として債務の本旨に従って現実にしなければならない。

Q2 債務者は，債権者の受領拒絶の意思が明確である場合でも，本旨弁済のために現実の提供をしなければならない。

Q3 弁済の費用について別段の意思表示がない場合には，債権者と債務者の双方が等しい割合でその費用を負担する。

Q4 弁済をするについて正当な利益を有する第三者であっても，債務者の意思に反した弁済をすることは許されない。

Q5 弁済をするについて正当な利益を有する者が債務者のために弁済した場合には，債権者の承諾があった場合に限り，債権者に代位することができる。

Q6 債権者との合意がなくても，債務者は，本来の給付に代えて代物弁済をすることができる。

Q7 債務者が受領権者としての外観を有する者に対して弁済をした場合，常に有効として扱われる。

Q8 相殺の機能は，当事者の公平，簡易・迅速な決済の２点にある。

Q9 相殺の効果は，相殺の意思表示をした時点から効力を生ずる。

Q10 いかなる損害賠償請求権であっても，常に相殺の受働債権としうる。

Q11 同時履行の抗弁権，催告・検索の抗弁権などが自働債権に付着していた場合，相手方の抗弁権を一方的に奪うことになるため，原則として相殺をすることができないと解されている。

Q12 債権が差押前に取得されたものであれば，当該債権（自働債権）と被差押債権（受働債権）の弁済期の前後を問わず，相殺適状に達しさえすれば，差押後でも相殺をすることは認められる。

Q13 弁済者が債権者を確知することができない場合には，確知することができないことについての過失の有無を問わず，弁済の目的物を供託することができる。

Q14 債権者は，債務者の承諾がなければ，その債務を免除することができない。

Q15 混同とは，同一債権について債権者としての地位と債務者としての地位が同一人に帰属することをいい，債権の消滅原因の１つである。

Answer

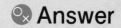

A1 ○ 本問のとおりである（現実の提供。493条本文）。

A2 × 債権者があらかじめ受領拒絶した場合には，口頭の提供で足りる（493条但書）。なお，債権者の受領拒絶の意思がきわめて明確であって，口頭の提供をしても無意味であると認められる場合，口頭の提供すら不要であるとするのが判例である（最大判昭32.6.5）。

A3 × 別段の意思表示がない場合には，債務者が負担する（485条本文）。

A4 × 弁済をするについて正当な利益を有する第三者は，債務者の意思に反しても弁済できる（474条２項参照）。債務者の意思に反して弁済できないのは，正当な利益を有しない第三者である。

A5 × 正当な利益の有無にかかわらず，債務者のために弁済をした者は，債権者の承諾がなくても債権者に代位する（499条）。

A6 × 債権者との合意がなければ，代物弁済をすることができない（482条）。

A7 × 受領権者としての外観を有する者に対して，善意・無過失でした弁済のみ有効として扱われる（478条）。

A8 × 相殺の機能は，当事者の公平，簡易・迅速な決済のほか，お互いの債権を担保する機能がある。

A9 × 相殺の効果は，双方の債権が相殺適状を生じた時に遡及して効力を生ずる（遡及効。506条２項）。

A10 × 被害者の損害の填補および不法行為の誘発防止の観点から，悪意による不法行為に基づく損害賠償請求権を受働債権として相殺することはできないとされている（509条１号）。また，人の生命または身体の侵害による損害賠償請求権を受働債権とする相殺も許されない（同条２号）。

A11 ○ 判例は本問のように解している（大判昭13.3.1）。

A12 ○ 本問のとおりである（511条１項後段）。

A13 × 弁済者が債権者を確知することができない場合でも，弁済者に過失があるときは，供託することができない（494条２項但書）。

A14 × 免除は単独行為であるから（519条），債務者の承諾がなくても，することができる。

A15 ○ 本問のとおりである（520条本文）。

memo

第5章

多数当事者の債権債務関係

SECTION

第5章 多数当事者の債権債務関係

出題傾向の分析と対策

試験名	地上			国家一般職（旧国Ⅱ）			特別区			裁判所職員			国税・財務・労基			国家総合職（旧国Ⅰ）		
年度	15-17	18-20	21-23	15-17	18-20	21-23	15-17	18-20	21-23	15-17	18-20	21-23	15-17	18-20	21-23	15-17	18-20	21-23
出題数 / セクション	1	1	2	2	1	2	2	2	1		1	2	1		1	1	1	2
連帯債務	★		★			★	★	★	★									★
保証債務		★	★	★	★	★	★	★			★	★			★	★	★	★★
多数当事者の債権債務関係総合				★								★	★					

（注） 1つの問題において複数の分野が出題されることがあるため，星の数の合計と出題数とが一致しないことがあります。

多数当事者の債権債務関係の中で，連帯債務と保証債務は，公務員試験のそれぞれの試験種においてよく出題されています。出題されない年が続いている場合は，特に注意してください。

地方上級

一時期あまり出題されていませんでしたが，最近また出題されていますので，連帯債務と保証債務の両方について十分に対策が必要でしょう。出題内容は基本的なものですが，事例問題が多くなっていますので，過去問を繰り返し解くことで力を付けていきましょう。

国家一般職（旧国家Ⅱ種）

よく出題されています。今後も出題される可能性は比較的高いでしょう。この分野では，事例問題の形式で問われることが多くなりますが，国家一般職では，事例が複雑な場合が多く，判例の知識も必要となります。重要な判例は判例集等で確認するとよいでしょう。

特別区

よく出題されています。基本的な内容についての出題なので，条文を正しく理解し，過去問を繰り返し解くことで，知識を定着させてください。

裁判所職員

一時期あまり出題されていませんでしたが，最近また出題されています。この分野では，事例問題の形式で問われることが多くなります。過去には，連帯債務や連帯保証の複合問題なども出題されていますので，これらを混同しないように日頃から気をつけて学習してください。

国税専門官・財務専門官・労働基準監督官

たまに出題されています。条文や判例についての理解を問う問題が出題されていますので，過去問に出てくる条文や判例をていねいに学習しましょう。また，事例問題として出題される可能性も十分にありますので，過去問で慣れておきましょう。

国家総合職（旧国家Ⅰ種）

よく出題されています。連帯債務や保証債務の全般について広く知識を問う問題となっていますが，過去には事例問題としても出題されています。知識問題としてはやや難易度は高くなっていますが，国家総合職レベルの過去問と基本書で対応できるものですから，これらをしっかりと理解しましょう。

Advice アドバイス　学習と対策

連帯債務と保証債務の分野では，事例問題が出題されやすいですが，多数の当事者が登場するため，一見複雑のように見えます。しかし，日頃から自分で関係図を描いて学習していれば，本番でも安心して解答できるでしょう。

連帯債務については，相対的効力が原則であることを頭に入れ，絶対的効力の場合をしっかり暗記してください。過去問を繰り返し解くことで知識が定着するはずです。

保証債務については，保証債務の付従性や補充性（催告の抗弁権，検索の抗弁権）が頻出ですので，しっかりと学習してください。また，保証債務の１つである連帯保証については，連帯債務や普通の保証債務と比較して出題されることがありますので，それらの違いをしっかりと理解しましょう。

なお，多数当事者の債権債務関係の分野には，分割債権･債務，不可分債権･債務，連帯債権もあります。公務員試験では単独で出題されることはほとんどありませんが，念のため条文などを確認しましょう。

第5章 1 SECTION

多数当事者の債権債務関係
連帯債務

必修問題 セクションテーマを代表する問題に挑戦！

絶対効と相対効の区別が重要です。絶対効が認められる事由，相対効しか認められない事由を理解しましょう。

問 連帯債務に関する次の記述のうち，妥当なのはどれか。

（国家一般職2022）

1：債務の目的がその性質上可分である場合において，法令の規定又は当事者の意思表示によって数人が連帯して債務を負担するときは，債権者は，その連帯債務者の一人に対し，又は同時に若しくは順次に全ての連帯債務者に対し，全部又は一部の履行を請求することができる。

2：連帯債務者の一人について，法律行為の無効又は取消しの原因がある場合，他の連帯債務者の債務は，その効力を失う。

3：連帯債務者の一人に対する履行の請求は，債権者及び他の連帯債務者の一人が別段の意思を表示したときを除き，他の連帯債務者に対しても，その効力を生ずる。

4：連帯債務者の一人が債権者に対して債権を有する場合において，当該債権を有する連帯債務者が相殺を援用しない間は，その連帯債務者の負担部分についてのみ，他の連帯債務者は相殺を援用することができる。

5：連帯債務者の一人に対して債務の免除がされた場合には，免除の絶対的効力により，他の連帯債務者は，その一人の連帯債務者に対し，求償権を行使することはできない。

直前復習

Guidance ガイダンス

連帯債務の効力

・相対的効力の原則（441条本文）
・絶対的効力
→連帯債務者の１人について生じた事由が他の債務者に影響を及ぼす場合
①弁済
②更改（438条）
③相殺（439条１項）
④混同（440条）

頻出度	地上★★ 国家一般職★ 特別区★★ 裁判所職員★ 国税・財務・労基★ 国家総合職★

必修問題の解説

チェック欄		
1回目	2回目	3回目

〈連帯債務〉

1 ○ 債務の目的がその性質上可分である場合において，法令の規定または当事者の意思表示によって数人が連帯して債務を負担するときは，連帯債務が成立する。この場合，債権者は，その連帯債務者の１人に対し，または，同時にもしくは順次にすべての連帯債務者に対し，全部または一部の履行を請求することができる（436条）。

2 × 連帯債務は，債務者の数に応じた複数の独立した債務であるから，連帯債務者の１人について，法律行為の無効原因（意思無能力など）または取消原因（行為能力の制限，錯誤，詐欺，強迫など）がある場合でも，他の連帯債務者の債務は，その効力を妨げられない（437条）。

3 × 履行の請求は，2017（平成29）年改正前民法のように絶対的効力事由（本肢）とされていないから，連帯債務者の１人に対する履行の請求は，債権者および他の連帯債務者の１人が別段の意思を表示したときを除き，他の連帯債務者に対してその効力を生じない（相対的効力の原則。441条）。

4 × 連帯債務者の１人が債権者に対して反対債権を有するが，相殺を援用しない間は，その連帯債務者の負担部分の限度において，他の連帯債務者は，「債権者に対して債務の履行を拒むことができる」（439条２項）。2017（平成29）年改正前民法のように「相殺を援用することができる」（本肢）とされていないのは，他人の債権を相殺に供することまで認めるのは，相殺権を有する連帯債務者の財産管理権に対する過剰な介入となるからである。

5 × 債権者が連帯債務者の１人に対して債務の免除をした場合，その効力は他の連帯債務者には及ばないから（相対的効力の原則。441条本文），債権者は，他の連帯債務者に対して連帯債務の全部の履行を請求できる。しかし，これを弁済した連帯債務者が債務の免除を受けた連帯債務者に求償権を行使できないとすると，弁済した連帯債務者は自らの負担部分を超えて負担することになる。そこで，445条は，弁済等をした連帯債務者は，債務の免除を受けた連帯債務者に対し，442条１項の求償権を行使できると定めている。

正答 1

第5章 SECTION 1 多数当事者の債権債務関係

連帯債務

1 連帯債務とは

連帯債務とは，数人の債務者が同一内容の給付について各自が独立に全部の給付をなすべき債務を負担し，債務者の１人が弁済をすれば他の債務者の債務も消滅する多数当事者の債務関係をいいます（436条以下）。債権者は連帯債務者の全員または１人もしくは数人に対して，同時または順次に債権全額またはその一部を請求することができます（436条）。

ただし，連帯債務者は債権者に対する関係では全額の弁済義務を負いますが，連帯債務者の内部関係では各自がどれだけの割合で債務を負担するかという負担部分があります。この負担部分は，特約がなければ各自平等とされます。そして，弁済をした連帯債務者は，この負担部分に従って他の債務者に求償することができます（442条１項）。

なお，連帯債務者は弁済の前後に，他の連帯債務者に対して弁済を通知する義務を負い，これを怠ったときは，求償権が一定の制限を受けることになります（443条）。

判例チェック 連帯債務者の１人が債務を全額弁済したものの事後の通知を怠り，他の債務者が事前の通知をしないまま二重に弁済した場合の取扱いについて，判例は，原則に戻って，最初の弁済を有効としています（最判昭57.12.17）。

2 連帯債務の効力

(1) 相対的効力

連帯債務はおのおの別個独立の債務ですから，連帯債務者の１人に生じた事由は他の債務者に影響を及ぼさないのが原則です（相対的効力の原則。441条本文）。したがって，弁済や代物弁済，供託は性質上当然に絶対的効力が認められますが，それ以外の事由については，民法が明文で絶対的効力を認めているもの（438条・439条１項・440条）を除いて，他の連帯債務者に影響を及ぼしません。

(2) 絶対的効力

連帯債務者の１人に生じた事由が例外的に他の債務者にも影響を及ぼす場合があります。そのような事由を絶対的効力事由といいます。弁済や代物弁済，供託のように債権者が満足を受ける事由は，当然に絶対的効力事由となります。そのほか，①更改（438条），②相殺（439条１項），③混同（440条）が絶対的効力事由とされています。

① 更改

更改とは，債務の要素（給付の内容や債権者・債務者）を変更することによって旧債務を消滅させ新たな債務を成立させる契約をいいます（513条）。連帯債務者の１人と債権者との間で更改が行われた場合，他の連帯債務者は債務を免れます（438条）。

② 相殺

相殺とは，２人が互いに同種の債権・債務を有する場合に，その債権と債務を対当額で消滅させる一方的意思表示をいいます（505条１項本文）。債権者に対して反対債権を有している連帯債務者が相殺を援用すると，その分だけ他の連帯債務者も債務を免れます（439条１項）。

なお，反対債権を有している連帯債務者が相殺を援用しない場合でも，他の連帯債務者は，反対債権を有している連帯債務者の負担部分の限度で，債権者に対して債務の履行を拒むことができます（同条２項）。

③ 混同

混同とは，同一の債権について債権者の地位と債務者の地位が同一人に帰属し，その債権が消滅することをいいます（520条本文）。連帯債務者の１人と債権者との間に混同が生じた場合，その債務者は弁済したものとみなされ（440条），他の債務者の債務も消滅します。ただし，他の連帯債務者は負担部分について，混同を生じた連帯債務者から求償されることになります（442条１項）。

連帯債務

実践 問題 53 基本レベル

頻出度 地上★★　国家一般職★　特別区★★　裁判所職員★　国税·財務·労基★　国家総合職★

問 民法に規定する連帯債務に関するA～Dの記述のうち，判例，通説に照らして，妥当なものを選んだ組合せはどれか。　(特別区2016改題)

A：連帯債務者の一人が債権者に対して債権を有する場合において，当該債権を有する連帯債務者が相殺を援用しない間は，その連帯債務者の負担部分の限度においても，他の連帯債務者は，債権者に対して債務の履行を拒むことができない。

B：連帯債務者の一人に対する履行の請求は，他の連帯債務者に対してその効力を生ぜず，また，連帯債務者の一人について法律行為の無効又は取消しの原因があっても，他の連帯債務者の債務は，その効力を妨げられない。

C：最高裁判所の判例では，甲と乙が共同不法行為により丙に損害を加えた場合，甲と乙が負担する損害賠償債務は，不真正連帯債務であるから，甲丙間で訴訟上の和解が成立し，甲が丙の請求額の一部につき和解金を支払い，丙が甲に対し残債務を免除したとき，丙が乙の残債務をも免除する意思を有していると認められるとしても，乙に対し残債務の免除の効力が及ばないとした。

D：最高裁判所の判例では，連帯債務者の一人である乙が弁済その他の免責の行為をするに先立ち，他の連帯債務者に通知することを怠った場合，既に弁済しその他共同の免責を得ていた他の連帯債務者甲が乙に事後の通知をせずにいた場合でも，乙の免責行為を有効であるとみなすことはできないとした。

1：A，B
2：A，C
3：A，D
4：B，C
5：B，D

チェック欄		
1回目	2回目	3回目

実践 問題 53 の解説

〈連帯債務〉

A × 本記述のように，連帯債務者の１人が債権者に対して債権を有している場合において，当該債権を有する連帯債務者が相殺を援用しない間は，その連帯債務者の負担部分の限度において，他の連帯債務者は，債権者に対して債務の履行を拒むことができる（439条２項）。

B ○ 連帯債務者の１人に対する履行の請求は，他の連帯債務者に対して効力を生じない（相対的効力の原則。441条本文）。また，連帯債務者の１人について法律行為の無効または取消しの原因があっても，他の連帯債務者の債務はその効力を妨げられない（437条）。同条は，成立原因を個別的に取り扱うのが当事者の意思に合致するとして，相対的効力の原則のとおり規定されたものである。

C × 共同不法行為者が被害者に対して負担する損害賠償債務（719条）は不真正連帯債務である（最判昭57.3.4）。不真正連帯債務は，債務者間の主観的な共同関係がないので，債務者の１人に生じた事由は他の債務者に及ばない（相対的効力）のが原則である（最判昭45.4.21等）。もっとも，判例は，本記述と同様の事案につき，上記の原則を述べたうえで，被害者丙が共同不法行為者の１人である甲との訴訟上の和解に際し，他の共同不法行為者である乙の残債務をも免除する意思を有していると認められるときは，乙に対しても残債務の免除の効力が及ぶとした（最判平10.9.10）。

D ○ 求償権を行使しようとする連帯債務者は，弁済その他の免責行為の前後に他の連帯債務者に通知することが必要である（443条）。①事前の通知（同条１項）が必要なのは，他の連帯債務者が債権者に対抗できる事由を有していれば，それを主張する機会を与える必要があるからであり，②事後の通知（同条２項）が必要なのは，他の連帯債務者が二重に弁済等をすることを防ぐためである。もっとも，第１の免責行為をした甲が事後の通知を怠り，それを知らずに第２の免責行為をした乙も事前の通知を怠っていた場合について，判例は，443条２項は，同条１項を前提とするものであり，同条１項の事前の通知につき過失のある連帯債務者まで保護する趣旨ではないから，乙は，同条２項により自己の免責行為を有効とみなすことはできないとした（最判昭57.12.17）。その結果，甲による第１の免責行為が有効になる。

以上より，妥当なものはＢ，Ｄであり，肢５が正解となる。

正答 5

連帯債務

実践 問題 54 基本レベル

頻出度			
	地上★★	国家一般職★	特別区★★
	裁判所職員★	国税·財務·労基★	国家総合職★

問 民法に規定する連帯債務に関する記述として，妥当なのはどれか。

（特別区2019）

1：数人が連帯債務を負担するとき，債権者は，その連帯債務者の１人に対し，全部又は一部の履行を請求することができるが，同時にすべての連帯債務者に対し，全部又は一部の履行を請求することはできない。

2：連帯債務者の１人について生じた事由については，民法に規定する場合を除き，相対的効力しか認められないのが原則であり，連帯債務者の１人に対する履行の請求は，他の連帯債務者に対して，その効力を生じない。

3：連帯債務者の１人に対してした債務の免除は，他の連帯債務者に対して，その効力を生じないが，連帯債務者の１人が債権者に対してした債務の承認は，他の連帯債務者に対しても，その効力を生ずる。

4：連帯債務者の１人が債権者に対して債権を有する場合において，当該債権を有する連帯債務者が相殺を援用しない間は，その連帯債務者の負担部分についてのみ他の連帯債務者が相殺を援用することができる。

5：連帯債務者の１人が弁済をし，その他自己の財産をもって共同の免責を得たとき，その連帯債務者は，他の連帯債務者に対し各自の負担部分について求償権を有するが，当該求償権には，免責のあった日以後の法定利息は含まれない。

チェック欄

1回目	2回目	3回目

実践 問題 54 の解説

〈連帯債務〉

1 × 数人が連帯債務を負担するときは，債権者は，その連帯債務者の１人に対し，または同時にもしくは順次にすべての連帯債務者に対し，全部または一部の履行を請求することができる（436条）。したがって，債権者は，同時にすべての連帯債務者に対して履行を請求することもできる。

2 ○ 連帯債務者の１人に対して生じた事由については，民法に規定する場合（438条・439条１項・440条）を除き，相対的効力しか認められないのが原則である（441条本文）。履行の請求も，絶対的効力事由としていた2017（平成29）年改正前434条が削除されたので，相対的効力しか認められず，連帯債務者の１人に対する履行の請求は，他の連帯債務者に対して，その効力を生じない。

3 × 債務の免除は，絶対的効力事由としていた2017（平成29）年改正前437条が削除されたので，相対的効力しか認められず，連帯債務者の１人に対してした債務の免除は，他の連帯債務者に対して，その効力を生じない（441条本文）。また，債務の承認も絶対的効力事由ではないため，連帯債務者の１人がした債務の承認は，他の連帯債務者に対して，その効力（時効の更新の効力〔152条〕など）を生じない。

4 × 連帯債務者の１人が債権者に対して債権を有する場合において，当該連帯債務者が相殺を援用しない間は，その連帯債務者の負担部分の限度において，他の連帯債務者は，債権者に対して債務の履行を拒むことができる（439条２項）。2017（平成29）年改正前436条２項と異なり，他の連帯債務者が相殺を援用することはできない。

5 × 連帯債務者の１人が弁済をし，その他自己の財産をもって共同の免責を得たときは，その連帯債務者は，他の連帯債務者に対し，その免責を得るために支出した財産の額のうち各自の負担部分に応じた額の求償権を有する（442条１項）。しかし，当該求償権には，弁済その他免責があった日以後の法定利息および避けることができなかった費用その他の損害の賠償を包含する（同条２項）。

正答 2

第5章 SECTION 1 多数当事者の債権債務関係

連帯債務

実践 問題 55 基本レベル

頻出度			
	地上★★	国家一般職★	特別区★★
	裁判所職員★	国税·財務·労基★	国家総合職★

問 民法に規定する連帯債務に関する記述として，通説に照らして，妥当なのはどれか。 （特別区2022）

1：連帯債務者の１人について生じた事由には，絶対的効力が認められるのが原則であるが，連帯債務者の１人と債権者の間に更改があったときには，例外として相対的効力が認められる。

2：数人が連帯債務を負担するときには，債権者は，全ての連帯債務者に対して，順次に債務の履行を請求することができるが，同時に全部の債務の履行を請求することはできない。

3：連帯債務者の１人が債権者に対して債権を有する場合において，当該債権を有する連帯債務者が相殺を援用しない間は，その連帯債務者の負担部分の限度において，他の連帯債務者は，債権者に対して債務の履行を拒むことができる。

4：連帯債務者の１人が弁済をし，共同の免責を得たときには，その連帯債務者は，他の連帯債務者に対し求償権を有するが，その求償には，弁済をした日以後の法定利息は含まれない。

5：不真正連帯債務の各債務者は，同一の内容の給付について全部を履行すべき義務を負うが，債務者間に主観的な関連がないため，１人の債務者が弁済をしても他の債務者は弁済を免れない。

チェック欄		
1回目	2回目	3回目

実践 問題 55 の解説

〈連帯債務〉

1 × 連帯債務者の１人について生じた事由は，他の連帯債務者に対してその効力を生じない相対的効力が原則である（441条本文）。ただし，連帯債務者の１人と債権者との間に更改があったときは，例外的に絶対的効力が認められ，債権は，すべての連帯債務者の利益のために消滅する（438条）。

2 × 数人が連帯債務を負担する場合，債権者は，①連帯債務者の１人に対し，全部または一部の履行を請求し，あるいは，②すべての連帯債務者に対し，同時にもしくは順次に，全部または一部の履行を請求することができる（436条）。

3 ○ 連帯債務者の１人が債権者に対して反対債権を有する場合において，①その連帯債務者が相殺を援用したときは，「債権は，全ての連帯債務者の利益のために消滅する」が（439条１項），②その連帯債務者が相殺を援用しない間は，「その連帯債務者の負担部分の限度において，他の連帯債務者は，債権者に対して債務の履行を拒むことができる」（同条２項）。

4 × 連帯債務者の１人が弁済をし，その他自己の財産をもって共同の免責を得たときは，その連帯債務者は，他の連帯債務者に対し，各自の負担部分に応じた求償権を有する（442条１項）。求償額の基礎となるのは，①共同の免責を得るために支出した財産の額であるが（同項），②弁済その他免責があった日以後の法定利息，③避けることができなかった費用その他の損害の賠償も含まれる（同条２項）。

5 × 不真正連帯債務とは，①多数の債務者が同一内容の給付について全部履行すべき義務を負い，しかも，１人の債務者の履行によって他の債務者も債務を免れるという点では連帯債務と同じであるが，債務者間に密接な関係（主観的な関連）がないため，②１人の債務者について生じた事由が他の債務者に影響を及ぼさず，③負担部分もなく，求償も当然には生じない点で連帯債務と区別される，多数当事者の債務関係をいう。このような不真正連帯債務は，たとえば，使用者の715条による損害賠償債務と被用者の709条による損害賠償債務（最判昭45.4.21）のように，同一の損害を数人がそれぞれの立場で填補すべき義務を負う場合に生じるとされた。したがって，１人の債務者が弁済をすれば，他の債務者も弁済を免れる（①）。なお，判例は，不真正連帯債務でも求償を認めるべき場合があるとし（最判昭45.4.21），また，2017年改正民法は，連帯債務の絶対的効力事由を最小限に限定したため，同法の下では，不真正連帯債務の概念は不要となったと評価する学説も有力である。

正答 3

連帯債務

実践 問題 56 応用レベル

頻出度			
	地上★	国家一般職★	特別区★
	裁判所職員★	国税・財務・労基★	国家総合職★

問 連帯債務及び連帯責任に関する次の記述のうち，妥当なのはどれか。ただし，争いのあるものは判例の見解による。 （国家総合職2022）

1：A及びBがXに対して負担割合2分の1ずつで600万円の連帯債務を負っていたところ，Aが死亡してAの子であるC及びDが相続人となった場合，B，C及びDはXに対して600万円全額につき連帯して弁済する責任を負い，B，C及びDの負担割合は，Bが2分の1，C及びDが4分の1ずつとなる。

2：A及びBがXに対して連帯債務を負っている。この場合，AがXに対して弁済をして債務が消滅すると，BのXに対する債務も消滅するが，AのXに対する債務の時効が完成し，Aが消滅時効の援用をして債務が消滅しても，別段の意思表示のない限り，BのXに対する債務は消滅しない。

3：A及びBが夫婦であり，BがXとの間でA及びBの日常の家事に関する契約を締結した場合，Aは当該契約によって生じた債務について連帯して責任を負うが，BがXとの間でA及びBの日常の家事の範囲外の契約を締結した場合は，夫婦別産制に基づき，当該契約によって生じた債務についてAが責任を負う余地はない。

4：A社に勤務するBの過失によってXが損害を受け，BのXに対する不法行為責任とともに，AのXに対する使用者責任も認められた場合，AとBはXに対して連帯して責任を負うことになる。この場合において，AがXに賠償したときは，AはBに対して求償をすることができるが，BがXに賠償したときは，BはAに対して求償をすることはできない。

5：AのXに対する債務をBが委託を受けて連帯保証した場合，Bの内部的な負担割合はゼロであるため，BがXに弁済することによって，Bはその支出した額をAに求償することができるが，A及びBがXに対して負担割合2分の1ずつで連帯債務を負っている場合，BがXに弁済したとしても，その弁済額がBの負担部分を超えない限り，BはAに求償をすることができない。

チェック欄		
1回目	2回目	3回目

実践 問題 56 の解説

〈連帯債務・連帯責任〉

1 × 判例は，連帯債務者の１人が死亡し，その相続人が複数いる場合，相続人らは，被相続人の債務の分割されたものを承継し，各自その承継した範囲において，本来の債務者とともに連帯債務者となるとしている（最判昭34.6.19）。本肢の場合，相続人ＣおよびＤは，それぞれ被相続人Ａの連帯債務600万円（負担割合２分の１）を法定相続分２分の１（900条４号本文）で分割した300万円（負担割合４分の１）を承継し，本来の債務者Ｂとともに連帯債務者となる。

2 ○ 連帯債務者の１人Ａが債権者Ｘに対して弁済をして債務が消滅すると，他の連帯債務者ＢのＸに対する債務も消滅する（弁済の絶対的効力）。直接の明文はないが，求償権に関する442条はそれを前提にしている。その他，弁済と同視できる事由（代物弁済･供託･受領遅滞），更改（438条），相殺（439条），混同（440条）は絶対的効力を有するが，これら以外の事由は，当事者の別段の意思表示がない限り，他の連帯債務者に対してはその効力を生じない（相対的効力の原則。441条）。したがって，連帯債務者の１人ＡのＸに対する債務の時効が完成し，Ａが消滅時効の援用をして債務が消滅しても，別段の意思表示のない限り，他の連帯債務者ＢのＸに対する債務は消滅しない。

3 × 夫婦の一方（Ｂ）が，日常の家事に関して第三者（Ｘ）と法律行為をしたときは，他方（Ａ）は，これによって生じた債務について，連帯してその責任を負う（761条本文）。したがって，本肢の前半は妥当である。しかし，判例は，761条は，夫婦が相互に日常の家事に関する法律行為について代理権（日常家事代理権）を有することをも規定しているとしたうえで，夫婦の一方（Ｂ）が日常家事代理権の範囲を越えて第三者（Ｘ）と法律行為をした場合について，①夫婦の財産的独立（762条）を損なうため，その代理権を基礎として広く一般的に110条の表見代理の成立を肯定することはできないが，②第三者の保護を図るため，当該第三者においてその行為が当該夫婦の日常の家事に関する法律行為の範囲内に属すると信ずるにつき正当の理由のあるときに限り，110条の趣旨を類推適用するとしている（最判昭44.12.18）。したがって，ＢがＸとの間で締結したＡＢ夫婦の日常の家事の範囲外の契約によって生じた債務についても，Ａが責任を負う余地がある。

4 × A社に勤務するBの過失によってXが損害を受け，BのXに対する不法行為責任（709条）とともに，AのXに対する使用者責任（715条1項）も認められた場合，AB両者の損害賠償債務は（不真正）連帯債務の関係に立つと解されている（最判昭45.4.21）。そして，使用者Aが被害者Xに賠償した場合には，Aは**被用者Bに対して求償**することができる（同条3項）。以上の点まで，本肢は妥当である。これに対して，被用者Bが被害者Xに賠償した場合における**使用者Aへの求償（逆求償）**については明文の規定がない。しかし，使用者AがXに賠償した場合には，Aは，損害の公平な分担という見地から信義則上相当と認められる限度においてのみ，被用者Bに求償することができると解されるところ（最判昭51.7.8），この場合と被用者BがXに賠償した場合とで，Aの損害の負担について異なる結果となることは相当でない。そこで，判例は，被用者BがXに賠償した場合には，Bは，損害の公平な分担という見地から相当と認められる額について，**使用者Aに対して求償することができる**としている（最判令2.2.28）。

5 × AのXに対する債務をBが委託を受けて連帯保証した場合，連帯保証人Bの内部的な負担割合はゼロであるため，Bが債権者Xに弁済することによって，Bはその支出した額を主たる債務者Aに求償することができる（459条1項）。したがって，本肢の前半は妥当である。これに対して，AおよびBがXに対して負担割合2分の1ずつで連帯債務を負っている場合，連帯債務者の1人Bが債権者Xに弁済した（自己の財産をもって共同の免責を得た）ときは，Bは，その**弁済額がBの負担部分を超えるかどうかにかかわらず**，他の連帯債務者Aに対し，その**弁済額のうちAの負担部分（2分の1）に応じた額の求償権**を有する（442条1項）。

正答 2

memo

多数当事者の債権債務関係
保証債務

必修問題 セクションテーマを代表する問題に挑戦！

保証債務については，保証債務の付従性を中心に効率的に学習を進めましょう。

問 保証に関する次の記述のうち，妥当なのはどれか。ただし，争いのあるものは判例の見解による。（国家一般職2019改題）

1：保証人が保証債務を承認した場合，主たる債務の時効も更新するが，主たる債務者が主たる債務を承認したとしても，保証債務の時効は更新しない。

2：主たる債務者に対する履行の請求による時効の完成猶予及び更新は，保証人に対しては，その効力を生じない。

3：主たる債務が時効で消滅した場合において，主たる債務者が時効の利益を放棄したときであっても，保証人は主たる債務の時効を援用することができる。

4：主たる債務者の委託を受けない保証人が，主たる債務者に代わって弁済その他自己の財産をもって主たる債務を消滅させる行為をした場合において，保証人となったことが主たる債務者の意思に反しないときは，保証人は，主たる債務者が現に利益を受けている限度においてのみ求償することができる。

5：保証債務は，保証人と債権者との間の保証契約によって成立するほか，保証人と主たる債務者との間の保証委託契約によっても成立する場合がある。

直前復習

Guidance ガイダンス

主債務者について生じた事由…付従性から原則として保証人に対しても効力が生じる※

保証人について生じた事由…原則として主債務者に対して効力を生じない（相対効）

※　時効利益の放棄は援用権者の意思に委ねられる事項だから，主債務者が時効の利益を放棄しても，保証人は，独立に時効を援用できる（相対効）

頻出度 地上★★ 国家一般職★★ 特別区★★ 裁判所職員★★ 国税·財務·労基★ 国家総合職★★

必修問題の解説

チェック欄		
1回目	2回目	3回目

〈保証〉

1 × 保証人について生じた事由は，弁済その他債務を消滅させるものを除き，主たる債務者に効力を及ぼさない。したがって，保証人が保証債務を承認（152条）したとしても，主たる債務の時効は更新しない（153条3項）。これに対して，保証債務の付従性から，主たる債務者について生じた事由は，保証債務の内容を加重するものでない限り（448条2項参照），保証人にも効力を及ぼす。したがって，主たる債務者が主たる債務を承認した場合には，保証債務の時効も更新する（457条1項。肢2解説参照）。

2 × 保証債務の付従性から，主たる債務者に対する履行の請求その他の事由による時効の完成猶予および更新は，保証人に対しても，その効力を生ずる（457条1項）。

3 ○ 主たる債務が消滅すると，付従性により保証債務も消滅するので，保証人は，主たる債務の消滅について正当な利益を有する「当事者」として，主たる債務の消滅時効を援用できる（145条かっこ書）。また，主たる債務者が時効の利益を放棄したときであっても，時効の利益の放棄には相対的効力しかないので，保証人は，なお主たる債務の消滅時効を援用できる（大判昭6.6.4）。

4 × 委託を受けない保証人が主たる債務者に代わって弁済その他自己の財産をもって主たる債務を消滅させる行為（債務の消滅行為）をした場合における求償権の範囲は，保証人となったことが主たる債務者の意思に反するか否かによって異なる。すなわち，主たる債務者の意思に反する場合には，保証人は，主たる債務者が「現に」（求償の当時）利益を受けている限度においてのみ求償権を有するが（462条2項前段），主たる債務者の意思に反しない場合には，保証人は，主たる債務者が「その当時」（債務の消滅行為の当時）利益を受けた限度において求償権を有する（同条1項・459条の2第1項前段）。

5 × 保証債務は，主たる債務者がその債務を履行しない場合にその履行をする債務であり（446条1項），債権者と保証人との間の保証契約によって成立する。保証人が債務者から頼まれて（保証委託契約）保証することが多いが，保証人と主たる債務者との間の保証委託契約によって保証債務が成立するわけではない。

正答 3

第5章 SECTION 2 多数当事者の債権債務関係
保証債務

1 保証債務とは

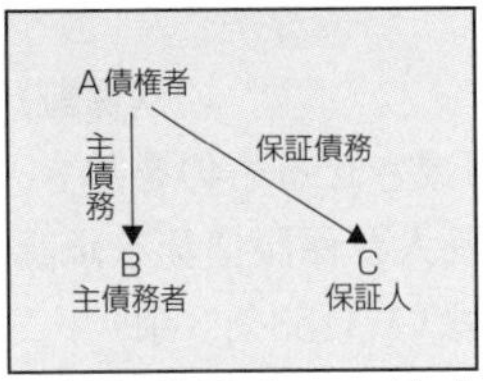

保証債務とは，他人（主債務者）の債務を保証した者（保証人）が，他人が債務を履行しない場合に，他人に代わってその債務を履行する責任を負う債務をいいます（446条１項）。保証契約には書面の作成が要求されます（同条２項）。

2 保証債務の性質

(1) 独立性

保証債務は，保証人と債権者との間で締結される保証契約によって成立しますから，主たる債務とは別個独立の債務です。

(2) 付従性

保証債務は，主たる債務を担保することを目的としているため，主たる債務に従属する性質を有します。したがって，主たる債務が成立しなければ保証債務は成立せず，主たる債務が消滅すれば保証債務も消滅します（成立・消滅における付従性）。また，保証債務は，内容や態様が主たる債務より軽いことは差し支えないものの，主たる債務より重くなることは許されません（内容における付従性。448条）。

(3) 随伴性

債権が譲渡された場合のように，主たる債務が移転すれば，それに伴い保証債務も移転します。

(4) 補充性

保証人は，主たる債務者が債務を履行しない場合に初めて自己の債務を履行する責任を負い（446条１項），これを補充性といいます。補充性の表れとして，保証人には，①催告の抗弁権（452条）と②検索の抗弁権（453条）が認められます。①催告の抗弁権とは，債権者が保証人に債務の履行を請求してきた場合，保証人は，まず主たる債務者に請求するように主張できることをいいます。②検索の抗弁権とは，債権者が主たる債務者に請求した後でも，先に保証人に対して執行しようとした場合，保証人は主たる債務者に弁済の資力があり，かつ，執行が容易であることを証明すれば，まず主たる債務者の財産について執行をすべきことを主張できることをいいます。

3 保証債務の効力

(1) 主たる債務者・保証人について生じた事由

主たる債務者について生じた事由は，付従性によって原則として保証人に対しても効力を生じます。たとえば，債権者が主たる債務者に債務の履行を請求した場合，時効の完成猶予・更新の効力は保証人にも及ぶことになります（457条１項）。また，主たる債務者が債権者に対して抗弁権を有しているのにこれを援用しない場合，保証人はその抗弁権を援用することができます（同条２項）。たとえば，同時履行の抗弁権などです。さらに，主たる債務者が債権者に対して相殺権，取消権，解除権を有するときは，これらの権利の行使によって主たる債務者がその債務を免れるべき限度において，保証人は，債権者に対して債務の履行を拒むことができます（同条３項）。

以上に対し，保証人について生じた事由は，主たる債務を消滅させる事由以外は，主たる債務者に対して効力を生じません（相対効の原則）。

補足 主債務者が時効の利益を放棄しても，保証人は主債務の消滅時効を援用できます。時効の利益の放棄は，相対効だからです。

(2) 保証債務の範囲

保証債務の範囲は，主たる債務に関する利息・違約金・損害賠償その他その債務に従たるすべてのものを含みます（447条１項）。また，特定物の売買における売主の保証人は，売買契約が解除された場合には，特約がない限り，損害賠償義務のほかに原状回復義務についても責任を負うとするのが判例です（最大判昭40.6.30）。

4 連帯保証

連帯保証とは，保証人が主たる債務者と連帯して保証債務を負担することをいいます。連帯保証には補充性が認められず，したがって，連帯保証人は催告の抗弁権・検索の抗弁権を有しません（454条）。連帯保証にも付従性が認められますから，主たる債務者について生じた事由は原則として連帯保証人に対しても効力を生じます。さらに，連帯保証人について，更改・相殺・混同という事由が生じた場合，主たる債務者に対しても効力を生じます（458条・438条・439条１項・440条）。

保証債務

実践 問題 57 基本レベル

頻出度			
	地上★★	国家一般職★★	特別区★★
	裁判所職員★★	国税·財務·労基★	国家総合職★★

問 保証債務に関するア～オの記述のうち，適当なもののみをすべて挙げているのはどれか（争いのあるときは，判例の見解による。）。（裁事2010）

ア：主たる債務者が保証契約を締結することに反対している場合でも，保証人となろうとする者は，債権者との間で，保証契約を締結することができる。

イ：保証債務は，主たる債務と同じ給付を目的とする必要があるから，600万円の金銭債務を200万円の限度で保証するとの契約は無効である。

ウ：保証契約は，口頭で締結することができる。

エ：債権者が履行期の定めのない債務の保証人に対し履行を請求したが，保証人が債務を履行しなかった場合，主たる債務者は，その請求の日の翌日から履行遅滞に陥る。

オ：保証人が債権者に弁済した場合，保証人は，主たる債務者に対して求償権を取得するとともに，債権者に代位し，債権者の主たる債務者に対する原債権を取得する。

1：ア，ウ
2：ア，オ
3：イ，エ
4：イ，オ
5：ウ，エ

チェック欄

1回目	2回目	3回目

実践 問題 57 の解説

〈保証債務〉

ア○ 主たる債務者の意思に反しても保証契約を締結することができる。主たる債務者の意思に反して保証をした者にも事後求償権を認めている（462条２項）のはこの表れである。

イ× 主たる債務の一部を保証することを一部保証といい，このような一部保証も許されるので，一部保証契約は有効である。

ウ× 保証契約は要式行為とされ，書面でしなければその効力を生じない（446条２項）。2004（平成16）年民法改正前は不要式行為であったが，保証契約に関する事後的な紛争を防ぐため，要式行為となった。

エ× 条文上，履行期の定めのない債務については，履行の請求を受けた時から遅滞に陥るとされているところ（412条３項），本記述において主たる債務者自身は履行の請求を受けていない。債務の弁済のように本来の債権の目的を達成させる事由以外，保証人に生じた事由は主たる債務に影響を及ぼさない（相対効）。したがって，保証人に対する履行の請求によっては，主たる債務者は履行遅滞に陥らない。

オ○ 保証人が債権者に弁済した場合，保証人は主たる債務者に対して求償権を取得する（459条１項等）。また，保証人は，弁済によって当然に債権者に代位する（499条）。「債権者に代位」するとは，弁済者の債務者に対する求償権を確保するために，法の規定によって弁済により消滅するはずの原債権および担保権を弁済者に移転させ，弁済者が求償権の範囲内で原債権および担保権を行使することを認めることをいう（501条１項・２項）。したがって，弁済による代位によって，保証人は求償権を取得するとともに，債権者の主たる債務者に対する原債権を取得する。

以上より，妥当なものはア，オであり，肢２が正解となる。

正答 2

実践 問題 58 基本レベル

頻出度	
	地上★★　国家一般職★★　特別区★★
	裁判所職員★★　国税·財務·労基★　国家総合職★★

問 民法に規定する保証債務に関する記述として，通説に照らして，妥当なのはどれか。 (特別区2014改題)

1：保証契約は，債務者と保証人との間の契約であるが，保証契約の締結に際しては，債権者の同意が必要である。

2：保証債務は，主たる債務の内容の変更に応じて保証債務もその内容を変ずるので，主たる債務の目的又は態様が重くなった場合には，それに応じて保証債務も重くなる。

3：保証債務は主たる債務とは別個の債務であるから，主たる債務者に対する履行の請求その他の事由による時効の完成猶予及び更新は，保証人に対しては，その効力を生じない。

4：債権者が指名した保証人が弁済をする資力を有することの要件を欠くに至ったときは，当該債権者は，弁済をする資力を有することの要件を具備する者をもってこれに代えることを常に債務者に請求することができる。

5：連帯債務者又は不可分債務者の一人のために保証をした者は，他の債務者に対し，その負担部分のみについて求償権を有する。

チェック欄

1回目	2回目	3回目

実践 問題 58 の解説

〈保証債務〉

1 × 保証契約は，債権者と保証人との間の契約である。保証人が債務者から頼まれて（保証委託契約）保証することも多いが，保証契約の当事者はあくまで債権者と保証人であり，その締結に際して債務者の意思を問う必要はない。

2 × 保証債務は，その目的や態様において主たる債務より軽いことは差し支えないが，重くてはいけない。重い場合には主たる債務の限度に減縮される（内容における付従性。448条１項）。したがって，保証債務が発生した後，主たる債務が軽減されると，保証債務も軽減される。しかし，主たる債務が加重されても，保証債務は加重されない（同条２項）。つまり，保証債務の内容は，保証人に有利な方向で，主たる債務の軽減にのみ連動するのである。

3 × 保証債務は，主たる債務の発生原因とは別の保証契約（肢１の解説参照）によって成立するから，主たる債務とは別個の債務である。しかし，同時に，保証債務は，主たる債務を担保するものであるから，主たる債務に対して付従性を有する。したがって，主たる債務者に対する履行の請求その他の事由による時効の完成猶予・更新は，保証人に対してもその効力を生ずる（457条１項）。

4 × 保証人の資格について一般的な制限はないが，債務者が法律上または契約上保証人を立てる義務を負っている場合には，その保証人は，①行為能力者であること，②弁済の資力を有することが必要である（450条１項）。そして，保証人が②の要件を欠くに至ったときは，債権者は，債務者に対して，代わりの保証人を立てることを請求できる（同条２項）。もっとも，これらの規定は債権者を保護するためのものであるので，債権者が保証人を指名した場合には適用されない（同条３項）。

5 ○ 連帯債務者または不可分債務者の１人のために保証をした者は，他の債務者に対し，その負担部分のみについて求償権を有する（464条）。求償関係を簡単にするための規定である。たとえば，Ｂ・ＣがＡに対し100万円の連帯債務（負担部分は各２分の１）を負っていて，Ｂだけの保証人だったＤがＡに100万円を弁済した場合，この規定がないと，ＤはＢに100万円を求償し，ＢはＣに50万円を求償することになるが，この規定により，Ｄは，Ｂに100万円の求償ができるほか，直接Ｃに50万円の求償をすることもできる。

正答 5

保証債務

実践 問題 59 基本レベル

頻出度			
	地上★★	国家一般職★★	特別区★★
	裁判所職員★★	国税·財務·労基★	国家総合職★★

問 保証契約に関する次の記述のうち，妥当なのはどれか。 (地上2018)

1：債権者は保証人と直接契約を結ぶが，契約には主たる債務者からの委託が必要である。

2：保証契約は書面による契約でなければいけないが，書面の電磁的記録では書面によるものとはみなされない。

3：主たる債務と保証契約は個別の契約なので，保証契約の目的や様態が主たる債務より重くても，減縮されることはない。

4：保証契約は主たる債務との付従性があるので，主たる債務において違約金について契約していなければ，保証契約でのみ違約金について契約をすることはできない。

5：債務者が保証人を立てる義務を負う場合，保証人となるには弁済の資力が必要なので，契約後に保証人に資力がなくなった場合には，債権者は保証人の変更を申し入れることができる。

チェック欄		
1回目	2回目	3回目

実践 問題 59 の解説

〈保証契約〉

1 × 保証契約は，債権者と保証人との間の契約である。保証人が債務者から頼まれて（保証委託契約）保証することも多いが，保証契約の当事者はあくまで債権者と保証人であり，その締結に際して債務者の委託は必要ない。そのため，主たる債務者の委託を受けなくても保証契約を締結することができる。主たる債務者の委託を受けない保証人に求償権を認めている（462条２項）のはこの表れである。

2 × 軽率な保証を防ぐため，保証契約は，書面でしなければその効力を生じない(446条２項)。もっとも，保証契約がその内容を記録した電磁的記録によってされたときは，書面によってされたものとみなされる（同条３項）。電子技術が発展した現代社会に対応するためである。

3 × 保証債務は，主たる債務を担保することを目的とするから，主たる債務に対して付従性を有する。そのため，保証人の負担が債務の目的または態様につき主たる債務より重いときは，主たる債務の限度に減縮する（448条１項）。

4 × 保証債務についてのみ違約金や損害賠償の額を約定することもできる（447条２項）。これは，保証債務そのものの内容を拡張するものではなく，保証債務の履行を確実にすることが意図されているにすぎないから，内容における付従性（肢３解説参照）に抵触しない。

5 ○ 保証人の資格について一般的な制限はないが，債務者が法律上または契約上保証人を立てる義務を負っている場合には，その保証人は，①行為能力者であること，②弁済の資力を有することが必要である（450条１項各号）。そして，保証契約を締結した後に，保証人が②の要件を欠くに至った場合，債権者は，債務者に対して，代わりの保証人を立てることを請求できる（同条２項）。弁済の資力がなければ保証の目的を達成できず，債権者が保護されなくなるからである。

正答 5

保証債務

実践 問題 60 基本レベル

頻出度	
地上★★ 国家一般職★★ 特別区★★	
裁判所職員★★ 国税·財務·労基★ 国家総合職★★	

問 **民法に規定する保証債務に関する記述として，判例，通説に照らして，妥当なのはどれか。** （特別区2020）

1：保証債務は，保証人と主たる債務者との間の保証契約によって成立し，保証人は，主たる債務者がその債務を履行しないときに，その履行をする責任を負うが，保証契約がその内容を記録した書面又は電磁的記録によってされなければ，その効力を生じない。

2：債権者が指名した保証人が弁済をする資力を有することの要件を欠くに至ったときは，当該債権者は，弁済をする資力を有することの要件を具備する者をもってこれに代えることを常に債務者に請求することができる。

3：債権者が保証人に債務の履行を請求したとき，保証人は，主たる債務者が破産手続開始の決定を受けた場合は，まず主たる債務者に催告すべき旨を請求できるが，主たる債務者の行方が知れない場合は，その旨を請求できない。

4：最高裁判所の判例では，特定物の売買契約における売主のための保証人は，債務不履行により売主が買主に対し負担する損害賠償義務についてはもちろん，特に反対の意思表示のない限り，売主の債務不履行により契約が解除された場合における原状回復義務についても保証の責に任ずるものとした。

5：最高裁判所の判例では，継続的売買取引について将来負担すべき債務についてした責任の限度額並びに期間の定めのない連帯保証契約における保証人たる地位は，特段の事由のない限り，当事者その人と終始するものではなく，保証人の死亡後生じた債務については，その相続人が保証債務を負担するとした。

チェック欄

1回目	2回目	3回目

実践 問題 60 の解説

〈保証債務〉

1 × 保証債務は，保証人と債権者との間の保証契約によって成立する。保証人が債務者から頼まれて（保証委託契約）保証することも多いが，保証契約の当事者はあくまで保証人と債権者である。なお，保証人は，主たる債務者がその債務を履行しないときに，その履行をする責任を負い（446条１項），保証契約は，書面またはその内容を記録した電磁的記録でしなければ，その効力を生じないので（同条２項・３項），本肢の後半は妥当である。

2 × 主たる債務者が法律の規定または債権者との契約によって保証人を立てる義務を負っている場合には，その保証人は，①行為能力者であること，②弁済をする資力を有すること，という要件を具備する者でなければならず（450条１項），保証人が②の要件を欠くに至ったときは，債権者は，①②の要件を具備する保証人に代えることを債務者に請求できる（同条２項）。ただし，これらの規定は債権者を保護するためのものであるので，債権者が保証人を指名した場合は，適用されない（同条３項）。

3 × 債権者が保証人に債務の履行を請求したときは，保証人は，まず主たる債務者に催告をすべき旨を請求できる（催告の抗弁権。452条本文）。ただし，この催告の抗弁権は，①主たる債務者が破産手続開始の決定を受けたとき，または②主たる債務者の行方が知れないときは，行使できない（同条但書）。

4 ○ 判例は，特定物売買の売主のための保証においては，「通常，その契約から直接に生ずる売主の債務につき保証人が自ら履行の責に任ずるというよりも，むしろ，売主の債務不履行に基因して売主が買主に対し負担することあるべき債務につき責に任ずる趣旨でなされる」ことを理由に，本肢のように判示して，主たる債務の発生原因である特定物売買契約が解除された場合における原状回復義務についても，保証人の責任を認めた（最大判昭40.6.30）。

5 × 判例は，継続的取引について将来負担することがあるべき債務についてした責任の限度額ならびに期間の定めのない連帯保証契約（包括根保証）における保証人たる地位は，特段の事由のない限り，当事者その人と終始するものであって，その保証人の死亡後生じた債務については，その相続人が保証債務を承継負担するものではないとした（最判昭37.11.9）。上記のような包括根保証は，保証人の責任の及ぶ範囲が極めて広汎となり，保証人と主たる債務者の人的信用関係を基礎とするものだからである。なお，

保証債務

2017（平成29）年改正民法は，個人保証人の保護を拡充する観点から，個人根保証契約（一定の範囲に属する不特定の債務を主たる債務とする保証契約であって保証人が法人でないもの。465条の２第１項）一般について，極度額を定めなければ効力を生じない旨を規定して（同条２項），包括根保証を禁止した。また，個人根保証契約一般について，主たる債務者または保証人が死亡した場合を元本確定事由としたので（465条の４第１項３号），根保証債務は相続の対象とならない（保証人の相続人は，保証人の死亡時に存在し確定した主たる債務についてのみ，保証債務を相続すればよい）ことが明確になった。

正答 4

memo

保証債務

実践 問題 61 基本レベル

頻出度 地上★★ 国家一般職★★ 特別区★★ 裁判所職員★★ 国税·財務·労基★ 国家総合職★★

問 保証に関する次のア～エの記述の正誤の組合せとして最も妥当なものはどれか（争いのあるときは，判例の見解による。）。（裁事2021）

ア：保証人は，主たる債務の消滅時効を援用できる。

イ：保証債務と主たる債務は別個の債務であるから，主たる債務に係る債権が債権譲渡その他の原因により移転しても，主たる債務に係る債権の譲受人が保証債権の債権者となることはない。

ウ：特定物の売買における売主のための保証人は，特に反対の意思表示のないかぎり，売主の債務不履行により契約が解除された場合における原状回復義務についても，保証の責に任ぜられる。

エ：委託を受けた保証人に事前の求償権が認められていることと同様に，委託を受けた物上保証人にも事前の求償権が認められる。

	ア	イ	ウ	エ
1：	正	誤	正	誤
2：	誤	正	正	正
3：	誤	誤	正	誤
4：	正	誤	誤	正
5：	誤	誤	誤	正

チェック欄

1回目	2回目	3回目

実践 問題 61 の解説

〈保証〉

ア○ 主たる債務が消滅すれば，主たる債務を担保するために存在していた保証債務も消滅するので（付従性），保証人は，主たる債務の消滅について正当な利益を有する当事者として，主たる債務の消滅時効を援用できる（145条かっこ書）。

イ× 保証債務は主たる債務を担保するために存在するので，主たる債務に係る債権が債権譲渡その他の原因により移転すれば，保証債務もこれに伴って移転する（随伴性）。したがって，主たる債務に係る債権の譲受人が保証債権の債権者となる。

ウ○ 保証債務は，主たる債務に関する利息，違約金，損害賠償その他その債務に従たるすべてのものを包含するが（447条１項），主たる債務の契約解除による原状回復義務（545条１項）にも及ぶかについては議論がある。判例は，特定物売買の売主のための保証の事案において，当該保証は，通常，保証人が売主の債務不履行に基因して売主が買主に対し負担すべき一切の債務について責任を負う趣旨でなされるものであることを理由に，保証人は，特に反対の意思表示のない限り，売主の債務不履行により契約が解除された場合における原状回復義務についても保証する責任を負うとしている（最大判昭40.6.30）。

エ× 物上保証人が債務者の債務（被担保債務）を弁済し，または抵当権の実行により当該債務が消滅した場合には，物上保証人は債務者に対して求償権を取得し，その求償の範囲については保証債務に関する規定（459条以下）が準用される（372条・351条）。しかし，判例は，委託を受けた保証人の事前求償権に関する460条は委託を受けた物上保証人に類推適用することはできないとして，物上保証人の事前求償権を否定する（最判平2.12.18）。物上保証人は，保証人と異なり債務を負わず，抵当不動産の価額の限度で責任を負担するにすぎないので，抵当権が実行されてみないと求償権の存否・範囲が確定できないからである。

以上より，ア—正，イ—誤，ウ—正，エ—誤であり，肢１が正解となる。

正答 1

保証債務

実践 問題 62 応用レベル

頻出度			
	地上★	国家一般職★★	特別区★
	裁判所職員★	国税·財務·労基★	国家総合職★★

問 **保証債務に関するア～オの記述のうち，妥当なもののみを全て挙げているのはどれか。ただし，争いのあるものは判例の見解による。**

（国家一般職2015改題）

ア：主たる債務について二人の連帯保証人がある場合，各連帯保証人は，債権者に対して主たる債務の２分の１の額についてのみ保証債務を負う。

イ：主たる債務が弁済期にある場合，保証人は，主たる債務者の委託を受けないで保証をしたときであっても，主たる債務者に対して事前求償権を行使することができるが，主たる債務者の意思に反して保証をしたときは，事前求償権を行使することができない。

ウ：特定物の売買における売主のための保証においては，保証人は，特に反対の意思表示のない限り，売主の債務不履行により契約が解除された場合における原状回復義務についても保証の責めに任ずる。

エ：根保証契約は，自然人が保証人であっても法人が保証人であっても，極度額を定めなければ効力を生じない。

オ：債権者が主たる債務者に対して債務の履行を催告した後に保証人の財産について執行してきた場合，保証人は，主たる債務者に弁済の資力があり，かつ，執行が容易であることを証明して，まず主たる債務者の財産に対して執行すべきことを主張することができる。

1：ア，ウ
2：ア，エ
3：イ，エ
4：イ，オ
5：ウ，オ

チェック欄

1回目	2回目	3回目

実践 問題 62 の解説

〈保証債務〉

ア× 同一の主たる債務について数人の保証人がある場合を共同保証という。数人の保証人が普通保証人の場合，各保証人は分別の利益を有し，債権者に対して平等の割合で分割された額（２人の普通保証人であれば主たる債務の２分の１の額）についてのみ保証債務を負担すればよいのが原則である（456条・427条）。しかし，数人の保証人が連帯保証人の場合，各連帯保証人はそれぞれ全額の弁済義務を負うので，分別の利益はなく，債権者に対して主たる債務の全額について保証債務を負う。

イ× 主たる債務者の委託を受けた保証人は，あとで求償しようと思ってもできなくなるおそれがある一定の場合には，あらかじめ求償権を行使できる（事前求償権。460条）。これに対して，委託を受けない保証人は，主たる債務者の意思に反して保証をしたかどうかを問わず，事前求償権を行使できず，弁済等をした後の事後求償権のみ行使できる（462条）。

ウ○ 保証債務は，主たる債務のほか，主たる債務に従たるもの（利息，違約金，損害賠償など）を包含する（447条１項）。問題は，主たる債務の契約解除による原状回復義務（545条１項）にも及ぶかである。判例は，特定物売買の売主の保証の事案において，当該保証は，通常，「売主の債務不履行に基因して売主が買主に対し負担することあるべき債務につき責に任ずる趣旨でなされるものと解するのが相当であるから」，保証人は，「特に反対の意思表示のないかぎり，売主の債務不履行により契約が解除された場合における原状回復義務についても保証の責に任ずる」とした（最大判昭40.6.30）。

エ× 民法の規制の対象となる個人根保証契約とは，①一定の範囲に属する不特定の債務を主たる債務とする保証契約（根保証契約）であって，②保証人が自然人であるものをいう（465条の２第１項）。この個人根保証契約は，極度額を定めなければ効力を生じない（同条２項）。これは，根保証契約では保証人が過大な責任を負いがちであることから，自然人である保証人を経済的破綻から保護することを目的としており，保証人が法人である場合は対象外である。

オ○ 保証債務の補充性から，保証人は検索の抗弁権を有する。すなわち，債権者が主たる債務者に催告した後でも，先に保証人の財産に対して執行してきた場合，保証人は，主たる債務者に弁済の資力があり，かつ，執行が容易であることを証明すれば，まず主たる債務者の財産に対して執行すべきことを主張できる（453条）。

以上より，妥当なものはウ，オであり，肢５が正解となる。

正答 5

保証債務

実践 問題 63 応用レベル

頻出度			
	地上★	国家一般職★★	特別区★
	裁判所職員★	国税·財務·労基★	国家総合職★★

問 保証債務に関するア～オの記述のうち，妥当なもののみを全て挙げているのはどれか。 **（国家総合職2021）**

ア：特定物の売買契約における売主のための保証人は，特に反対の意思表示のない限り，売主の債務不履行により契約が解除された場合における売主の原状回復義務についても，保証の責任を負うとするのが判例である。

イ：行為能力の制限によって取り消すことができる債務を保証した者は，保証契約の時においてその取消しの原因を知っていたときは，主たる債務が取り消されたとしても，これと同一の目的を有する独立の債務を負担したものと推定される。

ウ：保証人は，主たる債務者が債権者に対して相殺権，取消権又は解除権を有するときは，これらの権利の行使によって主たる債務者がその債務を免れるべき限度において，債権者に対して債務の履行を拒むことができる。

エ：主たる債務者が期限の利益を有する場合において，その利益を喪失したときは，債権者は，保証人（法人を除く）に対し，その利益の喪失を知った時から一定の期間内に，その旨を通知しなければならない。また，当該通知をしなかったときは，債権者は，遅延損害金の請求を除き，主たる債務者についての期限の利益の喪失の効果を保証人に対して主張することができない。

オ：保証人が主たる債務者の委託を受けて保証をした場合において，主たる債務者に代わって弁済をしたときは，保証人は，主たる債務者に対する求償権を有するが，弁済があった日以後の法定利息や避けることができなかった費用を求償することはできない。

1：ア，イ
2：ア，エ
3：イ，オ
4：ア，イ，ウ
5：ウ，エ，オ

チェック欄

1回目	2回目	3回目

実践 問題 63 の解説

〈保証債務〉

ア○ 保証債務は，主たる債務に関する利息，違約金，損害賠償その他その債務に従たるすべてのものを包含するが（447条１項），主たる債務の契約解除による原状回復義務（545条１項）にも及ぶかについては議論がある。判例は，特定物売買の売主のための保証の事案で，当該保証は，通常，保証人が売主の債務不履行に基因して売主が買主に対し負担すべき一切の債務について責任を負う趣旨でなされるものであることを理由に，保証人は，特に反対の意思表示のない限り，売主の債務不履行により契約が解除された場合における原状回復義務についても保証する責任を負うとしている（最大判昭40.6.30）。

イ○ 主たる債務が行為能力の制限を理由に取り消されれば，保証債務も付従性により消滅するのが原則である。しかし，保証契約の時にその取消原因を知っていた保証人は，主たる債務が取り消されたとしても，主たる債務と「同一の目的を有する独立の債務」を負担したものと推定される（449条）。保証人があらかじめその取消原因を知っていて保証契約を締結した場合には，主たる債務が取り消されても債権者に損害を及ぼさない意思であったと推定して保証人の責任を認める趣旨である。

ウ○ 主たる債務者が債権者に対して相殺権，取消権または解除権を有するときは，これらの権利の行使によって主たる債務者がその債務を免れるべき限度において，保証人は，債権者に対して債務の履行を拒むことができる（457条３項）。主たる債務自体には影響を与えないまま，保証人を保護する趣旨である。

エ× 主たる債務者が期限の利益を喪失したときは，債権者は，①保証人（法人を除く）に対し，その利益の喪失を知った時から２カ月以内に，その旨を通知しなければならず（458条の３第１項・３項），②この通知をしなかったときは，保証人（法人を除く）に対し，主たる債務者が期限の利益を喪失した時から通知を現にする（通知が到達する）までに生じた遅延損害金（期限の利益を喪失しなかったとしても生ずべきものを除く）について，保証債務の履行を請求することができない（同条２項・３項）。保証人の知らない間に主たる債務者が期限の利益を喪失し，遅延損害金が累積して保証人が多額の保証債務を負うことを避けるとともに，債権者に失権という大きな負担を課す以上は，その悪意を要件とするという規律である。

オ × 主たる債務者の委託を受けて保証した保証人は，主たる債務者に代わって弁済その他自己の財産をもって債務を消滅させる行為（債務の消滅行為）をしたときは，主たる債務者に対して求償権（事後求償権）を有する（459条1項)。求償権の範囲は，連帯債務と同じで，①債務の消滅行為のために支出した財産の額（支出した財産の額が債務の消滅行為によって消滅した主たる債務の額を超える場合〔消滅した債務額より高額の給付による代物弁済など〕にあっては，その消滅した額）のほか，②債務の消滅行為があった日以後の法定利息，③避けることができなかった費用その他の損害賠償を包含する（同条2項・442条2項)。

以上より，妥当なものはア，イ，ウであり，肢4が正解となる。

正答 4

memo

実践 問題 64 応用レベル

頻出度			
	地上★	国家一般職★★	特別区★
	裁判所職員★	国税·財務·労基★	国家総合職★★

問 保証に関するア～エの記述のうち，妥当なもののみを挙げているのはどれか。
（国家一般職2023）

ア：保証契約は，主たる債務の債権者と保証人になろうとする者が，主たる債務の保証をする旨を書面によらず口頭で合意した場合にも，その効力を生ずる。

イ：保証人が主たる債務者と連帯して債務を負担した場合において，債権者が保証人に債務の履行を請求したときは，保証人は，まず主たる債務者に催告すべき旨を請求することができる。

ウ：主たる債務者に対する履行の請求その他の事由による時効の完成猶予及び更新は，保証人に対しても，その効力を生ずる。

エ：個人根保証契約は，主たる債務の元本，主たる債務に関する利息，違約金，損害賠償その他その債務に従たる全てのもの及びその保証債務について約定された違約金又は損害賠償の額について，その全部に係る極度額を定めなければ，その効力を生じない。

1：ア，イ
2：ア，ウ
3：イ，ウ
4：イ，エ
5：ウ，エ

チェック欄		
1回目	2回目	3回目

実践 問題 64 の解説

〈保証〉

ア× 保証債務は，債権者と保証人になろうとする者との間の**保証契約**によって成立する。もっとも，保証人は無償で一方的に債務を負担することから，保証契約の締結を慎重にさせるために，保証契約は要式契約とされている。すなわち，保証契約は，**書面**（または電磁的記録）でしなければ，その効力を生じない（446条２項・３項）。

イ× 保証人が主たる債務者と連帯して債務を負担する**連帯保証**には**補充性がな**く，連帯保証人は，**催告・検索の抗弁権**（452条・453条）**を有しない**（454条）。したがって，債権者が連帯保証人に債務の履行を請求したときであっても，連帯保証人は，まず主たる債務者に催告するよう請求することはできない。

ウ○ 保証債務の付従性から，**主たる債務者に生じた事由**は，原則として，**すべて保証人にも効力が及ぶ**。たとえば，**主たる債務者**に対する履行の請求その他の事由による時効の**完成猶予**および**更新**は，**保証人**に対しても，その**効力を生ずる**（457条１項）。

エ○ **個人根保証契約**とは，**一定の範囲に属する不特定の債務**を主たる債務とする保証契約（**根保証契約**）であって，**保証人が法人でない**ものである（465条の２第１項）。個人根保証契約の保証人は，主たる債務の元本，主たる債務に関する利息，違約金，損害賠償その他その債務に従たるすべてのものおよびその保証債務について約定された違約金または損害賠償の額について，その全部に係る極度額を限度として，その履行をする責任を負うが（同項），個人根保証契約は，**極度額を定めなければ，その効力を生じない**（同条２項）。これは，保証人が責任を負う主たる債務の範囲と金額を限定することで，保証人の予測可能性を確保し，根保証契約締結時にその判断を慎重にさせるためである。

以上より，妥当なものはウ，エであり，肢５が正解となる。

正答 5

保証債務

実践 問題 65 応用レベル

頻出度 地上★ 国家一般職★★ 特別区★ 裁判所職員★ 国税·財務·労基★ 国家総合職★★

問 保証に関するア～エの記述のうち，妥当なもののみを挙げているのはどれか。ただし，争いのあるものは判例の見解による。（国税・財務・労基2023）

ア：事業のために負担した貸金等債務を主たる債務とする保証契約において，保証人になろうとする者が個人である場合は，当該保証契約が書面で締結された後に，当該個人が保証債務を履行する意思を表示した公正証書を作成しなければ，当該保証契約は効力を生じない。

イ：特定物売買における売主のための保証の場合においては，保証人は，債務不履行により売主が買主に対し負担する損害賠償義務についてはもちろん，特に反対の意思表示のない限り，売主の債務不履行により売買契約が解除された場合における原状回復義務についても保証の責任を負う。

ウ：保証人は，主たる債務者が主張することができる抗弁をもって債権者に対抗することができ，主たる債務者が債権者に対して相殺権，取消権又は解除権を有するときは，これらの権利を行使することができる。

エ：根保証契約の主たる債務の範囲に含まれる債務に係る債権を譲り受けた者は，その譲渡が当該根保証契約に定める元本確定期日前にされた場合であっても，当該根保証契約の当事者間において当該債権の譲受人の請求を妨げるような別段の合意がない限り，保証人に対し，保証債務の履行を求めることができる。

1：ア，ウ
2：ア，エ
3：イ，ウ
4：イ，エ
5：ウ，エ

チェック欄

1回目	2回目	3回目

実践 問題 65 の解説

〈保証〉

ア× ①事業のために負担した貸金等債務（金銭の貸渡しまたは手形の割引を受けることによって負担する債務。465条の3第1項）を主たる債務とする保証契約（本記述）や②主たる債務の範囲に事業のために負担する貸金等債務が含まれる根保証契約（一定の範囲に属する不特定の債務を主たる債務とする保証契約。465条の2第1項）では，保証債務が多額になりがちであるが，そのリスクを十分に考慮しないまま保証した者が重い責任を負い，生活が破綻する例が少なくない。そこで，民法は，個人がリスクを十分に自覚せず安易に保証人になることを防止するため，公的機関である公証人が保証人になろうとする者の保証意思を事前に確認することとし，その手続を経ていない保証契約を無効とすることにした。すなわち，①②の保証契約で保証人になろうとする者が個人であるものは，保証契約の締結に先立ち，締結の日前1カ月以内に作成された公正証書で保証人になろうとする者が保証債務を履行する意思を表示していなければ，その効力を生じない（465条の6第1項・3項）。

イ○ 保証債務は，主たる債務に関する利息，違約金，損害賠償その他その債務に従たるすべてのものを包含するが（447条1項），主たる債務の契約解除による原状回復義務（545条1項）にも及ぶかについては議論がある。判例は，特定物売買の売主のための保証の事案において，当該保証は，通常，保証人が売主の債務不履行に基因して売主が買主に対し負担すべき一切の債務について責任を負う趣旨でなされるものであることを理由に，保証人は，債務不履行により売主が買主に対し負担する損害賠償義務（415条）についてはもちろん，特に反対の意思表示のない限り，売主の債務不履行により契約が解除された場合における原状回復義務についても保証する責任を負うとしている（最大判昭40.6.30）。

ウ× 保証債務の付従性から，保証人は，主たる債務者が主張することができる抗弁（同時履行の抗弁〔533条〕など）をもって債権者に対抗することができる（457条2項）。したがって，本記述の前半は妥当である。しかし，主たる債務者が債権者に対して相殺権，取消権または解除権を有する場合，保証人は，①これらの権利を行使することはできず，②これらの権利の行使によって主たる債務者がその債務を免れるべき限度において，債権者に対して債務の履行を拒むことができるのみである（同条3項）。主たる債務自体には影響を与えないまま，保証人を保護する趣旨である。

エ○ 根保証と同様に不特定の債権を担保する**根抵当権**について，民法は**元本確定前の随伴性を否定**する（398条の7第1項）。他方，根保証については明文がないが，判例は，根保証契約の当事者は，通常，随伴性を前提としていると解するのが合理的だとし，根保証契約に定める**元本確定期日前に被保証債権が譲渡**された場合でも，根保証契約の当事者間に被保証債権の譲受人の請求を妨げるような別段の合意がない限り，**譲受人**は，保証人に対し，**保証債務の履行を求めることができる**としている（最判平24.12.14）。

以上より，妥当なものはイ，エであり，肢4が正解となる。

正答 4

memo

多数当事者の債権債務関係総合

必修問題 セクションテーマを代表する問題に挑戦！

多数当事者の債権関係は，対外的効力，影響関係，内部関係の問題を区別して整理することが重要です。

問 多数当事者の債権債務関係に関するア～オの記述のうち，妥当なもののみをすべて挙げているのはどれか。（国税・労基2011改題）

ア：ある債務が分割債務である場合，各債務者は，各自独立して債務を負担し，その割合は，特段の意思表示がない限り，原則として平等である。他方，当該債務はもともと一つの債務であるため，債務者の一人について時効が完成した場合，その効力は他の債務者にも及ぶ。

イ：ある債務が不可分債務である場合，連帯債務の規定が準用されるため，債権者は各債務者に対して全部の履行を請求することができるとともに，すべての債務者に対し，同時又は順次に全部の履行を請求することができる。また，連帯債務と同様，弁済や履行の請求による時効の完成猶予・更新など債務者の一人について生じた事由の効力は他の債務者にも及ぶ。

ウ：連帯債務は各自独立した債務であるため，債務者の一人について錯誤などの取消原因があったとしても，その影響は他の債務者には及ばない。

エ：連帯債務者間の負担割合は特約があればその特約に従うため，負担部分が零の連帯債務者や全部を負担する連帯債務者も存在し得る。

オ：連帯保証契約は債権者と保証人との合意により成立するが，債務が主たる債務者の商行為によって生じたとき，又は，保証契約が商行為に当たるときは，その保証は，法律上，連帯保証とされる。また，通常の保証債務の保証人は，催告の抗弁権及び検索の抗弁権を有するのに対し，連帯保証の保証人はこれらの抗弁権を有さない。

1：ア，エ
2：エ，オ
3：ア，イ，ウ
4：イ，ウ，オ
5：ウ，エ，オ

直前復習

頻出度	地上★　国家一般職★　特別区★ 裁判所職員★　国税・財務・労基★　国家総合職★

チェック欄		
1回目	2回目	3回目

必修問題の解説

〈多数当事者の債権債務関係〉

ア× 分割債務とは，１個の可分給付につき複数の債務者がいる場合において，各債務者に分割された債務をいう。分割の割合は，別段の意思表示があればそれにより，なければ平等である（427条）。各自の債務は相互に独立したものであるから，１人の債務者について生じた事由は，他の債務者に影響を及ぼさない（相対的効力）。

イ× 不可分債務の対外的効力は連帯債務と同じであり（430条・436条），債権者は，債務者の１人に対して全部の履行を請求できるし，すべての債務者に対して同時または順次に全部の履行を請求できる。また，不可分債務者の１人が弁済すれば他の債務者の債務も消滅するので，弁済およびそれと同視すべき事由は絶対的効力を生じる。また，不可分債務者の１人について生じた事由の処理については，混同（440条）を除き，連帯債務の規定が準用されるので（430条），更改と相殺は絶対的効力を生じるが（438条・439条１項），それ以外の事由は相対的効力しか生じない。したがって，不可分債務者の１人に対する履行の請求による時効の完成猶予・更新の効力は，他の債務者には及ばない。

ウ○ 連帯債務は，債務者の数に応じた複数の独立した債務であるから，連帯債務者の１人について法律行為の無効原因や取消原因があっても，他の債務者には影響を及ぼさない（437条）。

エ○ 連帯債務者相互間で各自が負担すべき割合を負担部分という。負担部分は，債務者間の特約または各債務者の受ける利益の割合によって定めるが，そのような事情がなければ，平等である（大判大5.6.3）。したがって，負担部分が零の連帯債務者や全部を負担する連帯債務者も存在しうる。

オ○ 連帯保証は，債権者と保証人との間の保証契約において「連帯」である旨の特約がされたときに成立する。ただし，主たる債務が主たる債務者の商行為によって生じたとき，または保証契約が商行為にあたるときは，その保証は連帯保証となる（商法511条２項）。また，通常の保証債務には補充性があり，保証人は催告・検索の抗弁権（452条・453条）を有するが，連帯保証には補充性がなく，連帯保証人は催告・検索の抗弁権を有しない（454条）。

以上より，妥当なものはウ，エ，オであり，肢５が正解となる。

正答 5

第5章 多数当事者の債権債務関係

多数当事者の債権債務関係総合

実践 問題 66 基本レベル

頻出度 地上★ 国家一般職★ 特別区★ 裁判所職員★ 国税·財務·労基★ 国家総合職★

問 多数当事者の債権関係に関するア～オの記述のうち，妥当なもののみを全て挙げているのはどれか。ただし，争いのあるものは判例の見解による。

(国税2017改題)

ア：連帯債務者の一人に対して履行の請求がされた場合，他の連帯債務者については，時効の完成が猶予されない。

イ：A，B及びCが負担部分平等で300万円の連帯債務を負っており，このうちAが債権者に対して300万円の債権を有する場合，Aが相殺を援用しない間は，Aの負担部分についても，B及びCは債務の履行を拒むことができない。

ウ：AB間で特定物の売買契約が締結され，Cは売主Aの売買契約上の保証人となった。その後，AB間の売買契約がAの債務不履行により解除された場合，Cは，特に反対の意思表示のない限り，Aの保証人として，BがAに支払った売買代金の返還債務を負う。

エ：A，B及びCが負担部分平等で300万円の連帯債務を負っており，Aが債権者に対して300万円を弁済したが，B及びCに対して事後の通知をしていなかったところ，その後，Bも，A及びCに対して事前の通知なしに，債権者に対して300万円を弁済した。この場合，事後の通知をしなかったAは，B及びCに対して求償することができない。

オ：Aの意思には反しないがAからの委託を受けずにAの債務を保証したBは，Aの債権者に対して債務の全額を弁済した場合には，Aに対して，弁済額に加えて弁済後の期間の利息や必要費等の償還を請求することができる。

1：ア，ウ
2：ア，エ
3：イ，エ
4：イ，オ
5：ウ，オ

直前復習

チェック欄		
1回目	2回目	3回目

実践 問題 66 の解説

〈多数当事者の債権債務関係〉

ア○ 連帯債務者の１人に対する履行の請求は，他の連帯債務者に対して効力を生じない（441条本文）。したがって，連帯債務者の１人に対して履行の請求（147条１項１号・150条１項）がなされても，他の連帯債務者について時効の完成が猶予されることはない（153条１項・２項）。

イ× 反対債権300万円を有するＡが相殺すれば，ＡＢＣ全員の連帯債務300万円が消滅する（439条１項）。しかし，Ａが自ら相殺しない場合でも，**B・Cは，Aの負担部分**（300万円×1/3＝100万円）**の限度で債務の履行を拒むことができる**（同条２項）。

ウ○ 特定物の売主（Ａ）のための保証は，通常，売主の債務不履行に基因して売主が買主（Ｂ）に対し負担すべき一切の債務について責任を負う趣旨であるといえる。そこで，判例は，**保証人**（Ｃ）は，特に反対の意思表示のない限り，売主の債務不履行により契約が解除された場合における**原状回復義務**（ＢがＡに支払った代金の返還）**についても責任を負う**としている（最大判昭40.6.30）。

エ× 求償権を行使しようとする連帯債務者は，**弁済等の前後に他の連帯債務者に通知しなければならない**（443条）。①事前の通知（同条１項）が必要なのは，他の連帯債務者が債権者に対抗できる事由を有していれば，それを主張する機会を与える必要があるからであり，②事後の通知（同条２項）が必要なのは，他の連帯債務者の二重弁済等を防ぐためである。もっとも，第１の弁済をしたＡが**事後の通知を怠り**，それを知らずに第２の弁済をしたＢも**事前の通知を怠っていた**場合について，判例は，443条２項は，同条１項を前提とするものであり，同条１項の事前の通知につき過失のある連帯債務者まで保護する趣旨ではないから，Ｂは同条２項により**自己の弁済を有効とみなすことはできない**とした（最判昭57.12.17）。その結果，Ａの**第１弁済だけが有効**になり，ＡはＢとＣに求償できる。

オ× 委託を受けない保証人Ｂは，事前求償権は有さず，事後求償権のみを有する。さらに，求償の範囲は，保証人となったことが**主たる債務者Aの意思に反しないかどうか**により区別される。本記述のように，**主たる債務者Aの意思に反しない場合**，**保証人Bの免責行為**（弁済）**の当時に主たる債務者Aが利益を受けた限度**で求償することができる（462条１項・459条の２第１項）。すなわち，求償の範囲として，**免責行為後の利息・費用・損害賠償は含まれない**。

以上より，妥当なものはア，ウであり，肢１が正解となる。

正答 1

第5章 多数当事者の債権債務関係

多数当事者の債権債務関係総合

実践 問題 67 基本レベル

頻出度	地上★	国家一般職★	特別区★
	裁判所職員★	国税·財務·労基★	国家総合職★

問 連帯債権・連帯債務に関する次のア～エの記述のうち，妥当なもののみを全て挙げているものはどれか（争いのあるときは，判例の見解による。）。

（裁事2022）

ア：ＡとＢがＣに対して1000万円の連帯債権を有しており，分与を受ける割合はＡとＢで平等である。ＡがＣに対して免除の意思表示をした場合，ＢはＣに対して500万円を請求することができる。

イ：ＡとＢがＣに対して1000万円の連帯債務を負い，ＡとＢの負担部分は同じである。ＣがＡに対して債務の全部を免除した場合，ＣはＢに対して1000万円を請求することができるが，ＢはＡに対して求償することができない。

ウ：ＡとＢがＣに対して1000万円の連帯債権を有しており（分与を受ける割合は平等），ＣがＡに対して1000万円の債権を有している。ＣがＡに対して相殺の意思表示をした場合，ＢはＣに対して500万円を請求することができる。

エ：ＡとＢがＣに対して1000万円の連帯債務を負い（負担部分は平等），ＡがＣに対して1000万円の債権を有している。ＡがＣに対して相殺の意思表示をした場合，ＣはＢに対して1000万円を請求することができない。

1：ア，イ
2：ア，エ
3：イ，ウ
4：イ，エ
5：ウ，エ

チェック欄		
1回目	2回目	3回目

実践 問題 67 の解説

〈連帯債権・連帯債務〉

ア○ 連帯債権者の１人Aが債務者Cに対して免除の意思表示をした場合，免除しなければAに分与されたはずの500万円について，他の連帯債権者BはCに対して履行を請求することができない（免除の絶対的効力。433条）。したがって，BはCに対して残りの500万円を請求することができるだけである。

イ× 債権者Cが連帯債務者の１人Aに対して債務の全部を免除した場合，その効力は他の連帯債務者Bには及ばないから（相対的効力の原則。441条本文），CはBに対して1,000万円を請求することができる。しかし，これを弁済したBが債務を免除されたAに対して求償権を行使することができないとすると，Bは自らの負担部分を超えて負担することになる。そこで，445条は，弁済等をした連帯債務者Bは，債務を免除された連帯債務者Aに対し，442条１項の求償権を行使することができると定めている。

ウ× 連帯債権者の１人Aに対して1,000万円の反対債権を有する債務者CがAに対して相殺の意思表示をした場合，その効力は他の連帯債権者Bにも及ぶから（相殺の絶対的効力。434条），AとBの連帯債権は消滅する。したがって，BはCに対して債務の履行を請求することができない（この場合，BはAから500万円の分与を受ける）。

エ○ 連帯債務者の１人が債権者に対して反対債権を有する場合において，その連帯債務者が相殺を援用したときは，債権は，すべての連帯債務者の利益のために消滅する（相殺の絶対的効力。439条１項）。したがって，AがCに対して相殺の意思表示をした場合，連帯債務に係るCの1,000万円の債権はBとの関係でも消滅し，CはBに対して1,000万円を請求することができない。

以上より，妥当なものはア，エであり，肢２が正解となる。

正答 2

第5章 SECTION ③ 多数当事者の債権債務関係
多数当事者の債権債務関係総合

実践 問題 68 応用レベル

頻出度	地上★	国家一般職★	特別区★
	裁判所職員★	国税·財務·労基★	国家総合職★

問 多数当事者の債権関係に関するア～オの記述のうち，妥当なもののみを全て挙げているのはどれか。（国家一般職2017）

ア：１個の可分給付につき数人の債務者がある場合，各債務者は，別段の意思表示がある場合に限り，それぞれ等しい割合で義務を負う。

イ：１個の不可分給付につき数人の債務者がある場合，債権者が債務者の一人に対してその債務を免除したときは，その債務者の負担部分についてのみ，他の債務者の利益のためにも，その効力を生ずる。

ウ：連帯債務者の一人について法律行為の無効又は取消しの原因があっても，他の連帯債務者の債務は，その効力を妨げられない。

エ：連帯債務者の一人と債権者との間に更改があったときは，その連帯債務者の負担部分についてのみ，他の連帯債務者の利益のためにも，その効力を生ずる。

オ：債務者が保証人を立てる義務を負う場合，債権者が保証人を指名したときを除き，その保証人は行為能力者であることが必要である。

1：イ
2：オ
3：ア，ウ
4：イ，エ
5：ウ，オ

チェック欄		
1回目	2回目	3回目

実践 問題 68 の解説

〈多数当事者の債権債務関係〉

ア× 1個の可分給付（金銭の支払いなど）につき数人の債務者がある場合,「別段の意思表示がないとき」は，各債務者は，それぞれ等しい割合で義務を負う（427条)。民法上，この分割債務が債務者複数の場合の原則である。

イ× 1個の不可分給付（車の引渡しなど）につき数人の債務者がある場合は，不可分債務となる。そして，不可分債務者の１人について免除があっても，債権者は他の不可分債務者に債務の全部の履行を請求できる（430条・441条本文)。つまり，不可分債務者の１人についての免除は相対的効力しかない。

ウ○ 連帯債務は，債務者の数に応じた複数の独立した債務だから，連帯債務者の１人について法律行為の無効または取消原因があっても，他の連帯債務者の債務の効力を妨げない（437条)。

エ× 連帯債務者の１人と債権者との間に更改があったときは，債権はすべての連帯債務者の利益のために消滅する（438条)。つまり，更改は，債権全体に影響する絶対的効力事由である。この規定は，当事者（更改をする債務者と債権者）の普通の意思を推測して置かれたものである。

オ○ 保証人の資格について，一般的な制限はないが，債務者が法律上または契約上保証人を立てる義務を負う場合には，保証人は，①行為能力者であり，②弁済の資力を有することが必要である（450条１項)。保証契約が取り消されることを防ぎ，保証契約の履行を確保するためである。もっとも，①②の要件は，債権者を保護するためのものであるから，債権者が保証人を指名した場合には適用されない（同条３項)。

以上より，妥当なものはウ，オであり，肢５が正解となる。

正答 5

第5章

多数当事者の債権債務関係

章末 CHECK

? Question

Q1 債権者は，連帯債務者に対してそれぞれの負担部分の限度で弁済を請求できる。

Q2 連帯債務者の１人に対して履行の請求をすれば，連帯債務者全員に対して時効の完成猶予の効力が及ぶ。

Q3 連帯債務者の１人が債務の承認をした場合には，他の連帯債務者にも債務承認による時効の更新が生じることになる。

Q4 連帯債務者の１人と債権者との間に混同が生じた場合，その債務者は弁済したものとみなされる。

Q5 各連帯債務者は，債務の弁済前に他の連帯債務者に通知していれば，事後の通知をしなくても求償権が制限されることはない。

Q6 原則として申込みと承諾が合致した時点で契約が成立するのであるから，保証契約に関しても当事者間において申込みと承諾との合致のみで成立することになる。

Q7 保証債務は付従性を有するから，保証債務の内容や態様が主たる債務より軽くなることや重くなることは許されない。

Q8 保証人は催告の抗弁権および検索の抗弁権を有するが，連帯保証人はこれらの抗弁権を有しない。

Q9 保証人について生じた事由は原則として主たる債務者に対しても効力を生じる。

Q10 主たる債務者が債務の消滅時効の利益を放棄した場合，保証債務の付従性から，保証人はその債務の消滅時効を援用することができない。

Q11 特定物売買契約の売主のために保証人となった者は，契約解除による原状回復義務まで保証の責任を負うことはない。

Q12 連帯保証人について更改，相殺，混同が生じた場合，主たる債務者に対しても効力を生じる。

Answer

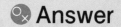

A1 × 連帯債務者は，各自が全部の給付をする債務を負担し，債権者は各連帯債務者に対して債権の全額の弁済を請求できる（436条）。負担部分はあくまで連帯債務者内部の問題である。

A2 × 連帯債務者の１人に対する履行の請求には相対的効力しかないため（441条本文），連帯債務者の１人に対して履行の請求（147条１項１号・150条１項）がなされても，他の連帯債務者に対して時効の完成猶予の効力は及ばない（153条１項・２項）。

A3 × 債務の承認は絶対的効力事由として挙げられていない。それゆえ，相対効の原則（441条・153条３項）により，債務承認による時効の更新（152条）の効力は他の連帯債務者に及ばない。

A4 ○ 混同は，弁済と同視され（440条），混同を生じた連帯債務者から他の連帯債務者への求償も認められる（442条１項）。

A5 × 連帯債務者が事後の通知を怠れば，第二弁済者の弁済が有効とみなされうるので，この者に対しては求償権を有しないことになる（443条２項）。

A6 × 2004（平成16）年民法改正により，保証契約を締結するためには，申込みと承諾の合致だけでなく，書面によることが必要となった（446条２項）。

A7 × 保証債務の内容や態様が主たる債務より重くなることは許されないが（448条１項），軽くなることは差し支えない。

A8 ○ 保証債務の補充性から，保証人は催告の抗弁権・検索の抗弁権を有する（452条・453条）。しかし，連帯保証には補充性がなく，連帯保証人は上記２つの抗弁権を有しない（454条）。

A9 × 主たる債務者について生じた事由は，付従性によって原則として保証人に対しても効力を生じるが，保証人について生じた事由は，原則として主たる債務者に対して効力を生じない。

A10 × 時効利益の放棄の効果は放棄した者についてのみ生じるので（相対効），主たる債務者が債務の消滅時効の利益を放棄した場合でも，保証人はその債務の消滅時効を援用することができる（大判昭6.6.4）。

A11 × 特定物売買の売主のための保証においては，特に反対の意思表示のない限り，売買契約の解除による原状回復義務まで保証の責任を負うとするのが判例である（最大判昭40.6.30）。

A12 ○ 連帯保証人について更改，相殺，混同が生じた場合，主たる債務者に対しても効力を生じる（458条・438条・439条１項・440条）。

memo

第6章

債権譲渡・債務引受

SECTION

① 債権譲渡・債務引受

第6章 債権譲渡・債務引受

出題傾向の分析と対策

試験名	地　上			国家一般職（旧国Ⅱ）			特別区			裁判所職員			国税・財務・労基			国家総合職（旧国Ⅰ）		
年　度	15-17	18-20	21-23	15-17	18-20	21-23	15-17	18-20	21-23	15-17	18-20	21-23	15-17	18-20	21-23	15-17	18-20	21-23
出題数 / セクション	1	1	1	1	1				1	2	1	3		1		2	1	1
債権譲渡・債務引受	★	★	★	★	★				★	★★	★	★★★		★		★★	★	★

（注）１つの問題において複数の分野が出題されることがあるため，星の数の合計と出題数とが一致しないことがあります。

債権譲渡については，公務員試験全般でよく出題されています。一方，債務引受については，最近はほとんど出題されていません。もっとも，民法改正により債務引受に関する規定が新設されたので，今後の出題可能性は以前よりは高くなったと思われます。

地方上級

債権譲渡について，よく出題されています。単純な知識問題だけでなく事例問題が出題されることもあります。事例問題では自分で関係図を描いていくと理解しやすいので，過去問を繰り返し解くことでこのような形式に慣れてください。

国家一般職（旧国家Ⅱ種）

債権譲渡について，よく出題されています。これまでの出題内容は基本的なものですが，近年では組合せ問題で出題されることも多いので，過去問を繰り返し解くことで正確な知識を身につけてください。また，国家一般職ではやや難易度の高い問題も出題されますので，過去問に出てくる重要な判例については，判例集を一読しておくとよいでしょう。

特別区

ほとんど出題されていませんでしたが，2022年に久しぶりに出題されました。他の試験種では頻出分野であることから，併願先のある受験生は十分に準備しているはずです。過去問を繰り返し解くことで基本的な知識を身につけましょう。

裁判所職員

債権譲渡について，よく出題されています。2023年には，債権譲渡と合わせて債務引受も問う問題が出題されました。条文知識から判例まで幅広く出題されていますが，その内容は条文の理解と過去問で十分に対応できる範囲です。近年では組合せ問題で出題されることも多いので，過去問を繰り返し解くことで正確な知識を身につけてください。

国税専門官・財務専門官・労働基準監督官

債権譲渡について，たまに出題されています。事例問題であったり，条文，判例の知識を問うものですが，その内容は過去問で十分に対応できる範囲です。組合せ問題の形式も多いので，過去問を繰り返し解くことで正確な知識を身につけてください。

国家総合職（旧国家Ｉ種）

債権譲渡について，よく出題されています。また，過去に債務引受について出題されたこともあります。債権譲渡については事例問題がやや長くなっているため，複雑に感じるかもしれませんが，条文と過去問でよく出題される判例を理解していれば対処できます。国家総合職の場合は，比較的新しい判例も出題されますので，過去問だけでなく，できるだけ新しい判例にも触れるようにしましょう。

Advice アドバイス 学習と対策

債権譲渡については，対抗要件について繰り返し出題されています。債務者に対する対抗要件と，第三者に対する対抗要件をしっかり理解し，過去問の事例問題を通してその理解を深めてください。また，この分野では同じ論点が繰り返し出題されています。たとえば，債権譲渡と相殺の論点は頻出であり，過去問でしっかりと理解しておく必要があります。

債務引受について，以前はほとんど出題されませんでしたが，2017（平成29）年民法改正により明文化された後は，いくつか出題されています。今後は要注意です。少なくとも，併存的債務引受と免責的債務引受を比較しながら条文を一読しておきましょう。

債権譲渡・債務引受

必修問題 セクションテーマを代表する問題に挑戦！

債権譲渡は，基本的な判例が繰り返し出題されます。基本的な判例をマスターしましょう。

問 債権譲渡に関する次の記述のうち，妥当なのはどれか。

（地上2020）

1：債権は，あらゆるものが譲渡可能であり，扶養請求権など一身専属性を有する債権も譲渡することができる。

2：債権は，債権譲渡の段階で，現に存在している債権でなければ譲渡することができず，将来生ずべき債権を譲渡することはできない。

3：譲渡制限特約が付いている債権を譲渡することはできず，債権者が有する譲渡制限特約付きの売掛代金債権を譲渡した場合，譲受人に当該債権は移転しない。

4：債権譲渡は，譲渡人から債務者に対する通知又は債務者による承諾がなければ，債務者に対抗することができない。

5：債権譲渡の対抗要件を具備する前に，債務者が取得した譲渡人に対する債権による相殺をもって，譲受人に対抗することはできない。

Guidance ガイダンス

債権の二重譲渡と通知の先後

ともに確定日付ある通知または承諾を得ている譲渡人相互間の優劣は，その通知が債務者に到達した日時，または債務者の承諾の日時の先後によって決まる（到達時説。最判昭49.3.7）。

債務者が対抗要件において劣後する譲受人に対して弁済した場合

債務者が劣後譲受人を真の債権者であると信じるにつき相当の理由がある場合は，受領権者としての外観を有する者に対する弁済となり（478条），その弁済は有効になる（最判昭61.4.11）。

頻出度 地上★★★ 国家一般職★★ 特別区★
裁判所職員★★★ 国税·財務·労基★ 国家総合職★★

必修問題の解説

チェック欄		
1回目	2回目	3回目

〈債権譲渡〉

1 × 債権は，自由に譲渡できるのが原則である（466条1項本文)。ただし，画家に肖像画を描かせる債権のように，債権者が変わることによって給付の内容が変質してしまうような債権は，性質上，譲渡性がない（同項但書)。また，法律が，生活保障の見地から本来の債権者に対してのみ給付させようとする債権については，明文で譲渡が禁止されている。本肢の扶養請求権はその例である（881条)。

2 × 466条の6第1項は，「債権の譲渡は，その意思表示の時に債権が現に発生していることを要しない」と規定して，将来生ずべき債権（将来債権）の譲渡性を認めている。

3 × 債権の譲渡を制限する特約があっても，債権譲渡の効力は妨げられない(466条2項)。したがって，譲渡制限特約付きの売掛代金債権を譲渡すれば，当該債権は譲渡人から譲受人に移転する。

4 ○ 債権譲渡は，譲渡人から債務者への通知または債務者の承諾がなければ債務者その他の第三者に対抗できず（467条1項)，通知または承諾は確定日付のある証書によらなければ債務者以外の第三者に対抗できない（同条2項)。同条1項は，債権譲渡に特有の，債務者に対する対抗要件を定めた規定であり，同条2項は，物権変動の場合と同様の，第三者に対する対抗要件を定めた規定である。

5 × 債務者は，対抗要件（467条1項。肢4の解説参照）具備時より前に取得した譲渡人に対する債権による相殺をもって譲受人に対抗できる（469条1項)。対抗要件具備時に相殺適状にある必要はなく，両債権の弁済期の前後も問わない。これは，2017（平成29）年改正前民法下の判例法理（最判昭50.12.8）を明文化したものである。

正答 4

債権譲渡・債務引受

1 債権譲渡とは

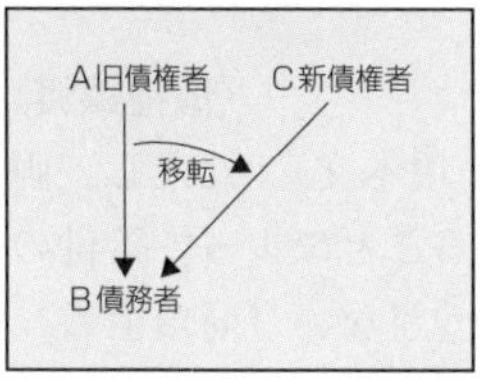

債権譲渡とは，債権の内容を変えずに債権を移転することを目的とする契約をいいます。債務者からみると，債権者の交替となります。

債権は，第三者に自由に譲渡できるのが原則です（債権譲渡自由の原則。466条1項本文）。

ただし，①債権の性質が譲渡を許さない場合（たとえば，画家に肖像画を描かせる債権などのように，債権者がだれであるかが重要な場合）には例外的に譲渡は許されません（同項但書）。

さらに，②法律上譲渡が禁止される場合もあります。民法上の扶養請求権（881条）などがこれにあたります。

一方で，当事者が譲渡を禁止したり制限したりする旨の意思表示（譲渡制限の意思表示）をしたとしても，有効に債権を譲渡できるのが原則です（466条2項）。もっとも，譲渡制限の意思表示がされたことを知り，または重大な過失によって知らなかった譲受人その他の第三者に対しては，債務者は，その債務の履行を拒むことができ，かつ，譲渡人に対する弁済その他の債務を消滅させる事由をもってその第三者に対抗することができます（同条3項）。

2 債権譲渡の通知・承諾

(1) 対抗要件としての通知・承諾

① 債務者に対する対抗要件

債権譲渡の契約は，当事者である譲渡人（旧債権者）と譲受人（新債権者）との債権譲渡の合意により成立します。しかし，譲受人（新債権者）が債務者に債権の取得を対抗するためには，譲渡人の債務者に対する債権譲渡の通知，または債務者による承諾が必要となります（467条1項）。

また，譲受人が譲渡人を代位して（423条）通知することはできません（大判昭5.10.10）。

補足 譲受人が譲渡人の代理人または使者として通知することは許されるとされています（最判昭46.3.25）。

② 通知・承諾の効力

通知・承諾がなされた場合でも，債務者は，それまでに譲渡人に対抗できた事由（債権の弁済など）を譲受人にも対抗できます（468条1項）。

③ 債務者以外の第三者に対する対抗要件

債務者以外の第三者に対しては，「確定日付のある証書」（内容証明郵便・公正証書など公的機関の確認がなされているもの）による通知・承諾が必要です（467条2項）。

(2) 債権の二重譲渡と通知の先後

判例は，ともに確定日付のある証書による通知または承諾を得ている譲受人相互間の優劣は，その通知が債務者に到達した日時，または債務者の承諾の日時の先後によって決まるとします（最判昭49.3.7）。

(3) 確定日付のある通知の同時到達

判例は，確定日付のある証書による通知が同時到達した場合，各譲受人が，譲受債権全額について債務者に弁済を請求することができるとします（最判昭55.1.11）。したがって，各譲受人が譲受債権全額について債務者に弁済を請求することができ，債務者はどちらか一方に弁済すれば債務を免れることができます。

補足 譲受人の一方から請求を受けた債務者は，同順位の譲受人が存在することを理由に弁済を拒むことはできません（最判昭55.1.11）。

(4) 債務者が劣後する者に対して弁済した場合

判例は，劣後譲受人を真の債権者であると信じるにつき相当の理由がある場合は，受領権者としての外観を有する者への弁済となり（478条），その弁済は有効になるとしています（最判昭61.4.11）。

債権譲渡・債務引受

実践 問題 69 基本レベル

頻出度	
地上★★★ 国家一般職★★ 特別区★	裁判所職員★★★ 国税·財務·労基★ 国家総合職★★

問 預貯金債権を除く債権の譲渡に関する次の記述のうち，妥当なのはどれか。ただし，争いのあるものは判例の見解による。（国家一般職2017改題）

1：債権の譲渡を制限する特約は，善意の第三者に対抗することはできないが，外観に対する正当な信頼を保護するため，過失は悪意と同様に扱うべきであるから，譲受人が，譲渡制限特約の存在を知らずに債権を譲り受けた場合であっても，これにつき譲受人に過失があるときには，債務者は譲受人に対して債務の履行を拒むことができる。

2：差押債権者が債権の譲渡を制限する特約の付いている債権を差し押さえて転付命令を得た場合，差押債権者が譲渡制限特約の存在を知って債権を差し押さえたときであっても，差押債権者への債権の移転は有効である。

3：債権譲渡は，譲渡人から債務者に対する確定日付のある証書による通知又は確定日付のある証書による債務者の承諾がなければ，債務者に対抗することができない。

4：債権が二重に譲渡された場合において，どちらの債権譲渡についても譲渡人から債務者に対する確定日付のある証書による通知があるときには，譲受人間の優劣は，その確定日付の先後で決定される。

5：現在存在している債権だけではなく将来発生すべき債権についても債権譲渡する契約を締結することができるが，将来発生すべき債権を目的とする債権譲渡契約にあっては，契約締結時において債権発生の可能性が低い場合には，その債権譲渡契約は無効となる。

チェック欄

1回目	2回目	3回目

実践 問題 69 の解説

〈債権譲渡〉

1 × 譲渡制限特約付き債権が譲渡された場合でも，譲渡自体は有効である（466条2項）。もっとも，悪意・重過失の譲受人その他の第三者に対しては，債務者は譲渡制限特約を主張して履行を拒絶することができる（同条3項）。

2 ○ 私人の合意により差押えのできない債権を作り出すことはできないため，債務者は，譲渡制限特約をもって，強制執行をした差押債権者に対抗することはできない（466条の4第1項）。したがって，差押債権者が譲渡制限特約の存在を知っていても，差押え・転付命令の効力は妨げられない。

3 × 債権譲渡には2つの対抗要件がある。1つは，債務者に対する対抗要件（本肢）であり，譲渡人から債務者への通知または債務者の承諾が必要である（467条1項）。この通知・承諾には，特に方式は必要ない。もう1つは，第三者に対する対抗要件であり，確定日付のある証書による債務者への通知または債務者の承諾が必要である（同条2項）。

4 × 債権が二重に譲渡され，どちらも第三者対抗要件である確定日付のある証書による通知（肢3の解説参照）を備えた場合について，判例は，譲受人相互間の優劣は，確定日付の先後ではなく，確定日付のある通知が債務者に到達した日時の先後で決すべきである（到達時説）とする（最判昭49.3.7）。なぜなら，467条の対抗要件制度は，債務者の債権譲渡の有無についての認識を通じ，債務者に対して譲渡の有無を問い合わせる第三者に表示させることを基礎としているからである。

5 × 将来発生すべき債権を目的とする債権譲渡契約も有効である（466条の6第1項）。判例は，契約締結時において債権発生の可能性が低かったことは，契約の効力を当然に左右するものではないとする（最判平11.1.29）。債権発生の可能性は譲渡契約の当事者が自らのリスクで判断すべき事柄だからである。

正答 2

債権譲渡・債務引受

実践 問題 70 基本レベル

頻出度	
地上★★★ 国家一般職★★ 特別区★	
裁判所職員★★★ 国税·財務·労基★ 国家総合職★★	

問 債権譲渡，債務引受に関する次のア～ウの記述の正誤の組合せとして最も妥当なものはどれか（争いのあるときは，判例の見解による。）。

（裁事2018改題）

ア：預貯金債権を除く債権の譲渡制限特約は，債権者·債務者間では有効であるが，譲渡人に対する弁済その他の債務を消滅させる事由をもって重過失により譲渡制限特約の存在を知らなかった第三者に対抗することはできない。

イ：将来発生すべき債権を目的とする債権譲渡の予約をするに当たっては，予約完結時において譲渡の目的となるべき債権を譲渡人が有する他の債権から識別することができる程度に特定されていれば足りる。

ウ：債権者Ａ，債務者Ｂ，債務引受人Ｃがおり，ＣがＡとの間で，ＢのＡに対する債務を併存的に引き受ける旨の併存的債務引受をする場合には，Ｂの同意を得なければならない。

	ア	イ	ウ
1：	正	誤	誤
2：	誤	誤	正
3：	正	正	誤
4：	正	誤	正
5：	誤	正	誤

チェック欄

1回目	2回目	3回目

実践 問題 70 の解説

〈債権譲渡・債務引受〉

ア× 債権譲渡は原則として自由であるが（466条1項本文），当事者が債権譲渡を制限する特約は有効である。もっとも，譲渡制限特約が付されていても，債権譲渡の効力は妨げられないが（同条2項），譲渡制限特約について悪意・重過失の譲受人その他の第三者に対しては，債務者は，①譲渡制限特約を対抗して，債務の履行を拒むことができるし，②譲渡人に対する弁済等の債務消滅事由をもって対抗することができる（同条3項）。

イ○ 将来，債権を譲渡するという予約をし，譲受人に予約完結権を与える債権譲渡の予約では，譲渡の対象となる債権の特定性が問題となる。この点について，判例は，債権譲渡の予約にあっては，予約完結時において譲渡の目的となるべき債権を譲渡人が有する他の債権から識別することができる程度に特定されていれば足りるとし，この理は，将来発生すべき債権が譲渡予約の目的とされている場合でも変わるものではないとした（最判平12.4.21）。

ウ× 併存的債務引受とは，引受人Cが債務者Bと連帯して同一内容の債務を負う契約をいう（470条1項）。併存的債務引受は，債権者Aと引受人Cとの間の契約によってすることができる（同条2項）。しかも，類似の機能を持つ保証契約が主たる債務者の意思に反しても締結できること（462条2項参照）との均衡から，債務者Bの意思に反してもすることができると解されている（大判大15.3.25）。

以上より，ア―誤，イ―正，ウ―誤であり，肢5が正解となる。

正答 5

債権譲渡・債務引受

実践 問題 71 基本レベル

頻出度 地上★★★ 国家一般職★★ 特別区★ 裁判所職員★★★ 国税·財務·労基★ 国家総合職★★

問 債権譲渡に関する次の記述のうち，妥当なのはどれか。ただし，争いのあるものは判例の見解による。 (国家一般職2020)

1：Aは，自らの肖像を画家Bに描かせる債権を，Cに譲渡することができる。

2：債権者Aと債務者Bが債権の譲渡を禁止し，又は制限する旨の意思表示をしていたにもかかわらず，AがCにその債権を譲渡した場合には，その譲渡の効力は生じない。

3：医師Aが，社会保険診療報酬支払基金から将来支払を受けるべき診療報酬債権をBに譲渡したとしても，その譲渡の効力が生じることはない。

4：債権者Aは，債務者Bに対して有する債権をCに譲渡し，その旨を2020年５月１日の確定日付のある証書によってBに通知したところ，この通知は，同月７日にBに到達した。また，Aは，同じ債権をDにも譲渡し，その旨を2020年５月２日の確定日付のある証書によってBに通知したところ，この通知は，同月５日にBに到達した。この場合，Bは，Cから債務の履行を求められたときは，これに応じなければならない。

5：債権者Aは，債務者Bに対して有する債権をCに譲渡し，その旨を確定日付のある証書によってBに通知したが，Bは，その通知がなされる前にAに対する債権を取得していた。この場合，Bは，Cから債務の履行を求められたときは，Aに対する債権による相殺をもってCに対抗することができる。

直前復習

チェック欄		
1回目	2回目	3回目

実践 問題 71 の解説

〈債権譲渡〉

1 × 債権は，原則として，自由に譲渡することができる（466条１項本文）。ただし，Ａが自らの肖像を画家Ｂに描かせる債権のように，債権者が変わることによって給付の内容が変質してしまうような債権は，性質上，譲渡することができない（同項但書）。

2 × 当事者が債権の譲渡を禁止し，または制限する旨の意思表示（譲渡制限特約）をしたときであっても，債権譲渡の効力は妨げられない（466条２項）。

3 × 判例は，将来の診療報酬債権を８年３カ月にわたって譲渡していた事案で，債権の発生可能性の高低は契約の有効性を左右しないとして，期間の始期と終期を明確にするなどして債権が特定されている限り，有効に譲渡できるとした（最判平11.1.29）。そこで，2017（平成29）年改正民法は，「債権の譲渡は，その意思表示の時に債権が現に発生していることを要しない」と定めて（466条の６第１項），将来債権譲渡の有効性を認めた。

4 × 本肢のように，ＡのＢに対する債権がＣとＤに二重に譲渡され，どちらの譲渡についても確定日付のある証書による通知（467条２項）が行われた場合，二重譲受人ＣＤ間の優劣は，確定日付の先後ではなく，確定日付のある通知が債務者Ｂに到達した日時の先後によって決定される（到達時説。最判昭49.3.7）。なぜなら，467条の対抗要件制度は，債務者の債権譲渡の有無についての認識を通じ，債務者によってそれが第三者に表示されうるものであることを根幹としているからである。本肢では，Ｃへの債権譲渡についての確定日付のある通知がＢに到達した日時が2020年５月７日であり，Ｄへの債権譲渡についての確定日付のある通知がＢに到達した日時が同月５日であるから，ＤがＣに優先する。そして，優先譲受人Ｄは，債務者Ｂとの関係でも唯一の債権者となるので（最判昭61.4.11），債務者Ｂは，劣後譲受人Ｃからの履行請求を拒絶できる。

5 ○ 債権者Ａは，債務者Ｂに対して有する債権をＣに譲渡し，その旨を確定日付のある証書によってＢに通知した場合，譲受人Ｃは，Ｂに対する債権を取得したことを債務者Ｂに対して主張できる（467条１項）。他方，Ｂが，その通知がなされる前にＡに対する債権を取得していた場合，債務者Ｂは，Ａに対する債権（「対抗要件具備時より前に取得した譲渡人に対する債権」）による相殺をもって譲受人Ｃに対抗できる（469条１項）。

正答 5

債権譲渡・債務引受

実践 問題 72 基本レベル

頻出度	
	地上★★★　国家一般職★★　特別区★
	裁判所職員★★★　国税·財務·労基★　国家総合職★★

問 **債権譲渡に関するア～エの記述のうち，妥当なもののみを全て挙げているのはどれか。ただし，争いのあるものは判例の見解による。**

（国税・財務・労基2020）

ア：債務者は，譲渡制限の意思表示がされた金銭債権が譲渡されたときは，譲受人が当該意思表示につき善意であるか悪意であるかにかかわらず，その債権の全額に相当する金銭を供託することができる。

イ：債権差押えの通知と確定日付のある債権譲渡の通知とが第三債務者に到達したが，その到達の先後関係が不明であるために，その相互間の優劣を決することができない場合には，当該各通知が同時に第三債務者に到達した場合と同様に取り扱われる。

ウ：債権の譲渡は，譲渡人でなく譲受人が債務者に通知を行ったときであっても，債務者に対抗することができる。

エ：譲渡人が債権譲渡の通知をしたときは，債務者は，当該通知を受けるまでに譲渡人に対して生じた事由をもって譲受人に対抗することができない。

1：ア，イ
2：ア，エ
3：イ，ウ
4：イ，エ
5：ウ，エ

チェック欄

1回目	2回目	3回目

実践 問題 72 の解説

〈債権譲渡〉

ア○ 譲渡制限特約（「債権の譲渡を禁止し，又は制限する旨の意思表示」）のある債権が譲渡された場合，譲受人が債権者となるので（466条２項），債務者にとって債権者を確知できない（494条２項）とはいえない。しかし，譲受人が譲渡制限特約につき悪意・重過失である場合は，債務者は，譲受人の履行の請求を拒み，譲渡人に弁済することができ（466条３項），そうでない場合とでは異なるので，不安定な状態に置かれることになる。そこで，譲渡制限特約付きの金銭債権が譲渡されたときは，債務者は，譲受人の善意・悪意にかかわらず，債権の全額に相当する金銭を債務の履行地の供託所に供託することができるとされている（466条の２第１項）。

イ○ 債権の差押えをした者と同一債権の譲受人との間の優劣は，債権の二重譲渡における譲受人相互間の優劣（最判昭49.3.7）と同様に，債権差押えの通知が第三債務者に送達（民事執行法145条４項）された日時と確定日付のある債権譲渡の通知（467条２項）が当該第三債務者に到達した日時または確定日付のある第三債務者の承諾（同項）の日時との先後によって決せられる（最判昭58.10.4）。しかし，本記述のように，債権差押えの通知と確定日付のある債権譲渡の通知とが第三債務者に到達したが，その到達の先後関係が不明であるために，その相互間の優劣を決することができない場合には，各通知が同時に第三債務者に到達した場合と同様に取り扱われ，差押債権者と債権譲受人とは，互いに自己が優先的地位にあると主張することができない（最判平5.3.30）。

ウ× 債権譲渡の対抗要件としての通知は，「譲渡人」から債務者に対してしなければならず（467条１項），譲受人から通知することはできない。譲受人と詐称する者からの虚偽の通知を防ぐためである。

エ× 債権が譲渡された場合でも，債務者は，対抗要件具備時（譲渡人が債権譲渡の通知をし，または債務者が債権譲渡の承諾をした時。467条１項）までに譲渡人に対して生じた事由をもって譲受人に対抗することができる（468条１項）。債務者と無関係になされる債権譲渡によって債務者が不利になるべきではないからである。

以上より，妥当なものはア，イであり，肢１が正解となる。

正答 1

債権譲渡・債務引受

実践 問題 73 基本レベル

頻出度	
地上★★★ 国家一般職★★ 特別区★	
裁判所職員★★★ 国税·財務·労基★ 国家総合職★★	

問 民法に規定する債権の譲渡に関するA～Dの記述のうち，通説に照らして，妥当なものを選んだ組合せはどれか。 (特別区2022)

A：債権譲渡は，従前の債権が消滅して同一性のない新債権が成立する更改と異なり，債権の同一性を変えることなく，債権を譲渡人から譲受人に移転する契約である。

B：譲渡を禁止する旨の意思表示がされた金銭の給付を目的とする債権が譲渡され，その債権の全額に相当する金銭を債務の履行地の供託所に供託した場合には，供託をした債務者は，譲渡人に供託の通知をする必要はない。

C：債権が譲渡された場合において，その意思表示の時に債権が現に発生していないときは，譲受人は，債権が発生した後に債務者が承諾をしなければ，当該債権を取得することができない。

D：現に発生していない債権を含む債権の譲渡は，確定日付のある証書によって，譲渡人が債務者に通知をし，又は債務者が承諾をしなければ，債務者以外の第三者に対抗することができない。

1：A　B
2：A　C
3：A　D
4：B　C
5：B　D

チェック欄		
1回目	2回目	3回目

実践 問題 73 の解説

〈債権譲渡〉

A ○ 更改とは，当事者が従前の債務に代えて，新たな債務を発生させる契約をすることにより，従前の債務が消滅することである（513条）。更改では，新旧両債務の間に同一性がない。これに対して，債権譲渡とは，債権の同一性を保ちながら契約によって債権を移転させることであり，債権者（譲渡人）が債務者に対する債権を第三者に譲渡すれば，譲受人（第三者）が新債権者となる。

B × 譲渡制限特約（「債権の譲渡を禁止し，又は制限する旨の意思表示」）のある債権が譲渡された場合，譲受人が債権者となるので（466条2項），債務者にとって債権者を確知できない（494条2項）とはいえない。しかし，譲受人が譲渡制限特約につき悪意・重過失である場合は，債務者は，譲受人の履行の請求を拒み，譲渡人に弁済することができ（466条3項），そうでない場合とでは異なるので，不安定な状態に置かれることになる。そこで，譲渡制限特約付きの金銭債権が譲渡されたときは，債務者は，債権の全額に相当する金銭を債務の履行地の供託所に供託することができるとされている（466条の2第1項）。この供託をした債務者は，遅滞なく，譲渡人および譲受人に供託の通知をしなければならない（同条2項）。

C × 466条の6は，「債権の譲渡は，その意思表示の時に債権が現に発生していることを要しない」と規定し（同条1項），将来債権の譲渡が可能であることを認めたうえで，将来債権が譲渡された場合，「譲受人は，発生した債権を当然に取得する」と規定する（同条2項）。したがって，譲受人による債権の取得につき債務者の承諾は不要である。

D ○ 債権の譲渡は，確定日付のある証書によって，譲渡人が債務者に通知をし，または債務者が承諾をしなければ，債務者以外の第三者に対抗することができない（467条2項）。これは，現に発生していない債権（将来債権）の譲渡であっても同様である（同条1項かっこ書）。

以上より，妥当なものはA，Dであり，肢3が正解となる。

正答 3

債権譲渡・債務引受

実践 問題 74 応用レベル

頻出度 地上★ 国家一般職★★ 特別区★ 裁判所職員★★ 国税·財務·労基★ 国家総合職★★

問 二重譲渡された債権間の優先関係に関するア～オの記述のうち，判例に照らし，妥当なもののみを全て挙げているのはどれか。 (国家総合職2019)

ア：債権者Aは，2019年４月10日，債務者Bに対する債権をXに譲渡し，同月11日，Bに対して通常郵便でＡＸ間の債権譲渡の通知を発送したところ，通知は同月13日にBに到達した。ところが，Aは，同月12日，同じ債権をYにも譲渡した。Bは，同月14日，ＡＹ間の債権譲渡を公正証書により承諾した。この場合，当該債権についてYがXに優先する。

イ：債権者Aは，2019年４月10日，債務者Bに対する債権をXに譲渡し，同日，Bに対して内容証明郵便でＡＸ間の債権譲渡の通知を発送したところ，通知は同月12日にBに到達した。ところが，Aは，同月11日，同じ債権をYにも譲渡し，同日，Bに対して内容証明郵便でＡＹ間の債権譲渡の通知を発送したところ，この通知も同月12日にBに到達した。この場合，当該債権についてYがXに優先する。

ウ：債権者Aは，2019年４月10日，債務者Bに対する債権をXに譲渡した。Bは，Xから債務の履行を請求されたので，同月11日，Xに対して債権譲渡を承諾するとともに債務を履行した。ところが，Aは，同月12日，同じ債権をYにも譲渡し，同日，Bに対して内容証明郵便でＡＹ間の債権譲渡の通知を発送したところ，通知は同月13日にBに到達した。この場合，当該債権についてYがXに優先する。

エ：債権者Aは，2019年４月10日，債務者Bに対する債権をXに譲渡し，同月11日，Bに対して内容証明郵便でＡＸ間の債権譲渡の通知を発送したところ，通知は同月14日にBに到達した。ところが，Aは，同月12日，同じ債権をYにも譲渡し，同日，Bに対して内容証明郵便でＡＹ間の債権譲渡の通知を発送したところ，この通知は同月13日にBに到達した。この場合，当該債権についてYがXに優先する。

オ：債権者Aは，2019年４月10日，債務者Bに対する債権をXに譲渡し，同月11日，Bに対して内容証明郵便でＡＸ間の債権譲渡の通知を発送したところ，通知は同月14日にBに到達した。ところが，Aは，同月12日，同じ債権をYにも譲渡した。Bは，同月13日，Yに対して内容証明郵便でＡＹ間の債権譲渡の承諾を発送し，承諾は同月15日にYに到達した。この場合，当該債権についてYがXに優先する。

1：ア，エ　2：ウ，オ　3：ア，エ，オ　4：イ，ウ，オ　5：イ，エ，オ

チェック欄

1回目	2回目	3回目

実践 問題 74 の解説

〈二重譲渡された債権間の優先関係〉

ア○ Xへの債権譲渡についての単なる通知が先に債務者Bに到達しても，後にYへの債権譲渡について確定日付のある証書（内容証明郵便，公正証書等）による承諾が行われた場合，譲受人相互間でYがXに優先する（467条２項）だけでなく，債務者Bとの関係でも，Yのみが債権者となる（大連判大8.3.28）。

イ× 債権の二重譲渡の譲受人XとYがともに確定日付のある通知によって第三者対抗要件を備えた場合，両者の優劣は確定日付のある通知が債務者Bに到達した日時の先後によって決する（記述エの解説参照）。しかし，本記述のように，確定日付のある通知が同時（2019年４月12日）に到達した場合には，通知の到達の先後が不明の場合と同様，XとYは，互いに相手方に対して自己が優先的地位にあることを主張できないと解されている（最判昭53.7.18）。

ウ× Xへの債権譲渡についての承諾は，確定日付がなくても，債務者Bに対する対抗要件にはなるので（467条１項），BはXに対して弁済する義務を負い，2019年４月11日に行ったXへの弁済は有効となる。その結果，その後にAが同じ債権をYに譲渡して，確定日付のある通知をしたとしても，AY間の債権譲渡は消滅した債権の譲渡として無効である（大判昭7.12.6）。したがって，当該債権についてXがYに優先する。

エ○ 債権の二重譲渡の譲受人XY双方が確定日付のある通知または承諾を備えた場合，XY間の優劣は，確定日付の先後ではなく，確定日付のある通知が債務者Bに到達した日時，または確定日付のある債務者Bの承諾の日時の先後によって決する（到達時説）のが判例（最判昭49.3.7）である。なぜなら，467条の対抗要件制度は，債務者の債権譲渡の有無についての認識を通じ，債務者によってそれが第三者に表示されうるものであることを根幹としているからである。本記述では，Xへの債権譲渡についての確定日付のある通知がBに到達した日時が2019年４月14日であり，Yへの債権譲渡についての確定日付のある通知がBに到達した日時が2019年４月13日であるから，YがXに優先することになる。

オ○ 本記述では，Xへの債権譲渡についての確定日付のある通知がBに到達した日時が2019年４月14日であり，Yへの債権譲渡についてBが確定日付のある承諾をした日時が2019年４月13日であるから，記述エの解説の判例によれば，YがXに優先することになる。

以上より，妥当なものはア，エ，オであり，肢３が正解となる。

正答 3

債権譲渡・債務引受

実践 問題 75 応用レベル

頻出度 地上★ 国家一般職★★ 特別区★ 裁判所職員★★ 国税·財務·労基★ 国家総合職★★

問 次のア～エの記述の正誤の組合せとして最も妥当なものはどれか（争いのあるときは，判例の見解による。）。 （裁事2021）

ア：既に弁済期にある自働債権と弁済期の定めのある受働債権とが相殺適状にあるというためには，受働債権につき，期限の利益を放棄することができるというだけではなく，期限の利益の放棄又は喪失等により，その弁済期が現実に到来していることを要する。

イ：当事者が債権の譲渡を禁止し，又は制限する旨の意思表示をしたときであっても，債務者は，当該意思表示がされたことを知る譲受人その他の第三者に対してしか，その債務の履行を拒むことができない。

ウ：債権譲渡の通知は譲渡人本人によってなされる必要があるから，債権の譲受人が，譲渡人の代理人として，債務者に対して債権譲渡の通知をしたとしても，その効力は生じない。

エ：免除は，債権者の一方的意思表示によって行うことができ，債権者と債務者との間での合意がなくとも，当該債権を消滅させることができる。

	ア	イ	ウ	エ
1：	誤	正	正	正
2：	誤	誤	正	誤
3：	正	誤	誤	正
4：	正	誤	正	誤
5：	誤	誤	誤	正

チェック欄

1回目	2回目	3回目

実践 問題 75 の解説

〈債権の消滅・債権譲渡〉

ア○ 相殺適状にあるというためには，「双方の債務が弁済期にある」ことが必要である（505条１項本文）。弁済期前の相殺を許すと，一方の意思によって相手方の期限の利益を奪うことになるからである。したがって，**自働債権**については，**弁済期が到来していることが必要**である。他方，受働債権については，相殺しようとする者（受働債権の債務者）は，期限の利益を放棄できるが（136条２項），判例は，「既に弁済期にある自働債権と弁済期の定めのある受働債権とが**相殺適状**にあるというためには，**受働債権**につき，期限の利益を放棄することができるというだけではなく，**期限の利益の放棄又は喪失等により，その弁済期が現実に到来していることを要する**」としている（最判平25.2.28）。

イ× 「当事者が債権の譲渡を禁止し，又は制限する旨の意思表示」（譲渡制限の意思表示）は，主として，債務者（金融機関など）が弁済の相手方を固定することにより，事務の煩雑化や過誤払いを避けたり，相殺の利益を確保するために利用されている。しかし，この制限に違反する債権の譲渡を無効と解すると，中小企業が自社の債権を譲渡して資金調達を行うことなどを妨げる要因となる。そこで，**譲渡制限の意思表示**をしたときであっても，**債権譲渡の効力は妨げられない**（466条２項）。そのうえで，債務者の弁済先固定の利益を保護するために，譲渡制限の意思表示がされたことを「**知り**又は**重大な過失**によって知らなかった」**譲受人その他の第三者**に対しては，**債務者は**，その**債務の履行を拒むことができ**，かつ，**譲渡人に対する弁済その他の債務を消滅させる事由をもってその第三者に対抗することができる**（同条３項）。

ウ× 債権譲渡の対抗要件としての**通知**は，「**譲渡人**」から債務者に対してしなければならず，譲受人からすることはできない（467条１項）。譲受人と詐称する者からの虚偽の通知を防ぐためである。さらに，**譲受人が譲渡人に代位して**（423条）**通知することもできない**（大判昭5.10.10）。これに対して，譲渡人から委任を受けた**譲受人が譲渡人の代理人（または使者）として通知することは可能である**（最判昭46.3.25）。

エ○ 債権者が債務者に対して債務を免除する意思を表示したときは，その債権は消滅する（519条）。つまり，**免除**は**債権者**の一方的意思表示によって行う**単独行為**であり，**債務者の承諾がなくても**，**債権は消滅する**。

以上より，ア―正，イ―誤，ウ―誤，エ―正であり，肢３が正解となる。

正答 3

債権譲渡・債務引受

実践 問題 76 応用レベル

頻出度	地上★ 国家一般職★★ 特別区★ 裁判所職員★★ 国税·財務·労基★ 国家総合職★★

問 債権譲渡及び債務引受の記述として最も妥当なものはどれか（争いのあるときは，判例の見解による。）。 （裁事2023）

1：債権の譲受人は，譲渡人の代理人又は使者として当該債権譲渡の通知を債務者に対して行うことができるほか，譲渡人を代位してこれを行うこともできる。

2：債権譲渡の通知又は承諾がない間は，債務者は，譲受人から請求されても弁済を拒むことができるが，債務者が債権譲渡のあったことを知っていた場合には，これを拒むことはできない。

3：債務者は，債権の譲受人からの請求に対し，債権譲渡の通知又は承諾がなされる前に取得した譲渡人に対する債権による相殺を主張することはできない。

4：併存的債務引受は，債務者の意思に関わらず，債権者と引受人となる者との契約によってすることができる。

5：免責的債務引受の引受人は，債務者に対して求償権を行使することができる。

実践 問題 76 の解説

チェック欄		
1回目	2回目	3回目

〈債権譲渡・債務引受〉

1 × 債権譲渡の対抗要件である債権譲渡の通知（肢２の解説参照）は,「譲渡人」から債務者に対して行わなければならず，譲受人から行うことはできない(467条１項)。譲受人と詐称する者からの虚偽の通知を防ぐためである。もっとも，譲渡人から委任を受けた譲受人が譲渡人の代理人（または使者）として通知することは可能である（最判昭46.3.25)。しかし，譲受人が譲渡人に代位して（423条）通知することはできない（大判昭5.10.10)。

2 × 債権譲渡は，譲渡人が債務者に通知をし，または債務者が承諾をしなければ，債務者に対抗することができない(債務者対抗要件。467条１項)。この通知・承諾がない間は，債務者は，債権譲渡のあったことを知っていたかどうかを問わず，譲受人から請求されても弁済を拒むことができる（大判大6.3.26)。対抗要件主義は，債務者の善意・悪意を基準として個別的に処理するものではなく，法定の手続による債務者の認識のみを評価するものだからである。

3 × 債権が譲渡された場合，債務者は，（債務者）対抗要件（＝譲渡人の債務者に対する通知または債務者の承諾。肢２の解説参照）具備時より前に取得した譲渡人に対する債権による相殺をもって，譲受人に対抗することができる(469条１項)。対抗要件具備時までにすでに生じていた債権については，債務者に相殺の期待がすでに生じており，これが債権譲渡によって一方的に奪われるのは妥当でないからである。

4 ○ 併存的債務引受とは，引受人が債務者と連帯して，債務者が債権者に対して負担する債務と同一内容の債務を負担することである（470条１項)。併存的債務引受は，債務者が１人増えた形になるので，保証に類似した機能がある。保証については，主たる債務者の意思に反しても，債権者と保証人となる者との保証契約によってすることが可能である（462条２項参照)。そこで，併存的債務引受も，債務者の意思に反しても，債権者と引受人となる者との契約によってすることができるとされている（470条２項)。

5 × 免責的債務引受とは，債務者が債権者に対して負担する債務と同一内容の債務を引受人が負担し，債務者が自己の債務を免れることである（472条１項)。免責的債務引受の引受人は，債務者に対して求償権を取得しない（472条の３)。引受人は，債務の履行を自分のコストで負担する意思があると一般に考えられるからである。

正答 4

第6章 債権譲渡・債務引受

章末 CHECK ? Question

Q1 債権は，法律によって譲渡が禁止されている場合を除き，その性質を問わず，これを自由に譲渡することができる。

Q2 譲渡制限特約付きの債権（預貯金債権を除く。）を譲り受けた者が特約の存在につき悪意である場合，当該譲渡は無効である。

Q3 譲渡制限特約付きの債権が譲渡された場合，債務者は，特約の存在を知らないことにつき重過失のある譲受人に対して，債務の履行を拒むことができる。

Q4 譲渡制限特約付きの債権（預貯金債権を除く。）を譲り受けた者が特約の存在につき悪意である場合であっても，その譲受人からの転得者が善意かつ無重過失であれば，債務者は譲渡制限特約をもってその転得者に対抗することができない。

Q5 債権の譲渡は，債権の譲渡人が債務者に対して，確定日付のある証書でもって譲渡通知を行わなければ，その効力を生じない。

Q6 債権の譲受人が譲渡人を代位して債権譲渡の通知をしたり，譲渡人の代理人として通知したりすることはできない。

Q7 債務者が，債権譲渡を承諾した場合，譲渡人に対して有していた抗弁を譲受人に対抗できなくなる。

Q8 債権が二重譲渡され，いずれも確定日付のある通知・承諾がある場合，譲受人の優劣は，確定日付の先後によって決せられる。

Q9 債権が二重譲渡され，両譲受人の優劣を決しえない場合，各譲受人は債権額に応じて按分した額の支払いを求めることしかできない。

Q10 債権が二重譲渡され，債務者が対抗要件において劣後する譲受人に対して弁済を行った場合，その弁済が有効になることはない。

Answer

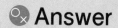

A1 × 債権は，原則として自由に譲渡できるが（466条１項本文），債権の性質によって，譲渡が禁じられることもある（同項但書）。

A2 × 譲渡制限特約付きの債権が譲渡された場合でも，譲渡自体は有効である（466条２項）。

A3 ○ 譲渡制限特約付きの債権が譲渡された場合，債務者は，悪意・重過失の譲受人その他の第三者に対しては，譲渡制限特約を主張して履行を拒絶することができる（466条３項）。

A4 ○ 債権者からの直接の譲受人が悪意・重過失であっても，この者からの転得者が善意・無重過失であれば，債務者は，譲渡制限特約をもって当該転得者に対抗することができないとされる（大判昭13.5.14参照）。

A5 × 債権譲渡における譲渡通知または債務者の承諾は，対抗要件であって（467条），債権譲渡の成立要件ではない。

A6 × 債権の譲受人が譲渡人を代位して債権譲渡の通知をすることはできないが（大判昭5.10.10），譲渡人の代理人として通知することは許される。

A7 × 債務者は承諾をするまでに譲渡人に対して生じた事由をもって，譲受人に対抗することができる（468条１項）。

A8 × 債権が二重に譲渡され，各譲受人がともに対抗要件を備えている場合，判例は，通知が債務者に到達した日時，または債務者の承諾の日時の先後によって譲受人間相互の優劣を決する（最判昭49.3.7）。

A9 × 二重譲渡の各通知が同時に債務者に到達した場合，判例は，各譲受人は債務者に対し債権全額の弁済を請求でき，譲受人の一方から請求を受けた債務者は，同順位の譲受人が他に存在することを理由に弁済の責任を免れることはできないとしている（最判昭55.1.11）。

A10 × 劣後譲受人を真の債権者であると信じるにつき相当の理由がある場合は，受領権者としての外観を有する者への弁済となり（478条），その弁済は有効になるとするのが判例である（最判昭61.4.11）。

memo

民法

第5編

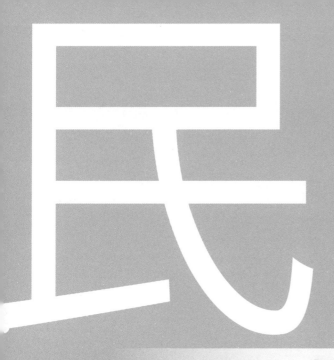

債権各論

第1章

契約総論

SECTION

① 契約総説
② 同時履行の抗弁権
③ 危険負担

第1章 契約総論

出題傾向の分析と対策

試験名	地　上			国家一般職（旧国Ⅱ）			特別区			裁判所職員			国税・財務・労基			国家総合職（旧国Ⅰ）		
年　度	15-17	18-20	21-23	15-17	18-20	21-23	15-17	18-20	21-23	15-17	18-20	21-23	15-17	18-20	21-23	15-17	18-20	21-23
出題数 / セクション	1		2			1						2	1			1	2	
契約総説			★			★											★	★
同時履行の抗弁権												★★	★				★	
危険負担	★		★													★		

（注） 1つの問題において複数の分野が出題されることがあるため，星の数の合計と出題数とが一致しないことがあります。

契約総論については，公務員試験では出題率はそれほど高くはありませんが，同時履行の抗弁権や危険負担が比較的よく出題されています。もっとも，地方上級と国家総合職以外ではあまり出題されていませんので，試験種による対策が必要になります。

地方上級

時々出題されます。本書のインプット部分や過去問を通して，基本的な知識を身につけましょう。

国家一般職（旧国家Ⅱ種）

時々出題されています。条文や基本的な判例についてバランスよく出題されています。組合せ問題が多いので，過去問を繰り返し解くことによって知識を定着させてください。

特別区

ほとんど出題されていません。もっとも，同時履行の抗弁権や危険負担は，法学部の学生であればしっかりと学習している分野です。過去問を繰り返し解くことによって，基本的な知識を定着させる必要があるでしょう。

裁判所職員

時々出題されています。事例問題として出題されることもありますが，基本的な内容です。近年，組合せ問題が増えていますので，過去問を繰り返し解くことによって正確な知識を定着させてください。

国税専門官・財務専門官・労働基準監督官

最近はあまり出題されていません。もっとも，同時履行の抗弁権や危険負担は，法学部の学生であればしっかりと学習している分野です。過去問を繰り返し解くことによって，基本的な知識を定着させる必要があるでしょう。

国家総合職（旧国家Ⅰ種）

よく出題されています。特に危険負担の事例問題がよく出題されています。基本的な内容について出題されており，過去問の知識と過去問に出てくる判例についてしっかり理解していれば，十分に対処できるでしょう。

Advice アドバイス 学習と対策

契約総論の中では，同時履行の抗弁権と危険負担の出題率が比較的高く重要になります。

同時履行の抗弁権については，留置権との違いがよく問われますので，それについて本書でしっかりと理解しましょう。

危険負担はわかりにくい制度ですが，その大きな原因は用語にあります。履行できなくなった債務を基準として，「債権者」と「債務者」を判断することに注意してください。

その他，承諾の効力発生時期について過去の地方上級の試験において出題されていますので，本書のインプット部分で基本的な事項を確認しましょう。

契約総説

必修問題 セクションテーマを代表する問題に挑戦！

契約の成立に関する条文（521条～528条）は，細かいものもありますが，正確に押さえましょう。

問 契約の成立に関するア～オの記述のうち，妥当なもののみを全て挙げているのはどれか。（国家一般職2022）

ア：AがBに承諾の期間を定めて売買契約の締結の申込みをした場合において，その期間内にAがBから承諾の通知を受けなかったときは，Aの申込みは承諾されたものとみなされる。

イ：AがBに承諾の期間を定めずに売買契約の締結の申込みをした場合において，Aがこれを撤回する権利を留保したときであっても，Aは，Bからの承諾の通知を受けるのに相当な期間を経過するまでは，その申込みを撤回することはできない。

ウ：AとBが対話している間に，AがBに承諾の期間を定めずに売買契約の締結の申込みをした場合には，Aの申込みは，AとBの対話が継続している間は，いつでも撤回することができる。

エ：AがBに売買契約の締結の申込みの通知を発した後に死亡した場合において，Bが承諾の通知を発するまでにAの死亡の事実を知ったときは，Aの申込みは効力を有しない。

オ：AがBに売買契約の締結の申込みをしたところ，BがAの申込みに条件を付してこれを承諾した場合には，Bが承諾した時点で，その条件に従って変更された内容の契約が成立する。

1：ア，イ
2：イ，エ
3：ウ，エ
4：ウ，オ
5：エ，オ

直前復習

頻出度	地上★	国家一般職★	特別区★
	裁判所職員★	国税･財務･労基★	国家総合職★★

チェック欄		
1回目	2回目	3回目

必修問題の解説

〈契約の成立〉

ア× AがBに承諾の期間を定めて売買契約の締結の申込みをした場合において，その期間内にA（申込者）がBから承諾の通知を受けなかったときは，Aの申込みは効力を失う（523条2項）。したがって，AB間の売買契約は不成立となる。

イ× 承諾の期間を定めないでした申込みは，原則として，申込者が承諾の通知を受けるのに相当な期間を経過するまでは，撤回することができない（525条1項本文)。ただし，本記述のように，申込者Aが撤回する権利を留保したときは，上記期間が経過する前であっても，その申込みを撤回することができる（同項但書)。

ウ○ AとBが対話している間に，AがBに承諾の期間を定めずに売買契約の締結の申込みをした場合には，Aの申込みは，その対話が継続している間は，いつでも撤回することができる（525条2項)。対話者間における交渉の実態に即するし，相手方Bを害するおそれもないからである。

エ○ 意思表示の一般原則によれば，表意者が通知を発した後に，死亡し，意思能力を喪失し，または行為能力の制限を受けたとしても，意思表示の効力は妨げられない（97条3項)。しかし，契約の申込みについては，申込者やその相続人を保護するために特則が設けられており，申込者（A）が申込みの通知を発した後に，死亡し，意思能力を有しない常況にある者となり，または行為能力の制限を受けた場合において，①申込者が死亡等の事実が生じたとすればその申込みは効力を有しない旨の意思を表示していたとき，または，②相手方（B）が承諾の通知を発するまでに死亡等の事実が生じたことを知ったとき（本記述の場合）は，その申込みは効力を有しない（526条)。

オ× 承諾は，申込みを受けてこれに同意することにより契約を成立させる意思表示であるから，申込みと同一内容のものでなければならない。本記述のように，承諾者（B）が（Aの）申込みに条件を付し，その他変更を加えてこれを承諾したときは，その申込みの拒絶となるとともに，新たな申込みをしたものとみなされる(528条)。したがって，Bの条件を付した承諾（新たな申込み）に対してAが承諾したときに，AB間の売買契約が成立する。

以上より，妥当なものはウ，エであり，肢3が正解となる。

正答 3

第1章 SECTION 1 契約総論 契約総説

1 契約とは

契約とは，相対立する２個以上の意思表示の合致によって成立する法律行為をいいます。

民法が定める典型契約の代表的なものとしては，売買，贈与，賃貸借，消費貸借，使用貸借，請負，委任，雇用，寄託などがあります。

2 契約の分類

(1) 双務契約と片務契約

双務契約とは，当事者が互いに対価的意義を有する債務を負担する契約をいいます。これに対して，片務契約とは，一方の当事者だけが債務を負うか，または，双方の当事者が債務を負担するものの，両債務が対価的意義を有しない契約をいいます。

(2) 有償契約と無償契約

有償契約とは，当事者が互いに対価的意義を有する出捐（支出）をする契約をいいます。これに対して，無償契約とは，当事者が互いに対価的意義を有する出捐をしない契約をいいます。

なお，双務契約は常に有償契約ですが，有償契約がすべて双務契約とは限りません。たとえば，利息付消費貸借は有償契約ですが，片務契約です。

【双務契約・片務契約と有償契約・無償契約】

	双務契約	片務契約
有償契約	売買，賃貸借，雇用，請負，有償委任，有償寄託	利息付消費貸借
無償契約		贈与，無利息消費貸借，使用貸借，無償委任，無償寄託

(3) 諾成契約と要物契約

諾成契約とは，当事者の意思表示の合致だけで成立する契約をいい，売買，贈与，賃貸借，雇用，請負，委任などがこれにあたります。これに対して，要物契約とは，契約の成立に当事者の合意のほかに物の引渡しなどの給付を必要とする契約をいい，書面によらない消費貸借（587条）がこれにあたります。

3 契約の成立

(1) 契約の成立要件

契約は，原則として，申込みの意思表示と承諾の意思表示が合致することによって成立します。申込みとは，相手方の承諾があれば契約を成立させることを目的としてなされる確定的な意思表示をいいます。これに対して，承諾とは，申込みを受けた者が，申込みに同意して契約を成立させるために，申込者に対してなす意思表示をいいます。

契約（売買契約の場合）

ＡＢの意思表示の合致により契約成立。

(2) 契約における申込みと承諾の効力発生時期

① 申込みと承諾の効力発生時期

申込みと承諾の意思表示は，相手方への到達時に効力が発生します（到達主義。97条１項）。したがって，契約は承諾の意思表示が申込者に到達した時に成立します。

ただし，承諾期間の定めがある場合には，承諾期間内に承諾の意思表示が到達しなければ契約は成立しません（523条２項）。

なお，申込みに変更を加えた承諾は，申込みの拒絶とともに新たな申込みをしたものとみなされ（528条），さらに相手方（最初の申込者）の承諾がなければ契約は成立しません。

② 申込みの撤回

承諾期間の定めがある場合，原則として，申込者は承諾期間中は申込みを撤回することができません（523条１項本文）。また，承諾期間経過後は，申込みは当然に効力を失います（同条２項）。

一方，承諾期間の定めがない場合でも，原則として，申込者は承諾を受けるのに相当な期間は，申込みを撤回することができません（525条１項本文）。

③ 承諾が延着した場合の扱い

承諾期間の定めがある場合，承諾期間内に承諾の意思表示が到達しなければ，契約は成立しません（523条２項）。

ただし，申込者は延着した承諾を新たな申込みとみなし（524条），これに対して承諾をすることで契約を成立させることができます。

④　申込者の死亡等

申込者が申込みの通知を発した後に，死亡したり，意思能力を有しない常況にある者となったり，行為能力の制限を受けたりした場合において，申込者がその事実が生じたとすればその申込みは効力を有しない旨の意思を表示していたときや，相手方が承諾の通知を発するまでにその事実が生じたことを知ったときは，申込みはその効力を有しません（526条）。

memo

実践 問題 77 応用レベル

頻出度 地上★ 国家一般職★ 特別区★ 裁判所職員★ 国税·財務·労基★ 国家総合職★★

問 民法上の定型約款に関するア～オの記述のうち，妥当なもののみを全て挙げているのはどれか。 (国家総合職2020)

ア：定型取引を行うことの合意をした者は，定型約款を契約の内容とする旨の合意をしていなくても，定型約款を準備した者があらかじめその定型約款を契約の内容とする旨を相手方に表示したときは，原則として，定型約款の個別の条項について合意をしたものとみなされる。

イ：定型約款の規定によって合意をしたものとみなされる定型約款の個別の条項であっても，相手方の不作為をもって当該相手方が新たな契約の申込み又はその承諾の意思表示をしたものとみなす条項その他の法令中の公の秩序に反しない規定の適用による場合に比して相手方の権利を制限し又は相手方の義務を加重するものは，およそ合意をしなかったものとみなされる。

ウ：定型約款は，その変更が相手方の一般の利益に適合するときであっても，変更する旨及び変更後の定型約款の内容並びにその効力発生時期について，当該効力発生時期が到来するまでに周知されなければ，その変更の効力を生じない。

エ：定型取引を行おうとする定型約款準備者は，相手方からの請求がなくても，定型取引合意の前に，相当な方法でその定型約款の内容を示さなければならない。

オ：定型約款準備者は，一定の場合には，定型約款の変更をすることにより，変更後の定型約款の条項について合意があったものとみなし，個別に相手方と合意をすることなく契約の内容を変更することができ，その際に必要とされる変更後の定型約款の内容等を周知する方法として，インターネットの利用が認められている。

1：ア，ウ
2：ア，オ
3：イ，エ
4：イ，オ
5：ウ，エ

実践 問題 77 の解説

〈定型約款〉

民法は，①「ある特定の者が不特定多数の者を相手方として行う取引」であって，②「その内容の全部又は一部が画一的であることが双方にとって合理的なもの」を「定型取引」と定義したうえで，定型取引において，③「契約の内容とすることを目的としてその特定の者により準備された条項の総体」を「定型約款」と定義して（548条の2第1項柱書），定型約款に関する規定を置いている（548条の2～548条の4）。

ア○ 定型取引を行うことの合意（定型取引合意）をした者は，①「定型約款を契約の内容とする旨の合意」をしたとき，または，②定型約款を準備した者（定型約款準備者）が「あらかじめその定型約款を契約の内容とする旨を相手方に表示」していたときは，定型約款の個別の条項についても合意をしたものとみなされる（みなし合意。548条の2第1項）。したがって，定型取引合意をした者は，①の合意がなくても，②の表示をしたときは，原則として，定型約款の個別の条項についても合意したものとみなされる（例外については，記述イの解説参照）。

イ× 定型約款の個別の条項のうち，①「相手方の権利を制限し，又は相手方の義務を加重する条項」であって，②「その定型取引の態様及びその実情並びに取引上の社会通念に照らして」信義則（1条2項）に反して「相手方の利益を一方的に害すると認められるもの」については，合意をしなかったものとみなされる（548条の2第2項）。これは，不当条項および相手方に不意打ちとなる条項を排除するための規定である。なお，本記述は，消費者契約法10条の規律を参考にしたものである。

ウ× 548条の4第1項2号による定型約款の変更（記述オの解説の②）は，変更後の定型約款の効力発生時期が到来するまでに周知（同条2項。記述オの解説参照）をしなければ，その効力を生じない（同条3項）。これに対して，同条1項1号による定型約款の変更（記述オの解説の①）は，同条3項の適用対象外である。相手方の一般の利益に適合する変更ゆえ，周知が遅れても相手方に不利益はないからである。

エ× 定型取引を行い，または行おうとする定型約款準備者は，定型取引合意の前または定型取引合意の後相当の期間内に「相手方から請求があった場合」には，遅滞なく，相当な方法でその定型約款の内容を示さなければならない（548条の3第1項本文）。これは，①定型取引の相手方は定型約款の内容を確認しないことが少なくないという実情を考慮して，事前ないし事後にその内容を開示する義務を一律に課することを不要としつつ，②相手方から請求があるときには開示義務を認めて，相手方にその意思があれば定型約款の内容を確認できる可能性を確保するものである。ただし，定型約款準備者の負担が過大になることを防ぐため，定型約款準備者がすでに相手方に対して定型約款を記載した書面を交付し，またはこれを記録した電磁的記録（ＣＤ，ＤＶＤなど）を提供していたときは，上記の内容開示義務を負わない（同項但書）。

オ○ 長期にわたって継続する取引では，法令の変更や経済情勢・経営環境の変化に対応して，定型約款の内容を事後的に変更する必要が生ずるが，各相手方との間で個別の新たな合意が必要であるとすると，多大な時間やコストを要するし，定型約款を利用するメリットである契約内容の画一性を維持することも困難となる。そこで，定型約款準備者は，定型約款の変更が，①相手方の一般の利益に適合するとき，または，②契約をした目的に反せず，かつ，変更の必要性，変更後の内容の相当性，548条の４により定型約款の変更をすることがある旨の定めの有無およびその内容その他の変更に係る事情に照らして合理的なものであるときには，定型約款の変更をすることにより，変更後の定型約款の条項について合意があったものとみなし，個別に相手方と合意をすることなく契約の内容を変更することができる（同条１項）。定款約款準備者は，この定型約款の変更をするときは，効力発生時期を定め，かつ，定型約款を変更する旨および変更後の定型約款の内容ならびにその効力発生時期をインターネットの利用その他の適切な方法により周知しなければならない（同条２項）。

以上より，妥当なものはア，オであり，肢２が正解となる。

正答 2

memo

契約総説

実践 問題 78 応用レベル

頻出度 地上★ 国家一般職★ 特別区★ 裁判所職員★ 国税·財務·労基★ 国家総合職★★

問 契約上の地位の移転及び契約の解除に関するア～オの記述のうち，妥当なもののみを全て挙げているのはどれか。（国家総合職2022）

ア：契約の当事者の一方が第三者との間で契約上の地位を譲渡する旨の合意をした場合において，その契約の相手方がその譲渡を承諾したときは，契約上の地位は，その第三者に移転する。不動産の賃貸借において，賃貸人が賃貸借の目的となっている自己の不動産を譲渡する場合にも，賃貸人（譲渡人）と譲受人との合意により，賃貸人たる地位を譲受人に移転させるためには，原則として賃借人の承諾が必要である。

イ：契約の当事者の一方がその債務を履行しない場合において，相手方が相当の期間を定めてその履行の催告をし，その期間内に履行がないときは，相手方は，その期間を経過した時における債務の不履行がその契約及び取引上の社会通念に照らして軽微であり，かつ，債務の不履行があったとしても契約をした目的を達することができるときを除き，契約の解除をすることができる。

ウ：契約の性質又は当事者の意思表示により，特定の日時又は一定の期間内に履行をしなければ契約をした目的を達することができない場合において，債務者が履行をしないでその時期を経過したときは，債権者は，履行の催告をすることなく，直ちに契約の解除をすることができる。

エ：契約の当事者の一方が解除権を行使したことにより，各当事者がその相手方を原状に復させる義務を負う場合において，金銭以外の物を返還するときは，その受領の時以後に生じた果実をも返還しなければならない。

オ：解除権を有する者が，故意若しくは過失によって契約の目的物を著しく損傷し，若しくは返還することができなくなったとき，又は加工若しくは改造によってこれを他の種類の物に変えたときは，解除権を有する者がその解除権を有することを知らなかったときであっても，解除権は消滅する。

1：ア，イ
2：ア，オ
3：イ，ウ
4：ウ，エ
5：エ，オ

チェック欄		
1回目	2回目	3回目

実践 問題 78 の解説

〈契約上の地位の移転・契約の解除〉

ア× **契約の当事者の一方**が**第三者**との間で**契約上の地位を譲渡する旨の合意**をした場合において，その契約の**相手方**がその譲渡を**承諾**したときは，**契約上の地位**は，その第三者に**移転**する（539条の2）。契約の相手方の承諾を必要とするのは，契約上の地位の移転においては，契約の当事者の一方（譲渡人）は契約関係から離脱して契約上の債務を免れ，第三者（譲受人）がこれを引き受けること（＝免責的債務引受。472条3項参照）になるからである。したがって，本記述の前半は妥当である。もっとも，不動産の譲渡人が賃貸人であるときは，**賃貸人たる地位**は，**賃借人の承諾を要しないで**，**譲渡人と譲受人との合意**により，譲受人に**移転**させることができる（605条の3前段）。①賃貸人の主たる債務である目的物を使用収益させる債務は，賃貸人がだれであっても履行方法が特に異なることはないし，②賃貸借の目的物の所有権が移転した場合，譲受人を新賃貸人とするほうが賃借人にとって有利だからである。

イ× 当事者の一方がその債務を履行しない場合において，相手方が相当の期間を定めてその履行の催告をし，その期間内に履行がないときは，相手方は，原則として，契約の解除をすることができる（**催告解除**。541条本文）。ただし，**催告期間経過時**における**債務の不履行**がその**契約**および**取引上の社会通念**に照らして**軽微**であるときは，相手方は，**契約を解除することができない**（同条但書）。無催告解除においては，「契約をした目的を達する」ことの可否が基準として導入されているが（542条1項3号～5号），**催告解除**においては，**不履行の軽微性**が**解除の消極的要件**とされている。したがって，債務の不履行はあったが，まだ契約をした目的を達することができるという場合であっても，その不履行が軽微でないときは，催告解除が認められることになる。

ウ○ 履行遅滞により契約を解除するには，原則として催告が必要となる（記述イの解説参照）。しかし，「契約の性質又は当事者の意思表示により，特定の日時又は一定の期間内に履行をしなければ契約をした目的を達することができない場合」（**定期行為**）には，期限経過後の履行は無意味であるから，債務者が履行せずにその時期を経過したときは，債権者は，**催告することなく**，**直ちに契約を解除することができる**（**無催告解除**。542条1項4号）。

エ○ 当事者の一方がその解除権を行使したときは，各当事者は，その相手方を原状に復させる義務（原状回復義務）を負う（545条1項本文）。この場合において，金銭を返還するときは，その受領の時から利息を付さなければならない（同条2項）。また，金銭以外の物を返還するときは，その受領の時以後に生じた果実をも返還しなければならない（同条3項）。

オ × 解除権者が故意または過失によって契約の目的物を，①著しく損傷したり，②返還不能にしたり，②加工・改造によって他の種類の物に変えた場合は，解除権が消滅する（548条本文）。このような場合には，解除権者が解除権を放棄したものとみなしうるからである。ただし，それは解除権者が解除権の存在を知っていることが前提となるから，解除権者がその解除権を有することを知らなかったときは，解除権は消滅しない（同条但書）。

以上より，妥当なものはウ，エであり，肢4が正解となる。

正答 4

memo

同時履行の抗弁権

必修問題 セクションテーマを代表する問題に挑戦！

同時履行の抗弁権は判例が中心に出題されます。丸暗記をせず，当事者間の公平から自分で考えて解いてください。

問 同時履行の抗弁権に関する次のア～オの記述のうち，妥当なもののみを全て挙げているものはどれか（争いのあるときは，判例の見解による。）。 （裁事2023）

ア：Aは，Bに自動車を売却し，これを引き渡そうとしたが，Bがこれを拒絶したことから，売買代金の支払を求めて訴えを提起した。Bは，Aから一度履行の提供を受けた以上，当該訴えにおいて，同時履行の抗弁権を行使することができない。

イ：建物の賃貸借契約が終了した際に，貸主の敷金返還義務と借主の建物明渡義務とは同時履行の関係にある。

ウ：弁済と受取証書の交付とは同時履行の関係にある。

エ：買主が売主の請求に対して同時履行の抗弁を提出し，これに理由がある場合，裁判所は，売主の請求を棄却する判決をする。

オ：売買契約の一方当事者の債務不履行により他方当事者が契約を解除した際に，各当事者が負担する原状回復義務は同時履行の関係に立つ。

1：ア，イ
2：ア，オ
3：イ，エ
4：ウ，エ
5：ウ，オ

必修問題の解説

チェック欄		
1回目	2回目	3回目

〈同時履行の抗弁権〉

ア× 同時履行の抗弁権が成立するためには，相手方が自己の債務の履行またはその提供(493条)をしないで履行を請求することが必要である(533条本文)。本記述では，Aは，Bに売却した自動車を引き渡そうとしたのだから，現実の提供（493条本文）があったといえる。しかし，Aの履行の提供が継続されない限り，Bは同時履行の抗弁権を失うものではなく，Aが（履行の提供を継続せずに）売買代金の支払いを求めて訴えを提起した場合，Bはなお同時履行の抗弁権を行使できると解されている（大判明44.12.11)。履行の提供があったとしても双方の債務が存続する以上，この場面でも同時履行関係に立たせることが公平であるし，紛争を後に残さないためである。

イ× 貸主の敷金返還義務は，(建物の）賃貸借が終了し，かつ，賃貸物の返還（建物の明渡し）を受けたときに発生するので（622条の２第１項１号)，借主の建物明渡義務が先履行であって，両債務は同時履行の関係に立たない（最判昭49.9.2)。

ウ○ 弁済者は，弁済と引換えに，弁済受領者に対して受取証書（弁済の受領を証明する書面）の交付を請求できる（486条１項)。これは，債務者が二重払いを強いられないようにするための権利であるから，弁済と受取証書の交付は同時履行の関係に立つ。

エ× 売主（原告）が買主に対し代金の支払いを請求する訴訟において，買主（被告）が同時履行の抗弁権を提出し，これが認められた場合，裁判所は，売主の請求を棄却する判決ではなく，「被告は，原告から○○の引渡しを受けるのと引換えに，原告に対し，△△円を支払え。」という引換給付判決を下すことになる（前掲大判明44.12.11)。

オ○ 売買契約の当事者の一方がその解除権を行使したときは，各当事者は，その相手方を原状に復させる義務（原状回復義務）を負う（545条１項本文)。この解除による原状回復義務は，同一の双務契約から発生した債務ではないが，当事者間の公平という同時履行の抗弁権の趣旨から，546条が533条を準用しており，各当事者が負担する原状回復義務は同時履行の関係に立つ。

以上より，妥当なものはウ，オであり，肢５が正解となる。

正答 5

第1章 SECTION 2 契約総論 同時履行の抗弁権

1 双務契約の効力

契約の各当事者が互いに対価的な意義を有する債務を負担する契約である双務契約においては，当事者双方の債務の対価的な関係を維持し，公平を図るための各種制度が規定されています。

双務契約における両債務間の関係を牽連関係といい，履行上の牽連関係では同時履行の抗弁権，危険負担が問題となります。

2 同時履行の抗弁権

【事例】

Ａさんと Ｂさんは，Ａさん所有の土地を1,000万円で Ｂさんに売却する契約を結んだ際に，登記の移転と引換えに代金を受け渡すことを約束しました。しかし，Ｂさんは，1,000万円を提供していないにもかかわらず，土地の登記を自分の名義に移転しろと言ってきました。Ａさんは Ｂさんの要求に従わなければならないでしょうか。

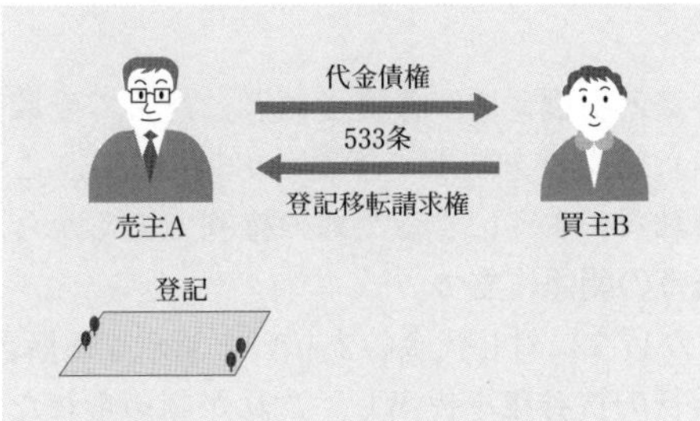

双務契約においては，両債務が密接な関連性を有することから，当事者の一方は相手方が債務の履行をするまで自己の債務の履行を拒絶することができます。これを同時履行の抗弁権といいます（533条）。同時履行の抗弁権は，当事者の公平を図るため，相対立する債務間に履行上の牽連関係を認める制度です。事例の Ａさんは同時履行の抗弁権に基づき，Ｂさんが代金1,000万円を支払うまでは土地の登記の移転を拒絶できます。

債務者に同時履行の抗弁権が認められる場合には，履行期に債務の履行をしなかったときでも，履行遅滞（412条）にならず，債務不履行責任（415条・541条）は発生しません。

また，双務契約に基づく給付請求訴訟において，被告から同時履行の抗弁権が主張された場合，裁判所は引換給付判決（原告の給付と引換えに弁済せよとの判決）

をすることになります（大判明44.12.11）。

同時履行の抗弁権と留置権の主な違い
① 内容…同時履行の抗弁権は，給付の内容を問わず，履行拒絶可。留置権は，他人の物を留置しうるにとどまる。
② 効力…同時履行の抗弁権は契約の相手方に対してのみ主張可能。留置権は物権なので第三者に対しても主張できる。
③ 代担保請求…同時履行の抗弁権は代担保の提供により消滅させることは不可。留置権はこれが可能（301条）。
④ 履行拒絶の割合…同時履行の抗弁権は不履行度合いに応じて割合的。留置権は不可分（296条）。

同時履行の抗弁権

実践 問題 79 基本レベル

頻出度			
	地上★	国家一般職★	特別区★
	裁判所職員★★	国税·財務·労基★	国家総合職★

問 **同時履行又は同時履行の抗弁権に関する記述として，最高裁判所の判例に照らして，妥当なのはどれか。** **(特別区2013)**

1：売買契約が詐欺を理由として取り消された場合における当事者双方の原状回復義務は，同時履行の関係に立たない。

2：双務契約の当事者の一方は，相手方から履行の提供が一度でもあれば，不受領の不利益を提供の継続という形で相手方に転嫁するのは公平に反するため，相手方の履行の提供が継続しなくても，同時履行の抗弁権を失う。

3：債務の弁済とその債務を担保するための抵当権設定登記の抹消手続とは，前者が後者に対し先履行の関係にあるものではなく，両者は同時履行の関係に立つ。

4：双務契約の当事者の一方が自己の債務の履行をしない意思を明確にした場合には，相手方が自己の債務の弁済の提供をしなくても，当該当事者の一方は，自己の債務の不履行について履行遅滞の責を免れることをえない。

5：家屋の賃貸借終了に伴う賃借人の家屋明渡債務と賃貸人の敷金返還債務とは，賃借人保護が要請されるため，特別の約定のない限り，同時履行の関係に立つ。

チェック欄		
1回目	2回目	3回目

実践 問題 79 の解説

〈同時履行の抗弁権〉

1 × 同時履行の抗弁権（533条）は，直接的には双務契約から生じた債務について適用されるが，当事者間の公平を図るという趣旨から，双務契約が取り消された場合に両当事者が負う原状回復義務（121条の2第1項）も同時履行の関係に立つとするのが通説である。判例も，土地売買契約が第三者の詐欺（96条2項）によって取り消された事案で，移転登記の抹消手続と代金返還が同時履行の関係に立つとした（最判昭47.9.7）。

2 × 同時履行の抗弁権の要件として，相手方が自己の債務の履行またはその提供をしないで履行を請求することが必要である（533条本文）。しかし，履行の提供があっただけでは債務は消滅しないのであるから，その後履行の提供が継続されていないときは，相手方は，なお同時履行の抗弁権を行使できるとするのが判例（大判明44.12.11）である。一度履行の提供があっただけで，同時履行の抗弁権が消滅するとすれば，一方当事者は先履行を強いられることになり，公平に反するからである。

3 × 判例は，債務の弁済とその債務を担保するための抵当権設定登記の抹消手続とは，弁済が先履行とされ，両者は同時履行の関係に立たないとする（最判昭57.1.19）。弁済があれば債務の消滅に付従して抵当権も消滅するので，債務者に先履行を求めても酷ではないからである。

4 ○ 双務契約の当事者の一方が同時履行の抗弁権を有する場合には，履行の拒絶が正当化されるから，その者は履行期を徒過しても履行遅滞の責任を負わない（最判昭29.7.27）。したがって，契約当事者の一方（Aとする）の履行遅滞の責任を追及するためには，他方（Bとする）は自己の債務の弁済を提供して，同時履行の抗弁権を消滅させておく必要がある。しかし，常に弁済の提供（493条）を必要とするものではなく，当事者の一方（A）の債務を履行しない意思が明確な場合には，相手方（B）が弁済の提供をしなくても，当該当事者の一方（A）は履行遅滞の責任を免れることができないとするのが判例（最判昭41.3.22）である。

5 × 賃貸人の敷金返還債務は，（家屋の）賃貸借が終了し，かつ，賃貸物の返還（家屋の明渡し）を受けたときに発生するので（622条の2第1項1号），賃借人の家屋明渡債務が先履行であって，両債務は同時履行の関係に立たない（最判昭49.9.2）。

正答 4

同時履行の抗弁権

実践 問題 80 基本レベル

頻出度 地上★ 国家一般職★ 特別区★ 裁判所職員★★ 国税･財務･労基★ 国家総合職★

問 同時履行の抗弁権に関する次の記述のうち，妥当なのはどれか。

(国家一般職2014)

1：双務契約の当事者の一方は，相手方の同時履行の抗弁権を消滅させるためには，常に相手方に対して現実の提供をすることが必要である。

2：双務契約の当事者の一方は，契約の相手方に対して同時履行の抗弁権を行使した場合であっても，契約上の債務の履行期日を徒過すれば債務不履行の責任を負う。

3：双務契約の当事者の一方が契約の相手方に対して訴訟上で債務の履行を請求する場合であっても，その相手方が同時履行の抗弁権を主張したときは，請求が棄却される。

4：同時履行の抗弁権は，留置権と同様，公平の見地から認められる制度であるから，契約当事者以外の第三者に対しても行使することができる。

5：双務契約である売買契約の解除によって発生した原状回復義務につき，売主及び買主は，原状回復義務の履行について，互いに同時履行の抗弁権を行使することができる。

チェック欄		
1回目	2回目	3回目

実践 問題 80 の解説

〈同時履行の抗弁権〉

1 × 双務契約の当事者の一方が相手方の債務不履行責任を追及するためには，相手方の同時履行の抗弁権（533条）を消滅させる必要があり，そのためには自己の債務について履行（弁済）の提供をする必要がある。弁済の提供の方法について，民法は，原則として，債務の本旨に従って現実にしなければならないが（現実の提供），債権者があらかじめその受領を拒み，または債務の履行について債権者の行為を要するときは，弁済の準備をしたことを通知してその受領の催告をすれば足りる（口頭の提供）と規定する（493条）。したがって，相手方の同時履行の抗弁権を消滅させるために，常に現実の提供が必要となるわけではない。

2 × 同時履行の抗弁権を持つ者は，履行拒絶が正当化されるので，契約上の債務を履行しないまま履行期日を徒過しても，債務不履行（履行遅滞）の責任を負わない（最判昭29.7.27）。

3 × 双務契約の当事者の一方（原告）が契約の相手方（被告）に対して訴訟上で債務の履行を請求する場合において，その相手方が同時履行の抗弁権を主張しても，裁判所は，原告の請求を棄却するのではなく，被告に対し，原告の給付と引換えに給付すべき旨を命ずる判決（引換給付判決）をすることになる（大判明44.12.11）。

4 × 留置権（295条）と同時履行の抗弁権（533条）は，どちらも公平の見地から認められる制度である。しかし，留置権は物権であるから，第三者に対しても行使できるのに対し，同時履行の抗弁権は双務契約の効力であるから，契約当事者に対してのみ行使できる。

5 ○ 同時履行の抗弁権が成立するためには，１個の双務契約から生じた相対立する債務が存在することが必要である（533条本文）。しかし，双務契約上の債務でなくても，533条の趣旨である当事者間の公平の観点から，同条の準用または類推適用が認められる場合があり，契約解除による原状回復義務（545条１項）については533条が準用されている（546条）。

正答 5

同時履行の抗弁権

実践 問題 81 基本レベル

頻出度			
地上★	国家一般職★	特別区★	
裁判所職員★★	国税·財務·労基★	国家総合職★	

問 同時履行の抗弁権に関する次の記述のうち，妥当なのはどれか。ただし，争いのあるものは判例の見解による。 **(国家総合職2014)**

1：双務契約において同時履行の抗弁権がある場合には，抗弁権を持つ者が相手方に対して負う履行義務は履行遅滞とはならないが，相手方が当該抗弁権の付着した債権を自働債権として相殺することは認められる。

2：双務契約が無効となった結果，当事者双方に原状回復義務が生じた場合には，両者の義務履行関係は同時履行の関係に立つが，双務契約が第三者の詐欺を理由として取り消された場合における当事者双方の原状回復義務は同時履行の関係に立たない。

3：動産質権設定契約においては，債務の弁済が質物の返還に対し先履行の関係にあることから，両者は同時履行の関係に立つものではないが，抵当権設定契約においては，債務の弁済の先履行が求められることにはならず，債務の弁済と抵当権設定登記の抹消登記手続とは同時履行の関係に立つ。

4：賃貸借の終了に伴う賃借人の家屋明渡債務と賃貸人の敷金返還債務とは同時履行の関係に立つものではなく，賃貸人は，特別の約定のない限り，賃借人から家屋の明渡しを受けた後に敷金の残額を返還すれば足りる。

5：借地人が地主に対して借地借家法第13条に基づく建物買取請求権を行使した場合における，地主の買取代金支払債務は，借地人の建物明渡債務に対し先履行の関係にあることから，両債務は同時履行の関係に立つものではなく，借地人は，買取代金の支払を受けるまでは建物の明渡しを拒むことができる。

（参考） 借地借家法

（建物買取請求権）

第13条 借地権の存続期間が満了した場合において，契約の更新がないときは，借地権者は，借地権設定者に対し，建物その他借地権者が権原により土地に附属させた物を時価で買い取るべきことを請求することができる。

（第２項以下略）

チェック欄		
1回目	2回目	3回目

実践 問題 81 の解説

〈同時履行の抗弁権〉

1 × 同時履行の抗弁権（533条）を持つ者は，履行拒絶が正当化されるので，履行期に債務を履行しなくても，履行遅滞の責任を負わない。したがって，相手方は損害賠償請求（415条）や契約の解除（541条）ができない（最判昭29.7.27）。また，同時履行の抗弁権の付着した債権を自働債権として相殺することは許されない（505条１項但書，大判昭13.3.1）。相殺を許すと，相手方の抗弁権を一方的に奪うことになるからである。

2 × 同時履行の抗弁権が成立するためには，１個の双務契約から生じた相対立する債務が存在することが必要である（533条本文）。しかし，双務契約上の債務でなくても，533条の趣旨である当事者間の公平の観点から，同条の準用または類推適用が認められる場合があり，双務契約が無効であったり取り消されたりした場合に生ずる原状回復義務（121条の２第１項）についても，533条の類推適用により同時履行の関係に立つと解されている（最判昭47.9.7）。

3 × 質権者は債権の弁済を受けるまでは質物を留置できるので（347条），債務の弁済が質物の返還に対し先履行の関係にあり，両者は同時履行の関係に立たない。これに対して，債務の弁済と抵当権設定登記の抹消登記手続の関係については明文の規定がないが，判例は，債務の弁済が抵当権設定登記の抹消登記手続に対し先履行の関係にあり，両者は同時履行の関係に立たないとしている（最判昭57.1.19）。

4 ○ 賃貸人の敷金返還債務は，（家屋の）賃貸借が終了し，かつ，賃貸物の返還（家屋の明渡し）を受けたときに発生するので（622条の２第１項１号），賃借人の家屋明渡債務が先履行であって，両債務は同時履行の関係に立たない（最判昭49.9.2）。

5 × 借地人が地主に対して建物買取請求権（借地借家法13条）を行使すれば，借地人・地主間で売買契約が成立したのと同じことになるから，地主の買取代金支払債務と借地人の建物明渡債務は同時履行の関係に立つ（最判昭35.9.20）。

正答 4

同時履行の抗弁権

実践 問題 82 基本レベル

頻出度	
地上★ 国家一般職★ 特別区★	
裁判所職員★★ 国税·財務·労基★ 国家総合職★	

問 同時履行の抗弁権に関するア～オの記述のうち，妥当なもののみを全て挙げているのはどれか。ただし，争いのあるものは判例の見解による。

（国税2015）

ア：目的物がAからB，BからCへと転売され，BがAに対して当該目的物の売買契約に基づく金銭債務を履行しない場合，Aは同時履行の抗弁権に基づき，Cからの目的物の引渡請求を拒むことができる。

イ：建物買取請求権を行使したときの代金債務と建物収去土地明渡義務は，同一の双務契約から生じたものではないから，同時履行の関係には立たない。

ウ：家屋の賃貸借終了に伴う賃借人の家屋明渡債務と賃貸人の敷金返還債務とは，特別の約定のある場合を除き，同時履行の関係に立つ。

エ：契約の解除に基づく原状回復義務は，民法第546条により相互に同時履行の関係に立つ。また，契約が取り消されたり無効となる場合において，給付された物を返還する義務が相互に生じるときも，当該義務は同時履行の関係に立つ。

オ：贈与契約は片務契約であるため同時履行の抗弁権は認められないが，負担付贈与は，その性質に反しない限り，双務契約に関する規定が準用されることから，同時履行の抗弁権の規定の適用がある。

1：ア，オ
2：イ，ウ
3：エ，オ
4：ア，イ，ウ
5：ウ，エ，オ

チェック欄		
1回目	2回目	3回目

実践 問題 82 の解説

〈同時履行の抗弁権〉

ア× 同時履行の抗弁権は，双務契約の当事者間でのみ認められる（533条）。したがって，売買契約の売主Aは，同時履行の抗弁権に基づき，買主B以外の第三者であるCからの目的物引渡請求を拒むことはできない。なお，同時履行の抗弁権と同様の機能を果たす留置権（295条）は，物権なので，第三者Cに対しても主張できる。

イ× 建物買取請求権（借地借家法13条）が行使されると，建物の売買契約が成立したことになるから，地主の代金債務と借地人の建物引渡債務は同時履行の関係に立つ（大判昭18.2.18）。さらに，判例は，建物の引渡しを拒絶できることの反射的効果として，土地（敷地）の明渡しも拒絶できるとする（最判昭35.9.20）。したがって，建物買取請求権を行使したときの代金債務と建物収去土地明渡義務は，同時履行の関係に立つといえる。

ウ× 賃貸人の敷金返還債務は，（家屋の）賃貸借が終了し，かつ，賃貸物の返還（家屋の明渡し）を受けたときに発生するので（622条の2第1項1号），賃借人の家屋明渡債務が先履行であって，両債務は同時履行の関係に立たない（最判昭49.9.2）。

エ○ 同時履行の抗弁権に関する533条は，直接的には1個の双務契約から生じた相対立する債務に適用されるが，当事者の公平という同条の趣旨から，双務契約以外から生じた債務についても，法律上準用され，あるいは解釈によって類推適用されることがある。まず，契約解除に基づく原状回復義務（545条1項本文）は，546条により，相互に同時履行の関係に立つ。次に，（双務）契約が取り消されたり無効となる場合には，給付された物を返還する義務が相互に生じるが（121条の2第1項），この原状回復義務も同時履行の関係に立つと解されている（取消しにつき最判昭47.9.7）。

オ○ 同時履行の抗弁権が認められるのは双務契約から生じた債務だから，片務契約である贈与契約では同時履行の抗弁権は認められない。しかし，負担付贈与は，贈与者と受贈者がともに債務を負うことから，その性質に反しない限り，双務契約に関する規定が準用される（553条）。したがって，負担付贈与にも同時履行の抗弁権の適用がある。

以上より，妥当なものはエ，オであり，肢3が正解となる。

正答 3

第1章 SECTION 2 契約総論

同時履行の抗弁権

実践 問題 83 基本レベル

頻出度 地上★ 国家一般職★ 特別区★ 裁判所職員★★ 国税·財務·労基★ 国家総合職★

問 同時履行の抗弁に関する次のア～オの記述のうち，妥当なもののみを全て挙げているものはどれか（争いのあるときは，判例の見解による。）。

（裁事2021）

ア：不動産の売買契約において，売主の移転登記の協力義務と買主の代金支払義務は同時履行の関係に立つ。

イ：動産の売買契約において，代金の支払につき割賦払いとされている場合，売主の目的物引渡義務と買主の代金支払義務は同時履行の関係に立つ。

ウ：建物の賃貸借契約における賃借人から造作買取請求権が行使された場合において，造作買取代金の支払と建物の明渡しは同時履行の関係に立つ。

エ：建物の賃貸借契約が終了した場合において，賃借人の建物の明渡義務と賃貸人の敷金返還義務は同時履行の関係に立つ。

オ：請負契約が締結されている場合において，物の引渡しを要しないときを除き，請負人の目的物引渡債務と注文者の報酬支払債務は同時履行の関係に立つ。

1：ア，イ
2：ア，オ
3：イ，エ
4：ウ，エ
5：ウ，オ

直前復習

チェック欄		
1回目	2回目	3回目

実践 問題 83 の解説

〈同時履行の抗弁権〉

ア○ 不動産の売買契約において，代金の支払いと対価関係に立つのは所有権の移転であるから，売主の移転登記の協力義務と買主の代金支払義務は同時履行の関係（533条）に立つ（大判大7.8.14）。

イ× 本来の売買は，目的物の引渡しと代金の支払いとが同時に履行されることが予定されている（573条参照）。しかし，動産の売買契約において，代金の支払いにつき割賦払いとされている場合，目的物（動産）の引渡しが先履行の関係にあり，買主は，目的物（動産）の引渡しを受けた後，売買代金を分割して支払うこと（割賦払い）ができる。このことは，双務契約の性質として売買契約当事者に与えられている同時履行の抗弁権を売主が放棄することによって，買主に代金の分割弁済という便宜を与えていることを意味する。

ウ× 建物賃貸借が終了した場合に，建物賃借人が造作買取請求権（借地借家法33条１項）を行使すると，建物所有者と建物賃借人の間で造作の売買契約が締結されたのと同じ効果が生じるため，造作の引渡しと造作代金の支払いは同時履行の関係に立つが，造作代金の支払いと建物の明渡しは対価関係になく，同時履行の関係に立たない（最判昭29.7.22）。

エ× 建物賃貸借における敷金は，賃貸借存続中の賃料債権のみならず，賃貸借の終了後建物明渡義務の履行までに生じる賃料相当額の損害金債権その他賃貸借契約により賃貸人が賃借人に対して取得することのある一切の債権を担保するものである（最判昭48.2.2）。そのため，賃貸人の敷金返還義務は，「賃貸借が終了し，かつ，賃貸物の返還を受けたとき」に発生し（622条の２第１項１号），賃借人の建物明渡義務が先履行であるから，両債務は同時履行の関係に立たない（最判昭49.9.2）。

オ○ 請負の報酬の支払時期は，特約のない限り，仕事の目的物の引渡しと同時（633条本文），目的物の引渡しを要しないときは仕事完成後（同条但書・624条１項）である。したがって，注文者の報酬支払義務に対して，請負人の仕事完成義務は先履行の関係に立つが，目的物引渡義務は同時履行の関係に立つ（大判大5.11.27）。

以上より，妥当なものはア，オであり，肢２が正解となる。

正答 2

危険負担

必修問題 セクションテーマを代表する問題に挑戦！

危険負担は条文（536条）が重要です。条文を中心に学習してください。

問 危険負担に関する次の記述のうち，妥当なのはどれか。ただし，争いのあるものは判例の見解による。 （国家総合職2013改題）

1：Aは，Aが所有する築５年の木造アパートをＢに売却しようと考え，Ｂとの間で売買契約を結ぶことになった。ところが，契約締結の前日に，アパートは落雷による火災で滅失してしまった。この場合には，危険負担の問題となり，Ｂはアパートの売買代金全額の支払いを拒むことができない。

2：Aは，Ｂとの間で，Ｂの自宅の冷暖房工事を請け負う契約を締結した。ところが，工事の途中で，Ｂが正当な理由なく工事の続行を拒んだため，工事の完成は不可能となった。この場合には，危険負担の問題となり，Aは，Ｂに対し，工事の請負代金全額を請求することができ，また，いかなる義務も負わない。

3：Aは，Ｂとの間で，Ｂの自宅の建築請負契約を締結し，工事を行っていたところ，建築中の建物が落雷による火災で滅失し，建物の完成は不可能となった。この場合には，危険負担の問題となり，Aは，Ｂに対し，建物の請負代金全額を請求することができる。

4：Aは，Ｂとの間で，Aが所有する築５年の別荘を３ヶ月間賃貸する契約を結び，Ｂに賃貸していたところ，隣家の火災の延焼により別荘が滅失してしまった。この場合には，危険負担の問題となり，Aは，Ｂに対し，契約期間中の別荘の賃料全額を請求することができる。

5：Aは，Ｂとの間で，Aが所有する走行距離５万キロの自動車をＢに売却する契約を締結した。ところが，Aは，自動車をＢに引き渡す前に，自らのたばこの火の不始末が原因で自動車を滅失させてしまった。この場合には，債務不履行の問題となり，ＡＢ間に危険負担の問題は生じない。

直前復習

頻出度	地上★★　国家一般職★　特別区★ 裁判所職員★　国税·財務·労基★　国家総合職★

チェック欄 1回目 2回目 3回目

必修問題の解説

〈危険負担〉

1 × 契約締結時点で履行が不能（原始的不能）であっても，当然に契約が無効となるわけではない（412条の2第2項参照）。本肢では，売買契約の目的物であるアパートが，落雷による火災という当事者双方の責めに帰することができない事由によって滅失し，Aの引渡債務は履行不能となっている。したがって，Bは売買代金の支払いを拒むことができる（536条1項）。

2 × 請負契約の目的たる工事が注文者B（工事完成義務における債権者）の責めに帰すべき事由で完成不可能となった場合，請負人Aの工事完成義務は消滅するが，Bは報酬（請負代金）の支払いを拒むことができない（536条2項前段）。したがって，Aは，Bに対し，工事の請負代金全額を請求できる。ただし，Aが自己の債務を免れたことによって利益を得たとき（購入せずに済んだ材料費等）は，これをBに償還する義務を負う（同項後段，最判昭52.2.22）。

3 × 建築請負契約の目的物である建物が，建築中に落雷による火災という当事者双方の責めに帰することができない事由によって滅失し，建物の完成が不可能となった場合には，仕事が完成していない以上，AはBに対して報酬（請負代金）の支払いを請求することができない。報酬の支払いを請求することができないのは仕事が完成していないからであって，危険負担（536条1項）の問題ではない。

4 × 賃貸借の目的物の全部が滅失等により使用・収益できなくなった場合は，各当事者の帰責事由の有無を問わず，賃貸借契約は当然に終了する（616条の2）。一般的には，債務不履行・危険負担の問題がありうるが，賃貸借を存続させる意味がないからである。したがって，AはBに対して賃料を請求することができない。

5 ○ AB間の売買契約は，Aが所有する走行距離5万キロの自動車を目的物とする特定物売買である。そして，たばこの火の不始末という売主A（引渡債務における債務者）の責めに帰すべき事由によって滅失した場合，Aの引渡債務は「債務不履行」の問題（415条）となるので，AB間に危険負担の問題は生じない。

正答 5

第1章 SECTION 3 契約総論

危険負担

1 意義

【事例】

Bさんは，Aさんから家屋を購入する契約を締結したが，引渡しの前に，落雷で家屋が焼失してしまいました。この場合，Bさんは代金の支払いを拒むことができるでしょうか。

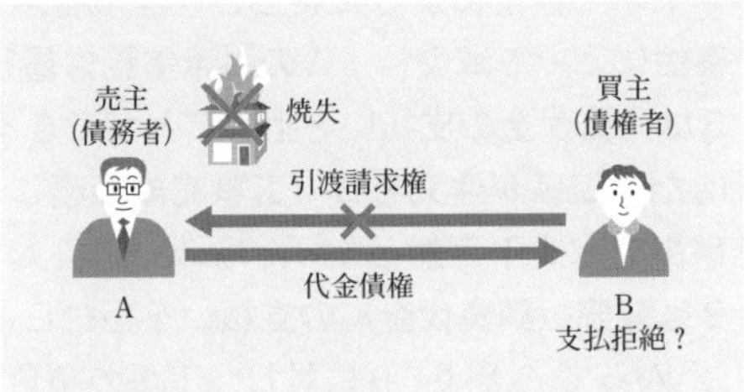

危険負担とは，双務契約において，一方の債務が履行不能である場合に，債権者は反対債務の履行を拒むことができるか否かという問題です。たとえば，事例でAさんの家屋を引き渡す債務は家屋の焼失によって履行不能となり消滅しますが，この場合にBさんは代金の支払いを拒むことができるのかという問題です。

注意！ 目的物の焼失が引渡債務者の帰責事由によって生じた場合には，引渡債務は債務不履行の問題（415条）となるから，危険負担の問題とはならないことに注意しましょう。

2 当事者双方に帰責事由がない場合

双務契約の当事者双方の責めに帰することができない事由によって債務を履行することができなくなったときは，その債務の債権者は，反対給付の履行を拒むことができます（536条１項）。

3 債権者に帰責事由がある場合

債権者の責めに帰すべき事由による履行不能の場合は，債権者は，反対給付の履行を拒むことができません（536条２項前段）。ただし，債務者は，自己の債務を免れたことによって得た利益を債権者に償還しなければなりません（同項後段）。

補足

受領遅滞が生じた後に，当事者双方の責めに帰することができない事由によって債務の履行が不能となった場合は，その履行不能は債権者の責めに帰すべき事由によるものとみなされます(413条の２第２項)。したがって，この場合も，債権者は，反対給付の履行を拒むことができません（536条２項前段)。

危険負担

実践 問題 84 応用レベル

頻出度	地上★	国家一般職★	特別区★
	裁判所職員★	国税·財務·労基★	国家総合職★

問 危険負担に関するア～エの記述のうち，妥当なもののみを全て挙げているのはどれか。ただし，争いのあるものは判例の見解による。

（国家総合職2017改題）

ア：双務契約上の債務の一方が債務者の責めに帰すべき事由によって履行不能となった場合は，危険負担の問題は生じない。

イ：履行不能が生じたのと同一の原因によって，債務者が履行の目的物の代償と考えられる利益を取得した場合には，債権者は，当該履行不能により受けた損害を限度として，債務者に対し，当該利益の償還を求めることができる。

ウ：請負契約において，仕事が完成しない間に注文者の責めに帰すべき事由によりその完成が不能となった場合には，請負人は，自己の残債務を免れるが，注文者に請負代金全額を請求することができ，また，自己の債務を免れたことにより得た利益を注文者に償還する必要はない。

エ：特定物に関する物権の設定又は移転を目的とする停止条件付双務契約の目的物が，債務者の責めに帰すべき事由によって損傷した場合において，条件が成就したときは，債権者は，契約の履行の請求又は解除権の行使をすることができ，いずれの場合であっても，損害賠償を請求することができる。

1：ア，イ
2：イ，エ
3：ウ
4：ア，イ，エ
5：イ，ウ，エ

チェック欄

1回目	2回目	3回目

実践 問題 84 の解説

〈危険負担〉

ア○ 危険負担とは，双務契約の一方の債務が債務者の責めに帰することができない事由によって履行不能となった場合に，他方の債務の履行を拒むことができるかどうかという問題である。これに対して，双務契約の一方の債務が債務者の責めに帰すべき事由によって履行不能となった場合は，債務不履行（415条）であるから，危険負担の問題は生じない。

イ○ 履行不能を生じさせたのと同一の原因によって，債務者が履行の目的物の代償と考えられる利益（火災保険金，損害賠償請求権等）を取得した場合には，公平の観念に基づき，債権者は債務者に対し，当該履行不能により債権者が被った損害の限度において，その利益の償還を請求することができる（422条の２）。これを代償請求権という。記述ウの解説の536条２項後段も，代償請求権と同趣旨の規定である。

ウ× 双務契約である請負契約において，注文者（仕事完成義務における債権者）の責めに帰すべき事由で仕事の完成が不能となった場合，注文者は，請負人に対し仕事完成義務の履行を請求することができないが（412条の２第１項），請負代金全額の支払いを拒むことはできない（536条２項前段）。ただし，請負人は，自己の債務を免れたことにより得た利益を注文者に償還しなければならない（同項後段，最判昭52.2.22）。

エ○ 停止条件付双務契約の目的物が債務者の責めに帰すべき事由によって損傷した場合は，危険負担の問題ではなく債務不履行の問題となるから，条件が成就したときは，債権者は，契約の履行の請求または解除権の行使（541条・542条）を選択することができ，いずれの場合にも損害賠償を請求することができる（415条・545条４項）。

以上より，妥当なものはア，イ，エであり，肢４が正解となる。

正答 4

章末 CHECK ? Question

Q1 売買と贈与は，双務・諾成契約である点で共通するが，売買は有償契約，贈与は無償契約である点で異なる。

Q2 使用貸借，賃貸借，寄託は，すべて契約の成立に当事者の合意のほかに物の引渡しなどの給付を必要とする要物契約である。

Q3 契約は，到達主義により，承諾の意思表示が到達した時点で効力を生ずる。

Q4 契約は，承諾期間の定めがある場合に承諾期間内に承諾の意思表示が到達しなくても原則として成立する。

Q5 承諾期間の定めがない場合，申込者はいつでも申込みを撤回できる。

Q6 承諾が延着した場合，申込者は延着した承諾を新たな申込みとみなし，これに対して承諾をすることで契約を成立させることができる。

Q7 子のいる申込者が死亡した場合，相手方が申込者の死亡について知っていた場合でも，申込みは常に有効である。

Q8 同時履行の抗弁権は，当事者の公平を図るため，相対立する債務間に存続上の牽連関係を認める制度である。

Q9 同時履行の抗弁権が認められたとしても，履行期を徒過した以上，債務を履行しなければ履行遅滞となり，債務不履行責任が発生する。

Q10 同時履行の抗弁権は，契約の相手方以外の第三者に対しても主張することができる。

Q11 弁済と受取証書の交付に関しては同時履行関係が認められないが，他方弁済と債権証書の返還については同時履行の関係にあるとするのが通説的な見解である。

Q12 当事者の公平の観点から，家屋の賃貸借終了に伴う賃借人の明渡債務と賃貸人の敷金返還債務は同時履行の関係にあるとされている。

Q13 契約成立前に目的物が当事者に帰責性なく滅失していた場合，これは原始的不能であるから，危険負担の問題は生じない。

Q14 ＢがＡから特定物である中古車を買い，売買契約締結後にＡＢの帰責事由なくして当該中古車が滅失した場合，Ｂは代金の支払いを拒むことができない。

Answer

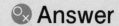

A1 × 贈与契約は，贈与者のみが財産権移転義務を負う片務契約である。

A2 × これらの契約は，すべて諾成契約である。

A3 ○ 契約は，承諾が申込者に到達した時に成立する（97条1項）。

A4 × 承諾期間の定めがある場合に承諾期間内に承諾の意思表示が到達しない場合は，申込みは承諾適格を失うので（523条2項），契約は原則として成立しない。

A5 × 承諾期間の定めがない場合でも，承諾の通知を受けるのに相当な期間を経過するまでは，撤回することができない（525条1項本文）。

A6 ○ 524条のとおりである。

A7 × 意思表示後に表意者が死亡した場合でも，意思表示の効力に影響しないのが原則であるが（97条3項），申込みについては，申込者が申込みの通知を発した後に，死亡した場合において，相手方が承諾の通知を発するまでにその事実が生じたことを知ったときは，申込みはその効力を有しない（526条）。

A8 × 正しくは，履行上の牽連関係である。

A9 × 同時履行の抗弁権の効果として，自分の債務を履行しなくても履行遅滞にはならない（最判昭29.7.27）。

A10 × 同時履行の抗弁権は，双務契約の当事者間でのみ主張可能であり，当事者以外の第三者にこれを主張することはできない。

A11 × 同時履行関係が認められるのは弁済と受取証書の交付に関してであって（486条1項），弁済と債権証書の返還（487条）については同時履行の関係にないとするのが通説である。

A12 × 賃貸人の敷金返還債務は，（家屋の）賃貸借が終了し，かつ，賃貸物の返還（家屋の明渡し）を受けたときに発生するので（622条の2第1項1号），賃借人の家屋明渡債務が先履行であって，両債務は同時履行の関係に立たない（最判昭49.9.2）。

A13 × 契約締結時点で履行が不能（原始的不能）であっても，当然に契約が無効となるわけではなく（412条の2第2項参照），当事者双方に帰責性がない場合は債務者が危険を負担する（536条1項）。

A14 × 双務契約の当事者双方の責めに帰することができない事由によって債務を履行することができなくなったときは，その債務の債権者は，反対給付の履行を拒むことができる（536条1項）。したがって，引渡債務の債権者であるBは，反対給付である代金の支払いを拒むことができる。

memo

第2章

売買・贈与

SECTION

第2章 売買・贈与

出題傾向の分析と対策

試験名	地上			国家一般職（旧国Ⅱ）			特別区			裁判所職員			国税・財務・労基			国家総合職（旧国Ⅰ）		
年度	15-17	18-20	21-23	15-17	18-20	21-23	15-17	18-20	21-23	15-17	18-20	21-23	15-17	18-20	21-23	15-17	18-20	21-23
出題数 / セクション	1	2	1	1		1	2	1	2	2	1	3	1		1	2		2
売買		★	★	★★		★	★		★	★★	★★	★★★	★		★	★		★★
贈与	★	★		★			★	★	★							★		

（注）１つの問題において複数の分野が出題されることがあるため，星の数の合計と出題数とが一致しないことがあります。

売買・贈与については，公務員試験において比較的よく出題されています。特に，売買については，どの試験種においても比較的出題率が高くなっています。

地方上級

よく出題されています。特に，贈与について過去に多く出題されていますので，重点的に学習する必要があります。もっとも，内容は基本的なものなので，過去問と本書のインプット部分をしっかり理解することに努めてください。

国家一般職（旧国家Ⅱ種）

よく出題されています。特に，売買について過去に多く出題されているので，重点的に学習する必要があります。過去問をていねいに解いて理解を深め，どんな問題にも対処できるようにしましょう。

特別区

よく出題されています。基本的な問題が出題されています。贈与については，条文を読み，過去問を解いて知識を定着させれば，十分対処できるでしょう。

裁判所職員

よく出題されています。売主の担保責任を中心に，手付も出題されています。手付は条文の知識と過去問の知識で十分対処できるので，必ず得点したい問題です。

国税専門官・財務専門官・労働基準監督官

たまに出題されています。売主の担保責任が中心となりますが，過去に，売買一般の問題の中で，手付について問う問題がありました。しかし，手付については，条文と過去問で十分対応できるものです。ほとんど出題されない分野についても，余力がある限り，できるだけ過去問を解いておくとよいでしょう。

国家総合職（旧国家Ⅰ種）

よく出題されています。手付，贈与については，複雑または難易度の高い問題はほとんど出題されないので，条文と過去問がしっかり理解できていれば十分対応できるでしょう。売主の担保責任についても，条文や判例の知識を問う問題が中心となりますが，他の試験種と比べると，細かな部分まで問われる傾向があります。過去問をていねいに解いて理解を深め，どんな問題にも対応できるようにしましょう。

Advice アドバイス 学習と対策

売買については，特に担保責任（契約不適合責任）が重要です。その内容は，2017（平成29）年民法改正により大きく変わりましたので，本書のインプット部分や問題の解説を通じて，改正法の基本的な考え方を理解しておきましょう。

手付や贈与については，時々出題されていますが，条文を読み過去問を繰り返し解いて，知識を定着させれば十分に対処できるでしょう。これまで出題率が低かった試験種を受験する場合でも，念のため知識を入れておくとよいでしょう。

売買

必修問題 セクションテーマを代表する問題に挑戦！

売買では，売主の担保責任（契約不適合責任）が重要です。買主に認められる権利を整理して覚えましょう。

問 民法に規定する売買に関する記述として，妥当なのはどれか。

（特別区2021）

1：売買の一方の予約は，相手方が売買を完結する意思を表示した時から，売買の効力を生ずるが，その意思表示について期間を定めなかったときは，予約者は，相手方に対し，相当の期間を定めて，その期間内に売買を完結するかどうかを確答すべき旨の催告をすることができる。

2：買主が売主に手付を交付したときは，相手方が契約の履行に着手した後であっても，買主はその手付を放棄し，売主はその倍額を現実に提供することで，契約の解除をすることができる。

3：他人の権利を売買の目的としたときは，売主は，その権利を取得して買主に移転する義務を負うが，他人の権利には，権利の一部が他人に属する場合におけるその権利の一部は含まれない。

4：引き渡された目的物が種類，品質又は数量に関して，買主の責めに帰すべき事由により，契約の内容に適合しないものであるときには，買主は売主に対し，目的物の修補による履行の追完を請求することはできるが，代替物の引渡し又は不足分の引渡しによる履行の追完を請求することはできない。

5：売主が買主に売買の目的として特定した目的物を引き渡した場合において，その引渡しがあった時以後にその目的物が当事者双方の責めに帰することができない事由によって損傷したときは，買主は，その損傷を理由として，代金の減額の請求をすることができる。

チェック欄

1回目	2回目	3回目

必修問題の解説

〈売買〉

1 ○ 売買の一方の予約は，相手方が売買を完結する意思を表示した時から，売買の効力を生ずる（556条1項）。その意思表示（予約完結権の行使）について期間を定めなかったときは，予約者は，相手方に対し，相当の期間を定めて，その期間内に売買を完結するかどうかを確答すべき旨の催告をすることができる（同条2項前段）。なお，この場合において，相手方がその期間内に確答をしないときは，売買の一方の予約は失効する（同項後段）。

2 × 買主が売主に手付を交付したときは，買主はその手付を放棄し，売主はその倍額を現実に提供して，契約を解除することができるが（解約手付。557条1項本文），相手方が契約の履行に着手した後は，契約を解除することができない（同項但書）。これは，履行に着手した当事者の契約の履行に対する期待を保護し，同人が不測の損害を被ることを防止する趣旨である（最大判昭40.11.24）。

3 × 他人の権利を売買の目的としたとき（他人物売買）は，売主は，その権利を取得して買主に移転する義務を負う（561条）。権利の一部が他人に属する場合（一部他人物売買）も同様である（同条かっこ書）。

4 × 引き渡された目的物が種類，品質または数量に関して契約の内容に適合しないものである場合（目的物の契約不適合）には，買主は，売主に対し，①目的物の修補，②代替物の引渡しまたは③不足分の引渡しによる履行の追完を請求することができる（追完請求権。562条1項本文）。ただし，目的物の契約不適合が買主の責めに帰すべき事由によるものであるときは，買主は，①〜③による履行の追完を請求することができない（同条2項）。

5 × 売主が買主に売買の目的として特定した目的物（特定物または特定した種類物）を引き渡した場合において，その引渡しがあった時以後にその目的物が当事者双方の責めに帰することができない事由によって滅失・損傷したときは，買主は，その滅失·損傷を理由として，追完請求·代金減額請求·損害賠償請求·契約解除をすることができない（567条1項前段）。この場合，買主は，代金の支払いを拒むことができない（同項後段）。これは，売買目的物の滅失・損傷に関する危険は，原則として，目的物の引渡しによって売主（債務者）から買主（債権者）に移転することを規定したものである。

正答 1

第2章 SECTION 1 売買・贈与

売買

1 売買とは

売買とは，当事者の一方（売主）がある財産権を相手方に移転することを約束し，相手方（買主）が代金を支払うことを約束することによって成立する契約をいいます（555条）。有償・双務・諾成契約とです。

2 売主の義務

買主は代金を支払う義務を負うのに対し，売主は財産権を移転する義務を負います（555条）。他人の権利を売買の目的とした場合（他人物売買といいます），売主は，その権利を取得して買主に移転しなければならない（561条）とされているのも，この財産権移転義務の１つの表れです。他人物売買において，売主が買主に権利の全部を移転しない場合，買主は債務不履行の一般規定（415条・541条以下）によって保護されます。

また，売主は，買主に対して，売買契約の内容に適合した種類・品質・数量の物の引渡しまたは権利の移転をすべき義務を負っています（562条以下参照）。

さらに，売主は，買主に対して，登記，登録その他の売買の目的である権利の移転についての対抗要件を備えさせる義務を負います（560条）。

3 担保責任（契約不適合責任）

売買契約において，引き渡された「目的物」が種類・品質・数量に関して契約の内容に適合しないものであるとき，売主は，買主に対して債務不履行責任としての担保責任（契約不適合責任）を負います。具体的には，買主は，売主に対して，①追完請求権（562条），②代金減額請求権（563条），③損害賠償請求権（564条・415条），④解除権（564条・541条・542条）を行使することができます。

これらの規定は，移転した「権利」が契約の内容に適合しない場合にも準用されています（565条）。たとえば，売買の目的物の上に地上権や地役権など占有を妨げる権利が存在する場合や，権利の一部が他人に属していて売主がそれを移転しなかった場合や，建物売買において目的とされた建物のために敷地利用権（借地権）が存在しなかった場合には，買主は上記の４つの救済方法をとることができます。

(1) 追完請求権

契約不適合がある場合，買主は，売主に対して，①目的物の修補，②代替物の引渡し，③不足分の引渡しによる履行の追完を請求することができます（562条１項本文）。買主はいずれかの方法を選んで追完を請求することができますが，売主は，買主に不相当な負担を課するものでないときは，買主が選んだ方法と異なる方法で履行の追完をすることができます（同項但書）。

契約不適合が「買主の責めに帰すべき事由」によるものである場合は，買主は売主に対して追完請求をすることができません（同条２項）。

⑵ 代金減額請求権

契約不適合がある場合，買主は，売主に対して，相当の期間を定めて履行の追完の催告をし，その期間内に履行の追完がないときは，不適合の程度に応じて代金の減額を請求することができます（563条１項）。例外的に，①履行の追完が不能のとき，②売主が履行の追完を拒絶する意思を明確に表示したとき，③定期行為において時期が経過したとき，④催告しても履行の追完を受ける見込みがないことが明らかであるときは，催告をすることなく，直ちに代金減額請求をすることができます（同条２項）。

契約不適合が「買主の責めに帰すべき事由」によるものである場合は，買主は売主に対して代金減額請求をすることができません（同条３項）。

⑶ 損害賠償請求権および解除権

契約不適合がある場合，買主は，売主に対して，債務不履行に基づく損害賠償請求（415条）および解除権の行使（541条・542条）をすることができます。

⑷ 期間制限

目的物の契約不適合が種類・品質に関するものである場合，買主は，その不適合を知った時から１年以内に不適合の事実を売主に通知しなければ，担保責任を追及する権利（追完請求権，代金減額請求権，損害賠償請求権，解除権）を失います（566条本文）。もっとも，売主が引渡しの時に契約不適合について悪意または重過失の場合は，この期間制限は適用されず（同条但書），債権の消滅時効の一般原則（166条１項）に服することになります。

また，数量に関する契約不適合の場合，権利に関する契約不適合の場合も，上記のような期間制限はなく，債権の消滅時効の一般原則（166条１項）に服することになります。

4 手付

売買契約の締結の際に当事者の一方（買主）から他方（売主）に対して交付される金銭その他の有価物を手付といいます。手付の種類にはさまざまなものがありますが，特約のない限り解約手付と推定されます（557条１項）。

ここで，解約手付とは，債務不履行の状態が生じていなくても契約を解除することができるようにするために交付される手付をいいます。解約手付が交付された場合，買主は手付を放棄して，売主は手付の倍額を現実に提供して契約を解除できます（557条１項）。

補足 557条１項によれば，相手方が債務の履行に着手するまでは，自己の債務を履行した後でも手付による解除ができます。相手方が債務の履行に着手するまでは，解除を認めても相手方に損害を及ぼさないからです。

memo

実践 問題 85 基本レベル

頻出度	地上★★ 国家一般職★★ 特別区★★ 裁判所職員★★★ 国税･財務･労基★★ 国家総合職★★

問 手付に関する次のア～オの記述のうち，適当なもののみを全て挙げているものはどれか（争いのあるときは，判例の見解による。）。 （裁事2017）

ア：売買契約における手付は，反対の意思表示がない限り，解約手付の性質を有するものと解釈される。

イ：売主は，手付の倍額を償還して売買契約を解除するためには，買主に対し，手付の倍額を償還する旨を告げてその受領を催告すれば足りる。

ウ：手付金を交付した者は，売買契約が合意解除されたときには，特段の事情がない限り，相手方に対し，手付金相当額の返還を求めることができる。

エ：手付金を交付した者は，相手方に債務不履行があっても，手付解除ができるにとどまり，損害賠償請求をすることはできない。

オ：手付金を交付した者は，相手方が履行の提供をするまでは，手付解除をすることができる。

1：ア，イ
2：ア，ウ
3：イ，オ
4：ウ，エ
5：エ，オ

チェック欄

1回目	2回目	3回目

実践 問題 85 の解説

〈手付〉

ア○ 手付にはいろいろな種類があるが，557条1項は手付を解約手付（解除権留保の対価）の性質を有するものと規定しているから，判例は，売買契約において交付された手付は，反対の意思表示がない限り，解約手付と推定されるとした（最判昭29.1.21）。

イ× 買主が売主に交付した（解約）手付により売買契約を解除するには，買主はその手付を放棄すればよいが，売主はその手付の倍額を現実に提供しなければならない（557条1項本文）。

ウ○ 手付の交付自体が1つの契約であり，しかも売買契約に従たる契約である。したがって，主たる契約である売買契約が合意解除された場合には，手付契約も効力を失い，特段の事情がない限り，手付金の交付者は，受領者に対し，不当利得（703条）として手付金相当額の返還を請求できる（大判昭11.8.10）。

エ× 解約手付による解除（約定解除）は，債務不履行による解除（法定解除）とは異なるから，損害賠償請求をすることができない（557条2項）。しかし，判例は，解約手付の授受があっても，債務不履行により契約を解除したとき（541条・542条）は，557条2項は適用されず，債務不履行によって生じた損害の賠償を請求できる（545条4項）とした（大判大7.8.9）。

オ× 557条1項は，相手方が「履行に着手」するまでに限り，手付による契約の解除を認めている。この「履行に着手」の意義につき，判例は，客観的に外部から認識しうるような形で履行行為の一部をなし，または，履行の提供をするために欠くことのできない前提行為をした場合としており（最大判昭40.11.24），本記述のような，相手方が履行の提供をする前段階においても手付による契約解除ができなくなる場合がある。

以上より，妥当なものはア，ウであり，肢2が正解となる。

正答 2

実践 問題 86 基本レベル

頻出度	
地上★★ 国家一般職★★ 特別区★★	
裁判所職員★★★ 国税·財務·労基★★ 国家総合職★★	

問 手付に関する記述として最も妥当なものはどれか（争いのあるときは，判例の見解による。）。 （裁事2020）

1：買主が売主に手付を交付したときは，売主がその倍額を口頭で提供して，契約の解除をすることができる。

2：売買契約における手付は，反対の意思表示がない限り，解約手付の性質を有するものと解釈される。

3：１つの手付が解約手付と違約手付の両者を兼ねることはできない。

4：不動産売買契約において，買主が売主に手付を交付したとき，買主は，第三者所有の不動産の売主が第三者から当該不動産の所有権を取得し，その所有権移転登記を受けた場合であっても，手付を放棄して契約を解除することができる。

5：不動産売買契約において，買主が売主に手付を交付したとき，買主が売主に対して明渡しを求め，それが実行されればいつでも代金を支払われる状態にあった場合，買主は，売主が履行に着手していないときでも，手付を放棄して契約を解除することができない。

チェック欄		
1回目	2回目	3回目

実践 問題 86 の解説

〈手付〉

1 × 買主が売主に手付を交付したときは，①買主はその手付を放棄し，②売主はその倍額を現実に提供して，契約の解除をすることができる（557条1項本文）。②につき現実の提供が必要となるのは，買主が手付を放棄して解除の意思表示をすれば，売主はすでに受領していた手付を確定的に自己のものとできることとの均衡を考慮したものである。

2 ○ 手付には，①契約成立の証拠となる証約手付（すべての手付に共通する性質），②債務不履行があった場合に相手方に没収される違約手付，③解除権を留保する意味を持つ解約手付がある。②はさらに，損害賠償額の予定（420条）である場合と，損害賠償と別に没収される違約罰である場合がある。このように手付にはさまざまな意味があるが，557条1項は，売買契約における手付を③の解約手付の性質を有するものと規定しているので，反対の意思表示がない限り，解約手付と推定される（最判昭29.1.21）。

3 × 判例は，交付された手付が当事者の一方の違約（債務不履行）の場合における損害賠償額の予定を定めたもの（違約手付）であったとしても，それだけでは手付を解約手付と推定する民法の規定（557条1項）に対する「反対の意思表示」とはならず，その手付が「解約手付」を兼ねると解釈することは可能であるとしている（最判昭24.10.4）。

4 × 手付による解除は，相手方が契約の履行に着手した後はできない（557条1項但書）。ここにいう履行の着手とは，「債務の内容たる給付の実行に着手すること，すなわち，客観的に外部から認識し得るような形で履行行為の一部をなし又は履行の提供をするために欠くことのできない前提行為をした場合」をいう（最大判昭40.11.24）。そして，第三者所有の不動産の売主が本肢のような行為をした場合について，判例は，「特定の売買の目的物件の調達行為にあたり，単なる履行の準備行為にとどまらず，履行の着手があったもの」としている（同判決）。したがって，本肢の場合，買主は手付を放棄して契約を解除することはできない。

5 × 不動産売買契約において，買主が売主に対して明渡しを求め，それが実行されればいつでも代金を支払われる状態にあった場合には，買主は契約の履行に着手したといえる（最判昭33.6.5）。もっとも，手付による解除ができなくなるのは，相手方が契約の履行に着手した場合である（557条1項但書）。したがって，売主が履行に着手していないときは，履行に着手した買主が手付を放棄して契約を解除することは差し支えない。

正答 2

売買

実践 問題 87 基本レベル

頻出度	地上★★　国家一般職★★　特別区★★ 裁判所職員★★★　国税·財務·労基★★　国家総合職★★

問 売買に関するア～オの記述のうち，妥当なもののみを全て挙げているのはどれか。ただし，争いのあるものは判例の見解による。（国家一般職2014改題）

ア：買主が売主に対して手付を交付した場合，この手付が違約手付であることが売買契約書上で明らかなときは，違約手付と解約手付とを兼ねることは不可能であるから，この手付は解約手付を兼ねる違約手付ではないとされる。

イ：買主が売買の一方の予約をした場合，買主が売主に対して売買を完結する意思を表示したときは，売主は契約を承諾する義務を負うが，売買の効力は生じない。

ウ：売主は，買主に対し，売買の目的である財産権を買主へ移転する義務を負うが，売買の目的物が不動産である場合，売主は，買主に対し，不動産の引渡しだけではなく，買主が不動産の対抗要件を具備することに協力する義務を負う。

エ：売主が，買主に対し，目的物の種類・品質に関して契約の内容に適合しない建物を売却した場合，買主は，その不適合のため契約をした目的を達することができないときは，売買契約の解除をすることができる。

オ：売主が，買主に対し，他人の土地を売却したが，その権利を取得して買主に移転することができない場合であっても，買主は，契約時においてその権利が売主に属しないことを知っていたときは，売買契約を解除することができない。

1：ア，イ
2：ア，オ
3：イ，エ
4：ウ，エ
5：ウ，オ

チェック欄		
1回目	2回目	3回目

実践 問題 87 の解説

〈売買〉

ア× 買主が売主に対して手付を交付した場合，その手付は解約手付の性質を有する（557条1項）。もっとも，同項は任意規定であり，当事者の反対の意思表示があればその適用は排除されるが，判例は，交付された手付が違約手付であることが売買契約書上で明らかであっても，それだけでは民法の規定に対する反対の意思表示とはならないとして，違約手付が解約手付を兼ねることを認める（最判昭24.10.4）。

イ× 一方が本契約を成立させる意思表示（予約完結の意思表示）をすれば，相手方の承諾を待つことなく，直ちに売買が成立する（売買の一方の予約。556条1項）。

ウ○ 売買契約が成立すると，売主は売買の目的である財産権を買主に移転する義務を負い，買主はその代金を支払う義務を負う（555条）。さらに，売主は，買主が第三者対抗要件を具備できるようにする義務を負う（560条）。たとえば，不動産の売買では，売主は，買主に対し，不動産の引渡しだけでなく，移転登記に協力する義務も負う。

エ○ 引き渡された目的物が種類・品質に関して契約の内容に適合しない場合，買主は，債務不履行を理由として売買契約を解除することができる（564条・541条・542条）。

オ× 他人の権利（土地）を目的とする売買（他人物売買）の売主がその権利を取得して買主に移転できない場合，売主の債務不履行であり（561条参照），買主による契約の解除は，その善意・悪意を問わず可能である（541条・542条）。

以上より，妥当なものはウ，エであり，肢4が正解となる。

正答 4

第2章 SECTION 1 売買・贈与
売買

実践 問題 88 基本レベル

頻出度	
	地上★★　国家一般職★★　特別区★★
	裁判所職員★★★　国税·財務·労基★★　国家総合職★★

問 売買契約に関する次の記述のうち，妥当なのはどれか。

(国税・財務・労基2016改題)

1：他人の権利を目的とする売買契約において，売主がその権利を取得して買主に移転することができない場合には，買主が契約の時にその権利が売主に属しないことを知っていたときであっても，買主は契約の解除をすることができる。

2：売買の目的物の種類・品質が契約の内容に適合しない場合に，買主がそれを理由に契約を解除することができるのは，売買契約の締結時から１年以内に限られる。

3：売買契約に関する費用は，契約で特に定めなかった場合は，全て買主が負担する。

4：売買の一方の予約がなされた後，予約完結権を有する当事者から売買を完結する意思表示がなされた場合には，予約の時に遡って売買の効力を生じる。

5：ＡＢ間の売買契約で，Ａがその所有する宝石をＢに売却し，代金はＢがＣに支払うとの合意をした場合において，ＣがＢに対して，その代金を受領する意思を表示した後であっても，Ａ及びＢは，かかる売買契約を合意解除することができる。

チェック欄		
1回目	2回目	3回目

実践 問題 88 の解説

〈売買〉

1 ○ 他人の権利を目的とする売買契約（他人物売買）において，売主がその権利を取得して買主に移転できない場合，売主の債務不履行であり（561条参照），買主による契約の解除は，買主が契約時にその権利が売主に属しないことを知っていたか否か（善意・悪意）を問わず可能である（541条・542条）。

2 × 売買の目的物の種類・品質が契約の内容に適合しない場合，買主は，「その不適合を知った時」から１年以内にその旨を売主に「通知」しなければ，その不適合を理由に契約を解除することができなくなる（566条本文）。

3 × 売買では当事者双方が平等の利益を受けるので，売買契約に関する費用は，当事者双方が等しい割合で負担する（558条）。もっとも，本条は任意規定であり，これと異なる特約または慣習があればそれに従う（91条・92条）。

4 × 売買の一方の予約とは，一方当事者のみが予約完結権（一方的な意思表示によって売買契約を成立させる権利）を有する予約である。売買契約の一方の予約は，相手方（予約完結権者）が売買を完結する意思を表示した時から，売買の効力を生ずる（556条１項）。この売買一方の予約の法的性質については，予約完結の意思表示を停止条件とする売買契約であるとみて，予約時に売買契約は成立し，予約完結の意思表示をすることにより，売買契約の効力が予約時に遡って発生すると考える見解も有力である。しかし，判例は，売買の一方の予約は純然たる予約であるとみて，予約完結の意思表示をして初めて売買契約が成立し，その時に売買契約の効力も発生すると解している（大判大8.6.10）。

5 × 本肢では，ＡＢ間の売買契約で，代金を買主Ｂが第三者Ｃに支払うとの合意をしているので，当該売買契約は第三者のためにする契約である。当該売買契約により，ＣはＢに対して直接に代金を請求する権利を取得するが（537条１項），このＣの権利は，ＣがＢに対して契約の利益を享受する意思を表示した時に発生する（同条３項）。そして，受益の意思表示により第三者Ｃの権利が発生した後は，当事者ＡＢはこれを変更したり消滅させたりすることができない（538条１項）。したがって，Ｃが代金を受領する意思を表示した（受益の意思表示をした）後に，ＡとＢが売買契約を合意解除することは認められない。

正答 1

実践 問題 89 基本レベル

頻出度	
地上★★　国家一般職★★　特別区★★	
裁判所職員★★★　国税·財務·労基★★　国家総合職★★	

問 **売買契約に関する次のア～オの記述のうち，妥当なもののみを全て挙げているものはどれか（争いのあるときは，判例の見解による。）。（裁事2021）**

ア：売買契約はある財産権を他人に移転することを目的とする契約であるから，契約が有効に成立するためには，当該契約時点において，その財産権が売主に帰属していることが必要である。

イ：売主は，目的物引渡債務の履行期後も，買主が代金を支払うまでは目的物の引渡しを拒むことができるが，履行期を徒過したことについての履行遅滞の責任は負う。

ウ：売主は，目的物の品質が契約の内容に適合せず，買主から代替物の引渡しの方法による履行追完の請求を受けた場合，買主の負担の有無にかかわらず，売主の側で目的物の補修又は代替物の引渡しのいずれかの方法を選択して履行の追完をすることができる。

エ：買主が代金を現実に提供して目的物の受取を求めた後であっても，買主は手付を放棄して契約を解除することができる。

オ：特定物売買において売主が負担する債務は，当該目的物を引き渡すことに尽きるものではないから，目的物に瑕疵があった場合には，売主は債務不履行責任を負う。

1：ア，イ
2：ア，オ
3：イ，ウ
4：ウ，エ
5：エ，オ

直前復習

チェック欄		
1回目	2回目	3回目

実践 問題 89 の解説

〈売買〉

ア× 売買は，当事者の一方（売主）がある「財産権」を相手方に移転することを約束し，相手方（買主）がこれに対してその代金を支払うことを約束することによって成立する契約である（555条）。もっとも，「他人の権利」を売買の目的としたときは，売主は，その権利を取得して買主に移転する義務を負う（561条）と規定されているので，他人の権利を目的とする売買契約（他人物売買）も有効であり（最判昭25.10.26），売買の目的である財産権は，売買契約成立時に売主に帰属している必要がない。

イ× 売買契約は双務契約であるから，売主は，買主が代金を支払うまでは，目的物の引渡しを拒むことができる（同時履行の抗弁権。533条）。その結果，買主が代金を支払わない限り，目的物引渡債務の履行期を徒過しても，売主は履行遅滞の責任を負わない。具体的には，損害賠償責任（415条）を負わないし（大判大14.10.29），契約を解除されること（541条）もない（最判昭29.7.27）。

ウ× 引き渡された目的物が種類，品質または数量に関して契約の内容に適合しないものである場合（目的物の契約不適合）には，買主は，売主に対し，目的物の修補，代替物の引渡しまたは不足分の引渡しによる履行の追完を請求することができる（追完請求権。562条１項本文）。したがって，追完の方法の選択権は，第１次的には買主にある。ただし，売主は，買主に不相当な負担を課するものでないときは，買主が請求した方法と異なる方法による履行の追完をすることができる（同項但書）。

エ○ 買主が売主に手付を交付したときは，買主はその手付を放棄し，売主はその倍額を現実に提供して，契約を解除することができるが（解約手付。557条１項本文），相手方が契約の履行に着手した後は，解除できない（同項但書）。本記述では，買主は代金を現実に提供して目的物の受取りを求めているので，契約の履行に着手したといえるが，買主は，売主（相手方）が契約の履行に着手するまでは，手付を放棄して売買契約を解除できる。

オ○ 目的物の契約不適合の場合に買主の追完請求・代金減額請求・損害賠償請求・契約解除を認める民法の規定（562条～564条）は，特定物売買か不特定物売買かを問わず，売主は，種類・品質・数量に関して，契約の内容に適合した目的物を引き渡す債務を負うことを当然の前提としている。つまり，特定物売買においても，契約の対象とされた特定物を引き渡しただけでは，売主としての義務を尽くしたことにはならない。よって，目的物に瑕疵がある場合には，売主の債務不履行となり，売主は債務不履行責任の性質を有する担保責任を負うことになる（契約責任説）。

以上より，妥当なものはエ，オであり，肢５が正解となる。

正答 5

実践 問題 90 基本レベル

頻出度	
地上★★ 国家一般職★★ 特別区★★	
裁判所職員★★★ 国税·財務·労基★★ 国家総合職★★	

問 売買に関する次の記述のうち，妥当なのはどれか。ただし，争いのあるものは判例の見解による。 （国家一般職2022）

1：売買契約において，買主が売主に手付を交付した場合，その交付に当たって当事者が手付の趣旨を明らかにしていなかったときは，交付された手付は，違約手付と推定される。

2：売買契約の目的物である土地の一部が他人の所有に属していた場合のように，権利の一部が他人に属する場合であっても，売買契約は有効である。そのため，他人の権利を売買の目的とした売主は，その権利を取得して買主に移転する義務を負う。

3：売買契約において，引き渡された目的物が種類，品質又は数量に関して契約の内容に適合しないものであり，その不適合が買主の責めに帰すべき事由によるものでない場合，買主は，売主に対し，目的物の修補，代替物の引渡し又は不足分の引渡しによる履行の追完を請求することができる。その際，売主は，買主が請求した方法によらなければ履行の追完をしたことにはならない。

4：売買契約において，引き渡された目的物が種類，品質又は数量に関して契約の内容に適合しないものであり，その不適合が買主の責めに帰すべき事由によるものでない場合，買主は，売主に対し，その不適合の程度に応じて代金の減額を請求することができる。その際，買主は，売主が代金全額を受け取る機会を与えるため，必ず相当の期間を定めた履行の追完の催告をしなければならない。

5：売買契約において，引き渡された目的物が種類，品質又は数量に関して契約の内容に適合しないものである場合に，買主の救済手段として，一定の要件の下に，追完請求権や代金減額請求権が認められる。これらは紛争の早期解決を目的とする民法上の特則であるため，買主は，追完請求権や代金減額請求権を行使することができるときは，民法第415条の規定による損害賠償の請求や同法第541条の規定による解除権の行使をすることはできない。

チェック欄		
1回目	2回目	3回目

実践 問題 90 の解説

〈売買〉

1 × 手付には，①契約成立の証拠となる**証約手付**（すべての手付に共通する性質），②債務不履行（違約）があった場合に相手方に没収される**違約手付**，③解除権を留保する意味を持つ**解約手付**がある。②はさらに，**損害賠償額の予定**（420条）である場合と，損害賠償と別に没収される**違約罰**である場合がある。このように手付にはさまざまな意味があるが，557条１項は，売買契約における手付は③の解約手付の性質を有すると規定しているので，反対の意思表示がない限り，**解約手付の性質を有する**ものと**推定される**（最判昭29.1.21）。

2 ○ **他人の権利**を**売買の目的**としたときは，**売主**は，その**権利を取得して買主に移転する義務**を負う（561条）。このことは売買の目的である**権利の一部が他人に属する場合**であっても同様である（同条かっこ書）。これは，売買の目的である権利の全部または一部が他人に属する場合であっても，売買契約自体は**有効**であること（最判昭25.10.26）を前提とする規定である。

3 × 売買契約において，引き渡された目的物が種類，品質または数量に関して契約の内容に適合しないものである場合（**目的物の契約不適合**。その不適合が買主の責めに帰すべき事由によるものであるときを除く）には，**買主**は，売主に対し，**目的物の修補**，**代替物の引渡し**または**不足分の引渡し**による**履行の追完**を請求することができる（**追完請求権**。562条１項本文・２項）。したがって，追完の方法の選択権は，第１次的には買主にある。ただし，**売主**は，買主に不相当な負担を課するものでないときは，**買主が請求した方法と異なる方法による履行の追完**をすることができる（同条１項但書）。

4 × **目的物の契約不適合**がある場合（その不適合が買主の責めに帰すべき事由によるものであるときを除く）において，買主が**相当の期間**を定めて**履行の追完の催告**をし，その期間内に**履行の追完がない**ときは，**買主**は，その不適合の程度に応じて**代金の減額**を請求することができる（**代金減額請求権**。563条１項・３項）。ただし，①履行の追完の不能，②売主による履行の追完を拒絶する意思の明確な表示，③定期行為における時期の経過，④催告しても履行の追完を受ける見込みがないことが明らかであるときには，買主は**催告をすることなく**，**直ちに代金減額請求ができる**（同条２項）。

5 × **目的物の契約不適合**がある場合，買主には，**追完請求権**（肢３の解説参照）および**代金減額請求権**（肢４の解説参照）が認められるが，それによって債務不履行による**損害賠償請求権**（415条）および**解除権の行使**（541条・542条）は**妨げられない**（564条）。契約不適合の目的物を引き渡したことは売主の債務不履行であると考えられるからである（契約責任説）。

正答 2

第2章 SECTION 1 売買・贈与

売買

実践 問題 91 基本レベル

頻出度 地上★★ 国家一般職★★ 特別区★★ 裁判所職員★★★ 国税·財務·労基★★ 国家総合職★★

問 売買契約に関する次のア～エの記述の正誤の組合せとして最も妥当なものはどれか（争いのあるときは，判例の見解による。）。 （裁事2023）

ア：他人の所有物を売買の目的とした場合において，売主が目的物の所有権を取得したときは，その物の所有権は売主の意思表示を要することなく直ちに買主に移転する。

イ：売主の帰責事由により，契約所定の数量に満たない数量の目的物しか買主に引き渡されず，不足分の追完も不可能である場合には，買主は数量不足の程度に応じた代金の減額を求めることができる。

ウ：売主から買主に売買の目的として特定した物が引き渡された後，当事者双方に帰責事由なく目的物が損傷した場合には，買主は代金の支払を拒絶できる。

エ：売主の帰責事由により，目的物が滅失し，目的物の引渡義務が履行不能となった場合でも，買主は契約を解除することができない。

	ア	イ	ウ	エ
1：	正	正	誤	誤
2：	正	誤	正	誤
3：	正	誤	誤	正
4：	誤	正	誤	正
5：	誤	誤	正	正

チェック欄		
1回目	2回目	3回目

実践 問題 91 の解説

〈売買〉

ア○ 売買契約における目的物の所有権の移転時期（物権変動の時期）について，判例は，特定物売買では，原則として（別段の特約がない限り）契約成立時に直ちに買主に移転するとしている（最判昭33.6.20）。ただし，所有権移転を生ずるのに障害がある場合には，その障害が消滅した時であり，本記述のような他人物売買では，売主が（当該他人から）目的物の所有権を取得した時に（売主の意思表示を要することなく）買主に移転するとしている（最判昭40.11.19）。

イ○ 引き渡された目的物の数量が契約の内容に適合しない場合（数量不足など），買主は，売主に対し，履行の追完（不足分の引渡し）を請求できるが（562条１項本文），履行の追完が不能であるときには，買主は，催告をすることなく，直ちに不適合（数量不足）の程度に応じて代金の減額を請求できる（563条２項１号）。この代金減額請求権は，数量の不適合が買主の帰責事由によるときは認められないが（同条３項），売主の帰責事由の有無を問わず認められる。

ウ× 売主が買主に売買の目的として特定した目的物（特定物または特定した種類物）を引き渡した場合において，その引渡しがあった時以後にその目的物が当事者双方の責めに帰することができない事由によって滅失・損傷したときは，買主は，その滅失・損傷を理由として，追完請求・代金減額請求・損害賠償請求・契約解除をすることができない（567条１項前段）。この場合，買主は，代金の支払いを拒むこともできない（同項後段）。これは，売買目的物の滅失・損傷に関する危険は，原則として，目的物の引渡しによって売主（債務者）から買主（債権者）に移転することを規定したものである。

エ× 目的物が滅失し，目的物の引渡義務が履行不能となった場合，売主の債務の履行の全部が不能であるから，買主は，催告をすることなく，直ちに売買契約を解除できる（542条１項１号）。この契約解除は，履行不能が買主の帰責事由によるときは認められないが（543条），売主の帰責事由の有無を問わず認められる。

以上より，ア―正，イ―正，ウ―誤，エ―誤であり，肢１が正解となる。

正答 1

実践 問題 92 基本レベル

頻出度 地上★★ 国家一般職★★ 特別区★★
裁判所職員★★★ 国税・財務・労基★★ 国家総合職★★

問 売買契約に関するア～エの記述のうち，妥当なもののみを挙げているのはどれか。
(国税・財務・労基2023)

ア：売買契約において，引き渡された目的物が種類，品質又は数量に関して契約の内容に適合しないものである場合，原則として，買主は，売主に対し，履行の追完を請求することができるが，売主は，買主に不相当な負担を課するものでなくても，買主が請求した方法と異なる方法によって履行の追完をすることはできない。

イ：売買契約において，引き渡された目的物が種類，品質又は数量に関して契約の内容に適合しないものであり，その不適合が買主の責めに帰すべき事由によるものでない場合，買主は，売主に対し，相当の期間を定めて履行の追完の催告をし，その期間内に履行の追完がないときは，その不適合が売主の責めに帰すべき事由によるものでなくても，その不適合の程度に応じて代金の減額を請求することができる。

ウ：売買契約において，売主が数量に関して契約の内容に適合しない目的物を買主に引き渡した場合，買主がその不適合を知った時から１年以内にその旨を売主に通知しないときは，買主は，売主が引渡しの時にその不適合を知っていたときを除き，その不適合を理由として，履行の追完の請求をすることができない。

エ：売買契約において，売主が買主に目的物（売買の目的として特定したものに限る。）を引き渡した場合，その引渡しがあった時以後にその目的物が当事者双方の責めに帰することができない事由によって滅失したときは，買主は，その滅失を理由として，契約の解除をすることができない。

1：ア，イ
2：ア，ウ
3：ア，エ
4：イ，ウ
5：イ，エ

チェック欄		
1回目	2回目	3回目

実践 問題 92 の解説

〈売買〉

ア× 売買契約において，引き渡された目的物が種類，品質または数量に関して契約の内容に適合しないものである場合（目的物の契約不適合），原則として（その不適合が買主の責めに帰すべき事由によるものであるときを除き），買主は，売主に対し，目的物の修補，代替物の引渡しまたは不足分の引渡しによる履行の追完を請求できる（562条1項本文・2項）。したがって，本記述の前半は妥当である。しかし，売主は，買主に不相当な負担を課するものでないときは，買主が請求した方法と異なる方法による履行の追完をすることができる（同条1項但書）。

イ○ 目的物の契約不適合がある場合において，買主が相当の期間を定めて履行の追完の催告をし，その期間内に履行の追完がないときは，買主は，その不適合の程度に応じて代金の減額を請求できる（563条1項）。この代金減額請求権は，目的物の契約不適合が買主の帰責事由によるときは認められないが（同条3項），売主の帰責事由の有無を問わず認められる。

ウ× 目的物の契約不適合が種類・品質に関するものである場合，買主がその不適合を知った時から1年以内にその旨を売主に通知しないときは，売主が引渡しの時にその不適合について悪意・重過失であったときを除き，買主は，その不適合を理由として，追完請求（記述アの解説参照），代金減額請求（記述イの解説参照），損害賠償請求（564条・415条），契約解除（564条・541条・542条）ができなくなる（566条）。これは，①目的物の引渡しにより履行が終了したという売主の期待を保護する必要があること，②種類・品質の不適合の有無は目的物の使用や時間経過による劣化等により比較的短期間で判断が困難になることから，買主の権利行使に短期の期間制限を設けたものである。これに対して，本記述のように，目的物の契約不適合が数量に関するものである場合，上記のような期間制限は適用されない。これは，数量の不適合（数量不足）は外形上明白であり，売主を特に保護する必要がないからである。

エ○ 売主が買主に売買の目的として特定した目的物（特定物または特定した種類物）を引き渡した場合において，その引渡しがあった時以後にその目的物が当事者双方の責めに帰することができない事由によって滅失・損傷したときは，買主は，その滅失・損傷を理由として，追完請求・代金減額請求・損害賠償請求・契約解除ができない（567条1項前段）。この場合，買主は，代金の支払いを拒むこともできない（同項後段）。これは，売買目的物の滅失・損傷に関する危険は，原則として，目的物の引渡しによって売主（債務者）から買主（債権者）に移転することを規定したものである。

以上より，妥当なものはイ，エであり，肢5が正解となる。

正答 5

実践 問題 93 応用レベル

頻出度 地上★ 国家一般職★★ 特別区★ 裁判所職員★★ 国税·財務·労基★ 国家総合職★★

問 Xが，A所有の甲土地をYに売却したという他人物売買の事例に関する次の記述のうち，最も適当なのはどれか（争いがあるときは，判例の見解による。）。

（裁事2011）

1：XY間の売買契約成立の時から，Aに甲土地を譲渡する意思が全くない場合は，XY間の売買契約は原始的不能であるから無効である。

2：売買契約を締結した後，Xが死亡し，AがXを単独で相続した場合でも，信義則に反するような特別の事情のない限り，AはYに対し，甲土地の引渡しを拒むことができる。

3：売買契約を締結した時，Xが甲土地はAの所有であることを知っていた場合でも，Xは売買契約を解除することができる。

4：Xが，Aに無断でXの名義に所有権移転登記をした上でYとの売買契約を締結し，その際Yが甲土地をXの所有であると信じ，かつそのことについて過失がなかった場合，YはAに対し，甲土地の所有権の取得を主張することができる。

5：売買契約を締結した後，Xが，Xの責めに帰すべき事由により，甲土地の所有権をYに移転することができなかった場合でも，甲土地がAの所有であると知っていたYは，Xに対し，損害賠償請求をすることはできない。

チェック欄		
1回目	2回目	3回目

実践 問題 93 の解説

〈他人物売買〉

1 × 他人A所有の甲土地を売買の目的とした売主Xは，Aから甲土地の所有権を取得して買主Yに移転する義務を負う（561条）。これは，他人物売買も債権契約としては有効であることを前提とした規定である。さらに，判例は，他人物売買において，目的物の所有者が他に譲渡する意思がないことが契約時に明らかであった場合でも，売買契約自体は有効に成立する（原始的不能を理由に無効とはならない）としている（最判昭25.10.26）。

2 ○ 判例は，他人の権利の売主Xをその権利者Aが相続し，売主Xの義務ないし地位を承継しても，相続前と同様その権利の移転につき諾否の自由を保有し，信義則に反する特別の事情がない限り，売主としての履行義務（甲土地の引渡義務）を拒否できるとしている（最大判昭49.9.4）。

3 × 本肢のように売主が契約を解除することができるとする規定は，存在しない。

4 × 判例は，甲土地の所有者Aに無断でXがX名義の所有権移転登記をした場合でも，Aがそのことを知りながら「明示または黙示に承認」していたときは，94条２項を類推適用し，Aは，Xから甲土地を買った善意の第三者Yに対して，登記名義人Xが所有権を取得していないことを対抗できないとしている（最判昭45.9.22）。しかし，AがX名義の所有権移転登記を「明示または黙示に承認」していない（所有者Aに帰責性がない）ときは，94条２項は類推適用されない。このときは，たとえYがX名義の所有権移転登記を信頼して（甲土地がA所有であることにつき善意・無過失で）Xから甲土地を買ったとしても，登記に公信力がない以上，Yは甲土地の所有権を取得できない。

5 × 買主Yは，甲土地がA所有であることにつき善意であるか悪意であるかにかかわらず，売主Xの債務不履行を理由として，損害賠償を請求することができる（415条）。

正答 2

実践 問題 94 応用レベル

頻出度			
	地上★	国家一般職★★	特別区★
	裁判所職員★★	国税·財務·労基★	国家総合職★★

問 民法に規定する売買の効力に関する記述として，妥当なものはどれか。

（特別区2015改題）

1：売買の目的である権利の全部が他人に属することにより，売主がこれを買主に移転することができないときは，買主は，契約の解除をすることができるが，この場合において，買主が契約時にその権利が売主に属しないことを知っていたときは，損害賠償の請求をすることができない。

2：売買の目的物が地上権，永小作権又は地役権の目的となっており，移転した権利が契約の内容に適合しない場合において，買主が契約をした目的を達することができないときは，買主は，契約の解除をすることができるが，代金減額の請求をすることはできない。

3：売買の目的である権利は，契約の成立したときに買主に移転するが，権利の移転と目的物の引渡しとの間には，時間的な差が生じうるものであるため，権利移転後もまだ引き渡されていない売買の目的物が果実を生じたときは，その果実は，当然買主に帰属する。

4：売買の目的について権利を主張する者があるために買主がその買い受けた権利の全部又は一部を失うおそれがあるときは，売主が買主との合意に基づいて担保物権を設定した場合においても，買主は，その危険の程度に応じて，代金の支払を拒むことができる。

5：買い受けた不動産について契約の内容に適合しない抵当権の登記があるときは，買主は，抵当権消滅請求の手続が終わるまで，その代金の支払を拒むことができるが，この場合において，売主は，買主に対し，遅滞なく抵当権消滅請求をすべき旨を請求し，また，その代金の供託を請求することができる。

チェック欄		
1回目	2回目	3回目

実践 問題 94 の解説

〈売買の効力〉

1 × 他人の権利を売買の目的とした場合（権利の全部が他人に属する場合），売主は，その権利を取得して買主に移転する義務を負うが（561条），売主が売却した権利を取得して買主に移転できないときは，売主の債務不履行であり，買主は，契約を解除できる（541条・542条）。また，買主は，その善意・悪意を問わず，損害賠償を請求することもできる（415条）。

2 × 売買の目的物が地上権・永小作権・地役権・留置権・質権の対象となっているために契約をした目的を達成できないときは，買主は，契約を解除することができる（565条・564条）。また，買主は，代金減額請求をすることもできる（565条・563条）。なお，代金減額請求は契約の一部解除の性質を有するため，契約の解除（全部解除）とは両立しない。したがって，代金減額請求を現に行使した後は解除権を行使することができない。

3 × 売買の目的である権利は，原則として契約成立時に買主に移転すると解されているから（最判昭33.6.20），権利の移転と目的物の引渡しとの間には，時間的な差が生じうる。したがって，権利移転後もまだ引き渡されていない売買の目的物が果実を生じたときは，その果実は当然買主に帰属するはずである。他方，売主は，買主に対し，管理費用の償還を請求し，履行期以後の代金の利息を請求できるはずである。しかし，このような権利関係は複雑だから，民法は，果実を収受する利益と管理費用の差は代金の利息に等しいとみて，引渡前に目的物から生じた果実は，売主に帰属する（575条１項）とする一方，買主は目的物の引渡しの日から代金の利息を支払う義務を負う（同条２項）として，簡潔な決済を図っている。

4 × 売買の目的について権利を主張する者があることその他の事由により，買主がその買い受けた権利の全部もしくは一部を取得することができず，または失うおそれがあるとき（たとえば，売買の目的物が他人の物で，真の所有者が買主に対して権利主張してきたとき）は，「買主は，その危険の程度に応じて，代金の全部又は一部の支払を拒むことができる」（576条本文）。もっとも，「売主が相当の担保を供したとき」は，買主の損失は保障されるから，買主は代金の支払いを拒めない（同条但書）。

5 ○ 買い受けた不動産について契約の内容に適合しない抵当権の登記があるときは，買主は，抵当権消滅請求をすることができ（379条以下），それに要した費用を売主に請求できるが（570条），抵当権消滅請求の手続が終わるまで代金の支払いを拒絶できる（577条１項前段）。この場合，売主は，買主に対し，遅滞なく抵当権消滅請求をすべき旨を請求できる（同項後段）。また，売主は，代金支払拒絶の間に買主が無資力になる危険を回避するために，買主に対して代金の供託を請求できる（578条）。

正答 5

実践 問題 95 応用レベル

頻出度 地上★ 国家一般職★★ 特別区★ 裁判所職員★★ 国税·財務·労基★ 国家総合職★★

問 手付に関するア～オの記述のうち，妥当なもののみをすべて挙げているのはどれか。ただし，争いのあるものは判例の見解による。 (国Ⅰ2011)

ア：民法は，手付の性質について，解約手付を原則としているところ，この解約手付の原則は，交付された手付が当事者の一方の違約の場合における損害賠償額の予定を定めたものであったとしても，排除されるものではない。

イ：解約手付による解除をするためには，買主はその旨の意思表示をするだけでよいが，売主が解除するためには，買主に対して，手付の倍額を現実に提供しなければならない。

ウ：合意で契約が解除された場合であっても，既に手付が現実に交付されていたときは，手付を交付した者はその返還を請求することができない。

エ：解約手付による契約の解除は，当事者の一方が契約の履行に着手するまでこれをすることができるが，ここにいう履行の着手とは，債務の内容である給付の実行に着手することであって，売主が特定の売買の目的物件を調達することは，いまだ給付の実行に着手するものではないから，履行の準備行為にすぎず，履行の着手には当たらない。

オ：手付が解約手付である場合には，当事者のいずれか一方が履行に着手すると，その相手方は契約が解除されることはないとの期待を抱くから，自ら履行に着手した当事者は，自己の解除権を放棄したものと擬制され，その後に契約を解除することは認められない。

1：ア，イ
2：ア，エ
3：イ，ウ
4：ウ，オ
5：エ，オ

チェック欄		
1回目	2回目	3回目

実践 問題 95 の解説

〈手付〉

ア○ 手付が交付された場合には，「解約手付」の性質を有するものと定めた民法の規定（557条１項）は任意規定であるから，「反対の意思表示」があればその適用は排除される。しかし，判例は，交付された手付が当事者の一方の違約（債務不履行）の場合における損害賠償額の予定を定めたもの（違約手付）であったとしても，それだけでは「反対の意思表示」とはならず，その手付が「解約手付」を兼ねると解釈することは可能であるとしている（最判昭24.10.4）。

イ○ 手付を交付した買主が解除するためには，解除のために手付を放棄する旨の意思表示をすれば足りる。これに対して，手付を受け取った売主が解除するためには，口頭の提供のみでは足りず，倍額の現実の提供が必要である（557条１項本文）。

ウ× 解約手付による解除の場合は，手付の放棄・倍返しだけで損害賠償の問題を解決しようという趣旨であるから，別に損害賠償は請求できない（557条２項）。しかし，契約が合意解除された場合には，交付者は不当利得により手付の返還を請求できる（大判昭11.8.10）。

エ× 解約手付による解除は，相手方が履行に着手するまでに行わなければならない（557条１項但書）。この「履行の着手」とは，債務の内容たる給付の実行に着手すること，すなわち，客観的に外部から認識しうるような形で履行行為の一部をなし，または履行の提供をするために欠くことのできない前提行為をした場合をいう（最大判昭40.11.24）。そして，判例は，他人の不動産を売った売主が物件所有者から不動産を調達して自分名義に所有権移転登記をすることも，特定の売買の目的物件の調達行為にあたり，履行の着手があったものとしている（同判決）。

オ× 手付による解除は，相手方が履行に着手していない限り，履行に着手した当事者の側からすることはできる（557条１項但書）。

以上より，妥当なものはア，イであり，肢１が正解となる。

正答 1

実践 問題 96 応用レベル

頻出度 地上★ 国家一般職★★ 特別区★ 裁判所職員★★ 国税・財務・労基★ 国家総合職★★

問 売買契約における手付に関するア～オの記述のうち，妥当なもののみを挙げているのはどれか。ただし，争いのあるものは判例の見解による。

(国家総合職2023)

ア：ＡＢ間の売買契約締結前の交渉段階で，買入れを希望するＢが，売買についての優先交渉権を取得するために，Ａに対して申込証拠金を交付した場合，この申込証拠金は，手付としての性質を有しない。

イ：ＡＢ間で売買契約が締結され，その際に，解約手付として，買主Ｂから売主Ａに対して手付金10万円が支払われた場合，Ｂは，手付金10万円を放棄することによって契約の解除をすることができ，解除によってＡに損害が発生したとしても，手付金の放棄とは別に，Ａに対してその損害を賠償する義務を負わない。

ウ：売買契約が締結され，その際に交付された手付の趣旨が明確にされていないときは，損害賠償額の予定としての違約手付の趣旨で交付されたものと解釈される。

エ：ＡＢ間で売買契約が締結され，その際に，解約手付として，買主Ｂから売主Ａに対して手付金30万円が支払われた場合，Ｂは，手付金30万円を放棄することによって自由に契約の解除をすることができるが，ＡＢのいずれかが履行に着手した後は，もはや手付による解除をすることはできない。

オ：違約手付は契約の拘束力を強める手付であるのに対し，解約手付は契約の拘束力を弱める手付であるため，趣旨が相反している。そのため，売買契約において，「契約当事者の一方が自らの債務につき不履行をしたときは，買主は手付を没収され，売主は倍額を返還する」という内容の約定があった場合，その約定は専ら損害賠償額の予定としての違約手付と捉えるべきであり，その約定に解約手付の趣旨も併せて含まれていると解することはできない。

1：ア，イ
2：ア，エ
3：イ，オ
4：ウ，エ
5：エ，オ

チェック欄		
1回目	2回目	3回目

実践 問題 96 の解説

〈売買〉

ア○ 手付は，**契約締結の際**に，当事者の一方から相手方に交付される金銭その他の有価物であり，さまざまな意味がある（記述ウの解説参照）。これに対して，申込証拠金は，**売買契約成立前**に，購入希望者（B）が売買についての優先交渉権を取得するために交付する金銭であり，販売業者（A）の都合で徴収されるものである。この申込証拠金は，契約不成立の場合には返還されるべきものであるから，**手付としての性質を有しない**。

イ○ 本記述の場合，買主Bは，手付金10万円を放棄することによって売買契約を解除することができる(557条１項本文)。この解約手付による解除の場合，手付損・倍戻しによって相手方の損害を補償することを予定しているから，債務不履行による解除の場合（545条４項）と異なり，**損害賠償請求は認められない**（557条２項)。

ウ× 手付には，①契約成立の証拠となる**証約手付**（すべての手付に共通する性質)，②債務不履行（違約）があった場合に相手方に没収される**違約手付**，③解除権を留保する意味を持つ**解約手付**がある。②はさらに，**損害賠償額の予定**（420条）である場合と，損害賠償と別に没収される**違約罰**である場合がある。このように手付にはさまざまな意味があるが，557条１項は，売買契約における手付は③の解約手付の性質を有すると規定しているので，反対の意思表示がない限り，**解約手付**と解釈（推定）される（最判昭29.1.21)。

エ× 解約手付による解除は，「**相手方が契約の履行に着手した後**」は，**認められない**（557条１項但書)。これは，履行に着手した当事者が手付による解除によって不測の損害を被ることを防止するためであるから，相手方が履行に着手していない場合において，**履行に着手した当事者自身**が手付による解除をすることは**妨げられない**。したがって，本記述の場合，買主Bが履行に着手した後であっても，売主Aが履行に着手する前であれば，Bは，手付金30万円を放棄することによって売買契約を解除することができる。

オ× 手付が交付された場合には，解約手付の性質を有するものと定めた557条１項（記述ウの解説参照）は**任意規定**であるから，**反対の意思表示**があればその**適用は排除**される。そして，本記述のような約定は，損害賠償額の予定としての違約手付を意味することは明らかである。しかし，判例は，当該約定だけでは同項の適用を排除する意思表示があったものということはできず，その手付が**解約手付と**（損害賠償額の予定としての）**違約手付を兼ねる**と解釈することは**可能**であるとしている（最判昭24.10.4)。

以上より，妥当なものはア，イであり，肢１が正解となる。

正答 1

実践 問題 97 応用レベル

頻出度	地上★ 国家一般職★★ 特別区★ 裁判所職員★★ 国税·財務·労基★ 国家総合職★★

問 売買に関する次の記述のうち，妥当なのはどれか。ただし，争いのあるものは判例の見解による。（国家一般職2017改題）

1：売買契約締結に際し，買主から売主に対し手付が交付された場合において，その後買主が履行に着手することにより売主が契約の履行に対する期待を抱いた以上，売主がいまだ履行に着手していないときであっても，履行に着手した買主は売主に対して契約を解除することはできない。

2：売買契約締結に際し，買主から売主に対し手付が交付された場合であっても，契約書にその手付について「買主に契約不履行があるときは，売主は手付を没収し，売主に契約不履行があるときは，売主は買主に手付の倍額を損害賠償として提供する」と定めているときには，売主は，この手付を根拠にして，手付の倍額を返還して契約を解除することはできない。

3：他人の権利を売買の目的とする売買契約を締結した場合において，その他人に権利を譲渡する意思がないことが明らかなときは，その売買契約は原始的不能を理由に無効となる。

4：強制競売も売買と同一の性格を持つので，競売の目的物の種類・品質に関して不適合があったときは，買受人は，売主の地位に立つ債務者に対し，その不適合を理由として担保責任を追及することができる。

5：売買契約において，引渡前に目的物から生じた果実は売主に帰属し，買主は目的物の引渡日より代金の利息の支払義務を負うから，売主は，目的物の引渡しを遅滞していても，代金が未払である限り，果実を取得することができる。

チェック欄		
1回目	2回目	3回目

実践 問題 97 の解説

〈売買〉

1 × 557条1項によれば，解約手付による解除が認められるのは「相手方が契約の履行に着手」するまでである。同項の趣旨は，履行に着手した当事者が不測の損害を被ることを防止することにある。

2 × 契約書の記載からは，本肢の手付は損害賠償額の予定（420条）の性質を持つ違約手付であると考えられる。しかし，判例は，本肢のような契約書の定めだけでは557条（解約手付の原則）の適用を排除する意思表示があったものということはできないとして，違約手付と解約手付の両立を認め，売主が，この手付を根拠にして，手付の倍額を返還して契約を解除することを肯定する（最判昭24.10.4）。

3 × 他人の権利を売買の目的としたときは，売主は，その権利を取得して買主に移転する義務を負う（561条）。これは，他人物売買も債権契約としては有効であることを前提とした規定である。さらに，判例は，他人物売買において，その目的物の所有者が他に譲渡する意思がないことが契約時に明らかであった場合でも，なおその売買契約は有効に成立する（原始的不能を理由に無効とはならない）としている（最判昭25.10.26）。

4 × 競売によって買受人が取得した物または権利について，権利の不適合または数量不足があった場合，買受人は，売主の地位に立つ債務者に対し，契約の解除または代金減額請求ができる（568条1項）。しかし，競売の目的物の種類･品質に関して不適合があった場合でも，買受人は，債務者に対し，担保責任を追及できない（同条4項）。その理由は，①競売が債務者の意思に基づいて行われるものではないこと，②債権者は目的物の品質について知る機会が少なく帰責性が乏しいこと，③競売手続では，目的物にある程度の損傷等があることを織り込んで買受けが行われるのが通常であることなどにある。

5 ○ 売買契約において，引渡前に目的物から生じた果実は売主に帰属し（575条1項），買主は目的物の引渡しの日から代金の利息を支払う義務を負う（同条2項）。これは，目的物の果実と代金の利息が法的に等価値であると考え，売主と買主の複雑な関係を簡潔に処理する趣旨である。このような趣旨から，判例は，目的物の引渡しを遅滞していても，代金が未払いである限り，売主は果実を取得できるとしている（大連判大13.9.24）。

正答 5

実践 問題 98 応用レベル

頻出度 地上★ 国家一般職★★ 特別区★ 裁判所職員★★ 国税·財務·労基★ 国家総合職★★

問 売買に関するア～オの記述のうち，妥当なもののみを全て挙げているのはどれか。ただし，争いのあるものは判例の見解による。 （国家総合職2021）

ア：売買契約において，引き渡された目的物が種類，品質又は数量に関して契約の内容に適合しないものであり，その不適合が買主の責めに帰すべき事由によるものでない場合，買主は，売主に対し，目的物の修補，代替物の引渡し又は不足分の引渡しによる履行の追完を請求することができ，売主は，買主に不相当な負担を課するものでなくても，買主が請求した方法と異なる方法により履行の追完をすることはできない。

イ：売買契約において，買主が売主に手付を交付した場合，その交付に当たって当事者が手付の趣旨を明らかにしていなかったときは，交付された手付は，債務不履行の際の損害賠償額の予定と推定される。

ウ：売買契約において，引き渡された目的物が種類，品質又は数量に関して契約の内容に適合しないものであり，その不適合が買主の責めに帰すべき事由によるものでない場合，買主は，売主に対し，相当の期間を定めて履行の追完の催告をし，その期間内に履行の追完がないときは，その不適合が売主の責めに帰すべき事由によるものでなくても，その不適合の程度に応じて代金の減額を請求することができる。

エ：甲土地の売買契約において，甲土地の一部が他人の所有する土地であり，売主が甲土地全部の所有権を買主に移転することができず，そのことにつき売主の責めに帰すべき事由がある場合でも，買主は，契約締結時に甲土地の一部を売主が所有していないことを知っていたときは，売主に損害賠償請求をすることができない。

オ：売買契約において，売主が種類又は品質に関して契約の内容に適合しない目的物を買主に引き渡した場合，買主がその不適合を理由に損害賠償の請求をするには，売主が引渡しの時にその不適合を知り，又は重大な過失によって知らなかったときを除き，買主がその不適合を知った時から１年以内にその旨を売主に通知する必要があるが，訴訟の提起や損害額を明示して損害賠償を請求することまでは要しない。

1：ア，イ　2：ア，エ　3：イ，ウ　4：ウ，オ　5：エ，オ

チェック欄		
1回目	2回目	3回目

実践 問題 98 の解説

〈売買〉

ア× 売買契約において，引き渡された目的物が種類，品質または数量に関して契約の内容に適合しないものである場合（目的物の契約不適合）には，その不適合が買主の責めに帰すべき事由によるものであるときを除き，買主は，売主に対し，目的物の修補，代替物の引渡しまたは不足分の引渡しによる履行の追完を請求することができる（追完請求権。562条1項本文・2項）。したがって，追完の方法の選択権は，第1次的には買主にある。ただし，売主は，買主に不相当な負担を課するものでないときは，買主が請求した方法と異なる方法による履行の追完をすることができる（同条1項但書）。

イ× 手付には，①契約成立の証拠となる証約手付（すべての手付に共通する性質），②債務不履行（違約）があった場合に相手方に没収される違約手付，③解除権を留保する意味を持つ解約手付がある。②はさらに，損害賠償額の予定（420条）である場合と，損害賠償と別に没収される違約罰である場合がある。このように手付にはさまざまな意味があるが，557条1項は，売買契約における手付を③の解約手付の性質を有するものと規定しているので，反対の意思表示がない限り，解約手付と推定される（最判昭29.1.21）。

ウ○ 目的物の契約不適合がある場合において，買主が相当の期間を定めて履行の追完の催告をし，その期間内に履行の追完がないときは，買主は，その不適合の程度に応じて代金の減額を請求することができる（代金減額請求権。563条1項）。この代金減額請求権は，追完請求権（記述アの解説参照）と同様，①目的物の契約不適合が売主の責めに帰すべき事由によるものであることは要件とされていない（売主の責めに帰すべき事由の有無を問わず認められる）が，②目的物の契約不適合が買主の責めに帰すべき事由によるものであるときは，認められない（同条3項）。

エ× 売買契約の目的である権利の一部が他人に属する場合においてその権利の一部を移転しないとき（移転した権利の契約不適合）は，562条～564条の規定が準用されるので（565条），買主は，売主に対して，追完請求権（記述アの解説参照），代金減額請求権（記述ウの解説参照），損害賠償請求権（564条・415条），解除権（564条・541条・542条）を行使できる。このうち，損害賠償請求権は，移転した権利の契約不適合が売主の責めに帰することができない事由によるものであるときは認められないが（415条1項但書），

2017（平成29）年改正前民法と異なり，買主の善意・悪意を問わない。

オ○ 売主が種類または品質に関して契約の内容に適合しない目的物を買主に引き渡した場合において，買主がその不適合を知った時から1年以内にその旨を売主に通知しないときは，買主は，その不適合を理由として，追完請求権（記述アの解説参照），代金減額請求権（記述ウの解説参照），損害賠償請求権（564条・415条），解除権（564条・541条・542条）を行使することができなくなる（566条本文）。これは，①目的物の引渡しにより履行が終了したという売主の期待を保護する必要があること，②目的物の種類・品質の不適合の有無は目的物の使用や時間経過による劣化等により比較的短期間で判断が困難になることから，買主の権利に短期の期間制限を設けたものである。ただし，売主が引渡しの時にその不適合を知り，または重大な過失によって知らなかったときは，そのような売主を保護する必要がないので，上記の期間制限は適用されない（同条但書）。なお，2017（平成29）年改正前民法下の判例は，買主が損害賠償請求権を保存するためには，「具体的に瑕疵の内容とそれに基づく損害賠償請求をする旨を表明し，請求する損害額の算定の根拠を示すなどして，売主の担保責任を明確に告げる必要がある」としていたが（最判平4.10.20），これが買主に重い負担となっていたため，同改正民法は，上記のように不適合があることの通知で足りるとし，訴訟の提起や損害額を明示して損害賠償を請求することまでは要求していない。

以上より，妥当なものはウ，オであり，肢4が正解となる。

正答 4

memo

実践 問題 99 応用レベル

頻出度	地上★ 国家一般職★★ 特別区★ 裁判所職員★★ 国税·財務·労基★ 国家総合職★★

問 売買に関する次のア～オの記述のうち，妥当なもののみを全て挙げているものはどれか（争いのあるときは，判例の見解による。）。（裁事2022）

ア：買主は，目的物の引渡しと同時に代金を支払うべき契約においては，目的物の引渡しを先に受けた場合でも，目的物の引渡しを受けた場所において代金を支払わなければならない。

イ：売主は，代金の支払を受けるまでは，売主の責に帰すべき事由により目的物の引渡しを遅滞している場合でも，目的物を引き渡すまでこれを使用し果実を取得することができる。

ウ：他人の土地の所有権を買主に移転するという債務が売主の責に帰すべき事由により履行不能となった場合，売買契約を締結した買主は，目的物である土地を売主が所有していないことを知っていたとしても，売主に対して損害賠償を請求することができる。

エ：売買の目的物が契約の内容に適合しないものである場合，その契約の不適合につき売主の責に帰すべき事由がないときは，買主は，契約の解除及び損害賠償請求をすることができない。

オ：買主が売主に対して売買の目的物の品質が契約の内容に適合しないことについての担保責任に基づいて契約の解除及び損害賠償を請求する場合，買主は売買契約が成立した時から１年以内にこれをしなければならない。

1：ア，イ
2：ア，ウ
3：イ，ウ
4：イ，エ
5：ウ，オ

チェック欄		
1回目	2回目	3回目

実践 問題 99 の解説

〈売買〉

ア× 代金の支払場所は，当事者の合意（契約）や慣習（92条）により定まるのが通常であり，それらが明らかでない場合，一般的には，**売主（債権者）の現在の住所**で支払うべきことになる（**持参債務の原則**。484条１項）。しかし，売買については特則があり，**目的物の引渡しと同時**に代金を支払うべきときは，その**引渡しの場所**において代金を支払わなければならない（574条）。もっとも，この規定は，目的物の引渡しと同時に代金を支払うべき場合における当事者の意思を推測したものであるから，本記述のように，**目的物の引渡しが先**にあった場合には，同条の適用はなく，484条１項の原則が適用され，**売主の現在の住所**で支払うべきことになる（大判昭2.12.27）。

イ○ 売買契約において，**引渡前**に目的物から生じた**果実**は**売主**に帰属し（575条１項），**買主**は目的物の**引渡しの日**から代金の**利息**を支払う義務を負う（同条２項）。これは，目的物の果実と代金の利息を法的に等価値であると考え，売主と買主の複雑な関係を簡潔に処理する趣旨である。このような趣旨から，判例は，**目的物の引渡しを遅滞**していても，**代金が未払い**である限り，**売主は果実を取得することができる**としている（大連判大13.9.24）。

ウ○ 他人の権利を売買の目的とした場合，売主は，その権利を取得して買主に移転する義務を負う（561条）。また，売主がその権利を取得して買主に移転できない場合について，2017（平成29）年改正前の民法は，買主の契約の解除および損害賠償請求を認めつつ，買主が悪意であったときは，損害賠償請求はできないと定めていたが，判例は，本記述のように，売主に帰責事由があれば，買主は悪意でも損害賠償を請求できるとしていた（最判昭41.9.8）。現行民法によれば，**他人の権利の売主**がその**権利を取得して買主に移転できない**場合は，**売主の債務不履行**であり，**買主**は，その善意・悪意を問わず，売主に対して**損害賠償を請求できる**（415条）。結論は，上記判例と同じである。

エ× 売買契約において，引き渡された目的物が種類，品質または数量に関して契約の内容に適合しないものである場合（**目的物の契約不適合**），買主は，売主に対し，①**追完請求**（562条），②**代金減額請求**（563条），③**損害賠償請求**（564条・415条），④**契約の解除**（564条・541条・542条）をすることができる。③は，目的物の契約不適合が**売主の責めに帰することができない事由によるものであるときは認められない**が（415条１項但書），①②④は，目的物の契約不適合が売主の責めに帰すべき事由によるものであるかどうかを問わず認められる。

オ× 売主が種類または品質に関して契約の内容に適合しない目的物を買主に引き渡した場合において，買主がその不適合を知った時から１年以内にその旨を売主に通知しないときは，原則として，買主は，その不適合を理由として，記述エの解説の①～④の手段をとることができなくなる（566条本文）。したがって，その期間の起算点は，売買契約が成立した時ではない。また，買主は，その期間内に，種類・品質の契約不適合の事実を売主に通知すれば足り，訴訟の提起や損害額を明示して損害賠償を請求するなど，上記①～④の具体的な権利行使をする必要はない。

以上より，妥当なものはイ，ウであり，肢３が正解となる。

正答 3

memo

贈与

必修問題 セクションテーマを代表する問題に挑戦！

贈与は，基本的なことが問われます。最低限，問題で出たところはできるようにしましょう。

問 民法に規定する贈与に関する記述として，通説に照らして，妥当なのはどれか。　（特別区2017改題）

1：贈与とは，当事者の一方がある財産を無償で相手方に与える意思を表示し，相手方が受諾をすることによって成立する契約のことをいい，無償契約，片務契約であり，諾成契約である。

2：書面によらない贈与は，贈与の目的物が動産である場合，その動産の引渡しをもって履行の終了となり，各当事者は解除することができなくなるが，この引渡しは，現実の引渡しに限られ，占有改定や指図による移転は含まれない。

3：贈与者は，贈与の目的物の種類・品質が契約の内容に適合しない場合であっても，負担付贈与の場合を除き，贈与の無償性により，その責任を負わない。

4：定期の給付を目的とする贈与は，贈与者又は受贈者の死亡によって，その効力を失い，特約により反対の意思表示があったとしても，贈与者又は受贈者の死亡によって，当然に，その効力を失う。

5：贈与者の死亡によって効力を生ずる贈与については，受贈者の承諾を不要とする単独行為であり，遺贈に関する規定を準用するため，遺言の方式に関する規定によって行われなければならない。

Guidance ガイダンス

贈与契約の法的性質…無償，片務，諾成契約

書面によらない贈与…原則：各当事者は解除できる（550条本文）

例外：「履行が終わった」部分については解除できない（同条但書）

※「履行が終わった」（550条但書）とは，贈与者の意思が外部に対して明確に表示された状態を意味し，①動産は引渡し（大判明43.10.10），②不動産は引渡しまたは所有権移転登記（最判昭40.3.26）がこれにあたります。

直前復習

頻出度	地上★★　国家一般職★　特別区★★ 裁判所職員★　国税·財務·労基★　国家総合職★

必修問題の解説

チェック欄		
1回目	2回目	3回目

〈贈与〉

1 ○ 贈与とは，当事者の一方がある財産を無償で相手方に与えることを約束することによって成立する契約である（549条）。贈与契約は，受贈者は反対給付の履行義務を負わず，贈与者のみに債務が発生するから**無償・片務契約**であり，当事者の合意のみで成立するから，**諾成契約**である。

2 × **書面によらない贈与は，各当事者が解除できる**（550条本文）。その趣旨は，①贈与の意思の明確を期することと，②軽率な贈与の予防にある。もっとも，書面によらない贈与でも，**「履行の終わった」部分は解除できない**（同条但書）。「履行の終わった」とは，動産では**引渡し**でよく，引渡しには**占有改定**（最判昭31.1.27）や**指図による占有移転も含まれる**。

3 × 贈与者は，贈与の目的である物または権利を，贈与の目的として特定した時の状態で引き渡し，または移転することを約したものと推定される（551条１項）。しかし，個別具体的な贈与契約の解釈によって，**贈与者に契約の内容に適合した物または権利を移転する義務があるとされた場合**（つまり，551条１項の推定が覆された場合）には，受贈者は，贈与者が贈与契約の内容に適合しない物または権利を移転したときは，**債務不履行**の一般規定により，**追完請求**，**損害賠償請求**，**解除**をすることができる。また，贈与契約の際に受贈者に負担を課す**負担付贈与**では，受贈者の負担は実質的には対価的な性格を持つので，**贈与者は負担の限度で売主と同じ担保責任を負う**（同条２項）。

4 × **定期贈与**とは，一定の時期ごとに無償で財産を与える契約をいい，**贈与者または受贈者の死亡によってその効力を失う**（552条）。定期贈与は継続的な贈与行為なので，当事者の人的関係が重視されるためである。もっとも，同条は**任意規定**なので，**反対の特約は可能**である。

5 × 贈与者の死亡によって効力を生ずる贈与（**死因贈与**）は，あくまで贈与契約であるから，その成立には**受贈者の承諾が必要**である（549条）。また，死因贈与と遺贈は，一方当事者（贈与者，遺贈者）の死後における財産処分という点で共通するので，**死因贈与には，その性質に反しない限り，遺贈に関する規定が準用される**（554条）。もっとも，**遺贈が単独行為であることに基づく規定**（遺言能力〔961条・962条〕，遺言の方式〔967条〕など）は準用されないと解されており，判例も，**遺贈の方式に関する規定は死因贈与に準用されない**としている（最判昭32.5.21）。

正答 1

第2章 SECTION 2 売買・贈与

贈与

1 贈与とは

贈与とは，当事者の一方（贈与者）がある財産を無償で相手方（受贈者）に与えることを約束することによって成立する契約をいいます（549条）。**無償・片務・諾成契約**です。

書面によらない贈与は，すでに履行の終わった部分を除いて解除することができます（550条）。

ここにいう「履行の終わった」とは，贈与者が負担した債務の主要部分を履行することです。

> **補足** たとえば，不動産贈与においては，引渡しがあれば移転登記が済んでいなくても，また，移転登記があれば引渡しが済んでいなくても，履行は終わったものとされます（大判大9.6.17，最判昭40.3.26）。

2 贈与者の責任

贈与者は，受贈者に対して，贈与財産を移転しなければなりません。551条1項は，「贈与者は，贈与の目的である物又は権利を，**贈与の目的として特定した時**の状態で引き渡し，又は移転することを約したものと**推定する**」と規定しています。これは，**贈与の無償性**にかんがみて，贈与契約の内容を推定したものです。「特定した時」とは，特定物の贈与の場合は，贈与契約の時であり，不特定物の贈与の場合は，特定があった時（401条2項）です。贈与者は，その時点における，そのままの状態で引渡し・移転をすればよいのです。

もっとも，個別具体的な贈与契約の解釈によって，**贈与者に契約の内容に適合した物または権利を移転する義務があるとされた場合**（つまり，551条1項の推定が覆された場合）には，受贈者は，贈与者が贈与契約の内容に適合しない物または権利を移転したときは，**債務不履行**の一般規定により，**追完請求**，**損害賠償請求**，**解除**をすることができます。

memo

贈与

実践 問題 100 基本レベル

頻出度			
	地上★★	国家一般職★	特別区★★
	裁判所職員★	国税·財務·労基★	国家総合職★

問 民法に規定する贈与に関する記述として，判例，通説に照らして，妥当なのはどれか。
（特別区2019改題）

1：贈与とは，当事者の一方がある財産を無償で相手方に与える意思を表示し，相手方が受諾をすることによって，その効力を生じる契約のことをいい，契約類型として，契約によって当事者双方が債務を負担しそれが互いに対価たる意義を有する双務契約であり，契約が成立するために物の引渡しを必要とする要物契約である。

2：贈与者は，贈与の目的である物又は権利を，贈与の目的として特定した時の状態で引き渡し，又は移転することを約したものと推定されるが，負担付贈与の場合は，その負担の限度において，売主と同じく担保の責任を負うものではない。

3：定期の給付を目的とする贈与は，贈与者又は受贈者の死亡によって，その効力を失うが，当該贈与が終期の定めのない無期限贈与又は終期の定めのある期間付贈与である場合は，特約の有無にかかわらず，それによってその効力を失わない。

4：最高裁判所の判例では，不動産の贈与契約において，当該不動産の所有権移転登記が経由されたときは，当該不動産の引渡しの有無を問わず，贈与の履行が終わったものと解すべきであり，当事者間の合意により，移転登記の原因を形式上売買契約としても，履行完了の効果を生ずるについての妨げとなるものではないとした。

5：最高裁判所の判例では，売主から不動産を取得した贈与者がこれを受贈者に贈与した場合，贈与者が司法書士に依頼して，登記簿上の所有名義人である売主に対し，当該不動産を受贈者に譲渡したので売主から直接受贈者に所有権移転登記をするよう求める旨の内容証明郵便を差し出したとしても，それは単なる第三者に宛てた書面であるから，贈与の書面に当たらないとした。

チェック欄		
1回目	2回目	3回目

実践 問題 100 の解説

〈贈与〉

1 × 贈与は，当事者の一方がある財産を無償で相手方に与える意思を表示し，相手方が承諾をすることによって，その効力を生ずる（549条）。したがって，贈与は，当事者の合意だけで成立する諾成契約であって，要物契約ではない。また，贈与者は目的となっている財産権を受贈者に移転する義務を負うが，受贈者は贈与者に対して何ら義務を負わない。したがって，贈与は，当事者の一方のみが債務を負う片務契約であって，双務契約でもない。

2 × 贈与者は，贈与の目的である物または権利を，贈与の目的として特定した時の状態で引き渡し，または移転することを約したものと推定される（551条1項）。これは，贈与者は贈与契約の内容に適合した目的物を引き渡す債務を負うことを前提として，贈与者の責任を軽減しようとしたものである。しかし，負担付贈与については，贈与者は，その負担の限度において，売主と同じく担保責任を負う（同条2項）。

3 × 定期の給付を目的とする贈与（定期贈与）は，贈与者または受贈者の死亡によって，その効力を失う（552条）。定期贈与は，当事者間の人的関係を基礎としていることが多いからである。そして，判例は，定期贈与が，終期の定めのない無期限贈与であっても，終期の定めがある期限付贈与であっても，反対の意思表示がない限り，贈与者または受贈者が死亡すれば，その効力を失うとした（大判大6.11.5）。

4 ○ 書面によらない贈与は解除できるが（550条本文），履行の終わった部分は解除できない（同条但書）。判例は，書面によらない不動産の贈与契約において，当該不動産の所有権移転登記が経由されたときは，当該不動産の引渡しの有無を問わず，贈与の履行が終わったものと解すべきであり，この場合，当事者間の合意により，前記移転登記の原因を形式上売買契約としたとしても，前記登記は実体上の権利関係に符合し無効ということはできないから，履行完了の効果を生ずるについての妨げとなるものではないとした（最判昭40.3.26）。

5 × 判例は，贈与が「書面」（550条）によってされたといえるためには，贈与の意思表示自体が書面によっていることを必要としないことはもちろん，書面が贈与の当事者間で作成されたこと，または書面に無償の趣旨の文言が記載されていることも必要とせず，書面に贈与がされたことを確実に看取しうる程度の記載があれば足りるとしたうえで，本肢にあるような内容証明郵便は，同条の「書面」にあたるとした（最判昭60.11.29）。

正答 4

贈与

実践 問題 101 基本レベル

頻出度			
	地上★★	国家一般職★	特別区★★
	裁判所職員★	国税·財務·労基★	国家総合職★

問 民法に規定する贈与に関する記述として，妥当なのはどれか。（特別区2023）

1：贈与は，当事者の一方がある財産を無償で相手方に与える契約であり，目的物の引渡しによって，その効力を生じる。

2：贈与は，当事者の一方が自己の財産を無償で相手方に与える契約であり，他人の所有に属する物の贈与が有効となることはない。

3：書面によらない贈与は，各当事者が解除をすることができるものであり，履行の終わった部分についても，例外なく，契約を解除することができる。

4：贈与者は，贈与の目的である物又は権利を，贈与の目的として特定した時の状態で引き渡し，又は移転することを約したものと推定される。

5：定期の給付を目的とする贈与は，贈与者が死亡した場合にはその効力を失うが，受贈者が死亡した場合にはその効力が受贈者の相続人に移転する。

チェック欄		
1回目	2回目	3回目

実践 問題 101 の解説

〈贈与〉

1 × 贈与は，当事者の一方（贈与者）がある財産を無償で相手方（受贈者）に与える契約であり，当事者（贈与者・受贈者）間の合意のみで成立する**諾成契約**である（549条）。

2 × 2017（平成29）年改正前民法は，「自己の財産を無償で相手方に与える」と規定していたが，判例は，他人の財産の贈与契約も有効と解していた（最判昭44.1.31）。そこで，現行民法は，「自己の財産」を「ある財産」に改めて，**他人の財産の贈与契約**も**有効**であることを明らかにした（549条）。

3 × **書面によらない贈与**は，原則として，各当事者が**解除できる**（550条本文）。その趣旨は，①軽率な贈与を予防することと，②贈与の意思を明確にし後日の紛争を防止することにある。ただし，書面によらない贈与でも，**履行の終わった部分**については，贈与者の意思は明確になり，軽率でなかったことも明らかになるので，**解除できない**（同項但書）。

4 ○ 贈与者は，贈与の目的である物または権利を，贈与の目的として**特定した時**（特定物の贈与では契約締結時，種類物の贈与では目的物が特定した時〔401条２項〕）**の状態**で引き渡し，または移転することを約したものと**推定**される（551条１項）。この推定が覆らない限り，贈与者は，特定した時の状態で目的物を引き渡せば，債務不履行（契約不適合）責任を負わないことになる。

5 × 定期の給付を目的とする贈与（**定期贈与**。たとえば，毎月一定の学費・生活費を与える契約）は，**贈与者または受贈者の死亡**によって，その効力を失う（552条）。定期贈与は当事者間の人的関係を基礎とすることから，当事者の意思を推測した規定である。

正答 4

第2章

売買・贈与

章末CHECK　Question

Q1 売買は有償契約の典型であるから，売買に関する規定は，売買以外の有償契約にも準用される。

Q2 他人物売買で，契約成立時において所有者に目的物を譲渡する意思のないことが明らかである場合には，当該契約は当然に無効である。

Q3 他人物売買で，売主が売却した権利を帰責性なく買主に移転できない場合，悪意の買主は契約の解除および損害賠償請求をなしえない。

Q4 数量指示売買で，数量が不足した場合には買主は代金減額を請求できるが，数量が超過した場合に，売主が代金増額請求することはできない。

Q5 購入した土地に第三者のために登記された賃借権が設定されており，移転した土地所有権が契約の内容に適合しない場合には，買主は善意でさえあれば，当該土地の売買契約を解除できる。

Q6 購入した不動産に契約の内容に適合しない抵当権が設定されており，その抵当権が実行されて買主が所有権を失った場合，悪意の買主も，損害賠償請求や売買契約の解除ができる。

Q7 売買の目的物の種類・品質に関する契約不適合を理由とする解除は，買主がその不適合を知った時から１年以内にしなければならない。

Q8 解約手付を受領した者が契約を解除するには，手付金の倍額の提供が必要であり，かつ，その提供は常に現実の提供でなければならない。

Q9 自らが履行に着手した場合であっても，手付による解除をすることができる。

Q10 贈与契約は，贈与の意思を明確にするため，常に書面によりなされなければならない。

Q11 贈与契約は履行が終わるまでは解除することができ，解除が認められない場合はない。

Q12 不動産の贈与契約においてその不動産の所有権移転登記がされたときであっても，引渡しをしていなければ，「履行の終わった」（民法550条但書）に該当しないと解するのが判例である。

Q13 贈与契約は無償契約であるから，贈与の目的物の種類・品質に関して契約不適合があったとしても，贈与者が責任を負うことはない。

Answer

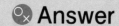

A1 ○ 他の有償契約にも，その性質に反しない限り，売買契約に関する規定が準用される（559条）。

A2 × 他人物売買において，目的物所有者が契約成立時から目的物を他に譲渡する意思がないことが明らかであっても，なお売買契約は有効に成立する（最判昭25.10.26）。

A3 × 損害賠償請求は認められない（415条1項但書）が，解除は可能である（541条・542条）。

A4 ○ 563条は数量不足の場合等について売主の担保責任を規定したものにすぎず，数量超過の場合に本条を類推適用して売主が代金増額を請求することはできない（最判平13.11.27参照）。

A5 × 買主は，善意・悪意を問わず，契約を解除することができる（565条・564条）。

A6 ○ 買主は，善意・悪意を問わず，損害賠償請求および契約の解除をすることができる（415条・541条・542条）。

A7 × 売買の目的物の種類・品質に関して契約不適合がある場合，買主は，「その不適合を知った時」から1年以内にその旨を売主に「通知」しなければ，解除することができなくなる（566条本文）。

A8 ○ 手付倍返しによる解除のためには，常に現実の提供を要する（557条1項本文）。

A9 ○ 相手方が履行に着手していない限り，自らが履行したとしても手付による解除ができる（557条1項但書）。

A10 × 贈与契約は諾成契約であり，書面は必要ではない（549条）。

A11 × 書面による贈与契約については，解除は認められない（550条）。

A12 × 判例は，不動産の贈与契約においてその不動産の所有権移転登記がされたときは，引渡しがなくても「履行の終わった」（550条但書）にあたると解している（最判昭40.3.26）。

A13 × 個別具体的な贈与契約の解釈によって，贈与者に契約の内容に適合した物または権利を移転する義務があるとされた場合，受贈者は，贈与者が贈与契約の内容に適合しない物または権利を移転したときは，債務不履行の一般規定により，追完請求，損害賠償請求，解除をすることができる。

memo

第3章

賃貸借・消費貸借・使用貸借

SECTION

① 賃貸借
② 貸借総合

第3章 賃貸借・消費貸借・使用貸借

出題傾向の分析と対策

試験名	地上			国家一般職（旧国Ⅱ）			特別区			裁判所職員			国税・財務・労基			国家総合職（旧国Ⅰ）		
年度	15-17	18-20	21-23	15-17	18-20	21-23	15-17	18-20	21-23	15-17	18-20	21-23	15-17	18-20	21-23	15-17	18-20	21-23
出題数 / セクション	1		1	1	2	1	1	1		3	2	2	1		1	1		1
賃貸借		★	★	★	★★		★	★		★★★	★	★	★		★	★		★
貸借総合	★★			★		★					★	★						

（注）１つの問題において複数の分野が出題されることがあるため，星の数の合計と出題数とが一致しないことがあります。

公務員試験においては，賃貸借についてよく出題されていますが，消費貸借，使用貸借についてはほとんど出題されていません。しかし，試験種によっては，消費貸借や使用貸借について単独で出題される場合もありますので，注意してください。

地方上級

たまに出題されています。その出題の多くは賃貸借ですが，消費貸借についての出題もあります。基本的には条文の知識を問われることが多いので，条文をしっかり読み，過去問を繰り返し解くことによって知識を定着させてください。

国家一般職（旧国家Ⅱ種）

よく出題されています。賃貸借が多く出題されていますが，2006年に賃貸借，消費貸借，使用貸借についての総合問題が，2021年に使用貸借についての問題が出題されています。総合問題は今後も出題される可能性がありますので，それぞれの知識が混同しないように，過去問を繰り返し解くことによって，正確な知識を身につけてください。

特別区

賃貸借について，たまに出題されています。条文のほかに判例の知識を問うものもありますので，過去問に出てくる判例をしっかり理解して，過去問を繰り返し解くことによって知識を定着させてください。

裁判所職員

ほぼ毎年出題されています。特に賃貸借はほぼ毎年出題されていることから，重点的な学習が必要です。知識問題ではやや細かいところまで問われているので，本書のインプット部分と条文をしっかり学習したら，過去問を繰り返し解いて知識を定着させてください。また，事例問題も出題されていますので，普段から自分で関係図を描くなどして理解を深めてください。

国税専門官・財務専門官・労働基準監督官

あまり出題されていませんでしたが，2021年に賃貸借についての問題が出題されました。他の試験種では頻出分野ですので，過去問をひととおり問いて，基本的な知識を身につけましょう。

国家総合職（旧国家Ⅰ種）

たまに出題されています。やや細かい知識まで問われることがありますが，基本的には条文および過去問に出てくる判例を理解していれば，ある程度カバーすることができます。組合せ問題が多いので，正確な知識を身につけるようにしてください。

Advice アドバイス 学習と対策

賃貸借については，賃貸借関係，転貸借関係，敷金関係など全般にわたって出題されますので，過去問を繰り返し解き，過去問に出てくる条文，判例などをしっかりと理解するようにしてください。

消費貸借や使用貸借の出題頻度は低いですが，総合問題等として賃貸借と合わせて出題されることもあります。本書のインプット部分や過去問を通して，基本的な知識を身につけましょう。

賃貸借

必修問題 セクションテーマを代表する問題に挑戦！

賃貸借は，賃貸借契約に基づく権利・義務のほか，賃借権の譲渡や敷金など多くの知識が問われます。あせらず，１つひとつマスターしましょう。

問 賃貸借に関するア～オの記述のうち，妥当なもののみを全て挙げているのはどれか。　（国家一般職2020）

ア：賃貸人が賃借人の意思に反して保存行為をしようとする場合において，そのために賃借人が賃借をした目的を達することができなくなるときは，賃借人は，当該行為を拒むことができる。

イ：賃借人は，賃借物について有益費を支出したときは，賃貸人に対し，直ちにその償還を請求することができる。

ウ：賃借物の全部が滅失その他の事由により使用及び収益をすることができなくなった場合には，賃貸借は，これによって終了する。

エ：当事者が賃貸借の期間を定めなかったときは，各当事者は，いつでも解約の申入れをすることができるところ，動産の賃貸借については，解約の申入れの日から３か月を経過することによって終了する。

オ：賃借人が賃貸借に基づいて生じた金銭の給付を目的とする債務を履行しないときは，賃貸人は敷金をその債務の弁済に充てることができるが，賃借人が，賃貸人に対し，敷金をその債務の弁済に充てることを請求することはできない。

1：ア，ウ　　2：ア，オ　　3：イ，ウ　　4：イ，エ　　5：ウ，オ

直前復習

Guidance ガイダンス

不動産の賃借人が賃借権の対抗要件を具備する場合に，第三者が賃貸目的物の所有者（旧賃貸人）から賃貸目的物を譲り受けたときの法律関係

- 新所有者（第三者）に賃貸人の地位が移転するか⇒移転する（605条の２第１項）
- 賃借人の承諾の要否（賃貸人の地位の移転について）⇒不要（同条１項）
- 新賃貸人の賃借人に対する賃貸人たる地位の主張（賃料請求等）と登記の要否⇒必要（同条３項）

頻出度	地上★★　国家一般職★★　特別区★★ 裁判所職員★★★　国税･財務･労基★★　国家総合職★★

必修問題の解説

チェック欄		
1回目	2回目	3回目

〈賃貸借〉

ア× 賃貸人が賃貸物の保存に必要な行為をしようとするときは，賃借人はこれを拒むことができない（606条2項）。賃貸人が賃借人の意思に反して保存行為をしようとする場合において，そのために賃借人が賃借をした目的を達することができなくなるときであっても，賃借人は，賃貸人による保存行為を拒むことはできず，契約の解除ができるだけである（607条）。

イ× 賃借人が賃借物について有益費を支出したときは，「賃貸借の終了の時」に，価格の増加が現存する場合に限り，賃貸人の選択に従い，賃借人の支出した金額または増価額を賃貸人に償還させることができる（608条2項本文・196条2項）。「直ちに」償還を請求できるのは，必要費を支出した場合である（608条1項）。

ウ○ 賃借物の全部が滅失その他の事由により使用および収益をすることができなくなった場合には，各当事者の帰責事由の有無を問わず，賃貸借は当然に終了する（616条の2）。この場合，解除の意思表示すら不要である。一般的には，債務不履行・危険負担の問題がありうるが，上記の場合には，賃借人に賃借物を使用・収益させることを目的とする賃貸借を存続させる意味がないからである。

エ× 当事者が賃貸借の期間を定めなかったときは，各当事者は，いつでも解約の申入れをすることができる（617条1項前段）。しかし，解約の効果が直ちに発生すると，相手方に不測の損害を発生させるおそれがあるので，解約の申入れの日から一定期間が経過した時点で賃貸借が終了するものとされている。すなわち，土地については1年，建物については3カ月，動産・貸席については1日である（同項後段）。

オ○ 賃借人が賃貸借に基づいて生じた金銭の給付を目的とする債務（未払賃料債務など）を履行しないときは，①賃貸人は，敷金をその債務の弁済に充てることができる（622条の2第2項前段）。これに対して，②賃借人は，賃貸人に対し，敷金をその債務の弁済に充てることを請求することができない（同項後段）。敷金は，あくまでも賃借人が賃貸人に対して負担する債務の担保にすぎず（同条1項かっこ書），担保から回収できるといって本来の被担保債務の履行拒絶が正当化されることにはならないからである。

以上より，妥当なものはウ，オであり，肢5が正解となる。

正答 5

第3章 SECTION 1 賃貸借・消費貸借・使用貸借

賃貸借

1 賃貸借とは

賃貸借とは，当事者の一方（賃貸人）が相手方にある物の使用・収益をさせることを約束し，相手方（賃借人）がこれに対して賃料を支払うことおよび引渡しを受けた物を契約が終了したときに返還することを約束することにより成立する契約をいいます（601条）。有償・双務・諾成の契約です。

2 賃貸人の義務

賃貸人の義務
(1) 目的物を使用・収益させる義務（601条）
(2) 修繕義務（606条１項）
(3) 費用償還義務（608条）

(1) 必要費

必要費とは，トイレが故障した場合の修理費用など，目的物を使用・収益に適する状態で維持・保管するために必要な費用をいいます。賃借人が必要費を支出した場合は，賃貸人に対して直ちに償還請求できます（608条１項）。

(2) 有益費

有益費とは，借家の前の道路をコンクリート舗装した場合の費用など，目的物の改良のために支出した費用をいいます。賃借人が有益費を支出した場合，賃貸借契約終了時に賃貸人に対して償還請求できます（608条２項）。

補足
有益費の返還については，196条２項が準用されるので，賃貸借終了時に目的物の価格の増加が現存している場合に限り，賃貸人の選択に従って，支出された費用または増加額のどちらかを償還することになります。

3 賃借人の義務

賃借人が負う義務の中で中心的なものは，賃貸人に賃料を支払う義務です（601条）。賃借人には，このほかに保管義務（目的物を返還するまで善良な管理者の注意をもって保管する義務。400条），用法遵守義務（616条・594条１項），終了時の目的物返還義務（601条）などがあります。

4 賃借権の対抗力

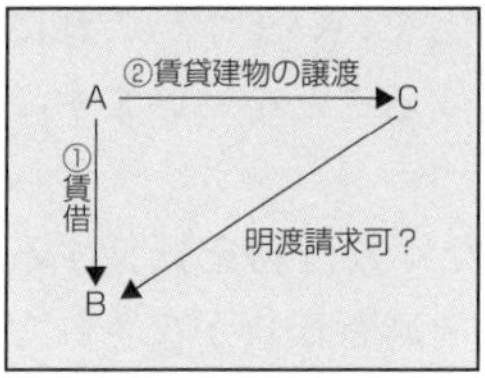

【事例】
Bさんは A さんから建物を賃借して住んでいましたが，A さんが建物をCさんに譲渡しました。この場合，新所有者のCさんはBさんに建物の明渡しを請求できるでしょうか。

賃貸借契約成立後に，賃貸人が目的物の所有権を譲渡した場合，賃借人は賃借権を新所有者に対抗できないのが原則です（**売買は賃貸借を破る**）。しかし，不動産賃借権は登記をすれば対抗力を有するので（605条），Bさんが賃借権の登記を得ていれば，賃借権を新所有者Cさんに対抗できます。その結果，CさんはBさんに建物の明渡しを請求できないということになります。

しかし，Aさんが登記申請に協力してくれなければ，Bさんは賃借権登記を得られません。そして，賃貸人には登記協力義務がないとされています。そこで，借地借家法は特則を設け，**①土地賃借権については借地上にある建物の登記**（同法10条1項），**②建物賃借権については建物の引渡し**（同法31条）があれば，不動産賃借権は対抗力を有するとしました。事例では，建物の引渡しがなされていますから，Bさんの賃借権には対抗力が認められます。その結果，CさんはBさんに建物の明渡しを請求することができません。

補足
不動産賃借権が対抗力を有する場合，目的不動産の譲渡に伴って，賃貸人の地位が新所有者に当然に移転します（605条の2第1項）。ただし，新所有者（新賃貸人）が賃借人に賃料を請求するためには，不動産について所有権移転の登記がなされていることが必要です（同条3項）。だれが賃貸人であるかを明らかにすることによって，賃借人が賃料を二重払いすることを防止する趣旨です。

5 賃借権の譲渡・転貸

賃借権の譲渡とは，賃借人が賃借権を第三者に移転することをいいます。これに対して，賃借物の転貸とは，賃借人が賃借物を第三者に賃貸することをいいます。

(1) 無断譲渡・転貸禁止の原則

賃借人は，賃貸人の承諾がなければ賃借権を譲渡し，または賃借物を転貸することはできません（612条1項）。そして，賃借権の無断譲渡・無断転貸がなされた場合，賃貸人は賃貸借契約を解除できるのが原則です（同条2項）。しかし，賃借人が同居の息子に賃借権を譲渡した場合のように，賃貸人に対する背信的行為と認めるに足らない特段の事情が認められるときには，いまだ賃貸人・賃借人間の信頼関係が破壊されていないといえるため，例外的に解除権が発生しないとするのが判例です（信頼関係破壊理論。最判昭28.9.25）。

(2) 承諾譲渡・承諾転貸がなされた場合の法律関係

① 承諾譲渡

賃貸人の承諾を得て賃借権を譲渡した場合，賃借人の地位は賃借権の譲受人に移転し，譲渡人（旧賃借人）は賃貸借関係から離脱します。

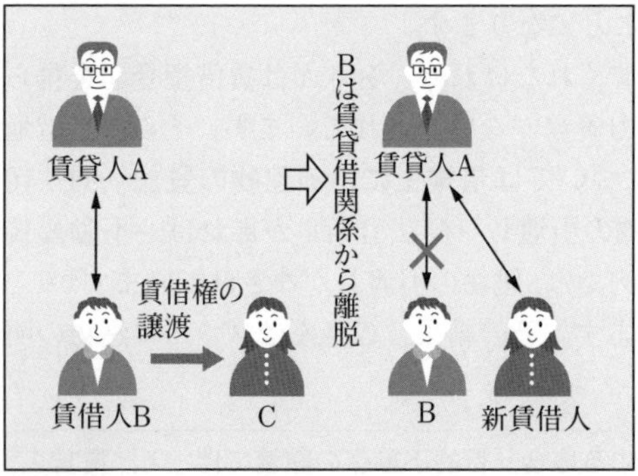

> **判例チェック** 賃借権の無断譲渡がなされたが例外的に解除権が発生しない場合にも，承諾譲渡と同様の法律関係になります（最判昭45.12.11）。

② 承諾転貸

賃貸人の承諾を得て転貸がなされた場合，従前の賃貸借契約は維持されたまま，新たに賃借人と転借人との間で転貸借契約が成立することになります。この場合，転借人は賃貸人に対して直接に義務を負います（613条1項前段）。したがって，賃

解答かくしシート

LEC東京リーガルマインド

貸人は転借人に対して直接に賃料を請求できます。また，賃貸人と賃借人（転貸人）との関係も従来どおり存続することから，賃貸人は賃借人に対しても賃料を請求することができます（同条２項）。

6 敷金

敷金とは，いかなる名目によるかを問わず，賃料債務その他の賃貸借に基づいて生ずる賃借人の賃貸人に対する金銭の給付を目的とする債務を担保する目的で，賃借人が賃貸人に交付する金銭をいいます（622条の２第１項）。敷金によって担保される債務には，延滞賃料債権や保管義務違反による損害賠償債務のほか，賃貸借契約終了後から建物の明渡しまでに生じる賃料相当額の損害賠償債務も含まれます。このように敷金は賃貸借契約終了後明渡しまでの債務を担保することから，**敷金返還請求権は目的物の明渡時に発生し**（明渡時説。同項１号），**賃貸人の敷金返還義務と賃借人の明渡義務は同時履行の関係に立たないこととなります**（最判昭49.9.2）。

(1) 賃貸人の地位の移転と敷金関係

賃貸借契約の終了前に，建物の譲渡に伴い賃貸人の地位が移転した場合，**敷金返還義務は新所有者（新賃貸人）に承継されます**（605条の２第４項・605条の３後段）。ただし，承継される範囲は敷金から旧賃貸人（前所有者）に対する債務を差し引いた額に限られます。

> **補足**
> 賃貸借契約終了後に建物が譲渡された場合，敷金返還義務は新所有者に承継されません（最判昭48.2.2）。賃貸借契約が終了している以上，新所有者は賃貸人の地位を承継しないからです。

(2) 賃借人の地位の移転と敷金関係

賃借権の適法な譲渡に伴って賃借人の地位が移転した場合には，**旧賃借人との敷金関係は原則として新賃借人に承継されません**（622条の２第１項２号）。

7 賃貸借の終了

賃貸借の終了原因
(1) 期間の満了（622条・597条１項）
(2) 賃借物の全部滅失等（616条の２）
(3) 解約の申入れ（617条・618条）
(4) 解除

賃貸借

実践 問題 102 基本レベル

頻出度	地上★★　国家一般職★★　特別区★★ 裁判所職員★★★　国税·財務·労基★★　国家総合職★★

問 **Aが，自己所有の建物甲をBに賃貸し，Bが，建物甲をCに転貸した事例に関する次のア～オの記述のうち，適当なもののみを全て挙げているものはどれか（争いのあるときは，判例の見解による。）。　（裁判所職員2014改題）**

ア：Bが，Aに無断で建物甲をCに転貸した場合であっても，Aは，Bとの賃貸借契約を解除しなければ，Cに対して建物甲の明渡しを請求することはできない。

イ：Aが，BからCへの転貸を承諾していた場合であっても，AとCとの間には契約関係がないから，Aは，Cに対して賃料の支払を直接請求することはできない。

ウ：AとBが，賃貸借契約を合意によって解除した場合，Aが法定解除権を行使できるなどの事情がない限り，Aは，Cに対して賃貸借契約の終了の効果を対抗することができない。

エ：Aが，BからCへの転貸を承諾していた場合であっても，Cが建物甲を毀損した場合は，Bは，Aに対して損害賠償責任を負う余地がある。

オ：Aが，BからCへの転貸を承諾していた場合は，BがAに対して賃料を支払わなくとも，Cを保護する必要があるから，Aは，Cに対して催告しなければ，Bとの間の賃貸借契約を解除できない。

1：ア，イ
2：ア，ウ
3：イ，オ
4：ウ，エ
5：エ，オ

チェック欄

1回目	2回目	3回目

実践 問題 102 の解説

〈転貸借〉

ア× 賃借人Bが建物甲を転貸するには賃貸人Aの承諾が必要であり（612条1項），BがAに無断で建物甲を第三者Cに使用・収益させたときは，AはAB間の賃貸借契約を解除できる（同条2項）。もっとも，Aの承諾がなくても，BC間の転貸借契約自体は有効であるが，CはAにとって全くの無権利者であるから，Aは，AB間の賃貸借契約を解除しなくても，Cに対して建物甲の明渡しを請求できる（最判昭26.4.27）。

イ× 賃貸人AがBC間の転貸借契約を承諾していた場合，転借人Cは，Aに対して直接に義務を負う（613条1項前段）。したがって，Aは，直接Cに対して賃料の支払いを請求できる。

ウ○ 賃貸人Aは，BC間の転貸借契約を承諾していたときは，AB間の賃貸借契約を612条2項により解除（法定解除）できない。この場合において，Aは，AB間の賃貸借契約を合意解除しても，転借人Cに対抗できない（613条3項本文）。

エ○ 承諾ある建物転貸借において，転借人Cが建物（甲）を毀損した場合について，判例は，転借人Cは賃借人Bの用法遵守義務（616条・594条1項）・保管義務（400条）の履行補助者であることを理由に，賃借人Bの賃貸人Aに対する債務不履行責任（415条1項）を肯定する（大判昭4.6.19）。もっとも，2017（平成29）年民法改正により，債務不履行における過失責任主義が否定されたため（同項但書），一般的に，履行補助者の故意・過失を債務者の故意・過失と同視すると説明することは難しくなった。そこで，この問題は，履行補助者の理論ではなく，賃貸借契約の解釈問題として処理すべきであるが，賃貸人のした転貸の承諾（612条1項）には賃借人を免責する趣旨まで含まれないことが多いから，原則として，賃借人は転借人の過失について責任を負うとする見解が有力である（結論は判例と同じ）。

オ× BC間の転貸借契約について賃貸人Aの承諾があっても，AB間の賃貸借契約が賃借人Bの債務不履行（賃料不払い）を理由に解除（541条）されたときは，転借人CはAに対し建物甲を占有する権限を失う（最判昭36.12.21）。そこで，せめて解除の前にAはCに対しても（賃料支払いの機会を与えるために）催告すべきであるとする説も有力であるが，判例は，Aは，Bに対して催告すれば足り，Cに対して催告する（賃料支払いの機会を与える）必要はないとしている（最判平6.7.18）。

以上より，妥当なものはウ，エであり，肢4が正解となる。

正答 4

賃貸借

実践 問題 103 基本レベル

頻出度 地上★★ 国家一般職★★ 特別区★★ 裁判所職員★★★ 国税・財務・労基★★ 国家総合職★★

問 敷金に関する次のア～オの記述のうち，適当なもののみをすべて挙げているのはどれか（争いのあるときは，判例の見解による。）。（裁事2011）

ア：賃借人から賃貸人に対し，十分な敷金が差し入れられている場合，賃料不払があっても，敷金がこれに充当されるから，賃貸人は，賃料不払を理由として賃貸借契約の解除をすることはできない。

イ：賃貸借契約終了時に賃借人に賃料不払の債務がある場合，不払の賃料額分が当然に敷金から控除されるのではなく，当事者による相殺の意思表示が必要である。

ウ：賃貸借契約終了後の賃借人の目的物返還義務と賃貸人の敷金返還義務は同時履行の関係に立つ。

エ：賃貸借契約の存続中に目的物である建物が譲渡され，賃借人が建物の譲受人に賃借権を対抗できる場合，賃借人が旧賃貸人に対して差し入れていた敷金の法律関係は，旧賃貸人に対する未払賃料等の債務を控除した残額につき，当然に譲受人に引き継がれる。

オ：賃貸借契約終了後に目的物の修補に要した費用は，その修補が通常の使用によって生じた損耗に対するものである場合，特約のない限り賃貸人の負担であり，これを敷金から控除することはできない。

1：ア，イ
2：ア，エ，オ
3：イ，ウ
4：ウ
5：エ，オ

実践 問題 103 の解説

チェック欄		
1回目	2回目	3回目

〈敷金〉

ア× 契約存続中に賃料不払いがあった場合，①賃貸人は敷金をこれに充当してもよいが，②賃借人は敷金を自己の債務に充当するよう求めることはできない(充当するかどうかは賃貸人の自由。622条の２第２項)。②を認めると，担保の意味がなくなるし，敷金の交付は債務不履行を正当化しないからである。したがって，たとえ十分な敷金が差し入れられていても，賃貸人は延滞賃料の全額を請求できるし，賃料不払いを理由とする賃貸借契約の解除も可能である。

イ× 賃貸借契約終了時に賃借人に賃料不払いなどの債務があれば，当然に敷金から控除される（622条の２第１項１号)。この敷金の充当による債務の消滅は，敷金契約から発生する効果であって，相殺のような当事者の意思表示を必要としない（最判平14.3.28)。

ウ× 賃貸人の敷金返還義務は，賃貸借が終了し，かつ，賃貸物の返還を受けたときに発生するので（622条の２第１項１号)，賃借人の目的物返還義務が先履行であって，両義務は同時履行の関係に立たない（最判昭49.9.2)。

エ○ 賃貸借契約の目的物である建物が譲渡され，賃借人が建物の譲受人に賃借権を対抗できる場合（605条，借地借家法31条）には，賃貸人の地位は建物の譲受人に移転する（605条の２第１項)。この場合，旧賃貸人に差し入れられた敷金は，賃借人の旧賃貸人に対する未払賃料債務があればこれに充当され，残額があればそれについての権利義務が新賃貸人に承継される（同条４項)。つまり，敷金契約は，賃貸借契約に従たる契約であるから，賃貸借関係に随伴して移転するのである。

オ○ 賃貸借契約が終了した場合，賃借人は，賃借物件を原状に復する義務を負う（621条)。もっとも，賃借人が社会通念上通常の使用をした場合に生ずる賃借物件の劣化や価値の減少（通常損耗）は，当然に予定されているため，賃貸人が負担すべきであり（同条本文かっこ書)，賃借人が負担するためには，それが明確に合意されていることが必要である（最判平17.12.16)。したがって，通常損耗の補修費用を敷金から控除することはできない。

以上より，妥当なものはエ，オであり，肢５が正解となる。

正答 5

賃貸借

実践 問題 104 基本レベル

頻出度 地上★★　国家一般職★★　特別区★★
裁判所職員★★★　国税･財務･労基★★　国家総合職★★

問 賃貸借に関する次のア～オの記述のうち，適当なもののみをすべて挙げているのはどれか（争いのあるときは，判例の見解による。）。（裁判所職員2012）

ア：賃貸人Ａが，Ｂに対して賃貸しているＡ所有の建物をＣに譲渡し，さらに，ＡＢ間の賃貸借契約におけるＡの地位をＣに移転する旨合意した。この場合，賃貸人の地位は，Ｂの承諾がなくても，ＡからＣに移転する。

イ：Ａ所有の建物を賃借していたＢが，Ａの承諾を得て同建物の賃借権をＣに譲渡した。この場合，ＢがＡに対して差し入れていた敷金は，当然にＣに引き継がれる。

ウ：Ａから建物を賃借しているＢが，Ａの承諾を得ずに同建物をＣに転貸した。この場合，ＢＣ間の転貸借契約は，Ａの承諾を得ていないから無効である。

エ：Ａから土地を賃借しているＢが，Ａの承諾を得て同土地をＣに転貸し，Ｃは同土地の占有を開始した。その後，Ａは，Ｂの賃料不払いを理由に，ＡＢ間の賃貸借契約を解除した。この場合，ＢＣ間の転貸借契約は，原則として，ＡがＣに対して同土地の明渡しを請求したときに，当然に終了する。

オ：Ａから土地を賃借しているＢが，同土地上に建物を建て，同建物をＡの承諾を得ることなく第三者Ｃに賃貸した場合，Ａは，Ｂとの間の賃貸借契約を解除することができる。

1：ア，ウ
2：ア，エ
3：イ，エ
4：イ，オ
5：ウ，オ

チェック欄		
1回目	2回目	3回目

実践 問題 104 の解説

〈賃貸借〉

ア○ 賃貸借契約においては，たとえ契約当事者の１人である賃貸人が変わったとしても，賃貸人が履行すべき債務内容はだれが履行しても変わるものではないから，賃借人は不測の損害を被るわけではない。このような場合には，賃借人（すなわち契約当事者の一方の同意）の承諾がなくても，契約上の地位を移転させる合意は有効となる（605条の３）。

イ× 敷金をもって将来新賃借人（Ｃ）が新たに負担することとなる債務についてまでこれを担保しなければならないものと解することは，敷金交付者（Ｂ）にその予期に反して不利益を被らせる結果となって相当ではないから，原則として敷金に関する敷金交付者の権利義務関係は新賃借人に承継されるものではない（622条の２第１項２号）。

ウ× 賃借人は，賃貸人の承諾を得なければ，その賃借物を転貸することができない（612条１項）。賃貸借契約は当事者の個人的要素が重視されるからである。したがって，賃借人が賃貸人の承諾を得ずにその賃借物を転貸した場合，賃貸人は賃貸借契約を解除することができる（同条２項）。しかし，このことと転貸借契約の効力とは別の問題であり，判例は，賃貸人（Ａ）の承諾を得ない転貸借契約も，当事者（ＢＣ）間では有効とする（大判昭2.4.25）。

エ○ 判例は，（ＡＢ間の）賃貸借契約が転貸人（Ｂ）の債務不履行を理由とする解除により終了した場合，賃貸人（Ａ）の承諾のある（ＢＣ間の）転貸借は，原則として，賃貸人（Ａ）が転借人（Ｃ）に対して目的物の返還を請求した時に，転貸人の転借人に対する債務の履行不能により終了するとした（最判平9.2.25）。

オ× 判例は，本記述類似の事案において，土地賃借人（Ｂ）が賃借上に築造した建物を第三者（Ｃ）に賃貸しても，土地賃借人は建物所有のため自ら土地を使用しているものであるから，賃借物である土地を第三者に転貸したとはいえないとした（大判昭8.12.11）。

以上より，妥当なものはア，エであり，肢２が正解となる。

正答 2

賃貸借

実践 問題 105 基本レベル

頻出度 地上★★　国家一般職★★　特別区★★　裁判所職員★★★　国税·財務·労基★★　国家総合職★★

問 賃貸借に関するア～オの記述のうち，妥当なもののみを全て挙げているのはどれか。（国家一般職2013改題）

ア：処分の権限を有しない者であっても，賃貸人として５年以内の建物賃貸借契約を締結することができる。

イ：賃貸借契約において，当事者が賃貸借の期間を定めなかったときは，賃貸人は，いつでも契約の解約の申入れをして，直ちに賃貸物の返還を請求することができる。

ウ：賃貸人は，賃貸物の使用及び収益に必要な修繕をする義務を負う。

エ：賃借人が賃貸人の承諾を得て賃借物を転貸したときは，転借人は，賃貸人に対して直接に賃料支払義務を負う。

オ：賃借物の一部が賃借人の責めに帰することができない事由による滅失その他の事由により使用及び収益をすることができなくなったときは，賃借人は，その使用及び収益をすることができなくなった部分の割合に応じて，賃料の減額を請求することができる。

1：ア，イ
2：ア，ウ
3：イ，オ
4：ウ，エ
5：エ，オ

実践 問題 105 の解説

チェック欄		
1回目	2回目	3回目

〈賃貸借〉

ア× 賃貸借は処分行為ではないが，長期にわたる賃貸借は，その間，本人は賃貸借の目的物を使えなくなるので，実際上は処分行為に近くなる。そこで，処分の権限を有しない者（不在者の財産管理人〔28条〕，権限の定めのない代理人〔103条〕等）がする賃貸借は，その存続期間が制限されている（短期賃貸借）。すなわち，樹木の栽植・伐採を目的とする山林の賃貸借は10年，その他の土地の賃貸借は５年，建物の賃貸借は３年，動産の賃貸借は６カ月である（602条）。

イ× 賃貸借の期間の定めがない場合，各当事者は，いつでも解約の申入れをすることができる（617条１項前段）。この場合に，賃貸借は，解約の申入れから一定期間（土地については１年，建物については３カ月，動産・貸席については１日）経過後に終了する（同項後段）。

ウ○ 賃貸人は，賃借人に賃借物を使用・収益させる義務を負うので（601条），そのために必要な修繕をする義務も負う（606条１項本文）。

エ○ 賃借人が賃貸人の承諾（612条１項）を得て（適法に）賃借物を転貸したときは，転借人は，賃貸人に対して直接に義務を負う（613条１項前段）。このため転借人は，賃貸人から請求があれば，賃貸人に賃料を支払う義務を負う。賃貸人・転借人間に直接の契約関係はないが，賃貸人の物が転借人によって現実に使用・収益されている以上，賃貸人を保護するために，賃貸人の転借人に対する直接の権利行使が認められる。

オ× 賃借物の一部が滅失その他の事由により使用・収益することができなくなった場合において，それが賃借人の責めに帰することができない事由によるものであるときは，賃料は，使用・収益することができなくなった部分の割合に応じて，当然に減額される（611条１項）。賃料は賃借人が目的物を使用・収益できることの対価であるから，使用・収益ができない以上，賃借人の請求を要することなく賃料が当然に減額されるのである。

以上より，妥当なものはウ，エであり，肢４が正解となる。

正答 4

賃貸借

実践 問題 106 基本レベル

頻出度 地上★★ 国家一般職★★ 特別区★★ 裁判所職員★★★ 国税·財務·労基★★ 国家総合職★★

問 **賃貸借に関するア～オの記述のうち，妥当なもののみを全て挙げているのはどれか。**
(国税・財務・労基2014)

ア：賃貸借は，消費貸借や使用貸借と同様に要物契約であるが，有償・双務契約である点で消費貸借や使用貸借と異なる。

イ：賃借人は，賃貸人の承諾を得なければ，目的物を転貸することができず，賃貸人の承諾を得ずに締結された転貸借契約は無効となる。

ウ：家屋の賃貸借の終了に伴う賃借人の家屋明渡債務と賃貸人の敷金返還債務は，一個の双務契約によって生じた対価的債務の関係にあるため，両債務の間に同時履行の関係を認めることができるとするのが判例である。

エ：賃貸人は，賃借人に目的物を使用及び収益させる義務を負うとともに，それに必要な修繕をする義務を負う。また，賃借人は，目的物が修繕を要する状態にあり，賃貸人がこれを知らないときは，遅滞なくその旨を賃貸人に通知しなければならない。

オ：賃借人が賃貸人の承諾を得て目的物を転貸した場合，転借人は賃借人との間で契約関係を結ぶのであるから，賃貸人は転借人に直接賃料を請求することはできない。

1：エ
2：オ
3：ア，ウ
4：イ，エ
5：ウ，オ

チェック欄		
1回目	2回目	3回目

実践 問題 106 の解説

〈賃貸借〉

ア× 賃貸借は，当事者の合意で成立する**諾成契約**であり（601条），物を使用・収益させる債務と賃料支払債務が対価関係に立つから，**有償・双務契約**である。なお，消費貸借は，金銭その他の物を受け取ることによって効力を生ずる**要物契約**であり（587条），貸主には借主の返還債務に対応する債務がないから，**片務契約**（無利息なら**無償契約**，利息付なら**有償契約**）である。また，使用貸借は，**無償・諾成契約**であり（593条），消費貸借と同様，**片務契約**である。

イ× 賃借人は，**賃貸人の承諾**を得なければ，その賃借権を譲り渡し，または賃借物を転貸することができない（612条1項）。もっとも，判例は，**賃貸人の承諾のない賃借権の譲渡や転貸借**でも，契約自体は当事者間では**有効**であるとしている（大判昭2.4.25）。

ウ× 賃貸人の**敷金返還債務**は，（家屋の）**賃貸借が終了**し，かつ，**賃貸物の返還**（家屋の明渡し）を受けたときに発生するので（622条の2第1項1号），賃借人の**家屋明渡債務が先履行**であって，両債務は**同時履行の関係に立たない**（最判昭49.9.2）。

エ○ 賃貸人は，賃借人に目的物を**使用・収益させる義務**を負い（601条），その目的物の使用・収益に**必要な修繕をする義務**を負う（606条1項本文）。また，目的物が修繕を要する場合には，賃借人は，賃貸人がすでにそれを知っているときを除き，遅滞なくその旨を賃貸人に通知する義務を負う（615条）。

オ× **賃借人が賃貸人の承諾を得て目的物を転貸**しても，賃貸人・転借人間に直接の契約関係が生ずるわけではない。もっとも，民法は，「賃借人が適法に賃借物を転貸したときは，**転借人は**，賃貸人と賃借人との間の賃貸借に基づく賃借人の債務の範囲を限度として，**賃貸人に対して転貸借に基づく債務を直接履行する義務を負う**」（613条1項前段）と規定し，賃貸人の転借人に対する直接の賃料請求権の行使を認めている。

以上より，妥当なものはエであり，肢1が正解となる。

正答 1

第3章 SECTION 1 賃貸借・消費貸借・使用貸借

賃貸借

実践 問題 107 基本レベル

頻出度	地上★★	国家一般職★★	特別区★★
	裁判所職員★★★	国税·財務·労基★★	国家総合職★★

問 **賃貸借に関する記述として最も適当なものはどれか（争いのあるときは，判例の見解による。）。** **（裁判所職員2015改題）**

1：賃借物に損傷がある場合，貸主は修繕義務違反による債務不履行責任を負うにとどまり，担保責任は負わない。

2：甲土地の所有者AはBに対して甲土地を賃貸し，Bは甲土地上に乙建物を建築した。BがAに無断で乙建物をCに売却した場合，Aは，甲土地の賃貸借契約を常に解除することができる。

3：建物の賃料の支払時期について特に定められていない場合，翌月分の賃料を前月末日に支払うこととなる。

4：AはBに対して甲建物を賃貸して引き渡したが，甲建物の所有権はCが有していた。この場合，甲建物を使用収益させているのはAではなくCだから，AはBに対して賃料の支払を請求することができない。

5：AはBに対して甲建物を賃貸したが，甲建物の所有権はCが有していた。CがBに対して甲建物の明渡しを請求した場合，Bは以後Aに対する賃料支払を拒むことができる。

チェック欄		
1回目	2回目	3回目

実践 問題 107 の解説

〈賃貸借〉

1 × 賃貸人は，賃貸物の使用および収益に必要な修繕をする義務を負う（606条1項本文）。したがって，賃借物に損傷があるのに賃貸人が修繕義務を履行しないときは，賃貸人の債務不履行となり，賃借人は修繕義務の履行や損害賠償を請求できる。また，賃貸借は有償契約として担保責任の規定（562条以下）が準用される（559条）。

2 × 賃借人は，賃貸人の承諾を得なければ，賃借権を譲り渡し，または賃借物を転貸することはできず（612条1項），賃借人がこれに違反して第三者に賃借物の使用または収益をさせたときは，賃貸人は解除できるのが原則である（同条2項）。そして，借地上の建物を譲渡した場合，これにより従たる権利である借地権も譲り渡すことになるので（87条2項類推適用），借地権の譲渡にあたり（最判昭47.3.9），解除できるのが原則である。もっとも，賃貸借契約は個人的信頼関係を基礎とする継続的契約であるので，信頼関係を破壊するような背信的行為と認めるに足りない特段の事情がある場合には，賃貸人による解除はできない（信頼関係破壊理論。最判昭28.9.25など）。したがって，甲土地の賃借人Bによる賃借権の無断譲渡が賃貸人Aに対する背信的行為と認めるに足りない特段の事情がある場合には，Aは，甲土地の賃貸借契約を解除することができないのであって，常に解除できるわけではない。

3 × 賃料は，支払時期について特約がなければ，動産・建物・宅地については「毎月末」の後払いでよい（614条本文）。

4 × 賃貸人が他人の所有物について賃貸借契約を締結した場合，その契約も債権的には有効である（559条・561条）。したがって，AB間の他人物賃貸借も有効なので，AはBに対して賃料の支払いを請求できる。

5 ○ 他人物賃貸借も有効ではあるが，有償契約として売買の規定が賃貸借にも準用される結果（559条），第三者（所有者）が権利主張してくれば，賃借人は576条の準用により，それ以後の賃料の支払いを拒絶することができる（最判昭50.4.25）。

正答 5

第3章 SECTION 1 賃貸借・消費貸借・使用貸借

賃貸借

実践 問題 108 基本レベル

頻出度 地上★★ 国家一般職★★ 特別区★★ 裁判所職員★★★ 国税·財務·労基★★ 国家総合職★★

問 民法に規定する賃貸借に関する記述として，判例，通説に照らして，妥当なのはどれか。 （特別区2016）

1：賃貸人は，賃貸物の使用及び収益に必要な修繕をする義務を負い，特約によって修繕義務を免れることは一切できず，賃借人は，賃借物が修繕を要するときは，遅滞なくその旨を賃貸人に通知しなければならないが，賃貸人が既にこれを知っているときは，この限りでない。

2：賃貸人が賃貸物の保存に必要な行為をしようとするときは，賃借人はこれを拒むことができず，賃貸人が賃借人の意思に反して保存行為をしようとする場合において，そのために賃借人が賃借をした目的を達することができなくなるときであっても，賃借人は契約の解除をすることができない。

3：最高裁判所の判例では，民法は，賃貸人の承諾なく賃借人から第三者への賃借権の譲渡をしたときは，賃貸人は賃貸借契約を解除することができる旨を定めているが，小規模で閉鎖的な有限会社において，持分の譲渡及び役員の交代により実質的な経営者が交代した場合，当該賃借権の譲渡に当たるとした。

4：最高裁判所の判例では，家屋の賃貸借終了後家屋明渡前にその所有権が他に移転された場合，敷金に関する権利義務の関係は，旧所有者と新所有者との合意のみによって新所有者に承継されるが，賃貸借終了後であっても，その明渡前においては，敷金返還請求権を転付命令の対象とすることはできないとした。

5：最高裁判所の判例では，土地の賃貸借契約において，適法な転貸借関係が存在する場合に，賃貸人が賃料の不払を理由に契約を解除するには，特段の事情のない限り，転借人に通知等をして賃料の代払の機会を与えなければならないものではないとした。

実践 問題 108 の解説

チェック欄		
1回目	2回目	3回目

〈賃貸借〉

1 × 賃貸人は，賃借人に対して賃借物を使用・収益させる義務を負うので（601条），そのために必要な修繕をする義務を負う（606条1項本文）。もっとも，民法の規定は強行規定ではなく，賃貸人は，特約によって修繕義務を免れることもできる（最判昭29.6.25）。なお，賃貸人の修繕義務に対応する賃借人側の協力義務として，賃貸物が修繕を要する場合には，賃借人は遅滞なくその旨を賃貸人に通知しなければならない（615条本文）。ただし，賃貸人がすでにそれを知っているときは，通知する必要はない（同条但書）。

2 × 賃貸人が，修繕義務（肢1の解説参照）を果たすため，賃借物の保存に必要な行為をしようとするときは，賃借人はこれを拒むことができない（606条2項）。もっとも，賃貸人が賃借人の意思に反して保存行為をしようとする場合において，そのために賃借人が賃借をした目的を達することができなくなるときは，賃借人の保護も必要となるので，賃借人は賃貸借契約を解除できる（607条）。

3 × 賃借人は賃貸人の承諾がなければ賃借権を譲渡することができず（612条1項），賃貸人の承諾なく賃借人から第三者へ賃借権の譲渡をしたときは，賃貸人は賃貸借契約を解除できる（同条2項）。もっとも，判例は，賃借人が法人である場合，その法人の構成員や機関に変動が生じても，法人格の同一性が失われるものではないから，賃借権の譲渡にはあたらないとし，その理は，本肢のような小規模で閉鎖的な有限会社において，持分の譲渡や役員の交代により実質的な経営者が交代した場合でも変わらないとした（最判平8.10.14）。

4 × 判例は，賃貸借終了後に家屋の所有権が移転した場合，敷金に関する権利義務は新所有者に当然には承継されず，旧所有者と新所有者の間で敷金の承継を合意しても，賃借人の承諾がなければ承継されないとした（最判昭48.2.2）。敷金は，賃貸借契約に付随従属するものであり，賃貸借契約に関係のない第三者が取得することがあるかもしれない債権まで担保するものではないからである。また，同判例は，賃貸借終了後明渡しまでの損害金についても担保する敷金の返還請求権は，賃借人が家屋を明け渡した時に発生するから（明渡時説。622条の2第1項1号参照），賃貸借終了後でも明渡前においては，敷金返還請求権は，その発生の有無や金額が不確定な権利であって，転付命令（民事執行法159条・160条）の対象となりえないとした。

5 ○　賃貸人の承諾がある適法な転貸借関係（612条1項）が存在しても，賃貸借契約が賃借人の債務不履行（賃料の不払い）を理由に解除（541条）されたときは，転借人は目的物（土地）の占有権原を失う（最判昭36.12.21）。そこで，せめて解除の前に賃貸人は転貸人に対しても（賃料支払いの機会を与えるために）催告すべきであるとする説も有力であるが，判例は，賃貸人が賃借人の賃料不払いを理由として賃貸借契約を解除するには，賃借人に対して催告すれば足り，転借人に対して催告する必要はないとした（最判昭37.3.29）。

正答 5

memo

賃貸借

実践 問題 109 基本レベル

頻出度	
地上★★　国家一般職★★　特別区★★	裁判所職員★★★　国税·財務·労基★★　国家総合職★★

問 賃貸借契約に関する次のア〜オの記述のうち，適当なもののみを全て挙げているものはどれか（争いのあるときは，判例の見解による。）。　（裁事2017）

ア：賃貸人は，賃借人に賃貸物の使用及び収益をさせる義務を負うとともに，それに必要な修繕をする義務を負う。

イ：不動産の賃借人は，賃貸人に対し，特約がなくても，賃借権の登記をするように請求することができる。

ウ：不動産の賃借人は，不動産の不法占拠者に対し，賃借権の対抗要件を具備していなくても，賃借権に基づき，不動産の明渡しを請求することができる。

エ：建物の賃貸借契約の終了時において，賃貸人の敷金返還債務と賃借人の建物明渡債務は同時履行の関係にあり，賃借人は，敷金の返還を受けるまで，建物の使用を継続することができる。

オ：賃借人は，賃貸物について賃貸人の負担に属する必要費を支出したときは，賃貸人に対し，直ちにその償還を請求することができる。

1：ア，イ
2：ア，オ
3：イ，ウ
4：ウ，エ
5：エ，オ

チェック欄		
1回目	2回目	3回目

実践 問題 109 の解説

〈賃貸借〉

ア○ 賃貸借契約における賃貸人の中心的義務として，賃貸人は，賃借人に対し，賃借物を使用・収益させる義務を負う（601条）。この使用・収益させる義務を全うするため，賃貸人は，賃借物について必要な修繕をする義務も負う（606条1項本文）。

イ× 不動産賃借権は，登記をすれば目的物の新所有者等にも対抗できる（605条）。しかし，判例は，賃借権は債権であるから，特約がない限り，賃借人は登記請求権を有しないとした（大判大10.7.11）。

ウ× 不動産の賃借人が対抗要件（605条，借地借家法10条・31条）を備えた場合，第三者が賃貸不動産を不法に占有しているときは，その第三者に対して，賃貸不動産の返還を請求することができる（605条の4第2号）。これに対して，賃借人が対抗要件を備えていない場合は，不法占拠者に対しても返還請求することができないとするのが判例である（最判昭29.7.20）。

エ× 賃貸人の敷金返還債務は，（建物の）賃貸借が終了し，かつ，賃貸物の返還（建物の明渡し）を受けたときに発生するので（622条の2第1項1号），賃借人の建物明渡債務が先履行であって，両債務は同時履行の関係に立たない（最判昭49.9.2）。

オ○ 本来，賃借物の修繕義務を負うのは賃貸人であるから（記述アの解説参照），賃借人は，賃借物について賃貸人の負担に属する必要費を支出したときは，賃貸人に対し，直ちにその償還を請求できる（608条1項）。

以上より，妥当なものはア，オであり，肢2が正解となる。

正答 2

第3章 SECTION ① 賃貸借・消費貸借・使用貸借

賃貸借

実践 問題 110 基本レベル

頻出度 地上★★ 国家一般職★★ 特別区★★ 裁判所職員★★★ 国税·財務·労基★★ 国家総合職★★

問 賃貸借に関するア～オの記述のうち，妥当なもののみを全て挙げているのはどれか。ただし，争いのあるものは判例の見解による。

（国税・財務・労基2017改題）

ア：賃料の支払は，特約又は慣習がない場合には，前払いとされている。ただし，収穫の季節があるものについては，後払いとされている。

イ：賃借人が賃貸人の承諾を得ずに賃借物を転貸して第三者に使用又は収益をさせた場合であっても，賃借人の当該行為が賃貸人に対する背信的行為と認めるに足りない特段の事情があるときには，賃貸人は民法第612条第２項により契約を解除することはできない。

ウ：土地の賃貸借の目的物が譲渡された場合，旧所有者と賃借人との間に存在した賃貸借関係は法律上当然に新所有者と賃借人との間に移転し，旧所有者はその関係から離脱するが，その所有権の移転について未登記の譲受人は，賃貸人たる地位の取得を賃借人に対抗することができない。

エ：家屋の賃貸借契約が終了しても，賃借人は，特別の約定のない限り，敷金が返還されるまでは家屋の明渡しを拒むことができる。

オ：土地の賃借権が賃貸人の承諾を得て旧賃借人から新賃借人に移転された場合であっても，旧賃借人が差し入れた敷金に関する権利義務関係は，新賃借人に承継されない。

1：ア，エ
2：ウ，オ
3：ア，イ，エ
4：イ，ウ，オ
5：イ，エ，オ

直前復習

チェック欄		
1回目	2回目	3回目

実践 問題 110 の解説

〈賃貸借〉

ア× 賃料の支払時期は，契約で定めるのが通常であるが，特約や慣習がない場合には，動産・建物・宅地は毎月末，その他の土地（農地等）は毎年末（収穫の季節があるものは季節後遅滞なく）の後払いとされる（614条）。

イ○ 612条は，賃借権の譲渡・賃借物の転貸には賃貸人の承諾が必要であるとし（1項），賃借人が賃貸人に無断で賃借物を第三者に使用・収益させた場合には，賃貸人は賃貸借契約を解除できるとする（2項）。しかし，同条は，賃貸借が当事者の個人的信頼を基礎とする継続的法律関係であることを重視したものである。そこで，判例は，賃借人の無断転貸が賃貸人に対する背信的行為と認めるに足りない特段の事情がある場合には，同条の解除権は発生しない（信頼関係破壊理論）とする（最判昭28.9.25）。

ウ○ 土地賃借権に対抗力がある場合（605条，借地借家法10条1項），目的物が譲渡されると，賃貸人の地位も当然に譲受人（新所有者）に移転し，譲渡人（旧所有者）は賃貸借関係から離脱する（605条の2第1項）。また，譲受人が（土地所有権の取得ではなく）賃貸人たる地位を賃借人に主張する場合にも，所有権移転登記が必要である（同条3項）。登記を不要とすると，目的物が二重譲渡された場合に，賃借人は賃料の二重払いの危険を負うことになるからである。

エ× 賃貸人の敷金返還債務は，（家屋の）賃貸借が終了し，かつ，賃貸物の返還（家屋の明渡し）を受けたときに発生するので（622条の2第1項1号），賃借人の家屋明渡債務が先履行であって，両債務は同時履行の関係に立たない（最判昭49.9.2）。したがって，家屋の賃貸借契約が終了した場合，賃借人は，特別の約定のない限り，敷金が返還されないことを理由に家屋の明渡しを拒むことができない。

オ○ 賃借人が賃貸人の承諾（記述イの解説参照）を得て賃借権を譲渡した場合，賃借人の地位が移転する。しかし，この場合でも，敷金に関する敷金交付者（旧賃借人）の権利義務関係は新賃借人に承継されない（622条の2第1項2号）。将来，新賃借人が新たに負担することとなる債務についてまで敷金交付者の交付した敷金が担保するのでは，敷金交付者に予期に反する不利益を被らせることになるからである。

以上より，妥当なものはイ，ウ，オであり，肢4が正解となる。

正答 4

第3章 SECTION 1 賃貸借・消費貸借・使用貸借

賃貸借

実践 問題 111 基本レベル

頻出度 地上★★　国家一般職★★　特別区★★
裁判所職員★★★　国税·財務·労基★★　国家総合職★★

問 賃貸借に関する記述として最も妥当なものはどれか（争いのあるときは，判例の見解による。）。 **（裁事2018改題）**

1：Aから甲土地を賃借しているBが，Cに対して適法に甲土地を転貸したとき，CはAに対してBC間の転貸借に基づく債務を直接履行する義務を負わない。

2：借地上の建物の賃借人は，その敷地の地代の弁済について正当な利益を有するとはいえないので，借地人の意思に反して，第三者として地代を弁済することができない。

3：建物の賃貸借契約において，契約が終了し建物が明け渡された後に敷金の返還請求がされた場合，賃料の未払があるときは，敷金が当然に充当されるため，賃貸人が賃借人に相殺の意思表示をする必要はない。

4：賃貸借契約が解除されたときは，その賃貸借は契約の時に遡って効力を失う。

5：Aは自己が所有する土地をBに賃貸し，Bはその土地上に建物を建て，それをCに賃貸し，Cはその建物の引渡しを受け居住している。AB間の賃貸借契約が合意解除された場合，Cは建物の賃借権をもってAに対抗することができない。

チェック欄

1回目	2回目	3回目

実践 問題 111 の解説

〈賃貸借〉

1 × 賃借人Bが**賃貸人Aの承諾**（612条１項）を得て賃借物である甲土地をCに**転貸**しても，賃貸人Aと転借人Cとの間に直接の契約関係はない。しかし，民法は，賃貸人Aを保護するために，賃借人Bが「適法に賃借物を転貸したとき」は，**転借人Cは**，ＡＢ間の賃貸借に基づく賃借人Bの債務の範囲を限度として，**賃貸人Aに対してＢＣ間の「転貸借に基づく債務を直接履行する義務を負う」**と規定している（613条１項前段）。

2 × 借地上の建物の賃借人は，借地権が解除により消滅すると，建物から退去して土地賃貸人に土地を明け渡さなければならない。したがって，**借地上の建物の賃借人**は，敷地の地代の弁済について**「正当な利益」**（474条２項本文）を有し，**借地人**（地代債務の債務者）**の意思に反しても地代の第三者弁済ができる**（最判昭63.7.1）。

3 ○ 敷金は，賃料債務，賃貸借終了後の目的物の明渡しまでに生ずる損害賠償債務，その他賃貸借契約により賃借人が賃貸人に対して負担する一切の債務を担保する。したがって，敷金返還請求権は，賃貸借が終了し，かつ，賃貸物の返還を受けたときに，敷金の額から上記の被担保債務の額を控除した残額につき発生する（622条の２第１項１号）。これを賃料債権等の面からみれば，**目的物の返還時に残存する賃料債権等は敷金の充当により当然に消滅することになる**が，この敷金の充当による未払賃料等の消滅は，敷金契約から発生する効果であって，**相殺のような当事者の意思表示を必要としない**（最判平14.3.28）。

4 × 一般の契約の解除は遡及効があり，解除により契約は遡及的に消滅すると考えられている（直接効果説）。しかし，**賃貸借契約の解除は遡及効がなく**，将来に向かってのみ効力を生ずる（620条前段）。賃貸借のような継続的契約においては，当事者に原状回復義務（545条１項）を負わせ，双方に不当利得の返還をさせることは無意味だからである。

5 × 判例は，ＡＢ間の**土地賃貸借（借地）契約を合意解除**しても，特段の事情がない限り，**地上建物の賃借人Cに対抗できない**（その結果，Cは建物賃借権を土地賃貸人Aに対抗できる）としている（最判昭38.2.21）。なぜなら，①土地賃貸人Aは，土地賃借人Bが，借地上に建物を建築所有して自ら居住するだけでなく，反対の特約がない限り，他にこれを賃貸し，建物賃借人にその敷地を占有使用させることも当然に予想し，かつ認容しているものとみるべきであるし，②借地契約の合意解除は，土地賃借人Bが自ら借地権を放棄するのと同視できるので，建物賃借人Cに対抗できないのは，398条・538条の法理からも推論でき，信義則に照らしても当然のことだからである。

正答 3

第3章 SECTION 1 賃貸借・消費貸借・使用貸借

賃貸借

実践 問題 112 基本レベル

頻出度			
	地上★★	国家一般職★★	特別区★★
	裁判所職員★★★	国税·財務·労基★★	国家総合職★★

問 民法に規定する賃貸借に関する記述として，判例，通説に照らして，妥当なのはどれか。 （特別区2020）

1：賃貸人が賃貸物の保存に必要な行為をしようとする場合において，そのために賃借人が賃借をした目的を達することができなくなるときは，賃借人は，これを拒むこと又は賃料の減額を請求することができる。

2：賃借人は，賃借物について賃貸人の負担に属する必要費を支出したときは，賃貸人に対し，賃貸借を終了した時に限り，その費用の償還を請求することができる。

3：最高裁判所の判例では，家屋の賃貸借における敷金契約は，賃貸人が賃借人に対して取得することのある債権を担保するために締結されるものであって，賃貸借契約に付随するものであるから，賃貸借の終了に伴う賃借人の家屋明渡債務と賃貸人の敷金返還債務とは，一個の双務契約によって生じた対価的債務の関係にあり，特別の約定のない限り，同時履行の関係に立つとした。

4：最高裁判所の判例では，適法な転貸借関係が存在する場合，賃貸人が賃料の不払を理由として賃貸借契約を解除するには，特段の事情のない限り，転借人に通知をして賃料の代払の機会を与えなければならないとした。

5：最高裁判所の判例では，土地賃借権が賃貸人の承諾を得て旧賃借人から新賃借人に移転された場合であっても，敷金に関する敷金交付者の権利義務関係は，敷金交付者において賃貸人との間で敷金をもって新賃借人の債務の担保とすることを約し，又は新賃借人に対して敷金返還請求権を譲渡する等，特段の事情のない限り，新賃借人に承継されないとした。

チェック欄

1回目	2回目	3回目

実践 問題 112 の解説

〈賃貸借〉

1 × 賃貸人が賃貸物の保存に必要な行為をしようとするときは，賃借人はこれを拒むことができない（606条２項）。賃貸人が賃借人の意思に反して保存行為をしようとする場合において，そのために賃借人が賃借をした目的を達することができなくなるときであっても，賃借人は，契約の解除ができるだけである（607条）。なお，この場合において，賃借人が契約を解除しなかったときは，保存行為により使用・収益できない部分の割合に応じて，賃料が当然に減額される（611条１項）。

2 × 賃借人は，賃借物について賃貸人の負担に属する必要費を支出したときは，賃貸人に対し，直ちにその償還を請求できる（608条１項）。賃貸借の終了時に償還を請求できるのは，有益費を支出した場合である（同条２項）。

3 × 判例は，①敷金契約は，賃貸人が賃借人に対して取得することのある債権を担保するために締結されるものであって，賃貸借契約に付随するものではあるが，賃貸借契約そのものではないから，賃借人の家屋明渡債務と賃貸人の敷金返還債務とは，一個の双務契約によって生じた対価的債務の関係にないこと，②敷金は家屋の明渡しまでに賃貸人が取得することのある一切の債権を担保することなどを理由に，家屋明渡債務と敷金返還債務とは同時履行の関係に立つものではないとした（最判昭49.9.2）。

4 × 転貸借について賃貸人の承諾（612条１項）を得ていた場合でも，賃貸借契約が賃借人の賃料不払い（債務不履行）を理由に解除（541条）されたときは，転借人は，賃貸人に対し，目的物を占有する権原（転借権）を対抗できなくなる（最判昭36.12.21等）。もっとも，転借人が賃借人の代わりに賃料を支払うこと（第三者弁済）により，賃貸人の解除権を消滅させれば，自己の地位を保全できる。そこで，賃貸人が賃借人の賃料不払いを理由に賃貸借契約を解除するには，転借人に通知等をして賃料の代払いの機会を与えなければならないとする説も有力である。しかし，判例は，特段の事情のない限り，転借人に通知等をして賃料の代払いの機会を与える必要はないとした（最判昭37.3.29，最判平6.7.18）。

5 ○ 賃借権の移転（賃借人の交替）があった場合に，敷金に関する権利義務関係が新賃借人に承継されるかについて，判例は，本肢のように判示して否定した（最判昭53.12.22）。旧賃借人が交付した敷金が当然に新賃借人の債務を担保するものとすることは，旧賃借人の予期に反する不利益を被らせる結果になるからである。なお，現行民法は，賃借人が賃貸人の承諾（612条１項）を得て賃借権を譲渡した場合には，その時点で賃貸人の旧賃借人に対する敷金返還債務が生ずる（新賃借人には承継されない）と規定して（622条の２第１項２号），上記判例を明文化した。

正答 5

賃貸借

実践 問題 113 基本レベル

頻出度	地上★★　国家一般職★★　特別区★★ 裁判所職員★★★　国税･財務･労基★★　国家総合職★★

問 賃貸借契約に関する次のア～オの記述のうち，妥当なもののみを全て挙げているものはどれか（争いのあるときは，判例の見解による。）。　（裁事2021）

ア：土地の賃借人は，当該土地上に自己名義の登記のされた建物を所有している場合には，当該土地の譲受人に対し，当該土地の賃借権を対抗することができる。

イ：賃借人が適法に賃借物を転貸した場合，転借人は，賃貸人に対し，直接，賃貸目的物を使用収益させることを求めることができる。

ウ：賃借人は，賃貸目的物である建物の雨漏りを修繕するための費用を支出したときは，賃貸人に対し，直ちに，その償還を請求することができる。

エ：建物の賃貸借契約において，賃貸人が未払賃料の支払を求めた場合，賃借人は，既に差し入れている敷金をもって充当することを主張して，その支払を免れることができる。

オ：ＡＢ間の建物の賃貸借契約が解除された場合，賃借人として当該建物に居住していたＢは，従前の賃貸借契約の期間中，賃貸目的物を不法に占有していたことになる。

1：ア，ウ
2：ア，オ
3：イ，エ
4：イ，オ
5：ウ，エ

チェック欄

1回目	2回目	3回目

実践 問題 113 の解説

〈賃貸借〉

ア○ 土地の賃借人は，賃借権の登記（605条）がなくても，当該土地上に自己名義の登記のされた建物を所有している場合には，第三者（当該土地の譲受人など）に対し，当該土地の賃借権（借地権）を対抗することができる（借地借家法10条１項）。

イ× 賃借人が賃貸人の承諾（612条１項）を得て賃借物を転貸しても，賃貸人と転借人との間に直接の契約関係はない。しかし，目的物を現実に占有し使用・収益するのは転借人だから，賃貸人を保護するため，賃借人が適法に賃借物を転貸したときは，転借人は，賃貸人・賃借人間の賃貸借に基づく賃借人の債務の範囲を限度として，「賃貸人に対して転貸借に基づく債務を直接履行する義務を負う」（613条１項前段）。もっとも，この規定により，転借人は，賃貸人に対し義務を負うのみであって，賃貸人に対し権利（目的物の使用収益権など）を取得するものではない。

ウ○ 賃貸人は，賃貸物の使用・収益に必要な修繕をする義務を負うので（606条１項本文），賃貸目的物である建物の雨漏りを修繕するための費用は，賃貸人が負担すべきものである。したがって，賃借人は，このような賃貸人の負担に属する必要費を支出したときは，賃貸人に対し，直ちにその償還を請求することができる（608条１項）。

エ× 敷金とは，「いかなる名目によるかを問わず，賃料債務その他の賃貸借に基づいて生ずる賃借人の賃貸人に対する金銭の給付を目的とする債務を担保する目的で，賃借人が賃貸人に交付する金銭」をいう（622条の２第１項かっこ書）。賃貸人は，賃貸借が終了し，かつ，賃借物の返還を受けたときなどに，敷金の額から賃借人の賃貸人に対する上記債務を控除した残額を返還しなければならない（同項）。これに対して，賃貸借の存続中に賃借人が賃料債務を履行しない場合，①賃貸人は，敷金をその債務の弁済に充当できるが，②賃借人は，賃貸人に対し，敷金を自己の債務の弁済に充当することを請求できない（同条２項）。②を認めると，担保の意味がなくなるし，敷金の交付は債務不履行を正当化しないからである。

オ× 一般の契約の解除には遡及効があり，解除された契約は遡及的に消滅する（直接効果説）。しかし，賃貸借契約の解除には遡及効がなく，将来に向かってのみ効力を生ずる（620条前段）。賃貸借のような継続的契約では，当事者に原状回復義務（545条１項）を負わせ，双方に返還をさせることは無意味だからである。したがって，ＡＢ間の建物の賃貸借契約が解除された場合でも，賃借人として当該建物に居住していたＢは，従前の賃貸借契約の期間中，当該建物を不法に占有していたことにはならない。

以上より，妥当なものはア，ウであり，肢１が正解となる。

正答 1

賃貸借

実践 問題 114 基本レベル

頻出度	
地上★★　国家一般職★★　特別区★★	
裁判所職員★★★　国税·財務·労基★★　国家総合職★★	

問 賃貸借に関するア～オの記述のうち，妥当なもののみを全て挙げているのはどれか。ただし，争いのあるものは判例の見解による。

（国税・財務・労基2021）

ア：土地の賃借人は，当該土地上に同居する家族名義で保存登記をした建物を所有している場合であっても，その後当該土地の所有権を取得した第三者に対し，借地借家法第10条第１項により当該土地の賃借権を対抗することはできない。

イ：建物の賃貸借契約終了に伴う賃借人の建物明渡債務と賃貸人の敷金返還債務とは，敷金返還に対する賃借人の期待を保護する観点から，同時履行の関係に立つ。

ウ：民法，借地借家法その他の法令の規定による賃貸借の対抗要件を備えた不動産の賃借人は，当該不動産の占有を第三者が妨害しているときは，当該第三者に対して妨害の停止の請求をすることができる。

エ：土地の賃貸借契約において適法な転貸借関係が存在する場合，賃貸人が賃料の不払を理由として賃貸借契約を解除するには，特段の事情のない限り，転借人に通知等をして賃料の代払の機会を与えることが信義則上必要である。

オ：賃貸人は，賃借人が賃貸借に基づいて生じた金銭の給付を目的とする債務を履行しないときは，敷金をその債務の弁済に充てることができる。また，賃借人も，賃貸人に対し，敷金をその債務の弁済に充てることを請求することができる。

1：ア，ウ
2：ア，オ
3：イ，エ
4：イ，オ
5：ウ，エ

（参考）　借地借家法

（借地権の対抗力）

第10条　借地権は，その登記がなくても，土地の上に借地権者が登記されている建物を所有するときは，これをもって第三者に対抗することができる。

2　（略）

チェック欄		
1回目	2回目	3回目

実践 問題 114 の解説

〈賃貸借〉

ア○ 土地の賃借人は，賃借権の登記（605条）がなくても，当該土地上に「登記されている建物」を所有するときは，第三者（当該土地の譲受人など）に対し，当該土地の賃借権（借地権）を対抗することができる（借地借家法10条１項）。ただし，判例は，建物の登記は借地人の自己名義である必要があり，借地人と同居する家族名義の登記であっても，借地権に対抗力はないとしている（長男名義につき最大判昭41.4.27，妻名義につき最判昭47.6.22）。

イ× 建物賃貸借における敷金は，賃貸借存続中の賃料債権のみならず，賃貸借の終了後建物明渡義務の履行までに生じる賃料相当額の損害金債権その他賃貸借契約により賃貸人が賃借人に対して取得することのある一切の債権を担保するものである（最判昭48.2.2）。そのため，賃貸人の敷金返還債務は，「賃貸借が終了し，かつ，賃貸物の返還を受けたとき」に発生し（622条の２第１項１号），賃借人の建物明渡債務が先履行であるから，両債務は同時履行の関係に立たない（最判昭49.9.2）。

ウ○ 賃借権の対抗要件（605条，借地借家法10条・31条等）を備えた不動産の賃借人は，当該不動産の占有を第三者が妨害しているときは妨害の停止を，当該不動産を第三者が占有しているときは返還を，請求することができる（605条の４）。

エ× 賃貸人の承諾（612条１項）がある適法な転貸借関係が存在する場合であっても，賃貸借契約が賃借人の賃料不払い（債務不履行）を理由に解除（541条）されたときは，転借人は賃貸人に転借権を対抗できなくなる（最判昭36.12.21）。そこで，せめて賃貸借契約の解除前に賃貸人は転貸人に対しても（賃料代払いの機会を与えるために）催告をすべきであるとする学説も有力であるが，判例は，賃貸人は賃借人に対して催告をすれば足り，転借人に通知等をして賃料支払いの機会を与える必要はないとしている（最判昭37.3.29）。

オ× 賃借人が賃貸借に基づいて生じた金銭の給付を目的とする債務（賃料債務など）を履行しない場合，①賃貸人は，敷金をその債務の弁済に充てることができるが，②賃借人は，賃貸人に対し，敷金を自己の債務の弁済に充てることを請求することはできない（622条の２第２項）。②を認めると，敷金の担保としての意味（記述イの解説参照）がなくなるし，敷金の交付は債務不履行を正当化しないからである。

以上より，妥当なものはア，ウであり，肢１が正解となる。

正答 1

実践 問題 115 応用レベル

頻出度	
	地上★　国家一般職★★　特別区★
	裁判所職員★★★　国税･財務･労基★　国家総合職★★

問 Aは自己所有の建物をBに賃貸し，Bは当該建物をCに転貸して，Cが当該建物を実際に使用している。この事例に関するア～オの記述のうち，妥当なもののみを全て挙げているのはどれか。ただし，争いのあるものは判例の見解による。　**(国家総合職2021)**

ア：ＢＣ間の転貸借契約がAの承諾を得ている場合において，Cが建物の所有権を取得して賃貸人の地位を有するに至ったときは，原則として，ＢＣ間の転貸借関係も終了する。

イ：ＢＣ間の転貸借契約がAの承諾を得ている場合において，ＡＢ間の賃貸借契約が合意解除されたときであっても，Aは，その解除の当時，Bの債務不履行による解除権を有していたときを除き，その解除をもってCに対抗することができない。

ウ：ＢＣ間の転貸借契約がAの承諾を得ている場合において，AがBの債務不履行を理由にＡＢ間の賃貸借契約を解除したときは，ＢＣ間の転貸借契約は，原則として，AがCに対して建物の返還を請求した時に，BのCに対する債務の履行不能により終了する。

エ：ＢＣ間の転貸借契約がAの承諾を得ている場合において，ＡＢ間の賃貸借契約が，AがBから安定的に賃料収入を得ることを目的としてCに転貸することを当初から予定して締結され，Cもそのことを認識していたとしても，Aのした転貸の承諾は，Cに対してBの有する賃借権の範囲内で使用収益する権限を付与したものにすぎないから，当該賃貸借契約がBの更新拒絶により終了したときは，Aはその終了を当然にCに対抗することができる。

オ：ＢＣ間の転貸借契約がAの承諾を得ていない場合において，Aは，あらかじめＡＢ間の賃貸借契約を解除し又はBの承諾を得なければ，Cに対して直接建物の返還を請求することができない。

1：ア，ウ
2：ア，オ
3：イ，ウ
4：イ，エ
5：エ，オ

チェック欄

1回目	2回目	3回目

実践 問題 115 の解説

〈転貸借〉

ア× 建物の転借人Cが賃貸人Aから当該建物の所有権を取得し，**賃貸人の地位と転借人の地位とが同一人に帰した場合**であっても，当事者ＢＣ間に転貸借関係を消滅する合意がない限り，**転貸借関係は当然には消滅しない**と解されている（最判昭35.6.23）。賃貸借関係と転貸借関係は別個の関係だからであり，混同の例外（520条但書）の一例である。

イ○ 賃借人Bが**賃貸人Aの承諾**（612条１項）を得て建物を**転貸**した場合には，賃貸人Aは，**ＡＢ間の賃貸借契約を合意解除**したことをもって**転借人Cに対抗できない**（613条３項本文）。①賃貸人Aが，ＢＣ間の転貸借を承諾しておきながら，自らＡＢ間の賃貸借を消滅させ，転借人Cに建物の明渡しを求めるのは信義に反するし，②賃借人Bが賃貸借の合意解除に応じるのは自ら賃借権を放棄するのと同じであり，これを転借人Cに対抗できないのは398条・538条の法理に照らして当然だからである。ただし，**合意解除の当時，賃貸人Aが賃借人Bの債務不履行による解除権を有していたとき**は，この限りでない（613条３項但書）。**賃借人Bの債務不履行によりＡＢ間の賃貸借が解除**された場合には，ＢＣ間の転貸借がその適法性の基礎を失うため，賃貸人Aは，**当該解除を転借人Cに対抗できると考えられている**ところ（大判昭10.11.18），上記の場合は，合意解除であっても，実質上は債務不履行による解除と異ならないからである。

ウ○ 判例は，賃貸人Aの承諾のある転貸借において，**ＡＢ間の賃貸借契約が転貸人（賃借人）Ｂの債務不履行を理由とする解除**により終了した場合，**ＢＣ間の転貸借契約**は，原則として，**賃貸人Ａが転借人Ｃに対して建物（目的物）の返還を請求した時**に，転貸人Bの転借人Cに対する債務の履行不能により終了するとしている（最判平9.2.25）。

エ× 借地借家法上，**建物賃貸人**による**更新拒絶**には**正当事由が必要**とされ，その判断に際しては**転借人の事情も考慮される**（同法28条）。したがって，賃貸人が更新を拒絶しても，正当事由が認められなければ，賃貸借は終了しないが，賃借人の側から更新を拒絶した場合は，転借人の事情が考慮されることなく，賃貸借が終了することになる。しかし，①**Ａが**，Bにその知識，経験等を活用して建物（事業用のビル）を第三者に転貸し収益を上げさせることによって，自ら各室を個別に賃貸することに伴う煩わしさを免れるとともに，**Ｂから安定的に賃料収入を得ることを目的として賃貸借契約を**

締結し，Ｂが第三者に転貸することを賃貸借契約締結の当初から予定していたのであり，②Ｃも，上記のような目的で賃貸借契約が締結され，転貸の承諾がされることを前提として転貸借契約を締結し，Ｃが現にその貸室を占有しているという事案において，判例は，賃貸人ＡがＢＣ間の転貸借を承諾したにとどまらず，転貸借契約の締結に加功し，転借人Ｃの占有の原因を作出したというべきであるから，賃借人Ｂが更新拒絶の通知をしてＡＢ間の賃貸借が期間満了により終了しても，Ａは，信義則上，賃貸借契約の終了をＣに対抗できないとしている（最判平14.3.28）。

オ×　ＢＣ間の転貸借契約が賃貸人Ａの承諾（612条１項）を得ていない場合，(転借権をＡに対抗できない）転借人ＣはＡにとって全くの無権利者であるから，Ａは，ＡＢ間の賃貸借契約を解除するか（同条２項）否かを問わず，また，賃借人Ｂの承諾を要せず，所有権に基づき，Ｃに対して直接建物の返還を請求することができる（最判昭26.4.27）。

以上より，妥当なものはイ，ウであり，肢３が正解となる。

正答 3

memo

賃貸借

実践 問題 116 応用レベル

頻出度			
	地上★	国家一般職★★	特別区★
	裁判所職員★★★	国税·財務·労基★	国家総合職★★

問 賃貸借契約に関するア～オの記述のうち，判例に照らし，妥当なもののみをすべて挙げているのはどれか。（国Ⅱ2011）

ア：建物の賃貸借契約の終了時において，賃借人は建物の原状回復義務を負っているので，社会通念上通常の使用をした場合に生じる建物の劣化又は価値の減少に係る補修費用について賃借人が負担することが明確に合意されていなかったとしても，賃貸人は，当該補修費用を差し引いて敷金を返還することができる。

イ：建物の賃貸借契約の終了時において，賃貸人の敷金返還債務と賃借人の建物明渡債務は同時履行の関係にあり，賃借人は，敷金が返還されるまで建物の使用を継続することができる。

ウ：居住用建物の賃貸借における敷金について，賃貸借契約の終了時にそのうちの一定金額を返還しない旨の特約が合意された場合には，災害により当該建物が滅失し賃貸借契約が終了したときであっても，特段の事情がない限り，賃借人は賃貸人に対し当該一定金額の返還を請求することはできない。

エ：建物の賃貸借契約において，賃貸人の承諾を得た適法な転貸借関係が存在する場合に，賃貸人が賃借人の賃料の不払いを理由に当該契約を解除するには，特段の事情のない限り，転借人に通知等をして賃料の代払いの機会を与えなければならないものではない。

オ：建物の賃貸借契約において，賃借人が賃貸人の承諾なく当該建物を第三者に転貸した場合においても，賃借人の当該行為が賃貸人に対する背信的行為と認めるに足らない特段の事情があるときは，賃貸人は当該契約を解除することができない。

1：ア，イ
2：ア，オ
3：イ，ウ
4：ウ，エ
5：エ，オ

チェック欄		
1回目	2回目	3回目

実践 問題 116 の解説

〈賃貸借〉

ア× 賃貸借契約が終了した場合，賃借人は，原状回復義務を負う（621条）。もっとも，賃借人が社会通念上通常の使用をした場合に生ずる賃借建物の劣化または価値の減少（通常損耗）は，賃貸借に伴う必要経費として賃料に織り込まれているので，通常損耗を賃借人に負担させるには，明確な合意が必要である（同条本文かっこ書，最判平17.12.16）。よって，そのような明確な合意がないのに，通常損耗の補修費用を敷金から差し引くことはできない。

イ× 賃貸人の敷金返還債務は，（建物の）賃貸借が終了し，かつ，賃貸物の返還（建物の明渡し）を受けたときに発生するので（622条の2第1項1号），賃借人の建物明渡債務が先履行であって，両債務は同時履行の関係に立たない（最判昭49.9.2）。

ウ× 賃貸借契約の終了時に，敷金のうちの一定金額（敷引金）を返還しない旨の特約（敷引特約）が行われることがある。判例は，災害により賃借家屋が滅失し，賃貸借契約が終了したときは，特段の事情がない限り，敷引特約は適用されず，賃借人は敷引金の返還を請求できるとする（最判平10.9.3）。なぜなら，賃貸借契約が火災，震災，風水害その他の災害により当事者が予期していない時期に終了した場合についてまで敷引金を返還しないとの合意が成立していたと解することはできないからである。

エ○ 適法な承諾転貸（612条1項）であっても，その後に賃料不払いなど賃借人の債務不履行を理由に賃貸借契約が解除された場合には，転借人は建物の占有権原を失う（最判昭36.12.21）。転貸借は賃貸借の存在を前提とするからである。判例は，賃貸人が賃借人の賃料不払いを理由として賃貸借契約を解除するには，賃借人に対して催告すれば足り，転借人に対して催告する必要はないとしている（最判昭37.3.29）。

オ○ 判例は，個人的信頼を基礎とする賃貸借関係においては，無断転貸の場合であっても，賃借人の当該行為が賃貸人に対する背信的行為と認めるに足りない特段の事情があるときは，賃貸人の解除権は発生しないとしている（最判昭28.9.25）。

以上より，妥当なものはエ，オであり，肢5が正解となる。

正答 5

実践 問題 117 応用レベル

頻出度 地上★ 国家一般職★★ 特別区★ 裁判所職員★★★ 国税·財務·労基★ 国家総合職★★

問 賃貸借に関するア～オの記述について，ａ～ｈの中からその根拠を選んだ場合に，挙げられた組合せが妥当なのはどれか。ただし，争いのあるものは判例の見解による。 (国家総合職2013)

ア：賃借人が賃貸人から借りている家屋を無断で同居の親族に転貸した場合であっても，賃貸人は，直ちに賃貸借契約を解除することができない。

イ：土地賃借権の登記がない場合であっても，当該土地上に借地権者が登記した建物を所有していれば，土地賃借権は対抗力を持つ。

ウ：土地の賃借権を登記した者は，その後，その土地につき賃借権を取得し地上に建物を建てた第三者に対し，建物収去，土地明渡しを請求することができる。

エ：賃貸家屋の使用状況が著しく悪質であれば，賃貸人は賃借人への催告なく賃貸借契約を解除することができる。

オ：借地人が借地上に所有する建物に賃借人がいる場合，土地賃貸人と借地人との合意で土地賃貸借契約を解除しても，特段の事情がない限り，建物賃借人に対抗することができない。

a：権利濫用
b：信義則（信義誠実の原則）
c：公序良俗違反
d：民法第94条第２項の類推適用
e：対抗力取得による物権的効力
f：信頼関係理論
g：特別法である借地借家法
h：背信的行為と認めるに足りない特段の事情の存在

1：ウ－b，オ－c
2：エ－f，オ－e
3：ア－a，イ－d，ウ－e
4：ア－c，イ－g，エ－b
5：ア－h，イ－g，エ－f

実践 問題 117 の解説

チェック欄		
1回目	2回目	3回目

〈賃貸借〉

ア 根拠 f または h と結び付く。
判例は，賃借人が賃貸人の承諾なく第三者に賃借物の使用・収益をさせた場合においても，賃借人の当該行為が賃貸人に対する「背信的行為と認めるに足りない特段の事情」がある場合には，賃貸人の解除権は発生しないとしている（最判昭28.9.25）。この解除権の制限に関する判例理論は，「信頼関係理論」（信頼関係破壊理論）とよばれている。

イ 根拠 g と結び付く。
不動産賃借権は，登記をすると以後その不動産について物権を取得した者に対しても対抗できる（605条）。しかし，賃借人は登記請求権を有しない（大判大10.7.11）ので，賃貸人の協力を得られなければ，賃借人は賃借権の登記をすることができない。そこで，民法の特別法である「借地借家法」は，土地賃借権の登記がなくても，土地の上に借地権者が登記した建物を所有するときは，借地権を第三者に対抗できるとしている（同法10条1項）。

ウ 根拠 e と結び付く。
対抗要件（605条，借地借家法10条1項）を具備した土地賃借権は「物権的効力」を有し，その土地につき物権を取得した者のみならず，賃借権を取得した者にも対抗できるから，対抗力ある土地賃借権を有する者は，その後にその土地につき賃借権を取得し地上に建物を建てた第三者（二重賃借人）に対し，建物収去・土地明渡しを請求できる（605条の4第2号）。

エ 根拠 f と結び付く。
判例は，賃貸借のような継続的契約の解除についても541条を適用し，原則として催告が必要であるが，賃貸家屋の使用状況が著しく悪質な場合のように，賃借人の債務不履行（用法遵守義務違反。616条・594条1項）の態様が悪質な場合には，賃貸人との信頼関係を破壊し，賃貸借契約の継続を著しく困難にする不信行為があったとして，賃貸人は，催告なしに賃貸借契約を解除できるとしている（最判昭27.4.25）。

オ 根拠 b と結び付く。
判例は，借地上の建物に賃借人がいる場合，土地賃貸人と借地人の合意で借地契約を解除しても，特段の事情がない限り，建物賃借人に対抗できないとしている（最判昭38.2.21）。なぜなら，①土地賃貸人は，借地人が，借地上に建物を建築所有して自ら居住するだけでなく，他にこれを賃貸し，建物賃借人にその敷地を占有使用させることも当然に予想し，かつ認容しているものとみるべきであり，②借地契約の合意解除は，借地人が自ら賃借権を放棄するのと同視できるので，建物賃借人に対抗できないのは，398条・538条の法理からも推論できるし，「**信義誠実の原則**」に照らしても当然のことだからである。

以上より，各記述とその根拠の組合せは，アーｆまたはｈ，イーｇ，ウーｅ，エーｆ，オーｂであるので，肢５が正解となる。

正答 5

memo

賃貸借・消費貸借・使用貸借
貸借総合

必修問題 セクションテーマを代表する問題に挑戦！

使用貸借，消費貸借および賃貸借は，その異同が重要です。その異同を整理しましょう。

問 消費貸借に関する記述として最も妥当なものはどれか（争いのあるときは，判例の見解による。）。（裁事2020）

1：私人間の消費貸借は，特約がなくても，貸主が借主に利息を請求することができる。
2：返還時期の定めがある無利息の消費貸借では，借主は，返還時期に限り，目的物を返還することができる。
3：返還時期の定めのない消費貸借では，借主は，貸主から返還を求められれば，直ちに返還しなければならない。
4：返還時期の定めのない消費貸借では，借主は，相当な期間を定めて催告しただけでは返還をすることができない。
5：利息付きの消費貸借では，貸主は，借主が目的物を受け取った日以後の利息を請求することができる。

頻出度	地上★★　国家一般職★★　特別区★　裁判所職員★★　国税･財務･労基★　国家総合職★

必修問題の解説

チェック欄		
1回目	2回目	3回目

〈消費貸借〉

1 × 民法上（私人間）の消費貸借は無利息が原則であり，貸主は，特約がなければ，借主に対して利息を請求できない（589条１項）。なお，商人間の金銭消費貸借においては，特約がなくても，貸主は法定利息（404条）を請求できる（商法513条１項）。

2 × 消費貸借の借主は，返還時期の定めの有無にかかわらず，いつでも目的物を返還できる（591条２項）。ただし，貸主は，借主が期限前に返還したことによって損害を受けたときは，借主に対しその賠償を請求できる（同条３項）。

3 × 消費貸借の当事者が返還時期を定めなかった場合，貸主は，相当の期間を定めて返還の催告をすることができる（591条１項）。「相当の期間」を必要とするのは，借りた物を消費して同種・同質・同量の別の物を返すという消費貸借の性質上，借主に返還のための準備期間を与える必要があるからである。

4 × 返還時期の定めがない消費貸借の借主は，いつでも目的物を返還できる（591条２項。肢２の解説参照）。したがって，借主の側から，相当な期間を定めて催告をする必要はない。

5 ○ 消費貸借において利息付きの特約（肢１の解説参照）がある場合，利息は金銭等の目的物（元本）の使用の対価であるから，利息の発生日は借主が目的物を受け取った日であり，貸主は，借主が目的物を受け取った日以後の利息を請求できる（589条２項）。

正答 5

賃貸借・消費貸借・使用貸借 貸借総合

1 消費貸借

消費貸借とは，借主が貸主から借用した物を消費し，借用した物と同じ種類・品質・数量の物を貸主に返還する内容の契約です。無利息の場合は**無償・片務契約**であり，利息付きの場合は**有償・片務契約**となります。

消費貸借には，**要物契約**としての消費貸借（587条）と，**諾成的**消費貸借（587条の２第１項）の２種類があります。

(1) 要物契約としての消費貸借

目的物の引渡しがあり，借主が目的物を受け取ったときに契約が成立します（587条）。

(2) 諾成的消費貸借

書面でする消費貸借は，**両当事者の合意のみ**で成立します（587条の２第１項）。書面が要求される趣旨は，①当事者の合意が直ちに債権債務を発生させる契約であることを明確にする点，および，②軽率な消費貸借の合意をすることを防止する点にあります。

諾成的消費貸借においては，**借主**は，貸主から金銭等を**受け取るまで**は，契約を**解除**することができます（同条２項前段）。もっとも，借主が金銭等を受け取る前に契約を解除したことによって貸主に損害が生じたときは，貸主は，借主にその賠償を請求することができます（同項後段）。

2 使用貸借

使用貸借とは，当事者の一方（貸主）がある物を引き渡すことを約束し，相手方（借主）がその受け取った物について無償で使用・収益をして契約が終了したときに返還することを約束することによって成立する契約です（593条）。**無償・片務・諾成契約**です。

memo

貸借総合

実践 問題 118 応用レベル

頻出度			
	地上★	国家一般職★★	特別区★
	裁判所職員★★	国税·財務·労基★	国家総合職★

問 消費貸借・準消費貸借・使用貸借に関する次のア～エの記述の正誤の組合せとして，最も適当なのはどれか（争いのあるときは，判例の見解による。）。

（裁判所職員2013）

ア：準消費貸借は，消費貸借によらないで金銭その他の物を給付する義務を負う者がいる場合に，当事者の合意によって成立するものであるから，消費貸借上の債務を準消費貸借の目的とすることはできない。

イ：準消費貸借契約は，目的とされた旧債務が存在しない場合には，無効である。

ウ：消費貸借において，当事者が返還時期を定めなかったときは，貸主は，借主に対して，いつでも返還の請求を行うことができ，貸主から返還の請求があった場合，借主は，直ちに返還すべき義務を負う。

エ：使用貸借は，借主が無償で目的物の使用及び収益を行うものであるから，建物の借主が建物に賦課される固定資産税を負担している場合には，使用貸借ではなく賃貸借とされる。

	ア	イ	ウ	エ
1：	正	正	正	正
2：	誤	正	正	誤
3：	正	誤	正	正
4：	誤	正	誤	誤
5：	誤	誤	誤	正

チェック欄

1回目	2回目	3回目

実践 問題 118 の解説

〈消費貸借・準消費貸借・使用貸借〉

ア× たとえば，売買代金債務を借金の形（消費貸借上の債務）に切り替える場合のように，金銭その他の代替物を給付する義務を負う者がある場合に，当事者の合意によりその物を目的とする消費貸借を成立させることを準消費貸借という（588条）。2017（平成29）年改正前の民法は，「消費貸借によらないで」給付義務を負う者がある場合と規定していたが，判例は，既存の消費貸借上の債務を準消費貸借の目的とすることも認めており（大判大2.1.24），実務では，数口の消費貸借上の債権を一口の消費貸借上の債権にまとめて債権管理を容易にするためなどに，準消費貸借が利用されていた。そこで，同改正民法は，「消費貸借によらないで」という文言を削除し，上記判例を明文化した。

イ○ 準消費貸借では，旧債務の消滅と準消費貸借による新債務の発生とは原因・結果の関係にあるから，旧債務が存在しない場合には，準消費貸借契約も効力を生じない（最判昭43.2.16）。

ウ× 期限の定めのない債務については，債権者の請求によって履行期が到来するのが原則である（412条３項）。しかし，消費貸借の場合，貸主の請求次第で履行期が到来するというのでは消費貸借の目的が達成できない。このため，消費貸借において，当事者が返還時期を定めなかった場合，貸主が返還請求をするには，相当の期間を定めて返還の催告をする必要がある（591条１項）。

エ× 使用貸借は，借主が対価を支払うことなく目的物の使用・収益をすることができる無償契約である（593条）。ただし，借主が一定の負担を負う場合でも，使用・収益の対価といえるほどのものでなければ，賃貸借ではなく使用貸借である。判例には，建物の借主が建物に賦課される固定資産税を負担していても，その負担が建物の使用の対価であると認めるに足りる特段の事情がない限り，使用貸借であるとしたものがある（最判昭41.10.27）。

以上より，ア―誤，イ―正，ウ―誤，エ―誤であり，肢４が正解となる。

正答 4

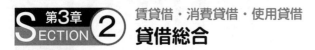

実践 問題 119 応用レベル

頻出度	地上★ 国家一般職★★ 特別区★ 裁判所職員★★ 国税·財務·労基★ 国家総合職★

問 使用貸借に関するア～オの記述のうち，妥当なもののみを全て挙げているのはどれか。 (国家一般職2015改題)

ア：使用貸借は，借主が物を受け取ることによってその効力が生じる。「受け取る」とは，借主が物の引渡しを受けることであるが，使用貸借の効力が生じるためには，簡易の引渡しや占有改定では足りず，借主への現実の引渡しが必要である。

イ：使用貸借において，借主が，貸主の承諾を得ずに借用物を第三者に使用又は収益をさせた場合，貸主は，借主に催告をしなければ，契約を解除することはできない。

ウ：使用貸借の借主は，無償で借用物の使用及び収益をすることができることとの均衡を図るため，特約のない限り，借用物の通常の必要費，災害により破損した借用物の修繕費等の特別の必要費及び借用物の有益費のいずれも負担しなければならない。

エ：使用貸借の借主は，無償で借用物の使用及び収益をすることができるのであるから，借用物の種類・品質に関して契約不適合があったとしても，貸主は，特約のない限り，責任を負うことはない。

オ：使用貸借は，返還時期の定めがある場合，期限到来により終了する。また，使用貸借は，借主が死亡した場合も，特約のない限り，終了する。

1：イ
2：オ
3：ア，ウ
4：イ，エ
5：エ，オ

チェック欄

1回目	2回目	3回目

実践 問題 119 の解説

〈使用貸借〉

ア× 使用貸借は，当事者の一方（貸主）がある物を引き渡すことを約束し，相手方（借主）がその受け取った物について無償で使用・収益をして契約が終了したときに返還することを約束することによって成立する（593条）。諾成契約であるから，契約の効力が生ずるために，目的物を受け取ることは必要でない。

イ× 使用貸借は，当事者間の特別な関係により設定される無償契約だから，借主は貸主の承諾を得なければ第三者に借用物を使用・収益させることができない（594条2項）。これに違反した場合，貸主は契約を解除できる（同条3項）。この解除は，一般の債務不履行解除（541条）と異なり，借主に対する催告を要しない。

ウ× 使用貸借の借主は，無償で借用物を使用・収益できることとの均衡を図るため，借用物の「通常の必要費」（たとえば，公租公課や通常の利用による修繕費）を負担しなければならない（595条1項）。これに対して，非常の必要費（たとえば，災害による修繕費）や有益費を借主が負担したときは，借主は，196条の規定に従い，貸主にその償還を請求できる（595条2項・583条2項）。

エ× 貸主は，目的物を使用貸借の目的として特定した時（使用貸借契約の時）の状態で引き渡すことを約したものと推定される（596条・551条1項）。しかし，個別具体的な使用貸借契約の解釈によって，貸主に契約の内容に適合した物を移転する義務があるとされた場合（つまり，上記の推定が覆された場合）には，借主は，貸主が契約の内容に適合しない物を移転したときは，債務不履行の一般規定により，追完請求，損害賠償請求，解除をすることができる。

オ○ 使用貸借は，返還時期の定めがある場合は，その期限の到来により終了する（597条1項）。また，使用貸借は，当事者間の特別な関係により設定される無償契約だから，借主の死亡により終了する（同条3項）。

以上より，妥当なものはオであり，肢2が正解となる。

正答 2

第3章 SECTION 2 賃貸借・消費貸借・使用貸借

貸借総合

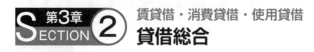

実践 問題 120 応用レベル

頻出度 地上★ 国家一般職★★ 特別区★ 裁判所職員★★ 国税·財務·労基★ 国家総合職★

問 消費貸借契約に関する次のア～オの記述のうち，妥当なもののみを全て挙げているものはどれか（争いのあるときは，判例の見解による。）。（裁事2021）

ア：Aが，Bに対し，展示会用に米俵3俵を貸し渡し，Bが，Aに対し，展示会終了後その米俵3俵を返すことを内容とする契約は，消費貸借契約である。

イ：消費貸借契約は，無利息であることが原則である。

ウ：AがBに対し100万円を貸し渡すこと及びBがAに対し一定期間経過後に同額を返還することを合意した場合，それが口頭の合意であっても，100万円の交付を要せずに直ちに消費貸借契約が成立する。

エ：消費貸借契約が成立した場合には，借主は，合意した金銭その他の物を貸主から借りる債務を負担する。

オ：消費貸借契約において，返還の時期を合意した場合であっても，借主は，いつでも目的物を返還することができる。

1：ア，ウ
2：ア，エ
3：イ，エ
4：イ，オ
5：ウ，オ

チェック欄

1回目	2回目	3回目

実践 問題 120 の解説

〈消費貸借〉

ア× 消費貸借（587条）は，借りた目的物（金銭その他の代替物）を消費したうえ，それと同じ種類・品質・数量の別の物を貸主に返還する契約である。本記述では，Bが展示会用に借りた米俵3俵そのものをAに返すことを内容としているので，AB間の契約は，消費貸借契約ではなく使用貸借契約（593条）である。

イ○ 民法上の消費貸借は無利息が原則であり，貸主は，特約がなければ，借主に対して利息を請求できない（589条1項）。

ウ× 消費貸借は，原則として，当事者の一方（借主）が同じ種類・品質・数量の物を返還することを約束して，相手方（貸主）から金銭その他の物を受け取ることによって成立し，効力を生ずるので（587条），要物契約である。ただし，書面でする消費貸借は，当事者の一方（貸主）が金銭その他の物を引き渡すことを約束し，相手方（借主）がその受け取った物と種類，品質および数量の同じ物をもって返還をすることを約束することによって成立し，効力を生ずるので（587条の2第1項），諾成契約である。本記述のＡＢ間の合意は口頭の合意であるから，100万円の交付がなければ消費貸借契約は成立しない（要物契約）。

エ× 消費貸借は，原則として，貸主が目的物を引き渡すことによって契約が成立するから（要物契約。記述ウの解説参照），借主に「借りる債務」は発生しない。これに対して，書面でする消費貸借は，合意のみで契約が成立するから（諾成契約。記述ウの解説参照），借主に「借りる債務」が発生する。もっとも，契約成立後，目的物の引渡前に借りる必要のなくなった借主に，いったん受取りを強制したうえで，改めて返還させるのは不合理である。そこで，書面でする消費貸借の借主は，貸主から目的物を受け取るまで，消費貸借契約を解除することができ，他方で，貸主がその契約の解除によって損害を受けたときに，貸主が損害賠償を請求できる（587条の2第2項）。

オ○ 消費貸借の借主は，返還時期の定めの有無にかかわらず，いつでも目的物を返還できる（591条2項）。返還時期の定めは，通常，借主のために目的物の返還を猶予するものであって，借主に目的物を借り続ける義務を負わせるものではないからである。他方で，民法は，貸主は，借主が期限前に返還したことによって損害を受けたときは，借主に対しその賠償を請求できると規定して（同条3項），貸主の利益にも配慮している。

以上より，妥当なものはイ，オであり，肢4が正解となる。

正答 4

貸借総合

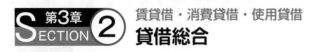

実践 問題 121 応用レベル

頻出度	
	地上★　国家一般職★★　特別区★
	裁判所職員★★　国税・財務・労基★　国家総合職★

問 使用貸借に関する次の記述のうち，妥当なのはどれか。　(国家一般職2021)

1：使用貸借契約は，当事者の一方が無償で使用及び収益をした後に返還することを約して相手方からある物を受け取ることによって，その効力を生ずる。

2：使用貸借契約の貸主は，書面による場合を除き，借主が借用物を受け取るまで，その契約を解除することができる。

3：使用貸借契約の借主は，自らの判断で自由に，第三者に借用物の使用又は収益をさせることができる。

4：使用貸借契約は，借主が死亡しても，特約のない限り，その相続人と貸主との間で存続する。

5：使用貸借契約における借用物の保管に通常必要な費用は，貸主が負担しなければならない。

チェック欄		
1回目	2回目	3回目

実践 問題 121 の解説

〈使用貸借〉

1 × 使用貸借は，当事者の一方（貸主）がある物を引き渡すことを約束し，相手方（借主）がその受け取った物について無償で使用および収益をして契約が終了したときに返還をすることを約束することによって，その効力を生ずる（593条）。つまり，貸主と借主の合意のみで成立する**諾成契約**であるから，契約の効力が生じるために借主が目的物を受け取る必要はない。

2 ○ 使用貸借の**貸主**は，**借主が借用物を受け取るまで**，**契約を解除することができる**が，**書面による使用貸借**の場合には，貸主は**解除することができない**（593条の２）。書面によらない使用貸借において解除が認められるのは，貸主保護の見地から，軽率な使用貸借を予防し，貸主の意思の明確を期して後日紛争を生ずることを避けるためである（書面によらない贈与の解除を認める550条と同趣旨）。

3 × 無償契約である使用貸借は当事者間の個人的関係に基礎を置くから，使用貸借の**借主**は，**貸主の承諾**を得なければ，**第三者に借用物の使用または収益をさせることができない**（594条２項）。

4 × 使用貸借は，貸主の借主自身に対する信頼関係に基づいて無償でされるものだから，**借主の死亡**によって終了する（597条３項）。

5 × 使用貸借の**借主**は，無償で借用物を使用・収益できることとの均衡上，借用物の**通常の必要費**（借用物の現状を維持するために通常生じる補修費・保管費など）を負担しなければならない（595条１項）。なお，**賃貸借**では，**必要費**は通常のものも（目的物を使用・収益させる義務を負う）**貸主**が負担するので（608条１項参照），区別する必要がある。

正答 2

第3章

賃貸借・消費貸借・使用貸借

章末 CHECK　? Question

Q1 賃貸借契約の成立には，目的物の引渡しが要件となる。

Q2 賃借人が賃借目的物につき必要費を支出した場合，賃貸借終了時にその償還を賃貸人に請求できる。

Q3 賃借人が必要費および有益費を支出した場合，いずれに関しても支出後直ちにその償還を賃貸人に対して請求することができる。

Q4 賃貸借契約および使用貸借契約のいずれにおいても，借主は，契約またはその目的物の性質によって定まった用法に従う義務がある。

Q5 賃借権には原則として対抗力が認められないが，不動産賃借権においては，賃借権の登記がある場合には対抗力が認められる。

Q6 不動産譲渡に伴い賃貸人の地位が新所有者に移転した場合，新所有者は不動産の登記がなくても賃借人に賃料を請求できる。

Q7 賃借権の無断譲渡・無断転貸がなされた場合には，賃貸人は常に賃貸借契約を解除できる。

Q8 敷金は，債務不履行があって，かつ相殺の意思表示をすることによって，敷金として差し入れた金銭からその債務不履行による債務の弁済に充当されることになる。

Q9 建物賃貸借終了時において，賃借人は，敷金の返還と建物の引渡しが同時履行の関係にあることを主張できる。

Q10 賃貸借契約の解除は，契約成立時に遡及して効力を生ずる。

Q11 賃貸借契約締結後に，目的物が完全に滅失した場合，賃貸借は当然に終了する。

Q12 消費貸借は，常に無償・片務・要物契約である。

Q13 使用貸借は，常に無償・片務・諾成契約である。

Answer

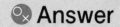

A1 × 賃貸借は諾成契約であるので，目的物の引渡しは契約の成立要件ではない（601条）。

A2 × 必要費については，直ちに全額を償還請求できる（608条1項）。

A3 × 必要費に関しては本問のとおりであるが（608条1項），有益費については賃貸借契約終了時に賃貸人は償還しなければならないとしているにすぎない（同条2項）。

A4 ○ 使用貸借においては本問の内容の明文規定があり（594条1項），それを賃貸借において準用している（616条）。

A5 ○ 605条。なお，土地賃借権についてはその土地上に借地権者が本人名義で登記された建物を所有するとき（借地借家法10条1項），建物賃借権では建物の引渡しがあったとき（同法31条）にも対抗力が認められる。

A6 × 新所有者が賃借人に賃料請求するためには，不動産の登記を備えることを要する（605条の2第3項）。

A7 × 無断譲渡・転貸がなされても，背信的行為と認めるに足らない特段の事情がある場合には解除できない（最判昭28.9.25）。

A8 × 敷金は，債務不履行がある場合，敷金として差し入れた金銭から当然にその債務不履行による債務の弁済に充当されるものである（最判平14.3.28，622条の2第1項柱書）。

A9 × 賃貸人の敷金返還債務は，（建物の）賃貸借が終了し，かつ，賃貸物の返還（建物の明渡し）を受けたときに発生するので（622条の2第1項1号），賃借人の建物明渡債務が先履行であって，両債務は同時履行の関係に立たない（最判昭49.9.2）。

A10 × 賃貸借契約の解除は，将来効であるため，遡及しない（620条前段）。

A11 ○ 賃貸借の目的物が滅失して，目的物を使用・収益させる賃貸人の義務が完全に履行不能となった場合，当事者のいずれに帰責事由があるかを問わず，賃貸借契約は当然に終了する（616条の2）。

A12 × 消費貸借は，常に無償とは限らない。当事者の合意により利息支払合意を締結すれば，有償となるからである。また，書面でする消費貸借（587条の2第1項）は，要物契約ではない。

A13 ○ 本問のとおりである。

memo

第4章

請負・委任・その他の契約

SECTION

第4章 請負・委任・その他の契約

出題傾向の分析と対策

試験名	地上			国家一般職（旧国Ⅱ）			特別区			裁判所職員			国税・財務・労基			国家総合職（旧国Ⅰ）		
年度	15-17	18-20	21-23	15-17	18-20	21-23	15-17	18-20	21-23	15-17	18-20	21-23	15-17	18-20	21-23	15-17	18-20	21-23
出題数 / セクション	2	2		2	1	2	1	1	1	3	3	1		3		1	2	1
請負・委任	★★	★		★★	★	★★	★	★		★★★	★★★	★		★★★		★	★	★★
その他の契約	★	★				★	★		★								★	

（注）１つの問題において複数の分野が出題されることがあるため，星の数の合計と出題数とが一致しないことがあります。

請負・委任・その他の契約については，債権各論の中で売買や賃貸借の出題が多くなっていることもあり，公務員試験においてそれほど出題率は高くありません。しかし，各試験種で時々出題されていますので，準備が必要です。

地方上級

たまに出題されています。出題内容は基本的なものですから，過去問を繰り返し解き知識を定着させてください。

国家一般職（旧国家Ⅱ種）

よく出題されています。近年では，2016年と2019年に委任の問題，2021年に請負の問題，2023年に委任と寄託の複合問題が出題されています。知識が混同しやすいところですから，本書や条文をしっかりと読み，知識を整理しましょう。また，国家一般職では組合せ問題の形式で出題されることが多いので，正確な知識の定着が必要になります。

特別区

最近はあまり出題されていませんでしたが，2019年に請負と委任の複合問題が，2021年に組合の問題が出題されました。今後も，出題可能性が全くないとはいえませんので，過去問を解いて知識を身につけましょう。

裁判所職員

よく出題されています。請負は，特に担保責任についてよく出題されています。また，判例に関する問題も出題されていますので，過去問を繰り返し解くことによって，条文の知識のみならず，判例の知識も正確に覚えましょう。また，最近，委任についてもよく出題されています。過去問を解いて知識を身につけしょう。

国税専門官・財務専門官・労働基準監督官

ほとんど出題されていませんでしたが，2018年と2019年に委任の問題，2020年に請負の問題が出題されました。したがって，今後の出題可能性が全くないといえませんので，過去問を繰り返し解きながら，判例も含めて全般的な知識を身につけましょう。

国家総合職（旧国家Ⅰ種）

たまに出題されています。請負については，過去に事例問題が出題されていますが，問題肢がやや長いものの基本的知識で十分正解にたどり着ける問題でした。判例を中心に基本的な知識を身につけて，過去問を繰り返し解くことでその知識を定着させてください。また，2018年に組合について出題されました。もっとも，過去には，組合，委任の両方について出題があり，その内容は条文・判例の知識を正確に知らないとなかなか正解にたどり着けないものとなっています。条文と過去問の解説をしっかりと理解し，正確に覚えましょう。

Advice アドバイス 学習と対策

請負については，請負人の担保責任が繰り返し出題されています。本書のインプット部分を参考に整理し，過去問を解くことでしっかりと知識を定着させてください。

委任については，原則無償であることに注意して，費用の償還請求や委任の解除，終了事由を中心に条文を確認しておきましょう。また，委任は，請負との複合問題として出題されやすいところです。過去問を通してその異同をしっかり整理しましょう。

組合については，組合の財産関係や組合の終了などを特に条文で確認しましょう。

請負・委任

必修問題 セクションテーマを代表する問題に挑戦！

請負では，目的物の所有権の帰属，請負人の担保責任などがよく出題されています。条文知識と判例を確実に押さえましょう。

問 請負に関するア～オの記述のうち，妥当なもののみを全て挙げているのはどれか。 （国税・財務・労基2020）

ア：請負代金の支払時期は，仕事の目的物の引渡しを要しない場合には，請負人を保護する観点から，先払いとされている。

イ：注文者の責めに帰することができない事由によって仕事を完成することができなくなった場合において，請負人が既にした仕事の結果のうち可分な部分の給付によって注文者が利益を受けるときは，その部分は仕事の完成とみなされ，請負人は，注文者が受ける利益の割合に応じて報酬を請求することができる。

ウ：建物建築工事を元請負人から一括下請負の形で請け負った下請負人は，注文者との関係では，元請負人の履行補助者的立場に立つものにすぎず，注文者のためにする当該工事に関して元請負人と異なる権利関係を主張し得る立場にはないとするのが判例である。

エ：注文者が破産手続開始の決定を受けたときは，請負人は，仕事の完成後であっても，請負契約を解除することができる。

オ：請負人が仕事を完成しない間は，注文者は，正当な理由があるときに限り，損害を賠償して請負契約を解除することができる。

1：ア，イ
2：ア，オ
3：イ，ウ
4：ウ，エ
5：エ，オ

Guidance ガイダンス

請負の特徴

・原則として下請負は自由
・報酬後払いの原則（報酬と目的物の引渡しが同時履行）
・注文者は，請負人が仕事を完成するまでの間は，いつでも損害を賠償して契約を解除可

直前復習

頻出度　地上★★★　国家一般職★★★　特別区★★
裁判所職員★★★　国税・財務・労基★★★　国家総合職★★

チェック欄
1回目	2回目	3回目

必修問題の解説

〈請負〉

ア×　請負代金（報酬）の支払時期は後払いが原則である。すなわち，仕事の目的物の引渡しを要するときは引渡しと同時，引渡しを要しないときは仕事を完成した後である（633条・624条1項）。

イ○　①注文者の責めに帰することができない事由によって仕事を完成できなくなった場合，または，②請負が仕事の完成前に解除された場合において，請負人がすでにした仕事の結果のうち可分な部分の給付によって注文者が利益を受けるときは，その部分を仕事の完成とみなして，請負人は，注文者が受ける利益の割合に応じて報酬を請求できる（割合的報酬請求権。634条）。

ウ○　判例は，建物建築工事を元請負人から一括下請負の形で請け負う下請契約は，その性質上，元請契約の存在および内容を前提とし，元請負人の債務を履行することを目的とするものであるから，下請負人は，注文者との関係では，元請負人のいわば履行補助者的立場に立つものにすぎず，注文者のためにする建物建築工事に関して，元請負人と異なる権利関係を主張しうる立場にはないとしている（最判平5.10.19）。

エ×　注文者が破産手続開始の決定を受けたときは，請負人または破産管財人は，請負契約を解除できる（642条1項本文）。ただし，請負人は，仕事を完成した後は解除できない（同項但書）。請負人からの解除を認めたのは，注文者の破産により報酬の支払いを確保できないまま仕事を続行させられる状態から請負人を解放する必要があるためであるが，仕事完成後ならその必要はないからである。

オ×　請負人が仕事を完成しない間は，注文者は，いつでも（正当な理由があるときに限らない）損害を賠償して請負契約を解除できる（641条）。無用になった仕事を続けさせて注文者のコストを大きくする必要はないからである。

以上より，妥当なものはイ，ウであり，肢3が正解となる。

正答 3

第4章 SECTION 1 請負・委任・その他の契約

請負・委任

1 請負

(1) 請負の意義・特徴

請負とは，当事者の一方（請負人）がある仕事を完成させることを約束し，相手方（注文者）がその仕事の結果に対して報酬を与えることを約束することによって成立する契約をいいます（632条）。有償・双務・諾成契約です。たとえば，大工さんに新築の家の建築を依頼するような場合です。

請負契約には，以下の特徴があります。

① まず，請負人は仕事を完成する義務を負います（632条）。そして，この義務を履行するために，請負人は原則として下請負を利用することができます。ここにいう下請負とは，請負人（元請負人）が仕事の全部または一部を第三者（下請負人）に請け負わせることをいいます。

② これに対して，注文者は完成した仕事に対して請負人に報酬を支払う義務を負います（632条）。報酬の支払いは目的物の引渡しと同時履行の関係にありますが，引渡しを必要としない場合には仕事の完成時に支払うことになります（後払いの原則。633条）。

③ なお，注文者は，請負人が仕事を完成するまでの間は，いつでも損害を賠償して契約を解除することができます（641条）。

(2) 請負人の担保責任（契約不適合責任）

請負人は仕事完成義務を負っており，その内容は，請負契約の内容に適合した仕事を完成させることにあります。したがって，①請負人が仕事を完成させなかった場合のみならず，②仕事を完成させたものの，その内容が請負契約の内容に適合していない場合には，注文者は，請負人に対して，仕事完成義務の不履行を理由とする救済を求めることができます。

このうち，仕事の目的物が種類・品質に関して契約の内容に適合しない場合には，559条を介して，売買における目的物の契約不適合に関する規律が準用されます。その結果，仕事の目的物の種類・品質に関する契約不適合の場合に，注文者に与えられる救済は，次のようになります。

① 追完請求権

引き渡された目的物が契約の内容に適合しないものであるときは，注文者は，請負人に対し，目的物の修補や工事のやり直し等を請求することができます（559条・562条1項本文）。このとき，追完の内容は，第一次的には注文者が決定することができます。

もっとも，注文者の責めに帰すべき事由による契約不適合の場合には，追完請求権は認められません（559条・562条２項)。

また，追完が「契約その他の債務の発生原因及び取引上の社会通念に照らして不能であるとき」（412条の２第１項）は，追完請求権は認められません。

② 報酬減額請求権

注文者は，請負人に対して，相当の期間を定めて契約不適合の追完の催告をし，その期間内に追完がないときは，契約不適合の程度に応じて，報酬の減額を請求することができます（559条・563条１項)。また，追完不能であるときは，注文者は，催告をすることなく，直ちに報酬の減額を請求することができます（559条・563条２項１号)。

もっとも，注文者の責めに帰すべき事由による契約不適合の場合には，報酬減額請求権は認められません（559条・563条３項)。

③ 損害賠償請求権・解除権

契約不適合がある場合，注文者は請負人に対して，債務不履行に基づく損害賠償請求（559条・564条・415条）および解除権の行使（559条・564条・541条・542条）をすることができます。

④ 権利の制限

仕事の目的物の種類・品質に関する契約不適合が注文者の提供した材料の性質または注文者の与えた指図によって生じた場合には，注文者は上記①～③の権利を行使することができません（636条本文)。

また，請負人が種類・品質に関して契約の内容に適合しない仕事の目的物を注文者に引き渡したとき（引渡しを要しない場合は，仕事が終了した時に仕事の目的物が種類・品質に関して契約の内容に適合しないとき）において，注文者がその不適合を知った時から１年以内に不適合の事実を請負人に通知しないときは，注文者は，上記①～③の権利を失います（637条１項)。もっとも，請負人が引渡しの時（引渡しを要しない場合は，仕事が終了した時）に契約不適合について悪意または重過失の場合は，この期間制限は適用されず（同条２項)，債権の消滅時効の一般原則（166条１項）に服することになります。

請負・委任

2 委任

委任とは，当事者の一方（委任者）が法律行為または事実行為をすることを相手方（受任者）に委託し，相手方がこれを承諾することによって成立する契約をいいます（643条・656条）。

委任には，以下の特徴があります。

① 委任においては当事者間の個人的信頼関係が重視されますから，請負の場合とは異なり，受任者は原則として，**自ら委任事務の処理にあたらなければなりません**（644条の２第１項）。

② 委任契約は**無償が原則**ですが，報酬を支払う**特約がある場合には有償**となります（648条１項）。委任は原則として**片務契約**ですが，有償委任となった場合には**双務契約**となります。

なお，有償委任において，(ア)委任者の責めに帰することができない事由によって受任者が委任事務を履行できなくなった場合や，(イ)委任が履行の中途で終了した場合は，受任者は，すでにした履行の割合に応じて報酬を請求できます（648条３項）。他方，委任事務の処理により得られた成果に対して報酬を支払うことを約束した場合（成果報酬型委任）において，(ア)委任者の責めに帰することができない事由によって受任者が成果を得られなくなった場合や，(イ)成果を得る前に委任が解除された場合は，受任者がすでにした委任事務の処理による結果のうち可分な給付によって委任者が利益を受けるときは，その部分を得られた成果とみなし，受任者は，委任者が受ける利益の割合に応じて報酬を請求できます（648条の２第２項・634条）。

③ 受任者は，委任が無償であるか有償であるかを問わず，委任の本旨に従い，**善良なる管理者の注意義務を負います**（**善管注意義務**。644条）。

④ 各当事者は，いつでも委任契約を解除することができます（651条１項）。

ただし，(ア)相手方に不利な時期に委任を解除した場合や，(イ)委任者が受任者の利益をも目的とする委任を解除した場合は，解除した者は，相手方の損害を賠償しなければなりません（同条２項本文）。もっとも，やむをえない事由があったときは，損害賠償は不要です（同項但書）。

⑤ 委任は，(ア)委任者の死亡・破産手続開始，(イ)受任者の死亡・破産手続開始・成年後見開始によって，解除を待たず当然に終了します（653条）。

memo

請負・委任

実践 問題 122 基本レベル

頻出度 地上★★★ 国家一般職★★★ 特別区★★
裁判所職員★★★ 国税·財務·労基★★★ 国家総合職★★

問 請負に関するア～オの記述のうち，妥当なもののみを全て挙げているのはどれか。 (国税2012改題)

ア：請負人は，請負人の担保責任を負わない旨の特約をしたときであっても，知りながら告げなかった事実については，その責任を免れることができない。

イ：注文者は，建物その他の土地の工作物が仕事の目的物である場合において，これに種類・品質に関する契約不適合があり，そのために契約をした目的を達することができないときは，請負人の担保責任に基づく契約の解除をすることができる。

ウ：請負人は，仕事の目的物の種類・品質に関する契約不適合が注文者の供した材料の性質又は注文者の与えた指図によって生じた場合は，請負人がその材料又は指図が不適当であることを知りながら告げなかったときであっても，請負人の担保責任を負わない。

エ：請負人が仕事を完成しない間は，注文者は，いつでも請負人の損害を賠償して契約の解除をすることができる。

オ：注文者の報酬支払義務は，請負人の仕事完成義務と同時履行の関係に立つ。

1：ア，イ，エ
2：ア，ウ，エ
3：ア，ウ，オ
4：イ，ウ，オ
5：イ，エ，オ

チェック欄		
1回目	2回目	3回目

実践 問題 122 の解説

〈請負〉

ア○ たとえ担保責任免責特約を締結していたとしても，請負人が知りながら告げなかった事実については，免責の対象とはならない（559条・572条）。それは，請負人が告知義務に反しているという不誠実さがあることにかんがみて，注文者にリスクを負担させてまで保護する必要性がないからである。

イ○ 本記述の場合，注文者は，契約不適合を理由として，契約を解除することができる（559条・564条・542条1項5号）。仕事の目的物が建物その他の土地の工作物であっても，解除権が制限されることはない。

ウ× 仕事の目的物の種類・品質に関する契約不適合が注文者の供した材料の性質または注文者の与えた指図によって生じた場合，請負人は，原則として担保責任を負わない（636条本文）。ただし，請負人がその材料または指図が不適当であることを知りながら告げなかったときは，請負人の担保責任が認められる（同条但書）。なぜなら，請負人は専門家である以上，その材料または指図が不適当であることを知った場合には告知義務があり，同義務違反があるときに請負人を保護する必要性がないからである。

エ○ 641条は，請負人が仕事を完成しない間は，注文者は，いつでも損害を賠償して契約の解除をすることができるとしている。注文者がもはや必要としなくなった場合にまで請負人に仕事の継続を強いるのは，社会経済上無用だからである。

オ× 633条本文によると，報酬支払義務は，仕事の目的物の引渡しと同時履行関係にあると規定する。ということは，引き渡す前提として，仕事完成義務を履行しなければならない。また，同条は，仮に引渡しを要しない場合においても，報酬の支払いは後払いとしている（同条但書・624条）。

以上より，妥当なものはア，イ，エであり，肢1が正解となる。

正答 1

請負・委任

実践 問題 123 基本レベル

頻出度 地上★★★ 国家一般職★★★ 特別区★★ 裁判所職員★★★ 国税·財務·労基★★★ 国家総合職★★

問 請負に関するア～オの記述のうち，妥当なもののみを全て挙げているのはどれか。 (国家一般職2021)

ア：注文者Aと請負人Bが完成後に建物を引き渡す旨の約定で建物建築工事の請負契約を締結した場合には，AB間で特約がない限り，Aは，その建物の引渡しと同時にBに報酬を支払わなければならない。

イ：建物建築工事の請負契約の注文者Aの責めに帰することができない事由によって請負人Bが仕事を完成することができなくなった場合には，Bが既にした仕事の結果のうち可分な部分の給付によってAが利益を受けるときであっても，BはAに対して報酬を請求することができない。

ウ：建物建築工事の請負契約の目的物として請負人Bから引渡しを受けた建物に欠陥があった場合において，注文者Aがその欠陥があることを知った時から1年以内にその旨をBに通知しなかったときは，建物をAに引き渡した時に，Bがその欠陥の存在を知り，又は重大な過失によって知らなかったときを除き，Aは，その欠陥の存在を理由としてBに建物の修補を求めることができない。

エ：建物建築工事の請負契約において，注文者Aは，請負人Bがその工事を完成しない間は，損害を賠償することなく，いつでもその契約を解除することができる。

オ：注文者Aと請負人Bが，契約が中途で解除された際の出来形部分の所有権はAに帰属する旨の約定で建物建築工事の請負契約を締結した後に，Bがその工事を下請負人Cに一括して請け負わせた場合において，その契約が中途で解除されたときであっても，Cが自ら材料を提供して出来形部分を築造したのであれば，AC間に格別の合意があるなど特段の事情のない限り，その出来形部分の所有権はCに帰属するとするのが判例である。

1：ア，イ
2：ア，ウ
3：イ，エ
4：ウ，オ
5：エ，オ

直前復習

チェック欄

1回目	2回目	3回目

実践 問題 123 の解説

〈請負〉

ア○ 請負における報酬の支払時期は，特約がない限り，仕事の目的物の引渡しと同時である（633条本文）。したがって，特約がない限り，注文者Aは，建物の引渡しと同時に請負人Bに報酬を支払わなければならない。

イ× 注文者Aの責めに帰することができない事由によって仕事を完成することができなくなった場合において，請負人Bがすでにした仕事の結果のうち可分な部分の給付によって注文者Aが利益を受けるときは，その部分は仕事の完成とみなし，請負人Bは，注文者Aが受ける利益の割合に応じて報酬を請求することができる（割合的報酬請求権。634条1号）。

ウ○ 請負人Bが種類または品質に関して契約の内容に適合しない仕事の目的物（欠陥のある建物）を注文者Aに引き渡した場合において，注文者Aがその不適合（欠陥）を知った時から1年以内にその旨を請負人Bに通知しないときは，注文者Aは，その不適合を理由として，追完請求権・報酬減額請求権・損害賠償請求権・解除権を行使することができなくなる（637条1項）。ただし，請負人Bが仕事の目的物を注文者Aに引き渡した時にその不適合を知り，または重大な過失によって知らなかったときは，そのような請負人を保護する必要がないので，上記の期間制限は適用されない（同条2項）。売主の担保責任の期間制限に関する566条と同様の規律である。

エ× 請負人Bが仕事（建物建築工事）を完成しない間は，注文者Aは，いつでも損害を賠償して契約を解除することができる（641条）。請負は注文者のための仕事をするものであり，注文者にとってその仕事の必要がなくなったときは完成させても無意味であるから，請負人が十分な損害賠償を得られるのであれば，注文者の一存で契約を終了させることを認めてよいという趣旨である。

オ× 建物建築工事請負における建物の所有権の帰属について，判例は，特約があればそれによるが（最判昭46.3.5），特約がない場合，だれが材料を提供したかで区別し，①注文者が材料の全部または主要部分を提供した場合には，建物の所有権は原始的に注文者に帰属するとし（大判昭7.5.9），②請負人が材料の全部または主要部分を提供した場合（通常の場合）には，建物の所有権は請負人に帰属し，建物の引渡しによって注文者に移転するとしている（請負人帰属説。大判明37.6.22など）。もっとも，本記述では，下請負人Cが材料を提供した一方で，注文者Aと請負人（元請負人）Bの間に，契約が中途で解除された際の出来形部分の所有権は注文者Aに帰属する旨の特約があるので，この特約の効力が下請負人Cにも及ぶかが問題となる。判例は，「下請負人は，注文者との関係では，元請負人のいわば履行補助者的立場に立つものにすぎず，注文者のためにする建物建築工事に関して，元請負人と異なる権利関係を主張し得る立場にはない」ことを理由に，AB間の特約の効力がCにも及び，注文者Aと下請負人Cとの間に格別の合意があるなど特段の事情のない限り，出来形部分の所有権は注文者Aに帰属するとしている（最判平5.10.19）。

以上より，妥当なものはア，ウであり，肢2が正解となる。

正答 2

memo

請負・委任

実践 問題 124 基本レベル

頻出度	地上★★★　国家一般職★★★　特別区★★ 裁判所職員★★★　国税･財務･労基★★★　国家総合職★★

問 委任に関する次のア～オの記述のうち，適当なもののみを全て挙げているものはどれか（争いのあるときは，判例の見解による。）。

（裁判所職員2015改題）

ア：有償の委任契約の成立には，委任者が受任者に委任状を交付することが必要である。

イ：委任が履行の中途で終了した場合には，受任者は，既にした履行の割合に応じた報酬を請求することができない。

ウ：受任者は，委任事務を処理するため自己に過失なく損害を受けたときは，たとえ委任者に過失がなくとも，委任者に対し，その賠償を請求することができる。

エ：受任者の債務不履行を理由として委任契約が解除された場合であっても，解除の効果は，将来に向かってのみ発生する。

オ：委任者は，受任者に生じた損害を賠償しなければ，委任契約を解除することができない。

1：ア，イ
2：イ，ウ
3：ウ，エ
4：エ，オ
5：オ，ア

チェック欄		
1回目	2回目	3回目

実践 問題 124 の解説

〈委任〉

ア× 委任契約は，有償・無償を問わず，両当事者の合意のみによって成立する諾成契約であるから（643条），方式は不要である。代理権の授与を伴う委任契約の際には，委任状が交付されることが多いが，これは受任者の権限を対外的に証明するための書面であり，委任契約の成立に必要なものではない。

イ× 委任が履行の中途で終了したときは，受任者は，すでにした履行の割合に応じて報酬を請求できる（割合的報酬請求権。648条3項2号）。これは，仕事の完成を目的とする請負と異なり，委任は事務処理を目的とするから，履行の割合に応じた報酬請求権を認めたものである。

ウ○ 受任者は，委任事務を処理するため自己に過失なく損害を受けたときは，委任者に対し，その賠償を請求することができる（650条3項）。この損害賠償は，委任者の無過失責任である。

エ○ 委任契約の解除は，651条に基づく場合（特別な理由がない場合。記述オの解説参照）でも，債務不履行を理由とする場合（541条・542条）でも，その効力は将来に向かってのみ生ずる（652条・620条）。委任契約のような継続的契約の解除に遡及効を認めると，当事者間の法律関係が複雑となるからである。

オ× 委任は当事者相互の信頼関係を基礎として成立する契約であるから，各当事者がいつでも解除することができる（651条1項）。ただし，①相手方に不利な時期に委任を解除したとき，②委任者が受任者の利益をも目的とする委任を解除したときは，解除した者は，相手方の損害を賠償しなければならない（同条2項本文）。もっとも，やむをえない事由があったときは，損害賠償は不要である（同項但書）。したがって，常に損害賠償を必要とするわけではないし，損害賠償が必要な場合でも，それが解除の前提条件となっているわけではない。

以上より，妥当なものはウ，エであり，肢3が正解となる。

正答 3

第4章 SECTION 1 請負・委任・その他の契約

請負・委任

実践 問題 125 基本レベル

頻出度 地上★★★ 国家一般職★★★ 特別区★★ 裁判所職員★★★ 国税·財務·労基★★★ 国家総合職★★

問 委任に関するア～オの記述のうち，妥当なもののみを全て挙げているのはどれか。ただし，争いのあるものは判例の見解による。 （国家一般職2016）

ア：委任契約が成立するためには，委任者と受任者との間の事務処理委託に関する合意のほかに，委任者から受任者に対する委任状など書面の交付が必要である。

イ：有償の委任契約においては，受任者は，委任の本旨に従い，善良な管理者の注意をもって事務を処理する義務を負うが，無償の委任契約においては，受任者は，委任の本旨に従い，自己の事務をするのと同一の注意をもって事務を処理する義務を負う。

ウ：委任契約の受任者は，事務処理の過程で委任者の要求があれば，いつでも事務処理の状況を報告する義務があり，委任が終了した後は，遅滞なくその経過及び結果を報告しなければならない。

エ：委任契約の受任者は，事務処理に当たって受け取った金銭その他の物及び収取した果実を委任者に引き渡さなければならない。

オ：委任契約は，委任者の死亡により終了するから，委任者の葬式を執り行うなど委任者の死亡によっても終了しないという趣旨の委任契約が締結された場合であっても，かかる委任契約は委任者の死亡により終了する。

1：ア，イ
2：ア，ウ
3：イ，オ
4：ウ，エ
5：エ，オ

チェック欄		
1回目	2回目	3回目

実践 問題 125 の解説

〈委任〉

ア× 委任契約とは，当事者の一方（委任者）が法律行為をすることを相手方（受任者）に委託し，相手方がこれを承諾することによって成立する契約である（643条）。委任契約は，両当事者の合意のみにより成立する諾成契約であり，方式は不要である。委任契約の際には，委任者から受任者に委任状が交付されることも多いが，これは受任者の権限を対外的に証明する手段であって，委任契約の成立要件ではない。

イ× 委任契約において，受任者は，委任の本旨に従い，善良な管理者の注意をもって委任事務を処理する義務（善管注意義務）を負う（644条）。委任契約は当事者間の個人的な信頼関係が基礎にあるので，受任者の注意義務の程度は，たとえ無償でも低くなることはないと解されている。

ウ○ 受任者は，①委任者の請求があれば，いつでも委任事務の処理の状況を報告し，②委任の終了後は遅滞なくその経過および結果を報告しなければならない（645条）。なぜなら，委任者は委任契約の途中においても，受任者が適切に事務処理をしているか否かなど事務処理の現況を知って，将来のため適宜の処置をとる必要があるからである。

エ○ 受任者は，委任事務を処理するにあたって受け取った金銭その他の物および収取した果実を委任者に引き渡さなければならない(646条１項)。同項は，委任者または第三者から受け取った物が委任事務の処理上必要でなくなったときには，それらの物を委任者に返還すべきであるとの考えに基づく。

オ× 委任者の死亡は委任契約の終了事由である（653条１号）。もっとも，同条は任意規定であるから，反対の特約は可能であり，委任者の死亡によっても委任契約が終了しない旨の合意は有効である（最判平4.9.22）。

以上より，妥当なものはウ，エであり，肢４が正解となる。

正答 4

請負・委任

実践 問題 126 基本レベル

頻出度	地上★★★　国家一般職★★★　特別区★★ 裁判所職員★★★　国税･財務･労基★★★　国家総合職★★

問 委任に関する次の記述のうち，妥当なのはどれか。（国家一般職2019）

1：受任者は，委任者が報酬の支払義務を負わない旨の特約がない限り，委任者に報酬の支払を請求することができるが，原則として，委任事務を履行した後でなければ，報酬の支払を請求することができない。

2：委任は，当事者の一方が法律行為をすることを相手方に委託し，相手方がこれを承諾することによって成立するが，当該承諾は書面によって行わなければならない。

3：委任は，各当事者がいつでもその解除をすることができるが，当事者の一方が相手方に不利な時期に委任の解除をした場合には，やむを得ない事由があっても，その当事者の一方は，相手方の損害を賠償しなければならない。

4：弁護士に法律事務の交渉を委託する委任が解除された場合，受任者である弁護士は，法律事務の交渉の相手方に当該委任が解除された旨を通知しなければならず，その通知をしないときは，委任が解除されたことをその相手方が知るまでの間，委任の義務を負う。

5：受任者が委任者に引き渡すべき金銭や委任者の利益のために用いるべき金銭を自己のために消費した場合は，受任者は，消費した日以後の利息を支払わなければならず，さらに利息以上の損害があるときには，その賠償責任も負う。

チェック欄		
1回目	2回目	3回目

実践 問題 126 の解説

〈委任〉

1 × 受任者は，特約がなければ，委任者に対して報酬を請求することができない（無償委任の原則。648条1項）。なお，特約がある場合，報酬は後払いが原則であり，受任者は，委任事務を履行した後でなければ，報酬を請求することができないので（同条2項本文），本肢の後半は妥当である。

2 × 委任は諾成契約であって（643条），書面などの方式は不要である。もっとも，代理権の授与を伴う委任契約の際には，委任状が交付されることが多いが，これは受任者の権限を対外的に証明するための書面であって，委任契約の成立要件ではない。

3 × 委任は，当事者相互の信頼関係を基礎とするから，各当事者がいつでも解除することができる（651条1項）。もっとも，解除した者は，①「相手方に不利な時期に委任を解除したとき」，または，②「委任者が受任者の利益（専ら報酬を得ることによるものを除く。）をも目的とする委任を解除したとき」は，原則として，相手方の損害を賠償しなければならないが（同条2項1号・2号），「やむを得ない事由があったとき」は，損害賠償は不要である（同項但書）。

4 × 653条の終了事由があれば，委任は当然に終了するが，それだけだと終了事由の存在を知らない契約当事者が損失を被るおそれがある。そこで，委任の終了事由は，相手方に通知したとき，または相手方が知っていたときでなければ，これを相手方に対抗できないとされている（655条）。もっとも，ここでいう「相手方」は，委任契約の他方当事者であって，本肢のような法律事務の交渉の相手方ではない。また，そもそも委任の解除は，相手方に対する意思表示によって行われるので，655条の問題は生じない。

5 ○ 受任者は，委任者に引き渡すべき金額またはその利益のために用いるべき金額を自己のために消費した場合は，その消費した日以降の利息を支払わなければならず，なお損害があるときは，その賠償の責任を負う（647条）。これは，受任者の背信行為に対し，利息の限度で損害の証明を不要とする趣旨であり，利息以上の損害賠償を認める点で，419条1項の特則となる。

正答 5

請負・委任

実践 問題 127 基本レベル

頻出度 地上★★★ 国家一般職★★★ 特別区★★
裁判所職員★★★ 国税･財務･労基★★★ 国家総合職★★

問 民法に規定する請負又は委任に関する記述として，通説に照らして，妥当なのはどれか。 （特別区2019）

1：請負は，当事者の一方がある仕事を完成することを約し，相手方がその仕事の結果に対してその報酬を支払うことを約することによって，その効力を生ずる有償，双務及び諾成契約である。

2：注文者が破産手続開始の決定を受けたとき，請負人は，契約の解除をすることができるが，この場合に，請負人は，既にした仕事の報酬に含まれていない費用について，破産財団の配当に加入することができない。

3：委任は，各当事者がいつでもその解除をすることができるが，当事者の一方が相手方に不利な時期に委任の解除をしたときは，その当事者の一方は，必ず相手方の損害を賠償しなければならない。

4：委任は，特約の有無にかかわらず，委任者又は受任者の死亡，委任者又は受任者が後見開始の審判を受けたこと及び受任者が破産手続開始の決定を受けたことによって終了する。

5：受任者は，委任の本旨に従い，善良な管理者の注意をもって，委任事務を処理する義務を負うが，委任事務を処理するについて費用を要するときであっても，当該委任事務を履行した後でなければ，これを請求することができない。

チェック欄

1回目	2回目	3回目

実践 問題 127 の解説

〈請負・委任〉

1 ○ 請負は，当事者の一方がある仕事を完成することを約し，相手方がその仕事の結果に対してその報酬を支払うことを約することによって，その効力を生ずる（632条）。請負契約の成立によって，請負人は仕事の完成を負担する一方で注文者は請負代金を負担し，しかも，これらの負担は対価的関係にあるから，請負は有償・双務契約である。さらに，請負は，両当事者の合意のみによって成立する諾成契約である。

2 × 注文者が破産手続開始の決定を受けたときは，請負人が仕事を完成しても報酬の支払いを受けられない危険が生じるから，請負人または破産管財人は，契約を解除することができる（642条1項本文）。解除された場合，請負人は，すでにした仕事の報酬およびその中に含まれていない費用について，破産財団の配当に加入することができる（同条2項）。

3 × 委任は，当事者間の信頼関係を基礎とする契約であるから，各当事者がいつでも解除することができる（651条1項）。もっとも，当事者の一方が相手方に不利な時期に解除したときは，相手方の損害を賠償しなければならないが（同条2項1号），やむをえない事由があったときは，損害賠償は不要である（同項但書）。

4 × 委任は，①委任者または受任者の死亡，②委任者または受任者が破産手続開始の決定を受けたこと，③受任者が後見開始の審判を受けたことによって終了する（653条）。したがって，委任者が後見開始の審判を受けたことは委任の終了事由ではない。また，（受任者の権限が破産管財人の権限と抵触することになる）委任者の破産手続開始決定の場合を除き，委任を終了させない旨の特約も有効であると解釈されている。

5 × 受任者は，委任の本旨に従い，善良な管理者の注意をもって，委任事務を処理する義務（善管注意義務）を負う（644条）。他方，委任事務を処理する受任者に経済的負担をかけないようにするため，委任事務を処理するについて費用を要するときは，委任者は，受任者の請求により，その前払いをしなければならない（649条）。

正答 1

請負・委任

実践 問題 128 基本レベル

頻出度 地上★★★ 国家一般職★★★ 特別区★★
裁判所職員★★★ 国税·財務·労基★★★ 国家総合職★★

問 委任に関するア～オの記述のうち，妥当なもののみを全て挙げているのはどれか。（国税2019）

ア：受任者は，委任者の請求があるときは，いつでも委任事務の処理の状況を報告し，委任が終了した後は，遅滞なくその経過及び結果を委任者に報告しなければならない。

イ：委任は無償契約であり，受任者は，自己の財産におけるのと同一の注意をもって，委任事務を処理する義務を負う。

ウ：本人・代理人間で委任契約が締結され，代理人・復代理人間で復委任契約が締結された場合において，復代理人が委任事務を処理するに当たり受領した物を代理人に引き渡したとしても，復代理人の本人に対する受領物引渡義務は消滅しないとするのが判例である。

エ：委任事務を処理するについて費用を要するときは，委任者は，受任者の請求により，その前払をしなければならない。

オ：受任者は，委任事務を処理するため自己に過失なく損害を受けた場合，委任者に当該損害の発生について過失があるときに限り，委任者に対して当該損害の賠償を請求することができる。

1：ア，イ
2：ア，ウ
3：ア，エ
4：イ，エ，オ
5：ウ，エ，オ

チェック欄

1回目	2回目	3回目

実践 問題 128 の解説

〈委任〉

ア○ 受任者は，委任者の請求があるときは，いつでも委任事務の処理の状況を報告し，委任が終了した後は，遅滞なくその経過および結果を報告しなければならない（645条）。この報告義務は，善管注意義務（記述イの解説参照）を具体化したものである。

イ× 委任は，原則として無償契約である（648条1項）。しかし，無償寄託の場合（659条）と異なり，委任では，有償・無償を問わず，受任者は，委任の本旨に従い，善良な管理者の注意をもって，委任事務を処理する義務（善管注意義務）を負う（644条）。

ウ× 復代理人が委任事務を処理するにあたり金銭等を受領した場合，復代理人（復受任者）は，代理人（受任者）に対して受領物の引渡義務を負う（646条1項）ほか，本人（委任者）に対しても引渡義務を負うことになる（644条の2第2項）。もっとも，どちらの義務も本人に受領物を帰属させるという同一目的を有するものだから，判例は，もし復代理人が代理人に受領物を引き渡したときは，代理人に対する引渡義務だけでなく，本人に対する引渡義務も消滅するとしている（最判昭51.4.9）。

エ○ 委任事務を処理する受任者に経済的負担をかけないようにするため，委任事務を処理するについて費用を要するときは，委任者は，受任者の請求により，その前払いをしなければならない（649条）。

オ× 受任者は，委任事務を処理するため自己に過失なく損害を受けたときは，委任者に対し，その賠償を請求することができる（650条3項）。これは，委任者の過失の有無を問わない無過失責任である。

以上より，妥当なものはア，エであり，肢3が正解となる。

正答 3

第4章 SECTION 1 請負・委任・その他の契約

請負・委任

実践 問題 129 基本レベル

頻出度 地上★★★　国家一般職★★★　特別区★★
裁判所職員★★★　国税･財務･労基★★★　国家総合職★★

問 委任に関する記述として最も妥当なものはどれか（争いのあるときは，判例の見解による。）。 （裁事2020）

1：受任者は，委任事務の処理をするにあたって，自己の財産に対するのと同一の注意をもって行うことで足りる。

2：受任者は，委任事務を処理するについて費用を要するときでも，その前払を請求することはできない。

3：受任者は，委任事務を処理するのに必要な費用を支出したときは，委任者に対し，その費用及びその支出の日以後における利息の償還を請求できる。

4：受任者が報酬を受ける場合，期間によって報酬を定めたときであっても，委任事務を履行した後でなければ，報酬を請求することができない。

5：委任は，原則として，委任者の死亡によっては終了しない。

チェック欄		
1回目	2回目	3回目

実践 問題 129 の解説

〈委任〉

1 × 受任者は，委任の本旨に従い，善良な管理者の注意をもって委任事務を処理する義務（善管注意義務）を負う（644条）。なお，このことは委任が有償か無償かで区別されない。

2 × 委任事務を処理するについて費用を要するときは，委任者は，受任者の請求によりその前払いをしなければならない（649条）。委任事務を処理する受任者に経済的損失を与えないようにするためである。

3 ○ 受任者が委任事務を処理するのに必要と認められる費用を支出したときは，委任者に対し，その費用および支出した日以後の利息の償還を請求できる（650条1項）。649条（肢2の解説参照）と同趣旨の規定である。

4 × 委任は無償が原則であるが，特約があれば，受任者は委任者に対して報酬を請求できる（648条1項）。報酬の支払時期は後払いが原則である。すなわち，受任者が報酬を請求できるのは，委任事務を履行した後であり（同条2項本文），期間によって報酬を定めたときは，その期間経過後である（同項但書・624条2項）。なお，委任事務の履行により得られる成果に対する報酬の支払いが約束された場合（成果完成型），報酬に関しては請負と類似することから，その成果が引渡しを要するときは成果の引渡しと同時に（648条の2第1項），引渡しを要しないときは成果の完成後（委任事務の履行後）に（648条2項本文），委任者は報酬を支払わなければならない。

5 × 委任は，当事者間の個人的信頼関係を基礎とするので（この人だからこの仕事を頼む），委任者または受任者の死亡によって終了する（653条1号）。なお，653条は任意規定であるから，当事者の死亡によっても委任契約は終了しない旨の合意は有効である（最判平4.9.22）。

正答 3

請負・委任

実践 問題 130 基本レベル

頻出度 地上★★★ 国家一般職★★★ 特別区★★
裁判所職員★★★ 国税·財務·労基★★★ 国家総合職★★

問 委任契約に関する次のア～オの記述のうち，妥当なもののみを全て挙げているものはどれか（争いのあるときは，判例の見解による。）。（裁事2023）

ア：有償の委任契約において，報酬支払時期について特段の定めがないときは，受任者は，既にした履行の割合に応じて随時報酬を請求することができる。

イ：受任者は，自己の責任でいつでも復受任者を選任することができる。

ウ：受任者は，無償の場合であっても，善良な管理者の注意をもって委任事務を処理する義務を負う。

エ：当事者の一方は，やむを得ない事由のない限り，相手方に不利な時期に委任契約を解除することはできない。

オ：受任者が死亡したときは，委任契約は終了する。

1：ア，エ
2：ア，オ
3：イ，ウ
4：イ，エ
5：ウ，オ

チェック欄		
1回目	2回目	3回目

実践 問題 130 の解説

〈委任〉

ア× 委任は原則として無償であるが，特約があれば，受任者は報酬を請求できる（648条1項）。報酬支払時期は，特約がない限り，後払いが原則である。すなわち，受任者は，委任事務を履行した後でなければ，報酬を請求できず（同条2項本文），期間によって報酬を定めたときは，その期間経過後に報酬を請求できる（同項但書・624条2項）。本記述のように，受任者がすでにした履行の割合に応じて報酬を請求できるのは（割合的報酬請求権），その旨の特約がなければ，①委任者の責めに帰することができない事由によって委任事務を履行できなくなったとき，②委任が履行の中途で終了したときに限られる（648条3項）。

イ× 委任は当事者間の人的信頼関係を基礎とするから，受任者は，原則として，委任された事務の処理を自らが行わなければならない（自己執行義務）。すなわち，受任者は，①委任者の許諾を得たとき，または，②やむをえない事由があるときでなければ，復受任者を選任することができない（644条の2第1項）。

ウ○ 受任者は，委任の本旨に従い，善良な管理者の注意をもって委任事務を処理する義務（善管注意義務）を負う（644条）。受任者の善管注意義務は，当事者間の人的信頼関係や専門性に対する信頼が基礎にあるため，委任が有償か無償かで区別されない。

エ× 委任は，当事者相互の人的信頼関係を基礎とするから，各当事者がいつでも解除することができる（651条1項）。ただし，相手方に不利な時期に委任を解除したときは，解除した者は，相手方の損害を賠償しなければならないが（同条2項1号），やむをえない事由があったときは，損害賠償を要しない（同項柱書但書）。つまり，やむをえない事由がなければ，損害賠償が必要となるだけであって，相手方の不利な時期に委任を解除できないわけではない。

オ○ 委任は，当事者相互の人的信頼関係を基礎とするから，①委任者または受任者の死亡，②委任者または受任者の破産手続開始の決定，③受任者が後見開始の審判を受けたことによって終了する（653条）。

以上より，妥当なものはウ，オであり，肢5が正解となる。

正答 5

請負・委任

実践 問題 131 応用レベル

頻出度	地上★ 国家一般職★★★ 特別区★ 裁判所職員★★★ 国税·財務·労基★★ 国家総合職★★

問 民法上の請負に関する次のア～エの記述の正誤の組合せとして最も妥当なものはどれか（争いのあるときは，判例の見解による）。（裁事2019）

ア：仕事の目的物の引渡しを要しない場合には，請負人は，仕事の完成前であっても，注文者に対し，報酬の支払を請求することができる。

イ：注文者が仕事の完成前に代金の全額を支払っていた場合には，材料の主要部分を提供したのが注文者か請負人かにかかわらず，原則として，仕事の完成と同時に注文者が目的物の所有権を原始的に取得する。

ウ：請負人が，請け負った仕事の全部又は一部を下請負人に請け負わせた場合には，下請負人は，注文者に対して直接に義務を負う。

エ：請負人に債務不履行がない場合であっても，注文者は，請負人が仕事を完成しない間は，損害を賠償すれば請負契約を解除することができる。

	ア	イ	ウ	エ
1：	正	誤	誤	正
2：	正	誤	正	誤
3：	誤	誤	正	正
4：	誤	正	正	誤
5：	誤	正	誤	正

チェック欄

1回目	2回目	3回目

実践 問題 131 の解説

〈請負〉

ア× 請負の報酬の支払時期は，特約のない限り，仕事の目的物の引渡しと同時，目的物の引渡しを要しないときは仕事完成後である（633条・624条1項）。したがって，目的物の引渡しを要しない場合であっても，請負人は，仕事を完成しない限り，報酬の支払いを請求できない。なお，一定の場合において，「請負人が既にした仕事の結果のうち可分な部分の給付によって注文者が利益を受けるとき」は，その部分を仕事の完成とみなし，請負人は，注文者が受ける利益の割合に応じて報酬を請求できるとされている（割合的報酬請求権。634条）。

イ○ 請負目的物の所有権の帰属について，判例は，①注文者が材料の主要部分を提供した場合には，目的物の所有権は仕事完成と同時に注文者に原始的に帰属するが（大判昭7.5.9），②請負人が材料の主要部分を提供した場合には，原則として，目的物の所有権は請負人に帰属し，引渡しによって注文者に移転する（請負人帰属説。大判明37.6.22）とする。ただし，②の場合でも，注文者が仕事完成前に代金の全額を支払っていたときには，当事者間の合意を推認し，目的物の所有権は仕事完成と同時に注文者に原始的に帰属するとする（大判昭18.7.20）。

ウ× 請負は仕事の完成が目的であるから，請負人が請け負った仕事の全部または一部を第三者（下請負人）に請け負わせること（下請負）も，特約がある場合や演奏・講演など請負人自身による仕事が特に意義を持つ場合を除き，許される。しかし，請負と下請負は別個独立の契約であるから，下請負人は，請負人に対して義務を負うにすぎず，注文者に対しては直接義務を負わない。

エ○ 請負人が仕事を完成しない間は，注文者は，いつでも損害を賠償して契約を解除することができる（641条）。注文した仕事が途中で不要になった場合に備えたものである。

以上より，ア―誤，イ―正，ウ―誤，エ―正であり，肢5が正解となる。

正答 5

請負・委任

実践 問題 132 応用レベル

頻出度 地上★ 国家一般職★★★ 特別区★ 裁判所職員★★★ 国税·財務·労基★★ 国家総合職★★

問 委任に関する次のア～オの記述のうち，適当なもののみをすべて挙げているのはどれか（争いのあるときは，判例の見解による。）。 （裁判所職員2012）

ア：委任契約は，委任者が死亡しても当然には終了しない。

イ：委任契約の受任者は，原則として，委任事務の履行前においても，委任者に対して報酬を請求することができる。

ウ：民法650条２項に基づいて有する代弁済請求権に対しては，委任者は，受任者に対して有する債権をもって相殺することができない。

エ：委任は，各当事者がいつでもその解除をすることができるが，相手方に不利な時期には解除することができない。

オ：委任契約を解除した場合には，その解除は，将来に向かってのみその効力を生ずる。

1：ア，イ
2：ア，エ
3：イ，ウ
4：ウ，オ
5：エ，オ

チェック欄		
1回目	2回目	3回目

実践 問題 132 の解説

〈委任〉

ア× 委任の終了事由については，委任が当事者間の個人的信頼関係を基礎とすることから，契約一般に共通の終了原因のほか，653条で，①委任者または受任者の死亡，②委任者または受任者の破産手続開始の決定，③受任者の後見開始の審判を委任特有の終了事由として定めている。なお，特約によって，当事者が死亡しても委任が終了しないとすることはできる。

イ× 委任は原則として無償であるが，特約があれば受任者は報酬を請求できる（648条1項）。報酬支払時期は，特約のない限り，委任事務の履行後であり（後払いの原則。同条2項本文），期間によって報酬を定めたときは，受任者はその期間経過後に報酬を請求できる（同項但書・624条2項）。なお，委任事務の履行により得られる成果に対する報酬支払が約束された場合（成果報酬型委任），報酬に関しては請負に類似するので，その報酬は，成果の引渡しを要するときは，成果の引渡しと同時に（648条の2第1項），引渡しを要しないときは，原則どおり委任事務の履行後に支払わなければならない。

ウ○ 判例は，650条2項前段に基づく受任者の代弁済請求権は，受任者が自己の名で委任事務を処理するため第三者に対して直接金銭債務を負担した場合に，委任者が受任者の負う債務を免れさせるため，受任者に代わって第三者に対してその債務を弁済する義務を負うことを定めているのであり，通常の金銭債権とは異なる目的を有するものであるから，委任者が受任者に対して有する債権をもって受任者の代弁済請求権と相殺することはできないとした（最判昭47.12.22）。

エ× 委任は，当事者間の個人的信頼関係を基礎とする契約であるから，その信頼がなくなった場合までも継続することは妥当でなく，委任者・受任者のいずれからでも自由に委任を解除することができる（651条1項）。もっとも，相手方にとって不利な時期に解除する場合は，相手方の損害を賠償しなければならない（同条2項1号）。ただし，やむをえない事由で解除する場合には，賠償責任が生じない（同項但書）。

オ○ 委任契約を解除した場合に，一般の契約解除の場合と同様にその効果が遡及すると解すると，複雑な計算関係が生じ，ときに原状回復が不可能とみられる場合も起こるので，民法は賃貸借の場合と同様に，遡及効を否定し，将来に向かってのみその効力を生ずるとした（652条・620条）。

以上より，妥当なものはウ，オであり，肢4が正解となる。

正答 4

請負・委任

実践 問題 133 応用レベル

頻出度 地上★ 国家一般職★★★ 特別区★
裁判所職員★★★ 国税·財務·労基★★ 国家総合職★★

問 請負及び委任に関する次のア～オの記述のうち，適当なもののみを全て挙げているのはどれか（争いのあるときは，判例の見解による。）。

（裁判所職員2013改題）

ア：請負工事が注文者の責めに帰すべき事由で完成不能となったときは，請負人は，工事を続行すべき義務を免れるが，注文者に対して残部に係る請負代金を請求することもできない。

イ：請負人が，その責めに帰すべき事由により中途で仕事を中止し，約定された工期内の完成不能が明確になったときは，注文者は，当該期限の経過前であっても契約を解除することができる。

ウ：建物の完成を請負の仕事の目的とした場合，建物に種類・品質に関する契約不適合があっても，注文者による契約の解除は認められていないから，注文者は請負人に対して建物建替費用相当額の損害賠償を請求することはできない。

エ：受任者は，報酬を受ける場合は，善良なる管理者の注意義務をもって，委任された事務処理を行わなければならないが，無報酬であれば，自己の財産に対するのと同一の注意を尽くせば足りる。

オ：委任の終了事由は，これを相手方に通知したとき，又は相手方がこれを知っていたときでなければ，相手方に対抗することができない。

1：ア，イ
2：ア，ウ
3：イ，オ
4：ウ，エ
5：エ，オ

チェック欄		
1回目	2回目	3回目

実践 問題 133 の解説

〈請負・委任〉

ア× 請負契約の目的たる工事が注文者の責めに帰すべき事由で完成不能となった場合，請負人は，仕事完成義務を免れるが，注文者に対する報酬請求権を失わない（536条2項前段）。

イ○ 請負人が，その責めに帰すべき事由により中途で仕事を中止し，約定された工期内の完成不能が明確になったときは，請負人の仕事完成義務は債務不履行（履行不能）となる。そして，約定された工期内の完成不能が明確になったときは，注文者は，当該期限の経過前（履行期前）であっても542条により契約を解除できる（大判大15.11.25）。

ウ× 請負の仕事の目的物に種類･品質に関する契約不適合がある場合，注文者は，その不適合を理由として，契約を解除することができる（559条・564条・541条以下）。仕事の目的物が建物その他の土地の工作物であっても，解除権が制限されることはない。また，判例は，建物に重大な瑕疵があるために建て替えざるをえない場合には，そのような建物を建て替えてこれに要する費用を請負人に負担させることは，契約の履行責任に応じた損害賠償責任を負担させるものであって，請負人にとって過酷であるともいえないから，注文者の請負人に対する建替費用相当額の損害賠償請求をすることができるとした（最判平14.9.24）。

エ× 受任者は，「委任の本旨に従い，善良な管理者の注意をもって，委任事務を処理する義務」（善管注意義務）を負う（644条）。この注意義務の程度は，たとえ無償でも低くなることはない（大判大10.4.23）。

オ○ 委任の終了事由（651条・653条）は，これを相手方に通知したとき，または相手方がこれを知っていたときでなければ，相手方に対抗できない（655条）。受任者が委任の終了を知らずに事務の処理を続ければ，権利がないのに他人の事務に干渉したことになるし，委任者が委任の終了を知らないのに受任者が事務の処理を中止すれば，委任者の不利益となるので，これらの不利益を防止する趣旨である。

以上より，妥当ものはイ，オであり，肢3が正解となる。

正答 3

第4章 SECTION 1 請負・委任・その他の契約
請負・委任

実践 問題 134 応用レベル

頻出度 地上★ 国家一般職★★★ 特別区★ 裁判所職員★★★ 国税･財務･労基★★ 国家総合職★★

問 請負に関するア〜オの記述のうち，妥当なもののみを挙げているのはどれか。ただし，争いのあるものは判例の見解による。 （国家総合職2023）

ア：マンション建築工事請負契約において，耐震性の面でより安全性の高い建物にするため，主柱について太い鉄骨を使用することが特に約定され，これが契約の重要な内容になっていたにもかかわらず，請負人が，注文者に無断で，当該約定に反し，主柱工事につき約定の太さの鉄骨を使用しなかった場合，実際に使用された細い鉄骨が，構造計算上，居住用建物として安全性に問題のないものであったとしても，当該工事には，契約不適合があるといえる。

イ：請負人の報酬債権に対し，注文者がこれと同時履行の関係にある目的物の追完に代わる損害賠償債権を自働債権とする相殺の意思表示をした場合，注文者は，請負人に対する相殺後の報酬残債務について，原則として，相殺適状になった日の翌日から履行遅滞による責任を負う。

ウ：請負が仕事の完成前に解除された場合，請負人が既にした仕事の結果のうち可分な部分の給付によって注文者が利益を受けるときは，その部分は仕事の完成とみなされ，請負人は，注文者が受ける利益の割合に応じて報酬を請求することができる。

エ：建物建築工事請負契約において，注文者と元請負人との間に，契約が中途で解除された際の出来形部分の所有権は注文者に帰属する旨の約定がある場合，当該契約が中途で解除されたときは，元請負人から一括して当該工事を請け負っていた下請負人は当該約定に拘束されないため，下請負人が自ら材料を提供して築造した出来形部分の所有権は，当該約定にかかわらず，原則として下請負人に帰属する。

オ：注文者が破産手続開始の決定を受けたときは，請負人又は破産管財人は，仕事を完成した後でも契約の解除をすることができ，契約の解除によって生じた損害の賠償は，破産管財人が契約の解除をした場合における請負人に限り，請求することができる。

1：ア，イ
2：ア，ウ
3：イ，エ
4：ウ，オ
5：エ，オ

チェック欄		
1回目	2回目	3回目

実践 問題 134 の解説

〈請負〉

ア○ 判例は，建物建築工事の請負契約において，耐震性の面でより安全性の高い建物にするため，主柱について特に太い鉄骨を使用することが約定され，これが契約の重要な内容になっていたにもかかわらず，建物請負業者が，注文主に無断で，上記約定に反し，主柱工事につき約定の太さの鉄骨を使用しなかったという事情の下では，使用された鉄骨が，構造計算上，居住用建物としての安全性に問題のないものであったとしても，当該主柱の工事には，「瑕疵」（現行法でいえば，目的物の種類・品質に関する契約不適合）があるとしている（最判平15.10.10）。

イ× 一般に，自働債権に相手方の同時履行の抗弁権が付着している場合は，相殺ができない（大判昭13.3.1）。しかし，請負人の報酬債権（632条）と注文者の目的物の追完に代わる損害賠償債権（559条・564条・415条）は，同時履行の関係にあるが（533条本文かっこ書），対当額で相殺できると解されている（最判昭53.9.21）。両債権は，相互に現実の履行をさせなければならない特別の利益があるわけではなく，実質的・経済的には，請負代金を減額し，請負契約の当事者相互の義務に等価関係をもたらす機能があり，相殺を認めても，相手方に不利益を与えることはないからである。両債権のこの関係により，相殺による清算的調整がされるまでの間，注文者の報酬債務は，信義則に反しない限り，全体として履行遅滞に陥ることはない（最判平9.2.14）。そして，相殺の結果，注文者の報酬債務が残る場合，注文者は，相殺後の報酬残債務について，（相殺適状時ではなく）**相殺の意思表示をした日の翌日**から履行遅滞による責任を負うと解されている（最判平9.7.15）。債権が相殺適状時に遡って消滅する（506条２項）としても，相殺の意思表示をするまでこれと同時履行の関係にある債務の全額について履行遅滞責任を負わなかったという効果には影響しないと解すべきだからである。

ウ○ 請負報酬の支払時期は，特約のない限り，**仕事の目的物の引渡しと同時**，目的物の引渡しを要しない請負では，**仕事終了時**である（633条・624条１項）。したがって，請負人は，仕事を完成しなければ，報酬を請求できないのが原則である。ただし，①**注文者の責めに帰することができない事由**によって**仕事を完成することができなくなった場合**，または，②請負が**仕事の完成前に解除**された場合（本記述の場合）において，請負人が既にした仕事の結果のうち可分な部分の給付によって注文者が利益を受けるときは，その部分は仕事の完成とみなされ，請負人は，注文者が受ける利益の割合に応じて報酬を請求できる（割合的報酬請求権。634条）。

エ × 本記述のように，建物建築工事の一括下請負契約の事案で，注文者・元請負人間に，請負契約が中途で解除された際の出来形部分の所有権は注文者に帰属する旨の約定がある場合について，判例は，「下請負人は，注文者との関係では，元請負人のいわば履行補助者的立場に立つものにすぎず，注文者のためにする建物建築工事に関して，元請負人と異なる権利関係を主張し得る立場にはない」ことを理由に，当該約定の効力が下請負人にも及び，注文者・下請負人間に格別の合意があるなど特段の事情のない限り，出来形部分の所有権は注文者に帰属するとしている（最判平5.10.19）。

オ × 注文者が破産手続開始の決定を受けたときは，請負人または破産管財人は，請負契約を解除できる（642条1項本文）。ただし，請負人は，仕事を完成した後は解除できない（同項但書）。請負人からの解除を認めたのは，注文者の破産により報酬の支払いを確保できないまま仕事を続行させられる状態から請負人を解放する必要があるためであるが，仕事完成後ならその必要はないからである。なお，契約の解除によって生じた損害の賠償は，破産管財人が契約の解除をした場合における請負人に限り，請求できるので（同条3項前段），本記述の後半は妥当である。

以上より，妥当なものはア，ウであり，肢2が正解となる。

正答 2

memo

その他の契約

必修問題 セクションテーマを代表する問題に挑戦！

条文および重要判例をしっかり読みこんで，組合の特徴を押さえておきましょう。

問 民法に規定する組合に関する記述として，妥当なのはどれか。

（特別区2021）

1：金銭を出資の目的とした場合において，組合員がその出資をすることを怠ったときは，その利息を支払わなければならないが，損害賠償責任は負わない。

2：各組合員は，組合の業務の決定及び執行をする権利を有しないときは，その業務及び組合財産の状況を検査することができない。

3：組合員は，死亡，破産手続の開始の決定を受けたこと及び後見開始の審判を受けたことによってのみ，脱退する。

4：組合員の除名は，正当な事由がある場合に限り，他の組合員の一致によってすることができ，その場合には除名した組合員にその旨を通知しなくてもその組合員に対抗することができる。

5：清算人の職務は，現務の結了，債権の取立て及び債務の弁済，残余財産の引渡しであり，清算人は，これらの職務を行うために必要な一切の行為をすることができる。

直前復習

頻出度	地上★★　国家一般職★　特別区★★ 裁判所職員★　国税·財務·労基★　国家総合職★

必修問題の解説

チェック欄		
1回目	2回目	3回目

〈組合〉

1 × 金銭を出資の目的とした場合において，組合員がその出資をすることを怠ったときは，その利息を支払うほか，損害の賠償をしなければならない（669条）。組合財産の充実を図り，組合の事業に支障を及ぼさないようにするため，金銭債務の不履行に関する419条１項の特則として，法定利息を超える損害があればその賠償をさせるという趣旨である。

2 × 組合契約により業務執行者を定めた場合（670条２項），業務執行者が，組合の業務を（業務執行者が複数であるときはその過半数で）決定し，執行するので（同条３項），業務執行者でない組合員は，組合業務の決定・執行権限を有しない。その場合であっても，業務執行者でない組合員は，組合の業務および組合財産の状況を検査することができる（673条）。組合業務の決定・執行権限を有しない組合員の最低限の保護のための規定である。

3 × 組合員は，一定の条件の下，自らの意思で脱退することができる（任意脱退。678条）。また，組合員は，その意思にかかわらず，①死亡，②破産手続開始の決定を受けたこと，③後見開始の審判を受けたこと，④除名（肢４の解説参照）によって脱退する（非任意脱退。679条）。

4 × 組合員の除名は，正当な事由（出資債務その他重要な義務の不履行，業務執行にあたっての不正の行為など）がある場合に限り，他の組合員の一致によってすることができる（680条本文）。ただし，除名した組合員にその旨を通知しなければ，その組合員に対抗することができない（同条但書）。

5 ○ 清算人の職務は，①現務の結了，②債権の取立ておよび債務の弁済，③残余財産の引渡しであり（688条１項），清算人は，これらの職務を行うために必要な一切の行為をすることができる（同条２項）。

正答 5

その他の契約

1 組合

組合契約とは，各当事者が出資をして共同の事業を営むことを約束する契約をいいます(667条1項)。組合契約によって成立した団体を組合といいます。組合には，以下の特徴があります。

(1) 組合の業務決定・業務執行

組合の業務は，原則として，組合員の過半数で決し，各組合員がこれを執行します（670条1項）。ただし，組合契約で組合の業務を一部の組合員または第三者（業務執行者）に委任することもでき（同条2項），その場合，組合の業務は，業務執行者の過半数で決し，各業務執行者がこれを執行します（同条3項）。他方，組合の常務（日常の軽微な業務）は，各組合員または各業務執行者が単独で行うことができますが，他の組合員または業務執行者が異議を述べれば単独で行うことはできません（同条5項）。

(2) 組合代理

各組合員は，組合員の過半数の同意を得れば，他の組合員を代理して組合の業務を執行すること（組合代理）ができます（670条の2第1項）。ただし，業務執行者を定めた場合は，業務執行者のみが組合員を代理することができますが，業務執行者が数人いるときは，業務執行者の過半数の同意を得る必要があります（同条2項）。他方，組合の常務については，各組合員または各業務執行者が単独で組合員を代理することができます（同条3項）。

(3) 組合の財産関係

組合財産は，総組合員の共有に属します（668条）。ここでいう「共有」とは物権法に規定されている共有とは異なります。すなわち，各組合員は持分の処分が許されず（676条1項），清算前には組合財産の分割を請求できない（同条3項）ということから，財産が団体的拘束を受ける合有であると解されています。

補足　組合の債務についても，全額が各組合員に合有的に帰属し，組合財産が引当てとなります。また，各組合員は個人財産を引当てとする個人的責任を負担します（675条参照）。

(4) 組合員の変動

組合員は，各組合員の加入と脱退によって変動します。

脱退には，組合員自身の意思に基づく任意脱退（678条）と，一定の要件が充たされれば組合員の意思に反しても脱退の効果が生じる非任意脱退（679条・680条）があります。

(5) 組合の終了

組合は解散によって終了します。民法が定める解散事由は，①組合の目的である事業の成功または成功の不能，②組合契約で定めた存続期間の満了，③組合契約で定めた解散の事由発生，④総組合員の同意です（682条）。

その他，組合員が１人になることも解散事由であるとされています。また，やむをえない事由があるときは，各組合員は，組合の解散を請求することができます（683条）。

2 雇用

雇用とは，当事者の一方（労働者）が相手方（使用者）に対して労働に従事することを約束し，相手方がこれに報酬を与えることを約束することによって成立する有償・双務・諾成の契約をいいます（623条）。雇用は，仕事の完成を目的とはしない点で請負と，仕事をするにあたって使用者の指揮監督下にあるという点で，委任と異なります。

> **ポイント** 雇用は，労働者が自ら労働に従事すること自体を目的とするので，請負と異なり，労働者は，使用者の承諾を得なければ，自己に代わって第三者を労働に従事させることはできません（625条２項）。

第4章 SECTION 2 請負・委任・その他の契約

その他の契約

実践 問題 135 基本レベル

頻出度			
	地上★★	国家一般職★	特別区★★
	裁判所職員★	国税·財務·労基★	国家総合職★

問 委任及び寄託に関するア～オの記述のうち，妥当なもののみを挙げているのはどれか。
(国家一般職2023)

ア：委任契約の受任者は，報酬を受けるべき場合に，委任が履行の中途で終了したときは，既にした履行の割合に応じて報酬を請求することができる。

イ：委任契約の委任者は，いつでもその契約を解除することができるが，相手方に不利な時期に委任を解除した場合には，やむを得ない事由があっても，相手方に生じた損害を賠償しなければならない。

ウ：委任契約は，委任者又は受任者が後見開始の審判，保佐開始の審判又は補助開始の審判を受けたことによって終了する。

エ：寄託契約の受寄者は，報酬の有無にかかわらず，善良な管理者の注意をもって，寄託物を保管する義務を負う。

オ：寄託契約の当事者が寄託物の返還の時期を定めた場合であっても，寄託者は，いつでもその返還を請求することができるが，受寄者は，寄託者がその時期の前に返還を請求したことによって損害を受けたときは，寄託者に対し，その賠償を請求することができる。

1：ア，ウ
2：ア，オ
3：イ，ウ
4：イ，エ
5：エ，オ

チェック欄

1回目	2回目	3回目

実践 問題 135 の解説

〈委任・寄託〉

ア○ 有償委任における報酬支払時期は，後払いが原則であり，受任者は，委任事務を履行した後でなければ，報酬を請求できず（648条2項本文），期間によって報酬を定めたときは，その期間経過後に報酬を請求できる（同項但書・624条2項）。ただし，①委任者の責めに帰することができない事由によって委任事務を履行できなくなったときや，②委任が履行の中途で終了したとき（本記述）には，受任者は，すでにした履行の割合に応じて報酬を請求できる（割合的報酬請求権。648条3項）。

イ× 委任は，当事者相互の人的信頼関係を基礎とするから，各当事者がいつでも解除できる（651条1項）。もっとも，①相手方に不利な時期に委任を解除したときや，②委任者が受任者の利益をも目的とする委任を解除したときには，解除した者は，相手方の損害を賠償しなければならない（同条2項1号・2号）。ただし，やむをえない事由があったときは，①や②の場合であっても，損害賠償を要しない（同項柱書但書）。

ウ× 委任は，当事者相互の人的信頼関係を基礎とするから，①委任者または受任者の死亡，②委任者または受任者の破産手続開始の決定，③受任者が後見開始の審判を受けたことによって終了する（653条）。しかし，委任者が後見開始の審判を受けた場合でも，委任契約は終了しないし，受任者も含めて，保佐開始の審判や補助開始の審判を受けた場合でも，委任契約は終了しない。

エ× 有償寄託の受寄者は，善良な管理者の注意をもって，寄託物を保管する義務を負う（400条）。これに対して，無償寄託の受寄者は，自己の財産に対するのと同一の注意をもって，寄託物を保管する義務を負う（659条）。これは，受寄者が無償で寄託を引き受けるのは自己の物と一緒に保管するだけだからであり，受寄者にそれ以上の特別な注意を要求するためには，それに見合う対価を支払う必要があるという考慮に基づく。

オ○ 寄託契約の当事者が寄託物の返還時期を定めた場合であっても，寄託者は，いつでも寄託物の返還を請求できる（662条1項）。寄託は，寄託者のためにされるものであり，保管を委託しておく必要のなくなった物を無理に寄託させ続ける理由はないからである。ただし，受寄者は，期限前の返還請求によって損害を受けたときは，寄託者に対し，その賠償を請求できる（同条2項）。

以上より，妥当なものはア，オであり，肢2が正解となる。

正答 2

その他の契約

実践 問題 136 応用レベル

頻出度			
	地上★	国家一般職★	特別区★
	裁判所職員★	国税･財務･労基★	国家総合職★

問 **契約の解除に関する次の記述のうち，妥当なのはどれか。ただし，争いのあるものは判例の見解による。** **（国家一般職2015改題）**

1：他人の所有する不動産を目的とする売買契約が締結され，売買契約時に売主と買主のいずれも売買の目的物が他人の不動産であることを知らなかった場合において，売主がその不動産の所有権を取得して買主に移転することができないとき，売主は，損害を賠償して，売買契約の解除をすることができる。

2：贈与者が受贈者に対し贈与者の所有する建物を贈与する代わりに受贈者が贈与者を扶養するという負担付贈与契約が締結された場合において，受贈者が負担を履行しないときであっても，贈与者は負担付贈与契約の解除をすることはできない。

3：賃借人が，賃貸人の承諾を得ずに，賃借物を第三者に転貸した場合，賃借人がその第三者に賃借物を使用又は収益をさせる前であっても，賃貸人は，賃借人との間の賃貸借契約の解除をすることができる。

4：建物の建築を目的とする請負契約において，その仕事の目的物である建物に種類・品質に関する契約不適合があり，そのために契約をした目的を達成することができない場合は，注文者は請負契約の解除をすることができる。

5：委任契約が，委任者の利益のみならず受任者の利益のためになされた場合には，委任者は，受任者が著しく不誠実な行動に出る等やむを得ない事由があるときに限り，委任契約を解除することができる。

チェック欄

1回目	2回目	3回目

実践 問題 136 の解説

〈各種契約の解除〉

1 × 本肢のような売主の解除権を認める規定は，存在しない。

2 × 負担付贈与契約では，贈与の目的物（本肢では建物）と負担（贈与者を扶養すること）が対価的関係に立たないが，贈与者と受贈者がともに債務を負うことから，負担付贈与については，その性質に反しない限り，双務契約に関する規定が準用される（553条）。したがって，負担付贈与の受贈者が負担を履行しないときは，541条・542条の準用により，贈与者は負担付贈与契約を解除できる（最判昭53.2.17）。

3 × 賃貸借は個人的な信頼関係に基づく継続的な法律関係であることから，612条は，賃借人が賃借権の譲渡・賃借物の転貸をするには賃貸人の承諾が必要であるとし（同条１項），賃借人が賃貸人の承諾を得ずに，「第三者に賃借物の使用又は収益をさせたとき」は，賃貸人は賃貸借契約を解除できるとしている（同条２項）。したがって，同条２項の解除が認められるためには，譲渡・転貸の契約が締結されただけでは足りず，第三者が現実に賃借物を使用・収益したことが必要である（大判昭13.4.16）。

4 ○ 請負の仕事の目的物に種類・品質に関する契約不適合がある場合，注文者は，その不適合を理由として，契約を解除することができる（559条・564条・542条１項５号）。仕事の目的物が建物その他の土地の工作物であっても，解除権が制限されることはない。

5 × 委任契約は当事者間の信頼関係を基礎とするので，各当事者はいつでも解除できる（651条１項）。もっとも，委任者が受任者の利益をも目的とする委任を解除したとき（同条２項２号）は，委任者は，受任者の損害を賠償しなければならないが（同項本文），やむをえない事由があったときは，損害賠償も不要である（同項但書）。

正答 4

その他の契約

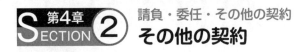

実践 問題 137 応用レベル

頻出度			
	地上★	国家一般職★	特別区★
	裁判所職員★	国税·財務·労基★	国家総合職★

問 民法に規定する請負，委任又は組合に関する記述として，妥当なのはどれか。

（特別区2015改題）

1：建物その他の土地の工作物に関する請負契約について，仕事の目的物に種類・品質に関する契約不適合があり，そのために契約をした目的を達することができないときであっても，注文者は契約の解除をすることができない。

2：委任においては，受任者が委任事務の履行後でなければ報酬を請求することができないため，履行の中途で終了したとき，既にした履行の割合に応じて報酬を請求することができない。

3：委任は，特約の有無にかかわらず，委任者が後見開始の審判を受けたことによって終了するが，受任者が破産手続開始の決定を受けたこと及び後見開始の審判を受けたことによっては終了しない。

4：組合の業務は，当事者の定めがなければ，組合員の過半数で決するのではなく，各組合員の出資の価額の割合に応じて定める。

5：組合への出資は，金銭でなく物品や労務で提供することができ，脱退した組合員の持分は，その出資の種類を問わず，金銭で払い戻すことができる。

チェック欄		
1回目	2回目	3回目

実践 問題 137 の解説

〈請負・委任・組合〉

1 × 請負の仕事の目的物に種類・品質に関する契約不適合がある場合，注文者は，その不適合を理由として，契約を解除することができる（559条・564条・542条1項5号）。仕事の目的物が建物その他の土地の工作物であっても，解除権が制限されることはない。

2 × 民法上の委任は無償が原則であるが，特約があれば受任者は報酬を請求できる（648条1項）。その支払時期は後払いが原則であり，受任者は，「委任事務を履行した後でなければ」報酬を請求できない（648条2項本文）。もっとも，委任が「履行の中途で終了したとき」は，受任者は，「既にした履行の割合に応じて」報酬を請求できる（同条3項2号）。

3 × 委任は，当事者間の信頼関係を基礎とする契約だから，①委任者または受任者の死亡，②委任者または受任者が破産手続開始の決定を受けたこと，③受任者が後見開始の審判を受けたことによって終了する（653条）。これに対して，委任者についての後見開始の審判は，受任者には何らの損失も与えないので，委任の終了事由とされていない。なお，653条は任意規定であり，反対の特約は可能であると解されている（判例・通説）。

4 × 組合の業務は，原則として「組合員の過半数」で決する（670条1項）。組合においては，組合員の個性が重視されるので，当事者間に別段の定めがない限り，組合員の頭数の過半数で業務執行を決するという趣旨である。

5 ○ 組合は，各当事者が「出資」をして共同の事業を営む契約である（667条1項）。出資は，金銭だけでなく，物品（現物）でもよいし，労務でもよい（同条2項）。次に，組合員が脱退すると，財産関係の清算が必要となる。この清算は，脱退時の組合財産の状況に基づき，収支が黒字であれば脱退組合員の持分に応じた額を払い戻し，収支が赤字であれば脱退組合員に損失割合に従った額を払い込ませることにより行う（681条1項）。ただし，持分の払戻しは，脱退組合員の出資の種類を問わず，金銭で行うことができる（同条2項）。現物の払戻しが強制されると，組合の事業の継続に支障が生じることがありうるからである。

正答 5

第4章

請負・委任・その他の契約

章末 CHECK　? Question

Q1 請負契約における各当事者は仕事が完成するまでの間は，いつでも損害を賠償して請負契約を解除できる。

Q2 請負契約において，注文者の報酬支払債務と請負人の仕事完成義務とは同時履行の関係にある。

Q3 請負人が注文者から住宅の建築を請け負ったが，仕事の完成前に，不可抗力によってその仕事の完成が不可能となった場合に，請負人は，報酬請求権を失う。

Q4 請負契約において，完成し引き渡された土地工作物に種類・品質に関する契約不適合がある場合は，注文者は請負人の担保責任を追及して請負契約を解除することができる。

Q5 請負契約において，仕事の目的物の種類・品質に関する契約不適合が注文者の与えた指図によって生じたときは，請負人がその指図が不適当であることを知りながら告げなかったとしても，請負人は担保責任を負わない。

Q6 請負契約における請負人および委任契約における受任者は，自己の代わりに第三者に役務を提供させることは原則としてできない。

Q7 当事者間に報酬に関する明示の特約があって，履行の途中で委任契約が終了した場合，受任者は委任者に対し，履行の割合に応じた報酬を請求できる。

Q8 委任契約においては，無償であっても受任者は善管注意義務を負う。

Q9 受任者は，委任事務を処理するため自己に過失なく損害を受けたときは，委任者に対し，その賠償を請求することができる。

Q10 受任者の利益のためにも委任がなされた場合であっても，委任者は，やむをえない事由がなくても，委任契約を解除できる。

Q11 委任契約は，委任者が後見開始の審判を受けたときは終了する。

Q12 組合契約にも当事者間の公平の観点から同時履行の抗弁の適用がある。

Q13 組合契約にも危険負担の規定の適用がある。

Answer

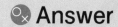

A1 × 注文者は解除できるが，請負人から解除することはできない（641条）。

A2 × 同時履行の関係にあるのは，注文者の報酬支払債務と請負人の目的物引渡義務である（633条本文）。

A3 ○ 仕事完成前に，不可抗力によってその仕事の完成が不可能となった場合には，請負人の仕事完成義務は消滅する。この場合，仕事が完成していない以上，注文者は報酬支払義務を負わない。

A4 ○ 注文者は，契約不適合を理由として，契約を解除することができる（559条・564条・542条１項５号）。仕事の目的物が建物その他の土地の工作物であっても，解除権が制限されることはない。

A5 × 636条本文により，仕事の目的物の種類・品質に関する契約不適合が注文者の指図によって生じたときは，担保責任の適用はない。もっとも，請負人がその指図が不適当であることを知りながら告げなかったときは，この限りでない（同条但書）。

A6 × 受任者は，一定の場合にしか復委任ができないが（644条の２第１項），請負人は原則として下請負が自由である。

A7 ○ 委任契約が履行の中途で終了したときは，履行の割合に応じた報酬を請求できる（648条３項２号）。

A8 ○ 委任契約においては，有償であるか，無償であるかに関係なく，善管注意義務を負う（644条）。

A9 ○ 650条３項により，受任者が過失なく損害を受けたときに，委任者に対し，その賠償を請求できる。

A10 ○ 委任は，各当事者がいつでも解除することができる（651条１項）。委任者が受任者の利益をも目的とする委任を解除したときは，解除した者は，相手方の損害を賠償しなければならないが（同条２項本文），やむをえない事由があったときは，損害賠償も不要である（同項但書）。

A11 × 後見開始の審判を受けたときに委任契約が終了するのは，委任者でなく，受任者の場合である（653条３号）。

A12 × 組合が有する団体的性格などから，同時履行の抗弁や危険負担など双務契約の通則的規定は組合に適用されない（667条の２第１項）。

A13 × A12で述べたとおりである。

memo

第5章

事務管理・不当利得・不法行為

SECTION

第5章 事務管理・不当利得・不法行為

出題傾向の分析と対策

試験名	地上			国家一般職（旧国Ⅱ）			特別区			裁判所職員			国税・財務・労基			国家総合職（旧国Ⅰ）		
年度	15-17	18-20	21-23	15-17	18-20	21-23	15-17	18-20	21-23	15-17	18-20	21-23	15-17	18-20	21-23	15-17	18-20	21-23
出題数／セクション	1	2	3	2	2	1	1	2	2	4	4	3			1	5	4	4
事務管理	★	★						★		★							★	★
不当利得			★	★		★		★	★	★★	★					★	★	
一般不法行為					★							★				★×4	★	★
特殊不法行為			★★		★												★	
不法行為総合		★		★			★		★	★★	★★★	★★			★			★★

（注） 1つの問題において複数の分野が出題されることがあるため，星の数の合計と出題数とが一致しないことがあります。

事務管理については，それほど出題頻度は高くありません。しかし，不当利得や不法行為は各試験種で非常によく出題されていますので，しっかりと準備をする必要があります。

地方上級

よく出題されています。特に不法行為についてよく出題されています。条文の知識だけでなく判例に関する問題も出題されていますが，いずれも基本的なものであり，過去問で十分に対処できる範囲です。過去問を繰り返し解いて知識を定着させてください。

国家一般職（旧国家Ⅱ種）

不法行為についてよく出題されています。過去には，債務不履行と不法行為の比較問題が出題されていますが，近年の国家一般職ではこのような形式が多いので，普段からしっかり整理しましょう。また，過失相殺について判例の知識を問うものが出題されています。不法行為については，1つひとつの論点をていねいに学習しましょう。

事務管理・不当利得もたまに出題されています。過去問を解いて知識を確認しましょう。

特別区

よく出題されています。近年，不法行為の総合問題が出題されています。出題範囲は，使用者責任や工作物責任などを含み広くなっていますが，特別区で問われるのはほとんどが基本的な内容です。過去問を繰り返し解くことによって知識を定着させてください。

裁判所職員

非常によく出題されています。特に不法行為について最近は毎年出題されていますので，重点的な学習が必要になります。内容は基本的な問題が多いものの，過失相殺や共同不法行為など各論点につき満遍なく出題されていますので，本書のインプット部分と過去問をしっかりと学習しましょう。その際，判例についてもしっかり理解しましょう。

なお，事務管理は時々，不当利得は2～3年に1度は出題されていますので，過去問を中心に準備しましょう。

国税専門官・財務専門官・労働基準監督官

不法行為についてたまに出題されています。事務管理・不当利得は最近は出題されていません。条文だけでなく判例の知識を問うものが多いので，各論点について，本書のインプット部分と過去問をしっかりと学習しましょう。

国家総合職（旧国家Ⅰ種）

非常によく出題されています。不法行為の出題が多くなっていますが，事務管理・不当利得もたまに出題されています。事例問題はやや難しく感じるかもしれませんが，問われている内容は過去問で出題された判例や条文の知識が多いので，過去問を繰り返し解くことによって対処できるようにしましょう。

Advice アドバイス 学習と対策

不法行為は公務員試験では頻出分野になります。不法行為一般（要件や時効，過失相殺など）のほか，使用者責任や責任無能力者の監督者責任，工作物責任，共同不法行為責任までしっかり準備する必要があります。もっとも，過去問の範囲である程度カバーできる内容が多いので，まずは過去問で出てくる条文や判例を正確に理解することに努めましょう。

事務管理はあまり出題されませんが，条文の知識で対応できる問題が多くなっています。

不当利得は判例をもとにした問題が多くなっていますので，過去問で出題された判例は確実に理解し覚えましょう。また，不法原因給付についてもよく出題されているので，注意してください。

第5章 1 SECTION

事務管理・不当利得・不法行為
事務管理

必修問題 セクションテーマを代表する問題に挑戦！

事務管理は，条文が少ないので，まずは条文をしっかり押さえてください。委任との対比も重要です。

問 民法に規定する事務管理に関する記述として，判例，通説に照らして，妥当なのはどれか。（特別区2014）

1：管理者は，本人又はその相続人若しくは法定代理人が管理をすることができるに至るまで，いかなる場合であっても，事務管理を継続しなければならない。

2：事務管理が成立するためには，他人の利益のみを図る意思をもって他人の事務を管理することが必要であるので，他人の利益を図る意思と自分の利益を図る意思が併存している場合には，事務管理は成立しない。

3：事務管理とは，最も本人の利益に適合する方法によって，その事務の管理をすることをいい，保存行為，利用行為及び改良行為は事務管理に含まれるが，処分行為は含まれない。

4：管理者は，本人の身体，名誉又は財産に対する急迫の危害を免れさせるために事務管理をしたときは，悪意又は重大な過失があるのでなければ，これによって生じた損害を賠償する責任を負わない。

5：管理者は，本人のために有益な費用を支出したときは，本人に対し，報酬を請求することができるが，その費用の償還を請求することはできない。

直前復習

Guidance ガイダンス

事務管理の要件
①法律上の義務がないこと
②他人のためにする意思があること
③他人の事務を管理すること
④本人の意思または利益に反することが明らかでないこと

事務管理の効果
①管理継続義務
②善管注意義務
③通知・報告義務
④費用償還請求権
（報酬請求権・費用前払請求権・損害賠償請求権はなし）

頻出度	地上★★　国家一般職★　特別区★ 裁判所職員★　国税・財務・労基★　国家総合職★★

必修問題の解説

チェック欄		
1回目	2回目	3回目

〈事務管理〉

1 × 事務管理の管理者は，いったん管理を始めた以上，本人，その相続人または法定代理人が管理をできるようになるまで，管理を継続しなければならない（700条本文）。途中で中止すると，本人が損害を被るおそれがあるからである。ただし，管理の継続が本人の意思や利益に反することが明らかなときは，管理を中止しなければならない（同条但書）。

2 × 事務管理が成立するためには，「他人のために」する意思，すなわち他人の利益を図る意思をもって他人の事務を管理することが必要である（697条1項）。もっとも，他人のためにする意思は，自己のためにする意思と併存しても差し支えない。たとえば，共有者の1人が各自の負担である費用の全部を支払う場合も事務管理となる（大判大8.6.26）。

3 × 事務管理の管理者は，事務の性質に従って最も本人の利益に適するように管理する義務を負う（697条1項）。また，他人の事務の「管理」には，単に保存行為・利用行為・改良行為のいわゆる管理行為（103条参照）だけでなく，売買契約の解除のような処分行為も含まれる（大判大7.7.10）。

4 ○ 事務管理の管理者は，原則として，委任の場合（644条）と同様，善管注意義務を負うので（通説），この注意を欠くとき（軽過失があるとき）は債務不履行責任を負う（415条）。しかし，本人の身体・名誉・財産に対する急迫の危害を免れさせるために事務管理（緊急事務管理）を行った場合には，注意義務が軽減され，管理者は，悪意・重過失がない限り，生じた損害を賠償する責任を負わない（698条）。

5 × 事務管理は利他的行為であるから（肢2の解説参照），特別法に規定がある場合（遺失物法28条など）を除き，管理者は，本人に対し，管理についての報酬を請求できない（通説）。これに対し，管理者は，本人のために有益な費用を支出したときは，本人に対し，その償還を請求できる（702条1項）。

正答 4

第5章 SECTION 1 事務管理・不当利得・不法行為

事務管理

1 事務管理とは

事務管理とは，①法律上の義務なくして，②他人のためにする意思で，③他人の事務を管理することをいいます（697条1項）。これに加えて，④本人の意思または利益に反することが明らかでないこと（700条但書）を要件に，事務管理が成立します。

事務管理の要件を充たして他人の事務の管理を始めた者は，本人の利益を害さないように，原則として善管注意義務（698条の緊急事務管理を除く），および管理継続義務（700条）を負います。

他方，本人は，事務管理者が支出した有益な費用の償還義務を負うとともに（702条1項），管理者が有益な債務を負担した場合に事務管理者に代わって弁済をなし，担保を提供する義務を負います（同条2項・650条2項）。

なお，事務管理の効果としての報酬請求権については，民法に規定がないこと，またこれを認めると事務管理の道徳的価値に反することから，否定されると解するのが通説です。また，事務を行う過程で受けた損害についての損害賠償請求権についても，民法に規定がないことから，否定されると解するのが一般的です（委任では，650条3項で，これが認められています）。

補足

事務管理は本人・管理人者間の対内的関係を定めるものにすぎないので，事務管理が成立しても管理者に本人を代理する権限は生じず，管理者が本人の名で法律行為をしても，対外的には無権代理になるとするのが判例です（最判昭36.11.30）。

memo

事務管理

実践 問題 138 基本レベル

頻出度 地上★★ 国家一般職★ 特別区★ 裁判所職員★ 国税·財務·労基★ 国家総合職★★

問 民法に規定する事務管理に関する記述として，妥当なのはどれか。

（特別区2020）

1：管理者は，事務の性質に従い，最も本人の利益に適合する方法によって，その事務の管理をすることができるが，本人の意思を知っているときに限り，その意思に従って事務管理をしなければならない。

2：管理者は，事務管理の継続が本人の意思に反するときであっても，本人又はその相続人若しくは法定代理人が管理をすることができるに至るまで，事務管理を継続しなければならない。

3：管理者は，本人の身体，名誉又は財産に対する急迫の危害を免れさせるために事務管理をしたときは，悪意又は重大な過失があるのでなければ，これによって生じた損害を賠償する責任を負わない。

4：管理者は，本人のために有益な費用を支出したときは，本人に対して，その償還を請求することができるが，本人の意思に反して事務管理をしたときは，その費用を一切請求することができない。

5：管理者は，本人のために有益な債務を負担した場合，本人に対し，自己に代わってその弁済をすることを請求することができるが，この場合において，その債務が弁済期にないときであっても，相当の担保を供させることはできない。

チェック欄		
1回目	2回目	3回目

実践 問題 138 の解説

〈事務管理〉

1 × 事務管理の管理者は，その事務の性質に従い，最も本人の利益に適合する方法によって，その事務の管理をしなければならず（697条１項），「本人の意思を知っているとき，又はこれを推知することができるとき」は，その意思に従って管理しなければならない（同条２項）。

2 × 事務管理の管理者は，いったん管理を始めた以上，「本人又はその相続人若しくは法定代理人が管理をすることができるに至るまで」，事務管理を継続しなければならない（700条本文）。ただし，「事務管理の継続が本人の意思に反し，又は本人に不利であることが明らかであるとき」は，事務管理を中止しなければならない（同条但書）。

3 ○ 事務管理の管理者は，「本人の身体，名誉又は財産に対する急迫の危害を免れさせるために事務管理をしたとき」（緊急事務管理）は，悪意または重過失がなければ，これによって生じた損害を賠償する責任を負わない（698条）。なお，この規定の反対解釈として，急迫の危害のない通常の場合には，委任の場合（644条）と同様，管理者は善管注意義務を負い，軽過失によって生じた損害も賠償する責任を負うと解されている。

4 × 事務管理の管理者は，本人のために有益な費用を支出したときは，本人に対し，その（有益な費用の全額の）償還を請求することができる（702条１項）。もっとも，管理者が本人の意思に反して事務管理をしたときは，「本人が現に利益を受けている限度においてのみ」，費用の償還を請求することができる（同条３項）。なお，初めから本人の意思に反することが明らかな場合には事務管理は成立しないので（700条但書），702条３項は，当初本人の意思に反することが明らかでなかった場合の規定である（通説）。

5 × 事務管理の管理者は，本人のために有益な債務を負担した場合，本人に対し，自己に代わってその弁済をすることを請求することができる（702条２項・650条２項前段）。また，その債務が弁済期にないときは，本人に対し，相当の担保を供させることができる（702条２項・650条２項後段）。

正答 3

事務管理

実践 問題 139 応用レベル

頻出度 地上★ 国家一般職★ 特別区★ 裁判所職員★ 国税·財務·労基★ 国家総合職★★

問 事務管理に関するア～オの記述のうち，妥当なもののみを全て挙げているのはどれか。ただし，争いがある場合は判例の見解による。（国家一般職2012）

ア：Aは，隣人Bが長期の海外出張で不在中に，B宅の庭の排水溝から汚水があふれ出ていることに気付き，このまま放置するとB宅の庭が水浸しになってしまうと思い，これを防止する意図で，自らの手で排水溝を修理した。この場合において，Aに，このような意図に加えて，排水溝からあふれ出た汚水が自宅の庭に流れ込むのを防止する意図があったときは，Aに事務管理は成立しない。

イ：Aは，隣人Bが長期の海外出張で不在中に，B宅の庭の排水溝から汚水があふれ出ていることに気付き，このまま放置するとB宅の庭が水浸しになってしまうと思い，これを防止する意図で，Aの名で業者と修繕契約を結び，排水溝を修理してもらった。この場合において，Aは，Bに対して，自己に代わって排水溝の修理代金を業者に支払うように請求することはできない。

ウ：Aは，隣人Bが長期の海外出張で不在中に，B宅の屋根の一部が破損していることに気付き，このまま放置すると雨漏りでB宅の内部が水浸しになってしまうと思い，これを防止する意図で，Bの名で業者と修繕契約を結び，屋根を修理してもらった。この場合において，AがBの名でした契約の効果は，原則としてBに帰属する。

エ：Aは，公園を散歩中に，公園のベンチで腕から血を流し気絶しているBに気付き，止血するものを持っていなかったので，とっさにBが着ていた衣服の袖を破いてBの腕を縛り，止血の応急措置をした。この場合において，原則としてAはBの衣服の毀損について賠償責任を負わない。

オ：Aは，隣人Bが突然の交通事故で意識不明の重体となり，長期間の入院を余儀なくされてしまったため，Bの不在中，Bが日頃から自宅の庭で大切に育てていた植木の手入れをBのためにしている。この場合において，Aはいつでもこの植木の手入れを中断することができる。

1：ア
2：エ
3：イ，オ
4：ウ，エ
5：ウ，オ

チェック欄		
1回目	2回目	3回目

実践 問題 139 の解説

〈事務管理〉

ア× 事務管理が成立するためには,「他人のために」する意思，すなわち，他人の利益を図る意思で事務を管理することが必要である（697条1項）。もっとも,他人のためにする意思は,自己のためにする意思と併存してもよい（大判大8.6.26）。したがって，Aに事務管理が成立する。

イ× 管理者Aは自己の名で修繕契約を結んでいるので，その効果はAに帰属し，本人Bには帰属しない（大判明37.5.12）。しかし，Aが負担した業者に対する排水溝の修理代金債務はBにとって有益な債務であるから，Aは，Bに対して，自己に代わって排水溝の修理代金を業者に支払うように請求できる（702条2項・650条2項）。

ウ× 事務管理は本人・管理者間の対内関係にとどまるから，管理者Aが本人Bの名で修繕契約を結んでも，Aの行為は無権代理であり，原則として（表見代理が成立するか，本人の追認が得られない限り），契約の効果はBに帰属しない（最判昭36.11.30）。

エ○ 事務管理の管理者は，原則として，委任の場合（644条）と同様，善良な管理者の注意で管理することを要するから（通説），この注意を欠けば債務不履行責任を負う（415条）。ただし，本人の身体・名誉・財産に対する急迫の危害を免れさせるために事務管理を行った場合（緊急事務管理）には，注意義務が軽減され，管理者は，悪意または重過失がない限り，生じた損害について賠償義務を負わない（698条）。

オ× いったん管理（植木の手入れ）を始めた管理者Aは，事務管理（植木の手入れ）の継続が本人Bの意思や利益に反することが明らかでない限り，本人Bまたはその法定代理人が管理（植木の手入れ）をできる状態になるまで，事務管理（植木の手入れ）を継続しなければならない（700条）。

以上より，妥当なものはエであり，肢2が正解となる。

正答 2

事務管理

実践 問題 140 応用レベル

頻出度			
	地上★	国家一般職★	特別区★
	裁判所職員★	国税·財務·労基★	国家総合職★★

問 **事務管理に関するア～オの記述のうち，妥当なもののみを全て挙げているのはどれか。** **(国家総合職2019)**

ア：事務の管理が，本人の意思に反することが明らかである場合であっても，その本人の意思が強行法規や公の秩序又は善良の風俗に反するときは，事務管理の成立は妨げられないとするのが判例である。

イ：ある建物を，A所有の物と信じてAのためにする意思で修繕したが，実は当該建物がB所有の物であった場合，BのためではなくAのためにする意思があるとして事務管理が成立する。

ウ：本人の財産に対する急迫の危害を免れさせるために事務管理をした場合，管理者は，悪意又は重大な過失があるのでなければ，これによって生じた損害を賠償する責任を負わない。

エ：管理者は，本人から請求がある場合には，事務管理の処理の状況を報告しなければならないが，事務管理を始めたことを遅滞なく本人に通知したときは，この限りでない。

オ：管理者は，その事務管理が本人の意思に反しない場合に，本人のために有益な費用を支出したときは，本人に対しその償還を請求することができるが，請求時にその費用の支出が有益でなくなっているときは，償還請求は認められない。

1：ア，ウ
2：ア，オ
3：イ，ウ
4：イ，エ
5：エ，オ

実践 問題 140 の解説

チェック欄		
1回目	2回目	3回目

〈事務管理〉

ア○ 本人の意思や利益に反することが明らかな場合には，管理を継続してはならないので（700条但書），事務の管理が本人の意思や利益に反することが明らかでないことが事務管理の成立要件となる（通説）。ただし，事務の管理を欲しない本人の意思が強行法規や公序良俗に反するとき（自殺しようとする者を救助する場合など）は，本人の意思に反しても，事務管理は成立すると解されている（大判大8.4.18）。

イ× 事務管理が成立するためには，管理者に「他人のために」する意思があることが必要である（697条1項）。しかし，本人がだれであるかを知っている必要はないので，だれが本人かについて錯誤があったときでも，真実の本人について事務管理が成立する。本記述の場合，管理者は，B所有の建物をA所有の建物であると誤信して，A（他人）のために建物を修繕しているので，真実の本人である「B」についての事務管理が成立する。

ウ○ 事務管理の管理者は，原則として，委任の場合（644条）と同様，善良な管理者の注意で管理する義務を負うので（通説），この注意を欠けば損害賠償責任（債務不履行責任）を負う（415条）。ただし，本人の身体・名誉・財産に対する急迫の危害を免れさせるために事務管理を行った場合（緊急事務管理）には，注意義務が軽減され，管理者は，悪意・重過失がない限り，生じた損害を賠償する責任を負わない（698条）。

エ× 事務管理の管理者は，事務管理を始めたことを遅滞なく本人に通知する義務（管理開始通知義務）を負うほか（699条本文），委任の規定の準用によって（701条），本人の請求があればいつでも事務処理の状況を報告し，また事務管理の終了後は遅滞なくその経過および結果を報告する義務（報告義務）を負う（645条）。前者の義務を果たしたからといって，後者の義務を免れるわけではない。

オ× 事務管理の管理者は，本人のために有益な費用を支出したときは，本人に対しその償還を請求できる（702条1項）。有益かどうかは管理時を基準に判断されるので，請求時にその費用の支出が有益でなくなっているときでも，償還請求は認められる。なお，その事務管理が本人の意思に反していた場合には，費用償還の範囲は「本人が現に利益を受けている限度」に限定される（同条3項）。

以上より，妥当なものはア，ウであり，肢1が正解となる。

正答 1

不当利得

必修問題 セクションテーマを代表する問題に挑戦！

不当利得は要件，および効果（返還義務の範囲）をしっかり押さえてください。不法原因給付も頻出です。

問 不当利得に関する次の記述のうち，妥当なのはどれか。

（国家一般職2017）

1：法律上の原因なく他人の財産又は労務によって利益を受け，そのために他人に損失を及ぼした者（受益者）は，善意であっても，その受けた利益につき，利息を付して返還する義務を負う。

2：債務の弁済として給付をした者は，債務の存在しないことを知っていて弁済したときにおいても，その給付したものの返還を請求することができる。

3：債務者は，弁済期にない債務の弁済として給付をしたときであっても，弁済期が到来するまでは，その給付したものの返還を請求することができる。

4：債務者でない者が錯誤によって債務の弁済をした場合において，債権者が善意で証書を滅失させたときは，その弁済をした者は，返還の請求をすることができない。

5：不法な原因のために給付をした者は，不法な原因が受益者のみにあるときであっても，その給付したものの返還を請求することができない。

直前復習

Guidance ガイダンス

要件

①受益…積極的利益　or　消極的利益

②損失…積極的減少　or　消極的減少

③因果関係

④法律上の原因がないこと

効果

返還義務(原則:原物)…悪意の受益者は利息賠償･損害賠償義務も負う

チェック欄		
1回目	2回目	3回目

必修問題の解説

〈不当利得〉

1 × 不当利得は，「法律上の原因なく」他人の財産または労務により「利益」を受けている者（受益者）が一方でいて，他方で「そのために」「損失」を被っている他人がいる場合に，前者から後者に対して利得を返還させる制度である。ただし，受益者が善意か悪意かによって，返還義務の範囲が異なる。すなわち，善意の受益者は，「利益の存する限度において」（現存利益の限度で）返還すればよいのに対し（703条），悪意の受益者は，「受けた利益に利息を付して」返還し，さらに損害があれば賠償責任も負う（704条）。

2 × 債務が存在しないのに弁済した場合（非債弁済），給付者は不当利得として給付したものの返還を請求できるのが原則である。しかし，給付者が給付行為時に債務が存在しないことを知っていた場合には，給付者を保護する必要はないので，給付者は給付したものの返還を請求できない（705条）。

3 × 債務者は，弁済期前に弁済した場合でも，債務は存在しているのだから，法律上の原因を欠くとはいえず，給付したものの返還を請求できない（706条本文）。なお，債務者が錯誤によって弁済期前に給付をした場合には，債権者はこれによって得た利益（弁済期までに得た中間利息など）を返還しなければならない（同条但書）。

4 ○ 債務者でない者が錯誤によって（他人の債務を自己の債務と誤信して）債務の弁済をした場合は，第三者弁済（474条）として有効とはならないので，債務は消滅せず，弁済者は不当利得として給付したものの返還を請求できるのが原則である。しかし，債権者が善意で証書を滅失・損傷し，担保を放棄し，または時効によって債権を失ったときは，真の債務者からの取立てが困難または不可能となるので，弁済を受けたと信じた債権者保護のため，弁済者は給付したものの返還を請求できない（707条1項）。

5 × 不法な原因のために給付をした者は，給付したものの返還を請求できない（708条本文）。この不法原因給付は，「不法に手を汚した者は法の助力を求めることはできない」というクリーン・ハンズの原則に基づき，給付者の不当利得返還請求を否定したものである。もっとも，「不法な原因が受益者についてのみ存したとき」は，給付者の不当利得返還請求が認められる（同条但書）。

正答 4

不当利得

1 不当利得とは

法律上の原因なしに他人の財産または労務から利益を受け，これによって他人に損失を及ぼした者に対して，その利益の返還を命じる制度を不当利得といいます(703条・704条)。

2 不当利得の要件

① **受益（他人の財産または労務から利益を受けたこと）**
② **損失（他人に損失を与えたこと）**
③ **受益と損失との因果関係**
④ **法律上の原因がないこと**

まず①受益とは，財産が積極的に増加した場合（積極的利得）と，本来生じるはずであった財産の減少を免れた場合（消極的利得）を含みます。同様に，②損失も，財産の積極的減少，消極的減少を含みます。

③受益と損失との因果関係については，社会観念上の因果関係があればよいとするのが通説です。判例も，このように解して因果関係は広く認め，あとは「法律上の原因」の要件で考えていく傾向にあると評されています。

④法律上の原因がないとは，公平の観点からみて，財産的価値の移動を当事者間において正当なものとするだけの実質的・相対的な理由がないことをいいます。

3 不当利得の効果

不当利得が成立すると，その効果として，受益者は損失者に対して不当利得返還義務を負うことになります。返還の範囲については，受益者の主観的態様によって異なります。

① 善意の場合

この場合，**利益が存在する限度で返還すれば足ります**（現存利益。703条）。利得した金銭を浪費した場合には現存利益は認められません。一方，利得した金銭を借金の返済や生活費など必要な費用に充てた場合には，それによって自己の財産の減少を免れているので現存利益が認められます。

② 悪意の場合

この場合は，**利益の全部に利息を付けて返還しなければならず，これを返還しても損失者になお損害がある場合には，その損害を賠償しなければなりません**（704条）。

4 非債弁済

非債弁済とは，債務が存在しないのに，債務の弁済として給付をすることです。これは，法律上の原因のない給付であり，原則として不当利得に該当しますが，弁済者が債務のないことを知っていながら給付をした場合には，返還を請求することができません（狭義の非債弁済。705条）。

5 不法原因給付

(1) 意味

不法原因給付とは，不法な原因のために給付をした者は，本来ならば不当利得返還請求権が成立する場合であっても，給付したものの返還を請求することができないとする不当利得の特則です（708条本文）。

(2) 要件

不法原因給付の成立要件は，①不法な原因のため，②給付が行われたことです。

ここで，708条の「不法」とは公序良俗違反を意味し，単なる強行法規違反は含まれないとされています（最判昭27.3.18，最判昭37.3.8）。

「給付」とは，相手方に終局的な利益を与えるものでなければなりません（通説）。終局的な利益を与える前なら，給付の返還を認めることがかえって反社会的な行為の抑止につながるからです。

708条の実効性を確保するため，所有権に基づく返還請求も認められません。また，この反射的効果として，目的物の所有権は受給者に移転します（最大判昭45.10.21）。

判例チェック 契約成立について給付者に多少の不法の点があったとしても，受益者にも不法の点があり，前者の不法が後者の不法に比してきわめて微弱である場合には，90条・708条の適用はなく，給付者は契約目的物の返還を請求できます（最判昭29.8.31）。

(3) 効果

不法原因給付が成立した場合，給付者は給付したものの返還を請求することはできません。

ただし，不法の原因が受益者だけに存在する場合には，給付者は給付したものの返還を請求できます（708条但書）。

不当利得

実践 問題 141 基本レベル

頻出度	地上★	国家一般職★★	特別区★★
	裁判所職員★★	国税·財務·労基★	国家総合職★★

問 不法原因給付に関する次のア～オの記述のうち，適当なもののみをすべて挙げているのはどれか（争いのあるときは，判例の見解による。）。（裁事2010）

ア：民法708条の「不法な原因のため」とは，専ら給付自体が不法な場合をいうのであって，密航資金を貸与する場合のように，給付の動機に不法があるにすぎない場合は，「不法な原因のため」に給付したとはいえないから，密航資金の給付者は，受益者に対し，金銭消費貸借契約に基づき貸与した金銭の返還を請求することができる。

イ：不法原因給付がされた後，給付者と受益者との間でこれを返還することに合意した場合，その合意も無効であるから，給付者の受益者に対する当該合意に基づく返還請求も認められないことになる。

ウ：民法708条の「給付」とは，受益者に終局的な利益を与えるものであることを要するから，給付された目的物が未登記不動産の場合には引渡しのみで「給付」に当たり，登記がされた不動産の場合には登記を経由すれば「給付」に当たる。

エ：不法な原因が受益者についてのみ存した場合は，民法708条ただし書により，給付者は，給付したものの返還を請求することができるが，不法な原因が給付者・受益者双方に存した場合は，双方の不法性を比較して，給付者の不法性が微弱であったとしても，同条ただし書の適用はないから，給付者の受益者に対する不当利得返還請求は，認められないことになる。

オ：妾契約の維持を目的とする建物の贈与契約は無効であり，受贈者が贈与者から引渡しを受け，移転登記も完了した建物は，法律上の原因なく取得したものとなるが，贈与者は，受贈者に対し，不当利得に基づき建物の返還を求めることも，所有権に基づいて建物の返還を請求することもできない。

（参照条文）
民法708条　不法な原因のために給付をした者は，その給付したものの返還を請求することができない。ただし，不法な原因が受益者についてのみ存したときは，この限りでない。

1：ア，エ
2：ア，オ
3：イ，ウ
4：ウ，エ
5：ウ，オ

チェック欄		
1回目	2回目	3回目

実践 問題 141 の解説

〈不法原因給付〉

ア× 公序良俗（90条）に反する給付は，無効であるから不当利得として返還請求できるはずである。しかし，クリーン・ハンズの原則により，不法原因給付として，返還を請求できない（708条本文）。本記述と同様の事案で判例は，金銭消費貸借契約自体は不法ではないが，密航資金にするという借主の意思を貸主が知っていた場合，708条にいう不法原因給付はその給付自体が不法な場合に限らず給付の動機が不法である場合を包含するとし，動機に不法があるにすぎない場合でも一定の場合，不法原因給付となるとした（大判大5.6.1）。

イ× 判例は，不法原因給付がされた後，給付者と受益者との間でこれを返還する特約をすることは，708条の禁ずるところではないとし，給付者の受益者に対する当該特約に基づく返還請求を認めた（最判昭28.1.22）。

ウ○ 判例は，給付された目的物が未登記不動産の場合には，その引渡しにより給付者の債務は履行を完了したものと解されるので，引渡しが708条本文の「給付」にあたるとした（最大判昭45.10.21）。他方，給付された目的物が既登記不動産の場合には，「給付」があったといえるためには，その占有の移転のみでは足りず，所有権移転登記手続の履践も要するとした（最判昭46.10.28）。

エ× 不法な原因が給付者・受益者双方に存した場合，判例は，給付者に不法な点があっても，受益者の不法と比較して微弱であれば708条の適用はないとし，給付物の返還請求権を認めた（最判昭29.8.31）。

オ○ 判例は，不法原因給付にあたり，贈与者が受贈者に対し不当利得に基づき給付物の返還を求めることができない場合には，所有権に基づく返還請求もできないとする。贈与者において給付した物の返還を請求できなくなったときは，その反射的効果として，目的物の所有権は贈与者の手を離れて受贈者に帰属するに至ったものと解するのが，事柄の実質に適合し，法律関係が明確となるからである（最大判昭45.10.21）。

以上より，妥当なものはウ，オであり，肢５が正解となる。

正答 5

不当利得

実践 問題 142 基本レベル

頻出度 地上★ 国家一般職★★ 特別区★★ 裁判所職員★★ 国税·財務·労基★ 国家総合職★★

問 不当利得に関する次のア～エの記述の正誤の組合せとして最も適当なものはどれか（争いのあるときは，判例の見解による。）。（裁事2016）

ア：不当利得返還請求を受けた善意の受益者は，利益が現存しないことについて自ら主張立証しなければ，利益を返還する義務を免れない。

イ：債務が存在しないことを知りながらその債務の弁済として給付をした者は，やむを得ずその給付をした場合でも，給付したものの返還請求をすることができない。

ウ：Cが，Aから金銭を騙し取って，その金銭で自己の債権者Bに対する債務を弁済した場合，社会通念上Aの金銭でBの利益をはかったと認められるだけの連結があるときは，AからBに対する不当利得返還請求権の成立に必要な因果関係が認められる。

エ：不法な原因のために登記された建物の引渡しをした者は，所有権移転登記手続を完了したかどうかにかかわらず，その建物の返還請求をすることができない。

	ア	イ	ウ	エ
1：	正	正	誤	誤
2：	正	誤	誤	正
3：	正	誤	正	誤
4：	誤	正	正	誤
5：	誤	誤	誤	正

チェック欄		
1回目	2回目	3回目

実践 問題 142 の解説

〈不当利得〉

ア○ 不当利得の要件を充たすと，善意の受益者は現存利益の限度で返還すれば足りるが（703条），悪意の受益者は受けた利益に利息を付して返還し，損害があれば賠償責任も負う（704条）。判例は，利益が現存しないことについては，不当利得返還請求権の消滅を主張する受益者が主張・立証しなければならないとする（最判平3.11.19）。

イ× 債務の存在しないことを知りながら債務の弁済として給付をした者は，給付したものの返還を請求できない（705条）。もっとも，判例は，本条の適用のためには，給付が任意になされたことを要し，強制執行を避けるため，またはその他の事由によりやむをえず給付をした場合に，本条は適用されず，給付したものの返還を請求できるとした（大判大6.12.11）。

ウ○ 判例は，本記述のように，Cが，Aから金銭を騙取して，その金銭で自己の債権者Bに対する債務を弁済した場合，社会通念上，Aの金銭でBの利益を図ったと認められるだけの連結があるときには，不当利得の成立に必要な因果関係があるとした（最判昭49.9.26）。なお，同判例によると，BがCから金銭を受領するにつき悪意または重大な過失がある場合には，Bの金銭取得は，被騙取者Aに対する関係では，法律上の原因がなく，不当利得となる。

エ× 不法な原因のために給付をした者は，その給付したものの返還を請求することができない（708条本文）。「給付」は，受益者に終局的な利益を与えるものでなければならない（通説）。そして，「給付」された物が建物の場合，判例は，未登記建物については引渡しのみで「給付」にあたるが（最大判昭45.10.21），既登記建物については，引渡しのみでは足りず，所有権移転登記の完了を要するとした（最判昭46.10.28）。

以上より，ア―正，イ―誤，ウ―正，エ―誤であり，肢３が正解となる。

正答 3

不当利得

実践 問題 143 基本レベル

頻出度			
	地上★	国家一般職★★	特別区★★
	裁判所職員★★	国税・財務・労基★	国家総合職★★

問 民法に規定する不当利得に関する記述として，判例，通説に照らして，妥当なのはどれか。　（特別区2018）

1：債務者は，弁済期にない債務の弁済として給付をしたときは，その給付したものの返還を請求することができないが，債務者が錯誤によってその給付をしたときは，債権者は，これによって得た利益を返還しなければならない。

2：債務者でない者が錯誤によって債務の弁済をした場合において，債権者が善意で証書を滅失させ若しくは損傷し，担保を放棄し，又は時効によってその債権を失ったときは，その弁済をした者は，返還の請求をすることができるため，債務者に対して求償権を行使することができない。

3：最高裁判所の判例では，不法の原因のため給付をした者にその給付したものの返還請求することを得ないとしたのは，かかる給付者の返還請求に法律上の保護を与えないということであり，当事者が，先に給付を受けた不法原因契約を合意の上解除してその給付を返還する特約をすることは許されないとした。

4：最高裁判所の判例では，不当利得者が当初善意であった場合には，当該不当利得者は，後に利得に法律上の原因がないことを認識したとしても，悪意の不当利得者とはならず，現存する利益の範囲で返還すれば足りるとした。

5：最高裁判所の判例では，贈与が不法の原因に基づく給付の場合，贈与者の返還請求を拒みうるとするためには，既登記の建物にあっては，その占有の移転のみで足り，所有権移転登記手続がなされていることは要しないとした。

チェック欄

1回目	2回目	3回目

実践 問題 143 の解説

〈不当利得〉

1 ○ 債務者は，弁済期前に弁済した場合でも，債務は存在しているのだから，法律上の原因がないとはいえず，給付したものの返還を請求できない（706条本文）。ただし，債務者が錯誤によって弁済期前に弁済をした場合には，債権者はこれによって得た利益（弁済期までに得た中間利息など）を返還しなければならない（同条但書）。

2 × 債務者でない者が錯誤によって債務の弁済をした場合は，第三者弁済（474条）として有効とはならないので，弁済者は不当利得として給付したものの返還を請求できるのが原則である。しかし，債権者が善意で証書を滅失・損傷し，担保を放棄し，または時効によって債権を失ったときは，真の債務者からの取立てが困難または不可能となるので，弁済を受けたと信じた債権者保護のため，弁済者は給付したものの返還を請求できない（707条1項）。その結果，真の債務者の債務が消滅するので，弁済者は，債務者に対して求償権を行使できる（同条2項）。

3 × 不法な給付の原因となった契約を当事者が合意のうえで解除し，給付の返還特約を締結した場合について，判例は，708条は，給付者の返還請求に法律上の保護を与えないというだけであって，受領者にその給付を受けたものを法律上正当の原因があったものとして保留させる趣旨ではないことを根拠に，特約の有効性を認めている（最判昭28.1.22）。

4 × 判例は，善意の不当利得者の返還義務の範囲が現存利益に減縮される（703条）のは，利得に法律上の原因があると信じて利益を失った者に不当利得がなかった場合以上の不利益を与えるべきでないとする趣旨に出たものであるから，利得者が利得に法律上の原因がないことを認識した後の利益の消滅は，返還義務の範囲を減少させる理由とはならないとした（最判平3.11.19）。

5 × 708条にいう「給付」とは，受益者に終局的な利益を与えることを意味する（通説）。終局的実現に至らない段階で返還請求を否定すると，給付の終局的実現のためにさらに法の強制・国家の助力を要することになり，90条・708条の趣旨（不法な請求には裁判所は手を貸さない）に反するからである。たとえば，不法の原因によって建物が贈与された場合について，判例は，①未登記建物の場合は引渡しのみで「給付」にあたるが（最大判昭45.10.21），②既登記建物の場合は，「給付」があったというためには，引渡しのみでは足りず，登記の移転を要するとしている（最判昭46.10.28）。

正答 1

不当利得

実践 問題 144 基本レベル

頻出度	地上★	国家一般職★★	特別区★★
	裁判所職員★★	国税·財務·労基★	国家総合職★★

問 **不当利得に関する次のア～オの記述のうち，妥当なもののみを全て挙げているものはどれか（争いのあるときは，判例の見解による。）。　（裁事2020）**

ア：不当利得における悪意の受益者は，その受けた利益に利息を付して返還しなければならず，なお損害があるときはその賠償の責任も負う。

イ：債務が存在しないにもかかわらず，その事実を知り，又は過失により知らないで，債務の弁済として給付をした者は，その給付したものの返還を請求することができない。

ウ：不法な原因のために給付をした場合であっても，その不法な原因が受益者についてのみ存する場合には，給付者の返還請求は妨げられない。

エ：妻子ある男が不倫関係を維持するために，その所有する不動産を愛人に贈与した場合でも，男は愛人に対してその贈与不動産の返還を請求することができる。

オ：債務者が，錯誤により弁済期にあると誤信して，弁済期にない自己の債務の弁済として給付をした場合には，その給付の返還を請求することができる。

1：ア，イ
2：イ，エ
3：ア，ウ
4：ウ，エ
5：ウ，オ

チェック欄		
1回目	2回目	3回目

実践 問題 144 の解説

〈不当利得〉

ア○ 不当利得の要件を充たすと，善意の受益者は，現存利益の限度で返還すれば足りるが（703条），悪意の受益者は，受けた利益に利息を付して返還し，損害があれば賠償責任も負う（704条）。

イ× 債務が存在しないのに弁済として給付をした場合（非債弁済），給付者は，不当利得として給付したものの返還を請求できるのが原則である。しかし，弁済時に債務の不存在を知っていたときは，給付したものの返還を請求できない（705条）。これに対して，債務の不存在を過失によって知らなかったときは，同条の適用はなく，返還請求が認められる（大判昭16.4.19）。同条の趣旨は，過失を責める点にあるのではなく，債務の不存在を知りながらあえて弁済する者は保護に値しないという点にあるからである。

ウ○ 不法な原因のために給付をした者は，その給付したものの返還を請求することができない（不法原因給付。708条本文）。ただし，不法な原因が受益者についてのみ存したときは，給付者の返還請求は妨げられない（同条但書）。

エ× 本記述の不動産の贈与は，不倫関係の継続を目的とするから，公序良俗違反の行為として無効である（90条）。しかし，このような不法な原因のために「給付」をした者は，その給付したものの返還を請求できない（708条本文）。そして，不動産の贈与の場合，判例は，未登記の不動産については，引渡しのみで「給付」にあたるが（最大判昭45.10.21），既登記の不動産については，引渡しのみでは「給付」にあたらず，所有権移転登記の完了を要するとしている（最判昭46.10.28）。本記述では，登記や引渡しの有無は不明であるが，「給付」にあたる事実があれば，男は愛人に対して贈与不動産の返還を請求できない。

オ× 債務者は，弁済期前に弁済した場合でも，債務は存在しているのだから，法律上の原因を欠くものとはいえず，給付したものの返還請求はできない（706条本文）。ただし，債務者が錯誤によって（弁済期にあると誤信して）給付をした場合は，債権者はこれによって得た利益（弁済期までに得た中間利息等）を返還しなければならない（同条但書）。したがって，債務者は，給付したもの自体の返還を請求できるわけではない。

以上より，妥当なものはア，ウであり，肢3が正解となる。

正答 3

不当利得

実践 問題 145 基本レベル

頻出度	地上★	国家一般職★★	特別区★★
	裁判所職員★★	国税･財務･労基★	国家総合職★★

問 **不当利得に関するア～エの記述のうち，判例に照らし，妥当なもののみを全て挙げているのはどれか。** **（国家一般職2023）**

ア：不当利得された財産に受益者の行為が加わることで得られた収益については，受益者は，悪意の場合に限り，社会通念上受益者の行為の介入がなくても損失者がその財産から当然に取得したであろうと考えられる範囲において，これを返還する義務を負う。

イ：法律上の原因なく代替性のある物を利得した受益者は，その利得した物を第三者に売却処分し，その売却後にその利得した物の価格が高騰したときは，原則として，売却代金相当額ではなく，売却後に不当利得返還請求を受けた時点における時価相当額を不当利得として返還する義務を負う。

ウ：金銭を騙取した者がその金銭で自己の債務を弁済した場合において，債権者が当該金銭を受領するにつき悪意又は重大な過失があるときは，債権者は，被騙取者に対し，不当利得として当該金銭を返還する義務を負う。

エ：不法な原因に基づいて目的物を給付した者は，不当利得に基づく返還請求権を有しないが，目的物の所有権に基づく返還請求権を行使することができる。

1：ア
2：ウ
3：エ
4：ア，イ
5：イ，ウ

チェック欄		
1回目	2回目	3回目

実践 問題 145 の解説

〈不当利得〉

ア× 不当利得における善意の受益者は，現存利益の限度で返還する義務を負う(703条)。この現存利益に，不当利得された財産に受益者の行為が加わることによって得られた収益が含まれるかについて，判例は，「社会観念上受益者の行為の介入がなくても不当利得された財産から損失者が当然取得したであろうと考えられる範囲」においては損失者の損失があるものと解し，それが現存する限り現存利益として返還義務を負うとしている（最判昭38.12.24)。したがって，善意の受益者も，上記の範囲で，不当利得された財産に受益者の行為が加わることによって得られた収益の返還義務を負う。

イ× 不当利得の受益者は，受領した原物をそのまま返還するのが原則である。しかし，本記述のように，受益者が法律上の原因なく代替性のある物を利得した後，これを第三者に売却処分した場合，①受益者は，同種・同等・同量の物を調達して返還する義務を負うか，②調達義務を否定して価格返還を認める場合に，どの時点の価格を返還すべきかが問題となる。①については，調達義務を肯定すると，受益者に受益の返還以上の負担を課すことになるので，否定するのが一般的である（後述②の判例もこの解釈を前提とする)。②について，仮に不当利得返還請求訴訟の事実審の口頭弁論終結時における価格相当額（≒時価相当額）を返還すべきと解すると，受益者は，その物の価格が売却後に下落した場合には，得た利益の一部の返還を免れることになるし，逆に高騰した場合には，得た利益を超える返還義務を負うことになって，不公平である。そこで，判例は，受益者は，原則として，売却代金相当額の金員の返還義務を負うとしている（最判平19.3.8)。

ウ○ 甲が，乙から金銭を騙取して，その金銭で自己の債権者丙に対する債務を弁済した場合について，判例は，①社会通念上，乙の金銭で丙の利益を図ったと認められるだけの連結がある場合には，不当利得の成立に必要な因果関係があるとし，②丙が甲から当該金銭を受領するにつき悪意または重大な過失がある場合には，丙の当該金銭の取得は，被騙取者乙に対する関係では，法律上の原因がなく，不当利得となるとして，丙が乙に対し不当利得として当該金銭を返還する義務を負うことを認めている（最判昭49.9.26)。

エ× 不法な原因のために給付をした者は，その給付したものの返還を請求することができない（708条本文)。判例によれば，同条は，自ら反社会的な行為をした者に対しては，その行為の結果の復旧を訴求することを許さない趣旨であるから，給付者は，①不当利得に基づく返還請求をすることが許されないばかりでなく，②目的物の所有権が自己にあることを理由として，給付物の返還を請求することも許されない（最大判昭45.10.21)。

以上より，妥当なものはウであり，肢2が正解となる。

正答 2

不当利得

実践 問題 146 応用レベル

頻出度			
	地上★	国家一般職★★	特別区★
	裁判所職員★	国税･財務･労基★	国家総合職★★

問 不当利得に関するア～エの記述のうち，判例に照らし，妥当なもののみを全て挙げているのはどれか。（国家総合職2012改題）

ア：消費貸借契約の借主Ｘが貸主Ｙに対して貸付金を第三者Ｚに給付するよう求め，Ｙがこれに従ってＺに対して給付を行った後Ｘが当該契約を取り消した場合には，Ｙの給付によって生じた利益は直接には当該給付を受けたＺに発生し，Ｘは外見上は利益を受けないようにも見えるけれども，当該給付により自己のＺに対する債務が弁済されるなどＺとの関係に応じて利益を受け得るのであり，ＸとＺとの間には事前に何らかの法律上又は事実上の関係が存在するのが通常であるから，Ｙからの原状回復請求につき，Ｘは，特段の事情のない限り，ＹのＺに対する給付により，その価額に相当する利益を受けたものとみるのが相当である。

イ：Ｘが建物賃借人Ｙとの間の請負契約に基づき建物の修繕工事をしたが，その後Ｙが無資力になったため，ＸのＹに対する請負代金債権の全部又は一部が無価値となった場合には，その限度において，当該建物の所有者Ｚが受けた利得はＸの財産及び労務に由来したものということができ，Ｘは，当該建物の修繕工事によりＺが受けた利得を，Ｙに対する請負代金債権が無価値である限度において，不当利得としてＺに返還を請求することができるものと解するのが相当であり，Ｙが権利金を支払わないことの代償として，修繕費用を全てＹが負担する旨の特約がＹとＺとの間に存したとしても，ＸからＺに対する不当利得返還請求の妨げとなるものではない。

ウ：民法第704条後段の規定は，同条の規定が不法行為に関する規定とは別に設けられていること，善意の受益者については帰責事由がある場合であってもその責任主体から除外されていることなどに照らすと，悪意の受益者の不法行為責任を定めたものではなく，不当利得制度を支える公平の原理から，悪意の受益者に対し，その責任を加重し，特別の責任を定めたものと解するのが相当であり，悪意の受益者は，その受益に係る行為に不法行為法上の違法性が認められない場合であっても，同条後段に基づき，損害賠償責任を負う。

エ：法律上の原因なく代替性のある物を利得した受益者は，利得した物を第三者に売却処分した場合には，損失者に対し，利得した物の返還に代えて当該物の価格で返還する義務を負うが，本来なら物が返還されるべきであるから，その場合に返還すべき金額は，売却時の時価によるのでなければ公平に反するといった特段の事情がない限り，物の返還に最も近い価値として，事実審の口頭弁論終結時又はこれに近い時点における当該物の価格によると解するのが相当である。

1：ア
2：ウ
3：ア，ウ
4：イ，エ
5：ウ，エ

（参考）　民法
（悪意の受益者の返還義務等）
第704条　悪意の受益者は，その受けた利益に利息を付して返還しなければならない。この場合において，なお損害があるときは，その賠償の責任を負う。

不当利得

チェック欄		
1回目	2回目	3回目

実践 問題 146 の解説

〈不当利得〉

ア○ 判例は，消費貸借契約の借主Xが貸主Yに対して貸付金を第三者Zに給付するよう求め，Yがこれに従ってZに対して給付を行った後Xが当該契約を取り消した場合，Yからの原状回復請求（121条の2第1項）に関しては，Xは，特段の事情のない限り，YのZに対する給付により，その価額に相当する利益を受けたものとみるのが相当であるとしている（最判平10.5.26）。なぜなら，上記の場合に，Yの給付による利益は直接には当該給付を受けたZに発生し，Xは外見上は利益を受けないようにも見えるけれども，当該給付により自分のZに対する債務が弁済されるなどZとの関係に応じて利益を受け得るのであり，XとZとの間には事前に何らかの法律上または事実上の関係が存在するのが通常だからである。

イ× Xが建物賃借人Yとの間の請負契約に基づき建物の修繕工事をしたところ，その後Yが無資力になったため，XのYに対する請負代金債権の全部または一部が無価値となった場合（いわゆる転用物訴権の問題）について，判例は，建物の所有者Zが法律上の原因なくして修繕工事に要した財産および労務の提供に相当する利益を受けたということができるのは，Z・Y間の賃貸借契約を全体としてみて，Zが対価関係なしに当該利益を受けたときに限られるとしている（最判平7.9.19）。なぜなら，Z・Y間の賃貸借契約において，Zが何らかの形で当該利益に相応する出捐ないし負担をしたときは，Zの受けた利益は法律上の原因に基づくものというべきであり，XがZに対して不当利得としてその利益の返還を請求することができるとするのは，Zに二重の負担を強いる結果となるからである。したがって，上記判例によれば，本記述のように，Yが権利金を支払わないことの代償として，修繕費用をすべてYが負担する旨の特約がY・Z間に存した場合には，Zは当該建物の改修工事により受けた利益に相応する負担をしている（通常であれば賃借人Yから得ることができた権利金の支払いを免除した）ので，XからZに対する不当利得返還請求は否定されることになる。

ウ× 704条後段の損害賠償責任の成立要件・法的性質については，本記述のように，悪意の受益者に対しての責任を加重した特別の責任を定めたものと解する見解もある。しかし，判例は，704条後段の規定は，悪意の受益者が不法行為の要件を充足する限りにおいて，不法行為責任を負うことを注意的に規定したものにすぎず，悪意の受益者に対して不法行為責任とは異なる特別の責任を負わせたものではないとしている（最判平21.11.9）。

エ × 判例は，法律上の原因なく代替性のある物を利得した受益者は，利得した物を第三者に売却処分した場合には，損失者に対し，原則として，売却代金相当額の金員の不当利得返還義務を負うとしている（最判平19.3.8）。もし，受益者の返還すべき利益を事実審口頭弁論終結時における同種・同等・同量の物の価格相当額であると解すると，①その価格が売却後に下落したときには，受益者は取得した売却代金の全部または一部の返還を免れることになって不公平であるし，②逆に，その価格が売却後に高騰したときには，受益者は現に保持する利益を超える返還義務を負担することになって，これも不公平であり，受けた利益を返還するという不当利得制度の本質に適合しないからである。

以上より，妥当なものはアであり，肢1が正解となる。

正答 1

実践 問題 147 応用レベル

頻出度			
	地上★	国家一般職★★	特別区★
	裁判所職員★	国税·財務·労基★	国家総合職★★

問 **不当利得に関するア～オの記述のうち，判例に照らし，妥当なもののみを全て挙げているのはどれか。** **(国家総合職2015)**

ア：消費貸借契約の借主Aは，貸主Bに対して貸付金を第三者Cに給付するよう求め，Bはこれに従ってCに対して給付を行ったが，その後，Aは当該契約を取り消した。この場合においてＡＣ間に事前に何らの法律上又は事実上の関係はなく，Aが，Dの強迫を受けて，ただ指示されるままに本件消費貸借契約を締結させられ，貸付金をCに給付するようBに指示したときであっても，AはBに対して貸付金相当額を返還する義務を負う。

イ：Aが自己所有の建物をBに賃貸した後，Cは，Bとの間の請負契約に基づき，当該建物の修繕工事を完成させた。その後，Bが無資力になったため，CのBに対する請負代金債権が無価値である場合には，ＡＢ間の賃貸借契約を全体としてみて，Aが対価関係なしに当該修繕工事に要した財産及び労務の提供に相当する利益を受けたといえないときでも，Aは，法律上の原因なくして当該利益を受けたということができ，Cに対して当該利益相当額を返還する義務を負う。

ウ：Aは自己所有の土地をBに譲渡する旨の売買契約をBと締結し，その旨の所有権移転登記手続が行われ，BはAに代金を支払った。その後，第三者CのBに対する詐欺を理由に，ＡＢ間の売買契約がBにより取り消された場合，A及びBの双方が原状回復義務を負うが，それぞれの義務は同時履行の関係にある。

エ：Aは，弁済時に債務が存在しなかったにもかかわらず，Bに債務の弁済として金銭を給付した。この場合，当該給付が強制執行を避けるためにやむを得ずされたものであっても，民法第705条が適用され，AはBに給付した金銭の返還を請求することはできない。

オ：Aは，賭博行為によって生じたBに対する金銭債務を担保するために，自己所有の土地に抵当権を設定し，その旨の登記をした。この場合，民法第708条が適用され，AはBに対して抵当権設定登記の抹消を請求することはできない。

1：イ
2：ウ
3：ア，ウ
4：ア，オ
5：エ，オ

（参考） 民法

（債務の不存在を知ってした弁済）

第705条　債務の弁済として給付をした者は，その時において債務の存在しないことを知っていたときは，その給付したものの返還を請求することができない。

（不法原因給付）

第708条　不法な原因のために給付をした者は，その給付したものの返還を請求することができない。ただし，不法な原因が受益者についてのみ存したときは，この限りでない。

不当利得

チェック欄		
1回目	2回目	3回目

実践 問題 147 の解説

〈不当利得〉

ア× 消費貸借契約の借主Aが貸主Bに対して貸付金を第三者Cに給付するよう求め，Bがこれに従ってCに対して給付を行った後，Aが当該契約を取り消した場合について，判例（最判平10.5.26）は，一般論として，Bからの不当利得返還請求（当時。現在は原状回復請求〔121条の2第1項〕）に関しては，**Aは，「特段の事情」のない限り，BのCに対する給付により，その価額に相当する利得を受けたとみるのが相当であるとした**。なぜなら，そのような場合に，Bの給付による利益は直接給付を受けたCに発生し，Aは外見上利益を受けないように見えるが，給付によりAのCに対する債務が弁済されるなど，Cとの関係で利益を受けうるのであり，**AとCとの間には「事前に何らかの法律上又は事実上の関係」が存在するのが通常だ**からである。しかし，本記述の事案は，AC間に「事前に何らの法律上又は事実上の関係」はなく，Aは，Dの強迫を受けて，ただ指示されるままに本件消費貸借契約を締結させられ，貸付金をCに給付するようBに指示したというのであるから，上記「特段の事情」があった場合に該当し，Bの給付により何らの利益を受けなかったAは，Bに対して貸付金相当額の返還義務を負わない。

イ× 本記述の事例では，①Cの工事によりAの建物の価値が増加し（受益），②Bの無資力により請負代金を回収できずCに損失が生じ，③この両者の間に社会通念上因果関係はある。④問題はAが「法律上の原因なく」（703条）利益を受けたといえるかであるが，判例は，Aが法律上の原因なくしてCによる建物の修繕工事に要した財産および労務の提供に相当する利益を受けたといえるのは，**AB間の賃貸借契約を全体としてみて，Aが対価関係なしに当該利益を受けたときに限られるとした**（最判平7.9.19）。なぜなら，AがBとの間の賃貸借契約において何らかの形で当該利益に相応する出捐ないし負担をしたときは，Aの受けた当該利益は法律上の原因に基づくものといえ，CのAに対する不当利得返還請求（「転用物訴権」とよばれる）を認めるのは，**Aに二重の負担を強いることとなる**からである。

ウ○ Bが第三者Cの詐欺を理由にAとの土地売買契約を取り消した（96条2項）場合，AとBの双方が原状回復義務を負うが（121条の2第1項），元の契約（売買契約）が双務契約であるから，いわばその裏返しである**原状回復義務相互も同時履行の関係（533条）に立つ**と解されている（最判昭47.9.7)。

エ× 債務が不存在の場合に弁済したときは不当利得返還請求できるはずだが，不存在を知りながら弁済した者は保護する必要がないので，民法は不当利得返還請求を否定した（705条）。そして，本条が適用されるには，弁済が任意にされることが必要である。したがって，強制執行を避けるためにやむをえず弁済した場合には，本条は適用されないと解されている（大判大6.12.11）ので，AはBに給付した金銭の返還を請求できる。

オ× 不法原因給付をした者は，給付した物を返還請求できないとされているが(708条)，これは間接的に不法行為を抑止するものである。不法原因給付の要件は，①不法な原因であること，②給付がなされたことで，この「給付」は終局的な利益を与えるものでなければならない。ここで，本記述のような事例で，抵当権設定登記をしたことが「給付」にあたり，抵当権設定登記抹消請求ができないのではないかが問題となる。仮に抵当権設定登記を「給付」と解すると，被担保債権がない抵当権設定登記が残ることになり法律関係が不安定となる。したがって，このような場合には終局的な利益なしとして「給付」にあたらず，708条の適用もなく，不当利得として抵当権設定登記抹消登記請求は認められる（最判昭40.12.17）。

以上より，妥当なものはウであり，肢２が正解となる。

正答 2

実践 問題 148 応用レベル

頻出度　地上★　国家一般職★★　特別区★
裁判所職員★　国税·財務·労基★　国家総合職★★

問 事務管理又は不当利得に関する次のア～オの記述のうち，適当なもののみを全て挙げているものはどれか（争いのあるときは，判例の見解による。）。

（裁判所職員2015）

ア：管理者に他人のためにする意思があれば，あわせて自己のためにする意思があったとしても，事務管理は成立する。

イ：管理者が，本人のために有益な費用を支出したときは，本人に対し，報酬を請求することができる。

ウ：法律上の原因なく代替性のある物を利得した受益者が，利得した物を第三者に売却処分した場合に，損失者は，受益者に対し，原則として代替物による返還を請求できる。

エ：債務者が，錯誤により，弁済期にない債務の弁済として給付をしたときは，その給付したものの返還を求めることができる。

オ：ひとたび不法原因給付をした場合であっても，当事者間でその給付を返還する旨の特約をすれば，その給付の返還を請求することができる。

1：ア，ウ
2：ア，オ
3：イ，ウ
4：イ，エ
5：エ，オ

チェック欄

1回目	2回目	3回目

実践 問題 148 の解説

〈事務管理・不当利得〉

ア○ 事務管理の要件は，①法律上の義務の不存在，②他人のためにする意思，③他人の事務の管理，④本人の意思および利益への適合，である（697条・700条但書）。このうち②は，自己のためにする意思が併存してもよい。たとえば，共有者の１人が各自の負担である費用の全部を支払った場合，自己の事務を処理すると同時に，他の共有者の負担部分に関しては事務管理が成立する（大判大8.6.26）。

イ× 事務管理者は，本人のために有益な費用を支出したときは，本人に対しその償還を請求できるが（702条１項），報酬の請求は認められない（通説）。民法に規定がないし，これを認めると，事務管理の道徳的価値（利他的行為）を損なうからである。

ウ× 不当利得の受益者は，原則として現存利益の返還義務を負うので（703条），損失者から受領した原物をそのまま返還するのが原則である。しかし，受益者が利得した（代替性のある）物を第三者に売却処分した場合に，「代替物」（の価格相当額）を返還すべきだとすると，その物の価格が下落している場合には，受益者は得た利益の一部の返還を免れることになるし，高騰している場合には，受益者は現存利益を超える返還義務を負うことになって公平とはいえない。そこで，判例は，法律上の原因なく代替性のある物を利得した受益者が，利得した物を第三者に売却処分した場合には，損失者に対し，原則として「売却代金相当額の金員」の返還義務を負うとしている（最判平19.3.8）。

エ× 債務者は，弁済期前に弁済した場合でも，債務は存在しているのだから，法律上の原因を欠くものとはいえず，給付したものの返還を請求することはできない（706条本文）。ただし，債務者が期限の利益を放棄（136条２項）したのではなく，錯誤によって給付をした場合は，債権者はこれによって得た利益（弁済期までに得た中間利息等）を返還しなければならない（706条但書）。したがって，債務者は，給付したもの自体の返還を請求できるわけではない。

オ○ 不法な給付の原因となった契約を当事者が合意のうえで解除し，給付の返還特約を締結した場合について，判例は，708条は，給付者の返還請求に法律上の保護を与えないというだけであって，受領者にその給付を受けたものを法律上正当の原因があったものとして保留させる趣旨ではないことを根拠に，特約の有効性を認めている（最判昭28.1.22）。

以上より，妥当なものはア，オであり，肢２が正解となる。

正答 2

第5章 事務管理・不当利得・不法行為

実践 問題 149 応用レベル

頻出度 地上★ 国家一般職★★ 特別区★ 裁判所職員★ 国税·財務·労基★ 国家総合職★★

問 不当利得に関するア～オの記述のうち，判例に照らし，妥当なもののみを全て挙げているのはどれか。（国家総合職2020）

ア：Aは，Bからだまし取った金銭で自己の債権者Cに対して債務を弁済した。この場合，Cがこの事実を知らなかったことについて重大な過失があったとしても，Bは，Cに対し，不当利得として弁済金相当額の返還を請求することはできない。

イ：Aは，Bに対する自己の金銭債務の消滅時効が完成していることを知らずに，Bに対して当該債務を弁済した。この場合，Aは，Bに対し，時効を援用して，不当利得として弁済金相当額の返還を請求することができる。

ウ：Aは，B所有の家屋を賃借した際に，Bに権利金を支払わない代わりに，Aが当該家屋の修繕義務を負うこととする特約をBと結んだ。後日，Cが，Aとの間の請負契約に基づき，当該家屋の修繕工事をしたが，AはCに工事代金を支払う前に無資力となってしまった。この場合，Cは，Bに対し，不当利得として工事代金相当額の返還を請求することはできない。

エ：Aは，Bから強迫を受け，Bの言うままに，Aを借主としてCと金銭消費貸借契約を締結し，Cに指示してDに貸付金を交付させたところ，後日，Aが強迫を理由にCとの当該契約を取り消した。この場合において，AとDとの間に事前に何らの法律上又は事実上の関係がないと認められるときは，Cは，Aに対し，不当利得として貸付金相当額の返還を請求することはできない。

オ：既婚者Aは，Bとの愛人関係を維持するため，Bに対して，自己が所有する未登記の建物を贈与し，当該建物をBに引き渡した。この場合，Aの贈与は不法原因給付に当たり，Aは，Bに対し，不当利得として当該建物の返還を請求することはできないが，当該贈与契約そのものが無効であるため，所有権に基づいて当該建物の返還を請求することはできる。

1：ア，イ
2：ア，オ
3：イ，ウ
4：ウ，エ
5：エ，オ

チェック欄

1回目	2回目	3回目

実践 問題 149 の解説

〈不当利得〉

ア× 本記述では，Aが，Bからだまし取った金銭で自己の債権者Cに対する債務を弁済しているが，判例は，①社会通念上，Bの金銭でCの利益を図ったと認められるだけの連結がある場合には，不当利得（703条）の成立に必要な因果関係があるとし，②CがAから当該金銭を受領するにつき悪意または重大な過失がある場合には，Cの当該金銭の取得は，被騙取者Bに対する関係では，法律上の原因がなく，不当利得となるとしている（最判昭49.9.26）。したがって，Cが，Aから受領した金銭がBからだまし取った金銭であることを知らなかったことについて重大な過失があったときは，Bは，Cに対し，不当利得として弁済金相当額の返還を請求できる。

イ× Aが，消滅時効が完成したBに対する金銭債務を弁済することは，債務の存在を前提とする行為であるから，債務の承認にあたる。この場合，Aは，たとえ時効完成の事実を知らなかったときでも，信義則上，以後，その債務についてその完成した消滅時効を援用することは許されない（最大判昭41.4.20）。したがって，Aは，Bに対し，時効を援用して，不当利得として弁済金相当額の返還を請求できない。

ウ○ 本記述のように，契約上の給付が契約の相手方（A）以外の第三者（B）の利益にもなった場合に，給付をした契約当事者（C）が第三者に利益の償還を請求する権利を「転用物訴権」といい，日本では不当利得の問題として議論されている。本記述では，CのAに対する工事代金債権は，Aが無資力になったために無価値となっているが，判例は，家屋の所有者Bが「法律上の原因なく」修繕工事に要した財産および労務の提供に相当する利益を受けたといえるのは，BA間の賃貸借契約を全体としてみて，Bが対価関係なしに当該利益を受けたときに限られるとしている（最判平7.9.19）。なぜなら，BがAとの間の賃貸借契約において何らかの形で当該利益に相応する出捐・負担をしたときは，Bの受けた利益は法律上の原因に基づくものというべきであり，CがBに対して不当利得としてその利益の返還を請求できるとするのは，Bに二重の負担を強いる結果となるからである。そして，本記述では，BがCの工事により受けた利益は，通常であれば賃借人Aから得ることができた権利金の支払いを免除したという負担に相応するものであり，「法律上の原因なく」受けたとはいえない（同判決）。したがって，Cは，Bに対し，不当利得として工事代金相当額の返還を請求できない。

エ○ 本記述のように，消費貸借契約の借主Aが貸主Cに対して貸付金を第三者Dに給付するよう求め，Cがこれに従ってDに対して給付を行った後，Aが当該契約を取り消した場合について，判例（最判平10.5.26）は，一般論として，Cからの不当利得返還請求（当時。現在は原状回復請求〔121条の2第1項〕）に関しては，Aは，「特段の事情」のない限り，CのDに対する給付により，その価額に相当する利得を受けたとみるのが相当であるとしている。なぜなら，そのような場合に，Cの給付による利益は直接給付を受けたDに発生し，Aは外見上利益を受けないように見えるが，当該給付により自分のDに対する債務が弁済されるなど，Dとの関係に応じて利益を受けうるのであり，AD間には「事前に何らかの法律上又は事実上の関係」が存在するのが通常だからである。しかし，本記述では，AD間に「事前に何らの法律上又は事実上の関係はなく」，Aは，Bの強迫を受けて，ただ指示されるままにCと消費貸借契約を締結させられたうえ，貸付金をDに交付するようCに指示したのであるから，上記「特段の事情」があった場合に該当する（同判決）。したがって，Cは，Cの給付により何らの利益を受けなかったAに対し，不当利得として貸付金相当額の返還を請求できない。

オ× 本記述では，AのBに対する建物の贈与は，Bとの愛人関係の維持を目的とするから，公序良俗に反し無効である（90条）。これは「不法な原因」であるから，「給付」があったといえれば，不法原因給付（708条本文）となる。そして，建物の贈与の場合，判例は，①未登記建物については引渡しのみで「給付」にあたるが（最大判昭45.10.21），②既登記建物については引渡しでは足りず，登記の移転を要するとしている（最判昭46.10.28）。本記述では，Aが未登記の建物をBに引き渡した以上，Aの贈与は不法原因給付にあたり，Aは，Bに対し，不当利得として当該建物の返還を請求できない。さらに，判例は，708条の趣旨（自ら反社会的な行為をした者に対しては，その行為の結果の復旧を訴求することを許さない）に照らして，給付者Aが所有権に基づく返還請求をすることも許されないとし，贈与者Aが給付した当該建物の返還を請求できなくなったことの反射的効果として，当該建物の所有権は贈与者Aの手を離れて受贈者Bに帰属することになるとしている（前掲最大判昭45.10.21）。

以上より，妥当なものはウ，エであり，肢4が正解となる。

正答 4

memo

実践 問題 150 応用レベル

頻出度			
	地上★	国家一般職★★	特別区★
	裁判所職員★	国税·財務·労基★	国家総合職★★

問 民法に規定する不当利得に関する記述として，判例，通説に照らして，妥当なのはどれか。 （特別区2022）

1：善意で法律上の原因なく他人の財産又は労務によって利益を受け，そのために他人に損失を及ぼした者は，その受けた利益に利息を付して返還しなければならない。

2：債務の弁済として給付をした者は，その時において，債務の存在しないことを過失によって知らなかったときには，その給付したものの返還を請求することができる。

3：債務者が，錯誤によって，期限前の債務の弁済として給付をしたときには，不当利得とはならず，債権者に対し，債権者が給付により得た利益の返還を請求することができない。

4：債務者でない者が，錯誤によって，債務の弁済をした場合において，債権者が善意で時効によってその債権を失ったときには，その弁済をした者は，返還の請求をすることができる。

5：不法原因給付をした者は，その給付したものの返還を請求することができず，また，給付を受けた不法原因契約を合意の上解除し，その給付を返還する特約をすることは，無効である。

実践 問題 150 の解説

チェック欄		
1回目	2回目	3回目

〈不当利得〉

1 × 善意で「法律上の原因なく他人の財産又は労務によって利益を受け，そのために他人に損失を及ぼした者」（受益者）は，「その利益の存する限度」（現存利益）で返還する義務を負う（703条）。「その受けた利益に利息を付して返還しなければならない」のは，悪意の受益者である（704条前段）。

2 ○ 債務が存在しないのに弁済として給付をした場合（非債弁済），給付者は，不当利得として給付したものの返還を請求することができるのが原則である。しかし，給付者が給付行為時に債務が存在しないことを知っていたときは，給付したものの返還を請求することができない（705条）。これに対して，債務の不存在を過失によって知らなかったときは，705条の適用はなく，返還請求が認められる（大判昭16.4.19）。同条の趣旨は，過失を責める点にあるのではなく，債務の不存在を知りながらあえて弁済する者は保護に値しないという点にあるからである。

3 × 債務者は，弁済期前に弁済した場合（期限前の弁済）でも，債務は存在しているのだから，法律上の原因を欠くもの（不当利得）とはいえず，給付したものの返還を請求することはできない（706条本文）。ただし，債務者が錯誤によって（弁済期にあると誤信して）給付をした場合には，債権者は，これによって得た利益（たとえば，受領した金銭を弁済期まで運用することにより得た利息〔中間利息〕）を返還しなければならないので（同条但書），債務者は，債権者に対し，債権者が給付によって得た利益の返還を請求することができる。

4 × 債務者でない者が錯誤によって（他人の債務を自己の債務と誤信して）債務の弁済をした場合は，第三者弁済（474条）として有効とはならないので，弁済者は，不当利得として給付したものの返還を請求することができるのが原則である。しかし，債権者が善意で証書を滅失・損傷し，担保を放棄し，または時効によって債権を失ったときは，真の債務者からの取立てが困難または不可能となるので，弁済を受けたと信じた債権者保護のため，弁済者は，給付したものの返還を請求することができない（707条1項）。

5 × 不法原因給付をした者は，その給付したものの返還を請求することができない（708条本文）。しかし，判例は，708条は，給付者の返還請求に法律上の保護を与えないというだけであって，受領者にその給付を受けたものを法律上正当の原因があったものとして保留させる趣旨ではないから，給付を受けた不法原因契約を合意のうえ解除してその給付を返還する特約をすることは，同条の禁ずるところではないとして，返還特約の効力を認めている（最判昭28.1.22）。

正答 2

一般不法行為

必修問題 セクションテーマを代表する問題に挑戦！

一般不法行為は，それぞれの要件で問題となる点を判例とあわせて学習してください。

問 不法行為に関する次のア～エの記述の正誤の組合せとして最も妥当なものはどれか（争いのあるときは，判例の見解による。）。

（裁事2019）

ア：生命を侵害された被害者の父母，配偶者及び子以外の親族には，固有の慰謝料請求権は認められない。

イ：未成年者が他人に損害を加えた場合において，未成年者が責任能力を有する場合であっても，監督義務者の義務違反と未成年者の不法行為によって生じた結果との間に相当因果関係が認められるときは，監督義務者について民法第709条に基づく不法行為が成立する。

ウ：不法行為による損害賠償債務は，請求を受けた日の翌日から履行遅滞に陥る。

エ：不法行為による損害賠償請求権の消滅時効の期間は，権利を行使することができることとなった時から10年である。

	ア	イ	ウ	エ
1：	正	誤	正	誤
2：	誤	正	誤	誤
3：	正	正	正	誤
4：	正	誤	正	正
5：	誤	正	誤	正

Guidance ガイダンス

要件

①故意または過失
②権利または法律上保護される利益の侵害
③損害の発生
④加害行為と損害との因果関係
（①～④）被害者が立証
⑤加害者の責任能力…加害者側が責任能力のないことを立証

効果

損害賠償（金銭賠償の原則）
財産的損害＋財産以外の損害（慰謝料・法人の名誉回復の措置）

直前復習

必修問題の解説

チェック欄		
1回目	2回目	3回目

〈一般不法行為〉

ア× 711条は，不法行為による生命侵害があった場合に，被害者の「父母，配偶者及び子」が加害者に対し固有の慰謝料を請求できることを認める。しかし，判例は，同条に該当しない者（判例の事案では，被害者の夫の妹）であっても，被害者との間に同条所定の者と実質的に同視できる身分関係が存在し，被害者の死亡により甚大な精神的苦痛を受けた者は，同条の類推適用により，固有の慰謝料を請求できるとする（最判昭49.12.17）。

イ○ 未成年者が責任能力を有する場合には，監督義務者に対して714条１項に基づく責任を問うことができない。もっとも，未成年者に対して709条に基づく損害賠償請求をしても，支払能力の面から被害者の救済に資さない場合が多い。そこで，判例は，未成年者が責任能力を有する場合であっても，監督義務者の義務違反と未成年者の不法行為によって生じた結果との間に相当因果関係が認められるときは，監督義務者につき709条に基づく不法行為が成立するとしている（最判昭49.3.22）。

ウ× 不法行為による損害賠償債務は，期限の定めのない債務であるが，政策的配慮（被害者救済の見地）から，被害者の請求（412条３項参照）を要することなく，損害の発生と同時に遅滞に陥ると解されている（最判昭37.9.4）。

エ× 不法行為による損害賠償請求権は，①「被害者又はその法定代理人が損害及び加害者を知った時」から３年間（人の生命・身体を害する不法行為の場合は５年間），②「不法行為の時」から20年間行使しないときは，時効によって消滅する（724条・724条の２）。

以上より，ア―誤，イ―正，ウ―誤，エ―誤であり，肢２が正解となる。

正答 2

一般不法行為

1 不法行為とは

たとえば，自動車で人をひいて傷害を負わせてしまった場合のように，**他人の権利または利益を侵害し，これによってその他人に損害を与えたときは，加害者は被害者に対してその損害を賠償する責任を負います**（709条）。この場合の加害行為を不法行為といいます。

709条以下の不法行為の規定は，被害者を救済し，損害を加害者にも公平に分担させるために認められました。

2 不法行為の要件

① **故意または過失**
② **権利または法律上保護される利益の侵害**
③ **損害の発生**
④ **加害行為と損害との因果関係**
⑤ **行為者の責任能力**

(1) 故意または過失

故意とは，結果の発生を認識しながら，それを容認して行為するという心理状態をいいます。たとえば，道路横断中の人がいることに気づきながら，わざと自動車でその人をひくような場合です。

これに対して，過失とは，結果発生の予見可能性があるのにこれを回避する行為を怠ったこと（結果回避義務違反）をいいます。たとえば，道路を横断中の人がいるのにわき見運転をしていたため気づかずにひいてしまうような場合です。

補足

失火責任法により，失火の場合は，加害者に重過失がない限り不法行為責任を負いません。類焼によって損害が膨大となり，加害者に過大な責任を負わせることになるおそれがあるからです。なお，かかる失火責任法の規定は，債務不履行責任には類推されないとされています（最判昭30.3.25）。

ポイント

不法行為責任と債務不履行責任については，特に以下のような違いが重要です。
① 帰責事由の有無について，債務不履行では債務者が帰責事由のないことを証明し，不法行為では債権者たる被害者が加害者の故意過失を証明する。
② 不法行為には，短期消滅時効が定められている（724条1号）。

(2) 損害の発生

損害には，大きく分けて精神的損害と財産的損害があります。

精神的損害とは，悲しい，辛いというような，精神的な面から生じる損害をいいます。

これに対して，財産的損害とは，財産的・経済的な損害を指し，これはさらに積極的損害（物が壊れた，余計な出費をしたなど），消極的損害（治療のために仕事を休んだため，もらえるはずの給料がもらえなかったなど。逸失利益）の２つに区別されます。

(3) 加害行為と損害との因果関係

不法行為が成立するためには，加害行為によって損害が発生したこと，すなわち，加害行為と損害との間に因果関係が存在することが必要です。

(4) 行為者の責任能力

【事例】
14歳の少年Ａさんは同級生Ｂさんと遊んでいる最中に誤ってＢさんの目に傷害を負わせてしまいました。Ａさんは不法行為責任を負うでしょうか。また，仮にＡさんが６歳の幼稚園児だった場合はどうでしょうか。

自分の行為が違法なものであると判断できない場合，すなわち，**責任能力のない場合には，不法行為責任を負いません**（712条・713条）。そして，責任能力を有するか否かは個別具体的に判断されますが，一般的には11〜12歳程度が責任能力の有無の分かれ目とされています。事例では，Ａさんが14歳の場合には通常は責任能力があると判断され，Ａさんは不法行為責任を負うことになりますが，Ａさんが６歳の場合には，Ａさんは不法行為責任を負いません。

なお，**加害者本人が不法行為責任を負わない場合，その者を監督する法定の義務ある者（監督義務者：親権者など）や監督を代行する者（代理監督者：教師など）が損害賠償責任を負います**（監督者責任。714条）。もっとも，これらの者も監督義務を怠らなかったこと，または監督義務を怠らなくても損害が生ずべきであったことを立証できれば，損害賠償責任を免れることができます（同条１項但書）。

補足　監督義務者の責任が発生するためには，責任無能力者の行為が，責任能力以外の不法行為の一般的成立要件を充たすことが必要です。

3 損害賠償の方法

原則として，不法行為による損害は金銭で賠償されます（金銭賠償の原則。722条1項・417条)。財産的損害のみならず精神的損害など「財産以外の損害」も金銭で評価して賠償されます（710条)。

ただし，不法行為が名誉毀損である場合には，例外的に，適当な名誉回復処分が加害者に対して命じられることがあります（723条)。たとえば，名誉毀損の記事を掲載した新聞社に「当該記事は事実無根であり謝罪いたします」という内容の謝罪広告をさせることができるのです。

> **判例チェック** 「財産以外の損害」とは，精神上の苦痛に限らず，金銭評価が可能であり，その評価だけの金銭を支払うことが社会観念上相当と認められるところの無形の損害を意味します。そのため，法人の名誉が毀損された場合，法人にも710条により，損害賠償請求が認められうるとされます（最判昭39.1.28)。

4 損害賠償請求権者

(1) 原則

709条以下の損害賠償請求権者は，原則として「被害者」です。そして，「被害者」には自然人のみならず法人も含まれます。また，胎児は自然人ではありませんが，例外的に請求権が認められます（721条)。

なお，被害者本人が死亡した場合には，被害者の相続人が被害者の損害賠償請求権を相続して請求することが認められています。

(2) 例外

生命侵害の場合，被害者の父母，配偶者および子には，被害者から相続した損害賠償請求権とは別に，慰謝料請求権が認められています（711条)。

> **判例チェック** 生命侵害による損害賠償請求権の相続性について，判例は，財産的損害の賠償請求権も，慰謝料請求権も，被害者自身に賠償請求権が帰属し，それが相続人に当然に相続されるとしています（大判大15.2.16，最大判昭42.11.1)。

5 過失相殺

不法行為の被害者の側にも落ち度があり，それが損害額に影響している場合には，全損害の賠償責任を一方的に加害者に負わせることは公平ではありません。そこで，損害賠償額の算定において，この点を考慮して，加害者の賠償金額が減額されることがあります（722条2項)。これを過失相殺といいます。たとえば，発生した損害が100万円であり，損害に対する加害者と被害者の過失の割合が8：2であるとされた場合，加害者は80万円の賠償をすればよいことになります。

なお，過失相殺をするには，被害者に事理を弁識する能力（事理弁識能力）が備わっていれば足り，責任能力が備わっていることは要しないとされています（最大判昭39.6.24）。

補足 債務不履行は損害賠償の責任および額を定めるにあたって，必ず債権者の過失を考慮しますが，不法行為では，損害賠償の額を定める場合に限って，被害者の過失を任意的に考慮できるにとどまります。

判例チェック 被害者の疾患が損害の拡大に寄与している場合，722条２項を類推して，損害額を定めるにあたりその疾患を考慮できます（最判平4.6.25）。しかし，被害者の身体的特徴は，それが疾患にあたらないときは，特段の事情がない限り，これを考慮することはできません（最判平8.10.29）。

6 損害賠償請求権の消滅時効

不法行為による損害賠償請求権は，被害者またはその法定代理人が，**損害の発生と加害者がだれかの両方を知った時から３年（生命・身体の侵害の場合は５年）**で時効消滅します（724条１号・724条の２）。また，**不法行為の時から20年**で時効消滅します（724条２号）。

一般不法行為

実践 問題 151 基本レベル

頻出度			
	地上★	国家一般職★	特別区★
	裁判所職員★	国税·財務·労基★	国家総合職★★★

問 不法行為に関する次のア～オの記述のうち，適当なもののみをすべて挙げているのはどれか（争いのあるときは，判例の見解による。）。

（裁判所職員2012改題）

ア：新聞記事による名誉毀損については，当該新聞が興味本位の内容の記事を掲載することを編集の方針とするものであり，当該記事が，一般読者にも興味本位の記事の一つとして一読されたにすぎない場合には，不法行為の成立が否定される。

イ：不法行為により被害者の労働能力が喪失・減退したにもかかわらず，収入の減少がなく現実に損害が発生しなかった場合には，労働能力喪失を理由とする逸失利益の賠償請求は認められない。

ウ：第三者の詐欺による売買のため，目的物の所有権を喪失した売主は，買主に対して代金債権を有している場合には損害があるとはいえない。

エ：民法724条２号の消滅時効期間の起算点である「不法行為の時」とは，加害行為が行われた時に損害が発生する不法行為の場合は加害行為の時であるが，当該不法行為により発生する損害の性質上，加害行為が終了してから相当の期間が経過した後に損害が発生する場合は，当該損害の全部又は一部が発生した時をいう。

オ：法人については精神的損害が観念できないため，法人の名誉権が侵害された場合には，財産以外の損害の賠償責任を定めた民法710条は適用されない。

1：ア，イ
2：ア，ウ
3：イ，エ
4：ウ，オ
5：エ，オ

チェック欄		
1回目	2回目	3回目

実践 問題 151 の解説

〈一般不法行為〉

ア× 判例は，他人の社会的評価を低下させる内容の記事を掲載した新聞が発行され，当該記事の対象とされた者がその記事内容に従って評価を受ける危険性が生ずることによって，不法行為が成立するのであって，当該新聞の編集方針，その主な読者の構成およびこれらに基づく当該新聞の性質についての社会の一般的な評価は，不法行為責任の成否を左右するものではないというべきであるとした（夕刊フジ事件，最判平9.5.27）。

イ○ 判例は，不法行為により被害者の労働能力が喪失・減退したにもかかわらず，収入の減少がなく現実に損害が発生しなかった場合には逸失利益がないとして賠償請求を否定した（最判昭42.11.10）。

ウ× 第三者の詐欺による売買のため，売主が所有権を喪失しその代金に相当する損害を被ったという事案において，判例は，たとえ，売主が買主に対する代金債権を取得している場合であっても，それだけで売主の所有権喪失による損害がないことにはならないとした（最判昭38.8.8）。

エ○ 724条2号の消滅時効期間の起算点である「不法行為の時」について，判例は，身体に蓄積した場合に人の健康を害することとなる物質による損害や，一定の潜伏期間が経過した後に症状が現れる損害のように，当該不法行為により発生する損害の性質上，加害行為が終了してから相当の期間が経過した後に損害が発生する場合に，損害の発生を待たずに期間の進行を認めることは被害者にとって著しく酷であり，また，加害者としても，相当の期間が経過した後に被害者が現れて損害賠償の請求を受けることを予期すべきであると考えられることから，本記述のように判示した（最判平16.4.27）。

オ× 判例は，710条の損害とは，精神上の苦痛のみならず，金銭評価が可能で，しかもその評価だけの金銭を支払うことが社会観念上至当と認められるところの損害を意味するとした。そのうえで，法人の名誉権侵害の場合であっても，金銭評価の可能な無形の損害が発生することは必ずしも絶無でないとして，法人の損害賠償請求を認めた（最判昭39.1.28）。

以上より，妥当なものはイ，エであり，肢3が正解となる。

正答 3

一般不法行為

実践 問題 152 基本レベル

頻出度	地上★	国家一般職★	特別区★
	裁判所職員★	国税·財務·労基★	国家総合職★★★

問 不法行為に関するア〜オの記述のうち，判例に照らし，妥当なもののみを全て挙げているのはどれか。 (国家一般職2020)

ア：契約の一方当事者が，当該契約の締結に先立ち，信義則上の説明義務に違反して，当該契約を締結するか否かに関する判断に影響を及ぼすべき情報を相手方に提供しなかった場合には，当該一方当事者は，相手方が当該契約を締結したことにより被った損害につき，不法行為による賠償責任のみならず，当該契約上の債務の不履行による賠償責任も負う。

イ：良好な景観の恵沢を享受する利益を侵害した者は，その侵害行為が刑罰法規や行政法規の規制に違反するものであったり，又は公序良俗違反や権利の濫用に該当するものであるなど侵害行為の態様や程度の面において社会的に容認された行為としての相当性を欠くか否かにかかわらず，不法行為による損害賠償責任を負う。

ウ：建物の建築に携わる設計者，施工者及び工事監理者が，建物の建築に当たり，当該建物に建物としての基本的な安全性が欠けることがないように配慮すべき注意義務を怠ったために，建築された建物に建物としての基本的な安全性を損なう瑕疵があり，それにより居住者等の生命，身体又は財産が侵害された場合には，設計者，施工者及び工事監理者は，不法行為の成立を主張する者が当該瑕疵の存在を知りながらこれを前提として当該建物を買い受けていたなど特段の事情がない限り，これによって生じた損害について不法行為による賠償責任を負う。

エ：責任能力のない未成年者の親権者は，直接的な監視下にない子の行動についても日頃から指導監督を確実に行うべきであるから，子が，通常は人身に危険が及ぶものとはみられない行為によってたまたま人身に損害を生じさせた場合であっても，子に対する監督義務を尽くしていなかったことを理由として，常に民法第714条に基づく損害賠償責任を負う。

オ：法定の監督義務者に該当しない者であっても，責任無能力者との身分関係や日常生活における接触状況に照らし，第三者に対する加害行為の防止に向けてその者が当該責任無能力者の監督を現に行いその態様が単なる事実上の監督を超えているなどその監督義務を引き受けたとみるべき特段の事情が認められる場合には，その者に対し民法第714条に基づく損害賠償責任を問うことが

直前復習

できる。

1：ア，イ
2：ア，エ
3：イ，ウ
4：ウ，オ
5：エ，オ

一般不法行為

チェック欄 1回目 2回目 3回目

実践 問題 152 の解説

〈一般不法行為〉

ア× 判例は，契約の一方当事者が，当該契約の締結に先立ち，信義則上の説明義務に違反して，当該契約を締結するか否かに関する判断に影響を及ぼすべき情報を相手方に提供しなかった場合には，不法行為による賠償責任を負うことがあるのは格別，当該契約上の債務の不履行による賠償責任を負うことはないとしている(最判平23.4.22)。なぜなら，後に締結された契約は，上記説明義務の違反によって生じた結果と位置付けられるのであって，上記説明義務をもって上記契約に基づいて生じた義務であるということは，一種の背理だからである。

イ× 判例は，良好な景観の恵沢を享受する利益（景観利益）が「法律上保護される利益」(709条）であることを認めるが，「ある行為が景観利益に対する違法な侵害に当たるといえるためには，少なくとも，その侵害行為が刑罰法規や行政法規の規制に違反するものであったり，公序良俗違反や権利の濫用に該当するものであるなど，侵害行為の態様や程度の面において社会的に容認された行為としての相当性を欠くことが求められる」としている(国立マンション事件，最判平18.3.30)。したがって，景観利益を侵害した者は，社会的に容認された行為としての相当性を欠くか否かにかかわらず，不法行為責任を負うわけではない。

ウ○ 購入した建物に瑕疵があった場合，買主は，売主に対して，契約不適合を理由とする責任（562条以下）を追及できる。さらに，判例は，本記述のように判示して，「建物としての基本的な安全性を損なう瑕疵」については，「建物の建築に携わる設計者，施工者及び工事監理者」は，契約関係にない居住者等（建物利用者や隣人，通行人等）に対する関係でも，特段の事情がない限り，不法行為による賠償責任を負うとしている（最判平19.7.6)。

エ× 本記述の判例が扱ったのは，小学生Ａ（責任無能力者）が校庭に設置されたサッカーゴールに向けてフリーキックの練習をしていた際，ボールがゴール後方に位置する校門の上を越えて道路に転がり出たところ，自動二輪車で進行してきた老人Ｂがそのボールを避けようとして転倒して負傷し，その後死亡したため，Ｂの相続人がＡの親権者に対して714条１項に基づく損害賠償を請求した事件（サッカーボール事件）である。この事件において，判例は，「責任能力のない未成年者の親権者は，その直接的な監視下にない子の行動について，人身に危険が及ばないよう注意して行動するよう日頃から指導監督する義務があると解される」が，本件ゴールに向けたフリーキックの練習のような「通常は人身に危険が及ぶものとはみられない行為によってたまたま人身に損害を生じさせた場合は，当該行為について具体的に予見可能であるなど特別の事情が認められない限り，子に対する監督義務を尽くしていなかったとすべきではない」として，親権者の免責（同項但書）を認めた（最判平27.4.9）。

オ○ 判例は，法定の監督義務者に該当しない者であっても，本記述のような「監督義務を引き受けたとみるべき特段の事情」が認められる場合には，衡平の見地から「法定の監督義務者に準ずべき者」として714条１項が類推適用されるとして，その者に対し同条に基づく損害賠償責任を問うことができるとしている（ＪＲ東海事件，最判平28.3.1）。

以上より，妥当なものはウ，オであり，肢４が正解となる。

正答 4

一般不法行為

実践 問題 153 基本レベル

頻出度			
	地上★	国家一般職★	特別区★
	裁判所職員★	国税·財務·労基★	国家総合職★★★

問 不法行為による損害賠償債権に関する次のア～オの記述のうち，妥当なもののみを全て挙げているものはどれか（争いのあるときは，判例の見解による。）。

（裁事2022）

ア：不法行為による損害賠償債務は，不法行為の時に履行遅滞に陥る。

イ：民法第724条第１号にいう被害者が損害を知った時とは，被害者が損害の発生の可能性を現実に認識した時をいう。

ウ：民法第724条第１号にいう被害者が加害者を知った時とは，被害者が損害賠償を請求するべき相手方を知った時をいうから，使用者が民法第715条の責任を負う場合における当該使用者との関係では，被害者が直接の加害者である被用者を知った時がこれに当たる。

エ：民法第724条第２号の期間制限は，加害行為が終了してから相当の期間が経過した後に当初予想し得なかった損害が発生した場合でも，加害行為の時から起算される。

オ：民法第724条各号の期間経過による法的効果は，当事者が援用した場合に限り，裁判所はこれを考慮することができる。

1：ア，ウ
2：ア，オ
3：イ，エ
4：イ，オ
5：エ，オ

チェック欄		
1回目	2回目	3回目

実践 問題 153 の解説

〈不法行為による損害賠償債権〉

ア○ 不法行為による損害賠償債務は，期限の定めのない債務であるが，何らの催告（412条３項）を要することなく，損害の発生と同時（＝不法行為の時）に履行遅滞に陥ると解されている（最判昭37.9.4）。

イ× 不法行為による損害賠償請求権は，「被害者又はその法定代理人が損害及び加害者を知った時」から３年の消滅時効にかかる（724条１号）。判例によれば，同号にいう被害者が損害を知った時とは，「被害者が損害の発生を現実に認識した時」をいう（最判平14.1.29）。なぜなら，損害発生の可能性を認識した時を起算点とすると，被害者は，「自己に対する不法行為が存在する可能性のあることを知った時点において，自己の権利を消滅させないために，損害の発生の有無を調査せざるを得なくなるが，不法行為によって損害を被った者に対し，このような負担を課することは不当」だからである。

ウ× 判例によれば，724条１号（記述イの解説参照）にいう「加害者を知った時」とは，「加害者に対する賠償請求が事実上可能な状況のもとに，その可能な程度にこれを知った時」を意味する（最判昭48.11.16）。そして，使用者責任（715条１項）においては，被害者が，①使用者ならびに使用者と不法行為者との間に使用関係がある事実に加えて，②一般人が当該不法行為が使用者の事業の執行につきなされたものであると判断するに足りる事実をも認識することを要する（最判昭44.11.27）。したがって，被害者が直接の加害者である被用者を知っただけでは足りない。

エ× 不法行為による損害賠償請求権は，「不法行為の時」から20年の消滅時効にかかる（724条２号）。判例によれば，その起算点である「不法行為の時」とは，①加害行為が行われた時に損害が発生する不法行為の場合には，「加害行為の時」であるが，②身体に蓄積した場合に人の健康を害することとなる物質による損害や，一定の潜伏期間が経過した後に症状が現れる損害のように，当該不法行為により発生する損害の性質上，加害行為が終了してから相当の期間が経過した後に損害が発生する場合（本記述の場合）には，「当該損害の全部又は一部が発生した時」をいう（最判平16.4.27）。

オ○ 724条各号の期間制限（記述イ・エの解説参照）は，いずれも消滅時効であるから，当事者が援用しなければ，裁判所がこれによって裁判をすることができない（145条）。したがって，その期間経過による法的効果（損害賠償請求権の消滅）は，当事者が援用した場合に限り，裁判所はこれを考慮することができる。

以上より，妥当なものはア，オであり，肢２が正解となる。

正答 2

一般不法行為

実践 問題 154 応用レベル

頻出度			
	地上★	国家一般職★	特別区★
	裁判所職員★	国税・財務・労基★	国家総合職★★★

問 民法上の不法行為の成立を阻却する事情に関するア〜オの記述のうち，妥当なもののみを全て挙げているのはどれか。ただし，争いのあるものは判例の見解による。
（国家総合職2014）

ア：Aは，Bが暴漢Cに刃物で襲われているところに遭遇したため，とっさに持っていたステッキでCを叩き，Cに軽傷を負わせた。この場合，他人の不法行為に対し，第三者の権利を防衛するためにやむを得ず加害行為をしたのであり，Aの行為につき正当防衛が成立し得る。

イ：Aは，凶暴な野犬に襲われたときに，必死になってその犬から逃れるためにBの家の壁を壊して逃げた。この場合，物から生じた急迫した危難を避けるために他人の物を壊したのであり，Aの行為につき緊急避難が成立し得る。

ウ：Aは，帰宅したところ，自宅前に停まっていた見知らぬトラックの荷台に，自分の高級自転車が載せられているのを発見したので，直ちにこれを取り戻した。この場合，法律の定める手続によったのでは，権利に対する違法な侵害に対抗して現状を維持することが不可能又は著しく困難であると認められる緊急やむを得ない特別の事情があるときであって，その必要な限度であれば，Aの行為は，自力救済として許されることがある。

エ：Aは，酒に弱く，少量の飲酒でも酩酊することを知っているのに，自ら多量の飲酒をして正常な意識を失い，突然Bに殴りかかってBにけがを負わせた。この場合，自らの飲酒が原因ではあるが，Aは，精神上の障害により自己の行為の責任を弁識する能力を欠く状態にある間にBに損害を加えたのであり，その賠償の責任を負わない。

オ：A新聞社は，ある市の市長Bが政治資金を違法に使用しているという事実を報道し，Bの社会的評価は著しく低下した。この場合において，事実を摘示する報道行為が公共の利害に関する事実に係り，かつ，その目的が専ら公益を図ることにあって，当該事実がその重要な部分について真実であることの証明がされたときは，Aの報道行為は違法性がないとされる。

1：ア，エ
2：イ，オ
3：ア，ウ，オ
4：イ，ウ，エ
5：ア，イ，ウ，オ

チェック欄		
1回目	2回目	3回目

実践 問題 154 の解説

〈不法行為の成立を阻却する事情〉

ア○ Aが，他人（C）の不法行為に対し，自己の権利を防衛するためだけでなく，第三者（B）の権利を防衛するために，やむをえず（Cに対して）加害行為をした場合も，正当防衛となる（720条１項本文）。なお，Aの行為は刑法上も正当防衛である（刑法36条１項）。

イ× 民法上の緊急避難は，「他人の物」から生じた急迫の危難を避けるために，「その物を損傷」した場合に限られる（720条２項）。したがって，Aが凶暴な野犬に襲われた場合，仮にAがその野犬を殺傷したとしても，野犬は「他人の物」ではないから，そもそも不法行為は問題とならず，緊急避難も問題とならない。また，本記述のように，Aが野犬から逃れるためにBの家の壁を壊した行為は，刑法では緊急避難となりうるが（刑法37条），民法では緊急避難とはならず，Bとの関係で不法行為となりうる（709条）。

ウ○ Aが自分の高級自転車を取り戻す行為（自力救済）は，社会秩序の維持が国家権力に委ねられている近代法の下では，原則として許されない（自力救済禁止の原則）。ただし，判例は，「法律に定める手続によったのでは，権利に対する違法な侵害に対抗して現状を維持することが不可能又は著しく困難であると認められる緊急やむを得ない特別の事情が存する場合においてのみ，その必要の限度を超えない範囲内で」，自力救済は例外的に許されるとしている（最判昭40.12.7）。

エ× 精神上の障害により「自己の行為の責任を弁識する能力」（責任能力）を欠く状態にある間に他人に損害を加えた者は，賠償責任を負わない（713条本文）。ただし，故意または過失によって一時的にその状態を招いたときは，賠償責任を負う（同条但書）。本記述の場合，Aは，酒に弱く，少量の飲酒でも酩酊することを知っているのに，自ら多量の飲酒をして正常な意識を失い（故意に一時的な責任無能力状態を招いて），突然Bに殴りかかってBにけがを負わせたので，Bに加えた損害について賠償責任を免れない。

オ○ A新聞社の報道により，Bの社会的評価は著しく低下しているので，Aの事実を摘示する報道行為は名誉毀損にあたり，不法行為が成立しうる。しかし，特にAのようなマスメディアによる名誉毀損の場合には，表現の自由（憲法21条）と人格権の保護（憲法13条）との調整が必要となる。そこで，判例は，事実の摘示による名誉毀損行為が，①公共の利害に関する事実に係り，②もっぱら公益を図る目的に出た場合に，③摘示された事実が真実であることが証明されたときには，違法性がなく，不法行為は成立しないとしている（最判昭41.6.23）。なお，③は，摘示された事実の「重要な部分」が真実であれば足りる（最判昭58.10.20）。

以上より，妥当なものはア，ウ，オであり，肢３が正解となる。

正答 3

一般不法行為

実践 問題 155 応用レベル

頻出度			
	地上★	国家一般職★	特別区★
	裁判所職員★	国税·財務·労基★	国家総合職★★★

問 不法行為における損害賠償額の減額に関するア～オの記述のうち，判例に照らし，妥当なもののみを全て挙げているのはどれか。　（国家総合職2015）

ア：夫の運転する自動車と他人の運転する自動車との衝突事故において，夫の自動車に同乗していた妻が負傷した場合，夫と他人との共同不法行為による事故であっても，被害者本人と身分上，生活関係上，一体をなすとみられるような関係にある者の過失は斟酌することができるから，夫婦の婚姻関係が既に破綻にひんしているなど特段の事情のない限り，当該他人の損害賠償額について，夫の過失割合を考慮して減額することができる。

イ：不法行為の被害者が平均的な体格ないし通常の体質と異なる身体的特徴を有していた場合，それが疾患に当たらないとしても，特段の事情のない限り，損害賠償の額を定めるに当たり，被害者の身体的特徴を斟酌することができ，損害賠償額を減額することができる。

ウ：複数の加害者の過失及び被害者の過失が競合する一つの交通事故において，その交通事故の原因となった全ての過失割合（絶対的過失割合）を認定することができる場合であっても，被害者と各加害者との関係ごとにその間の過失の割合に応じて相対的に過失相殺をするべきであり，他の加害者の過失割合を考慮して損害賠償額を減額することはできない。

エ：被害者が不法行為によって損害を被ると同時に同一の原因によって利益を受ける場合には，公平の見地から，その利益の額を損害賠償額から控除する必要があるが，退職年金の受給者の死亡により支給が開始される遺族年金は，遺族の生活水準の維持という目的で支給されるものであるから，損害発生と同一の原因による利益ではなく，遺族年金を受けたからといって，損害賠償額を減額することはできない。

オ：生命保険金は，既に払い込んだ保険料の対価たる性質を有し，不法行為による損害賠償額の算定に際して控除すべきものではなく，生命保険金が支払われたからといって，損害賠償額を減額することはできない。

1：ア，イ
2：ア，オ
3：イ，エ
4：ウ，エ
5：ウ，オ

チェック欄

1回目	2回目	3回目

実践 問題 155 の解説

〈不法行為における損害賠償額の減額〉

ア○ 「被害者に過失」があったときは，加害者・被害者間の公平を図るため，過失相殺が認められる（722条２項）。ここで，「被害者の側」に立つ者の過失も斟酌されるのかという問題がある。判例は，本記述のような場合にも，「**被害者本人と身分上，生活関係上，一体をなすとみられるような関係にある者の過失**」という**被害者側の過失**の法理を適用して，「**夫婦の婚姻関係が既に破綻にひんしているなどの特段の事情のない限り**」，**妻の賠償額を算定する**うえで，**夫の過失による過失相殺を肯定**した（最判昭51.3.25）。これは，加害者が妻に損害賠償した後，共同不法行為の一方の夫に対して過失に応じた負担部分を求償するという関係も一挙に解決できるという合理性を根拠とする。そして，これが正当化されるのは「夫婦の財布は一つ」といえる場合なので，特段の事情がない限りという限定が付されている。

イ× 追突事故により頸部に傷害を受けた被害者が，平均的体格に比べて多少の頸椎の不安定症があるという「**身体的特徴**」を有していた事案において，判例は，被害者が平均的な体格ないし通常の体質と異なる「**身体的特徴**」を有していたとしても，それが「**疾患に当たらない**」場合には，特段の事情のない限り，被害者の身体的特徴を損害賠償の額を定めるにあたり**斟酌（考慮）できない**とした（最判平8.10.29）。そのような身体的特徴は，個々人の個体差の範囲として当然にその存在が予定されているものというべきだからである。

ウ× 判例は，**複数の加害者の過失および被害者の過失が競合する１つの交通事故**において，その交通事故の原因となったすべての過失割合（絶対的過失割合）を認定できるときには，**絶対的過失割合に基づく被害者の過失による過失相殺をした損害賠償額**について，**加害者らは連帯して共同不法行為に基づく賠償責任（719条）を負う**とした（最判平15.7.11）。たとえば，Ａ・Ｂ・Ｃの交通事故で，過失割合が１：２：３の場合で，Ａに300万円の損害が生じたとき，事故に対するＡの絶対的過失割合（６分の１）を反映させると，ＡはＢ・Ｃから250万円の賠償を得られることになる。これは，同一の交通事故で加害者・被害者の過失の内容は**同一の性質**を有することを理由とする。

なお，**各不法行為について加害者・被害者の過失の内容が別異の性質を有する場合**（例：交通事故と医療事故の順次競合），各不法行為者は損害全額について連帯責任を負い，過失相殺は各不法行為の加害者と被害者との間の過失割合に応じてすべきもの（相対的過失相殺）とする判例もある（最判平13.3.13）。

エ× 不法行為の被害者が，損害を被ったのと同一の原因によって利益を受けた場合に，公平の見地から，その利益の額を賠償額から控除することを損益相殺という。判例は，「被害者が不法行為によって死亡し，その損害賠償請求権を取得した相続人が不法行為と同一の原因によって利益を受ける場合」にも，「損益相殺的な調整」が必要となりうるが，このような調整は，「被害者又はその相続人の受ける利益によって被害者に生じた損害が現実に補てんされたということができる範囲」，すなわち，相続人が取得した債権については，「当該債権が現実に履行された場合又はこれと同視し得る程度にその存続及び履行が確実であるということができる場合」に限られるとし，遺族年金については「支給を受けることが確定した」限度で控除の対象となるとした（最大判平5.3.24）。

オ○ 損益相殺（記述エの解説参照）に関して，生命保険金は払い込んだ保険料の対価としての性質を持ち，不法行為の原因と関係なく支払われるべきものなので，損害額から控除すべきでないとするのが判例である（最判昭39.9.25）。

以上より，妥当なものはア，オであり，肢2が正解となる。

正答 2

memo

一般不法行為

実践 問題 156 応用レベル

頻出度 地上★ 国家一般職★ 特別区★ 裁判所職員★ 国税·財務·労基★ 国家総合職★★★

問 **責任無能力者の監督者責任に関する教授の質問に対して，学生A～Eのうち，妥当な発言をしているのは誰か。** **(国家総合職2017)**

教　授：責任無能力者の監督者責任について，最近相次いで重要な判決が出されているので学習しましょう。まず，責任無能力者の監督者責任とはどのようなものですか。

学生A：民法第714条第１項本文は，責任無能力者が責任を負わない場合，その責任無能力者を監督する法定の義務を負う者が損害賠償責任を負うと規定しています。例えば，５歳の子供が違法な行為によって損害を発生させても同法第712条によって責任を負わないことになりますが，法定の監督義務者である親権者が責任を負います。もっとも，同法第714条第１項ただし書によって，監督義務者であっても，具体的事情によって義務がないことを証明すれば責任を免れるとされています。

教　授：それでは，平成27年４月９日の最高裁判決について伺います。放課後に子供が蹴ったサッカーボールによって事故が発生した事件ですね。判決は，どのようなものですか。

学生B：通常は人身に危険が及ぶものとはみられない行為によってたまたま人身に損害を生じさせた場合であっても，そのような行為から損害が発生する可能性については予見できるのであるから，親権者は子に対する監督義務を尽くしていなかったとされました。

教　授：次に，平成28年３月１日の最高裁判決では，認知症の老人が鉄道の線路に入り込み，鉄道事故が発生して鉄道会社に損害が発生した事件ですが，その老人の配偶者らが責任を追及されました。認知症の老人の起こした事故については誰が責任を負うのですか。

学生C：認知症の老人は，民法第713条の「精神上の障害により自己の行為の責任を弁識する能力」を欠いていることがあり，その場合は責任を負いません。そこで，同法第714条第１項によって，法定の監督義務者が責任を負います。法定の監督義務者は，未成年者についての親権者，保育園，幼稚園などや，精神障害者についての成年後見人，病院などです。

教　授：この事件では，配偶者と長男に対して責任追及されましたが，彼らは監督義務者とされましたか。

学生D：最高裁は，長男は法定の監督義務者に当たらないとしました。他方，配偶者については，民法第752条が，夫婦の同居，協力及び扶助の義務について規定しているので，法定の監督義務者ではあるけれども，精神障害者の財産管理への関与の状況などその者と精神障害者との関わりの実情，精神障害者の心身の状況や日常生活における問題行動の有無・内容，これらに対応して行われている監護や介護の実態など諸般の事情を総合考慮して，責任が阻却される場合があるとしました。

教　授：長男は全く責任を負わないのですか。

学生E：最高裁は，法定の監督義務者でない場合であっても，監督義務を引き受けたとみるべき特段の事情がある場合は，法定の監督義務者に準ずべき者として，民法第714条第１項を類推適用して損害賠償責任を負うとしました。したがって，諸般の事情を総合考慮して長男がそのような者に当たる場合は責任を負います。

1：A
2：B
3：C
4：D
5：E

第5章 SECTION ③ 事務管理・不当利得・不法行為

一般不法行為

チェック欄		
1回目	2回目	3回目

実践 問題 156 の解説

〈責任無能力者の監督者責任〉

1 × 未成年者は，他人に損害を加えた場合でも，「自己の行為の責任を弁識するに足りる知能」（責任能力）を備えていなかったときは，賠償責任を負わない（712条）。責任能力の有無は個別具体的に判断されるが，判例は平均すると12歳前後を基準としている。したがって，５歳の子供が違法な行為によって損害を発生させても，賠償責任を負わない。この場合，責任無能力者（５歳の子供）を「監督する法定の義務を負う者」（親権者）が，損害賠償責任を負う（714条１項本文）。ただし，監督義務者が，①「その義務を怠らなかったとき」，または②「その義務を怠らなくても損害が生ずべきであったとき」は免責される（同項但書）。すなわち，同項は，監督義務があることを前提として，①は無過失の証明による免責，②は因果関係不存在の証明による免責を認めたものである。

2 × 小学生Ａ（責任無能力者）が校庭に設置されたサッカーゴールに向けてフリーキックの練習をしていた際，ボールがゴール後方に位置する門の上を越えて道路に転がり出たところ，自動二輪車で進行してきた老人Ｂがそのボールを避けようとして転倒して負傷し，その後死亡したため，Ｂの相続人がＡの親権者に対して714条１項に基づく損害賠償を請求した事件（サッカーボール事件）において，判例は，「通常は人身に危険が及ぶものとはみられない行為によってたまたま人身に損害を生じさせた場合は，当該行為について具体的に予見可能であるなど特別の事情が認められない限り，子に対する監督義務を尽くしていなかったとすべきではない」として，親権者の免責（同項但書）を認めた（最判平27.4.9）。

3 × 精神上の障害により「自己の行為の責任を弁識する能力」（責任能力）を欠く状態にある間に他人に損害を加えた者は，賠償責任を負わない（713条本文）。この場合，責任無能力者を「監督する法定の義務を負う者」（監督義務者），または「監督義務者に代わって責任無能力者を監督する者」（代理監督者）が，損害賠償責任を負う（714条１項本文・２項）。法定の監督義務者とは，未成年者についての親権者（820条）・未成年後見人（857条）などである。これに対して，未成年者についての保育園，幼稚園，精神障害者についての病院は，代理監督者にあたる。なお，判例は，成年後見人が負う身上配慮義務（858条）は，成年後見人に対し成年被後見人（精神障害者）の現実の介護やその行動の監督を求めるものではないから，「成年後見人であることだけでは直ちに法定の監督義務者に該当するということはできない」としている（最判平28.3.1）。

4 × 認知症の老人Ａ（責任無能力者）が線路に立ち入り列車と衝突して鉄道会社に損害を与えたため，鉄道会社がＡの遺族（配偶者と長男）に対して714条１項に基づく損害賠償を請求した事件（ＪＲ東海事件）において，判例（最判平28.3.1）は，Ａを監督すべき法的な義務を負わない長男は法定の監督義務者にあたらないとした。また，配偶者についても，夫婦間の同居・協力・扶助義務（752条）は相手方に対して負う義務であって，第三者との関係で相手方を監督する義務を基礎付けることはできないから，精神障害者と同居する配偶者であるからといって，714条１項の法定の監督義務者にあたるとはいえないとした。

5 ○ 肢４解説の判例は，法定の監督義務者に該当しない者であっても，責任無能力者との身分関係や日常生活における接触状況に照らし，第三者に対する加害行為の防止に向けてその者が当該責任無能力者の監督を現に行いその態様が単なる事実上の監督を超えているなどその監督義務を引き受けたとみるべき特段の事情が認められる場合には，衡平の見地から法定の監督義務を負う者と同視してその者に対し714条に基づく損害賠償責任を問うことができるとするのが相当であり，このような者については，「法定の監督義務者に準ずべき者」として，同条１項が類推適用されるとした（最判平28.3.1）。なお，事案の解決としては，配偶者も長男も「法定の監督義務者に準ずべき者」にあたらないとして，両者の損害賠償責任を否定している。

正答 5

特殊不法行為

必修問題 セクションテーマを代表する問題に挑戦！

使用者責任は報償責任の原理に基づく，不法行為の特別類型です。一般不法行為との要件の違いに注意してください。

問 不法行為における使用者責任に関する次のア〜オの記述のうち，適当なもののみをすべて挙げているのはどれか（争いのあるときは，判例の見解による。）。（裁事2011）

ア：使用者は，被用者の選任及びその事業の監督について相当の注意をしたことを証明した場合，責任を免れる。

イ：使用者責任に基づき，使用者が被害者に全額の損害賠償を行った場合であっても，被用者が民法709条の不法行為責任に基づき被害者に全額の損害賠償を行う義務は存続する。

ウ：使用者の事業は，営利かつ適法なものであることを要する。

エ：被用者の加害行為は，使用者の事業の執行についてされたものであることが必要であるが，これは，その加害行為が，被用者の職務執行行為そのものには属しないが，行為の外形から観察して，あたかも被用者の職務の範囲内の行為に属するものとみられる場合も含む。

オ：普段から業務として使用者である会社の自動車を運転していた被用者が，終電車に乗り遅れたため，その自動車を無断で持ち出して運転して帰宅する途中，被害者を轢いて死亡させた。この場合，被用者の行為は，使用者の事業の執行についてされたものであることの要件を満たさない。

1：ア，イ
2：ア，エ
3：イ，オ
4：ウ，エ
5：ウ，オ

直前復習

頻出度	地上★★	国家一般職★	特別区★
	裁判所職員★	国税·財務·労基★	国家総合職★

必修問題の解説

チェック欄		
1回目	2回目	3回目

〈使用者責任〉

ア○ 使用者は，①被用者の選任およびその事業の監督について相当の注意をしたこと，または②相当の注意をしても損害が生じたこと（使用者の選任・監督上の過失と損害発生との間に因果関係がないこと）を使用者の側で立証したときは免責される（715条１項但書）。

イ× 使用者責任が認められるためには，被用者について一般不法行為の成立要件を具備することが必要であるから（判例・通説），使用者責任（715条１項）が成立する場合には，常に被用者にも709条の不法行為が成立することになる。この場合の両者の責任は，どちらも被害者に対して全額の賠償義務を負うが，どちらかが全額支払えばそこで債務が消えるという「不真正連帯債務」の関係に立つ（最判昭45.4.21）。

ウ× 使用者責任が認められるためには，ある「事業」のために他人を使用する関係（使用関係）があることが必要である（715条１項本文）。ここにいう「事業」とは，「仕事」という程度の意味であり，一時的であっても，非営利であっても，違法であってもよい（判例・通説）。判例にも，暴力団の最上位の組長と下部組織の構成員との間に暴力団の「威力を利用しての資金獲得活動に係る事業」についての使用関係があるとして，組長の使用者責任を肯定したものがある（最判平16.11.12）。

エ○ 使用者責任が認められるためには，被用者の不法行為（記述イの解説参照）が使用者の「事業の執行について」なされたことが必要である（715条１項本文）。この「事業の執行について」とは，被用者の職務の執行行為そのものには属しないが，その行為の外形から観察して，あたかも被用者の職務の範囲内の行為に属するものとみられる場合をも包含する（外形理論。最判昭36.6.9）。

オ× 本記述と同様の事案で，判例は，外形理論（記述エの解説参照）を適用して，被用者の行為（会社の自動車を私用で無断運転したこと）は外形上その職務の範囲内の行為と認められ，その結果起こした事故による損害は会社（使用者）の「事業の執行について」生じたものであるとしている（最判昭39.2.4）。

以上より，妥当なものはア，エであり，肢２が正解となる。

正答 2

第5章 SECTION 4 事務管理・不当利得・不法行為

特殊不法行為

1 使用者責任

【事例】

運送会社AはBさんを雇って運送業を営んでいたが，Bさんの運転するトラックがCさんをひいて傷害を負わせてしまいました。この場合に，Cさんは運送会社Aに損害賠償を請求できるでしょうか。

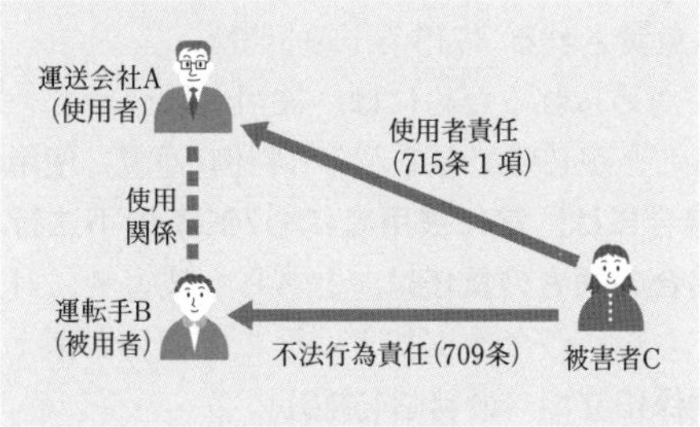

注意！ 使用者責任が成立した場合でも，被害者は，被用者に対して損害賠償請求することもできます。

(1) 意義

①ある事業のために他人を使用する者（使用者）は，その他人（被用者）が，②その事業の執行について，③第三者に損害を与えた場合，損害賠償責任を負います。これを使用者責任といいます（715条１項本文）。

したがって，事例のような場合，会社Aは使用者として損害賠償責任を負うことになります。その場合，Cさんは，不法行為に基づく責任を負う運転手Bさんだけではなく，使用者責任を負う会社Aにも賠償請求ができることになります。

使用者責任は，使用者は被用者を使って事業を行い利益をあげている以上，その事業の過程において被用者が他人に与えた損害の責任も負うべきだとする報償責任の原理に基づきます。

なお，②の要件（その事業の執行について）は，被用者が本来の事業の執行中であったかが厳密に問われるのではなく，外形的に使用者の事業を被用者が執行しているように評価できればよいとされています（外形理論・外形標準説）。たとえば，事例で，Bさんが事故を起こしたのが，会社のトラックを借りて帰宅する途中であった場合でも，外形上「事業の執行について」と認められることから，会社Aは使用者責任を負うことになります。

補足 外形理論は相手方の信頼を保護するためのものであるので，相手方が，職務権限外の行為であることにつき，悪意・重過失であるときは，使用者責任を問うことができません（最判昭42.11.2）。

(2) 使用者の免責

被用者の行為によって損害が生じた場合でも，使用者が被用者の選任および監督について相当の注意をしていた場合や，その注意をしていたとしてもなお損害が発生していたことを使用者が立証した場合には，使用者は責任を免れることができます（715条１項但書）。

(3) 求償権

使用者が被害者に対して損害を賠償した場合，被用者に対して求償することができます（715条３項）。もっとも，この求償は常に全額が認められるわけではなく，会社と被用者の損害の公平な分担という見地から，信義則上相当と認められる範囲に制限されるとするのが判例です（最判昭51.7.8）。

2 工作物責任

(1) 土地の工作物の設置または保存に瑕疵があり，これによって他人に損害を生じたときは，免責事由がない限り，当該工作物の占有者は，その損害を賠償する責任を負います（717条１項）。

ポイント 工作物責任は，他人に損害を生じさせるかもしれない危険性のある工作物を支配している以上，その危険性が実現したときは，責任を負うべきであるという危険責任の原理に基づくものです。

(2) 占有者が，免責事由の存在を証明したときは，所有者が責任を負います（717条１項但書）。この所有者の責任は，免責事由が認められない無過失責任です。

3 共同不法行為責任

複数の加害者の不法行為が競合して他人に損害を発生させた場合には，加害者は連帯して損害の全額について賠償責任を負うことになります（719条１項）。これを共同不法行為責任といいます。

共同不法行為責任は，共同不法行為者全員に損害の全部について連帯して責任を負わせ，被害者の責任追及を容易にし，被害者救済を厚くすることを目的とします。

なお，行為者を教唆または幇助しただけの者も，共同行為者とみなされ，共同不法行為責任を負います（719条２項）。

特殊不法行為

実践 問題 157 基本レベル

頻出度			
	地上★★	国家一般職★	特別区★
	裁判所職員★	国税·財務·労基★	国家総合職★

問 不法行為の使用者責任に関するア～オの記述のうち，判例に照らし，妥当なもののみを全て挙げているのはどれか。ただし，自動車損害賠償保障法については考慮する必要はない。（国家一般職2018）

ア：兄Aが，その出先から自宅に連絡して弟BにA所有の自動車で迎えに来させた上，Bに自動車の運転を継続させ，これに同乗して自宅に帰る途中でBが運転を誤りCに損害を生じさせた場合において，Aが同乗中に助手席でBに運転上の指示をしていたなどの事情があるときは，Aは，Cに対して，民法第715条に基づく損害賠償責任を負う。

イ：大臣秘書官Aが，私用のために国が所有する自動車を職員Bに運転させてこれに乗車していたところ，当該自動車がCの運転する自動車と衝突してCに損害を生じさせた場合には，国は，Cに対して，民法第715条に基づく損害賠償責任を負わない。

ウ：銀行Aの支店長Bが，会社Cとの間で，Aの内規・慣行に反する取引を行ったところ，Cがその取引によって損害を被った場合において，Bの当該取引行為が，その外形からみて，Aの事業の範囲内に属するものと認められるときであっても，Cが，当該取引行為がBの支店長としての職務権限を逸脱して行われたものであることを知り，又は，重大な過失によりそのことを知らないで，当該取引をしたと認められるときは，Cは，Aに対して，民法第715条に基づく損害賠償を請求することができない。

エ：会社Aの従業員Bが，一緒に仕事をしていた他の従業員Cとの間で業務の進め方をめぐって言い争った挙げ句，Cに暴行を加えて損害を発生させたとしても，Aは，Cに対して，民法第715条に基づく損害賠償責任を負わない。

オ：会社Aの従業員Bが，Aの社用車を運転して業務に従事していたところ，Bの過失によりCの車に追突して損害を生じさせたため，AがCに対して修理費を支払った場合には，Aは，自らに過失がないときに限り，Bに対してその全額を求償することができる。

1：ア，ウ　　2：ア，エ　　3：イ，エ　　4：イ，オ　　5：ウ，オ

チェック欄		
1回目	2回目	3回目

実践 問題 157 の解説

〈使用者責任〉

ア○ 使用者責任が認められるためには，「ある事業のために他人を使用する」関係（使用関係）が存在しなければならない（715条１項）。この使用関係は，雇用契約などの契約関係がある場合はもちろん，契約関係がなくても実質的な指揮監督の関係があれば認められる。判例も，本記述のように，兄Ａが弟Ｂに自動車で迎えに来させ自宅に戻る途中で事故が生じた事案で，Ａが助手席でＢに運転の指示をしていた等の事情があるときは，Ａは一時的にせよＢを指揮監督して自動車で自己を自宅に送り届けるという仕事（事業）に従事させていたものとして，ＡＢ間の使用関係を認め，Ａの使用者責任を肯定した（最判昭56.11.27）。

イ× 使用者責任が認められるためには，被用者の不法行為が使用者の「事業の執行について」行われたこと（事業執行性）が必要である（715条１項）。「事業の執行について」には，その行為の外形から客観的に観察して，あたかも被用者の職務の範囲内の行為に属するものと認められる場合も含まれる（外形理論。最判昭40.11.30等）。判例は，大臣専用車の運転手が，すでに辞表を提出したが，まだ官を失っておらず，平素から同車に同乗していた大臣秘書官の私用のために運転して事故を起こした場合も，「事業の執行について」にあたるとして，国の使用者責任を認めた（最判昭30.12.22）。

ウ○ 外形理論（記述イの解説参照）の趣旨は，行為の外形に対する相手方の信頼を保護することにある。そこで，判例は，被用者（本記述ではＢ）のした取引行為が，その行為の外形からみて，使用者（Ａ）の事業の範囲内に属するものと認められる場合でも，その行為が被用者の職務権限内で適法に行われたものではなく，かつ，その行為の相手方（Ｃ）がその事情について悪意または重過失で取引をした場合には，715条の適用はないとした（最判昭42.11.2）。

エ× 被用者の暴行の事業執行性については，外形理論ではなく，事業の執行行為との密接関連性が判断基準とされている。本記述と同様の事案で，判例は，被用者Ｂが業務中にＣに加えた暴行について，会社Ａの「事業の執行行為を契機とし，これと密接な関連を有すると認められる行為」であるとして，Ａの使用者責任を認めた（最判昭44.11.18）。

オ× 被害者Ｃに使用者責任（715条１項）に基づく損害賠償をした使用者Ａは，被用者Ｂに対して求償することができる（同条３項）。しかし，判例は，損害の公平な分担という見地から信義則上相当と認められる限度において，使用者は被用者に求償できるとして，使用者の求償権を制限している（最判昭51.7.8）。

以上より，妥当なものはア，ウであり，肢１が正解となる。

正答 1

第5章 5 SECTION

事務管理・不当利得・不法行為

不法行為総合

必修問題 セクションテーマを代表する問題に挑戦！

特殊不法行為（工作物責任・共同不法行為など）については一般不法行為の要件がどのように修正されているか注意して学習してください。

問 民法に規定する不法行為に関する記述として，妥当なのはどれか。

（特別区2017）

1：責任無能力者を監督する法定の義務を負う者は，責任無能力者がその責任を負わない場合において，当該責任無能力者が他人に損害を加えた場合，監督義務を怠らなかったときであっても，その損害を賠償する責任を必ず負う。

2：ある事業のために他人を使用する者は，被用者がその事業の執行について第三者に加えた損害を賠償する責任を負うが，使用者に代わって事業を監督する者は，一切その責任を負わない。

3：土地の工作物の設置又は保存に瑕疵があることによって他人に損害を生じた場合，その工作物の所有者が損害の発生を防止するのに必要な注意をしたときは，所有者は免責される。

4：動物の占有者又は占有者に代わって動物を管理する者は，その動物が他人に加えた損害を賠償する責任を負うが，動物の種類及び性質に従い相当の注意をもってその管理をしたときは免責される。

5：裁判所は，他人の名誉を毀損した者に対して，被害者の請求により，損害賠償に代えて名誉を回復するのに適当な処分を命ずることができるが，損害賠償とともに名誉を回復するのに適当な処分を命ずることはできない。

Guidance ガイダンス

注文者の責任…注文または指図に過失があったとき
工作物責任…占有者：損害発生防止に必要な注意を怠ったとき
　　　　　　所有者：無過失責任
動物占有者の責任…種類および性質に従った相当の注意を怠ったとき
共同不法行為…各人の意思の連絡は要求されない

直前復習

頻出度	地上★	国家一般職★	特別区★★
	裁判所職員★★★	国税·財務·労基★	国家総合職★★

必修問題の解説

チェック欄		
1回目	2回目	3回目

〈不法行為総合〉

1 × 不法行為を行った者が責任能力を欠くために損害賠償責任を負わない場合（712条・713条），その責任無能力者を監督する法定の義務を負う者は，その責任無能力者が第三者に加えた損害を賠償する責任を負う（714条1項本文）。ただし，監督義務者がその義務を怠らなかったとき，またはその義務を怠らなくても損害が生ずべきであったときは，免責される（同項但書）。

2 × ある事業のために他人を使用する者（使用者）は，被用者がその事業の執行について第三者に加えた損害を賠償する責任を負う（715条1項）。さらに，使用者に代わって事業を監督する者（代理監督者）も，使用者責任を負う（同条2項）。

3 × 土地の工作物の設置または保存に瑕疵があり，これによって他人に損害を生じたときは，工作物の「占有者」は損害賠償責任を負う（717条1項本文）。ただし，占有者が損害の発生を防止するのに必要な注意をしたときは，占有者は免責され，「所有者」が損害賠償責任を負う（同項但書）。すなわち，損害の発生を防止するのに必要な注意をしたことを立証すれば，占有者は免責されるが（中間責任），所有者は，免責規定がないので，それを立証しても免責されない（無過失責任）。

4 ○ 動物の占有者は，その動物が他人に加えた損害を賠償する責任を負う（718条1項本文）。ただし，動物の種類および性質に従い相当の注意をもってその管理をしたときは，責任を免れる（同項但書）。また，占有者に代わって動物を管理する者も占有者と同様の責任を負う（同条2項）。社会生活における動物から生ずる危険を考慮して，動物の占有者・管理者に重い責任を課すため，本条が設けられた。

5 × 他人の名誉を毀損した者に対しては，裁判所は，被害者の請求により，損害賠償に代えて，または損害賠償とともに「名誉を回復するのに適当な処分」（謝罪広告など）を命ずることができる（723条）。名誉毀損の場合に金銭による賠償が認められても，それだけでは名誉を回復するに十分でない場合が多いことから，本条が設けられた。

正答 4

不法行為総合

実践 問題 158 基本レベル

頻出度	
地上★ 国家一般職★ 特別区★★	
裁判所職員★★★ 国税·財務·労基★ 国家総合職★★	

問 不法行為に関するア～エの記述のうち，判例に照らし，妥当なもののみをすべて挙げているのはどれか。（国税2009）

ア：X社の代表者Aは，Yの過失による交通事故で負傷した。X社がいわゆる個人会社であり，AにX社の機関としての代替性がなく，AとX社が経済的に一体の関係にあるような場合X社はYに対して，Aの負傷のため逸失した利益について損害賠償を請求することができる。

イ：Aは，Yの過失による交通事故で死亡した。Aが即死の場合でも，Aは損害賠償請求権を取得することになるから，Aの相続人であるXは，Aの逸失利益についての損害賠償請求権を相続することができる。

ウ：Aは，Yの過失による交通事故で死亡した。慰謝料請求権は本人の主観的な感情が根拠となっている一身専属的な権利であるから，Aが生前に請求の意思を表明しない場合，Aの相続人であるXは，慰謝料請求権を相続することができない。

エ：Xは，Z社の車を運転していたZ社の従業員Yの過失による交通事故で負傷した。Yの運転が，客観的にはYの職務行為の範囲内に属するものと認められる場合でも，Yが私用のためにZ社の車を使っていたときは，XはZ社に対して損害賠償を請求することができない。

1：ア，イ
2：ア，ウ
3：ア，エ
4：イ，エ
5：ウ，エ

実践 問題 158 の解説

チェック欄		
1回目	2回目	3回目

〈不法行為総合〉

ア○ 会社の代表者・従業員の死傷によって会社も損害（営業利益の喪失など）を被った場合，判例は，原則として会社から加害者に対する損害賠償請求を認めない。ただし，X会社の代表者AがYの過失による交通事故で負傷した場合において，①X会社が法人とは名ばかりの個人会社であり，②その実権が代表者A個人に集中して，Aには会社の機関としての代替性がなく，③経済的にはAとX会社とが一体をなす関係にあると認められるときは，YのAに対する加害行為とAの受傷によるX会社の利益の逸失との間に相当因果関係があるとして，形式的には間接の被害者であるX会社からの損害賠償請求を認めている（最判昭43.11.15）。

イ○ 被害者Aが死亡した場合，死亡と同時にAは権利主体でなくなるから，死亡による逸失利益についての損害賠償請求権がAに帰属して，相続人Xに相続されると考えるのは無理があるとも思える。しかし，被害者が重傷の場合は，被害者本人に損害賠償請求権が発生し，その後に死亡すれば金銭債権として当然に相続されるのに，被害者が即死の場合に相続されないというのではバランスを欠く。そこで，判例は，被害者が即死した場合でも，傷害と死亡との間に観念上時間の間隔があるとして，被害者の損害賠償請求権が相続されることを認める（大判大15.2.16）。

ウ× 精神的損害について，被害者の一身専属的権利として，相続の対象にならないとすれば，被害者が意思を表明した後に死亡した場合と意思を表明できずに死亡した場合（即死の場合など）との間に不均衡が生ずる。そこで，判例は，慰謝料請求権そのものは単純な金銭債権であることなどを理由に，不法行為の被害者は，損害の発生と同時に慰謝料請求権を取得し，請求権を放棄したと解される特段の事情のない限り，請求の意思表示がなくても，当然に相続されるとしている（最大判昭42.11.1）。

エ× 「事業の執行について」（715条1項本文）とは，その行為の外形から観察して，あたかも被用者の職務の範囲内の行為に属するものと認められる場合も含まれる（外形理論）。これによれば，YによるZ社の車の運転が私用のためであっても，客観的にはYの職務の範囲内に属するものと認められる場合には，その結果生じたXの負傷は，Z社の「事業の執行について」生じたものといえる（最判昭39.2.4）。

以上より，妥当なものはア，イであり，肢1が正解となる。

正答 1

不法行為総合

実践 問題 159 基本レベル

頻出度 地上★　国家一般職★　特別区★★
裁判所職員★★★　国税･財務･労基★　国家総合職★★

問 民法に規定する不法行為に関する記述として，妥当なのはどれか。

（特別区2011）

1：最高裁判所の判例では，未成年者が他人に損害を与えた場合に，未成年者が責任能力を有する場合は，監督義務者の義務違反と当該不法行為による結果との間に相当な因果関係があったとしても，監督義務者は不法行為責任を負わないとした。

2：最高裁判所の判例では，法人も名誉を侵害されることにより社会的評価の低下は有り得るから名誉毀損が成立し，損害の金銭評価が可能である限り，無形の損害の賠償も認められるとした。

3：最高裁判所の判例では，被用者がタンクローリーを運転中に事故を起こし，第三者に損害を与えるとともに使用者所有のタンクローリーに損害を与えた茨城石炭商事事件にて，労働環境の整備につき使用者側に問題がある場合には，信義則によって使用者は被用者に対して求償権を行使できないとした。

4：不法行為による損害賠償の方法は，損害を金銭的に評価して行う金銭賠償によるのではなく，損害を現実的，自然的に消去する原状回復によることを原則としている。

5：不法行為における故意又は過失の立証責任は，被害者にあり，加害者の行為と権利侵害ないし違法な事実との間に因果関係がないことを，加害者が証明することは一切ない。

実践 問題 159 の解説

チェック欄		
1回目	2回目	3回目

〈不法行為総合〉

1 × 未成年者が他人に損害を与えた場合に，未成年者が責任能力を有するときは，未成年者自身が責任を負うので（709条），被害者は714条を根拠に監督義務者の責任を追及することはできない（通説）。しかし，未成年者は自己の財産を有しない場合が多く，監督義務者の責任が否定されると被害者の保護に欠けるので，判例は，未成年者が責任能力を有する場合であっても，監督義務者の義務違反と当該未成年者の不法行為によって生じた結果との間に相当因果関係を認めうるときは，監督義務者につき709条に基づく不法行為が成立するとしている（最判昭49.3.22）。

2 ○ 法人も名誉を侵害されることによる社会的評価の低下はありうるから，法人の名誉毀損も成立しうる。もっとも，法人には精神的苦痛はないから，慰謝料請求（710条）は認められないとも考えられる。しかし，判例は，法人の名誉毀損の場合に，金銭評価の可能な「無形の損害」が発生することは必ずしも絶無でないとして，そのような「無形の損害」については710条に基づいて賠償請求できるとしている（最判昭39.1.28）。

3 × 被害者に損害を賠償した使用者は，被用者に対して求償することができる（715条３項）。しかし，判例は，使用者は，諸般の事情に照らし，損害の公平な分担という見地から信義則上相当と認められる限度において求償できるとして，使用者の求償権を制限している（茨城石炭商事事件，最判昭51.7.8）。したがって，信義則によって使用者の求償権行使が否定されるわけではない。

4 × 不法行為による損害賠償の方法は，債務不履行の場合（417条）と同様，金銭賠償が原則である（722条１項）。資本主義社会においては，損害を測定するのに金銭によることが最も便利だからである。

5 × 加害者の故意・過失（709条）の立証責任は，損害賠償を請求する被害者（原告）が負うのが原則である（大判明38.6.19）。また，加害者の行為と権利侵害ないし違法な事実との間の因果関係の立証責任も，被害者が負うのが原則である。しかし，719条１項後段は，「共同行為者のうちいずれの者がその損害を加えたかを知ることができないとき」は共同行為者の全員が連帯して損害賠償責任を負うと規定している。これは，被害者の保護を図るため，公益的観点から，因果関係の立証責任を転換して，共同行為をした者（加害者側）が自らの行為と損害との間に因果関係が存在しないことを立証しない限り，連帯して損害の全部について賠償責任を負わせる趣旨の規定である（最判令3.5.17）。

正答 2

第5章 SECTION 5 事務管理・不当利得・不法行為

不法行為総合

実践 問題 160 基本レベル

頻出度			
地上★	国家一般職★	特別区★★	
裁判所職員★★★	国税·財務·労基★	国家総合職★★	

問 不法行為に関する次の記述のうち，最も適当なのはどれか（争いのあるときは，判例の見解による。）。 （裁判所職員2013）

1：未成年者が他人に損害を加えた場合，その未成年者を監督する法定の義務を負う者は，監督義務を怠らなかったとき又は監督義務を怠らなくても損害が生ずべきであったときを除き，未成年者自身が不法行為責任を負うかどうかにかかわらず，民法714条に基づき，その損害を賠償する義務を負う。

2：被用者が，外形上は使用者の事業の範囲内に属する取引行為をして相手方に損害を与えた場合，それが被用者の職務権限内で適法に行われたものでないときは，そのことについての相手方の悪意又は過失の有無にかかわらず，使用者は相手方に対する使用者責任に基づく損害賠償義務を免れる。

3：土地の工作物の設置又は保存に瑕疵があることによって第三者に損害が生じた場合，その工作物の所有者は，その損害の発生を防止するのに必要な注意をしたことを立証すれば，損害賠償義務を免れることができる。

4：加害者の過失により生じた交通事故によってそのまま放置すれば死亡に至る傷害を負った者が，その後搬送された病院で適切な手術を受ければ本来は救命できたにもかかわらず，医師の手術中の過失により死亡した場合，交通事故の加害者と医師の双方が，それぞれの過失行為と相当因果関係のある死亡による損害の全額について連帯して賠償する義務を負う。

5：動物の占有者は，その動物が他人に損害を加えた場合，その動物の種類及び性質に従い相当の注意をもって管理していたとしても，損害賠償義務を負う。

チェック欄		
1回目	2回目	3回目

実践 問題 160 の解説

〈不法行為総合〉

1 × 未成年者が他人に損害を与えた場合において，未成年者が責任能力を有しないため，未成年者自身が不法行為責任を負わないとき（712条）は，その未成年者を監督する法定の義務を負う者（監督義務者。親権者など）が，監督義務を怠らなかったこと，または監督義務を怠らなくても損害が生ずべきであったときを除き，その損害を賠償する責任を負う（714条1項）。これに対して，未成年者が責任能力を有するときは，未成年者自身が不法行為責任を負うので（709条），被害者は714条を根拠に監督義務者の責任を追及することはできない（通説）。

2 × 被用者のした取引行為が，その行為の外形からみて使用者の事業の範囲内に属するものと認められる場合でも，その行為が被用者の職務権限内で適法に行われたものではなく，かつ，相手方がその事情について悪意であったか，重過失によって知らなかった場合には，715条1項の適用はなく，相手方は使用者に対して損害賠償を請求できない（最判昭42.11.2）。

3 × 土地の工作物の設置または保存に瑕疵があることによって他人に損害を生じたときは，その工作物の「占有者」が損害賠償責任を負う（工作物責任。717条1項本文）。ただし，占有者が「損害の発生を防止するのに必要な注意をした」ときは，占有者は免責され，「所有者」が損害賠償責任を負う（同項但書）。つまり，占有者は，「損害の発生を防止するのに必要な注意をした」ことを立証すれば免責されるが（中間責任），所有者は，それを立証しても免責されない（無過失責任）。

4 ○ 本肢の事例の場合，交通事故と医療事故のいずれもが被害者の死亡という不可分の1個の結果を招来し，その結果について相当因果関係を有する関係にあるといえる。そこで，判例は，交通事故における運転行為と医療事故における医療行為とは719条所定の共同不法行為にあたり，各不法行為者（交通事故の加害者と医師）は，被害者の被った損害の全額について連帯して責任を負うとした（最判平13.3.13）。

5 × 動物の占有者は，その動物が他人に加えた損害を賠償する責任を負う（718条1項本文）。ただし，「動物の種類及び性質に従い相当の注意をもってその管理をしたとき」は，責任を免れる（同項但書）。

正答 4

不法行為総合

実践 問題 161 基本レベル

頻出度			
	地上★	国家一般職★	特別区★★
	裁判所職員★★★	国税·財務·労基★	国家総合職★★

問 民法に規定する不法行為に関する記述として，妥当なのはどれか。

（特別区2014）

1：未成年者は，他人に損害を加えた場合において，自己の行為の責任を弁識するに足りる知能を備えていなかったときは，その行為について賠償の責任を負わない。

2：責任無能力者が第三者に損害を加えたときは，責任無能力者を監督する法定の義務を負う者は，監督義務を怠らなくても損害が生ずべきであった場合であっても，その責任無能力者が第三者に加えた損害を賠償する責任を負う。

3：数人が共同の不法行為によって他人に損害を加えたときは，各自が連帯してその損害を賠償する責任を負うが，行為者を教唆した者及び幇（ほう）助した者は，損害を賠償する責任を負わない。

4：他人の不法行為に対し，第三者の権利又は法律上保護される利益を防衛するため，やむを得ず加害行為をした者であっても，損害賠償の責任を負うので，被害者から不法行為をした者に対して，損害賠償を請求することはできない。

5：裁判所は，被害者の請求により，被害者の名誉を毀損した者に対して，名誉を回復するのに適当な処分を命ずるときは，被害者の請求があっても，その処分とともに損害賠償を命ずることはできない。

チェック欄

1回目	2回目	3回目

実践 問題 161 の解説

〈不法行為総合〉

1 ○ 未成年者は，他人に損害を加えた場合において，「自己の行為の責任を弁識するに足りる知能」（責任能力）を備えていなかったときは，その行為について賠償の責任を負わない（712条）。

2 × 責任無能力者が第三者に加えた損害について賠償責任を負わない場合（712条・713条）には，その責任無能力者を監督する法定の義務を負う者（親権者，後見人など）が賠償責任を負う（714条1項本文）。ただし，①監督義務者がその義務を怠らなかったとき，または②その義務を怠らなくても損害が生ずべきであったときは，免責される（同項但書）。

3 × 数人が共同の不法行為によって他人に損害を加えたときは，各自が連帯してその損害を賠償する責任を負う（719条1項前段）。また，行為者（実行者）を教唆した者（そそのかした者）および幇助した者（手伝った者）は，直接の加害行為を行っていないが，共同行為者とみなされて，実行者と連帯して責任を負わされる（同条2項）。

4 × 他人の不法行為に対し，自己または第三者の権利または法律上保護される利益を防衛するため，やむをえず加害行為をした者は，正当防衛として，損害賠償責任を負わない（720条1項本文）。ただし，正当防衛により第三者に損害を与えた場合，その第三者（被害者）から不法行為をした者に対する損害賠償請求は妨げられない（同項但書）。

5 × 不法行為による損害賠償の方法は，金銭賠償が原則である（722条1項・417条）。しかし，名誉毀損の場合，金銭による賠償だけでは名誉を回復するのに十分でない場合が多い。そこで，名誉毀損の場合，裁判所は，被害者の請求により，他人の名誉を毀損した者に対して，金銭による損害賠償に代えて，または金銭による損害賠償とともに，「名誉を回復するのに適当な処分」（謝罪広告など）を命ずることができる（723条）。

正答 1

不法行為総合

実践 問題 162 基本レベル

頻出度			
地上★	国家一般職★	特別区★★	
裁判所職員★★★	国税·財務·労基★	国家総合職★★	

問 不法行為に関する次のア～オの記述のうち，適当なもののみを全て挙げているものはどれか（争いのあるときは，判例の見解による。）。

（裁判所職員2014）

ア：未成年者が他人に損害を与えた場合，未成年者に責任能力があれば，監督義務者が不法行為による責任を負うことはない。

イ：土地工作物によって他人に損害が生じた場合，工作物の占有者は，その損害の発生を防止するのに必要な注意を行ったことを立証すれば，損害賠償責任を免れることができる。

ウ：民法723条にいう名誉とは，自己自身の人格的価値について有する主観的な評価，すなわち名誉感情を含むものであるから，新聞に個人の名誉感情を害する記事が掲載された場合，同条に基づき，名誉を回復するための処分を求めることができる。

エ：不法行為による被害者が死亡した場合，支払われた生命保険金は，損害額から控除される。

オ：民法722条２項にいう被害者の過失には被害者側の過失が含まれるが，保育園に預けられている幼児が不法行為により損害を被った場合，保育園の保育士に監督上の過失があったとしても，過失相殺において，被害者側の過失として斟酌されない。

1：ア，エ
2：ア，ウ
3：イ，エ
4：イ，オ
5：ウ，オ

チェック欄		
1回目	2回目	3回目

実践 問題 162 の解説

〈不法行為総合〉

ア× 判例は，未成年者が責任能力を有する場合であっても，監督義務者の義務違反と当該未成年者の不法行為によって生じた結果との間に相当因果関係を認めうるときは，監督義務者につき「709条に基づく不法行為」が成立するとしている（最判昭49.3.22）。

イ○ 土地工作物の設置や保存に瑕疵があることによって他人に損害が生じた場合，第１次的には，その工作物の「占有者」が被害者に対して損害賠償責任を負う（717条１項本文）。ただし，占有者が「損害の発生を防止するのに必要な注意をした」ことを立証したときは，占有者は免責され，「所有者」が第２次的に損害賠償責任を負う（同項但書）。

ウ× 判例は，723条にいう「名誉」とは，人がその品性，徳行，名声，信用等の人格的価値について社会から受ける客観的な評価（社会的名誉）を指すのであって，人が自己自身の人格的価値について有する主観的な評価（名誉感情）を含まないとしている（最判昭45.12.18）。したがって，新聞に個人の名誉感情を害する記事が掲載された場合，被害者は，723条に基づき，名誉を回復するための処分を求めることはできない。

エ× 不法行為による被害者が死亡した場合，損害賠償請求権者である被害者の遺族が生命保険金を受け取ることが少なくない。しかし，判例は，支払われた生命保険金は，損害賠償額の算定にあたって損益相殺の対象とはならない（損害額から控除されない）としている（最判昭39.9.25）。なぜなら，生命保険金はすでに払い込んだ保険料の対価の性質を有し，もともとは死亡の原因と関係なく支払われるものだからである。

オ○ 判例は，①722条２項（過失相殺）の「過失」には，被害者本人の過失だけでなく，「被害者側の過失」，すなわち，「被害者と身分上ないしは生活関係上一体をなすとみられるような関係にある者の過失」も含まれるが，②保育園に預けられている幼児が不法行為により損害を被った場合において，保育園の保育士は，被害者（幼児）と「一体をなすとみられるような関係」にないから，その者の（監督上の）過失は，被害者側の過失として考慮できないとしている（最判昭42.6.27）。

以上より，妥当なものはイ，オであり，肢４が正解となる。

正答 4

不法行為総合

実践 問題 163 基本レベル

頻出度 地上★ 国家一般職★ 特別区★★ 裁判所職員★★★ 国税·財務·労基★ 国家総合職★★

問 不法行為に関するア～オの記述のうち，妥当なもののみを全て挙げているのはどれか。 （国家一般職2016）

ア：数人が共同の不法行為によって第三者に損害を加えたときは，各自が連帯してその損害を賠償する責任を負うが，その行為者を教唆した者も，共同行為者とみなされ，各自が連帯してその損害を賠償する責任を負う。

イ：土地の工作物の設置又は保存に瑕疵があることによって第三者に損害を生じた場合，その工作物の所有者は，損害の発生を防止するのに必要な注意をしたときは，その損害を賠償する責任を負わない。

ウ：ある事業のために他人を使用する者は，被用者がその事業の執行について第三者に加えた損害を原則として賠償する責任を負うが，使用者が第三者にその損害を賠償したときは，使用者は被用者に求償権を行使することができる。

エ：未成年者が不法行為によって第三者に損害を加えた場合，その未成年者は，自己の行為の責任を弁識するに足りる知能を備えていなかったときは，その損害を賠償する責任を負わない。この場合において，その未成年者を監督する法定の義務を負う者は，その義務を怠らなかったことを証明したときに限り，その損害を賠償する責任を負わない。

オ：精神上の障害により自己の行為の責任を弁識する能力を欠く状態にある間に第三者に損害を加えた者は，故意により一時的にその状態を招いたときは，その損害を賠償する責任を負うが，過失により一時的にその状態を招いたときは，その損害を賠償する責任を負わない。

1：ア，イ
2：ア，ウ
3：イ，オ
4：ウ，エ
5：エ，オ

チェック欄		
1回目	2回目	3回目

実践 問題 163 の解説

〈不法行為総合〉

ア○ 数人が共同の不法行為によって他人に損害を加えたときは，各自が連帯して損害賠償責任を負う（719条1項前段）。また，行為者を教唆・幇助した者も，直接の加害行為をしたわけではないが，共同行為者とみなされ，連帯して損害賠償責任を負う（同条2項）。

イ× 土地の工作物の設置または保存に瑕疵があることによって他人に損害を生じた場合，第1次的には工作物の「占有者」が損害賠償責任を負う（717条1項本文）。ただし，占有者が損害の発生を防止するのに必要な注意をしたときは，「所有者」が第2次的に損害賠償責任を負う（同項但書）。所有者には占有者のような免責事由がないので，所有者の責任は無過失責任である。

ウ○ ある事業のために他人を使用する者（使用者）は，その他人（被用者）がその事業の執行について第三者に加えた損害を賠償する責任を負う（715条1項本文）。なぜなら，他人を使用することにより自己の活動範囲を拡大し利益を得ている以上，それに伴って生ずる損害も負担すべきだからである（報償責任）。もっとも，使用者が被害者にその損害を賠償したときは，使用者は被用者に対して求償することができる（同条3項）。

エ× 未成年者が不法行為によって第三者に損害を加えた場合，その未成年者は，自己の行為の責任を弁識するに足りる知能（責任能力）を備えていなかったときは，損害賠償責任を負わない（712条）。この場合，その未成年者（責任無能力者）を監督する法定の義務を負う者（監督義務者）が損害賠償責任を負う（714条1項本文）。ただし，監督義務者は，監督義務を怠らなかったこと，または，その義務を怠らなくても損害が生ずべきであったことを証明したときは，免責される（同項但書）。

オ× 精神上の障害により自己の行為の責任を弁識する能力（責任能力）を欠く状態にある間に他人に損害を加えた者は，原則としてその損害を賠償する責任を負わない（713条本文）。ただし，故意または過失により一時的に責任能力を欠く状態を招いたときは，責任能力を欠く状態で他人に加えた損害についても賠償する責任を負う（同条但書）。これは，不法行為時点で責任能力を欠くことを理由に，自ら責任能力を欠く状態を招いた加害者が免責されるのは妥当でない，という考え方（「原因において自由な行為」の思想）に基づいている。

以上より，妥当なものはア，ウであり，肢2が正解となる。

正答 2

不法行為総合

実践 問題 164 基本レベル

頻出度			
	地上★	国家一般職★	特別区★★
	裁判所職員★★★	国税·財務·労基★	国家総合職★★

問 不法行為に関する次のア〜オの記述のうち，適当なもののみを全て挙げているものはどれか（争いのあるときは，判例の見解による。）。（裁事2017）

ア：被用者と第三者が共同で不法行為をした場合，被害者に損害の全額を賠償した第三者は，使用者に対し，被用者の負担部分について，求償することができる。

イ：被害者に対する加害行為と被害者の疾患とがともに原因となって損害が発生した場合において，当該疾患の態様，程度などに照らし，加害者に損害全額を賠償させるのが公平でないときは，過失相殺の規定を類推適用することができる。

ウ：失火については，「失火ノ責任ニ関スル法律」により重過失の場合にのみ損害賠償責任を負うとされていることから，被用者の重過失により失火した場合，被用者の選任及び監督につき使用者に重過失がなければ，使用者は責任を負わない。

エ：法人は，名誉を毀損されても精神的苦痛を感じることがないから，謝罪広告を求めることができるとしても，損害賠償を求めることはできない。

オ：不法行為により身体に傷害を受けた者の近親者がその固有の慰謝料を請求することができるのは，被害者がその不法行為によって死亡した場合に限られる。

1：ア，イ
2：ア，ウ
3：イ，エ
4：ウ，エ
5：エ，オ

チェック欄		
1回目	2回目	3回目

実践 問題 164 の解説

〈不法行為総合〉

ア○ 判例は，被用者が使用者の事業の執行について第三者との共同不法行為により他人に損害を加えた場合において，第三者が自己と被用者の過失割合に従って定められる自己の負担部分を超えて被害者に賠償したときは，その第三者は，被用者の負担部分について使用者に対し求償することができるとした（最判昭63.7.1）。なぜなら，被用者の活動により利益を得ている使用者は，被用者による損失も負担すべきという報償責任の見地（715条1項の趣旨）に照らすと，使用者は，被用者と一体をなすものとみて，第三者の関係でも，被用者と同じ内容の責任を負うべきだからである。

イ○ 判例は，損害の公平な分担という観点から，被害者に対する加害行為と被害者の疾患とがともに原因となって損害が発生した場合において，当該疾患の態様，程度などに照らし，加害者に損害全額を賠償させることが公平を失するときは，裁判所は，過失相殺の規定（722条2項）を類推適用して，被害者の疾患を考慮することができるとした（最判平4.6.25）。

ウ× 715条と失火責任法との関係について，判例は，被用者の失火につき重過失がある限り，使用者はその選任・監督につき重過失がなくても，715条1項による責任を負うとした（最判昭42.6.30）。使用者責任が代位責任（被用者の責任を代わりに負う）と解されていることを重視したものである。

エ× 法人も，名誉を侵害されることによる社会的評価の低下はありうるから，名誉毀損は成立しうる。この場合，法人は，謝罪広告などの「名誉を回復するのに適当な処分」（723条）を求めることができる。さらに，判例は，法人の名誉が侵害され，無形の損害が発生した場合でも，金銭評価が可能である限り，710条が適用されるとして，法人に対する名誉毀損を理由とした損害賠償請求を認めている（最判昭39.1.28）。

オ× 民法は，被害者が死亡した場合（生命侵害）に，一定の近親者に固有の慰謝料請求権を認める（711条）。もっとも，判例は，被害者が身体に傷害を受けた場合でも，近親者が，被害者の死亡したときにも比肩しうべき精神上の苦痛を受けたときは，709条・710条に基づき，固有の慰謝料を請求できるとした（最判昭33.8.5）。

以上より，妥当なものはア，イであり，肢1が正解となる。

正答 1

第5章 SECTION 5 事務管理・不当利得・不法行為

不法行為総合

実践 問題 165 基本レベル

頻出度	地上★	国家一般職★	特別区★★
	裁判所職員★★★	国税・財務・労基★	国家総合職★★

問 不法行為に関する次の記述のうち，妥当なのはどれか。（地上2019）

1：民法上の不法行為の成立要件である過失は，刑法における過失犯の成立要件である過失と全く同一の概念である。

2：不法行為が成立するためには，加害者の行為と損害の発生の間に因果関係があることを必要とするが，原則として被害者である原告が，因果関係の存在について立証責任を負う。

3：不法行為責任が成立するためには，責任能力を必要とするが，犬などの動物が人に損害を加えた場合，動物には責任能力が認められないので，飼主が不法行為責任を負うことはない。

4：未成年者には責任能力がないので，他人に損害を加えた場合でも，不法行為責任を負うことはない。

5：加害者が過失により，一時的に自己の責任能力を失わせた状態で，他人に損害を加えた場合でも，加害者が不法行為責任を負うことはない。

チェック欄		
1回目	2回目	3回目

実践 問題 165 の解説

〈不法行為総合〉

1 × 民法上の不法行為の成立要件にも，刑法上の過失犯の成立要件にも「過失」という概念が用いられている。そして，「過失」の内容は，ともに結果発生の予見可能性を前提とする結果回避義務違反と理解するのが一般的である。しかし，民法上の過失は，行為者の属する職業，年齢，地位等に応じた標準人（合理人）の注意能力を基準として判断される（抽象的過失）のに対して，刑法上の過失（責任過失）は，行為者本人の注意能力を基準として判断される（具体的過失）。したがって，両者は全く同一の概念とまではいえない。

2 ○ 不法行為が成立するためには，加害者の行為と損害の発生の間に因果関係があることが必要である。そして，この因果関係については，不法行為に基づく損害賠償請求権の発生を主張する被害者（原告）が原則として立証責任を負うことになる。

3 × 動物の飼主のような動物の占有者または保管者は，その動物が他人に加えた損害を賠償する責任を負う（718条）。これは，他人に危害を加えるおそれのある動物を占有・保管する者は，その動物が他人に加えた場合の損害を賠償すべきであるという危険責任の法理に基づくものである。

4 × 未成年者は，自己の行為の責任を弁識するに足りる知能（責任能力）を備えていなかったときには，不法行為責任を負わない（712条）。この責任能力は具体的事件の個別的事情を考慮して判断され，また，一般的には，小学校を卒業する12歳程度の知能があれば責任能力が認められるとされるから，未成年者であっても責任能力が認められる場合がありうる。

5 × 精神上の障害により自己の行為の責任を弁識する能力（責任能力）を欠く状態にある間に他人に損害を加えた者は，不法行為責任を負わない（713条本文）。もっとも，故意または過失によって一時的にその状態を招いたときは，不法行為責任を負うことになる（同条但書）。いわゆる刑法における「原因において自由な行為」の問題である。

正答 2

第5章 SECTION ⑤ 事務管理・不当利得・不法行為

不法行為総合

実践 問題 166 基本レベル

頻出度	地上★	国家一般職★	特別区★★
	裁判所職員★★★	国税·財務·労基★	国家総合職★★

問 不法行為に関する次のア～オの記述のうち，妥当なもののみを全て挙げているものはどれか（争いのあるときは，判例の見解による。）。（裁事2020）

ア：不法行為による生命侵害の慰謝料請求権は，被害者が生前に請求の意思を表明していなければ，相続人には承継されない。

イ：固有の慰謝料請求ができる近親者として民法第711条に列挙されていない者でも，同条の類推適用により，加害者に対して固有の慰謝料を請求できる場合がある。

ウ：被害者が幼児である場合，その保護者に過失があったとしても過失相殺をすることはできない。

エ：被害者が未成年の場合，過失相殺においてその過失をしんしゃくするには，被害者たる未成年者に行為の責任を弁識する能力が必要である。

オ：自らは不法行為を実行していないが，他人を唆して不法行為をなす意思を決定させた者や，直接の不法行為の実行を補助し容易にした者も，不法行為責任を負う。

1：ア，イ
2：ア，ウ
3：イ，オ
4：ウ，エ
5：ウ，オ

チェック欄		
1回目	2回目	3回目

実践 問題 166 の解説

〈不法行為総合〉

ア× かつての判例は，慰謝料請求権は，被害者の一身専属的権利であり相続の対象にならないが(896条但書)，被害者が死亡前に請求の意思を表明すれば，通常の金銭債権となって相続される（意思表明相続説）と考えていた。しかし，これでは被害者が意思を表明した後に死亡した場合と意思を表明できずに死亡した場合(即死の場合など)との間に不均衡が生ずることになる。そこで，現在の判例は，慰謝料請求権そのものは単純な金銭債権であること等を理由に，不法行為の被害者は，損害の発生と同時に慰謝料請求権を取得し，請求権を放棄したものと解しうる特別の事情がない限り，請求の意思表明がなくても，慰謝料請求権は当然に相続される（当然相続説）としている（最大判昭42.11.1）。

イ○ 不法行為による生命侵害があった場合，被害者の「父母，配偶者及び子」は，加害者に対して固有の慰謝料を請求できる（711条）。しかし，判例は，同条に該当しない者であっても，被害者との間に同条所定の者と実質的に同視できる身分関係が存し，被害者の死亡により甚大な精神的苦痛を受けた者は，同条の類推適用により，加害者に対して固有の慰謝料を請求できるとしている（最判昭49.12.17）。この判例は，被害者の夫の妹が身体障害者であるため，長年にわたり被害者と同居してその庇護の下に生活を維持し，将来もその継続を期待しており，被害者の突然の死亡（交通事故死）により甚大な精神的苦痛を受けたという事案である。

ウ× 不法行為の被害者に過失があったときは，公平の見地から，裁判所は，これを考慮して，損害賠償の額を定めることができる(過失相殺。722条2項)。もっとも，被害者が幼児である場合，事理弁識能力（記述エの解説参照）すら備わっていないため，被害者本人の過失を考慮して過失相殺をすることができないことも考えられる。しかし，判例は，722条2項の「過失」には，被害者本人の過失だけでなく，「被害者側の過失」，すなわち，「被害者と身分上ないし生活関係上一体をなすとみられるような関係にある者の過失」も含まれるとしている（最判昭42.6.27）。したがって，被害者である幼児と保護者の間に「身分上ないし生活関係上一体をなす」関係が認められれば，保護者の過失を考慮して過失相殺をすることができる。

エ× 過失相殺（記述ウの解説参照）は，不法行為者に対し積極的に損害賠償責任を負わせる問題ではなく，不法行為者が責任を負うべき損害賠償の額を定めるにつき，公平の見地から，損害発生についての被害者の不注意をいかに考慮するかの問題にすぎないから，被害者に事理を弁識するに足る知能（事理弁識能力）が備わっていれば足り，行為の責任を弁識するに足る知能（責任能力）が備わっていることを要しないと解されている（最大判昭39.6.24）。

オ○ 不法行為者を「教唆」した者および「幇助」した者は，共同行為者とみなされ，各自が連帯して損害を賠償する責任を負う（719条2項）。教唆とは，他人をそそのかして不法行為を実行する意思を決定させることであり，幇助とは，不法行為の実行を容易にする行為をすることである。

以上より，妥当なものはイ，オであり，肢3が正解となる。

正答 3

memo

不法行為総合

実践 問題 167 基本レベル

頻出度 地上★ 国家一般職★ 特別区★★ 裁判所職員★★★ 国税·財務·労基★ 国家総合職★★

問 不法行為に関する次のア～オの記述のうち，妥当なもののみを全て挙げているものはどれか（争いのあるときは，判例の見解による。）。（裁事2021）

ア：人の生命又は身体を害する不法行為による損害賠償請求権の消滅時効期間は，被害者又はその法定代理人が損害及び加害者を知った時から５年間である。

イ：不法行為と同一の原因によって，被害者が第三者に対して損害と同質性を有する利益を内容とする債権を取得し，当該債権が現実に履行された場合，これを加害者の賠償すべき損害額から控除することができる。

ウ：被害者が不法行為によって即死した場合，被害者が不法行為者に対して有する不法行為に基づく損害賠償請求権は，被害者の死亡によって相続人に承継されない。

エ：会社員が，勤務時間外に，自己が勤務する会社所有に係る自動車を運転していた際，同自動車を第三者に衝突させた場合，当該会社が損害賠償責任を負うことはない。

オ：未成年者は，他人に損害を加えた場合において，自己の行為の責任を弁識するに足りる知能を備えていなかったとしても，その行為について賠償の責任を負う。

1：ア，イ
2：ア，オ
3：イ，ウ
4：ウ，エ
5：エ，オ

実践 問題 167 の解説

チェック欄		
1回目	2回目	3回目

〈不法行為総合〉

ア○ 不法行為による損害賠償請求権は，①被害者またはその法定代理人が損害および加害者を知った時から３年間，②不法行為の時から20年間行使しないときは，時効によって消滅する（724条１号・２号）。ただし，人の生命・身体を害する不法行為による損害賠償請求権の場合，①の消滅時効期間は５年間に伸長される（724条の２）。これは，債権一般の消滅時効のうち，主観的起算点からの短期の消滅時効期間が５年間とされていること（166条１項１号）に合わせたものである。

イ○ 被害者が不法行為によって損害を被ると同時に，同一の原因によって利益を受ける場合に，損害と利益との間に同質性がある限り，公平の見地から，その利益の額を加害者の賠償すべき損害額から控除することを損益相殺という。民法に規定はないが，当然の法理として認められている。他方，判例は，「不法行為と同一の原因によって被害者又はその相続人が第三者に対して損害と同質性を有する利益を内容とする債権を取得した場合」（判例の事案では，不法行為によって死亡した被害者の遺族が遺族年金を取得した場合）に，当該債権を加害者の賠償すべき損害額から控除すること（損益相殺的な調整）が許されるのは，「当該債権が現実に履行された場合又はこれと同視し得る程度にその存続及び履行が確実であるということができる場合に限られる」としている（最大判平5.3.24）。上記判例によれば，本記述の場合は損益相殺的な調整が許されることになる。

ウ× 不法行為によって被害者が死亡した場合，生命侵害を理由とする損害賠償請求権が相続の対象になるかについては，議論がある。まず，①財産的損害（逸失利益）の賠償請求権について，判例は，被害者が即死した場合でも，傷害と死亡との間に観念上時間の間隔があるから，被害者には受傷の瞬間に賠償請求権が発生し，これが被害者の死亡によって相続人に承継されるとする（大判大15.2.16）。また，②慰謝料請求権についても，判例は，被害者は損害の発生と同時に慰謝料請求権を取得し，請求権を放棄したと解される特段の事情がない限り，請求の意思表明がなくても，被害者が死亡すれば，慰謝料請求権は当然に相続されるとする（最大判昭42.11.1）。

エ× 本記述の場合，会社員（会社の被用者）が会社所有の自動車を運転中に事故を起こしているので，会社の使用者責任（715条１項）が問題となる。使用者責任が認められるためには，被用者の不法行為が使用者の「事業の執行について」なされたことが必要である（同項本文）。この「事業の執行について」とは，被用者の職務の執行行為そのものには属しないが，その行為の外形から客観的に観察して，あたかも被用者の職務の範囲内の行為に属するものとみられる場合をも包含すると解されている（外形理論）。本記述の場合，会社員が，勤務時間外に，会社所有の自動車を運転する行為は，外形上，その職務の範囲内の行為と認められ，その結果生じた交通事故による第三者の損害は会社の「事業の執行について」生じたものと考えられる（最判昭39.2.4）。したがって，会社は，その第三者に対して使用者責任を負う。

オ × 未成年者は，他人に損害を加えた場合において，「自己の行為の責任を弁識するに足りる知能」（責任能力）を備えていなかったときは，その行為について賠償の責任を負わない（712条）。

以上より，妥当なものはア，イであり，肢１が正解となる。

正答 1

memo

不法行為総合

実践 問題 168 基本レベル

頻出度 地上★ 国家一般職★ 特別区★★ 裁判所職員★★★ 国税·財務·労基★ 国家総合職★★

問 民法に規定する不法行為に関する記述として，判例，通説に照らして，妥当なのはどれか。 （特別区2022）

1：不法行為の成立には，その行為によって損害が発生したことが必要となるが，この損害とは，財産的な損害であり，精神的な損害などの非財産的損害は含まない。

2：緊急避難とは，他人の不法行為に対し，自己又は第三者の権利又は法律上保護される利益を防衛するため，やむを得ず行う加害行為であり，その加害行為をした者は損害賠償の責任を負わない。

3：最高裁判所の判例では，不法行為による損害賠償額を過失相殺するには，被害者に責任能力がなければならず，被害者が未成年者である場合には，その過失は一切斟酌（しんしゃく）されないとした。

4：数人が共同の不法行為によって他人に損害を加えたときは，行為者間に共同の認識がなくても，客観的に関連共同している場合には，各自が連帯してその損害を賠償する責任を負う。

5：人の生命又は身体を害する不法行為による損害賠償請求権は，被害者又はその法定代理人が，損害及び加害者を知った時から３年間行使しないときには，時効によって消滅し，不法行為の時から20年間行使しないときも，同様である。

チェック欄		
1回目	2回目	3回目

実践 問題 168 の解説

〈不法行為総合〉

1 × 不法行為は被害者に生じた損害を填補する制度であるから，不法行為が成立するためには，**損害が発生したこと**が必要となる（709条）。この損害は，**財産的損害**（財産上の不利益）に限られず，**精神的損害**（精神的な苦痛）などの**非財産的損害**も含まれる（710条・711条参照）。

2 × **緊急避難**とは，「**他人の物から生じた急迫の危難を避けるためその物を損傷した場合**」であり，物を損傷した者は損害賠償の責任を負わない（720条2項）。本肢にいう「**他人の不法行為に対し，自己又は第三者の権利又は法律上保護される利益を防衛するため，やむを得ず**」行う**加害行為は，正当防衛**である（同条1項）。

3 × 判例は，722条2項の**過失相殺**は，不法行為者に対し積極的に損害賠償責任を負わせる問題ではなく，不法行為者が責任を負うべき損害賠償の額を定めるにつき，公平の見地から，損害発生についての被害者の不注意をいかに考慮（斟酌）するかの問題にすぎないことを理由に，被害者である未成年者に事理を弁識するに足る知能（**事理弁識能力**）が**備わっていれば足り**，行為の責任を弁識するに足る知能（**責任能力**）が**備わっていることを要しないとしている**（最大判昭39.6.24）。したがって，被害者が未成年者である場合にも，その過失が考慮されることはありうる。

4 ○ 数人が「**共同の不法行為**」によって他人に損害を加えたときは，各自が連帯してその損害を賠償する責任を負う（719条1項前段）。「共同の不法行為」といえるためには，①**各自の行為**がそれぞれ独立に**不法行為の要件**を備えることと，②各自の行為が関連共同していること（**関連共同性**）が必要である。②の関連共同性について，判例は，**共謀はもとより共同していることの認識も必要なく**，各自の行為が**客観的に関連し共同して**いれば足りる（**客観的共同説**）と解している（山王川事件，最判昭43.4.23）。

5 × **不法行為**による損害賠償請求権は，①「被害者又はその法定代理人が損害及び加害者を知った時から**3年間**行使しないとき」，または，②「不法行為の時から**20年間**行使しないとき」には，時効によって消滅する（724条）。ただし，本肢のような「**人の生命又は身体を害する不法行為**による損害賠償請求権」については，①の消滅時効は**5年間**に延長される（724条の2）。

正答 4

不法行為総合

実践 問題 169 基本レベル

頻出度			
地上★	国家一般職★	特別区★★	
裁判所職員★★★	国税·財務·労基★	国家総合職★★	

問 不法行為に関する次の記述のうち，妥当なのはどれか。

（国税・財務・労基2022）

1：悪意による不法行為により生じた損害賠償請求権の債務者は，被害者に対する債権との相殺によって賠償債務を免れることはできず，被害者が損害賠償請求権を第三者に譲渡した場合においても，当該第三者に対する債権との相殺によって賠償債務を免れることはできない。

2：土地の工作物の設置又は保存に瑕疵があることによって他人に損害を生じた場合，その工作物の占有者は，その損害の発生を防止するのに必要な注意をしたことを証明したときは，損害賠償責任を免れる。また，この場合において，その工作物の所有者も，その損害の発生を防止するのに必要な注意をしたことを証明したときは，損害賠償責任を免れる。

3：不法行為による損害賠償請求権は，人の生命又は身体を害する不法行為によるものを含め，被害者又はその法定代理人が損害及び加害者を知った時から３年間行使しない場合又は不法行為の時から20年間行使しない場合に，時効によって消滅する。

4：民法第711条が生命を害された者の近親者の慰謝料請求権を明文で規定しているのは，これをもって直ちに生命侵害以外の場合はいかなる事情があってもその近親者の慰謝料請求権が全て否定されていると解すべきものではなく，したがって，不法行為により身体を害された者の母は，そのために被害者が生命を害されたときにも比肩すべき精神上の苦痛を受けた場合，自己の権利として慰謝料を請求し得るとするのが判例である。

5：責任能力のある未成年者が加害事件を起こした場合，当該未成年者自身が民法第709条に基づく不法行為責任を負うため，当該未成年者の監督義務者は，民法第714条に基づく監督者責任を負うことはなく，また，監督義務者の義務違反と当該未成年者の不法行為によって生じた結果との間に相当因果関係が認められたとしても，民法第709条に基づく不法行為責任も負わないとするのが判例である。

チェック欄

1回目	2回目	3回目

実践 問題 169 の解説

〈不法行為総合〉

1 × 悪意による不法行為に基づく損害賠償債務の債務者（加害者）は，これを受働債権とする相殺をもって債権者（被害者）に対抗することができない（509条1号）。その理由は，①被害者に対する現実の弁済の確保と，②不法行為の誘発の防止にある。したがって，本肢の前半は妥当である。他方，その債権者が上記損害賠償債権を他人から譲り受けたとき（つまり，現在の債権者が被害者本人でないとき）は，上記相殺禁止の理由が妥当しないので，債務者が上記損害賠償債権を受働債権として相殺することは妨げられない（同条但書）。

2 × 土地の工作物の設置または保存に瑕疵があることによって他人に損害を生じた場合，工作物の占有者が損害賠償責任を負う（工作物責任。717条1項本文）。ただし，占有者が損害の発生を防止するのに必要な注意をしたときは，占有者は免責され，工作物の所有者が損害賠償責任を負う（同項但書）。すなわち，占有者は，損害の発生を防止するのに必要な注意をしたことを証明すれば免責されるが（中間責任），所有者は，それを証明したとしても免責されない（無過失責任）。

3 × 不法行為による損害賠償請求権は，①「被害者又はその法定代理人が損害及び加害者を知った時から3年間行使しないとき」，または，②「不法行為の時から20年間行使しないとき」には，時効によって消滅する（724条）。ただし，「人の生命又は身体を害する不法行為による損害賠償請求権」については，①の消滅時効は5年間に延長される（724条の2）。

4 ○ 民法は，被害者が死亡した場合（生命侵害）に，一定の近親者（被害者の父母・配偶者・子）に固有の慰謝料請求権を認める（711条）。もっとも，10歳の女児が，交通事故で顔面に傷害を受け，容貌に著しい影響を被ったため，母親が慰謝料を請求した事案において，判例は，被害者（女児）が身体に傷害を受けた場合でも，近親者（母親）が，被害者の死亡したときにも比肩しうべき精神上の苦痛を受けたときは，709条・710条に基づき，固有の慰謝料を請求できるとしている（最判昭33.8.5）。

5 × 不法行為を行った未成年者が責任能力を有する場合には，未成年者本人が賠償責任を負い（709条），監督義務者は714条に基づく賠償責任を負わない。しかし，未成年者は資力の乏しい場合が多く，監督義務者の責任が否定されると被害者の保護に欠ける結果となる。そこで，判例は，不法行為を行った未成年者が責任能力を有する場合であっても，監督義務者の義務違反と当該未成年者の不法行為によって生じた結果との間に相当因果関係を認めうるときは，監督義務者につき709条に基づく不法行為が成立するとしている（最判昭49.3.22）。

正答 4

不法行為総合

実践 問題 170 基本レベル

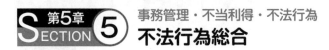

頻出度			
頻出度	地上★	国家一般職★	特別区★★
	裁判所職員★★★	国税·財務·労基★	国家総合職★★

問 不法行為に関する次のア～オの記述のうち，妥当なもののみを全て挙げているものはどれか（争いのあるときは，判例の見解による。）。（裁事2023）

ア：建物の設計者，施工者，工事監理者は，直接の契約関係にない当該建物の利用者，隣人，通行人等との関係では，不法行為責任を負う余地はない。

イ：他人の名誉を毀損する行為は，それが公共の利害に関する事実に係り，専ら公益を図る目的に出た場合において，摘示された事実が真実であると証明されたときは，違法性を欠き，不法行為とはならない。

ウ：被用者が第三者に損害を与えた行為が，実際には事業の執行行為に該当しないものであった場合には，その行為を外形から客観的に見たときに被用者の職務の範囲内に属するものといえるかどうかに関わらず，使用者がその損害を賠償する責任を負うことはない。

エ：不法行為による損害賠償においては，被害者は，通常生ずべき損害の賠償のみを求めることができ，特別の事情によって生じた損害の賠償を請求することはできない。

オ：裁判所が，不法行為に基づく損害賠償の額を定めるに当たり，被害者本人の過失のみならず，被害者と身分上又は生活関係上一体をなすとみられるような関係にある者の過失をしんしゃくすることができる場合がある。

1：ア，ウ
2：ア，エ
3：イ，エ
4：イ，オ
5：ウ，オ

チェック欄		
1回目	2回目	3回目

実践 問題 170 の解説

〈不法行為総合〉

ア× 購入した建物に瑕疵（欠陥）があった場合，買主は，売主に対して，契約不適合責任（562条以下）を追及できる。さらに，判例は，①建物の建築に携わる設計者・施工者・工事監理者（設計・施行者等）は，建物の建築にあたり，契約関係にない居住者等（建物利用者や隣人，通行人等）に対する関係でも，当該建物に建物としての基本的な安全性が欠けることがないように配慮すべき注意義務を負うとし，②設計・施行者等がこの義務を怠ったために建築された建物に建物としての基本的な安全性を損なう瑕疵があり，それにより居住者等の生命・身体・財産が侵害された場合には，設計・施工者等は，不法行為の成立を主張する者がその瑕疵の存在を知りながらこれを前提として当該建物を買い受けていたなど特段の事情がない限り，これによって生じた損害について不法行為による賠償責任を負うとしている（最判平19.7.6）。

イ○ 事実の摘示によって人の社会的評価が低下すれば，名誉毀損（不法行為）になるが，それが特にマスメディアによる場合には，表現の自由（憲法21条）との調整が問題となる。判例は，名誉毀損罪に関する刑法230条の２を参考に，事実の摘示による名誉毀損行為が，①公共の利害に関する事実に係り，②もっぱら公益を図る目的に出た場合には，③摘示された事実が真実であることが証明されたときは，違法性がなく，不法行為は成立しないとしている（最判昭41.6.23）。

ウ× 使用者責任が成立するためには，被用者の不法行為が使用者の「事業の執行について」行われたことが必要である（715条１項本文）。判例によれば，「事業の執行について」とは，「被用者の職務執行行為そのものには属しないが，その行為の外形から観察して，あたかも被用者の職務の範囲内の行為に属するものとみられる場合をも包含する」（外形理論。最判昭40.11.30等）。したがって，本記述の場合でも，使用者責任が成立する余地がある。

エ× 判例は，不法行為による損害賠償の範囲についても，債務不履行に関する416条が類推適用されるとする（大連判大15.5.22，最判昭48.6.7）。すなわち，不法行為の被害者は，①不法行為によって「通常生ずべき損害」の賠償を請求できるが（同条１項の類推適用），②「特別の事情によって生じた損害」についても，加害者がその事情を予見すべきであったときは，その賠償を請求できる（同条２項の類推適用）。

オ○ 不法行為の**被害者に過失**があったときは，公平の見地から，裁判所は，これを**考慮**して，損害賠償の**額を定めることができる**（過失相殺。722条２項）。判例は，同項の「過失」には，被害者本人の過失だけでなく，「**被害者側の過失**」，すなわち，「被害者と**身分上ないし生活関係上一体**をなすとみられるような関係にある者の過失」も含まれるとしている（最判昭42.6.27）。

以上より，妥当なものはイ，オであり，肢４が正解となる。

正答 4

memo

不法行為総合

実践 問題 171 応用レベル

頻出度			
	地上★	国家一般職★	特別区★
	裁判所職員★★★	国税·財務·労基★	国家総合職★★

問 不法行為に関する次の記述のうち，判例に照らし，妥当なのはどれか。

（国家総合職2012改題）

1：恋人の運転する自動車に同乗していた者が，恋人と第三者である相手方自動車の運転者との双方の過失により発生した事故により損害を被った場合には，当該同乗者が恋人と3年前から恋愛関係にあり，近いうちに正式に婚約して将来は結婚するという関係にあれば，事故当時は同居していたという事情がなかったとしても，相手方自動車の運転者が支払うべき損害賠償額の算定に当たり，恋人の過失が被害者側の過失として考慮される。

2：追突事故により頸部に傷害を受けた被害者が，疾病ではないが平均的体格に比して首が長く多少頸椎が不安定であるという身体的特徴を有しており，それによって被害者の損害が拡大した場合には，特段の事情のない限り，損害賠償額を定めるに当たり，その身体的特徴が斟酌される。

3：民法第724条第2号には，不法行為による損害賠償請求権は，「不法行為の時から20年間行使しないとき」は消滅する旨規定されているから，加害行為が終了してから相当の期間が経過した後に損害が発生する場合であっても，加害行為の時から20年間行使しないときには，損害賠償請求権は消滅する。

4：民法第714条に基づき監督義務者が責任を負うには，責任無能力者の加害行為が，責任能力以外は一般不法行為の要件を備えていることが必要であるから，鬼ごっこをしていて遊戯中の児童が，誤って他の児童を転倒させ傷つけた場合であって，その行為が違法性を欠くときは，監督義務者の責任は生じない。

5：自動車販売業者の従業員が，私用に使うことが禁止されていた会社の自動車を私用で運転中，交通事故を起こし，第三者に損害を与えた場合には，民法第715条にいう「事業の執行について」第三者に損害を加えたとはいえないから，会社がこれを賠償する責任を負うことはない。

チェック欄		
1回目	2回目	3回目

実践 問題 171 の解説

〈不法行為総合〉

1 × 判例は，722条２項の「過失」には，被害者本人の過失だけでなく，「被害者側の過失」，すなわち，被害者本人と身分上，生活関係上，一体をなすとみられるような関係にある者の過失も含まれるとしている（最判昭51.3.25）。しかし，本肢のように，被害自動車の運転者と同乗中の被害者が事故の３年前から恋愛関係にあったが，婚姻も同居もしていなかったときは，両者は，身分上，生活関係上一体をなす関係になく，運転者の過失を被害者側の過失として考慮できないとしている（最判平9.9.9）。

2 × 判例は，被害者が平均的な体格ないし通常の体質とは異なる「身体的特徴」を有していたとしても，それが「疾患」にあたらない場合には，特段の事情のない限り，その身体的特徴を損害賠償の額を定めるにあたり考慮することはできないとしている（最判平8.10.29）。

3 × 724条２号の消滅時効期間の起算点（「不法行為の時」）について，判例は，身体に蓄積した場合に人の健康を害することとなる物質による損害や，一定の潜伏期間が経過した後に症状が現れる損害のように，当該不法行為により発生する損害の性質上，加害行為が終了してから相当の期間が経過した後に損害が発生する場合には，「当該損害の全部又は一部が発生した時」が起算点となるとしている（最判平16.4.27）。

4 ○ 監督義務者の責任（714条１項本文）が認められるためには，責任無能力者の加害行為が，責任能力以外は一般不法行為の要件を備えていることが必要である。したがって，児童が鬼ごっこの最中（一般に容認される遊戯中）に誤って他の児童を転倒させ傷つけた場合のように，その行為が違法性を欠く場合には，監督義務者（親）の責任は生じない（最判昭37.2.27）。

5 × 使用者責任の要件である「事業の執行について」（715条１項本文）には，その行為の外形から客観的に観察して，あたかも被用者の職務の範囲内の行為に属するものと認められる場合も含まれる（外形理論）。この外形理論によれば，従業員の私用での運転も，外形上，その職務の範囲内の行為と認められ，その結果生じた交通事故による第三者の損害は会社の「事業の執行について」生じたものと考えられる（最判昭39.2.4）。したがって，会社は，その第三者に対して使用者責任を負う。

正答 4

不法行為総合

実践 問題 172 応用レベル

頻出度 地上★　国家一般職★　特別区★
裁判所職員★★★　国税·財務·労基★　国家総合職★★

問 不法行為に関する次の記述のうち，妥当なのはどれか。ただし，争いのあるものは判例の見解による。 (国家総合職2013)

1：胎児は，損害賠償の請求権については既に生まれたものとみなされるので，胎児の父親が他人の不法行為によって死亡した場合，胎児にも固有の損害賠償請求権が認められ，胎児である間に，母親が代理人として胎児の損害賠償請求権を行使することができる。

2：不法行為による損害の賠償額を算定するに際して，被害者に過失があったときには賠償額を減額することができるが，未成年者である被害者の過失をしんしゃくする場合，未成年者である被害者には，未成年者に対して不法行為責任を負わせる場合と同様に，責任能力，すなわち自己の行為の責任を弁識するに足りる知能が備わっていることが必要である。

3：30歳のAは，Bの運転する自動車にひかれて傷害を負い，後遺症のため就労することができなくなった。この交通事故の1年後，Aは交通事故とは無関係の不慮の事故により死亡した。この場合，Aの死亡によりその後の損害が発生しないことが確実となったのであるから，Bは，Aの遺族に対し，Aの死亡時までの逸失利益を賠償すれば足りる。

4：10歳の少年Aは，Bが所有する無人倉庫に入り込んで火遊びをし，倉庫を全焼させてしまった。この場合，Aの両親は，Aの監督について重大な過失がなければ，Bに対して火災による損害の賠償責任を負わない。

5：A会社に勤務するBは，営業活動のためにA会社の自動車を運転中，Cが運転する自動車に追突し，Cに損害を与えた。Cは，A会社に対して使用者責任による損害賠償を請求した。この場合，Cに損害を賠償したA会社は，自己が無過失でありさえすれば，その賠償額全額をBに求償することができる。

チェック欄		
1回目	2回目	3回目

実践 問題 172 の解説

〈不法行為総合〉

1 × 胎児は，損害賠償の請求権についてはすでに生まれたものとみなされる（721条）。これは，胎児が生きて生まれた場合に，損害賠償請求権を遡って取得するという趣旨であるから（停止条件説），胎児である間に，母親が代理人として胎児の損害賠償請求権を行使することはできないとするのが判例（大判昭7.10.6）である。

2 × 過失相殺（722条２項）は，不法行為者が責任を負うべき損害賠償の額を定めるにつき，公平の見地から，損害発生についての被害者の不注意をいかに考慮するかの問題にすぎないから，被害者に事理を弁識するに足る知能（事理弁識能力）が備わっていれば足り，行為の責任を弁識するに足る知能（責任能力）が備わっていることを要しないとするのが判例（最大判昭39.6.24）である。

3 × 判例は，交通事故の被害者が後遺障害により労働能力の一部を喪失した場合における逸失利益の算定にあたっては，事故後に別の原因により被害者が死亡したとしても，交通事故の時点で，その死亡の原因となる具体的事由が存在し，近い将来における死亡が客観的に予測されていたなどの特段の事情がない限り，死亡の事実は就労可能期間の認定上考慮すべきではないとした（最判平8.4.25）。交通事故の被害者が事故後にたまたま別の原因で死亡したことにより，賠償義務者がその義務の全部または一部を免れ，他方，被害者ないしその遺族が事故により生じた損害の填補を受けられなくなるのは，衡平の理念に反するからである。

4 ○ 判例は，失火責任法における重過失につき，Aのような責任無能力者による失火の場合には，A自身に重大な過失があるかどうかを考慮するのは相当ではなく，監督義務者である両親にAの監督について重大な過失がなかったときは損害賠償義務を免れるとした（最判平7.1.24）。

5 × 判例は，使用者は，その事業の性格，規模，施設の状況，被用者の業務の内容，労働条件，勤務態度，加害行為の態様，加害行為の予防もしくは損失の分散についての使用者の配慮の程度その他諸般の事情に照らし，損害の公平な分担という見地から信義則上相当と認められる限度において求償できるとして，使用者の求償権を制限した（最判昭51.7.8）。

正答 4

不法行為総合

実践 問題 173 応用レベル

頻出度 地上★ 国家一般職★ 特別区★ 裁判所職員★★★ 国税·財務·労基★ 国家総合職★★

問 **不法行為に関する次のア～オの記述のうち，適当なもののみを全て挙げているものはどれか（争いのあるときは，判例の見解による。）。** **（裁事2016）**

ア：生命を侵害された被害者の兄弟姉妹に，固有の慰謝料請求権が認められる場合がある。

イ：注文者は，注文又は指図について重過失がない限り，請負人がその仕事について第三者に加えた損害を賠償する責任を負わない。

ウ：共同不法行為責任が成立するためには，各共同行為者の行為について不法行為の一般的成立要件を満たすことが必要であるから，共同行為者のうちいずれの者が損害を加えたかを知ることができないときは，共同不法行為責任の成立が否定される。

エ：過失相殺において未成年者の過失を斟酌するためには，その未成年者に事理を弁識するに足りる知能だけではなく，行為の責任を弁識するに足りる知能が備わっていることが必要である。

オ：土地の不法占拠による継続的不法行為の損害賠償請求権は，日々の損害が発生するごとに個別に消滅時効が進行する。

1：ア，イ
2：ア，オ
3：イ，エ
4：ウ，エ
5：ウ，オ

チェック欄		
1回目	2回目	3回目

実践 問題 173 の解説

〈不法行為総合〉

ア○ 不法行為による生命侵害があった場合，被害者の「父母，配偶者及び子」は，加害者に対して固有の慰謝料を請求できる（711条）。しかし，判例は，同条に該当しない者であっても，被害者との間に同条所定の者と実質的に同視できる身分関係が存し，被害者の死亡により甚大な精神的苦痛を受けた者は，同条の類推適用により，加害者に対して固有の慰謝料を請求できるとしている（最判昭49.12.17）。この判例は，被害者の夫の妹が身体障害者であるため，長年にわたり被害者と同居してその庇護の下に生活を維持し，将来もその継続を期待しており，被害者の突然の死亡（交通事故死）により甚大な精神的苦痛を受けたという事案である。

イ× 注文者は，請負人がその仕事について第三者に加えた損害を賠償する責任を負わない（716条本文）。なぜなら，請負人は注文者に対して原則として自主性・独立性があるので，注文者と請負人との関係は使用関係（715条1項）に該当しないからである。ただし，注文または指図について注文者に「過失」があったときは，この限りでない（716条但書）。よって，条文の文言は，本記述のように「重過失」に限定していない。

ウ× 共同不法行為に関する719条は，①「数人が共同の不法行為によって他人に損害を加えたとき」（1項前段），②「共同行為者のうちいずれの者が損害を加えたかを知ることができないとき」（1項後段），および③教唆者・幇助者（2項）は，「各自が連帯してその損害を賠償する責任を負う」と規定する。よって，②を除外する本記述は妥当でない。

エ× 過失相殺（722条2項）は，不法行為者に対し積極的に損害賠償責任を負わせる問題ではなく，不法行為者が責任を負うべき損害賠償の額を定めるにつき，公平の見地から，損害発生についての被害者の不注意をいかに考慮するかの問題にすぎないから，被害者に事理を弁識するに足る知能（事理弁識能力）が備わっていれば足り，行為の責任を弁識するに足る知能（責任能力）まで備わっていることを要しないとするのが判例である（最大判昭39.6.24）。

オ○ 不法行為による損害賠償請求権は，被害者またはその法定代理人が損害および加害者を知った時から3年で時効により消滅する（724条1号）。しかし，土地の不法占拠のような継続的不法行為の場合には，損害が継続して発生している限り日々新たな損害が発生するものとして，各損害を知った時から個別に消滅時効が進行すると解するのが判例である（逐次進行説。大連判昭15.12.14）。

以上より，妥当なものはア，オであり，肢2が正解となる。

正答 2

不法行為総合

実践 問題 174 応用レベル

頻出度			
	地上★	国家一般職★	特別区★
	裁判所職員★★★	国税･財務･労基★	国家総合職★★

問 不法行為に関するア～オの記述のうち，判例に照らし，妥当なもののみを全て挙げているのはどれか。（国家総合職2021）

ア：親権者の直接的な監視下にない子の行動についての日頃の指導監督は，ある程度一般的なものとならざるを得ないから，通常は人身に危険が及ぶものとはみられない行為によってたまたま人身に損害を生じさせた場合は，当該行為について具体的に予見可能であるなど特別の事情が認められない限り，親権者が子に対する監督義務を尽くしていなかったとすべきではない。

イ：追突事故により頸部に傷害を負った被害者が，疾患ではないが平均的体格に比して首が長く多少頸椎が不安定であるという身体的特徴を有しており，それによって被害者の損害が拡大した場合には，特段の事情のない限り，損害賠償額を定めるに当たり，その身体的特徴をしんしゃくすることができる。

ウ：良好な景観に近接する地域に居住し，その恵沢を日常的に享受している者は，良好な景観が有する客観的な価値の侵害に対して密接な利害関係を有するものというべきであり，これらの者が有する良好な景観の恵沢を享受する利益（景観利益）は，法律上保護に値する。また，ある行為が景観利益に対する違法な侵害に当たるといえるためには，少なくとも，その侵害行為が刑罰法規や行政法規の規制に違反するものであったり，公序良俗違反や権利の濫用に該当するものであるなど，侵害行為の態様や程度の面において社会的に容認された行為としての相当性を欠くことが求められる。

エ：内縁の夫が内縁の妻を同乗させて運転する自動車と第三者が運転する自動車とが衝突し，それによって傷害を負った内縁の妻が第三者に対して損害賠償を請求する場合，内縁の夫婦は婚姻の届出をしていないことから，損害賠償額の算定に当たり，内縁の夫の過失をいわゆる被害者側の過失として考慮することはできない。

オ：交通事故と医療事故という加害者及び侵害行為を異にする二つの不法行為が順次競合した共同不法行為においては，各不法行為は加害者及び被害者の過失の内容も別異の性質を有するものではあるが，被害者が共同不法行為者のいずれからも全額の損害賠償を受けられるとすることにより被害者保護を図ろうとする民法第719条の趣旨に照らし，各不法行為の加害者と被害者との間の過失の割合だけでなく，他の不法行為者と被害者との間における過失の割合をもしんしゃくして過失相殺をするべきである。

1：ア，イ
2：ア，ウ
3：イ，エ
4：ア，ウ，オ
5：ウ，エ，オ

不法行為総合

チェック欄

1回目	2回目	3回目

実践 問題 174 の解説

〈不法行為総合〉

ア○ 小学生A（責任無能力者）が校庭に設置されたサッカーゴールに向けてフリーキックの練習をしていた際，ボールがゴール後方に位置する門の上を越えて道路に転がり出たところ，自動二輪車で進行してきた老人Bがそのボールを避けようとして転倒して負傷し，その後死亡したため，Bの相続人がAの親権者に対して714条１項に基づく損害賠償を請求した事件（サッカーボール事件）において，判例は，本記述のように述べて，親権者の免責を認めた（最判平27.4.9）。

イ× 追突事故により頸部に傷害を受けた被害者が，平均的体格に比べて多少の頸椎の不安定症があるという「身体的特徴」を有していた事案において，判例は，被害者が平均的な体格ないし通常の体質と異なる「身体的特徴」を有していたとしても，それが「疾患に当たらない」場合には，特段の事情のない限り，被害者の身体的特徴を損害賠償の額を定めるにあたり斟酌（考慮）できないとして，722条２項の過失相殺の規定の類推適用を否定している（最判平8.10.29）。そのような身体的特徴は，個々人の個体差の範囲として当然にその存在が予定されているものというべきだからである。

ウ○ 判例は，本記述の前半のように述べて，景観利益（良好な景観の恵沢を享受する利益）が「法律上保護される利益」（709条）であることを認めたうえで，本記述の後半のように述べて，「景観利益に対する違法な侵害」といえるための判断基準を示している（国立マンション事件，最判平18.3.30）。

エ× 判例は，過失相殺（722条２項）の趣旨である公平の理念から，「被害者本人と身分上，生活関係上，一体をなすとみられるような関係にある者の過失」についても，いわゆる「被害者側の過失」として過失相殺の対象とすることを認める（最判昭51.3.25）。そして，内縁の夫婦は，婚姻の届出はしていないが，男女が相協力して夫婦としての共同生活を営んでいるものであり，身分上，生活関係上一体をなす関係にあるとみることができるとして，内縁の夫が内縁の妻を同乗させて運転する自動車と第三者が運転する自動車とが衝突し，それにより傷害を負った内縁の妻が第三者に対して損害賠償を請求する場合において，その損害賠償額を定めるにあたっては，内縁の夫の過失を「被害者側の過失」として考慮することができるとしている（最判平19.4.24）。

オ× 交通事故と医療事故とが順次競合し，そのいずれもが被害者の死亡という不可分の一個の結果を招来しこの結果について相当因果関係を有する関係にある場合，運転行為と医療行為とは共同不法行為（719条1項）にあたる。この場合の過失相殺について，判例は，①本件は，交通事故と医療事故という加害者および侵害行為を異にする2つの不法行為が順次競合した共同不法行為であり，各不法行為については加害者および被害者の過失の内容も別異の性質を有すること，②過失相殺は，不法行為により生じた損害について加害者と被害者との間においてそれぞれの過失の割合を基準にして相対的な負担の公平を図る制度であることを理由に，各不法行為の加害者と被害者との間の過失の割合（相対的過失割合）に応じてすべきものであり（相対的過失相殺），他の不法行為者と被害者との間における過失の割合を斟酌してすることは許されないとしている（最判平13.3.13）。なお，別の判例は，複数の加害者の過失および被害者の過失が競合する1つの交通事故において，その交通事故の原因となったすべての過失割合（絶対的過失割合）を認定できるときには，絶対的過失割合に基づく被害者の過失による過失相殺（絶対的過失相殺）をした損害賠償額について，加害者らは連帯して共同不法行為に基づく賠償責任を負うとしている（最判平15.7.11）。これは，同一の交通事故で加害者および被害者の過失の内容が同一の性質を有するものであり，上記平成13年判例と区別する必要がある。

以上より，妥当なものはア，ウであり，肢2が正解となる。

正答 2

不法行為総合

実践 問題 175 応用レベル

頻出度			
	地上★	国家一般職★	特別区★
	裁判所職員★★★	国税·財務·労基★	国家総合職★★

問 不法行為の成立要件に関するア～オの記述のうち，判例に照らし，妥当なもののみを挙げているのはどれか。（国家総合職2023）

ア：医師が適切な問診を尽くさなかったため，予防接種の接種対象者の疾病等を認識することができず，禁忌すべき者の識別判断を誤って予防接種を実施し，予防接種の異常な副反応により接種対象者が死亡した場合，当該医師は接種に際しその結果を予見し得たものであるのに過誤により予見しなかったものと推定される。

イ：Aの配偶者Bと第三者Cとが肉体関係を持った場合，AB間の婚姻関係がその当時既に破綻しているときであっても，Cは，原則として，Aの婚姻共同生活の平和の維持という権利を侵害したとみなされ，Aに対して，不法行為責任を負う。

ウ：疾病のために死亡した患者の診療に当たった医師の医療行為が，当該医師の過失により当時の医療水準にかなったものではなかった場合，当該医療行為と患者の死亡との間の因果関係の存在が証明されなくても，医療水準にかなった医療が行われていたならば患者がその死亡の時点においてなお生存していた相当程度の可能性の存在が証明されれば，当該医師は不法行為責任を負う。

エ：責任能力のない未成年者の親権者は，その直接的な監視下にない子の行動について，人身に危険が及ばないよう注意して行動するよう日頃から指導監督する義務があることから，通常は人身に危険が及ぶものとはみられない行為によって子がたまたま人身に損害を生じさせた場合であっても，特別の事情が認められない限り，子に対する監督義務を尽くしていなかったとして，当該親権者は不法行為責任を負う。

オ：民法第715条の使用者責任が成立するためには，被用者の不法行為が使用者の事業の執行について行われたことが必要であるところ，被用者の行った取引行為が，その行為の外形からみて，使用者の事業の範囲内に属するものと認められる場合には，その行為が被用者の職務権限内において適法に行われたものではなく，かつ，相手方がそのことを知りながら当該取引を行い損害が生じたと認められるときであっても，原則として当該使用者は同条の使用者責任を負う。

1：ア，ウ　2：ア，オ　3：イ，ウ　4：イ，エ　5：エ，オ

実践 問題 175 の解説

〈不法行為の成立要件〉

ア○ 不法行為では，過失の立証責任は，原則として被害者（原告）が負担する（大判明38.6.19）。しかし，本記述のような医療過誤の場合，事実関係や行為義務の内容を明らかにするには，高度の専門的知識や経済的負担が必要となるため，加害者（被告）の過失の立証が困難となる場合が少なくない。そこで，原告が，経験則上，過失の存在を推測させるような状況事実を証明すれば，被告がその推測を覆すだけの反証をしない限り，過失があったと認定される場合がある（**過失の一応の推定**または**事実上の推定**）。判例は，インフルエンザ予防接種を実施する医師が，接種対象者につき禁忌者を識別するための適切な問診を尽くさなかったため，その識別を誤って接種をした場合に，その異常な副反応により対象者が死亡または罹病したときは，当該医師はその結果を予見しえたのに過誤により予見しなかったものと推定すべきであるとして，**医師の過失**を認定した（最判昭51.9.30）。

イ× Ａの配偶者Ｂと第三者Ｃが肉体関係を持った場合，原則として，Ｃは，Ａに対して**不法行為責任**（709条）**を負う**（最判昭54.3.30）。しかし，ＣがＢと肉体関係を持つことがＡに対する不法行為となるのは，それがＡの婚姻共同生活の平和の維持という権利または法的保護に値する利益を侵害する行為といえるからであって，ＡＢ間の婚姻関係がすでに破綻していた場合には，原則として，Ａにこのような権利または法的保護に値する利益があるとはいえない。したがって，本記述のように，Ａの配偶者Ｂと第三者Ｃが肉体関係を持った場合において，ＡＢ間の**婚姻関係がその当時すでに破綻**していたときは，特段の事情のない限り，Ｃは，Ａに対して**不法行為責任を負わない**（最判平8.3.26）。

ウ○ 判例は，疾病のため死亡した患者の診療にあたった医師の医療行為が，その過失により，「当時の医療水準にかなったものでなかった場合」において，当該医療行為と患者の死亡との間の因果関係の存在は証明されなくても，医療水準にかなった医療が行われていたならば患者がその死亡の時点においてなお「**生存していた相当程度の可能性**」の存在が証明されるときは，医師は，患者に対し，**不法行為による損害賠償責任を負う**としている（最判平12.9.22）。なぜなら，生命を維持することは人にとって最も基本的な利益であって，上記の可能性は法によって保護されるべき利益であり，医師が過失により医療水準にかなった医療を行わないことによって患者の法益が侵害されたものといえるからである。

エ × 判例は，「責任能力のない未成年者の親権者は，その直接的な監視下にない子の行動について，人身に危険が及ばないよう注意して行動するよう日頃から指導監督する義務がある」と解するものの，親権者の直接的な監視下にない子の行動についての日頃の指導監督は，ある程度一般的なものとならざるをえないことを理由に，「通常は人身に危険が及ぶものとはみられない行為によってたまたま人身に損害を生じさせた場合は，当該行為について具体的に予見可能であるなど特別の事情が認められない限り，子に対する監督義務を尽くしていなかったとすべきではない」として，714条１項但書を適用して，親権者の不法行為責任を免責した（サッカーボール事件，最判平27.4.9）。

オ × 715条の使用者責任が成立するためには，被用者の不法行為が使用者の「事業の執行について」行われたことが必要である（同条１項本文）。判例によれば，「事業の執行について」とは，「被用者の職務執行行為そのものには属しないが，その行為の外形から観察して，あたかも被用者の職務の範囲内の行為に属するものとみられる場合をも包含する」（外形理論。最判昭40.11.30等）。もっとも，外形理論の趣旨は，行為の外形に対する相手方の信頼を保護することにある。そこで，判例は，「被用者のなした取引行為が，その行為の外形からみて，使用者の事業の範囲内に属するものと認められる場合」でも，「その行為が被用者の職務権限内において適法に行なわれたものではなく，かつ，その行為の相手方が右の事情を知りながら，または，少なくとも重大な過失により右の事情を知らないで，当該取引をした」ときは，その行為に基づく損害は同条の損害とはいえないとして，使用者責任の成立を否定している（最判昭42.11.2）。

以上より，妥当なものはア，ウであり，肢１が正解となる。

正答 1

memo

第5章

事務管理・不当利得・不法行為

章末 CHECK　? Question

Q1 警察官が迷子を保護する行為には，事務管理が成立する。

Q2 事務管理は好意でなされるにすぎないものであるから，管理者は自己の財産に対するのと同一の注意義務をもって管理を行えば足りる。

Q3 事務管理者が有益な債務を負担した場合，事務管理者は自己に代わってその弁済をするように本人に対して請求することができる。

Q4 事務管理をした者が本人に対して報酬を請求することはできない。

Q5 事務管理者が管理中に自己に過失なくして損害を被ったとしても，管理者が本人に対して損害賠償請求をすることはできない。

Q6 事務管理者は法定代理人であるから，管理者が本人の名前でなした法律行為の効果は，当然に本人に帰属する。

Q7 不当利得は財産上の不公平を是正するための制度なので，他人の労務によって法律上の原因なく利益を受けている場合には，適用されない。

Q8 不当利得の成立要件たる受益とは，財産が積極的に増加したことを意味し，本来生じるはずであった財産の減少を免れた場合は含まない。

Q9 個人間の一方に法律上の原因がない利得があれば，他方にこれに対する損失がなくても不当利得は成立する。

Q10 不当利得における善意の受益者が，利得した金銭を生活費など必要な費用に充てた場合には，現存利益がないので返還を免れる。

Q11 悪意の受益者は，受けた利益に利息を付して返還しなければならず，利得を返還してもなお損害があるときは，その賠償責任を負う。

Q12 債務がないことを知りつつ，強制執行を免れるためやむをえずした弁済は，非債弁済（民法705条）であるから，不当利得返還請求はできない。

Q13 強行法規に違反する行為によってなされた給付であっても，当然に民法708条の不法原因給付とされるわけではない。

Q14 未登記不動産の場合，これを相手方に引き渡す行為は，不法原因給付にいう「給付」と認められる。

Q15 契約当事者の双方に不法な原因がある場合には，給付をした者からの相手方に対する不当利得返還請求が認められることはない。

Q16 不法原因給付物は，不当利得として返還請求できないのみならず，所有権に基づく返還請求をすることも認められない。

Q17 判例は，損害の公平な分担という見地から，使用者は信義則上相当と認められる限度において被用者に対し求償権の請求をすることができるとする。

Answer

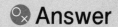

A1 × 事務管理の成立には，法律上の義務がないことを要する。警察官には迷子を保護する法律上の義務があるので事務管理は成立しない。

A2 × 管理者は善管注意義務を負う（通説）。好意で始めたとしても，いったん他人の事務にかかわった以上は責任を持って管理を行うべきだ，とされているのである。

A3 ○ 事務管理者は，本人に対して有益な債務の代弁済請求権を有する（702条２項・650条２項）。

A4 ○ 管理者に報酬請求権は認められないと解されている（通説）。

A5 ○ 管理者には，本人に対する損害賠償請求権は認められない（通説）。委任契約における受任者との違いの１つである（650条３項参照）。

A6 × 事務管理によって当然に管理者に代理権が生じるわけではなく，管理者が本人の名でした行為は無権代理となる（最判昭36.11.30）。

A7 × 703条は，「他人の財産又は労務」と規定している。

A8 × 受益には，積極的利得のほか，本来生じるはずであった財産の減少を免れるという消極的利得も含まれる。

A9 × 不当利得の成立には，個人間の一方に利得があり，これによって他方に損失を与えたことが必要である。

A10 × 利得した金銭を生活費など必要な費用に充てた場合は，それにより自己の財産の減少を免れているので，現存利益があるとされる。

A11 ○ 704条が，本問のように規定している。

A12 × 705条が適用されるためには，給付が任意になされたことを要するから，強制執行を避けるために弁済をした場合には，同条の適用はない（大判大6.12.11）。

A13 ○ 公序良俗違反に至らない場合は，不法原因給付にはあたらない。

A14 ○ 不法原因給付にいう「給付」は終局的なものであることを要するが，未登記不動産では引渡しで給付があったとされる（最大判昭45.10.21）。既登記不動産では移転登記が必要である（最判昭46.10.28）。

A15 × 給付者の不法が相手方の不法よりも著しく微弱であるときは，708条の適用はなく，返還請求が認められる（最判昭29.8.31）。

A16 ○ 所有権に基づく物権的請求権についても，708条が類推適用され，返還請求は認められない（最大判昭45.10.21）。

A17 ○ 判例は，本問のとおり判示し，損害の公平な分担という見地から，被用者に対する求償権の範囲を「信義則上相当と認められる限度」までに制限している（最判昭51.7.8）。

memo

民法

第6編

親族・相続

第1章

親族法

SECTION

第1章 親族法

出題傾向の分析と対策

試験名	地上			国家一般職（旧国Ⅱ）			特別区			裁判所職員			国税・財務・労基			国家総合職（旧国Ⅰ）		
年度	15-17	18-20	21-23	15-17	18-20	21-23	15-17	18-20	21-23	15-17	18-20	21-23	15-17	18-20	21-23	15-17	18-20	21-23
出題数 / セクション	2	1	2	2	1	1	2	1	2				2	2	1	2	3	3
親族法総説		★	★	★														
婚姻	★						★	★					★★	★★	★		★★	★★
親子	★		★	★	★	★	★		★							★	★	★
親権					★	★			★				★			★		

（注） 1つの問題において複数の分野が出題されることがあるため，星の数の合計と出題数とが一致しないことがあります。

親族法・相続法については，国家総合職の試験では親族法と相続法から各1問，他の試験種ではどちらかから1問出題されることが多くなっていますが，裁判所職員の試験では例年出題されていません。試験種による対策が必要となります。

地方上級

2年に1度くらいの頻度で出題されています。その中でも婚姻や離婚などが比較的よく出題されていますが，ほとんどが条文知識で解けるもので，場合によっては一般常識で解けるものもあります。養子縁組や親権なども含め，過去問を解くことで知識を身につけましょう。

国家一般職（旧国家Ⅱ種）

2年に1度くらいの頻度で出題されています。過去には，親族，婚姻，嫡出子，養子縁組，親権など満遍なく出題されていますので，準備が必要です。一見細かい知識のように思える問題でも，過去問で十分カバーできるものがほとんどです。過去問に出てきた判例および条文をしっかり知識として身につけましょう。

特別区

2年に1度くらいの頻度で出題されています。過去には，婚姻，認知，特別養子縁組，扶養などが出題されています。もっとも，ほとんどが基本的な条文の知識で解けるものですので，過去問を繰り返し解いて知識を定着させてください。

裁判所職員

出題されていません。ただし，2011年に教養で親族関係についての出題がありました。一般常識で解ける程度の問題でしたが，万全を期したい受験生は，本書のインプット部分を一読するとよいでしょう。

国税専門官・財務専門官・労働基準監督官

２年に１度くらいの頻度で出題されています。条文と過去問で正確な知識を身につけましょう。

国家総合職（旧国家Ⅰ種）

最近は毎年出題されています。親族法全般について出題されています。やや細かい知識を問うものもありますが，条文と重要判例の知識で解けるものがほとんどです。条文と過去問で正確な知識を身につけましょう。

Advice アドバイス 学習と対策

親族法については，ほとんどが条文知識で解ける問題です。範囲は広いですが，裁判所職員の試験を除いて，親族法・相続法の中から毎年１～２問出題されるものですから，過去問を中心に学習するべきです。婚姻や離婚の出題がやや多くなっていますが，嫡出子・認知や特別養子縁組についても，本書のインプット部分をしっかり読んで理解しましょう。

親族法総説

直前復習

必修問題 セクションテーマを代表する問題に挑戦！

親族法は，あまり出題されないだけに，条文がそのまま問われることが多いです。まずは条文に則して定義をしっかり学習してください。

問 親族に関する次の記述のうち，妥当なのはどれか。

（国家一般職2017）

1：親族は，６親等内の血族及び３親等内の姻族とされており，配偶者は１親等の姻族として親族に含まれる。

2：血族関係は，死亡，離縁及び縁組の取消しにより終了するため，養子と養親の血族との血族関係は，養親の死亡により終了する。

3：養子は，養子縁組の日から養親の嫡出子の身分を取得し，養子縁組以前に生まれた養子の子は，養子縁組の日から当該養親と法定血族の関係が生じる。

4：自然血族は，出生による血縁の関係にある者をいうが，婚姻関係のない男女から生まれた子については，認知がなければ父や父の血族との血族関係は生じない。

5：姻族関係は，婚姻により発生し，離婚，婚姻の取消し及び夫婦の一方の死亡により当然に終了する。

Guidance ガイダンス

親族…６親等内の血族，配偶者，３親等内の姻族
血族…自然血族：同じ祖先を持つ血縁関係にある者
　　　　法定血族：養子など血族関係が擬制される者
姻族…婚姻によって生ずる親族
※配偶者は血族でも姻族でもない親族である。

頻出度	地上★★　国家一般職★　特別区★ 裁判所職員★　国税·財務·労基★　国家総合職★

チェック欄		
1回目	2回目	3回目

必修問題の解説

〈親族〉

1 × 親族は，①６親等内の血族（肢２解説参照），②配偶者，③３親等内の姻族（肢５解説参照）を指す（725条）。②の配偶者は，婚姻した当事者の一方からみた他方であり，血族でも姻族でもなく，親等（726条）もない。

2 × 血族は，出生による血縁の関係にある者（自然血族）または養子縁組により血縁の関係にあると同視される者（法定血族）である。血族関係は，死亡・離縁（729条）・縁組の取消しにより終了する。もっとも，自然血族・法定血族を問わず，本人が死亡しても，他の関係者間の血族関係は終了しない。たとえば，養親が死亡しても，養子と養親の血族との血族関係は終了しないので，養子が上記の血族関係を終了させるためには，家庭裁判所の許可を得て死後離縁をする必要がある（811条６項）。

3 × 養子は，養子縁組の日から，養親の嫡出子の身分を取得し（809条），養親の血族との間に法定血族関係が生じる（727条）。しかし，養子縁組前から存在する養子の血族と養親との間には法定血族関係は生じないので，養子縁組以前に生まれた養子の子は，養親の孫になるわけではない。

4 ○ 婚姻関係のある男女から生まれた子（嫡出子）については，夫の子であると推定されるので（嫡出推定。772条），夫（父）・子・子の母等が嫡出否認（774条）をしない限り，夫との間に父子関係（自然血族関係）が生じる。これに対して，婚姻関係のない男女から生まれた子（非嫡出子）については，婚姻を媒介に父子関係を決定できないので，父の認知（779条）を待って初めて父子関係が生じる。

5 × 姻族は，配偶者の一方と他方の血族との関係をいう。姻族関係は，婚姻により発生し，離婚・婚姻の取消しにより終了する（728条１項・749条）。しかし，夫婦の一方が死亡しても，姻族関係は当然には終了せず，生存配偶者が姻族関係を終了させる意思を表示したときに姻族関係が終了する（728条２項）。

正答 4

第1章 SECTION 1 親族法

親族法総説

1 家族法とは

民法は，財産法と**家族法**（親族法・相続法）に分けられます。家族法は，いままで学習してきた財産法とは異なる原理で貫かれています。すなわち，身分上の法律効果を発生させる法律行為（身分行為）の場合は，取引の安全の要請がない反面，個人の意思を最大限尊重する必要があるのです。

補足 身分行為の特徴としては，①個人の意思の最大限の尊重，②意思表示の規定が原則として適用されない，③原則として代理が許されない，④財産的行為の場合ほど高い能力が要求されない，⑤要式行為が多い，などが挙げられます。

2 親族とは

親族とは，血縁関係またはこれと同視できる関係にある者，および婚姻により生じる関係である配偶者ならびにそれと血縁関係にある者の総体をいいます。民法では，**6親等内の血族，配偶者，3親等内の姻族**を親族とするとしています（725条）。

血族とは同じ先祖を持つ血縁関係にある者（**自然血族**）および養子縁組によって血族関係が擬制される者（**法定血族**。727条）をいい，**姻族**とは婚姻によって生じる親族をいいます。

親族の範囲

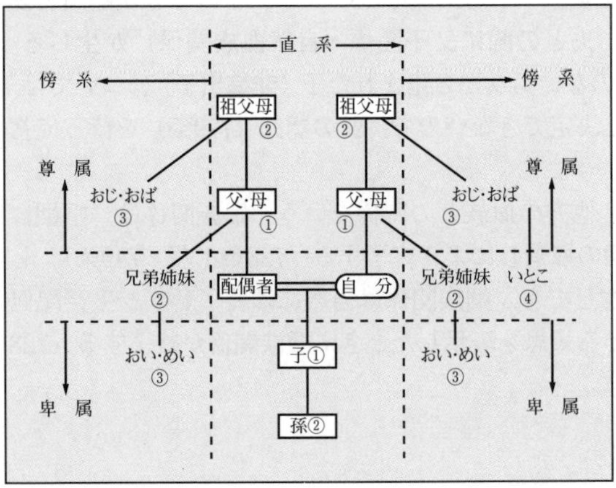

ミニ知識 「直系」とは，父母・子・孫などのようにある者を中心にして世代が上下に直線的につながる関係をいいます。「傍系」とは，兄弟・叔父叔母など共同の始祖を介して連なる関係をいいます。

ミニ知識
「尊属」とは，自己の父祖および父祖と同じ世代にある者のことをいいます。
「卑属」とは，子孫および子孫と同じ世代にある者のことをいいます。

親族法総説

実践 問題 176 応用レベル

頻出度			
	地上★	国家一般職★	特別区★
	裁判所職員★	国税·財務·労基★	国家総合職★

問 **民法に規定する扶養に関するA～Dの記述のうち，妥当なものを選んだ組合せはどれか。** （特別区2009）

A：扶養の義務を当然に負担しなければならない者は，要扶養者の直系血族及び三親等内の姻族である。

B：扶養義務者が数人ある場合において，扶養をすべき者の順序について，当事者間に協議が調わないときは，家庭裁判所がこれを定める。

C：扶養義務には，生活扶助義務と生活保持義務があるが，生活扶助義務は，自分の最低生活を割っても相手方に自分と同程度の生活をさせなければならないものであり，これは，生活保持義務に優先する。

D：扶養請求権は，一身専属権であり，相続や譲渡の対象にならず，差押えも制限されており，将来に向かって放棄することも許されない。

1：A　B
2：A　C
3：A　D
4：B　C
5：B　D

チェック欄		
1回目	2回目	3回目

実践 問題 176 の解説

〈扶養〉

A× 民法上当然に扶養義務が生ずるのは配偶者（752条）と「直系血族及び兄弟姉妹」である（877条１項）。「三親等内の親族間」においては，「特別の事情があるとき」に家庭裁判所が扶養義務を負わせることができる（同条２項）。

B○ 扶養義務者が複数の場合における扶養すべき者の順序については，まず当事者の協議に委ねており，当事者の協議が調わないとき，または協議することができないときは，家庭裁判所の審判でこれを決定する（878条前段）。

C× 「生活扶助義務」は，自分の身分相応の生活を犠牲にすることなく，なお余裕がある場合に要扶養者が最低限度の生活を営める程度に援助すれば足りるというものであり，また，「生活保持義務」に優先するものでもない。通説は，夫婦とその間の未成熟の子から成る核家族を社会の基本的な構成単位として重視する立場から，扶養義務を「生活保持義務」と「生活扶助義務」に区別する。すなわち，①夫婦間や親の未成熟の子に対する扶養は，これらの関係の本質を形成する同居・協力・扶助（752条）および監護・教育（820条）の義務の一内容となり，自己の最低生活を割っても相手方に自分と同程度の生活をさせなければならないことを意味するので，「生活保持義務」とよばれる。これに対して，②それ以外の親族間の扶養は，自分の身分相応の生活を犠牲にすることなく，なお余裕がある場合に要扶養者が最低限度の生活を営める程度に援助すれば足りるので，「生活扶助義務」とよばれる。

D○ 扶養請求権は，一定の親族的身分と結合した一身専属権であり，要扶養者本人の生存の保障を目的とする点で公益的性格を持っているので，処分することができない（881条）。この処分には，譲渡だけでなく，放棄も含まれる。また，扶養請求権の一身専属性は帰属上・行使上の双方に及ぶので，相続の対象にもならず（896条但書），債権者の代位行使も許されない（423条１項但書）。さらに，債権者による差押えも制限されている（民事執行法152条１項１号）。

以上より，妥当なものはB，Dであり，肢５が正解となる。

正答 5

親族法
婚姻

必修問題 セクションテーマを代表する問題に挑戦！

婚姻は，婚姻の要件，無効・取消原因を条文に則して学習してください。無効原因は２つしかないことに注意してください。

問 民法に規定する婚姻に関するA～Dの記述のうち，妥当なものを選んだ組合せはどれか。 (特別区2020)

A：養子若しくはその配偶者又は養子の直系卑属若しくはその配偶者と養親又はその直系尊属との間では，離縁により親族関係が終了した後であれば，婚姻をすることができる。

B：近親者間の婚姻の禁止の規定に違反した婚姻は，各当事者，その親族又は検察官から，その取消しを家庭裁判所に請求することができるが，検察官は，当事者の一方が死亡した後は，これを請求することができない。

C：婚姻の時においてその取消しの原因があることを知っていた当事者は，婚姻によって得た利益の全部を返還しなければならず，この場合において，相手方が善意であったときは，これに対して損害を賠償する責任を負う。

D：離婚の届出は，当事者双方及び成年の証人２人以上が署名した書面で，又はこれらの者から口頭でしなければならず，この規定に違反して当該届出が受理されたときは，離婚の効力を生じない。

1：A　B
2：A　C
3：A　D
4：B　C
5：B　D

Guidance ガイダンス

婚姻の要件

①婚姻意思
②届出
→ これらがないことは婚姻の無効原因となる

③婚姻障害事由がないこと
→ 婚姻障害事由があれば取消原因となる

必修問題の解説

チェック欄 | 1回目 | 2回目 | 3回目

〈婚姻〉

A × 養子・その配偶者・直系卑属・その配偶者と，養親・その直系尊属との間では，倫理的な理由から婚姻が禁止されているが，この禁止は離縁によって親族関係が終了（729条）した後にも適用される（736条）。

B ○ 近親者間の婚姻の禁止の規定（734条～736条）に違反した婚姻は，各当事者，その親族または検察官から，その取消しを家庭裁判所に請求できる（744条１項本文）。これは公益的観点からの取消しであるから，当事者以外に，親族や公益代表者である検察官にも取消権が認められている。ただし，検察官の取消権は，当事者の一方の死亡により消滅する（同項但書）。

C ○ 婚姻の取消しには遡及効がないが（748条１項），婚姻によって得た財産上の利益については一般の不当利得（703条・704条）に準ずる規定が置かれている。すなわち，婚姻時に取消原因を知らなかった当事者は，婚姻によって得た財産を，現に利益を受けている限度で返還する義務を負う（748条２項）。これに対して，本記述のように，婚姻時に取消原因を知っていた当事者は，婚姻によって得た利益の全部を返還する義務を負い，かつ，相手方が善意であったときには，損害賠償責任も負う（同条３項）。

D × 離婚の届出は，当事者双方および成年の証人２人以上から口頭または署名した書面で行うこと（764条・739条２項），親権者の定めがあること（819条１項），その他の法令の規定に違反しないことを認めた後でなければ，受理することができない（765条１項）。もっとも，これらの要件に違反する離婚の届出であっても，受理されてしまえば離婚そのものの効力に影響しない（同条２項）。

以上より，妥当なものはＢ，Ｃであり，肢４が正解となる。

正答 4

第1章 SECTION ②

親族法

婚姻

1 婚姻とは

親族関係には，自然的に発生するもの（実子）と，人の意思に従って発生するもの（婚姻，養子）があります。このうち，婚姻についてまず説明していきます。

2 婚姻の要件

婚姻が成立するためには，**婚姻意思と婚姻の届出**（婚姻届。739条１項）が必要です。ここでいう婚姻意思とは，**実質的に婚姻生活を送ろうとする意思**を指すとされており（実質的意思説），たとえば婚外子に父親の国籍を取得させることを目的とする婚姻は認められません。また，婚姻意思は，合意の時および届出書作成時だけでなく届出の時においても存在していなければなりません。また，婚姻の成立には，これらの要件に加え，以下の**婚姻障害事由**がないことも必要です。

補足 届出書作成後に，一方が婚姻意思を失ったときは，他の一方によって届出がなされたとしても，婚姻は有効に成立しません。

【婚姻障害事由】

障害事由	内容
婚姻適齢	男女とも18歳になるまで婚姻できない（731）
重婚禁止	すでに配偶者のある者は重ねて婚姻できない（732）
近親婚の禁止	直系血族または３親等内の傍系血族間では婚姻できない（734）
	直系姻族間では婚姻できない（735）
	養親子間等では婚姻できない（736）

ポイント 従来，父性推定の重複を避けるため，女性は，前婚の解消・取消しの日から100日経過後でなければ再婚できないとする再婚禁止期間が設けられていました（旧733条）。しかし，2022（令和４）年民法改正が嫡出推定制度の抜本的な改正（セクション③「親子」のインプット参照）を行った結果，父性推定の重複がなくなったため，同改正は再婚禁止期間を廃止しました（2024年４月１日施行）。

判例チェック 一方が勝手に婚姻届を提出した場合でも，①両者に夫婦としての実質的生活関係が存在し，②のちに他方が届出の事実を知って追認したときは，婚姻は届出時に遡って有効になるとするのが判例です（最判昭47.7.25）。

3 婚姻の無効・取消し

これらの婚姻の要件を充たしていないのに婚姻届が受理された場合，どうなるのでしょうか。この場合に民法は，無効と取消しという２つの制度を定めています。

このうち，婚姻の無効原因は，①婚姻意思がない場合と，②届出がない場合の2つが規定されています（742条）。

これに対し，婚姻障害事由がある婚姻は，取消しの対象となります（744条）。

なお，婚姻の取消しには遡及効がなく，将来に向かってのみ効力が生じます（748条1項）。継続した事実上の婚姻を尊重する趣旨です。

ポイント 取消しの効果は遡及しないため，婚姻が取り消されても，子は婚姻により取得した嫡出子の身分を失うことはありません。

【婚姻の取消し】

<table>
<tr><th>取消原因</th><th colspan="2">取消権者</th><th>期間制限</th></tr>
<tr><td>不適齢婚</td><td rowspan="3">当事者・親族・検察官（※）（744Ⅰ）</td><td></td><td>不適齢者が適齢に達するまで。本人は適齢に達した後3カ月間は取消可（745）</td></tr>
<tr><td>重婚</td><td>当事者の配偶者・前配偶者（744Ⅱ）</td><td rowspan="2">なし</td></tr>
<tr><td>近親婚</td><td></td></tr>
<tr><td>詐欺・強迫による婚姻</td><td colspan="2">当事者のみ（747Ⅰ）</td><td>詐欺の発見・強迫を免れた時から3カ月間または追認するまで（747Ⅱ）</td></tr>
</table>

※　検察官は，当事者の一方の死亡後は取り消せない（744Ⅰ但書）。

補足 夫婦の一方が死亡すると，婚姻の効果はすべて消滅しますが，生存配偶者の氏は原則として変わらず，復氏のための届出をすれば復氏します（751条1項）。姻族関係も終了の意思表示により消滅します（728条2項）。

4 離婚

婚姻関係は無効・取消しによる場合のほか離婚によっても消滅します。民法は離婚の方法として協議離婚と裁判離婚を用意しています。

(1) 協議離婚

協議離婚は，夫婦の離婚意思と離婚の届出（離婚届。764条・739条）によって成立します。これは婚姻と類似していますが，婚姻意思とは異なり，離婚意思は離婚届を提出する意思であれば足りる（形式的意思説）とされている点に注意してください。

協議離婚の無効に関しては特に規定がありませんが，婚姻無効の規定（742条）が類推適用されると考えられています。したがって，当事者間に離婚意思がない離婚届（協議離婚）は当然に無効です。ただし，婚姻の場合と同様，無効な協議離婚の追認も認められます。また，詐欺・強迫による協議離婚は取り消すことができます（764条・747条）。ただし，婚姻の取消しの場合と異なり，**離婚の取消しの効果は遡及**します（764条は748条を準用していません）。

判例チェック　判例は，生活扶助を受けるための離婚も有効としています（最判昭57.3.26）。

補足　764条は，婚姻取消しの将来効を規定する748条を準用していません。

協議離婚が行われたとして，いくつかの処理すべき問題があります。まず，子がいる場合，離婚の際に当事者の協議で親権者および監護者を定めます（819条１項・766条１項）。また，婚姻によって氏を改めた夫または妻は婚姻前の氏に復することになります（767条１項）。ただし，３カ月以内に届け出ることにより，離婚の際に称していた氏を称することができます（婚氏続称。同条２項）。これらに加え，離婚の際の実際的な問題として財産分与があります。**財産分与**（768条）は，夫婦間の財産の清算と他方当事者の生活の保護のための制度です。

(2)　裁判離婚

夫婦の一方が離婚に同意しない場合でも，以下の離婚原因（①～④：具体的離婚原因，⑤：抽象的離婚原因）があるときには，他方当事者は家庭裁判所に離婚の訴えを提起することができます（770条１項）。

【離婚原因（770条１項）】
①　配偶者に不貞な行為があったとき（浮気など）
②　配偶者から悪意で遺棄されたとき（突然の失踪など）
③　配偶者の生死が３年以上明らかでないとき
④　配偶者が強度の精神病にかかり，回復の見込みがないとき
⑤　その他婚姻を継続し難い重大な事由があるとき

注意！ 夫婦の一方が不倫していた場合のように，他方当事者に精神的損害を与えていたときには，他方当事者は財産分与を受けていても，それとは別に慰謝料を請求することができます（最判昭46.7.23）。財産分与と慰謝料請求では，その趣旨が異なります。

判例チェック 判例は，有責配偶者からの離婚請求を一定の事情の下に認めています（最大判昭62.9.2）。

実践 問題 177 基本レベル

頻出度 地上★ 国家一般職★ 特別区★★ 裁判所職員★ 国税·財務·労基★★★ 国家総合職★★

問 民法に規定する婚姻に関するA～Dの記述のうち，妥当なものを選んだ組合せはどれか。 (特別区2010)

A：外国に在る日本人間で婚姻をしようとするときは，その国に駐在する日本の大使，公使又は領事にその届出をすることができる。

B：成年被後見人が婚姻をするには，その成年後見人の同意を要するが，被保佐人が婚姻をするには，その保佐人の同意を要しない。

C：夫婦の一方が日常の家事に関して第三者と法律行為をしたときは，他の一方は，これによって生じた債務について，連帯責任を負わないが，第三者に対し責任を負う旨を予告した場合は，この限りでない。

D：不適齢者の婚姻の取消判決が確定した場合，その婚姻の取消しは，将来に向ってのみ効力を生ずる。

1：A　B
2：A　C
3：A　D
4：B　C
5：B　D

実践 問題 177 の解説

チェック欄		
1回目	2回目	3回目

〈婚姻〉

A ○ 741条は，外国にいる日本人間で婚姻しようとするときは，その国に駐在する日本の大使，公使または領事にその届出をすることができるとする。

B × 被保佐人が婚姻するには，その保佐人の同意を要しない（13条１項参照）。そして，成年被後見人が婚姻をする場合も，その成年後見人の同意を要しない（738条）。成年後見制度は本人の意思尊重が明文化（858条）されており，また，成年後見人の同意，取消権は基本的に日常生活には及ばない（９条）ことからも，意思能力を有する限り，単独で身分行為を行える。

C × 夫婦の一方が日常の家事に関して第三者と法律行為をしたときは，他の一方は，これによって生じた債務について連帯責任を負う（761条本文）。ただし，第三者に対し責任を負わない旨を予告した場合には連帯責任を負わない（同条但書）。

D ○ 不適齢者の婚姻は取り消すことができる（731条・744条１項）。この取消しの効力について，748条１項は「将来に向かってのみその効力を生ずる」とし，将来効を定める。これは，一般の法律行為の取消しには遡及効がある（121条）が，婚姻の取消しの場合は，遡って無効となった場合に，たとえば，嫡出子で生まれた子が非嫡出子になる点や日常家事債務の連帯の消滅など，当事者・子・第三者に生ずる不都合にかんがみ，遡及効を否定したものである。

以上より，妥当なものはA，Dであり，肢３が正解となる。

正答 3

実践 問題 178 基本レベル

頻出度 地上★ 国家一般職★ 特別区★★ 裁判所職員★ 国税·財務·労基★★★ 国家総合職★★

問 **婚姻の効力に関するア～オの記述のうち，妥当なもののみを全て挙げているのはどれか。ただし，争いのあるものは判例の見解による。**

(国税・財務・労基2013)

ア： 当事者間に婚姻をする意思の合致があれば，民法上婚姻の効力が生じる。婚姻の届出は，あくまで行政関係法規に基づく義務であることから，届出の有無は，民法上の婚姻の効力には影響しない。

イ： 婚姻の成立に必要な婚姻をする意思とは，法律上の夫婦という身分関係を設定する意思で足り，当事者間に真に社会観念上夫婦であると認められる関係の設定を欲する効果意思までも要求するものではない。

ウ： 将来婚姻することを目的に性的交渉を続けてきた者が，婚姻意思を有し，かつ，その意思に基づいて婚姻の届出を作成したときは，仮に届出が受理された当時意識を失っていたとしても，その受理前に翻意したなど特段の事情がない限り，当該届出の受理により婚姻は有効に成立する。

エ： 直系姻族間及び養親子間の婚姻は禁止されており，これに反して婚姻したとしても当然に無効であり，婚姻の効力は発生しない。

オ： 事実上の夫婦の一方が他方の意思に基づかないで婚姻届を作成提出した場合においても，当時両名に夫婦としての実質的生活関係が存在しており，かつ，後に他方の配偶者が届出の事実を知ってこれを追認したときは，当該婚姻は追認によりその届出の当初に遡って有効となる。

1：ア，イ
2：ア，ウ
3：イ，ウ
4：イ，エ
5：ウ，オ

チェック欄

1回目	2回目	3回目

実践 問題 178 の解説

〈婚姻の効力〉

ア× 民法は，当事者間に婚姻をする意思がないときは，婚姻は無効になると規定するので（742条1号），婚姻が有効となるためには，当事者間に婚姻をする意思があること（婚姻意思の合致）が必要である。さらに，民法は，婚姻は，戸籍法の定めるところにより届け出ることによって効力を生ずると規定するので（739条1項），婚姻が成立するためには，婚姻の届出が必要である（通説）。

イ× 判例は，子に嫡出子としての地位を得させるための便法として婚姻の届出をした場合には，社会観念上夫婦であると認められる関係の設定を欲する効果意思（婚姻の実質的意思）は存在しないから，この婚姻は無効であるとした（最判昭44.10.31）。

ウ○ 婚姻意思（記述アの解説参照）は，婚姻届の作成時に必要なだけでなく，婚姻届の提出時（受理時）にも必要であると解されている。ただし，判例は，将来婚姻することを目的に性的交渉を続けてきた者が，婚姻意思を有し，かつ，その意思に基づいて婚姻の届書を作成したときは，仮に届出の受理された当時意識を失っていたとしても，その受理前に翻意したなど特段の事情のない限り，当該届書の受理により婚姻は有効に成立するものとしている（最判昭45.4.21）。

エ× 倫理的な理由から，直系姻族間の婚姻は禁止されている（735条）。また，養子・その配偶者，または養子の直系卑属・その配偶者と，養親・その直系尊属との間での婚姻も禁止されている（736条）。もっとも，これらの近親婚の禁止に違反した婚姻は，各当事者，その親族または検察官からその取消しを裁判所に請求できるのであって（744条1項），当然に無効となるわけではない。

オ○ たとえ事実上の夫婦の一方が婚姻届を作成提出しても，その婚姻届が他方の意思に基づかないものであれば，その婚姻は無効になる（記述アの解説参照）。しかし，判例は，①その当事者間に夫婦としての実質的生活関係が存在しており，かつ，②のちに他方の配偶者が届出の事実を知ってこれを追認したときは，無権代理行為の追認に関する116条の類推適用により，その婚姻は追認によりその届出の当初に遡って有効となるとした（最判昭47.7.25）。

以上より，妥当なものはウ，オであり，肢5が正解となる。

正答 5

SECTION 2 第1章 親族法

婚姻

実践 問題 179 基本レベル

頻出度	地上★　国家一般職★　特別区★★ 裁判所職員★　国税・財務・労基★★★　国家総合職★★

問 婚姻に関するア～オの記述のうち，妥当なもののみを全て挙げているのはどれか。 （国税・財務・労基2016改題）

ア：成年被後見人が婚姻をするには，その成年後見人の同意を得なければならない。

イ：婚姻が詐欺によってなされた場合，その婚姻は取り消し得るものとなるが，婚姻が強迫によってなされた場合，その婚姻は無効である。

ウ：離婚における財産分与は，夫婦が婚姻中に有していた実質上共同の財産を清算分配し，かつ，離婚後における一方の当事者の生計の維持を図ることを目的とするものであるから，財産分与の請求に離婚による慰謝料を含めることはできないとするのが判例である。

エ：内縁の夫婦の一方の死亡により内縁関係が解消した場合には，法律上の夫婦の離婚に伴う財産分与に関する民法第768条の規定を類推適用することはできず，生存する内縁配偶者は，死亡した内縁配偶者の相続人に対して財産分与を請求することができないとするのが判例である。

1：ア
2：イ
3：ア，エ
4：ウ
5：エ

チェック欄

1回目	2回目	3回目

実践 問題 179 の解説

〈婚姻〉

ア× 成年被後見人が婚姻をするには，その成年後見人の同意を要しない（738条）。これは，婚姻は可能な限り当事者の意思に基づくべきものだからである。

イ× 詐欺または強迫によって婚姻をした者は，その婚姻の取消しを家庭裁判所に請求することができる（747条1項）。なお，民法が婚姻の無効原因として規定するのは，当事者間に婚姻をする意思がないときと，当事者が婚姻の届出をしないときである（742条）。

ウ× 離婚における財産分与（768条）は，夫婦が婚姻中に有していた実質上共同の財産を清算分配し，かつ，離婚後における一方の当事者の生計の維持を図ることを目的とするから，財産分与の請求権は，（相手方の有責な行為によって離婚をやむなくされ精神的苦痛を被ったことに対する）慰謝料の請求権とはその性質を異にする。しかし，判例は，裁判所は財産分与の判断に際して当事者双方の一切の事情を考慮するので（同条3項），離婚による慰謝料を含めて財産分与の額および方法を定めることもできるとする（最判昭46.7.23）。

エ○ 判例は，内縁の夫婦の一方の死亡により内縁関係が解消した場合に，768条の規定を類推適用することはできず，生存内縁配偶者が死亡内縁配偶者の相続人に対して財産分与請求権を有するものと解することはできないとする（最決平12.3.10）。なぜなら，民法は，婚姻解消時の財産関係の清算などについて，①離婚による解消と②死亡による解消を区別しており（①の場合は財産分与の方法，②の場合は相続による財産承継によって処理する），死亡による内縁解消の際に財産分与の法理による遺産清算の道を開くことは，相続による財産承継の構造の中に異質の契機を持ち込むもので，法の予定しないところであるからである。

以上より，妥当なものはエであり，肢5が正解となる。

正答 5

婚姻

実践 問題 180 基本レベル

頻出度			
地上★	国家一般職★	特別区★★	
裁判所職員★	国税·財務·労基★★★	国家総合職★★	

問 夫婦関係に関する次の記述のうち，妥当なのはどれか。

（国税・財務・労基2018）

1：婚姻中，夫婦の一方が，正当な理由なくして同居義務を履行しない場合には，他方は，同居を命ずる審判を求めることができ，同居を命ずる審判が下されると，当該義務が強制履行される。

2：夫婦関係が破たんに瀕している場合になされた夫婦間の贈与契約であっても，権利の濫用に当たらない限り，これを取り消すことができるとするのが判例である。

3：夫婦の一方の死亡後に婚姻が取り消されたときは，婚姻は当該死亡時に取り消されたものとされると一般に解されている。

4：夫婦が法定財産制と異なる契約をしたときは，婚姻の届出の前後にかかわらずその旨の登記をすれば，これを夫婦の承継人及び第三者に対抗することができる。

5：裁判所は，民法第770条第１項第１号から第４号までに規定する具体的離婚原因の事由を認定した場合には，離婚の請求を認めなければならない。

チェック欄		
1回目	2回目	3回目

実践 問題 180 の解説

〈夫婦関係〉

1 × 夫婦には同居義務（752条）があるので，婚姻中，夫婦の一方が正当な理由なく同居を拒否した場合，他方は，同居を命ずる審判を求めることができる（家事事件手続法39条・別表第二1項）。もっとも，同居を命ずる審判が出されたとしても，義務者の自由意思が尊重されるべきであり，強制履行になじまないと解されており，直接強制ができないのはもちろん，間接強制（民事執行法172条・173条）もできない（大決昭5.9.30）。

2 × 夫婦間でした契約は，婚姻中いつでも夫婦の一方から取り消すことができる（754条本文）。しかし，判例は，夫婦関係が破綻に瀕している場合に締結された贈与契約は754条によって取り消すことができないとして（最判昭33.3.6），権利の濫用（1条3項）ではなく，夫婦関係の破綻の有無という観点から，夫婦間の契約取消権を制限している。

3 ○ 一般の法律行為の取消しには遡及効があるが（121条），婚姻の取消しには遡及効がなく，将来に向かってのみ効力を生ずる（748条1項）。継続した事実上の婚姻を尊重する趣旨である。ただし，夫婦の一方の死亡後に婚姻が取り消されたときは，死亡時に婚姻が取り消されたものとされ，生存配偶者は相続権を失うと解されている（通説）。

4 × 夫婦の財産関係は，①契約（夫婦財産契約）で定めることができるが（756条～759条），②契約がなかった場合には民法が定める規律（法定財産制。760条～762条）が適用される（755条）。ただし，法定財産制と異なる夫婦財産契約は，婚姻の届出までにその登記をしなければ，夫婦の承継人および第三者に対抗できない（756条）。承継人や第三者に不測の損害を与えるおそれがあるし，婚姻後の契約は夫婦間の契約取消権（肢2の解説参照）の対象となるからである。

5 × 770条1項は，離婚原因として，①不貞行為，②悪意の遺棄，③3年以上の生死不明，④回復の見込みのない強度の精神病，⑤その他婚姻を継続し難い重大な事由，の5つを挙げている（①～④が具体的離婚原因，⑤が抽象的離婚原因）。ただし，裁判所は，①～④の事由があると認定した場合であっても，一切の事情を考慮して婚姻の継続を相当と認めるときは，離婚の請求を棄却することができる（裁量棄却。同条2項）。

正答 3

実践 問題 181 基本レベル

頻出度	
	地上★　国家一般職★　特別区★★ 裁判所職員★　国税·財務·労基★★★　国家総合職★★

問 婚姻に関するア〜オの記述のうち，妥当なもののみを全て挙げているのはどれか。
（国税・財務2022）

ア：配偶者のある者が重ねて婚姻をした場合において，後婚が離婚によって解消されたときは，特段の事情がない限り，後婚が重婚に当たることを理由として，その取消しを請求することは許されないとするのが判例である。

イ：事実上の夫婦の一方が他方の意思に基づかないで婚姻届を作成・提出した場合において，その当時，両名に夫婦としての実質的生活関係が存在しており，かつ，後に他方の配偶者が届出の事実を知ってこれを追認したとしても，無効な行為は追認によってもその効力を生じないため，当該婚姻の届出は無効であるとするのが判例である。

ウ：詐欺又は強迫による婚姻の取消権は，当事者が，詐欺を発見し，若しくは強迫を免れた後３か月を経過し，又は追認をしたときは，消滅する。

エ：成年被後見人が婚姻をするには，その成年後見人の同意が必要である。

オ：婚姻が取り消された場合には，婚姻の当時，取消しの原因があることを知らなかった当事者であっても，婚姻によって得た利益の全部を返還しなければならない。

1：ア，イ
2：ア，ウ
3：イ，オ
4：ウ，エ
5：エ，オ

チェック欄

1回目	2回目	3回目

実践 問題 181 の解説

〈婚姻〉

ア○ 配偶者のある者は，重ねて婚姻をすること（重婚）ができない（732条）。重婚状態が生じた場合，後婚が732条違反の婚姻となり，744条１項・２項所定の取消権者がその取消しを家庭裁判所に請求することができる。ただし，判例は，婚姻の取消しの効果が離婚の効果に準ずること（748条･749条）から，重婚の場合において，後婚が離婚によって解消されたときは，特段の事情のない限り，後婚が重婚にあたることを理由として，その取消しを請求することは許されないとしている（最判昭57.9.28）。

イ× たとえ事実上の夫婦の一方が婚姻届を作成・提出しても，その婚姻届が他方の意思に基づかないものであれば，その婚姻は無効である（742条１号）。しかし，判例は，①その当時，両名に夫婦としての実質的生活関係が存在しており，②のちに他方の配偶者が届出の事実を知ってこれを追認したときは，その婚姻は追認により届出の当初に遡って有効となるとしている（最判昭47.7.25）。

ウ○ 詐欺または強迫によって婚姻をした者は，その婚姻の取消しを家庭裁判所に請求することができるが（747条１項），この取消権は，当事者が，詐欺を発見しもしくは強迫を免れた後３カ月を経過したとき，または追認をしたときは，消滅する（同条２項）。

エ× 婚姻は当事者の自由な意思に基づくべきものだから，成年被後見人であっても，意思能力が回復していれば単独で婚姻することができ，成年後見人の同意は不要である（738条）。

オ× いったん有効とされた婚姻から生じた事実を尊重するため，婚姻の取消しは，将来に向かってのみその効力を生ずる（748条１項）。その結果，婚姻の取消しは離婚に類似するので，離婚の規定が準用されている（749条）。ただし，婚姻によって得た財産上の利益については，一般の不当利得の法理に準じた扱いがされている。すなわち，婚姻の当時，取消原因があることを知らなかった当事者は，婚姻によって得た財産を，現に利益を受けている限度（現存利益）において返還しなければならない（748条２項）。他方，婚姻の当時，取消原因があることを知っていた当事者は，婚姻によって得た利益の全部を返還しなければならず，さらに，相手方が善意であったときは，損害賠償責任も負う（同条３項）。

以上より，妥当なものはア，ウであり，肢２が正解となる。 **正答 2**

実践 問題 182 応用レベル

頻出度 地上★ 国家一般職★ 特別区★ 裁判所職員★ 国税·財務·労基★★ 国家総合職★★

問 婚姻に関するア～オの記述のうち，妥当なもののみを全て挙げているのはどれか。ただし，争いのあるものは判例の見解による。　(国家総合職2019)

ア：債務超過に陥っているＡはＢとの離婚に際して財産分与を行った。この場合，当該財産分与がＡの一般債権者の共同担保を減少させる結果になるとしても，それが民法の財産分与の規定の趣旨に反して不相当に過大であり，財産分与に仮託してされた財産処分であると認めるに足りるような特段の事情のない限り，当該財産分与は，詐害行為として債権者による取消しの対象とはならない。

イ：姻族関係は，離婚によって終了する。また，夫婦の一方が死亡した場合には，婚姻関係が直ちに終了するため，夫婦の一方が死亡した時点で姻族関係も終了する。

ウ：被保佐人が協議離婚をする場合，被保佐人に意思能力がある限り，保佐人の同意を要しないが，成年被後見人が協議離婚をする場合，成年被後見人に意思能力がある場合であっても，成年後見人の同意が必要である。

エ：ＡとＢが内縁関係にある場合において，Ａが内縁関係を正当な理由なく破棄したときは，Ｂは，Ａに対し，婚姻予約の不履行を理由として債務不履行による損害賠償請求を行うことができるとともに，不法行為による損害賠償請求を行うこともできる。

オ：離婚の際の財産分与に関し，裁判所が財産分与の額や方法を定めるに当たっては，当事者双方の一切の事情を考慮すべきであり，婚姻継続中における過去の婚姻費用の分担の態様についても考慮の対象に含まれ得る。

1：ア，イ，エ
2：ア，ウ，オ
3：ア，エ，オ
4：イ，ウ，エ
5：イ，ウ，オ

チェック欄		
1回目	2回目	3回目

実践 問題 182 の解説

〈婚姻〉

ア○ 財産権を目的としない行為は詐害行為取消権の対象とならない（424条２項）。しかし，離婚に伴う財産分与（768条）について，判例は，分与者がすでに債務超過の状態にあって当該財産分与によって一般債権者に対する共同担保を減少させる結果になるとしても，「それが768条３項の趣旨に反して不当に過大であり，財産分与に仮託してされた財産処分であると認めるに足るような特段の事情のない限り」，詐害行為として，債権者による取消しの対象となりえないとして，取消しの余地を認めている（最判昭58.12.19）。

イ× 姻族関係は，離婚によって当然に終了する（728条１項）。しかし，夫婦の一方が死亡しても，姻族関係は当然には終了せず，生存配偶者が姻族関係を終了させる意思を表示したときに終了する（同条２項）。

ウ× 離婚の協議（763条）をする前提として，夫婦双方に意思能力が必要である。しかし，協議離婚は当事者の自由な意思に基づくべきものだから，成年被後見人であっても，意思能力が回復していれば単独で協議離婚をすることができ，成年後見人の同意は不要である（764条・738条）。

エ○ 判例は，内縁を不当に（正当な理由なく）破棄された者（本記述ではB）は，相手方（A）に対し，婚姻予約の不履行を理由として損害賠償を求めることができるとともに，不法行為（婚姻に準ずる関係の侵害）を理由として損害賠償を求めることもできるとしている（最判昭33.4.11）。

オ○ 離婚の際の財産分与について当事者間に協議が調わないとき，または協議をすることができないときは，家庭裁判所に協議に代わる処分を請求できるが（768条２項），家庭裁判所が財産分与をさせるべきかどうかならびに分与の額・方法を定めるときは，「当事者双方がその協力によって得た財産の額その他一切の事情」を考慮する（同条３項）。判例は，婚姻継続中における過去の婚姻費用の分担の態様も上記事情の１つにほかならないとして，当事者の一方が過当に負担した婚姻費用の清算のための給付をも含めて財産分与の額・方法を定めることができるとしている（最判昭53.11.14）。

以上より，妥当なものはア，エ，オであり，肢３が正解となる。

正答 3

実践 問題 183 応用レベル

頻出度			
	地上★	国家一般職★	特別区★
	裁判所職員★	国税·財務·労基★★	国家総合職★★

問 **婚姻に関するア～エの記述のうち，妥当なもののみを全て挙げているのはどれか。**
(国税・財務・労基2020改題)

ア：協議上の離婚をした者の一方は，離婚の時から１年以内に限り，相手方に対して財産の分与を請求することができる。

イ：未成年の子がいる父母が協議上の離婚をするに際して，その一方を親権者と定めた場合には，他の一方がその子の推定相続人となることはない。

ウ：離婚によって婚姻前の氏に復した夫又は妻は，離婚の日から３か月以内に戸籍法の定めるところにより届け出ることによって，離婚の際に称していた氏を称することができる。

エ：建物賃借人の内縁の妻は，賃借人が死亡した場合には，その相続人とともに当該建物の共同賃借人となるため，賃貸人に対し，当該建物に引き続き居住する権利を主張することができるとするのが判例である。

1：イ
2：ウ
3：ア，イ
4：ア，エ
5：ウ，エ

チェック欄		
1回目	2回目	3回目

実践 問題 183 の解説

〈婚姻〉

ア× 協議上の離婚をした者の一方は，相手方に対して財産の分与を請求できる（768条1項）。その内容は，当事者間の協議によって決定するが，当事者間に協議が調わないとき，または協議ができないときは，家庭裁判所に協議に代わる処分を請求できる（同条2項本文）。ただし，財産分与請求権は，離婚の時から2年を経過すると消滅する（同項但書）。

イ× 未成年の子がいる父母が協議上の離婚をするときは，その協議で，その一方を親権者と定めなければならない（819条1項）。もっとも，親権者とならなかった他の一方も，その子の直系尊属であることに変わりはないから，その子に子（887条1項）がいなければ，その子の推定相続人となる（889条1項1号）。

ウ○ 婚姻によって氏を改めた夫または妻は，離婚によって婚姻前の氏に復する（767条1項・771条）。しかし，当然に復氏するのでは，社会生活に支障を来すことがあるので，離婚の日から3カ月以内に届出（戸籍法77条の2）をすることによって，離婚の際に称していた氏（婚姻中の氏）を称すること（婚氏続称）ができる（767条2項・771条）。

エ× 内縁の配偶者には相続権がないので，建物賃借人の内縁の妻は，賃借人が死亡した場合には，賃借権を承継できない。そこで，判例は，賃貸人からの明渡請求に対しては，内縁の妻が相続人の賃借権を援用して居住権を主張できるという構成でその保護を図っている（最判昭42.2.21）。だからといって，内縁の妻は，相続人とともに共同賃借人となるわけではないから，賃料の支払義務を負わない（同判決）。

以上より，妥当なものはウであり，肢2が正解となる。

正答 2

実践 問題 184 応用レベル

頻出度			
	地上★	国家一般職★	特別区★
	裁判所職員★	国税·財務·労基★★	国家総合職★★

問 夫婦に関する次の記述のうち，妥当なのはどれか。（国家総合職2022）

1：離婚は婚姻を廃絶するものであるから，離婚請求は，民法全体の指導理念である信義誠実の原則に照らして容認され得るものである必要があるところ，いわゆる有責配偶者からの離婚請求は，自らその原因を作った者が相手方を婚姻関係から排斥することになりかねず，著しく社会正義に反し妥当でないことから，認められることはないとするのが判例である。

2：夫婦の財産関係について，法定財産制と異なる契約をした場合，これを夫婦の承継人及び第三者に対抗するためには，婚姻の届出までにその登記をしなければならない。また，夫婦の財産関係は，婚姻の届出後は，原則として変更することができない。

3：財産分与がいまだなされていない段階で，離婚当事者の一方が，他方に対して財産分与請求及び有責行為によって離婚をやむなくされ精神的苦痛を被ったことに対する慰謝料請求をすることは認められるが，財産分与がなされた後においては，当事者の財産関係が既に確定しているため，慰謝料請求が認められることはなく，当該財産分与の額や方法が請求者の精神的苦痛を慰謝するには足りないと認められる場合であっても同様であるとするのが判例である。

4：子を監護している親に対し，子を監護していない親とその子との面会交流を許容することを命ずる審判において，面会交流の日時又は頻度，各回の面会交流の長さ，子の引渡しの方法等が具体的に定められているなど，当該子を監護している親がすべき給付の特定に欠けるところがない場合であっても，身分関係は強制執行になじまないことから，当該審判に基づき当該監護親に対して間接強制を決定することはできないとするのが判例である。

5：内縁の夫婦の一方の死亡により内縁関係が解消した場合には，内縁が婚姻に準ずる法律関係であり，そこから生ずる利益は法律上の保護に値すると解されるから，法律上の夫婦の離婚に伴う財産分与に関する民法の規定を類推適用することができるとするのが判例である。

チェック欄		
1回目	2回目	3回目

実践 問題 184 の解説

〈夫婦〉

1 × かつての判例は，有責配偶者からの離婚請求は認められないという立場を採っていた。しかし，現在の判例は，離婚請求は信義誠実の原則（1条2項）に照らして容認されうるものであることを要するとしたうえで，①夫婦間の別居が両当事者の年齢・同居期間との対比において相当の長期間に及び，②その間に未成熟の子が存在しない場合には，③相手方配偶者が離婚により精神的・社会的・経済的に極めて苛酷な状況に置かれるなど離婚請求を認容することが著しく社会正義に反するといえるような特段の事情が認められない限り，有責配偶者からの請求であるとの一事をもって許されないとすることはできないとして（最大判昭62.9.2），①～③の要件の下に有責配偶者からの離婚請求を認めている。

2 ○ 夫婦の財産関係は，夫婦が契約で定めることができるが（夫婦財産契約），契約がない場合には760条～762条に定めるところ（法定財産制）による（755条）。しかし，夫婦財産契約は，婚姻の届出までにその登記をしなければ，夫婦の承継人および第三者に対抗することができず（756条），婚姻の届出後は，原則として変更することができない（758条1項。例外につき，同条2項・3項，759条参照）。婚姻後の契約については夫婦間の契約取消権（754条）の対象となることや，変更によって第三者に不測の損害を与えかねないことがその理由である。

3 × 財産分与（768条）と離婚による慰謝料との関係について，判例は，①財産分与の中に慰謝料を含めることもできるが，②財産分与がなされても，(ア)それが損害賠償の要素を含めた趣旨とは解せられないか，(イ)その額や方法が請求者の精神的苦痛を慰謝するには足りないと認められるときには，別個に不法行為を理由として離婚による慰謝料を請求することができるとしている（最判昭46.7.23）。

4 × 判例は，監護親（子を監護している親）に対し非監護親（子を監護していない親）が子と面会交流をすること（766条1項）を許さなければならないと命ずる審判（家事事件手続法39条，別表第2第3項，75条）において，面会交流の日時または頻度，各回の面会交流時間の長さ，子の引渡しの方法等が具体的に定められているなど監護親がすべき給付の特定に欠けるところがないといえる場合は，上記審判に基づき監護親に対し間接強制決定（民事執行法172条）をすることができるとしている（最決平25.3.28）。

5 × 内縁の夫婦の一方の死亡により内縁関係が解消した場合に，法律上の夫婦の離婚に伴う財産分与に関する768条の規定を類推適用することの可否について，判例は，「死亡による内縁解消のときに，相続の開始した遺産につき財産分与の法理による遺産清算の道を開くことは，相続による財産承継の構造の中に異質の契機を持ち込むもので，法の予定しないところである」として，これを否定する（最決平12.3.10）。

正答 2

memo

実践 問題 185 応用レベル

頻出度 地上★ 国家一般職★ 特別区★ 裁判所職員★ 国税·財務·労基★★ 国家総合職★★

問 婚姻の要件に関する次の記述のうち，最も妥当なのはどれか。ただし，争いのあるものは判例の見解による。 （国家総合職2023）

1：ＡとＢが婚姻関係にある間に，Ｂが死亡した。この場合，Ａは，死亡したＢの兄弟姉妹と婚姻をすることはできるが，Ｂの親と婚姻をすることはできない。ただし，Ａが姻族関係終了の意思表示をして姻族関係が終了した後であれば，Ｂの親との婚姻も可能となる。

2：婚姻は，届出によってその効力を生ずるが，届出は，当事者双方のみが署名した書面による方法のほか，口頭の方法でもすることができる。口頭の方法の場合は，当事者双方のほかに，３人以上の成年の証人が必要となり，その全員が出頭しなければならない。

3：優生学上の観点から，一定の親族間での婚姻が禁止されている。具体的には，おじやおばとの婚姻は認められず，いとことの婚姻も認められない。

4：ＡとＢは，事実上の夫婦関係にあり，婚姻意思を有していた。ＡとＢは，その意思に基づいて婚姻届を作成したが，その後，婚姻届の受理時にはＡが意識を喪失していた。この場合，原則として婚姻は無効となる。

5：後見開始の審判を受けて成年被後見人となった者であっても，同人の意思能力が回復している状態であれば，成年後見人の同意を得ずに婚姻をすることができる。

チェック欄		
1回目	2回目	3回目

実践 問題 185 の解説

〈婚姻の要件〉

1 × 倫理上の理由から，直系姻族間の婚姻は禁止される（735条前段）。したがって，Aは，死亡した配偶者Bの兄弟姉妹（傍系姻族）と婚姻をすることはできるが，Bの親（直系姻族）と婚姻をすることはできない。したがって，本肢の前半は妥当である。しかし，Bの死亡後にAが姻族関係終了の意思表示をすれば，姻族関係は終了するが（728条２項），姻族関係終了後も，直系姻族の関係にあった者との婚姻は禁止される（735条後段）。したがって，Aが姻族関係終了の意思表示をして姻族関係が終了した後であっても，Bの親との婚姻は不可能である。

2 × 婚姻は，届出によってその効力を生ずる（739条１項）。婚姻の届出は，当事者双方および成年の証人２人以上が署名した書面で，またはこれらの者から口頭でしなければならない（同条２項）。したがって，書面の方法でも，口頭の方法でも，当事者双方のほかに，２人以上の成年の証人が必要となる。なお，書面の場合は，当事者と証人が署名した書面さえ作成すれば，当事者が提出する代わりに，第三者に提出を委託しても，郵送してもよいのに対し，口頭の場合は，当事者と証人の全員が出頭しなければならない（戸籍法37条１項）。

3 × 優生学上の理由から，直系血族間の婚姻または３親等内の傍系血族間の婚姻は禁止される（734条１項本文）。したがって，おじやおば（３親等の傍系血族）との婚姻は認められないが，いとこ（４親等の傍系血族）との婚姻は認められる。

4 × 届出（肢２の解説参照）を婚姻の成立要件と解する通説によれば，届書作成時のみならず，届出の受理時にも婚姻意思が存在することが必要である。ただし，判例は，事実上の夫婦共同生活関係にある者（AとB）や将来婚姻することを目的に性的交渉を続けてきた者が，婚姻意思を有し，その意思に基づいて婚姻の届書を作成したときは，届出の受理時に（Aが）意識を喪失していたとしても，受理前に翻意したなど特段の事情がない限り，婚姻は有効に成立するとしている（最判昭44.4.3，最判昭45.4.21）。これは，上記の場合には，婚姻意思の喪失を示す特段の事情がない限り，届書作成時に存在した婚姻意思がそのまま受理時にも存続しているという扱いをしたものと考えられる。

5 ○ 婚姻は当事者の自由な意思に基づくべきものだから，成年被後見人であっても，意思能力が回復していれば単独で婚姻することができ，成年後見人の同意は不要である（738条）。

正答 5

親子

必修問題 セクションテーマを代表する問題に挑戦！

この分野は条文相互の関係が重要です。こまめに条文にあたって学習するよう心がけてください。

問 民法に規定する認知に関する記述として，判例，通説に照らして，妥当なのはどれか。 （特別区2012）

1：父又は母が未成年者又は成年被後見人であるときは行為能力が制限されているので，当該父又は母が認知をするには，法定代理人の同意が必要となる。

2：父は，胎内に在る子を認知することができ，この場合においては，子の利益を守るため，母の承諾を得る必要はない。

3：死亡した子については，子の名誉を守るため，父又は母は，子の直系卑属の有無にかかわらず，認知することができる。

4：最高裁判所の判例では，嫡出でない子につき父がした嫡出子出生届又は非嫡出子出生届が，戸籍事務管掌者によって受理されたときは，認知届としての効力を有するとした。

5：最高裁判所の判例では，認知は子の経済的保護を図るためのものであるから，子が十分な金銭的対価を得ているのであれば，子の父に対する認知請求権は放棄することができるとした。

Guidance ガイダンス

非嫡出子…母：分娩の事実により親子関係が当然に発生
父：認知が必要

嫡出子と親子関係を争う手段

・推定される嫡出子　←嫡出否認の訴え
・推定の及ばない子　←親子関係不存在確認の訴え

認知

・胎児の認知には母の承諾が必要
・成年の子の認知には本人の承諾が必要
・認知は遺言によってもすることができる

頻出度	地上★★　国家一般職★★　特別区★★ 裁判所職員★　国税·財務·労基★　国家総合職★★

必修問題の解説

チェック欄		
1回目	2回目	3回目

〈認知〉

1 × 認知は本人の意思を尊重すべき身分行為であるから，認知の意味内容を理解できるだけの意思能力があれば足り，未成年者や成年被後見人の認知でも，法定代理人の同意は不要である（780条）。

2 × 父は，胎内にある子でも，認知することができる（783条1項前段）。もっとも，この場合には，母の承諾を得なければならない（同項後段）。母の利害や名誉を守るとともに，認知の真実性を確保するためである。

3 × 死亡した子については，その子に直系卑属がいるときに限り，父または母は認知することができる（直系卑属が成年ならその承諾も必要。783条3項）。直系卑属の存在を要件とするのは，①相続財産目当て（889条1項1号）の身勝手な認知を許さない（死亡した子に直系卑属がいれば，死亡した子の財産はその直系卑属に相続され〔887条2項〕，認知者は相続できない）とともに，②認知者の財産の代襲相続権（同項）を死亡した子の直系卑属に与えるためである。

4 ○ 嫡出でない子につき父がした嫡出子出生届または非嫡出子出生届（戸籍法52条参照）には，父が，戸籍事務管掌者に対し，子の出生を申告することのほかに，出生した子が自分の子であることを父として承認し，その旨を申告する意思の表示が含まれているとして，これらの出生届が戸籍事務管掌者によって受理されたときは，認知届（781条1項）としての効力を有するとするのが判例（最判昭53.2.24）である。

5 × 認知請求権の放棄については，本肢のように考えて肯定する見解も有力である。しかし，判例は，認知請求権の身分法上の権利たる性質およびこれを認めた民法の法意に照らし，これを放棄することができないとしている（最判昭37.4.10）。

正答 4

第1章 SECTION 3 親族法 親子

1 法律上の親子関係

法律上の親子関係には，自然的血縁関係を基礎とする実親子関係と，自然的血縁関係を基礎としない（養子縁組によって成立する）養親子関係があります。実子には，婚姻関係にある男女から生まれた嫡出子と，婚姻関係にない男女から生まれた非嫡出子があります。養子には，実方との親族関係が終了しない普通養子と，実方との親族関係が終了する特別養子があります。

2 嫡出子

(1) 親子関係の成立

嫡出子とは，婚姻関係にある男女から生まれた子をいいます。

母との関係（母子関係）は，分娩（出産）の事実により当然に発生します。

これに対して，父との関係（父子関係）には明白な事実が存在しないため，民法は，婚姻関係を基礎として，父子関係を推定する嫡出推定制度を用意しています。

(2) 嫡出推定

①妻が婚姻中に懐胎した子，および，②妻が婚姻前に懐胎し，婚姻成立後に生まれた子は，当該婚姻における夫の子（＝嫡出子）と推定されます（772条１項）。

しかし，いつ懐胎したかは容易にはわからないので，民法は，③婚姻成立の日から200日以内に生まれた子は，婚姻前に懐胎したものと推定し，④婚姻成立の日から200日経過後，または婚姻の解消もしくは取消しの日から300日以内に生まれた子は，婚姻中に懐胎したものと推定しています（同条２項）。

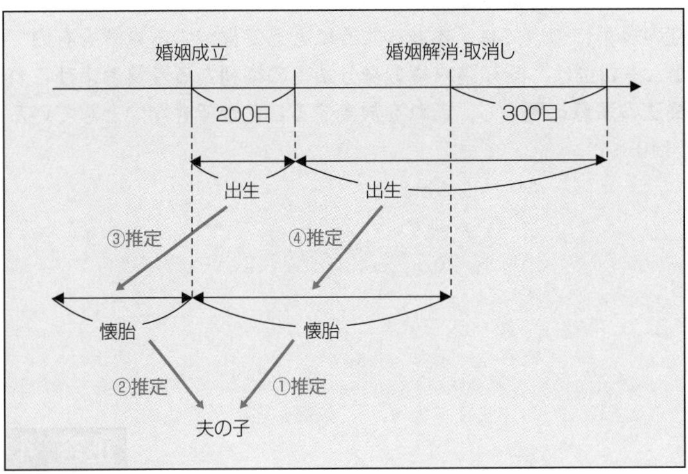

さらに，女性が子の懐胎時から出生時までの間に**2回以上の婚姻**をしていた場合（例：母がAとの婚姻中に子を懐胎したものの離婚し，Bと再婚した後に子を出産した場合）には，上記の規定では父性推定の重複が生じるので，それを回避するため，その子は，その**出生の直近の婚姻における夫の子**（前例ではBの子）と推定されます（同条3項）。

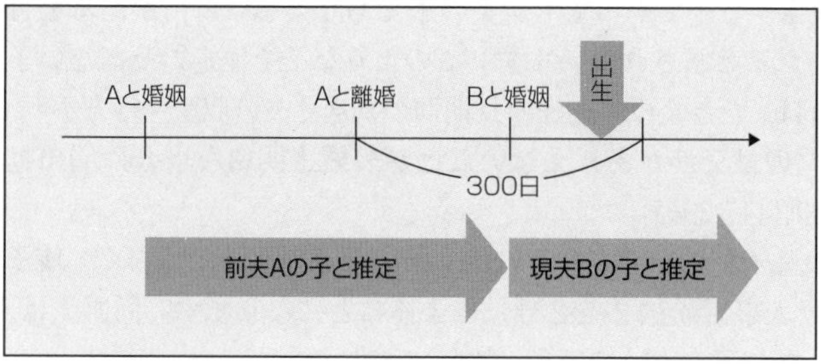

(3) 嫡出否認

嫡出推定を否認するためには，必ず**嫡出否認の訴え**によらなければなりません（775条1項柱書）。嫡出否認の訴えについては，下表のとおり，否認権者・否認権行使の要件（774条），被告（775条），出訴期間（777条）が厳格に定められています。

【嫡出否認の訴えの否認権者・否認権行使の要件・被告・出訴期間】

否認権者	否認権行使の要件	被告	出訴期間（原則）
父		子or親権を行う母	子の出生を知った時から3年以内
子[*1]		父	出生の時から3年以内[*2]
母	子の利益を害することが明らかでないこと	父	子の出生の時から3年以内
前夫[*3]	子の利益を害することが明らかでないこと	父＋子or親権を行う母	子の出生を知った時から3年以内

＊1　子の否認権は，親権を行う母・養親，未成年後見人が，子を代理して行使できる（774条2項）。
＊2　子と父の継続的な同居期間が3年を下回る場合，子は，21歳に達するまでの間，嫡出否認の訴えを提起できる（父の利益を著しく害する場合を除く。778条の2第2項）。
＊3　前夫は，子が成年に達した後は，嫡出否認の訴えを提起できない（同条4項）。

補足 2022（令和４）年改正は，無戸籍者問題を解消する観点から，嫡出推定・嫡出否認制度の見直しを行った結果，前記のような規定となりました（2024年４月１日施行）。

(4) 推定の及ばない子

形式的には772条に該当する子であっても，夫の子でありえない事情がある場合には，嫡出推定が排除されると解されています。このような子を推定の及ばない子といいます。判例によれば，たとえば，夫婦の長期間の別居，夫の収監，行方不明，海外赴任などで，夫婦間の性交渉がありえないことが外観上明白な場合に嫡出推定が排除されます（最判昭44.5.29等）。

推定の及ばない子との父子関係を否定するには，嫡出否認の訴えではなく，親子関係不存在確認の訴え（人事訴訟法２条２号）によることになります。同訴えは，確認の利益のある限り，だれでも，いつでも，提起できます。

3 非嫡出子

(1) 親子関係の成立

非嫡出子とは，婚姻関係にない男女から生まれた子をいいます。

母子関係について，条文上は，母の認知によることを予定していますが（779条），判例は，分娩の事実により当然に発生するとしています（最判昭37.4.27）。

これに対して，父子関係は，認知により発生します。認知には，①父が自発的に自分の子であると認める任意認知と，②裁判により父子関係を強制的に確定する強制認知があります。

(2) 任意認知の要件

① 意思能力があれば足り，未成年者や成年被後見人も，法定代理人の同意を要することなく，認知することができます（780条）。
② 成年の子を認知するには，その承諾が必要です（782条）。
③ 胎児を認知するには，母の承諾が必要です（783条１項）。なお，認知を受けた胎児が出生した場合において，772条によって子の父が定められるときは，胎児の認知は効力を生じません（783条２項）。
④ 死亡した子でも，その子に直系卑属がある場合には，認知することができますが（783条３項前段），子の直系卑属が成年であるときは，その成年である直系卑属の承諾が必要です（同項後段）。
⑤ 認知は，届出または遺言によって行われることを要する要式行為です（781条）。

ただし，父が非嫡出子につき嫡出子とする（虚偽の）出生届を行った場合，この出生届は認知届としての効力を有します（最判昭53.2.24）。

(3) 強制認知

父が任意認知をしない場合，子，その直系卑属またはこれらの者の法定代理人は，認知の訴えを提起することができます（787条本文）。ただし，父の死亡の日から3年を経過すると，認知の訴えを提起することができなくなります（同条但書）。

なお，認知請求権は放棄できないので（最判昭37.4.10），たとえば，父が非嫡出子の母に金銭を給付する代わりに母が認知請求権を放棄する旨の契約は無効です。

(4) 認知の無効の訴え

① 認知者と子との間に血縁上の親子関係が存在しない場合，認知の無効の訴えを提起することができます（786条）。逆に，血縁上の親子関係が存在する限り，認知をした者は，その認知を取り消すことができません（785条）。

② 提訴権者は，(ア)子またはその法定代理人，(イ)認知をした者（父），(ウ)子の母です（786条1項。なお，同項但書も参照）。

③ 出訴期間は，原則として，②(ア)(ウ)については認知を知った時から，②(イ)については認知の時から，7年以内です（786条1項）。ただし，子と認知をした者（父）の継続的な同居期間が3年を下回る場合，子は，21歳に達するまでの間，認知の無効の訴えを提起できます（同条2項本文。なお，同項但書も参照）。

(5) 認知の効果

認知によって，子の出生時に遡って，法律上の父子関係が生じます（784条本文）。

もっとも，認知後も，子の親権者は原則として母です。父が親権者となるには，母との協議または家庭裁判所の審判が必要です（819条4項・5項）。

また，認知後も，子は母の氏を称します（790条2項）。父の氏に変更するには，家庭裁判所の許可を得て届出をすることが必要です（791条1項）。

(6) 準正

非嫡出子の父母が婚姻すると，その子は嫡出子の身分を取得します（準正）。準正には，①父が子を認知した後に父母が婚姻した場合（婚姻準正。789条1項）と，②父母が婚姻した後に父が子を認知した場合（認知準正。同条2項）があります。

4 普通養子

(1) 要件

普通養子縁組の成立には，縁組意思の合致（802条1号）と届出（799条・739条）が必要です。縁組意思とは，当事者間に真に養親子関係の設定を欲する効果意思をいいます（実質的意思説）。そのほか，以下の要件が必要です。なお，普通養子縁組の無効・取消しは，婚姻の場合に準じます（802条〜808条）。

① 養親側

(ア) 20歳に達していること（792条）。

(イ) 養子が尊属または年長者でないこと（793条）。

(ウ) 後見人が被後見人を養子とするには，家庭裁判所の許可が必要（794条）。

(エ) 配偶者のある者が未成年者を養子とするには，原則として配偶者と共にすること（夫婦共同縁組）が必要（795条本文）。ただし，配偶者の嫡出子（連れ子）を養子にする場合，配偶者が意思を表示できない場合を除く（同条但書）。

(オ) 配偶者のある者が単独で成年者を養子とする（養子になる場合も含む）には，配偶者が意思を表示できない場合を除き，配偶者の同意が必要（796条）。

② 養子側

(ア) 未成年者の場合，自己または配偶者の直系卑属を養子とする場合を除き，家庭裁判所の許可が必要（798条）。

(イ) 15歳未満の場合，その法定代理人が子に代わって縁組の承諾をすることが必要（代諾縁組。797条1項）。監護者がいる場合は，監護者の同意も必要（同条2項）。

> 判例チェック
> 他人の子を引き取った夫婦がその子を自分たちの嫡出子として届け出た場合，この（虚偽の）出生届は，養子縁組届とみなすことは許されず，養親子関係も認められません（最判昭50.4.8）。

(2) 効果

① 養子は，縁組の日から，養親の嫡出子の身分を取得します（809条）。したがって，養子が未成年の場合，その養子は養親の親権に服することになります（818条2項）。また，養親子間に相続（887条・889条1項），扶養（877条1項）などの権利義務が発生します。さらに，養子は，原則として養親の氏を称します（810条本文）。

② 縁組によって，養子と養親および養親の血族（養方）との間に法定血族関係が発生します（727条）。他方，縁組前の養子の血族と養方との間には親族関係は発生しません。たとえば，縁組前に出生した養子の子は養親の孫（直系卑属）

ではありませんが，縁組後に出生した養子の子は養親の孫（直系卑属）になります。

③ 普通養子縁組が行われても，養子と実親および実親の血族（実方）との間の親族関係は存続します。したがって，養子は，養親の遺産を相続するだけでなく，実親の遺産をも相続することになります。

(3) 離縁

① 普通養子縁組は，当事者の協議（811条1項）により，届出（812条・739条）をすることで離縁することができます（協議離縁）。養子が15歳未満のときは，養親と離縁後に養子の法定代理人となる者が協議します(代諾離縁。811条2項)。また，養親夫婦が未成年養子と離縁するときは，原則として，夫婦が共にしなければなりません（夫婦共同離縁。811条の2本文)。

② 縁組の当事者の一方が死亡しても，縁組は当然には終了せず，生存当事者が離縁するには，家庭裁判所の許可が必要です（死後離縁。811条6項)。

③ (ア)悪意の遺棄，(イ)3年以上の生死不明，(ウ)その他縁組を継続しがたい重大な事由があるときは，当事者の一方は，離縁の訴えを提起できます（裁判離縁。814条1項)。

④ 離縁により，養親と養子の養親子関係が終了し，養子と養方との法定血族関係も終了します（729条)。養子は，原則として縁組前の氏に復します（816条1項本文)。ただし，(ア)夫婦共同で養子となった者の一方のみが離縁した場合は，復氏しません（同項但書)。また，(イ)縁組の日から7年以上経過して離縁した場合には，養子は離縁の日から3カ月以内に届け出ることによって離縁時の氏（養親の氏）を称することができます（縁氏続称。同条2項)。

5 特別養子

(1) 効果

① 養子縁組一般の効果として，特別養子は養親の嫡出子の身分を取得し，特別養子と養親および養親の血族との間に法定血族関係が発生します。

② 特別養子縁組が成立すると，特別養子と実方の父母および実方の血族との親族関係は終了します（817条の9)。

(2) 要件（普通養子縁組より厳格）

① 養親となる者の請求に基づく家庭裁判所の審判が必要（817条の2第1項)。

② 養親適格

(ア) 配偶者のある者で，かつ，原則として夫婦が共同して養親となることが必要（817条の３第１項・２項本文）。ただし，配偶者の嫡出子（連れ子）を養子にする場合を除く（同項但書）。

(イ) 原則として夫婦共に25歳以上。ただし，一方が25歳以上であれば，他方は20歳以上であればよい（817条の４）。

③ 養子適格

原則として，(ア)縁組請求時に15歳未満，(イ)縁組成立時に18歳未満であることが必要（817条の５第１項）。ただし，15歳に達する前から引き続き養親となる者に監護されていた場合において，15歳に達するまでに縁組の請求がされなかったことについてやむをえない事由があるときは，(ア)の制限は適用されないが（同条２項），養子となる者の同意が必要（同条３項）。

④ 原則として，実父母の同意が必要（817条の６本文）。ただし，実父母がその意思を表示できない場合，虐待・悪意の遺棄など養子となる者の利益を著しく害する事由がある場合は不要（同条但書）。

⑤ 実父母による養子となる者の監護が著しく困難または不適当であるなどの特別の事情がある場合において，子の利益のために特に必要があること（要保護性。817条の７）。

⑥ ６カ月以上の試験養育期間（817条の８）。

(3) 離縁

特別養子縁組の離縁は，原則として認められません（817条の10第２項）。

例外的に，①養親による虐待，悪意の遺棄その他養子の利益を著しく害する事由があり，かつ，②実父母が相当の監護をすることができる場合において，③養子の利益のため特に必要があると認めるときに限り，④養子・実父母・検察官の請求により（養親の請求は不可），⑤家庭裁判所の審判で（協議離縁は不可）離縁させることができます（同条１項）。

離縁が認められると，離縁の日から，特別養子縁組によって終了した養子と実父母および実父母の血族との親族関係が復活します（817条の11）。

memo

実践 問題 186 基本レベル

頻出度 地上★★ 国家一般職★★ 特別区★★ 裁判所職員★ 国税·財務·労基★ 国家総合職★★

問 特別養子縁組に関する次の記述のうち，妥当なのはどれか。

（国家一般職2015）

1：特別養子縁組は，原則として家庭裁判所の審判によって成立するが，一定の要件を満たせば，父母又は未成年後見人と養親となる者との合意のみによって成立する。

2：特別養子縁組において養親となる者は，配偶者のある者でなければならない。

3：特別養子縁組における養子の年齢は18歳未満とされており，18歳以上の者を養子とするには，家庭裁判所の許可を得なければならない。

4：特別養子縁組により養子と養親及び養親の親族との間に法定血族関係が発生するが，原則として実方との親族関係も引き続き存続する。

5：特別養子縁組については，家庭裁判所がその成立に厳格に関与することから，縁組の無効・取消しは制度上想定されておらず，離縁を認める規定も存在しない。

チェック欄		
1回目	2回目	3回目

実践 問題 186 の解説

〈特別養子縁組〉

1 × 養子と実方の血族との間の親族関係が終了する特別養子縁組は契約ではなく，養親となる者の請求により家庭裁判所の審判によって成立する（817条の2第1項）。子の福祉を優先する縁組を成立させるため，国家の後見的見地からの判断を成立要件とした。

2 ○ 特別養子縁組において，養親となる者は配偶者のある者でなければならず（817条の3第1項），かつ，（夫婦の一方の連れ子を養子とする場合を除き）夫婦が共に養親とならなければならない（同条2項）。幼児の教育には夫婦がそろって親となることが望ましいからである。

3 × 特別養子となる者の年齢は，①縁組の請求時に15歳未満，②縁組成立時に18歳未満でなければならない（817条の5第1項）。ただし，15歳に達する前から引き続き養親となる者に監護されていた場合において，15歳に達するまでに縁組の請求がされなかったことについてやむをえない事由があるときには，①の制限は適用されないが（同条2項），養子となる者の同意が必要となる（同条3項）。

4 × 普通養子縁組の場合と同様，特別養子縁組により養子と養親およびその血族との間には法定血族関係が発生する（727条）。しかし，普通養子縁組の場合と異なり，養子と実方の父母およびその血族との親族関係は，連れ子養子（肢2の解説参照）の場合を除き，特別養子縁組により終了する（817条の9）。

5 × 普通養子縁組の無効・取消しについては，802条～808条に規定されている。しかし，特別養子縁組については，家庭裁判所がその成立に関与するので（肢1の解説参照），縁組の無効・取消しは制度上想定されていない。もっとも，特別養子縁組の離縁については，特別な場合に限り認められる。すなわち，家庭裁判所は，①養親による虐待，悪意の遺棄その他養子の利益を著しく害する事由があり，かつ，②実父母が相当の監護をすることができる場合において，養子の利益のため特に必要があると認めるときに限り，養子，実父母または検察官の請求により，特別養子縁組の当事者を離縁させることができる（817条の10）。

正答 2

実践 問題 187 応用レベル

頻出度 地上★ 国家一般職★★ 特別区★ 裁判所職員★ 国税·財務·労基★ 国家総合職★★

問 普通養子縁組に関するア～オの記述のうち，妥当なもののみを全て挙げているのはどれか。
（国家総合職2020）

ア：15歳未満の者は，その者の法定代理人が本人に代わってする承諾又は家庭裁判所の許可のいずれかがあれば，自らが養子となる縁組をすることができる。

イ：後見人が被後見人を養子にすることは，未成年後見では家庭裁判所の許可があれば認められるが，成年後見ではおよそ認められない。

ウ：配偶者のある者が養子となる縁組をするには，配偶者とともに縁組をする場合又は配偶者がその意思を表示することができない場合を除き，その配偶者の同意を得なければならない。

エ：AとBが婚姻し，Bには前の配偶者Cとの間に未成年の子Dがいる場合において，AとDが養子縁組をした後，AとBが離婚したときは，AD間の養親子関係も解消される。

オ：養親Aと養子Bが離縁した場合，縁組後に生まれたBの子CとAとの親族関係も当然に終了する。

1：ア，イ
2：ア，エ
3：ウ，オ
4：ア，ウ，オ
5：イ，エ，オ

チェック欄		
1回目	2回目	3回目

実践 問題 187 の解説

〈普通養子縁組〉

ア× 普通養子縁組の成立には，縁組意思の合致が必要であるが(802条1号参照)，養子となる者が15歳未満であるときは，その法定代理人が本人に代わって縁組の承諾をする（代諾養子縁組。797条1項）。また，養子となる者が15歳未満かどうかを問わず，未成年者を養子とする場合には，原則として家庭裁判所の許可が必要である（798条本文）。養子となる未成年者の福祉に合致しない縁組を防ぐためである。ただし，自己または配偶者の直系卑属を養子にする場合（たとえば，祖父母が孫を養子にする場合や夫が妻の連れ子を養子にする場合）には，子の福祉を害しないと考えられるため，家庭裁判所の許可は不要である（同条但書)。したがって，15歳未満の者を養子とする縁組には，原則として，その法定代理人の代諾と家庭裁判所の許可の両方が必要である。

イ× 後見人が被後見人(未成年被後見人および成年被後見人)を養子とするには，家庭裁判所の許可が必要である（794条)。後見人が不正な財産管理を隠蔽するために被後見人を養子とすることを防ぐ趣旨である。

ウ○ 配偶者のある者は，未成年者を養子とする場合（795条本文。記述エの解説参照）を除き，単独で縁組をすることができるが，原則として他方配偶者の同意が必要である（796条本文)。したがって，本記述のように，配偶者のある者が養子となる場合も，原則として他方配偶者の同意が必要である。ただし，配偶者とともに縁組をする場合，または他方配偶者が意思表示できない場合には，他方配偶者の同意は不要である（同条但書)。

エ× 配偶者のある者が未成年者を養子とするには，原則として配偶者とともにしなければならないが（795条本文)，本記述のように，Aが配偶者Bの嫡出子（連れ子＝Bの前の配偶者Cとの間の子）Dを養子とする場合は，Aが単独でDと縁組をすることができる（同条但書)。すでに嫡出親子関係があるＢＤ間では縁組の必要がないからである。縁組によって，ＡとＤは養親子（嫡出親子）関係となる（809条)。その後に，ＡとＢが離婚しても，ＡＤ間の養親子関係は解消されない。ＡＤ間の養親子関係を解消するためには，離縁（811条・814条）をする必要がある。

オ○ 養親Ａと養子Ｂが離縁した場合，縁組によって発生した①ＡＢの養親子（嫡出親子）関係（809条)，②養子Ｂと養親Ａの血族（養方）との親族関係（727条）が終了し，さらに③養子Ｂの配偶者や直系卑属（縁組後に生まれたＢの子C）と養親Ａ（および養方）との親族関係も終了する（729条)。

以上より，妥当なものはウ，オであり，肢３が正解となる。

正答 3

実践 問題 188 応用レベル

頻出度 地上★ 国家一般職★★ 特別区★ 裁判所職員★ 国税·財務·労基★ 国家総合職★★

問 民法に規定する特別養子縁組に関する記述として，妥当なのはどれか。

（特別区2021）

1：家庭裁判所は，養親となる者又は養子となる者の請求により，実方の血族との親族関係が終了する，特別養子縁組を成立させることができる。

2：養親となる者は，配偶者のある者であることは要しないが，25歳に達していなければならない。

3：特別養子縁組が成立するまでに18歳に達した者は，養子となることができない。

4：特別養子縁組の成立には，養子となる者の父母がその意思を表示することができない場合に限り，父母の同意を要しない。

5：家庭裁判所は，養親，養子又は検察官の請求により，特別養子縁組の当事者を離縁させることができるが，実父母の請求により離縁させることはできない。

実践 問題 188 の解説

チェック欄 1回目 2回目 3回目

〈特別養子縁組〉

1 × 家庭裁判所は，817条の３～817条の７に定める要件があるときは，養親となる者の請求により，実方の血族との親族関係が終了する縁組（特別養子縁組）を成立させることができる（817条の２第１項）。養子となる者の請求は認められていない。

2 × 養親となる者は配偶者のある者で，かつ夫婦が共に養親とならなければならない（817条の３第１項・２項本文）。ただし，夫婦の一方が他方の嫡出子（連れ子）の養親となる場合は，この限りでない（同条２項但書）。なお，養親となる者は，原則として25歳以上でなければならない（ただし，一方が25歳以上であれば，他方が20歳以上でよい）ので（817条の４），本肢の後半は妥当である。

3 ○ 特別養子となる者は，原則として，縁組の請求時に15歳未満でなければならない（817条の５第１項前段）。ただし，養子となる者が15歳に達する前から引き続き養親となる者に監護されている場合において，15歳に達するまでに縁組の請求がされなかったことについてやむをえない事由があるときは，その者の同意があれば15歳に達した者も養子とすることができる（同条２項・３項）。もっとも，その場合でも，特別養子縁組が成立するまでに18歳に達した者は，養子とすることができない（同条１項後段）。

4 × 特別養子縁組によって実方の父母との法的親子関係が断絶するので，その成立には，原則として，養子となる者の父母の同意が必要である（817条の６本文）。ただし，①父母がその意思を表示することができない場合，または②父母による虐待，悪意の遺棄，その他養子となる者の利益を著しく害する事由がある場合には，父母の同意は不要である（同条但書）。

5 × 家庭裁判所は，養親による虐待，悪意の遺棄その他養子の利益を著しく害する事由があり，かつ，実父母が相当の監護をすることができる場合であって，養子の利益のため特に必要があると認めるときは，養子，実父母または検察官の請求により（養親の請求は認められていない），特別養子縁組の当事者を離縁させることができる（817条の10第１項）。

正答 3

親子

実践 問題 189 応用レベル

頻出度 地上★ 国家一般職★★ 特別区★ 裁判所職員★ 国税·財務·労基★ 国家総合職★★

問 親子に関するア～エの記述のうち，判例に照らし，妥当なもののみを全て挙げているのはどれか。 **(国家一般職2019改題)**

ア：嫡出でない子との間の親子関係について，父子関係は父の認知により生ずるが，母子関係は，原則として，母の認知をまたず，分娩の事実により当然発生する。

イ：認知者が，血縁上の父子関係がないことを知りながら，自らの意思に基づいて認知をした後，血縁上の父子関係がないことを理由に当該認知の無効を主張することは，被認知者の地位を不安定にすることから，認められない。

ウ：配偶者のある者が未成年者を養子にする場合には，配偶者とともにこれをしなければならないことから，夫婦の一方の意思に基づかない縁組の届出がなされたときには，縁組の意思を有する他方の配偶者と未成年者との間で縁組が有効に成立することはない。

エ：親権者自身が金員を借り受けるに当たり，その貸金債務のために子の所有する不動産に抵当権を設定する行為は，当該借受金をその子の養育費に充当する意図であったとしても，民法第826条にいう利益相反行為に当たる。

1：ア
2：ウ，エ
3：ア，イ，ウ
4：ア，エ
5：イ，エ

(参考) 民法
(利益相反行為)
第826条　親権を行う父又は母とその子との利益が相反する行為については，親権を行う者は，その子のために特別代理人を選任することを家庭裁判所に請求しなければならない。
(第２項略)

チェック欄

1回目	2回目	3回目

実践 問題 189 の解説

〈親子〉

ア○ 779条が「嫡出でない子は，その父又は母がこれを認知することができる」と規定していることから，非嫡出子の父子関係は父の認知により生ずる。しかし，非嫡出子の母子関係について，判例は，同条の文言にかかわらず，原則として，母の認知を待たず，分娩の事実によって当然発生するとしている（最判昭37.4.27）。

イ× 改正前786条は，「子その他の利害関係人は，認知に対して反対の事実を主張することができる」と定めて，認知無効の主張を認めていた。さらに，判例は，認知者は，786条に規定する利害関係人にあたり，血縁上の父子関係がないことを知りながら認知をした場合でも，自らした認知の無効を主張することができるとしていた（最判平26.1.14）。なお，2022（令和４）年民法改正により，認知無効の出訴権者が，子または子の法定代理人，認知をした者，子の母に限定されたので（786条１項），認知者自身が認知無効を主張できることが明確になった。

ウ× 配偶者のある者が未成年者を養子とするには，配偶者と共にしなければならない（795条本文）。もっとも，夫婦の一方の意思に基づかない縁組の届出がなされた場合について，判例は，その他方と相手方との間に単独でも親子関係を成立させる意思があり，かつ，その成立が795条本文の趣旨にもとるものではない特段の事情がある場合には，縁組の意思を欠く当事者の縁組のみを無効とし，縁組の意思を有する他方の配偶者と相手方との間の縁組は有効に成立したと認めうるとしている（最判昭48.4.12）。

エ○ 親権者と子の利益が相反する行為については，親権者は，子のために特別代理人の選任を家庭裁判所に請求しなければならない（826条１項）。判例は，利益相反行為にあたるかどうかは，行為の外形から客観的に判断すべきであって，親権者の動機・意図をもって判断すべきでないとし（最判昭42.4.18），親権者自身が金員を借り受けるにあたり子の不動産に抵当権を設定する行為は（行為の外形上，親権者と子の利益が相反するから），仮に借受金を子の養育費に充当する意図であったとしても，利益相反行為にあたるとしている（最判昭37.10.2）。

以上より，妥当なものはア，エであり，肢４が正解となる。

正答 4

実践 問題 190 応用レベル

頻出度 地上★ 国家一般職★★ 特別区★ 裁判所職員★ 国税·財務·労基★ 国家総合職★★

問 親子に関するア～オの記述のうち，判例に照らし，妥当なもののみを全て挙げているのはどれか。
(国家一般職2021)

ア：父母が婚姻前から既に内縁関係にあり，婚姻をした後に出生した子は，婚姻の成立の日から200日以内に出生した場合であっても，父の認知を要することなく，出生と同時に当然に嫡出子たる身分を有する。

イ：妻が子を懐胎した時期に，夫が遠隔地に居住していたなど，嫡出子としての推定を受ける前提を欠く場合であっても，子と夫との間の父子関係の存否を争うときは，親子関係不存在確認の訴えによるのではなく，嫡出否認の訴えによらなければならない。

ウ：嫡出でない子について，血縁上の父から嫡出子としての出生届がされ，それが受理された場合，その出生届には事実に反するところがあるものの，出生した子が自己の子であることを承認し，その旨申告する意思の表示が含まれており，その届は認知届としての効力を有する。

エ：15歳未満の他人の子を実子として届け出た者の代諾によるその子の養子縁組は，代理権を欠く一種の無権代理と解されるから，その子が15歳に達した後にこれを追認した場合は，当初に遡って有効となる。

オ：親権者が，第三者の債務を担保するために，子を代理して子の所有する不動産に抵当権を設定する行為は，親権者自身の利益のためにするものではないが，子に経済的不利益をもたらすものであり，民法第826条にいう利益相反行為に当たる。

1：ア，イ
2：ウ，オ
3：ア，イ，オ
4：ア，ウ，エ
5：ウ，エ，オ

（参考） 民法
（利益相反行為）
第826条　親権を行う父又は母とその子との利益が相反する行為については，親権を行う者は，その子のために特別代理人を選任することを家庭裁判所に請求しなければならない。
（第２項略）

チェック欄		
1回目	2回目	3回目

実践 問題 190 の解説

〈親子〉

ア○ 改正前772条によれば，婚姻成立後200日以内に生まれた子は，妻が婚姻中に懐胎したという推定を受けず，夫の子であるという推定も受けないが，判例は，内縁関係が先行している場合には，婚姻成立後200日以内に生まれた子であっても，父の認知を要することなく，当然に嫡出子になるとしていた（大連判昭15.1.23）。このような子は，同条の推定を受けないが，嫡出子として扱われるので，推定されない嫡出子とよばれていた。しかし，2022（令和４）年民法改正により，「婚姻の成立の日から200日以内に生まれた子」は，婚姻前に懐胎したものと推定され（772条２項前段），「女が婚姻前に懐胎した子であって，婚姻が成立した後に生まれた」子についても夫の子と推定される（同条１項後段）こととなった。したがって，婚姻成立後200日以内に生まれた子も，嫡出子と推定される。もっとも，本記述が妥当であるという結論に変わりはない。

イ× 婚姻の成立の日以後，または婚姻の解消・取消しの日から300日以内に妻が生んだ子は，嫡出子（夫の子）と推定される（772条２項・１項）。しかし，形式的には772条に該当しても，嫡出推定が及ばない場合があることが解釈上認められている（推定の及ばない子）。すなわち，772条２項所定の期間内に妻が生んだ子であっても，妻がその子を懐胎すべき時期に，すでに夫婦が事実上の離婚をして夫婦の実態が失われ，または遠隔地に居住して，夫婦間に性的関係を持つ機会がなかったことが明らかであるなどの事情が存在する場合には，その子は嫡出推定を受けない（最判昭44.5.29，最判平10.8.31）。このような子と夫との間の父子関係の存否を争うときは，嫡出否認の訴え（774条以下）による必要はなく，親子関係不存在確認の訴え（人事訴訟法２条２号）によることができる。

ウ○ 嫡出でない子について，血縁上の父から嫡出子としての出生届がされ，それが受理された場合，これは虚偽の嫡出子出生届であるから，無効である。しかし，判例は，この出生届には，「父が，戸籍事務管掌者に対し，子の出生を申告することのほかに，出生した子が自己の子であることを父として承認し，その旨申告する意思の表示が含まれて」いるとして，認知届としての効力を認めている（最判昭53.2.24）。いわゆる無効行為の転換の一例である。

エ○ 養子となる者が15歳未満であるときは，その法定代理人が，これに代わって，縁組の承諾をすることができる（代諾縁組。797条1項）。もっとも，たとえば，A女が生んだ子ＢをＣＤ夫婦の子として出生届をし，ＣＤの代諾によってＢをＥＦ夫婦の養子とした場合，実親でないＣＤには代諾権がないので，養子縁組の効力は生じない。しかし，判例は，真実の親ではない戸籍上の親（ＣＤ）の代諾は一種の無権代理と解されるから，養子（B）が満15歳に達した後に追認した場合には，無権代理の追認に関する116条本文等の類推適用により，養子縁組は当初に遡って有効となるとしている（最判昭27.10.3）。

オ× 判例は，826条の利益相反行為にあたるか否かは，行為の外形から客観的に判断すべきであって，親権者の動機・意図は考慮すべきでない（外形説・形式的判断説）としている（最判昭42.4.18）。したがって，親権者が第三者の債務を担保するために，子を代理して子の所有する不動産に抵当権を設定する行為は，親権者の利益にならない（債務者である第三者の利益になる）ので，利益相反行為にあたらない（最判昭35.7.15）。

以上より，妥当なものはア，ウ，エであり，肢４が正解となる。

正答 4

memo

第1章 SECTION 3 親族法 親子

実践 問題 191 応用レベル

頻出度			
	地上★	国家一般職★★	特別区★
	裁判所職員★	国税·財務·労基★	国家総合職★★

問 親子関係に関するア～エの記述のうち，判例に照らし，妥当なもののみを全て挙げているのはどれか。 **(国家総合職2021改題)**

ア：婚姻の成立の日以後又は婚姻の解消若しくは取消しの日から300日以内に妻が子を出産した場合，夫と妻との婚姻関係が終了してその家庭が崩壊しているとの事情があっても，それだけで嫡出の推定が及ばなくなるわけではないが，妻がその子を懐胎すべき時期に夫が遠隔地に居住して夫婦間に性的関係を持つ機会がなかったことが明らかであるなどの事情があるときには，嫡出の推定は及ばない。

イ：自己の子でないことを知りながら他人の子を自己の子として育てる意図の下に認知の届出をした場合，当該認知の届出は事実に反するため無効であるが，認知者が，被認知者を自己の養子とすることを意図し，その後，被認知者の法定代理人と婚姻した事実があるときは，当該認知届をもって養子縁組届とみなし，有効に養子縁組が成立したものと解することができる。

ウ：両親と血縁関係がある子が，別の子と両親との間に実親子関係が存在しないことの確認を求めている場合，両親である夫婦とその別の子との間に実の親子と同様の生活の実体がある期間が長期に及び，判決をもって実親子関係の不存在を確定することによって関係者に著しい精神的苦痛，経済的不利益が生じるなどの諸般の事情を考慮すると，実親子関係の不存在を確定することが著しく不当な結果をもたらすものといえるときであっても，親子関係が血縁によって発生することに鑑み，実親子関係が存在しないことが明白であれば，当該確認請求を認めるべきである。

エ：夫が自己の精子を保存し死亡した後に，妻が当該精子を用いて体外受精により出産した場合，民法の実親子に関する法制は，血縁上の親子関係を基礎において出生により当然にその親との間に法律上の親子関係を形成するものとしているのであるから，出産した母親と子との間のみならず，死亡した夫と子との間にも親子関係が認められる。

1：ア　2：イ　3：ア，ウ　4：イ，エ　5：ウ，エ

チェック欄		
1回目	2回目	3回目

実践 問題 191 の解説

〈親子関係〉

ア○ 婚姻の成立の日以後，または婚姻の解消・取消しの日から300日以内に妻が生んだ子は，嫡出子（夫の子）と推定される（772条２項・１項）。しかし，形式的には772条に該当しても，嫡出推定が及ばない場合があることが解釈上認められている（推定の及ばない子）。判例は，772条２項所定の期間内に妻が出産した子について，①夫と妻との婚姻関係が終了してその家庭が崩壊しているとの事情があっても，子の身分関係の法的安定を保持する必要が当然になくなるものではないから，その事情が存在することの一事をもって，嫡出否認の訴えの提訴期間（777条）経過後に親子関係不存在確認の訴え（人事訴訟法２条２号）をもって父子関係を争うことはできないとして（最判平12.3.14），嫡出推定の排除を否定するが，②妻がその子を懐胎すべき時期に，すでに夫婦が事実上の離婚をして夫婦の実態が失われ，または遠隔地に居住して，夫婦間に性的関係を持つ機会がなかったことが明らかであるなどの事情が存在する場合には，その子は嫡出推定を受けない（最判昭44.5.29，最判平10.8.31）としている。

イ× 本記述の認知の届出は，事実に反するため無効である。もっとも，無効な認知届を養子縁組届として有効と解すること（無効行為の転換）の可否が議論されているが，判例は，認知の届出が事実に反するため無効である場合には，認知者が被認知者を自己の養子とすることを意図し，その後，被認知者の法定代理人と婚姻した事実があるとしても，当該認知届をもって養子縁組届とみなし，有効に養子縁組が成立したものと解することはできないとして，これを否定する（最判昭54.11.2）。なぜなら，①養子縁組は，養親となる者と養子となる者（またはその法定代理人）との間の合意によって成立するものであって，認知が認知者の単独行為としてされるのとはその要件，方式を異にするし，②認知者と被認知者の法定代理人との間の婚姻が認知者と被認知者の養子縁組に関する何らかの意思表示を含むものということはできないからである。

ウ× 真実の実親子関係と戸籍の記載が異なる場合には，実親子関係が存在しないことの確認を求めることができるのが原則である。しかし，戸籍上の姉（丁）が両親（甲乙）と弟（丙）との間の実親子関係が存在しないことの確認を求めて提訴した事案で，判例は，①甲乙夫婦と丙との間に実の親子と同様の生活の実体があった期間の長さ，②判決をもって実親子関係の不存在を確定することにより丙およびその関係者の被る精神的苦痛，経済的不利益，③改めて養子縁組の届出をすることにより丙が甲乙夫婦の嫡出子としての身分を取得する可能性の有無，④丁が実親子関係の不存在確認請求をするに至った経緯および請求をする動機，目的，⑤実親子関係が存在しないことが確定されないとした場合に丁以外に著しい不利益を受ける者の有無等の諸般の事情を考慮し，「実親子関係の不存在を確定することが著しく不当な結果をもたらすものといえるとき」には，当該確認請求は権利の濫用（1条3項）にあたり許されないとしている（最判平18.7.7）。

エ× 夫が自己の精子を保存し死亡した後に，妻が当該精子を用いて体外受精により懐胎し（人工生殖）出産した場合において，妻が生まれた子の法定代理人として検察官を相手に死後認知の訴え（787条但書）を提起した事案で，判例は，「死後懐胎子と死亡した父との関係は，……親子関係を認めるか否か，認めるとした場合の要件や効果を定める立法によって解決されるべき問題であるといわなければならず，そのような立法がない以上，……法律上の親子関係の形成は認められない」としている（最判平18.9.4）。

以上より，妥当なものはアであり，肢1が正解となる。

正答 1

memo

親族法
親権

必修問題 セクションテーマを代表する問題に挑戦！

未成年者は親権に服しますが，だれが親権者となるのか，親権の内容は何かを覚えましょう。

問 親子に関するア～オの記述のうち，妥当なもののみを全て挙げているのはどれか。　(国家一般職2013)

ア：妻が夫との婚姻前の内縁関係の間に懐胎した子は，婚姻後に生まれたとしても，父の認知がない限り，嫡出子の身分を取得しないとするのが判例である。

イ：認知をすると父子関係が生ずるから，成年の子を認知する場合は，その子の承諾が必要であり，胎児を認知する場合は，その母の承諾が必要であり，また，未成年者又は成年被後見人である父がその子を認知する場合は，その法定代理人の同意が必要である。

ウ：親権者が子を代理する権限を濫用して行った法律行為は，その効果が子には及ばないときがあるが，親権者が子を代理して子の所有する不動産を第三者の債務の担保に供する行為は，利益相反行為に当たらないから，親権者に子を代理する権限を授与した法の趣旨に著しく反すると認められる特段の事情がない限り，親権者による代理権の濫用に当たらないとするのが判例である。

エ：子に対する父又は母による親権の行使が困難又は不適当であることにより子の利益を害するときは，家庭裁判所は，子，その親族，未成年後見人，未成年後見監督人又は検察官の請求により，その父又は母について，親権停止の審判をすることができる。

オ：親は未成熟子を扶養する義務があるが，成人には公的扶助制度が整備されているから，子は親を扶養する義務はない。

1：ア，イ
2：ア，ウ
3：イ，オ
4：ウ，エ
5：エ，オ

頻出度	地上★ 国家一般職★★ 特別区★ 裁判所職員★ 国税･財務･労基★ 国家総合職★

必修問題の解説

チェック欄		
1回目	2回目	3回目

〈親子〉

ア× 判例は，父母の内縁関係中に懐胎し婚姻後に出生した子については，婚姻届出後200日以内に生まれた子であっても，認知を要せず，出生と同時に当然に嫡出子の身分を有するとした（大連判昭15.1.23）。なお，婚姻成立後200日以内に生まれた子について，従来は推定されない嫡出子として扱われていたが，2022（令和４）年民法改正により，推定される嫡出子として扱われることになった（772条２項前段・１項後段）。

イ× 認知される子が成年であるときは，その子の承諾が必要である（782条）。また，胎児を認知するときは，母の承諾が必要である（783条１項）。しかし，認知は本人の意思を尊重すべき身分行為であるから，認知の意味内容を理解できるだけの意思能力があれば足り，未成年者や成年被後見人の認知でも，法定代理人の同意は不要である（780条）。

ウ○ 判例は，親権者が子を代理して子の所有する不動産を第三者の債務の担保に供する行為は，利益相反行為にあたらないものであるから，それが子の利益を無視して自己または第三者の利益を図ることのみを目的としてされるなど，親権者に子を代理する権限を授与した法の趣旨に著しく反すると認められる特段の事情が存しない限り，親権者による代理権の濫用にあたらないとした（最判平4.12.10）。

エ○ 父または母による親権の行使が困難または不適当であることにより子の利益を害するときは，家庭裁判所は，子，その親族，未成年後見人，未成年後見監督人または検察官の請求により，その父または母について，２年を超えない範囲内で，親権停止の審判をすることができる（834条の２）。

オ× 直系血族および兄弟姉妹は，互いに扶養をする義務があるので（877条１項），親が未成熟子を扶養する義務だけでなく，子が親を扶養する義務も認められる。また，生活保護などの公的扶助制度には，補足性（補充性）の原則があり，民法に定める扶養義務者による扶養が公的扶助に優先するとされているので（生活保護法４条２項等），公的扶助制度が整備されているからといって，子の親に対する扶養義務が否定されることにはならない。

以上より，妥当なものはウ，エであり，肢４が正解となる。

正答 4

第1章 SECTION 4 親族法

親権

1 親権とは

親権とは，父母の養育者としての地位・職分に基づく権利義務の総体をいいます。簡単にいえば，親が未成年の子の法律行為を代理したり，子を監護・教育するような行為の根拠となる権利義務ということです。

親権の内容は，**監護教育権**（820条），**財産管理権**（**代理権**を含む。824条）の2種類に分かれます。親が子の教育費や養育費を負担する義務（扶養義務）は，親権とは別に扶養制度（877条以下）で規定されています。

ミニ知識
旧822条は，親権者は820条による監護・教育に必要な範囲内で「その子を懲戒することができる」と定めていました。しかし，同条の懲戒権は，児童虐待の口実に使われることがありました。そこで，2022（令和4）年改正民法は，監護・教育をする親権者に，①子の人格を尊重すること，②子の年齢・発達の程度に配慮すること，③体罰その他の子の心身の健全な発達に有害な影響を及ぼす言動の禁止を要求する規定（821条）を新設するとともに，旧822条を削除しました。この改正は，同年12月16日に施行されました。

補足
親権者は，子の財産を処分することができます（財産管理・代理権。824条）。また，親権者は，自己のためにするのと同一の注意をもって子の財産管理を行う義務を負います（827条）。

親権者は，原則として婚姻中は**共同で親権を行使**しなければなりません（818条3項本文）。もし，夫婦の一方が勝手に子を代表したときには，原則としてその行為は無権代理となり，子には効果帰属しないことになります。しかし，それでは相手方の取引の安全を害しますから，父母の一方が共同の名義で代理行為をしたり，または子の法律行為に同意を与えたりした場合，その行為は他の一方の親権者の意思に反したときでもあっても，（相手方が善意である限り）効力を妨げられないとされています（825条）。

2 利益相反行為とは

親権者は子を代理して法律行為ができますが，ときには子の利益を犠牲にして親が自己の利益を追求する危険があります（**利益相反行為**）。そこで民法は，**親権者と子の利益が相反するときには，特別代理人の選任を家庭裁判所に請求しなければならない**と規定しています（826条1項）。すなわち，この場合，親権者の代理権は，制限されるのです。なお，利益相反行為とは**親権者と子の利益が外形的・客観的に衝突する場合**をいい，子に不利益を与えようとする主観的意図は必要ありません（形式的基準説。最判昭42.4.18）。

補足

たとえば，親権者が子の名義で借金し子の不動産に抵当権を設定することは，親子の利益衝突が外形上起きないので，たとえ親が借金を自分のギャンブルのために使おうと思っていたとしても利益相反行為にあたりません。これに対し，親の借金のために子の不動産に抵当権を設定することは，親子の利益衝突が外形上起きるため，利益相反行為にあたります（大判大3.9.28）。

3 親権者

親権者となるべき者は，父母です（818条1項）。ただし，父母の一方が死亡したときには，他方が単独で親権者となります。また，父母が協議離婚した場合には協議で父母の一方を親権者と定め，裁判離婚の場合には裁判所が父母の一方を親権者と定めます（819条1項・2項）。なお，これは嫡出子の場合であり，非嫡出子の場合には母が親権を行います。ただし，父の認知後に父母の協議または審判によって父を親権者と定めたときには，父が親権者となります（同条4項・5項）。

子の財産管理を行う親権者は行為能力者でなければなりませんから，親が未成年者である場合は，その親の親権者が代わって親権を行います（833条）。

ミニ知識

原則として父母が親権者になりますが，子を虐待するなど親権者として不適切な場合もあるため，子の福祉のために親権を父母から剥奪する制度が設けられています（834条）。
また，2011（平成23）年民法改正により，家庭裁判所は，「父又は母による親権の行使が困難又は不適当であることにより子の利益を害するとき」に2年以内の期間を定めて親権停止の審判をすることができることになりました（834条の2第1項・2項）。

実践 問題 192 応用レベル

頻出度 地上★ 国家一般職★★ 特別区★ 裁判所職員★ 国税·財務·労基★ 国家総合職★

問 次のア～オのうち，利益相反行為に当たるものを全て挙げているのはどれか。ただし，争いのあるものは判例の見解による。 **(国家総合職2016)**

ア：未成年者Aの親権者Bが，Cの債務を連帯保証するとともに，Aを代理してCの債務を連帯保証し，さらにBが，同債務を担保するため，A及びBの共有不動産について，共有者の一人及びAの代理人として抵当権を設定した場合におけるAのための当該連帯保証契約及び抵当権設定行為

イ：Aが死亡し，その子B，C，D及びEが共同相続人となったが，D及びEは未成年者だったため，D及びEの親権者で相続権を有しないFがD及びEを代理して遺産分割協議を行い，Aの遺産を全てBに帰属させる旨の協議が成立した場合における当該遺産分割協議

ウ：Aが死亡し，その子B，C，D及びEが共同相続人となったが，C及びDの後見人であったBが，自ら相続放棄した後に，C及びDを代理して相続放棄した場合において，Bが後見人としてC及びDを代理して行った当該相続放棄行為

エ：未成年者Aの父Bが，Cに対して債務を負い，Aの母かつBの妻であるDと共にAを代理して，Bの債務の代物弁済としてA所有の不動産をCに譲渡した場合における当該譲渡行為

オ：未成年者Aの親権者Bが，自己の事業を行うためにAを代理してCから金銭を借り入れ，その債務につきA所有の不動産に抵当権を設定した場合における当該抵当権設定行為

1：ア，ウ
2：エ，オ
3：ア，イ，エ
4：イ，ウ，オ
5：ウ，エ，オ

実践 問題 192 の解説

チェック欄

1回目	2回目	3回目

〈利益相反行為〉

利益相反行為について，親権者は自ら代理することができず，特別代理人の選任を家庭裁判所に請求しなければならない（826条）。利益相反行為には，親権者と子の利益が相反する場合（同条１項）と，親権に服する複数の子の利益が相反する場合（同条２項）とがある。判例は，利益相反行為にあたるか否かは，行為の外形から客観的に判断すべきであって，親権者の動機・意図は考慮すべきでない（外形説・形式的判断説）とする（最判昭42.4.18）。

ア○ 本記述において，債権者が抵当権の実行を選択すると，不動産における子Ａの持分の競売代金が弁済に充当される限度において親権者Ｂの責任が軽減され，その意味で親権者が子の不利益において利益を受けることになる。また，債権者がＢに対する保証責任の追及を選択して，Ｂから弁済を受けると，ＢとＡとの間の求償関係やＡの持分の上の抵当権についてＢによる代位の問題が生じる。そこで，判例は，これらのことが「前記連帯保証ならびに抵当権設定行為自体の外形からも当然予想される」から，連帯保証契約の締結および抵当権設定行為は利益相反行為（826条１項）にあたるとした（最判昭43.10.8）。

イ○ 判例は，遺産分割の協議は，その行為の客観的性質上相続人相互間に利害の対立を生ずるおそれのある行為と認められるから，親権者Ｆが共同相続人である数人の子Ｄ・Ｅを代理して遺産分割の協議をすることは，利益相反行為（826条２項）にあたるとした（最判昭49.7.22）。

ウ× 一部の相続人の相続放棄により他の相続人の相続分が増加するから，放棄する者と相続分が増加する者とは利益相反の関係にあるし，860条によって準用される826条は，108条１項（自己契約・双方代理）のように相手方のある行為のみを対象とするものではないから，単独行為である相続放棄も826条の利益相反行為にあたる余地がある。しかし，判例は，本記述のように，共同相続人の１人である後見人Ｂがまず自らの相続放棄をした後に被後見人Ｃ・Ｄを代理してその相続放棄をしたときは，その行為の客観的性質からみて，後見人Ｂと被後見人ＣＤ間においても，被後見人ＣＤ相互間においても，利益相反行為になるとはいえないとした（最判昭53.2.24）。

エ○ Ａの父Ｂが，母ＤとともにＡを代理して，Ｂの債務の代物弁済としてＡ所有の不動産を譲渡する行為は，ＡとＢの利益が相反することは明らかであり，利益相反行為にあたる。なお，本記述の場合，ＡとＤは利益相反の関係にないが，判例は，Dの単独代理（818条3項但書）とはならず，利益相反の関係にある親権者Bは特別代理人の選任を求め，特別代理人と利益相反の関係にない親権者Dが共同して代理行為をなすべきであるとした（最判昭35.2.25）。

オ× 判例は，親権者Bが子Aの名義で金銭を借り入れ，Aの不動産に抵当権を設定することは，仮に借入金をB自身の用途に充当する意図であっても，外形的にBとAの利益は相反しないから，利益相反行為にあたらないとした（最判昭37.10.2）。

以上より，利益相反行為にあたるものはア，イ，エであり，肢3が正解となる。

正答 3

memo

実践 問題 193 応用レベル

頻出度 地上★ 国家一般職★★ 特別区★ 裁判所職員★ 国税·財務·労基★ 国家総合職★

問 民法に規定する親権に関する記述として，判例，通説に照らして，妥当なのはどれか。 （特別区2023）

1：実子が嫡出子であるときは，父母による親権の共同行使を原則とするため，親権は，父母の共同の意思決定により行われなければならず，双方の合意があっても，父母の一方が単独名義で行うことはできない。

2：実子が非嫡出子であるときは，母が単独親権者となるが，父が認知した場合には，父母が共同して親権を行うこととなり，父が単独親権者となることはない。

3：親権を行う者は，子の利益のために，子の監護及び教育をする権利を有し，義務を負うが，この義務には，監護及び教育に伴う費用の負担までも含むものではない。

4：父又は母による親権の行使が困難であることにより，子の利益を害するときには，家庭裁判所は，請求によらず職権で，その父又は母について，親権停止の審判をすることができる。

5：最高裁判所の判例では，利益相反行為の判断基準について，一貫して，親権者の意図やその行為の実質的効果から判断すべきであり，その行為の外形から判断すべきではないとしている。

チェック欄

1回目	2回目	3回目

実践 問題 193 の解説

〈親権〉

1 × 未成年の子は父母の親権に服するが（818条1項），実子が嫡出子である場合，父母が婚姻中は，父母が親権者であり，父母がその親権を「共同して行う」のが原則である（同条3項）。したがって，本肢の前半は妥当である。しかし，「共同して行う」とは，親権の行使が父母共同の意思に基づくことを必要とするだけで，行為自体が父母双方の名義でなされなければならないことを意味しない。たとえば，父の名義だけでなされた不動産の売買でも，母の同意があれば有効である（最判昭32.7.5）。

2 × 実子が非嫡出子であるときは，母が単独親権者となる。したがって，本肢の前半は妥当である。しかし，父が認知した場合には，認知した父と親権者である母の協議または家庭裁判所の審判によって，親権者を母から父に変更することができる（819条4項・5項）。したがって，父の認知によって，父母の共同親権となるわけではなく，また，父が単独親権者となることもありうる。

3 ○ 親権を行う者は，子の利益のために子の監護および教育をする権利を有し，義務を負う（820条）。もっとも，子の監護・教育の権利・義務は，実際の監護・教育についてであって，監護・教育の費用の負担とは別問題である。すなわち，子の監護・教育に要する費用は，父母の婚姻中は婚姻費用（760条）に含まれるし，離婚後は子の監護について必要な事項に含まれる監護費用（766条1項）にあたる。また，766条は，父が非嫡出子を認知した場合にも準用される（788条）。

4 × 父または母による親権の行使が困難または不適当であることにより子の利益を害するときは，家庭裁判所は，子，その親族，未成年後見人，未成年後見監督人または検察官の請求により，その父または母について，親権停止の審判をすることができる（834条の2第1項）。家庭裁判所の職権で親権停止の審判ができるわけではない。

5 × 826条の利益相反行為の判断基準について，判例は，親権者が子を代理してした行為自体を外形的・客観的に考察して判定すべきであって，親権者の動機・意図をもって判定すべきでないとしている（外形説・形式的判断説。最判昭42.4.18）。

正答 3

実践 問題 194 応用レベル

頻出度 地上★ 国家一般職★★ 特別区★ 裁判所職員★ 国税·財務·労基★ 国家総合職★

問 親族・相続に関するア～オの記述のうち，妥当なもののみを全て挙げているのはどれか。ただし，争いのあるものは判例の見解による。

(国税・財務・労基2015改題)

ア：婚姻によって氏を改めた夫又は妻は，協議上の離婚によって婚姻前の氏に復するが，いつでも戸籍法の定めるところにより届け出ることによって，離婚の際に称していた氏を称することができる。

イ：夫婦の一方が日常の家事に関する代理権の範囲外の法律行為を行った場合，相手方である第三者において，当該行為が当該夫婦の日常の家事に関する法律行為の範囲内に属すると信じるにつき正当な理由がある場合に限り，日常の家事に関する代理権を基本代理権として民法第110条の規定を直接適用することにより，他の一方も責任を負う。

ウ：親権を行う者が数人の子に対して親権を行う場合において，その一人と他の子との利益が相反する行為については，親権を行う者は，その一方のために特別代理人を選任することを家庭裁判所に請求しなければならない。

エ：相続人が，自己のために相続の開始があったことを知った時から3か月以内に単純承認又は相続の放棄をしなかった場合，相続人は，相続によって得た財産の限度においてのみ被相続人の債務及び遺贈を弁済すべきことを留保して，相続の承認をしたものとみなされる。

1：イ
2：ウ
3：ア，イ
4：ア，エ
5：ウ，エ

チェック欄		
1回目	2回目	3回目

実践 問題 194 の解説

〈親族・相続〉

ア× 婚姻によって氏を改めた夫または妻は，協議上の離婚によって婚姻前の氏に復するのが原則であるが（767条1項），「離婚の日から三箇月以内に」戸籍法の定めるところにより届け出ることによって，離婚の際に称していた氏を称することができる（婚氏続称。同条2項）。したがって，離婚によって婚姻前の氏に復した夫または妻は，いつでも離婚の際に称していた氏を称することができるわけではない。

イ× 判例は，まず，761条は，その実質においては，夫婦が相互に日常の家事に関する法律行為につき代理権を有することをも規定しているとする。しかし，夫婦の一方が日常の家事に関する代理権の範囲を越えて第三者と法律行為をした場合，①その代理権の存在を基礎として広く一般的に110条所定の表見代理の成立を肯定することは，夫婦の財産的独立を損なうおそれがあって，相当でないから，②当該越権行為の相手方である第三者においてその行為が当該夫婦の日常の家事に関する法律行為の範囲内に属すると信ずるにつき正当の理由があるときに限り，110条の趣旨を類推適用して，その第三者の保護を図れば足りると判示した（最判昭44.12.18）。

ウ○ 826条2項は，本記述のとおり規定する。同項の趣旨は，子の利益を保護する点にある。

エ× 相続人が，相続によって得た財産の限度においてのみ被相続人の債務および遺贈を弁済すべきことを留保して，相続の承認をすることを限定承認という（922条）。この限定承認をするには，自己のために相続の開始があったことを知った時から3カ月以内（熟慮期間内）に，相続財産の目録を作成し，家庭裁判所に提出して申述する必要があるので（924条），何もしなかった場合に限定承認したものとみなされることはない。なお，相続人が熟慮期間内に「限定承認又は相続の放棄」をしなかったときは，「単純承認」をしたものとみなされる（法定単純承認。921条2号）。

以上より，妥当なものはウであり，肢2が正解となる。

正答 2

章末 CHECK ? Question

Q1 子に嫡出子の身分を取得させることだけを目的とする婚姻は認められない。

Q2 勝手に婚姻届が提出された場合でも，他方がこれを追認したときは，その追認の時から婚姻は有効となる。

Q3 配偶者のある者は重ねて婚姻をすることができず，これに反してなされた婚姻は当然に無効となる。

Q4 婚姻関係が事実上破綻していたとしても，他方配偶者と不貞行為をした相手方に対して，不法行為に基づく損害賠償を請求することができる。

Q5 生活保護給付を受けるための方便として離婚届が提出された場合，離婚意思が認められないことから，離婚は無効となる。

Q6 離婚取消しの効果は，婚姻取消しの場合と同様に遡及しない。

Q7 配偶者の生死が3年以上明らかでないときでも，他方配偶者は裁判所に離婚請求をすることはできない。

Q8 離婚によって婚姻が解消された場合，婚姻によって氏を改めた者は復氏するのを原則とする。

Q9 離婚をした者の一方が財産分与を受けた場合，その者はもはや慰謝料を請求できない。

Q10 推定の及ばない子との親子関係を争うには，嫡出否認の訴えを提起しなければならない。

Q11 嫡出否認の訴えは，夫または妻が子の出生を知った時から1年以内に提起しなければならない。

Q12 非嫡出子が認知された場合，その子は当然に父の氏を称することになる。

Q13 認知を遺言によってすることはできない。

Q14 父が胎児を認知する場合，その母の承諾を必要としない。

Q15 未成年者を養子とするには原則として家庭裁判所の許可が必要である。

Q16 普通養子縁組が成立すると，実親との親族関係は終了する。

Q17 特別養子縁組で養親となる者は，配偶者のある者でなければならない。

Q18 親権者が子の財産管理を行うにあたっては，善管注意義務を負う。

Q19 嫡出でない子を父が認知した場合，父母が共同して親権を行う。

Answer

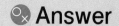

A1 ○ 社会観念上夫婦であると認められる関係の設定を欲する効果意思が必要である（最判昭44.10.31）。

A2 × 婚姻は追認により届出の当初に遡って有効となる（最判昭47.7.25）。

A3 × 重婚（732条）は婚姻の取消原因となるにすぎない（744条）。

A4 × 第三者との不貞行為の当時，すでに婚姻関係が破綻していたときは，第三者は不法行為責任を負わない（最判平8.3.26）。

A5 × 法律上の夫婦関係を解消する意思があれば，離婚は有効となる（最判昭57.3.26）。

A6 × 婚姻取消し（748条）と異なり，離婚取消しの効果は遡及する。

A7 × 配偶者の３年以上の生死不明は離婚原因となる（770条１項３号）。

A8 ○ 767条１項。ただし，３カ月以内に届け出ることにより，離婚の際に称していた氏を称することができる（同条２項）。

A9 × 財産分与を受けたとしても，一定の場合に慰謝料請求を認めるのが判例（最判昭46.7.23）である。

A10 × 親子関係不存在確認の訴え（人事訴訟法２条２号）である。

A11 × 嫡出否認の訴えは，夫（父）は子の出生を知った時から，妻（母）は子の出生の時から，３年以内に提起しなければならない（777条１号･３号）。

A12 × 非嫡出子を認知しても親子関係が発生するだけであり（784条本文参照），子が父の氏を称することになるわけではない。

A13 × 遺言による認知も認められている（781条２項）。

A14 × 母の名誉を保護するため母親の承諾が必要である（783条１項）。

A15 ○ 798条に規定されている。

A16 × 実親との親族関係が終了するのは特別養子縁組である（817条の９）。

A17 ○ 817条の３第１項。子の福祉のためには養親は両親がそろっていることが望ましいからである。

A18 × 親権者は，財産管理権を行使する際には，自己のためにするのと同一の注意義務しか負わない（827条）。

A19 × 非嫡出子は母親の親権に服する。父が認知したときでも変わらない。もっとも，父母の協議で父を親権者と定めたときは，父が親権を行うことになる（819条４項）。

memo

第2章

相続法

SECTION

① 相続人・相続分
② 相続の承認・放棄
③ 遺言・遺留分
④ 相続総合

第2章 相続法

出題傾向の分析と対策

試験名	地上			国家一般職（旧国Ⅱ）			特別区			裁判所職員			国税・財務・労基			国家総合職（旧国Ⅰ）		
年度	15-17	18-20	21-23	15-17	18-20	21-23	15-17	18-20	21-23	15-17	18-20	21-23	15-17	18-20	21-23	15-17	18-20	21-23
出題数 / セクション	1	2	1	1	2	2	1	2	1				1	1	2	1	3	3
相続人・相続分	★		★			★										★	★★	★
相続の承認・放棄					★								★					
遺言・遺留分		★				★		★★	★					★	★		★	
相続総合		★		★	★		★						★		★			★★

（注）１つの問題において複数の分野が出題されることがあるため，星の数の合計と出題数とが一致しないことがあります。

親族法・相続法については，国家総合職の試験では親族法と相続法から各１問，他の試験種ではどちらかから１問出題されることが多くなっていますが，裁判所職員の試験では例年出題されていません。試験種による対策が必要となります。

地方上級

２年に１度くらいの頻度で出題されています。基本的な条文の知識のほか，法定相続分や遺留分に関する計算問題が出題されています。相続分や遺留分の比率を覚えたうえで，過去問を使って演習すれば，十分に対応できるものですから，しっかり確認しましょう。また，過去に細かい条文知識が出題されていますが，過去問を解く中でその都度覚えていけばよいでしょう。

国家一般職（旧国家Ⅱ種）

２年に１度くらいの頻度で出題されています。相続全般について，判例の知識も含めて広く出題されています。本書のインプット部分と過去問をしっかり学習しましょう。

特別区

２年に１度くらいの頻度で出題されています。条文の知識を問うものがほとんどですが，やや細かい点まで出題されることがあります。本書のインプット部分と過去問の学習を通して知識を身につけていきましょう。

裁判所職員

出題されていません。万全を期したい受験生は，本書のインプット部分を一読しましょう。

国税専門官・財務専門官・労働基準監督官

２年に１度くらいの頻度で出題されています。法定相続分に関する計算問題なども出題されていますので，過去問を繰り返し解くことで知識を定着させてください。

国家総合職（旧国家Ⅰ種）

最近は毎年出題されています。やや細かい条文の知識や判例の見解を問うものが出題されていますので，本書のインプット部分と過去問をしっかり学習しましょう。

Advice アドバイス 学習と対策

相続法では，相続人や相続分，遺言や遺留分について頻出であり，正確に理解しなければなりません。計算問題もよく出題されますから，過去問を繰り返し解いて，計算方法や知識を身につけてください。なお，相続放棄や遺産分割などは，不動産物権変動と関連して出題されることがありますので，しっかり押さえましょう。

相続法
相続人・相続分

必修問題 セクションテーマを代表する問題に挑戦！

相続人，相続分については正確な理解が求められます。条文をよく読みこみ，過去問を通して応用問題への対応力を身につけましょう。

問 民法に規定する相続人に関する記述として，通説に照らして，妥当なのはどれか。 （特別区2008）

1：被相続人の子Ａは，子供がなく，その配偶者Ｂだけを残して被相続人と同一の海難事故により死亡し，同時死亡の推定を受けた場合には，Ａはいったん相続した後に死亡したものとされ，ＢはＡを代襲して相続人となることができる。

2：被相続人の死亡後，その子Ａが，相続に関する被相続人の遺言書を偽造したときは，相続欠格事由に該当するので，Ａは相続権を失い，Ａの子ａもこれを代襲して相続人となることはできない。

3：被相続人が死亡し，その子Ａがその相続を放棄したことで相続権を失った場合でも，Ａの子ａはこれを代襲して相続人となることができる。

4：被相続人の子Ａは養子であり，Ａに養子縁組前に生まれた子ａと養子縁組後に生まれた子ｂがおり，Ａが相続開始以前に死亡したとき，ｂはＡを代襲して相続人となることができるが，ａはＡを代襲して相続人となることはできない。

5：被相続人がその推定相続人である弟Ａによって虐待されたときは，被相続人は，Ａの廃除を家庭裁判所に請求し，その相続資格をはく奪することができる。

Guidance ガイダンス

相続人

・相続人となる者（配偶者，子，直系尊属，兄弟姉妹）

・代襲相続（相続人となるべき者が，相続権を失っている場合，その者の直系卑属が相続人となること）

相続人とならない者

・相続欠格（法律上当然に，相続人となる資格を失う）

・廃除（家庭裁判所が被相続人の請求を受け，相続権を剥奪する）

頻出度	地上★★　国家一般職★　特別区★ 裁判所職員★　国税･財務･労基★　国家総合職★★

チェック欄		
1回目	2回目	3回目

必修問題の解説

〈相続人〉

1 × 相続は，被相続人の死亡と同時に開始し（882条），相続人は，相続開始の時から，被相続人の財産に属した一切の権利義務を承継するので（896条本文），相続人は相続開始時に生存していなければならない（同時存在の原則）。その結果，被相続人とその子Aが同時に死亡したと推定される場合（32条の2）は，被相続人の死亡時にAは存在していないと扱われるから，Aは相続できないことになる。また，民法は，代襲原因として，被相続人の子が相続開始「以前」に死亡したときと定めているので（887条2項），被相続人とその子Aが同時に死亡した（と推定される）場合も代襲原因となる。しかし，代襲相続人となることができる者は，被相続人の子Aの子（孫）に限られており（同項本文。なお，肢4の解説参照），Aの配偶者Bは代襲相続人となることができない。

2 × 相続に関する被相続人の遺言書を偽造することは，相続人の欠格事由に該当するので（891条5号），遺言書を偽造したAは相続権を失う。しかし，被相続人の子が相続欠格によって相続権を失った場合も代襲原因となるので（887条2項），相続欠格者Aの子aは代襲相続人となることができる。

3 × 代襲原因は，被相続人の子が，相続開始以前に死亡したとき，または相続欠格・廃除により相続権を失ったときに限られ（887条2項），相続放棄によって相続権を失ったときはこれに含まれない。

4 ○ 被相続人の子の代襲相続人は，相続権を失った者の子であると同時に，被相続人の直系卑属でなければならない（887条2項）。そして，養子と養親およびその血族との間においては，養子縁組の日から法定血族関係が生ずるが（727条），養子縁組前から存在した養子の直系卑属と養親との間には，法定血族関係は生じない。その結果，Aが被相続人の養子の場合，養子縁組後に生まれたAの子bは被相続人の直系卑属であるが，養子縁組前に生まれたAの子aは被相続人の直系卑属とはならない。

5 × 相続人の廃除は，遺留分をも奪う制度であるから，廃除の対象は，「遺留分を有する推定相続人」に限られる（892条）。それゆえ，遺留分を有しない兄弟姉妹（1042条1項参照）は被廃除者とはならず，遺言によって，その相続分を奪うほかない。

正答 4

第2章 SECTION 1 相続法

相続人・相続分

1 相続とは

相続とは，自然人の財産法上の地位を，その者（被相続人）の死後に，法律および死亡者の最終意思の効果として，特定の者（相続人）に承継させることをいいます。相続は，被相続人の死亡によって開始し（882条），相続人は，相続により被相続人の財産に属した一切の権利義務を承継します（896条本文）。

2 相続人

(1) 相続人となる者

被相続人に配偶者がいる場合，配偶者は常に相続人となります（890条前段）。また，被相続人に子がいた場合には，嫡出子・非嫡出子の区別にかかわらず，相続人となります（887条１項）。そして，被相続人に子およびその代襲相続人がいない場合には，まず被相続人の直系尊属が相続人となり，さらに，被相続人に直系尊属もいないときに，兄弟姉妹が相続人となります（889条１項）。

ミニ知識 相続人が不存在の場合，内縁の妻など被相続人の療養看護に努めた者その他被相続人と特別の縁故があった者（特別縁故者）は，一定の要件の下に家庭裁判所に対し相続財産の分与を請求できます（958条の２）。

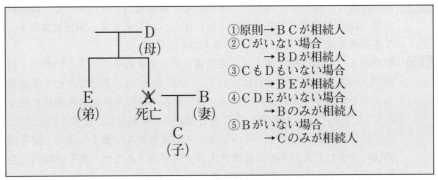

相続人の順位

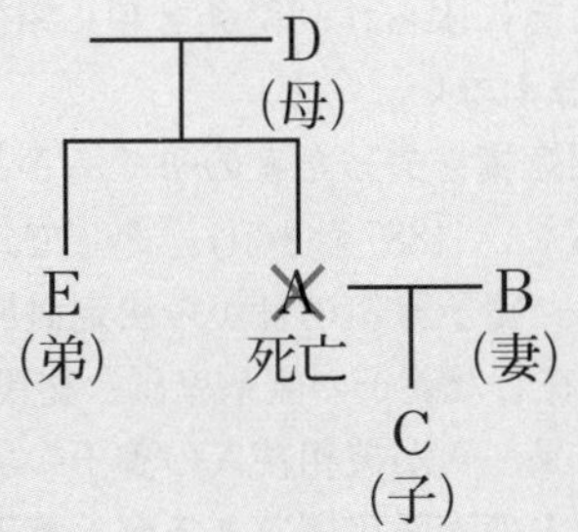

①原則→ＢＣが相続人
②Ｃがいない場合
→ＢＤが相続人
③ＣもＤもいない場合
→ＢＥが相続人
④ＣＤＥがいない場合
→Ｂのみが相続人
⑤Ｂがいない場合
→Ｃのみが相続人

ミニ知識 相続人が１人のみの場合を単独相続，複数いる場合を共同相続といいます。共同相続では，遺産分割によって相続財産の最終的な帰属が確定しますが，それまで相続財産は相続人の共有に属し（898条１項），共同相続人は法定相続分または指定相続分に応じた持分を有することになります（同条２項）。

(2) 代襲相続

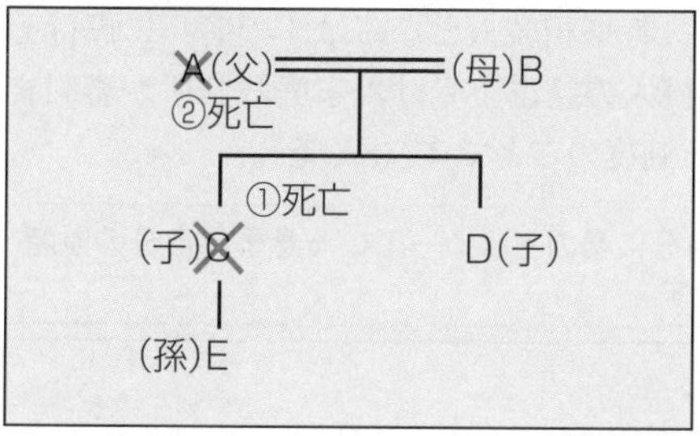

【事例１】

父であるＡさんが多額の遺産を残して死亡しました。Ａさんには，妻Ｂさんのほかに Ｃさん Ｄさんの２人の子どもがいましたが，すでにＣさんは死亡しています。この場合，Ｃさんの息子であるＥさんは，Ａさんの遺産を相続できるのでしょうか。

相続人となるべき者が，相続が開始する以前に死亡するなどして相続権を失っている場合に，その者の直系卑属が代わって相続人となることを代襲相続といいます（887条２項本文・889条２項）。すなわち，事例１で，死亡したＣさんの直系卑属（この場合は子）であるＥさんは，Ｃさんを代襲して相続人となり，Ａさんの遺産を相続することができます。

なお，代襲相続の原因となるのは，①死亡のほか，後述する②相続欠格，③廃除が挙げられます。

補足 事例１で仮にＣの妻Ｆがいたとしても，Ｆは代襲相続人にはなりません。Ｆは Ａの直系卑属ではないからです。

3 相続人とならない者

(1) 相続欠格

相続欠格とは，欠格事由に該当する者の相続人となる資格を，法律上当然に失わせる制度のことをいいます（891条１号～５号）。欠格事由に該当した者は，特別な手続を経ることなく，法律上当然に相続人となる資格を失います。

ポイント たとえば，息子Ａさんが被相続人である父親を殺害し殺人罪の確定判決を受けた場合，Ａさんは欠格事由に該当します（891条１号）。

(2) 廃除

廃除とは，**遺留分を有する推定相続人**（将来相続人となるはずの者）に虐待その他の著しい非行があった場合に，**被相続人の請求**を受けた家庭裁判所が審判または調停によって，その相続権を剥奪する制度のことです（892条）。

補足 浪費癖があるうえに普段から自分に暴力をふるっている息子に自分の財産を相続させたくない場合などです。

【相続人の欠格事由（891条）】
① 故意に被相続人又は相続について先順位若しくは同順位にある者を死亡するに至らせ，又は至らせようとしたために，刑に処せられた者
② 被相続人の殺害されたことを知って，これを告発せず，又は告訴しなかった者。ただし，その者に是非の弁別がないとき，又は殺害者が自己の配偶者若しくは直系血族であったときは，この限りでない。
③ 詐欺又は強迫によって，被相続人が相続に関する遺言をし，撤回し，取り消し，又は変更することを妨げた者
④ 詐欺又は強迫によって，被相続人に相続に関する遺言をさせ，撤回させ，取り消させ，又は変更させた者
⑤ 相続に関する被相続人の遺言書を偽造し，変造し，破棄し，又は隠匿した者

4 相続財産

民法は，「相続人は，相続開始の時から，被相続人の財産に属した一切の権利義務を承継する」（896条本文）としています（**包括承継の原則**）。したがって，所有権をはじめとする物権のほか，債権，債務，無体財産権，その他の財産法上の法的地位といえるものであれば，すべて相続の対象となります。

しかし，**「被相続人の一身に専属したもの」（一身専属権）は相続財産から外れる**とされています（896条但書）。さらに，対象となる財産の中には，相続財産というべきか問題のあるものもあります。

判例チェック 判例は，占有権や慰謝料請求権などにつき，相続の対象となることを認めています（最判昭44.10.30，最大判昭42.11.1）。

5 相続分

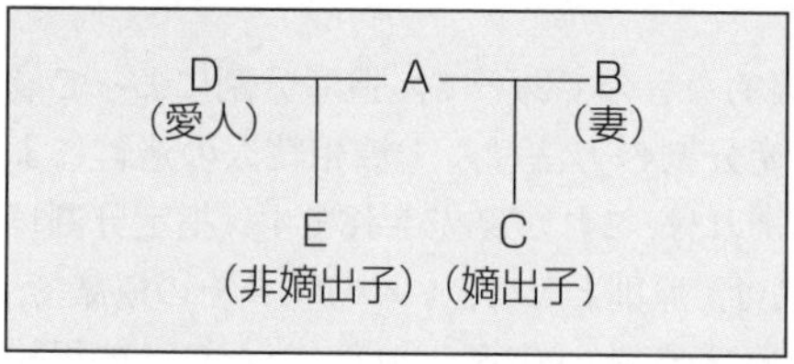

【事例２】

父であるＡさんが，3,000万円の遺産を残して死亡しました。そして，Ａさんの相続人として，Ｂさん（妻），Ｃさん（嫡出子），さらにＤさん（愛人）との間に生まれ認知を受けたＥさん（非嫡出子）がいます。この場合，Ｂさんらの相続分はいくらになるのでしょうか。

【法定相続分】

相続人の構成	相続分の比率
配偶者と子	1/2 ： 1/2
配偶者と子2人	1/2 ： 1/4 ： 1/4
配偶者と直系尊属	2/3 ： 1/3
配偶者と兄弟姉妹	3/4 ： 1/4

表のように，民法は相続人の種類によって，異なる相続分（法定相続分＝被相続人の遺言による指定〔902条〕がない場合）を規定しています（900条各号）。

事例２では，配偶者であるＢさんは相続財産の２分の１である1,500万円を相続します（900条１号）。そして，残りの1,500万円をＣさんとＥさんで相続することになるわけですが，非嫡出子の相続分と嫡出子の相続分は平等ですから（同条４号本文），ＣさんとＥさんはそれぞれ750万円ずつ相続することになります。

注意！ かつては，非嫡出子の法定相続分は嫡出子の法定相続分の２分の１と定められていました（900条旧４号但書前段）。しかし，判例は，当該規定は法の下の平等を定めた憲法14条１項に違反するとしたため（最大決平25.9.4），民法改正により当該規定は削除されました。

6 遺産分割

(1) 遺産分割の方法

共同相続人間の遺産共有は暫定的・過渡的なものであって，遺産分割によって最終的な相続財産の帰属が確定します。遺産分割の方法は，①被相続人の遺言による遺産分割の方法の指定（908条1項）があれば,これが優先されます（指定分割)。②遺言による指定がない場合，共同相続人は，原則として，いつでも，その協議で，遺産の全部または一部を分割できます（協議分割。907条1項)。ただし，被相続人の遺言（908条1項)，共同相続人間の不分割契約（同条2項・3項)，家庭裁判所の審判（同条4項・5項）によって分割を禁止できます（いずれも期間は原則5年以内)。③遺産分割協議が不調・不能の場合，各共同相続人は，家庭裁判所に遺産分割の審判を申し立てることができます（審判分割。907条2項)。

判例チェック　遺産分割協議は，詐害行為取消権（424条）の対象となりうるとするのが判例です（最判平11.6.11)。

(2) 遺産分割の効力

遺産分割の効力は，相続開始の時に遡って生じます（遡及効。909条本文)。もっとも，遺産分割には期間制限がないため，分割前に第三者が相続に利害関係を有することが少なくありません。そこで，遺産分割は第三者の権利を害することができないとして，遡及効を制限しています（同条但書)。

判例チェック　遺産分割協議において共同相続人の1人が他の相続人に対して負担した債務を履行しない場合でも，債務不履行を理由に遺産分割協議を解除することはできません（最判平元.2.9)。もっとも，共同相続人全員で遺産分割協議を合意解除し，改めて遺産分割協議を行うことは可能です（最判平2.9.27)。

(3) 遺産分割と登記

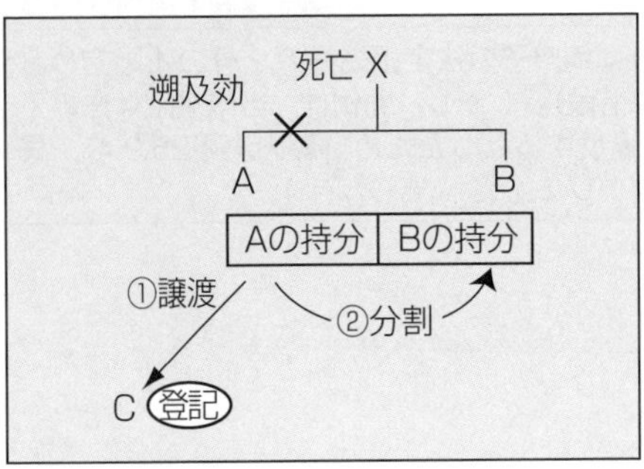

【事例３】
Ｘさんが死亡し，土地の所有権を子Ａさん・Ｂさんが共同相続しました。Ａさんは自己の相続分をＣさんに売却したのですが，その後行われた遺産分割によりＢさんが土地全部を取得することになりました。この場合，ＢさんはＣさんに対して土地全部の単独所有権を主張できるでしょうか。

この場合，取引の安全を図るため，第三者Ｃさんとの関係では分割の遡及効は制限されます。したがって，Ｃさんは，遺産分割があったことについて悪意でも，土地所有権を取得することができます。ただし，Ｂさんの犠牲においてＣさんを保護するわけですから，**Ｃさんとしては権利資格保護要件としての登記を備える必要がある**と解されています。

それでは，次のような事例ではどうでしょうか。

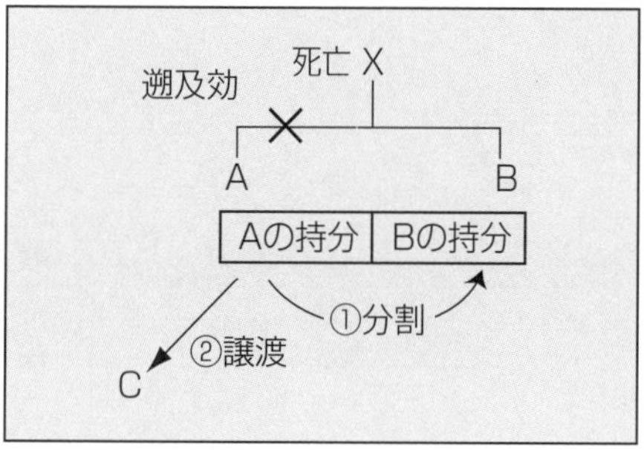

【事例４】
Ｘさんが死亡し，その土地所有権をその子Ａさん・Ｂさんが共同相続しましたが，その後，遺産分割によりＢさんが土地全部を取得することになりました。分割後，ＡさんがＣさんに当初自己の持分であった部分を売却した場合，Ｂさんは登記がなくても，土地全部の単独所有権をＣさんに主張することができるでしょうか。

この場合，Ａさんの持分については，Ａさんを起点として，Ｂさん・Ｃさんに二重譲渡されたのと同視することができます。なぜなら，遺産分割は，第三者に対する関係で見れば，相続人が相続によりいったん取得した権利について，分割時に新たな変更が生ずるのと実質上異ならないからです。したがって，177条により，**Ｂさんは登記がなければ，Ｃさんに土地全部の単独所有権を対抗することはできません**（最判昭46.1.26，899条の２第１項）。

相続人・相続分

実践 問題 195 基本レベル

頻出度			
	地上★★	国家一般職★	特別区★
	裁判所職員★	国税·財務·労基★	国家総合職★★

問 以下の事例におけるC及びDの法定相続分の組合せとして妥当なのはどれか。
（国税・労基2009）

（事例） Xは相続財産1億円を残して死亡した。Xは遺言で相続分を指定していない。残されたXの家族は，配偶者A，母B，姉C，子D及びEであるが，Eは相続を放棄している。

	C	D
1：	0円	2,500万円
2：	0円	3,750万円
3：	0円	5,000万円
4：	2,500万円	2,500万円
5：	2,500万円	3,750万円

実践 問題 195 の解説

〈法定相続分〉

まず，本問の事例における相続人を確定する。被相続人Xの家族は，配偶者A，母B，姉C，子D・Eであるが，相続を放棄しているEは「初めから相続人とならなかったものとみな」される（939条）。残りの家族のうち，**被相続人Xの血族B・C・Dは，子・直系尊属・兄弟姉妹の順位で先順位の者のみが相続人となるから**（887条1項，889条1項1号・2号），第1順位の子Dがいる本問では，母Bと姉Cは相続人になれない。また，**被相続人Xの配偶者Aは，常に血族相続人と同順位で相続人となる**（890条）。以上より，Xの子Dと配偶者Aが相続人となる。

次に，各自の相続分を計算する。Xは遺言で相続分を指定していないから，DとAの相続分は民法（900条）の定めるところ（法定相続分）による（902条参照）。そして，本問のように，**子と配偶者が相続人であるときは，子の相続分と配偶者の相続分は各2分の1である**（900条1号）。相続財産は1億円であるから，Xの子Dと配偶者Aは5,000万円ずつ相続することになる。なお，Xの姉Cは，前述のように相続人になれないから，相続分もない。

以上より，CとDの法定相続分は，Cが0円，Dが5,000万円であるから，肢3が正解となる。

正答 3

第2章 SECTION 1 相続法

相続人・相続分

実践 問題 196 基本レベル

頻出度			
	地上★★	国家一般職★	特別区★
	裁判所職員★	国税・財務・労基★	国家総合職★★

問 相続の対象に関するア～オの記述のうち，妥当なもののみを全て挙げているのはどれか。ただし，争いのあるものは判例の見解による。

（国税・労基2012）

ア：生活保護法に基づく保護受給権は原則として相続されないが，被保護者の生存中の扶助で，既に遅滞にあるものの給付を求める権利は相続される。

イ：使用貸借は，借主の死亡によって終了し，借主の使用・収益権を相続人は承継しない。

ウ：不法行為による生命侵害の慰謝料請求権は，被害者が生前に請求の意思を表明していなければ，相続人には承継されない。

エ：民法第187条第１項は相続のような包括承継の場合にも適用され，相続人は，必ずしも被相続人の占有についての善意悪意の地位をそのまま承継するものではなく，その選択に従い自己の占有のみを主張し又は被相続人の占有に自己の占有を併せて主張することができる。

オ：被相続人が民法上の組合の組合員であった場合，相続人は原則としてその地位を承継する。

1：ア，イ
2：ア，オ
3：イ，エ
4：ウ，エ
5：ウ，オ

直前復習

チェック欄

1回目	2回目	3回目

実践 問題 196 の解説

〈相続の対象〉

ア× 生活保護に基づく保護受給権について，判例は，この権利は，被保護者自身の最低限度の生活を維持するために当該個人に与えられた一身専属の権利であって，他にこれを譲渡しえないし，相続の対象ともなりえない（896条但書）とした。また，被保護者が生存中の扶助で，すでに遅滞のある給付も，相続の対象にはならないとした（最大判昭42.5.24）。

イ○ 597条３項は，「使用貸借は，借主の死亡によって，その効力を失う」と定める。本条項の趣旨は，使用貸借が無償であり，借主・貸主の個人的な人的関係に基づいて締結されることが一般的であることから，使用貸借は借主の死亡によって終了するものとし，相続人への権利承継を否定したものである。

ウ× 不法行為により受けた損害についての慰謝料請求権は，一身専属性があることから，相続の対象となるかが問題となる。判例は，慰謝料請求権は被害者が意思表示をしなくても当然に相続されるものとした（最大判昭42.11.1）。

エ○ 相続人が被相続人の占有を当然に承継するのか否かについて，判例は，187条１項は相続のような包括承継の場合にも適用され，相続人は必ずしも被相続人の占有についての善意・悪意の地位をそのまま承継するものではなく，その選択に従い自己の占有のみを主張しまたは被相続人の占有に自己の占有をあわせて主張することができるとした（最判昭37.5.18）。

オ× 組合員の死亡は，脱退事由である（679条１号）。組合員の死亡を脱退事由としたのは，組合員の相続人が当然に組合員の地位を承継するとなると，組合員相互間の信頼関係が破られる場合が想定されたからである。したがって，組合員の地位は，相続の対象にならない。

以上より，妥当なものはイ，エであり，肢３が正解となる。

正答 3

第2章 SECTION 1 相続法

相続人・相続分

実践 問題 197 基本レベル

頻出度			
	地上★★	国家一般職★	特別区★
	裁判所職員★	国税·財務·労基★	国家総合職★★

問 次の事例における各人の相続額として妥当なのはどれか。（国家総合職2017）

平成29年１月10日，Ａは，預金１億8,000万円を残して死亡した。預金の他にみるべき資産はなかった。

Ａには配偶者Ｂとの間に息子Ｃと娘Ｄがいたが，Ｄは既に死亡しており，Ａ，Ｂ，Ｃ及びＤの子Ｅが同居していた。また，ＡにはＢと婚姻する前に交際していたＦとの間にも子Ｇがおり，Ａは，Ｇが生まれた直後にＧを認知していた。

Ｃは，同年１月15日，自筆で書かれたＡの遺言書を発見した。当該遺言書は，民法の規定にのっとった有効なものであり，その内容は，「Ｃには財産を一切相続させないものとする」というものであった。Ｃは腹を立て，自分も法定相続分どおりの金額をもらいたいと考えて，その場で当該遺言書を破棄した。後に訴訟となって，Ｃが遺言書を破棄したことが発覚したが，Ｃは，自分には少なくとも遺留分はあると主張した。

	B	C	E	G
1：	9,000万円	0円	6,000万円	3,000万円
2：	9,000万円	0円	4,500万円	4,500万円
3：	9,000万円	1,500万円	3,750万円	3,750万円
4：	8,250万円	1,500万円	5,500万円	4,125万円
5：	8,250万円	1,500万円	4,125万円	4,125万円

直前復習

チェック欄

1回目	2回目	3回目

実践 問題 197 の解説

〈相続額の計算〉

本来，Aの預金1億8,000万円を相続すべきなのは，Aの配偶者Bと子C・D・Gである（890条・887条1項）。しかし，すでに死亡しているDは相続人となることができず（同時存在の原則），Dの子EがDに代わってAを相続する（代襲相続。同条2項）。

また，Aの遺言書を破棄したCについては，相続欠格（891条5号）が問題となる。判例は，相続人が被相続人の遺言書を破棄・隠匿した場合でも，その行為が相続に関して不当な利益を目的とするものでなかったときは，当該相続人は同号所定の相続欠格者にあたらないとする（最判平9.1.28）。しかし，本問では，「Cには財産を一切相続させないものとする」というAの遺言書を発見したCが，自分も法定相続分どおりの金額をもらいたいと考えて，当該遺言書を破棄しているので，Cは同号所定の相続欠格者にあたる。したがって，Cは相続人となることができない。また，Cは遺留分を主張しているが，遺留分は相続人に与えられる権利であるから（1042条1項），相続欠格によって相続権を失ったCは，遺留分も失う。

よって，Aの相続人は，Aの嫡出子Dを代襲して相続するE，Aの非嫡出子G，Aの配偶者Bとなる。そして，配偶者と子が相続人であるときは，両者の法定相続分は各2分の1であり（900条1号），子が複数いるときは，嫡出子・非嫡出子を問わず，均等に分ける（同条4号本文）。また，代襲者の相続分は被代襲者が受けるべきであったものと同じである（901条1項本文）。その結果，法定相続分はBが2分の1，EとGが各4分の1となる。したがって，Bの相続額は，1億8,000万円×1／2＝9,000万円，EとGの相続額はそれぞれ，1億8,000万円×1／4＝4,500万円となる。

以上より，各人の相続額は，Bが9,000万円，Cが0円，Eが4,500万円，Gが4,500万円であるから，肢2が正解となる。

正答 2

相続人・相続分

実践 問題 198 応用レベル

頻出度			
	地上★	国家一般職★	特別区★
	裁判所職員★	国税・財務・労基★	国家総合職★★

問 **相続に関するア～オの記述のうち，妥当なもののみを全て挙げているのはどれか。** **（国家一般職2012）**

ア：Aには，配偶者B及びAとBの子Cがいる。Cにはその子Dがおり，Dにはその子Eがいる。Aが死亡したが，Aが死亡した当時，C及びDも既に死亡していた場合は，Aの相続人は，Bのみである。

イ：Aには，配偶者B，Aの弟であるC及びDがいる。AとBの間には子はなく，Aの両親は既に死亡している。Cにはその子Eがおり，Eにはその子Fがいる。Aが死亡したが，Aが死亡した当時，C及びEも既に死亡していた場合は，Aの相続人は，B及びDである。

ウ：Aには，配偶者B及びAとBの子Cがおり，Cにはその子Dがいる。CはAに対して虐待を行ったので，Aは，Cに対する廃除の請求を家庭裁判所に対して行い，廃除の審判が確定している。Aが死亡したが，Aが死亡した当時，Cも既に死亡していた場合は，Aの相続人は，B及びDである。

エ：Aには，配偶者Bがおり，AとBの間には子C及びDがいる。Dにはその子Eがいる。Aが死亡したが，DはAの相続を放棄した。この場合は，Aの相続人は，B，C及びEである。

オ：Aには，配偶者B及びAとBの子Cがいる。AはDとDを子とする養子縁組をしており，Dにはこの養子縁組前に出生していた子Eがいる。Aが死亡したが，Aが死亡した当時，Dも既に死亡していた場合は，Aの相続人は，B，C及びEである。

1：ア，イ
2：ア，オ
3：イ，ウ
4：ウ，エ
5：エ，オ

チェック欄

1回目	2回目	3回目

実践 問題 198 の解説

〈代襲相続〉

いずれの記述の場合も，Aの配偶者Bは常にAの相続人となる（890条）。

ア× Aを相続するのは，本来，AとBの子Cであるが（887条1項），Aが死亡した当時，Cもすでに死亡していた場合は，Cの子DがAを相続し（代襲相続。同条2項），Dもすでに死亡していた場合は，Dの子EがAを相続する（再代襲相続。同条3項）。

イ○ Aを相続するのは，本来，Aの弟CとDである（889条1項2号）。しかし，Aが死亡した当時，Cもすでに死亡していた場合は，Cの子EがAを代襲相続するが（同条2項），Eもすでに死亡していた場合は，**兄弟姉妹の再代襲相続は認められていないので**，Eの子FはAを相続できない。

ウ○ Aを相続するのは，本来，AとBの子Cであるが（887条1項），CはAの請求により廃除されているので（892条），CはAを相続できない。しかし，**廃除により相続権を失った場合も代襲原因になるので**，Cの子DはAを代襲相続する（887条2項）。

エ× Aを相続するのは，本来，AとBの子CとDであるが（887条1項），DはAの相続を放棄したので（938条），初めから相続人とならなかったものとみなされ（939条），DはAを相続できない。そして，**相続放棄は代襲原因にならないので**（887条2項参照），Dの子EもAを代襲相続できない。

オ× Aを相続するのは，本来，AとBの子CおよびAの養子Dであるが（887条1項），Aが死亡した当時，Dもすでに死亡していた場合，Dの子Eの代襲相続が問題となる。もっとも，**被相続人の子の子が代襲相続人となるためには，その子が被相続人の直系卑属でなければならない**（同条2項但書）。そして，養親Aは，養子縁組時の養子Dの親族とは親族関係に立たないので，養子縁組前に生まれたDの子EはAの直系卑属とはならず，EはAを代襲相続できない。

以上より，妥当なものはイ，ウであり，肢3が正解となる。

正答 3

第2章 SECTION 1 相続法

相続人・相続分

実践 問題 199 応用レベル

頻出度			
	地上★	国家一般職★	特別区★
	裁判所職員★	国税･財務･労基★	国家総合職★★

問 遺産分割に関するア～オの記述のうち，判例に照らし，妥当なもののみを全て挙げているのはどれか。（国家総合職2018改題）

ア：相続財産の共有は，民法第249条以下に規定する「共有」とその性質を異にするものではなく，共同相続人間の共有関係を協議によらずに解消するには，民法第258条第１項に基づく共有物分割訴訟による必要がある。

イ：共同相続された普通預金債権は，原則として相続開始と同時に当然に相続分に応じて分割されるが，当該債権を遺産分割の対象とすることについて相続人全員の合意がある場合に，これを含めて遺産分割を行うことが相続人間の具体的衡平の実現を可能ならしめるときは，当該債権は遺産分割の対象となる。

ウ：認知は，出生の時に遡ってその効力を生ずるため，相続の開始後認知によって相続人となった者が既に遺産分割を終えた他の共同相続人に対して遺産の価額の支払を請求する場合においては，遺産分割時が遺産の価額算定の基準時となる。

エ：特定の遺産を特定の相続人に「相続させる」趣旨の遺言は，遺言書の記載から，その趣旨が遺贈であることが明らかであるか又は遺贈と解すべき特段の事情のない限り，遺贈と解すべきではなく，当該遺産を当該相続人をして単独で相続させる遺産分割の方法が指定されたものと解すべきである。

オ：遺産分割の効力は，相続開始時に遡ることから，相続財産中の不動産につき，遺産分割により法定相続分を超える権利を取得した相続人は，登記を経なくとも，分割後に当該不動産につき権利を取得した第三者に対し，法定相続分を超える権利の取得を対抗することができる。

1：ア
2：ウ
3：エ
4：イ，ウ
5：エ，オ

（参考） 民法

（裁判による共有物の分割）

第258条 共有物の分割について共有者間に協議が調わないとき，又は協議をすることができないときは，その分割を裁判所に請求することができる。

（第２項以下略）

チェック欄

1回目	2回目	3回目

実践 問題 199 の解説

〈遺産分割〉

ア× 民法は，「相続人が数人あるときは，相続財産は，その共有に属する」と規定する（898条1項）。この「共有」の性質について，判例は，「249条以下に規定する『共有』とその性質を異にするものではない」として，共有説を採る（最判昭30.5.31）。もっとも，共同相続人間の分割協議が不調・不能の場合における相続財産の分割手続について，判例は，通常裁判所に対して共有物分割訴訟（258条1項）を提起することはできず，家庭裁判所の審判で定める遺産分割手続（907条2項）によらなければならないとしている（最判昭62.9.4）。なお，2021（令和3）年民法改正により，上記判例が明文化される（258条の2第1項）とともに，相続開始時から10年経過後は，共有物分割請求訴訟も原則として可能とされた（同条2項）。

イ× 判例は，記述アの解説の共有説や427条の分割債権の原則に基づき，金銭債権などの可分債権の共同相続について，相続分に従って当然に分割されて単独債権として承継されるとしていた（不法行為に基づく損害賠償債権につき最判昭29.4.8，預貯金債権につき最判平16.4.20）。しかし，①現金のように評価の不確定要素が少なく調整に資する財産を遺産分割の対象とすべき要請が広く存在するが（現金は，当然に分割されず，遺産分割の対象となる〔最判平4.4.10〕），預貯金は確実・簡易に換価できる点で現金に近い。②普通預金債権・通常貯金債権は，1個の債権としての同一性を保ちながら常にその残高が変動しうる性質を持つが，この性質は，相続により預貯金契約上の地位を準共有するに至った共同相続人が全員で契約を解約しない限り存続し，各共同相続人に確定額の債権として分割されることはないと解される。一方，定期貯金債権については，分割払戻しが契約上制限されていることが定期貯金の利率が高いことの前提であり，契約の要素であるといえる。そこで，判例は，共同相続された普通預金債権・通常貯金債権・定期貯金債権（預貯金債権）は，いずれも相続開始と同時に当然に相続分に応じて分割されることはなく，遺産分割の対象となるとして，前掲最判平16.4.20を変更した（最大決平28.12.19）。

ウ× 認知は，出生時に遡って効力を生ずるが（784条本文），相続開始後に死後認知の訴え（787条）によって相続人となった者が遺産分割を請求しようとする場合において，他の共同相続人がすでに分割その他の処分をしていたときには，価額のみによる支払いの請求権を有する（910条）。これは，分割等の効力を維持しつつ認知された者に価額の支払請求を認めることによって，他の共同相続人と認知された者との利害の調整を図るものである。この価額の支払請求における遺産の価額算定の基準時について，判例は，（遺産分割時ではなく）**支払請求時**であるとしている（最判平28.2.26）。

エ○ **特定の遺産を特定の相続人に「相続させる」趣旨の遺言**について，判例は，遺言者の意思は，当該遺産を当該相続人に単独で相続させようとする趣旨のものと解するのが当然の合理的な意思解釈というべきであり，遺言書の記載から，その趣旨が遺贈（964条）であることが明らかであるか，遺贈と解すべき特段の事情がない限り，**遺産分割方法の指定**（908条1項）と解すべきであるとしている（最判平3.4.19）。

オ× 遺産分割は，相続開始時に遡って効力を生ずるが（909条本文），第三者に対する関係では，相続人が相続によりいったん取得した権利につき分割時に新たな変更を生ずるのと実質上異ならない。そこで，判例は，不動産に対する相続人の共有持分の遺産分割による得喪変更については**177条の適用**があり，**分割により（法定）相続分と異なる権利を取得した相続人は，その旨の登記を経なければ，分割後に当該不動産につき権利を取得した第三者に対し，自己の権利の取得を対抗することができない**としている（最判昭46.1.26。なお，899条の2第1項参照）。

以上より，妥当なものはエであり，肢3が正解となる。

正答 3

memo

第2章 SECTION 1 相続法

相続人・相続分

実践 問題 200 応用レベル

頻出度			
	地上★	国家一般職★	特別区★
	裁判所職員★	国税·財務·労基★	国家総合職★★

問 **相続に関するア～エの記述のうち，妥当なもののみを全て挙げているのはどれか。**
(国家総合職2020)

ア：遺産から生ずる法定果実は，それ自体は遺産ではないが，遺産の所有権が帰属する者にその果実を取得する権利も帰属するのであるから，遺産分割の効力が相続開始の時に遡る以上，遺産分割によって特定の財産を取得した者は，相続開始後に当該財産から生ずる法定果実を取得することができる。したがって，共同相続に係る不動産から生じた賃料債権は，相続開始の時に遡って，遺産分割により当該不動産を取得した相続人に帰属する。

イ：被相続人を保険契約者及び被保険者とし，共同相続人の一人又は一部の者を保険金受取人とする養老保険契約に基づき保険金受取人とされた相続人が取得する死亡保険金請求権は，その費用である保険料は被相続人が生前保険者に支払ったものであり，保険契約者である被相続人の死亡により保険金受取人である相続人に死亡保険金請求権が発生するのであるから，民法第903条第1項に規定する遺贈又は贈与に係る財産に当たる。

ウ：相続人が相続に関する被相続人の遺言書を破棄又は隠匿した場合において，相続人の当該行為が相続に関して不当な利益を目的とするものでなかったときは，当該相続人は，民法第891条第5号所定の相続欠格者には当たらない。

エ：共同相続人間において遺産分割協議が成立した場合に，相続人の一人が他の相続人に対して当該協議において負担した債務を履行しないときであっても，他の相続人は民法第541条（催告による解除）によって当該協議を解除することができない。

1：ア，イ
2：ア，ウ
3：ア，エ
4：イ，ウ
5：ウ，エ

（参考） 民法

（相続人の欠格事由）

第891条　次に掲げる者は，相続人となることができない。

一～四（略）

五　相続に関する被相続人の遺言書を偽造し，変造し，破棄し，又は隠匿した者

（特別受益者の相続分）

第903条　共同相続人中に，被相続人から，遺贈を受け，又は婚姻若しくは養子縁組のため若しくは生計の資本として贈与を受けた者があるときは，被相続人が相続開始の時において有した財産の価額にその贈与の価額を加えたものを相続財産とみなし，第900条から第902条までの規定により算定した相続分の中からその遺贈又は贈与の価額を控除した残額をもってその者の相続分とする。

（第２項以下略）

チェック欄

1回目	2回目	3回目

実践 問題 200 の解説

〈相続〉

ア× 相続開始から遺産分割までの間に遺産である賃貸不動産（元物）を使用管理した結果生ずる金銭債権たる賃料債権（法定果実）の帰属については，遺産分割の遡及効（909条本文）から，遺産分割により賃貸不動産を取得した相続人に帰属する（89条2項参照。本記述の見解）とも考えられる。しかし，判例は，上記賃料債権は遺産とは別個の財産というべきであって，各共同相続人がその相続分に応じて分割単独債権として確定的に取得して，その帰属は後にされた遺産分割の影響を受けないとしている（最判平17.9.8）。

イ× 被相続人が自己を保険契約者および被保険者とし，共同相続人の1人または一部の者を保険金受取人と指定して締結した養老保険契約に基づく死亡保険金請求権について，判例は，①保険金受取人が自らの固有の権利として取得するのであって，被相続人から承継取得するものではなく，相続財産に属するものでもないこと，②保険契約者の払い込んだ保険料と等価関係に立つものではなく，被保険者の稼働能力に代わる給付でもないので，実質的に被相続人の財産に属していたとみることができないことを理由に，903条1項に規定する遺贈または贈与に係る財産にあたらないとしている。もっとも，保険料は被相続人が生前に支払ったものであり，被相続人の死亡によって保険金受取人である相続人に死亡保険金請求権が発生することから，「保険金受取人である相続人とその他の共同相続人との間に生ずる不公平が903条の趣旨に照らし到底是認することができないほどに著しいものであると評価すべき」特段の事情が存する場合には，同条の類推適用により，死亡保険金請求権は特別受益に準じて持戻しの対象になるとしている（最決平16.10.29）。

ウ○ 民法は，相続欠格事由の1つとして，相続に関する被相続人の遺言書を偽造・変造・破棄・隠匿した者を挙げている（891条5号）。同号の趣旨は，遺言に関し著しく不当な干渉行為をした相続人に対して相続人となる資格を失わせるという民事上の制裁を課そうとするところにあるが，遺言の破棄・隠匿等の行為が相続に関して不当な利益を目的とするものでなかったときは，遺言に関する著しく不当な干渉行為とはいえない。そこで，判例は，相続人が遺言書を破棄・隠匿した行為が「相続に関して不当な利益を目的とするものでなかったとき」は，同号所定の相続欠格者にあたらないとしている（最判平9.1.28）。

エ○ 判例は，共同相続人間において**遺産分割協議**が成立した場合に，**相続人の1人が他の相続人に対して協議において負担した債務を履行しないときであっても**，他の相続人は**541条によって遺産分割協議を解除することはできない**としている（最判平元.2.9）。なぜなら，①遺産分割はその性質上協議の成立とともに終了し，その後は協議において債務を負担した相続人と債権を取得した相続人間の債権債務関係が残るだけであるし，②債務不履行による解除を認めると，遡及効（909条本文）を有する遺産の再分割を余儀なくされ，法的安定性が著しく害されることになるからである。

以上より，妥当なものはウ，エであり，肢5が正解となる。

正答 5

第2章 SECTION 1 相続法

相続人・相続分

実践 問題 201 応用レベル

頻出度			
	地上★	国家一般職★	特別区★
	裁判所職員★	国税·財務·労基★	国家総合職★★

問 配偶者居住権に関する次の記述のうち，妥当なのはどれか。

(国家総合職2021)

1：被相続人の配偶者は，被相続人の財産に属した建物に相続開始の時に居住していた場合において，遺産の分割により配偶者居住権を取得するものとされたときは，被相続人が相続開始の時にその居住建物を配偶者以外の者と共有していたときを除き，当該権利を取得する。

2：遺産の分割の請求を受けた家庭裁判所は，共同相続人間に被相続人の配偶者が配偶者居住権を取得することについて合意が成立している場合に限り，配偶者が配偶者居住権を取得する旨を定めることができる。

3：配偶者居住権の存続期間は，原則として遺産の分割の協議でこれを定める。ただし，遺言に別段の定めがあるとき，又は家庭裁判所が遺産の分割の審判において別段の定めをしたときは，その定めるところによる。

4：配偶者居住権は登記をすることができ，居住建物の所有者は，配偶者居住権を取得した配偶者が登記をする旨を申し出た場合に限り，当該配偶者に対し，配偶者居住権の設定の登記を備えさせる義務を負う。

5：配偶者居住権を取得した配偶者は，居住建物の所有者の承諾を得れば，配偶者居住権を譲渡することができ，また，居住建物の改築若しくは増築をし，又は第三者に居住建物の使用若しくは収益をさせることができる。

チェック欄

1回目	2回目	3回目

実践 問題 201 の解説

〈配偶者居住権〉

配偶者居住権は，被相続人の配偶者（以下，単に「配偶者」）が相続開始時に居住していた被相続人所有の建物（居住建物）を対象として，終身または一定期間，配偶者に無償で居住建物の使用・収益を認めることを内容とする法定の権利である。

1 ○ 配偶者居住権は，配偶者が被相続人の財産に属した建物に相続開始時に居住していた場合において，①遺産分割によって配偶者居住権を取得するものとされたとき，②配偶者居住権が遺贈の目的とされたとき，③被相続人と配偶者の間で，配偶者居住権を取得させる旨の死因贈与契約をしたときに認められる（1028条1項1号・2号，554条）。ただし，被相続人が相続開始時に居住建物を配偶者以外の者と共有していた場合には，配偶者居住権は認められない（1028条1項但書）。

2 × 遺産分割は，被相続人の遺言による指定（908条1項）がなければ，共同相続人間の協議によるのが原則であるが（907条1項），協議が調わない（または協議ができない）ときは，相続人の請求を受けた家庭裁判所の審判により行う（同条2項本文）。請求を受けた家庭裁判所は，①共同相続人間に配偶者が配偶者居住権を取得することについて合意が成立しているとき，②配偶者が家庭裁判所に対して配偶者居住権の取得を希望する旨を申し出た場合において，居住建物の所有者の受ける不利益の程度を考慮してもなお配偶者の生活を維持するために特に必要があると認めるときに限り，配偶者が配偶者居住権を取得する旨を定めることができる（1029条1号・2号）。

3 × 配偶者居住権の存続期間は，原則として，配偶者の終身の間である（1030条本文）。ただし，遺産分割の協議・審判，遺言において別段の定めをしたときは，その定めるところによる（同条但書）。

4 × 登記された配偶者居住権は，居住建物について物権を取得した者その他の第三者に対抗することができる（1031条2項・605条）。配偶者居住権は，建物賃借権に類する債権的利用権であるが，配偶者がすでに居住建物に居住していることから，相続債権者等に不測の損害を生じさせないために，居住建物の引渡しを対抗要件とせず（借地借家法31条参照），登記のみを対抗要件としたのである。他方，居住建物の所有者は，配偶者居住権を取得した配偶者（登記をする旨を申し出たか否かを問わない）に対し，配偶者居住権の設定の登記を備えさせる義務を負う（1031条１項）。不動産賃借権では，特約がない限り，賃借人は賃貸人に対して賃借権の登記を請求する権利を有しないが（大判大10.7.11），配偶者居住権では，借地借家法による対抗要件の拡充が認められていないので，配偶者に用益物権と同様の登記請求権を認めたのである。

5 × 配偶者居住権は，配偶者の居住環境の保護を目的として，配偶者のみに認められる帰属上の一身専属権であるため，譲渡することができない（1032条２項）。賃借権は，賃貸人の承諾を得れば譲渡することができる（612条１項）のとは異なる。なお，配偶者は，居住建物の所有者の承諾を得れば，居住建物の改築・増築や，第三者に居住建物の使用・収益をさせることができるので（1032条３項），本肢の後半は妥当である。

正答 1

memo

第2章 SECTION 1 相続法

相続人・相続分

実践 問題 202 応用レベル

頻出度			
	地上★	国家一般職★	特別区★
	裁判所職員★	国税·財務·労基★	国家総合職★★

問 **次の事例におけるAの相続に関するB，E，G，Iそれぞれの相続額として，最も妥当なのはどれか。ただし，Aの死亡から10年を経過していないものとする。** **（国家一般職2023）**

夫婦であるA及びBには，子C，D及びEがおり，Cには，婚姻したFとの間に子Gが，Dには，婚姻したHとの間に子Iがいたが，後にCは死亡し，その2年後にAが死亡した。Aは，死亡する1年前に，Eに対して生計の資本として600万円を贈与しており，死亡時の財産は4,200万円であった。また，Dは，Aの死亡後，相続放棄をした。

	B	E	G	I
1：	2,100万円	450万円	1,650万円	0円
2：	2,100万円	700万円	700万円	700万円
3：	2,100万円	1,050万円	1,050万円	0円
4：	2,400万円	200万円	800万円	800万円
5：	2,400万円	600万円	1,200万円	0円

実践 問題 202 の解説

チェック欄

1回目	2回目	3回目

〈相続額の計算〉

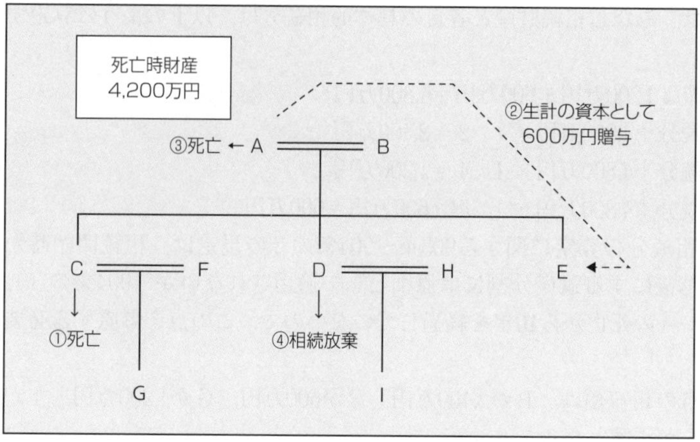

まず，本問の事例におけるAの相続人を確定する。

本来，Aを相続すべきなのは，Aの**配偶者**B（890条），AB間の**子**C，D，E（887条1項）である。しかし，Aが死亡する2年前に**死亡**したCは，Aを相続できない。この場合，Cの子GがAを**代襲相続**する（同条2項）。また，Aの死亡後に相続放棄をしたDは，初めから相続人とならなかったものとみなされる（939条）。この**相続放棄**は代襲原因（887条2項）ではないので，Dの子IはAを**代襲相続できない**。したがって，Aの相続人は，B，G，Eとなる。

次に，各自の相続分（本問の事例では相続分の指定がないので，法定相続分）を算定する。

配偶者と子が相続人であるときの法定相続分は，配偶者が**2分の1**，子が**2分の1**であり（900条1号），子が複数いるときは，子全体の法定相続分である2分の1を**均等**に分ける（同条4号本文）。また，代襲相続人の法定相続分は，被代襲者が受けるべきであった法定相続分と同じである（901条1項本文）。その結果，各自の法定相続分は，Aの配偶者Bが2分の1，Aの子Cを代襲して相続するGとAの子Eが各4分の1となる。

次に，各自の具体的相続分を算定する。

AからEに対して**生計の資本**として**贈与**された600万円は**特別受益**にあたる（903条1項）。Eのような特別受益者がいる場合，「被相続人が相続開始の時において有した**財産**の価額」に，特別受益である「**贈与**の価額」を**加算**したものが，**相続財**

産とみなされる（同項前段）。このみなし相続財産に，**各自の**（指定相続分または）**法定相続分を乗じた額から，特別受益者が受けた**（遺贈および）**贈与の価額を控除した残額が**，その者の具体的相続分となる（同項後段）。

本問の事例では，みなし相続財産と各自の具体的相続分は，以下のように算定する。

みなし相続財産：4,200万円＋600万円＝4,800万円

Ｂの具体的相続分：4,800万円×１／２＝2,400万円

Ｇの具体的相続分：4,800万円×１／４＝1,200万円

Ｅの具体的相続分：4,800万円×１／４－600万円＝600万円

なお，具体的相続分の算定に関する903条～904条の２の規定は，相続開始時から10年を経過した後にする遺産分割には原則として適用されないが（904条の３），本問の事例では，Ａの死亡から10年を経過していないので，この点を考慮する必要はない。

以上より，各自の相続額は，Ｂが2,400万円，Ｅが600万円，Ｇが1,200万円，Ｉが０円であり，肢５が正解となる。

正答 5

memo

相続人・相続分

実践 問題 203 応用レベル

頻出度			
	地上★	国家一般職★	特別区★
	裁判所職員★	国税･財務･労基★	国家総合職★★

問 次の事例におけるB，D，Eそれぞれの相続額として最も妥当なのはどれか。
(国家総合職2023)

令和５年３月１日，Aは死亡し，その相続財産は9,000万円であった。

Aには，配偶者Bと，Bとの間の子Cがおり，Cには子Dがいる。Aは，生前，Cから度重なる虐待を受けたため，Cの廃除を家庭裁判所に請求し，廃除の審判が確定していた。また，Aには，Bと婚姻する前に交際していた者との間に子Eがおり，Aは，Eが生まれた直後にEを認知していたが，Cに対する廃除の審判が確定した直後に，Eと養子縁組をしていた。

	B	D	E
1：	4,500万円	0　円	4,500万円
2：	4,500万円	2,250万円	2,250万円
3：	4,500万円	1,500万円	3,000万円
4：	6,000万円	1,500万円	1,500万円
5：	6,000万円	0　円	3,000万円

チェック欄		
1回目	2回目	3回目

実践 問題 203 の解説

〈相続額の計算〉

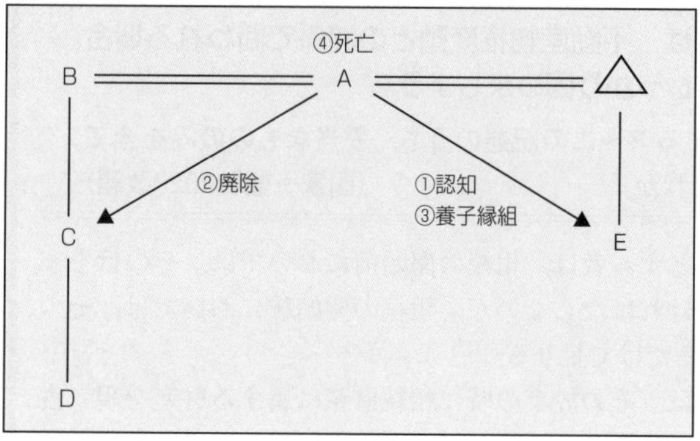

まず，本問の事例におけるAの相続人を確定する。

本来，Aの相続財産9,000万円を相続すべきなのは，Aの**配偶者**B（890条），AB間の**子**C，Aが**認知**し，その後に**養子縁組**した**子**E（887条1項）である。しかし，生前のAを虐待したため，Aの請求に基づく**廃除**の審判が確定したCは，相続権を失う（892条）。この場合，Cの子DがAを**代襲相続**する（887条2項）。したがって，Aの相続人は，B，D，Eとなる。

次に，各自の相続分（本問の事例では相続分の指定がないので，法定相続分）を計算する。

配偶者と子が相続人であるときの法定相続分は，配偶者が**2分の1**，子が**2分の1**であり（900条1号），子が複数いるときは，子全体の法定相続分である2分の1を**均等**に分ける（同条4号本文）。また，代襲相続人の法定相続分は，被代襲者が受けるべきであった法定相続分と同じである（901条1項本文）。なお，Eは，Aの認知によりAの非嫡出子となり，Aとの養子縁組によりAの嫡出子となるが（809条），子が複数いる場合の均等相続のルールは，嫡出子・非嫡出子の別を問わず適用されるので，Eの法定相続分に違いはない。その結果，各自の法定相続分は，Aの配偶者Bが2分の1，Aの子Cを代襲して相続するDとAの養子Eが各4分の1となる。

したがって，Bの相続額は，9,000万円×1/2＝4,500万円，DとEの相続額はそれぞれ，9,000万円×1/4＝2,250万円となる。

以上より，各自の相続額は，Bが4,500万円，Dが2,250万円，Eが2,250万円であり，肢2が正解となる。

正答 2

第2章 2 SECTION

相続法

相続の承認・放棄

必修問題 セクションテーマを代表する問題に挑戦！

相続放棄や遺産分割は，不動産物権変動との関係で問われる場合もあるので，基礎をしっかり固めましょう。

問 相続の放棄に関するア〜エの記述のうち，妥当なもののみを全て挙げているのはどれか。 （国家一般職2020改題）

ア：相続の放棄をしようとする者は，相続の開始前においては，その旨を家庭裁判所に申述しなければならないが，相続の開始後においては，その意思を外部に表示するだけで足りる。

イ：相続の放棄をした者は，その放棄の時に相続財産に属する財産を現に占有しているときは，相続人又は相続財産の清算人に対して当該財産を引き渡すまでの間，善良な管理者の注意をもって，その財産を保存しなければならない。

ウ：被相続人の子が相続の放棄をしたときは，その者の子がこれを代襲して相続人となることはない。

エ：一旦行った相続の放棄は，自己のために相続の開始があったことを知った時から3か月以内であっても，撤回することができない。

1：ア，イ　2：ア，ウ　3：イ，ウ　4：イ，エ　5：ウ，エ

直前復習

Guidance ガイダンス

相続の承認・放棄の要件

・相続の承認または放棄すべき期間：相続人が被相続人の死亡を知った時から3カ月以内（単純承認・限定承認・相続放棄共通。915条1項本文）
・単純承認：単純承認の意思表示＋法定単純承認（921条）
・限定承認：家庭裁判所への財産目録の提出および申述（924条）（相続人が複数の場合，相続人全員が共同して限定承認すること。923条）
・相続放棄：家庭裁判所への申述（938条）

頻出度	地上★ 国家一般職★ 特別区★ 裁判所職員★ 国税·財務·労基★ 国家総合職★

チェック欄		
1回目	2回目	3回目

必修問題の解説

〈相続の放棄〉

ア× 相続の放棄は，相続人が，相続開始後，熟慮期間内に（915条1項）行うのであって，相続開始前に行うことはできない。また，相続の放棄をしようとする者は，その旨を家庭裁判所に申述しなければならず（938条），その意思を外部に表示するだけでは足りない。

イ× 相続財産は，相続開始と同時に共同相続人全員に帰属するが（898条·899条），相続の承認または放棄をするまでは，相続人のだれに帰属するかが確定せず，不安定な状態に置かれる。そこで，承認・放棄をするまでの間，相続人は，「その固有財産におけるのと同一の注意」をもって，相続財産を管理しなければならない（918条）。また，相続の放棄後，直ちに管理義務が消滅することにすると，他の相続人や相続債権者に不都合を生ずる。そこで，相続の放棄をした者は，その放棄の時に相続財産に属する財産を現に占有しているときは，相続人または相続財産の清算人（952条1項）に対して当該財産を引き渡すまでの間，「自己の財産におけるのと同一の注意」をもって，その財産を保存しなければならない（940条1項）。

ウ○ 相続の放棄をした者は，その相続に関して初めから相続人とならなかったものとみなされる（939条）。そして，相続放棄は代襲原因ではないので（887条2項），被相続人の子が相続放棄をした場合，放棄者の子が放棄者を代襲して相続人となることはない。

エ○ 相続の放棄の効力は確定的であって，いったん行った相続の放棄は，熟慮期間内（自己のために相続の開始があったことを知った時から3カ月以内。915条1項）でも，撤回することができない（919条1項）。

以上より，妥当なものはウ，エであり，肢5が正解となる。

正答 5

相続の承認・放棄

1 相続の承認・放棄

(1) 意味

相続財産を自己のものにするかどうかについて，①相続財産を全部承継する（単純承認）または条件的に承継する（限定承認）という意思表示を相続の承認といい，②相続を一切拒否するという意思表示を相続の放棄といいます。

> **ミニ知識**
> 相続の承認・放棄は，相続開始後でなければできません（915条1項本文）。相続人が不当な圧力を受けて，相続放棄や単純承認を強要される危険があるからです。

(2) 相続の承認・放棄の方法

相続人は，原則として，自己のために相続が開始されたことを知った時から3カ月以内に承認・放棄をしなければなりません（熟慮期間。915条1項本文）。この期間内であっても，いったん承認あるいは放棄のいずれかの意思を表示した場合には，承諾や放棄を撤回することができなくなります（919条1項）。

(3) 相続の承認

① 単純承認

被相続人の権利・義務を無限に承継することをいいます（920条）。相続財産で被相続人の債務を弁済できないときは，相続人は自己の固有財産により債務を弁済しなければなりません。

なお，相続人が，積極的に相続の単純承認をしなくても，921条各号所定の事由があれば，単純承認したものとみなされます（法定単純承認）。

② 限定承認

相続人が，相続財産の限度においてのみ被相続人の債務および遺贈を弁済するという留保つきでする相続の承認のことをいいます（922条）。相続開始を知った時から3カ月以内に，家庭裁判所に申述することによって行います（924条）。また，共同相続の場合には，共同相続人全員が共同してのみ限定承認をすることができます（923条）。

(4) 相続の放棄

相続の放棄は，相続開始を知った時から3カ月以内に，家庭裁判所に申述することによって行います（938条）。相続放棄がなされると，その者は初めから相続人でなかったことになります（遡及効。939条）。

(5) 相続放棄と登記

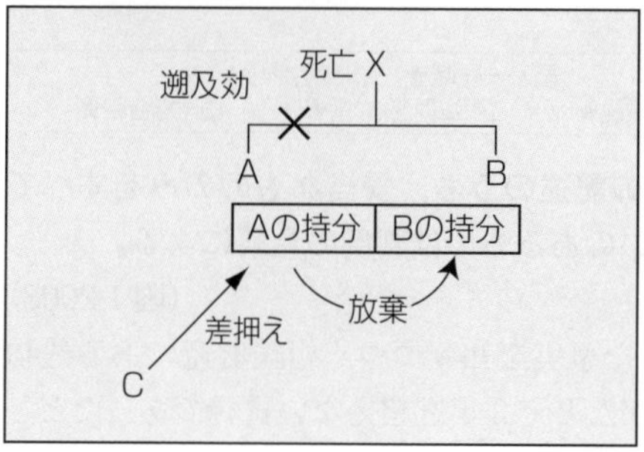

【事例】

Xさんが死亡し，Aさん・Bさんが土地を共同相続しましたが，Aさんが相続を放棄したため，当該土地はBさんの単独所有となりました。にもかかわらず，その後Aさんの債権者であるCさんがAさんの持分を差し押さえた場合，Bさんは，登記がなくても，相続した土地の単独所有権をCさんに主張することができるでしょうか。Cさんによる差押えが相続放棄の前であった場合はどうでしょうか。

相続の放棄の遡及効は絶対的であり，Aさんは最初から相続人でなかったことになります。したがって，Cさんによる差押えの時期に関係なく，**Bさんは登記なしに単独所有権を主張できる**ことになります（最判昭42.1.20）。

2 相続回復請求権

相続回復請求権とは，真正相続人（真実の相続人）が，表見相続人（法律上相続人となる資格がないのに事実上相続人として相続財産を保有する者）に相続権を侵害された場合に，侵害された相続財産の占有を迅速に回復することを目的とする権利のことをいいます（884条）。相続回復請求権が認められると，真正相続人は，相続開始の時に遡って相続財産上の権利を回復することになります。

補足 相続回復請求権は，相続人またはその法定代理人が相続権を侵害された事実を知った時から５年の消滅時効にかかります（884条前段）。相続開始の時から20年を経過したときにも消滅します（同条後段）。

相続の承認・放棄

実践 問題 204 応用レベル

頻出度 地上★ 国家一般職★ 特別区★ 裁判所職員★ 国税·財務·労基★ 国家総合職★

問 相続の承認及び放棄に関するア～オの記述のうち，妥当なもののみをすべて挙げているのはどれか。ただし，争いのあるものは判例の見解による。

(国Ⅰ2008)

ア：相続人が自己のために相続が開始した事実を知りつつ，相続財産である建物の全部を処分したときは，その処分がたとえ3年を超えない賃貸であったとしても，当該相続人はその相続について単純承認をしたものとみなされる。

イ：相続人が数人あるときの限定承認は，共同相続人の全員が共同してのみこれをすることができ，共同相続人中の一部の者が相続放棄をした場合にも，ほかの共同相続人は，その相続放棄をした者とともに限定承認をしなければならない。

ウ：相続の放棄をした者は，その放棄の時に相続財産に属する財産を現に占有しているときは，相続人又は相続財産の清算人に対して当該財産を引き渡すまでの間，善良な管理者の注意をもって，その財産を保存しなければならない。

エ：相続人がいったん相続の放棄をした場合は，たとえ熟慮期間が経過する前であっても撤回することはできないが，詐欺により相続の放棄をしたときは，これを取り消すことができる。

オ：債務者が相続の放棄をした場合には，債権者はその相続の放棄を詐害行為として取り消すことができない。

1：ア，イ
2：ア，オ
3：イ，ウ
4：ウ，エ
5：エ，オ

チェック欄		
1回目	2回目	3回目

実践 問題 204 の解説

〈相続の承認・放棄〉

ア× 相続人が相続財産の全部または一部を「処分」したときは，単純承認したものとみなされる（921条1号本文）。しかし，相続人は，熟慮期間（915条1項）中も相続財産の「管理」をする義務を負うので（918条1項），その履行としての保存行為や短期賃貸借契約（602条）の締結は，「処分」にあたらない（921条1号但書）。したがって，相続人が相続財産である建物を3年を超えない期間賃貸したとしても，単純承認したものとはみなされない（921条1号但書・602条3号）。

イ× 相続人が数人あるときは，限定承認は，共同相続人の全員が共同してのみすることができる（923条）。1人1人について限定承認を許すと，その相続分についての清算手続（927条以下）が煩雑になるからである。しかし，共同相続人中の一部の者が相続放棄をした場合には，これらの者は初めから相続人でなかったことになるから（939条），残りの共同相続人全員が共同ですれば，限定承認をすることができる。

ウ× 相続の放棄をした者は，相続開始時に遡って相続人でなかったことになるが（939条），その放棄の時に相続財産に属する財産を現に占有しているときは，相続人または相続財産の清算人（952条1項）に対して当該財産を引き渡すまでの間，「自己の財産におけるのと同一の注意」をもって，その財産を保存しなければならない（940条1項）。

エ○ 相続人がいったん相続の放棄をした場合は，たとえ熟慮期間が経過する前であっても，撤回することができない（919条1項）。一度確定した法律関係を動かさない趣旨である。しかし，相続の放棄は，民法総則（制限行為能力，錯誤・詐欺・強迫）および親族編（後見監督人の同意の欠如）の規定に従って取り消すことはできる（同条2項）。

オ○ 判例は，相続放棄のような身分行為は詐害行為取消権の対象にならないとしている（最判昭49.9.20）。その理由として，①相続放棄は消極的に財産の増加を妨げる行為にすぎないこと，②相続放棄のような身分行為は他人の意思で強制すべきではないが，詐害行為として取り消すことを認めれば，相続の承認を強制するのと同じ結果となり不当であること，を挙げている。

以上より，妥当なものはエ，オであり，肢5が正解となる。

正答 5

遺言・遺留分

必修問題 セクションテーマを代表する問題に挑戦！

遺言・遺留分ともに条文が重要です。問題で出てきた条文を中心に学習を進めましょう。

問 遺言に関するア～オの記述のうち，妥当なもののみを全て挙げているのはどれか。
（国家一般職2014改題）

ア：Aが相続人Bに自己の保有する甲不動産を相続させる旨の遺言を行った場合において，遺言を行った時点でAが17歳であるときは，Aの法定代理人の同意がなければ，その遺言は効力を生じない。

イ：Aが相続人Bに自己の保有する甲不動産を相続させる旨の遺言を行い，その遺言に停止条件を付した場合において，Aの死亡後にその停止条件が成就したときは，遺言は，Aの死亡時に遡り，その効力が生ずる。

ウ：AがCに自己の保有する甲不動産を遺贈する旨の遺言を行った場合において，その遺言でCがDに対する甲不動産の価額を超える金銭の支払を負担として求められていても，CはDに対して甲不動産の価額に相当する金銭の限度においてのみ支払の義務を負う。

エ：AがCに自己の保有する甲不動産を遺贈する旨の遺言を行った場合において，Aの相続人Bは，Cに対する甲不動産の遺贈が自己の遺留分を侵害するときでも，Cに対し，遺留分侵害額に相当する金銭の支払いを請求することはできない。

オ：Aが相続人Bに自己の保有する甲不動産を相続させる旨の遺言を行い，その遺言において，これが最終の遺言である旨を明示しても，Aは，その遺言を撤回し，Bに甲不動産ではなく自己の保有する乙不動産を相続させる旨の遺言を行うことができる。

1：エ
2：ア，エ
3：イ，ウ
4：ウ，オ
5：イ，エ，オ

直前復習

チェック欄		
1回目	2回目	3回目

必修問題の解説

〈遺言〉

ア× 遺言者本人の最終意思を尊重するため，遺言は，15歳以上であればすることができ（961条），行為能力の制限に関する規定は遺言には適用されない（962条）。したがって，17歳の未成年者Aが行った遺言は，Aの法定代理人の同意がなくても，有効である。

イ× 遺言の効力発生時期は，原則として，遺言者の死亡の時である（985条１項）。ただし，遺言に停止条件を付した場合において，その条件が遺言者の死亡後に成就したときは，遺言は，条件が成就した時からその効力を生ずる（同条２項）。したがって，本記述のAの遺言は，その停止条件が成就した時からその効力を生ずる。

ウ○ AからCに対する甲不動産の遺贈は，受遺者CにDへの金銭の支払いを求めているので，負担付遺贈である。この場合，Cは，遺贈の目的である甲不動産の価額を超えない限度においてのみ，Dに対する金銭の支払義務を履行する責任を負う（1002条１項）。

エ× 遺留分権利者（およびその承継人）は，受遺者（または受贈者）に対し，遺留分侵害額に相当する金銭の支払いを請求できる（遺留分侵害額請求権。1046条１項）。したがって，AからCに対する甲不動産の遺贈がAの相続人Bの遺留分を侵害する場合には，遺留分権利者Bは，受遺者Cに対し，遺留分侵害額請求権を行使できる。

オ○ 遺言は遺言者本人の最終意思を尊重する制度であるから，遺言の撤回は自由であり，遺言者は，いつでも，遺言の方式に従って，その遺言の全部または一部を撤回できる（1022条）。さらに，この自由を確保するため，遺言者は，遺言の撤回権を放棄できない（1026条）。したがって，Aが相続人Bに甲不動産を相続させる旨の遺言において，これが最終の遺言である（その遺言を撤回し，新たな遺言をする意思がない）旨を明示しても，Aは，その遺言を撤回し，Bに甲不動産ではなく乙不動産を相続させる旨の遺言を行うことができる。

以上より，妥当なものはウ，オであり，肢４が正解となる。

正答 4

第2章 SECTION 3 相続法

遺言・遺留分

1 遺言とは

遺言とは，人が自己の死亡後の法律関係を定めるために行う単独行為をいいます。民法は，人の最終意思を尊重するという趣旨から，15歳以上の者に遺言能力を認めています（961条）。

補足 成年被後見人も，事理を弁識する能力を一時回復したときに，医師２人以上の立会いがあれば，遺言をすることが可能です（973条１項）。これに対し，被保佐人・被補助人は単独で遺言をすることが可能です（962条）。

2 遺言でなしうる事項

遺言は法律で定められた事項に限りすることができます。たとえば，①相続分の指定（902条），②遺産分割方法の指定（908条１項），③遺贈（964条），④認知（781条２項）などが規定されています。

3 遺言の方式

遺言は，民法の定める方式によらなければすることができず，方式に反する遺言は無効となります（960条）。遺言者の真意を確保し，同時にのちの変造・偽造を防止するためです。民法が定める遺言の方式には，普通方式と特別方式があります。

ミニ知識 ２人以上の者が同一の証書の上に遺言をすること（共同遺言）は禁止されています（975条）。これを許すと遺言の自由な撤回ができなくなり，最終意思の尊重という趣旨に反するからです。

(1) 普通方式

普通方式とは，日常の平穏な生活状況の下で遺言する場合に採られる方式です。これには，①遺言者が，その全文，日付，および氏名を自書し，これに押印することによって成立する自筆証書遺言（968条），②遺言者が口述した内容を，公証人が筆記する方式の公正証書遺言（969条），③公証人および証人の前に封印した遺言書を提出して，遺言の存在を明らかにしながら，内容を秘密にして遺言書を保管する方式の秘密証書遺言（970条）の３種類があります。

補足 自筆証書遺言に添付する相続財産の目録については，自書することを要しません（968条２項前段）。したがって，パソコン等で作成することや，登記事項証明書・預金通帳のコピーを添付することも可能ですが，財産目録の各頁に署名押印をすることが必要です（同項後段）。

(2) 特別方式

特別方式とは，普通方式の遺言を作成できないような非日常的な状況下にある者のための方式です。①疾病その他の事由によって死亡の危急に迫った者が，証人3人以上の立会いの下で，その1人に遺言の趣旨を口授して行う死亡危急者遺言（976条），②船舶遭難の場合に，船舶中にあって死亡の危急に迫った者が，証人2人以上の立会いの下で，口頭で行う船舶遭難者遺言（979条），③伝染病のため行政処分によって交通を断たれた場所にいる者が，警察官1人および証人1人以上の立会いの下で遺言書を作る伝染病隔離者遺言（977条），④船舶中にある者が，船長または事務員1人および証人2人以上の立会いの下で遺言書を作る在船者遺言（978条）があります。

> ミニ知識　特別方式の遺言は，遺言者が普通の方式により遺言をすることができるようになった時から6カ月間生存するときは，効力が失われます（983条）。

> ミニ知識　遺言制度は遺言者の最終意思を尊重する制度である以上，遺言者の気が変わったような場合には，遺言者はいつでも遺言を撤回することができます（1022条）。

4 遺言の効力

遺言は，原則として遺言者の死亡の時から効力を生じます（985条1項）。ただし，停止条件付きの遺言をした場合において，その条件が遺言者の死亡後に成就したときは，遺言は条件が成就した時から効力を生じます（同条2項）。

5 遺贈

遺贈とは，遺言により無償で財産を与えることをいいます（964条）。遺贈には，受遺者に特定の財産を与える特定遺贈と，遺産の全部または一部の分数的割合を与える包括遺贈があります。特定遺贈の場合，受遺者は遺言者の死亡後いつでも遺贈を放棄できること（986条），包括遺贈の場合，受遺者は相続人と同一の権利義務を有するとされていること（990条）に注意してください。

> 注意！　遺贈と似て非なるものに死因贈与（554条）がありますが，死因贈与は契約である点，厳格な方式を要しない点で，遺贈とは異なります。

遺言・遺留分

6 遺留分

(1) 意義

遺留分とは，一定の相続人に留保された相続財産の一定の割合であり，被相続人の処分によって奪うことのできないものをいいます。本来，被相続人には財産処分の自由がありますが，被相続人に生活を依存していた者や，被相続人の財産形成に貢献した者の保護を図るため，被相続人が処分できる財産の割合に制約を設けたものです。

(2) 遺留分権利者と遺留分の割合

遺留分権利者とされるのは，兄弟姉妹以外の相続人，すなわち，①配偶者，②子（その代襲者を含む），③直系尊属です。そして，直系尊属だけが相続人である場合，遺留分は被相続人の財産の３分の１ですが，それ以外の場合，遺留分は被相続人の財産の２分の１です（1042条１項）。

ミニ知識 相続欠格，廃除，相続放棄により相続権を失った者は，遺留分も失います。

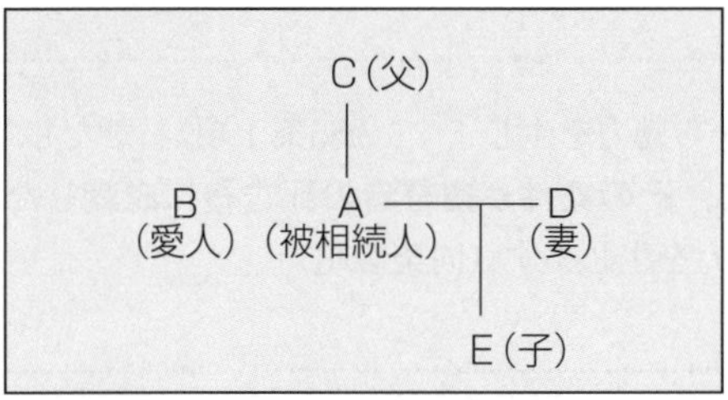

【事例】

Ａさんは4,000万円の財産をすべて愛人であるＢさんに与える旨の遺言を残して死亡しました。この場合，父Ｃさん，妻Ｄさん，子Ｅさんは，Ａさんの遺産を全く相続できないのでしょうか。

事例では，妻と子が相続人なので，被相続人の財産（1043条１項）の２分の１が遺留分として認められ（1042条１項２号），この額に各相続人の法定相続分（900条１号）を乗じたものが個別の遺留分額となります（1042条２項）。したがって，ＤさんおよびＥさんには，4,000万円の２分の１をさらに２分の１（ＤさんおよびＥさんの法定相続分）にした額，すなわち各1,000万円の遺留分が認められます。

(3) 遺留分侵害額請求権

遺留分侵害額請求権とは，遺留分権利者およびその承継人が，遺留分侵害額に相当する金銭の支払いを請求することができる権利をいいます（1046条）。

遺留分侵害額請求権は必ずしも裁判上で行使する必要はありませんが（最判昭41.7.14），相続の開始および遺留分を侵害する贈与または遺贈があったことを知った時から１年，相続開始時から10年で消滅します（1048条）。

ミニ知識 遺留分算定の基礎となる財産の価額は，被相続人が相続開始の時において有していた財産の価額にその贈与した財産の価額を加えた額から債務の全額を控除して算定します（1043条１項）。

(4) 遺留分の放棄

遺留分権利者は，遺留分を放棄できます。相続開始前の放棄は，遺留分放棄の強要防止のため，家庭裁判所の許可が必要です（1049条１項）。なお，共同相続人の１人が遺留分を放棄しても，他の相続人の遺留分は増加しません（同条２項）。

実践 問題 205 基本レベル

頻出度			
	地上★	国家一般職★	特別区★★
	裁判所職員★	国税･財務･労基★★	国家総合職★

問 遺言に関するア～オの記述のうち，妥当なもののみを全て挙げているのはどれか。
（国税・財務・労基2019）

ア：自筆証書遺言に記載する日付は，暦上の特定の日を表示するものといえるように記載されることまでは必要とされていないため，証書の日付として例えば「平成31年４月吉日」と記載されていたとしても，日付の記載を欠くとはいえず，当該遺言は有効であるとするのが判例である。

イ：遺言執行者は，正当な事由があるときは，その任務を辞することができるが，その場合，家庭裁判所の許可を得なければならない。

ウ：遺言者は，いつでも遺言の方式に従って遺言の全部又は一部を撤回することができるが，撤回する遺言は，撤回される遺言と同一の方式でなければならず，自筆証書遺言を公正証書遺言で撤回することはできない。

エ：特定の遺産を特定の相続人に「相続させる」趣旨の遺言があった場合には，当該遺言において相続による承継を当該相続人の受諾の意思表示にかからせたなどの特段の事情がない限り，何らの行為を要せず，当該遺産は，被相続人の死亡の時に直ちに当該相続人に相続により承継されるとするのが判例である。

オ：自筆証書遺言を除く遺言方式では，証人又は立会人の立会いが必要とされるが，未成年者，成年被後見人，被保佐人及び被補助人は，遺言の証人又は立会人になることができないと民法上規定されている。

1：オ
2：ア，ウ
3：イ，ウ
4：イ，エ
5：ア，エ，オ

直前復習

チェック欄		
1回目	2回目	3回目

実践 問題 205 の解説

〈遺言〉

ア× 自筆証書によって遺言をするには，遺言者が，全文・日付・氏名を自書して押印しなければならないが（968条1項），日付は，遺言書完成時の遺言能力の存否や，複数の遺言書がある場合におけるその先後関係を判断するうえで重要である。そのため，証書の日付として単に「昭和四拾壱年七月吉日」と記載されているにとどまる場合について，判例は，暦上の日を特定できないので，そのような自筆証書遺言は，証書上日付の記載を欠くものとして無効であるとしている（最判昭54.5.31）。

イ○ 遺言執行者は，正当な事由があるときは，家庭裁判所の許可を得て，その任務を辞することができる（1019条2項）。なぜなら，遺言執行者は，遺言者の意思を実現するという重要な任務を行う以上，職務を辞するには，一定の事情の下で厳格な手続においてのみ認めるべきであるからである。

ウ× 遺言者は，いつでも，遺言の方式に従って，その遺言の全部または一部を撤回することができる（1022条）。これは，撤回の効力に関する後日の紛争を避けるために，明確な形で撤回することを求めたものである。もっとも，遺言の方式に従って撤回するのであれば，撤回の対象となる遺言で用いられた方式と同じでなくてもよく，自筆証書遺言を公正証書遺言で撤回することも可能である。

エ○ 特定の遺産を特定の相続人に「相続させる」趣旨の遺言について，判例は，遺贈と解すべき特段の事情のない限り，その遺産をその相続人に承継させることを内容とした遺産分割方法の指定を定めたものであるとしており，さらに，「相続させる」旨の遺言があった場合には，特段の事情のない限り，何らの行為を要せずして，被相続人の死亡時に直ちにその遺産はその相続人に相続により承継されるとしている（最判平3.4.19）。

オ× 自筆証書遺言を除く遺言方式では，証人（969条1号・970条1項3号・972条1項・976条1項・977条～979条）または立会人（973条・977条・978条）の立会いが要求される。そして，証人および立会人の欠格者として，①未成年者，②推定相続人および受遺者，ならびにこれらの配偶者および直系血族，③公証人の配偶者，4親等以内の親族，書記および使用人が規定されている（974条）。そのため，未成年者以外の制限行為能力者は，遺言の証人および立会人になることができる。

以上より，妥当なものはイ，エであり，肢4が正解となる。

正答 4

第2章 SECTION 3 相続法

遺言・遺留分

実践 問題 206 基本レベル

頻出度 地上★ 国家一般職★ 特別区★★ 裁判所職員★ 国税･財務･労基★★ 国家総合職★

問 民法に規定する遺言に関する記述として，妥当なのはどれか。（特別区2022）

1：遺言とは，遺言者の死亡とともに一定の効果を発生させることを目的とする相手方のない単独行為であり，未成年者もその年齢にかかわらずこれをすることができる。

2：自筆証書で遺言をする場合において，自筆証書遺言にこれと一体のものとして相続財産の全部又は一部の目録を添付するときには，その目録についても遺言者が自書することを要し，パソコンにより作成することはできない。

3：秘密証書又は公正証書で遺言をする場合には，その保管者は，相続の開始を知った後，これを家庭裁判所に提出しなければならず，その検認を請求する必要がある。

4：遺言に停止条件を付した場合において，その条件が遺言者の死亡後に成就したときは，遺言は，いかなる場合であっても，遺言者の死亡の時に遡ってその効力を生ずる。

5：遺言者は，遺言で，１人又は数人の遺言執行者を指定し，又はその指定を第三者に委託することができるが，未成年者及び破産者は遺言執行者となることができない。

実践 問題 206 の解説

チェック欄		
1回目	2回目	3回目

〈遺言〉

1 × 本肢前半のとおり，遺言とは，遺言者の死亡とともに一定の効果を発生させることを目的とする相手方のない単独行為である。遺言が有効となるためには，遺言者が遺言をする時に**遺言能力**を有することが必要である（963条）。もっとも，遺言者の自由意思を尊重するため，遺言能力は財産法上の行為能力と異なり，**15歳以上**であれば，単独で確定的に有効な遺言ができる（961条）。したがって，未成年者がその年齢にかかわらず遺言をすることができるというわけではない。

2 × 自筆証書遺言をするには，遺言者が，**遺言書の全文・日付・氏名を自書**し，**押印**することを要する（968条1項）。**自書**（遺言者が自分で書くこと）は，偽造・変造を困難にし，遺言者の真意によるものであることを担保するための要件であるから，**パソコンにより作成することは認められない**。ただし，自筆証書にこれと一体のものとして**相続財産の全部または一部の目録**を添付する場合には，その目録については**自書することを要しない**（同条2項前段）。したがって，相続財産の目録については，**パソコンにより作成することもできる**。

3 × 遺言書の保管者（または遺言書を発見した相続人）は，相続の開始を知った後，遅滞なく，遺言書を家庭裁判所に提出して，その**検認**を請求しなければならない（1004条1項）。検認は，遺言書の保存を確実にして後日の偽造・変造を防ぐ一種の証拠保全手続であるから，偽造・変造のおそれがない**公正証書遺言**については，**検認は不要**である（同条2項）。

4 × 遺言の効力発生時期は，①原則として，**遺言者の死亡の時**である（985条1項）。ただし，②遺言に**停止条件**を付した場合において，その**条件が遺言者の死亡後に成就**したときは，**条件が成就した時**である（同条2項）。なお，遺言者が条件成就の効果を成就時以前に遡らせる意思を表示していたときは，その意思に従うので（127条3項参照），遺言者の意思により，②の遺言の効力発生時期を遺言者の死亡の時に遡及させることは可能である。

5 ○ 遺言者は，遺言で，1人または数人の**遺言執行者を指定**し，またはその**指定を第三者に委託**することができる（1006条1項）。ただし，遺言執行者の任務は複雑かつ重要であるから，**未成年者および破産者**は，**遺言執行者となることができない**（1009条）。

正答 5

遺言・遺留分

実践 問題 207 基本レベル

頻出度 地上★ 国家一般職★ 特別区★★ 裁判所職員★ 国税·財務·労基★★ 国家総合職★

問 遺留分制度に関するア〜オの記述のうち，妥当なもののみをすべて挙げているのはどれか。 (国税・労基2011)

ア：兄弟姉妹を除く法定相続人は遺留分を有し，相続開始のときに胎児であった者も生きて生まれれば子としての遺留分をもつ。また，子の代襲相続人も，被代襲相続人たる子と同じ遺留分をもつ。

イ：相続開始前に相続を放棄できないのと同様に，遺留分は，相続開始前に放棄することができない。

ウ：相続人が，被相続人の配偶者Ａのみであった場合，Ａの遺留分の割合は，２分の１である。

エ：相続人が，被相続人の配偶者Ａと，Ａと被相続人との間の，子Ｂと子Ｃであった場合，Ａの遺留分の割合は，４分の１である。

オ：相続人が，被相続人の配偶者Ａと被相続人の父Ｂであった場合，Ａの遺留分の割合は，４分の１である。

1：ア，イ，エ
2：ア，ウ，エ
3：ア，ウ，オ
4：イ，ウ，オ
5：イ，エ，オ

チェック欄		
1回目	2回目	3回目

実践 問題 207 の解説

〈遺留分〉

ア○ 遺留分を有する者は，兄弟姉妹を除く法定相続人（配偶者・子・直系尊属）である（1042条１項）。胎児も生きて生まれれば相続人として扱われるから（886条），子としての遺留分を有する。また，子の代襲相続人も，被代襲者である子と同じ遺留分を有する（1042条２項・901条）。

イ× 遺留分は個人的財産権であるから，これを放棄することは権利者の自由である。しかし，無制約に放棄を許すと，被相続人その他の者が遺留分権利者に不当な圧力をかけ，放棄を強制するおそれがある。そこで，民法は，相続開始前の遺留分の放棄については，家庭裁判所の許可を得たときに限り認めている（1049条１項）。なお，相続開始前の相続放棄は認められていない。

ウ○ 相続人全体の遺留分の割合（総体的遺留分）は，直系尊属のみが相続人である場合は被相続人の財産の３分の１，その他の場合は被相続人の財産の２分の１である（1042条１項）。したがって，相続人が被相続人の配偶者Aのみであった場合，Aの遺留分の割合は２分の１になる（同項２号）。

エ○ 相続人が被相続人の配偶者Aと子B・Cの場合，総体的遺留分は２分の１である（1042条１項２号）。そして，遺留分権利者が数人あるときは，総体的遺留分に各自の法定相続分（900条・901条）を乗じたものが，各自の遺留分の割合（個別的遺留分）になる（1042条２項）。よって，Aの法定相続分は１/２，B･Cの法定相続分はそれぞれ１/２×１/２＝１/４である（900条１号・４号本文）から，Aの個別的遺留分は１/２（総体的遺留分）×１/２（法定相続分）＝１/４，B・Cの個別的遺留分はそれぞれ１/２（総体的遺留分）×１/４（法定相続分）＝１/８になる。

オ× 相続人が被相続人の配偶者Aと父Bの場合，総体的遺留分は２分の１である（1042条１項２号）。そして，Aの法定相続分は３分の２，Bの法定相続分は３分の１である（900条２号）から，Aの個別的遺留分は１/２×２/３＝１/３，Bの個別的遺留分は１/２×１/３＝１/６になる（記述エの解説参照）。

以上より，妥当なものはア，ウ，エであり，肢２が正解となる。

正答 2

遺言・遺留分

実践 問題 208 応用レベル

頻出度			
	地上★	国家一般職★	特別区★★
	裁判所職員★	国税·財務·労基★★	国家総合職★

問 遺贈と死因贈与に関する次の記述のうち，妥当なのはどれか。ただし，争いのあるものは判例の見解による。 (国Ⅰ2010)

1：遺贈も死因贈与も，受遺者又は受贈者に負担を求めない無償行為であるが，遺贈の場合，遺贈者はいつでもその全部又は一部を撤回することができるのに対し，死因贈与の場合，贈与者による撤回は認められない。

2：死因贈与の方式については，遺贈に関する規定が準用され，死因贈与は，書面によらなければ，その効力が認められない。

3：遺贈に負担を付けることは許されないが，死因贈与では，負担付贈与が認められる。

4：遺贈は，遺贈者本人の意思に基づいてなされなければならないから，代理人によることはできないが，死因贈与は，贈与契約であるため，代理人によってすることができる。

5：遺贈や死因贈与も，相手方のない単独行為である。

チェック欄		
1回目	2回目	3回目

実践 問題 208 の解説

〈遺贈と死因贈与〉

1 × 遺贈とは，遺言によって自らの財産を無償で他人に与えることであり，死因贈与とは，贈与者の死亡によって効力を生ずる贈与である。いずれも受遺者または受贈者に負担を求めない無償行為であり，遺贈者または贈与者の死後における財産処分であるという共通性があるので，死因贈与には，その性質に反しない限り，遺贈に関する規定が準用される（554条）。もっとも，どの規定が準用されるかは明らかではないが，判例は，遺言の撤回に関する1022条がその方式に関する部分を除いて死因贈与に準用されるとしている（最判昭47.5.25）。贈与者の死後の財産処分（死因贈与）については，遺贈と同様，贈与者の最終意思を尊重すべきだからである。したがって，死因贈与をした贈与者は，いつでも死因贈与の全部または一部を撤回できる。

2 × 遺贈については，遺言が「単独行為」であり，遺言者の死後その効力が問題となること（985条１項）から，厳格な方式が定められている（967条以下）。これに対して，死因贈与は，贈与者の死後その効力が争われることが多いとはいえ，贈与という「契約」であるから，遺言におけるような厳格な方式を必要としない。そこで，判例は，死因贈与の方式については遺贈に関する規定の準用はないとしている（最判昭32.5.21）。

3 × 遺贈の際に受遺者に負担を課す「負担付遺贈」も許される（1002条・1003条）。なお，死因贈与も贈与契約であり，受贈者に負担を課す「負担付贈与」（551条２項・553条）は認められる（負担付死因贈与）。

4 ○ 遺言（遺贈）は，人の最終意思を尊重するために認められるものであるから，遺言者（遺贈者）本人の意思に基づいてなされなければならず，代理人によることはできない。これに対して，死因贈与は，贈与契約であるから，代理人によってすることができる。

5 × 遺贈は，遺言者による「相手方のない単独行為」である遺言によって行われるが，死因贈与は，遺贈と同じく死亡は効力発生要件になっているが，贈与者・受贈者間の合意による「契約」である点で遺贈と異なる。

正答 4

遺言・遺留分

実践 問題 209 応用レベル

頻出度			
	地上★	国家一般職★	特別区★★
	裁判所職員★	国税·財務·労基★★	国家総合職★

問 民法に規定する遺言に関する記述として，妥当なのはどれか。

（特別区2014改題）

1：公正証書遺言の方式に従って作成された遺言書の保管者は，相続の開始を知った後，遅滞なく，これを家庭裁判所に提出して，その検認を請求しなければならない。

2：遺言者は，遺言で，一人又は数人の遺言執行者を指定することができるが，未成年者及び破産者は，遺言執行者となることはできない。

3：遺言執行者は，相続財産の管理その他遺言の執行に必要な一切の行為をする権利義務を有するが，やむを得ない事由がなければ，第三者にその任務を行わせることができない。

4：利害関係人は，遺言執行者を解任しようとするときは，家庭裁判所にその解任を請求することができ，また，遺言執行者は，正当な事由があるときは，家庭裁判所の許可を得ることなく，その任務を辞することができる。

5：遺言者は，いつでも，遺言の方式に従って，その遺言の全部又は一部を撤回することができ，また，その遺言を撤回する権利を放棄することができる。

実践 問題 209 の解説

チェック欄		
1回目	2回目	3回目

〈遺言〉

1 × 遺言書の保管者（または遺言書を発見した相続人）は，相続の開始を知った後，遅滞なく，これを家庭裁判所に提出して，その検認を請求しなければならない（1004条１項）。検認は，遺言書の保存を確実にして後日の偽造・変造を防ぐ一種の証拠保全手続であるから，偽造・変造のおそれがない公正証書遺言については，検認は不要である（同条２項）。

2 ○ 遺言者は，遺言で，１人または数人の遺言執行者を指定することができる（1006条１項前段）。ただし，遺言執行者の任務は複雑かつ重要であるから，未成年者および破産者は，遺言執行者となることができない（1009条）。

3 × 遺言執行者は，遺言の内容を実現するため，相続財産の管理その他遺言の執行に必要な一切の行為をする権利義務を有する（1012条１項）。また，遺言執行者は，遺言者がその遺言で別段の意思を表示した場合を除き，自己の責任で第三者にその任務を行わせることができる（1016条１項）。

4 × 遺言執行者がその任務を怠るなど正当な事由があるときは，利害関係人は家庭裁判所に解任を請求できる（1019条１項）。また，遺言執行者自身も，正当な事由があれば，家庭裁判所の許可を得て辞任できる（同条２項）。

5 × 遺言は人の最終意思を尊重する制度であるから，遺言の撤回は自由であり，遺言者は，いつでも，遺言の方式に従って，その遺言の全部または一部を撤回することができる（1022条）。さらに，この自由を確保するために，遺言者は，遺言の撤回権を放棄できないとされている（1026条）。

正答 2

第2章 SECTION ③ 相続法
遺言・遺留分

実践 問題 210 応用レベル

頻出度			
頻出度	地上★	国家一般職★	特別区★★
	裁判所職員★	国税·財務·労基★★	国家総合職★

問 遺言に関するア～オの記述のうち，妥当なもののみを全て挙げているのはどれか。ただし，争いのあるものは判例の見解による。　(国家総合職2019)

ア：未成年者は，その年齢にかかわらず，単独で確定的に有効な遺言をすることができないが，成年被後見人，被保佐人及び被補助人は，単独で確定的に有効な遺言をすることができる。

イ：遺言書が多数の条項から成る場合に，そのうちの特定の条項を解釈するに当たっては，単に遺言書の中から当該条項のみを他から切り離して抽出しその文言を形式的に解釈すべきであり，遺言書からはうかがい知れない遺言者の状況等を考慮して当該条項の趣旨を確定すべきではない。

ウ：自筆証書遺言の作成に当たっては，民法が全文自書を要件とした趣旨に照らし，ワープロで作成した文書が自書に当たらないことはもちろん，カーボン紙による複写も，筆圧，筆勢が不明となり，偽造の危険が大きいことから，自書に当たらない。

エ：夫婦両者の名義で作成された遺言について，妻の承諾を得て，妻の署名捺印を含め全て夫が単独で作成していた場合，民法で禁止されている共同遺言に当たるので，自書の要件を欠く妻の遺言部分だけでなく，夫の遺言部分についても無効となる。

オ：遺言者が遺言書を破棄した場合は，それが遺言者の故意によるものであるときは，破棄した部分の遺言を撤回したものとみなされる。

1：ア，イ
2：ア，エ
3：イ，ウ
4：ウ，オ
5：エ，オ

実践 問題 210 の解説

チェック欄		
1回目	2回目	3回目

〈遺言〉

ア× 遺言が有効となるためには，遺言者が遺言をする時に遺言能力を有することが必要である（963条）。もっとも，遺言者の自由意思を尊重するため，遺言能力は財産法上の行為能力と異なり，15歳以上であれば，単独で確定的に有効な遺言ができる（961条）。なお，遺言に行為能力の規定は適用されないので（962条），意思能力がある限り，成年被後見人・被保佐人・被補助人であっても，単独で確定的に有効な遺言ができる。したがって，本記述の後半は妥当である。

イ× 判例は，遺言の解釈にあたっては，遺言書の文言を形式的に解釈するだけではなく，遺言者の真意を探求すべきものであるとしたうえで，「遺言書が多数の条項からなる場合にそのうちの特定の条項を解釈するにあたっても，単に遺言書の中から当該条項のみを他から切り離して抽出しその文言を形式的に解釈するだけでは十分ではなく，遺言書の全記載との関連，遺言書作成当時の事情及び遺言者の置かれていた状況などを考慮して遺言者の真意を探求し当該条項の趣旨を確定すべきものである」としている（最判昭58.3.18）。

ウ× 自筆証書遺言は，遺言者が，遺言の全文・日付・氏名を「自書」し，押印することによって成立する（968条１項）。このうち，「自書」は，偽造・変造を困難にし，遺言者の真意によるものであることを担保するための要件であるから，パソコンやワープロ等によって作成した場合は「自書」の要件を充たさない。しかし，判例は，カーボン紙を用いて複写の方法で記載した場合については，「本人の筆跡が残り筆跡鑑定によって真筆かどうかを判定することが可能であって，偽造の危険性はそれほど大きくない」とする原審の判断を是認して，「自書」の要件に欠けるところはないとしている（最判平5.10.19）。なお，自筆証書遺言に添付する財産目録については，自書することを要しない（パソコン等による作成も認められる）とされている（同条２項）。

エ○ 遺言は，２人以上の者が同一の証書ですること（共同遺言）ができない（975条）。共同遺言を許すと，自由な撤回ができなくなり，最終意思の確保という遺言の趣旨が阻害されるためである。もっとも，本記述の遺言のうち，妻の遺言部分は，自書の要件（記述ウの解説参照）を欠くという方式違背があるので無効となるが，夫の遺言部分は有効であると考えることもできる。しかし，本記述の遺言について，判例は，一方に方式違背があるときでも，共同遺言にあたり，遺言全体が無効になるとしている（最判昭56.9.11）。

オ○ 遺言は遺言者の最終意思を尊重する制度であるから，遺言者は，いつでも，遺言の方式に従って，遺言の全部または一部を撤回できる（1022条）。また，遺言者が故意に遺言書を破棄したときは，破棄した部分について遺言を撤回したものとみなされる（1024条前段）。

以上より，妥当なものはエ，オであり，肢5が正解となる。

正答 5

memo

遺言・遺留分

実践 問題 211 応用レベル

頻出度			
	地上★	国家一般職★	特別区★★
	裁判所職員★	国税·財務·労基★★	国家総合職★

問 **自筆証書遺言に関するア～エの記述のうち，妥当なもののみを全て挙げているのはどれか。ただし，争いのあるものは判例の見解による。**

(国家一般職2022)

ア：自筆証書遺言は，押印によって遺言者の同一性及びその意思の真意性が担保されているため，必ずしも手書きで作成する必要はなく，パソコンで作成した遺言書も押印があれば有効である。

イ：一般に，封筒の封じ目の押印は，無断の開封を禁止するという遺言者の意思を外部に表示する意味を有するもので，遺言者の同一性及びその意思の真意性を担保する趣旨のものではないから，遺言書の本文には押印がなく，遺言書を入れる封筒の封じ目に押印のある自筆証書遺言は無効である。

ウ：自筆証書遺言の日付は，作成時の遺言能力の有無や内容の抵触する複数の遺言の先後を確定するために要求されることから，日付が「令和４年３月吉日」と記載された自筆証書遺言は，日付の記載を欠くものとして無効である。

エ：カーボン紙を用いて複写の方法によって記載された自筆証書遺言は，民法が要求する自書の要件に欠けるところはなく，その他の要件を満たす限り，有効である。

1：ア，イ
2：ア，ウ
3：イ，ウ
4：イ，エ
5：ウ，エ

チェック欄		
1回目	2回目	3回目

実践 問題 211 の解説

〈自筆証書遺言〉

ア× 自筆証書遺言をするには，遺言者が，遺言書の全文・日付・氏名を自書し，押印することを要する（968条1項）。自書（遺言者が自分で書くこと）が要件とされるのは，筆跡によって本人が書いたものであることを判定でき，それ自体で遺言が遺言者の真意に出たものであることを保障することができるからである（最判昭62.10.8）。したがって，パソコンで作成した遺言書は，自書の要件を欠くものとして無効である（960条）。なお，自筆証書にこれと一体のものとして相続財産の全部または一部の目録を添付する場合には，その目録については自書することを要しない（968条2項前段）。したがって，相続財産の目録については，パソコンで作成することもできる。

イ× 968条1項が自筆証書遺言の方式として自書のほか押印を要するとした趣旨は，遺言の全文等の自書とあいまって遺言者の同一性および真意を確保するとともに，重要な文書については作成者が署名したうえその名下に押印することによって文書の作成を完結させるというわが国の慣行ないし法意識に照らして文書の完成を担保することにある（最判平元.2.16）。このような押印の趣旨によれば，遺言書自体に押印すべきであるが，判例は，遺言書本文の自署名下には押印がなかったが，これを入れた封筒の封じ目に押印があれば，押印の要件に欠けるところはないとしている（最判平6.6.24）。

ウ○ 日付は，遺言書作成時の遺言能力（961条・963条）の有無や，内容の抵触する複数の遺言の先後を確定する（前の遺言は撤回されたものとみなされる。1023条）ために要求される。したがって，本記述のように，年月の後に「吉日」と記載されている場合には，暦上の日を特定できないので，そのような自筆証書遺言は日付の記載を欠くものとして無効である（最判昭54.5.31）。

エ○ 判例は，遺言者が遺言の全文・日付・氏名をカーボン紙を用いて複写の方法で記載した自筆証書遺言について，968条1項の自書の要件（記述アの解説参照）に欠けるところはないとしている（最判平5.10.19）。

以上より，妥当なものはウ，エであり，肢5が正解となる。

正答 5

第2章 SECTION 3 相続法

遺言・遺留分

実践 問題 212 応用レベル

頻出度			
	地上★	国家一般職★	特別区★★
	裁判所職員★	国税·財務·労基★★	国家総合職★

問 遺留分に関するア～エの記述のうち，妥当なもののみを挙げているのはどれか。 (国税・財務・労基2023)

ア：遺留分権利者となり得るのは，兄弟姉妹を除く法定相続人であるが，子の代襲相続人には遺留分はない。

イ：相続開始前に相続を放棄することができないのと同様に，遺留分は相続開始前に放棄することができない。

ウ：相続人が，被相続人の配偶者Aと，被相続人とAとの間に生まれた子B・Cであった場合，Aは，遺留分として，遺留分を算定するための財産の価額の４分の１の額を受ける。

エ：相続人が，被相続人の父Dのみであった場合，Dは，遺留分として，遺留分を算定するための財産の価額の３分の１の額を受ける。

1：ア，イ
2：ア，ウ
3：ア，エ
4：イ，ウ
5：ウ，エ

実践 問題 212 の解説

チェック欄		
1回目	2回目	3回目

〈遺留分〉

ア× 遺留分権利者となりうるのは，**兄弟姉妹以外の相続人**，すなわち，配偶者，子，直系尊属である（1042条１項）。また，同条２項が代襲相続人の相続分に関する901条を引用していることから，**子の代襲相続人**（887条２項・３項）**にも遺留分がある**。

イ× 相続放棄と異なり，遺留分は，**家庭裁判所の許可**を得れば，**相続開始前でも放棄することができる**（1049条１項）。

ウ○ 相続人が，被相続人の配偶者Ａと，被相続人とＡとの間に生まれた子Ｂ・Ｃであった場合，相続人全体の遺留分の割合（**総体的遺留分**）は，「遺留分を算定するための財産の価額」（1043条１項）の**２分の１**である（1042条１項２号）。相続人が複数いる場合には，**総体的遺留分**に各自の**法定相続分**（900条・901条）**を乗じた**割合が，各遺留分権利者の遺留分（**個別的遺留分**）となる（1042条２項）。Ａの法定相続分は２分の１，Ｂ・Ｃの法定相続分は各４分の１であるから（900条１号・４号本文），Ａの個別的遺留分は，（１／２×１／２＝）４分の１となる。

エ○ 相続人が，被相続人の父（**直系尊属**）Ｄのみであった場合，**総体的遺留分**は，「遺留分を算定するための財産の価額」の**３分の１**である（1042条１項１号）。相続人がＤのみであるから，Ｄの個別的遺留分も３分の１となる。

以上より，妥当なものはウ，エであり，肢５が正解となる。

正答 5

第2章 4 SECTION

相続法
相続総合

必修問題 セクションテーマを代表する問題に挑戦！

相続は，条文が重要です。判例については問題に出てきたものは押さえましょう。

問 相続に関する次の記述のうち，最も妥当なのはどれか。

（国税・労基2010）

1：相続開始時点において胎児であった者は，相続開始時点で出生していない以上，生きて生まれた場合であっても相続人とはなり得ない。

2：相続人が配偶者１名と直系尊属１名のみである場合には，当該配偶者と直系尊属の法定相続分は，各２分の１となる。

3：相続においては，原則として被相続人の財産に属した一切の権利義務がその対象となるが，被相続人の一身に専属した権利は相続の対象とはならないから，例えば，被相続人が無権代理行為を行ったことにより負担した無権代理人の責任としての損害賠償義務は相続の対象とはならない。

4：相続は死亡によって開始されるから，船舶の沈没事故により事故後数年にわたって生死不明となっている者がいる場合であっても，現に死亡が確認されるまでの間は当該者について相続が開始することはない。

5：相続人は，単純承認をしたときは，無限に被相続人の権利義務を承継する。また，相続人は，相続によって得た財産の限度においてのみ被相続人の債務及び遺贈を弁済することを留保して，相続の承認をすることもできる。

直前復習

Guidance ガイダンス

単純承認…相続人は無限に被相続人の権利義務を承継する（920条）

限定承認…相続人は相続財産の限度で責任を負う（922条）

相続放棄…相続人が相続を放棄すれば，当該相続人は初めから相続人とならなかったものとみなされるので，被相続人の権利義務を承継しない（939条）

チェック欄

1回目	2回目	3回目

必修問題の解説

〈相続総合〉

1 × 相続開始の時に懐胎されており，やがて生まれてくることが予想される胎児を，権利能力なしとして（3条1項参照），出生前の被相続人の死亡という偶然で相続から除外することは妥当でない。そこで，相続については，死産の場合を除き，胎児はすでに生まれたものとみなされる（886条）。

2 × 夫婦の財産は夫婦の協働によって形成されるものであり，一方配偶者の死亡によって生活苦に陥ることのないようにすべく，配偶者は常に相続人となる（890条）。直系尊属は，被相続人に子またはその代襲相続人（887条）がいない場合に相続人となる（889条1項1号）。配偶者と直系尊属が相続人であるときは，配偶者の法定相続分は3分の2，直系尊属の法定相続分は3分の1である（900条2号）。

3 × 相続が開始すると，被相続人の財産に属した一切の権利義務が相続人に承継される（896条本文）が，被相続人の一身に専属したもの（帰属上の一身専属権）は相続人に承継されない（同条但書）。しかし，本人が無権代理人を相続した場合について，判例は，無権代理人を相続した本人は，117条の責任の相続を免れることはできないとしている（最判昭48.7.3）。したがって，被相続人が無権代理行為を行ったことにより負担した無権代理人の責任としての損害賠償義務も相続の対象となる。

4 × 相続は死亡によって開始する（882条）が，失踪宣告を受けた者も死亡したとみなされる（31条）ので，やはり相続が開始する。本肢のように，沈没した船舶の在船者の生死が事故後数年にわたって（1年以上）不明の場合において，家庭裁判所が利害関係人の請求に基づいて失踪宣告を行うと（30条2項），当該在船者は事故終了時に死亡したものとみなされる（31条）。

5 ○ 相続人が「単純承認」をしたときは，無限に被相続人の権利義務を承継する（920条）。もっとも，相続人は，相続によって得た財産の限度においてのみ被相続人の債務および遺贈を弁済すべきことを留保して，相続の承認をすることもできる（限定承認。922条）。

正答 5

実践 問題 213 基本レベル

頻出度			
	地上★	国家一般職★★	特別区★
	裁判所職員★	国税·財務·労基★★	国家総合職★★

問 民法に規定する相続に関する記述として，妥当なのはどれか。（特別区2011）

1：相続は死亡によって開始するが，失踪宣告は医学上の死亡判定ができないので，相続開始の原因にならない。

2：相続は相続人の住所において開始するとされ，相続をめぐる紛争が生じた場合は，相続人の住所を基準に裁判管轄が定められる。

3：相続財産の管理に必要な費用は，相続人の過失に基づく費用も含めて相続人全体の負担となり，その相続財産の中から支弁しなければならない。

4：被相続人Ａの子Ｂが相続を放棄した場合には，Ｂの子Ｃには代襲相続が認められる。

5：被相続人Ａの子Ｂが相続開始以前に死亡した場合には，Ｂの妻Ｃには代襲相続は認められない。

チェック欄		
1回目	2回目	3回目

実践 問題 213 の解説

〈相続総合〉

1 × 相続は，死亡によって開始する（882条）。もっとも，失踪宣告も，宣告を受けた者を死亡したとみなすから（31条），やはり相続が開始する。

2 × 相続は，「被相続人の住所」において開始する（883条）。このため，相続事件の裁判管轄も，被相続人の住所が基準となる（民事訴訟法5条14号・15号）。

3 × 相続財産に関する費用（相続財産の保存・管理に必要な費用など）は，相続財産の中から支弁する（885条本文）。ただし，相続人の過失で必要になった費用（相続人が相続財産を損傷したために支出した修繕費用など）は，その相続人の固有財産から支弁しなければならない（同条但書）。

4 × 代襲原因（代襲相続の原因）は，①相続開始以前の死亡，②相続欠格（891条），③相続人の廃除（892条・893条）に限られ（887条2項），相続放棄は含まれない。したがって，被相続人Aの子Bが相続を放棄すると，Bの子（Aの孫）Cは代襲相続できない。

5 ○ 代襲相続人となるのは，被代襲者の子，すなわち，被相続人の子の子（孫）または被相続人の兄弟姉妹の子（おい・めい）であって（887条2項・889条2項。なお，887条3項参照），被代襲者の配偶者は含まれない。したがって，被相続人Aの子Bが相続開始以前に死亡した場合でも，Bの妻Cには代襲相続は認められない。

正答 5

相続総合

実践 問題 214 基本レベル

頻出度	地上★	国家一般職★★	特別区★
	裁判所職員★	国税･財務･労基★★	国家総合職★★

問 **AはBの不法行為により即死した。Aの死亡時にAには妻Cがおり，CはAとの間の子Dを懐胎していた。なお，AとCとの間には成人した子Eがおり，他にAの相続人となり得る者はいないものとする。**
以上の事例に関する次の記述のうち，妥当なのはどれか。ただし，争いのあるものは判例の見解による。 **（国税・財務・労基2017）**

1：Aは，何ら精神的苦痛を感じることなく死亡しており，Aに生命侵害を理由とする慰謝料請求権が発生することはない。

2：Dは，胎児であっても，Aの死亡と同時に固有の損害賠償請求権を取得するから，Dが分べん時に死亡していた場合，Cは，自己の固有の損害賠償請求権を有するとともに，Dの有していた損害賠償請求権を相続する。

3：遺産分割前における相続財産の共有は，民法が第249条以下に規定する「共有」とその性質を異にするものではないから，Cは，遺産分割前であっても，相続した共有持分を共同相続人以外の第三者に譲渡することができる。

4：遺産分割協議の結果，A所有の甲不動産をCが全部取得した場合，Cは，甲不動産の所有権を，登記なくして，遺産分割後に甲不動産につき権利を取得した第三者に対抗することができる。

5：A所有の乙不動産が第三者に賃貸されている場合，Aの死亡後に発生する乙不動産の賃料債権もAの遺産に含まれ，常に遺産分割協議の対象となる。

チェック欄		
1回目	2回目	3回目

実践 問題 214 の解説

〈相続等〉

1 × Bの不法行為によりAが即死した場合，即死した被害者に損害賠償請求権が発生するか（さらにそれが相続されるか）が問題となる。判例は，財産的損害の賠償請求権について，即死の場合でも，傷害と死亡との間に観念上時間の間隔があるから，被害者には受傷の瞬間に賠償請求権が発生し，これが被害者の死亡によって相続人に承継されるとする（大判大15.2.16）。また，慰謝料請求権についても，被害者は損害の発生と同時に慰謝料請求権を取得し，請求権を放棄したと解される特段の事情がない限り，請求の意思表明がなくても，被害者が死亡すれば，慰謝料請求権は当然に相続されるとする（最大判昭42.11.1）。したがって，即死したAにも慰謝料請求権は発生する。

2 × 不法行為により被害者が死亡した場合，被害者の父母・配偶者・子には固有の慰謝料請求権が認められるので（711条），Aの妻Cは固有の慰謝料請求権を有する。また，胎児Dは，権利能力を有しないが（3条1項），不法行為による損害賠償請求権については，「既に生まれたものとみな」される（721条）。しかし，これは，胎児の段階で権利能力を認める趣旨ではなく，生きて生まれた場合に，不法行為時に遡って権利能力が発生する趣旨（停止条件説）と解されているので（大判昭7.10.6），分娩時に死亡していたDは固有の損害賠償請求権を取得せず，Cがそれを相続することもない。

3 ○ 相続人が数人あるときは，相続財産は，その「共有」に属する（898条1項）。この相続財産の「共有」について，判例は，249条以下に規定する「共有」とその性質を異にするものではないとしている（最判昭30.5.31）。したがって，共同相続人Cは，遺産分割前であっても，相続した共有持分を第三者に譲渡することができる（最判昭38.2.22，最判昭50.11.7参照）。

4 × 遺産分割は，相続開始時に遡ってその効力を生ずるが（909条本文），第三者に対する関係では，相続人が相続によりいったん取得した権利につき分割時に新たな変更を生ずるのと実質上異ならない。そこで，判例は，不動産に対する相続人の共有持分の遺産分割による得喪変更については177条の適用があり，分割により相続分と異なる権利を取得した相続人Cは，その旨の登記を経なければ，分割後に当該不動産につき権利を取得した第三者に対し，自己の権利の取得を対抗できないとしている（最判昭46.1.26。なお，899条の2第1項参照）。

5 × 相続開始から遺産分割までの間に遺産である賃貸不動産（乙不動産）から生じた賃料債権について，判例は，遺産とは別個の財産というべきであって，各共同相続人がその相続分に応じて分割単独債権として確定的に取得し，後にされた遺産分割の影響を受けないとしている（最判平17.9.8）。

正答 3

相続総合

実践 問題 215 基本レベル

頻出度 地上★ 国家一般職★★ 特別区★ 裁判所職員★ 国税·財務·労基★★ 国家総合職★★

問 相続に関するア～エの記述のうち，妥当なもののみを全て挙げているのはどれか。 (国税・財務・労基2021)

ア：遺言が一旦有効に成立したとしても，遺言者は，いつでも遺言の方式に従って，その遺言の全部又は一部を自由に撤回することができる。

イ：遺言の解釈に当たっては，遺言書の文言を形式的に判断するだけでなく，遺言者の真意を探究すべきものであり，遺言書の特定の条項を解釈するに当たっても，当該条項と遺言書の全記載との関連，遺言書作成当時の事情及び遺言者の置かれていた状況等を考慮して当該条項の趣旨を確定すべきであるとするのが判例である。

ウ：配偶者居住権は，相続開始時に被相続人の財産に属した建物に居住していた被相続人の配偶者が，相続後も当該建物を無償で使用及び収益をすることができる権利であり，当該権利は第三者に譲渡することもできる。

エ：共同相続人間において遺産分割協議が成立した場合に，相続人の一人が他の相続人に対して当該遺産分割協議において負担した債務を履行しないときは，他の相続人は，債務不履行解除の一般規定である民法第541条により，当該遺産分割協議を解除することができるとするのが判例である。

1：ア，イ
2：ア，エ
3：イ，ウ
4：イ，エ
5：ウ，エ

直前復習

チェック欄

1回目	2回目	3回目

実践 問題 215 の解説

〈相続総合〉

ア○ 遺言は遺言者の最終意思を尊重する制度であるから，遺言者は，いつでも，遺言の方式に従って，その遺言の全部または一部を自由に撤回することができる（1022条）。

イ○ 判例は，「遺言の解釈にあたっては，遺言書の文言を形式的に解釈するだけではなく，遺言者の真意を探求すべきものであり，遺言書が多数の条項からなる場合にそのうちの特定の条項を解釈するにあたっても，単に遺言書の中から当該条項のみを他から切り離して抽出しその文言を形式的に解釈するだけでは十分ではなく，遺言書の全記載との関連，遺言書作成当時の事情及び遺言者の置かれていた状況などを考慮して遺言者の真意を探求し当該条項の趣旨を確定すべきものである」としている（最判昭58.3.18）。

ウ× 配偶者居住権は，相続開始時に被相続人の財産に属した建物に居住していた被相続人の配偶者が，相続開始後も当該建物を無償で使用および収益をすることができる権利である（1028条１項本文）。配偶者居住権は，配偶者の居住環境の保護を目的として，配偶者のみに認められる帰属上の一身専属権であるため，譲渡することができない（1032条２項）。賃借権は，賃貸人の承諾を得れば譲渡することができる（612条１項）のとは異なる。

エ× 判例は，共同相続人の１人が他の相続人に対して遺産分割協議によって負担した債務を履行しないときであっても，他の相続人はそれを理由として541条により遺産分割協議を解除することができないとしている（最判平元.2.9）。なぜなら，①遺産分割はその性質上協議の成立とともに終了し，その後は協議において債務を負担した相続人と債権を取得した相続人間の債権債務関係が残るだけであるし，②債務不履行による解除を認めると，相続人に遡及的に帰属した遺産（909条本文）の再分割を余儀なくされ，法的安定性が著しく害されるからである。

以上より，妥当なものはア，イであり，肢１が正解となる。

正答 1

実践 問題 216 応用レベル

頻出度 地上★ 国家一般職★★ 特別区★ 裁判所職員★ 国税·財務·労基★★ 国家総合職★★

問 相続に関するア～エの記述のうち，妥当なもののみを全て挙げているのはどれか。
(国税・財務・労基2014改題)

ア：子のいないAの死亡前に，相続人となるべき兄Bが死亡し，Bの唯一の子であるCも死亡している場合，Cの子であるDがAを相続する。

イ：Aが死亡し，その妻B及び子C・Dが相続人である場合に，Cが相続の放棄をしたときは，B及びDとも相続分が増加する。

ウ：いったん遺言をした後であっても，遺言者は遺言の全部又は一部を自由に撤回することができる。ただし，遺言の撤回権をあらかじめ放棄している場合には，撤回は裁判所に届け出ない限り効力を生じない。

エ：相続の放棄をした子は，初めから相続人とならなかったとみなされるため，遺留分侵害額請求をすることができない。

1：ア
2：ウ
3：エ
4：ア，イ
5：イ，エ

実践 問題 216 の解説

チェック欄		
1回目	2回目	3回目

〈相続総合〉

ア× 兄弟姉妹は第３順位の血族相続人であり，被相続人に子や直系尊属がいない場合に相続人となる（889条１項２号）。また，兄弟姉妹の子（甥・姪）には代襲相続が認められている（同条２項・887条２項）。もっとも，889条２項は，再代襲相続を規定する887条３項を準用していないので，兄弟姉妹の孫以下への再代襲相続は認められない。したがって，子のいないＡの死亡前に，相続人となるべき兄Ｂが死亡している場合，Ｂの唯一の子であるＣはＡを（代襲）相続することができるが，そのＣも死亡している場合には，Ｃの子であるＤはＡを（再代襲）相続することができない。

イ× Ａが死亡した時点では，Ａの相続人は妻Ｂと子Ｃ・Ｄであるが（890条・887条１項），相続の放棄をしたＣは，初めから相続人とならなかったものとみなされるので（939条），結局，Ａの相続人はＢとＤとなる。そして，子と配偶者が相続人であるときは，子の相続分と配偶者の相続分は各２分の１であり（900条１号），子が複数いるときの各自の相続分は均等であるから（同条４号本文），本記述における各自の相続分は，①Ｃの相続放棄前は，Ｂが２分の１，Ｃ・Ｄが各４分の１であるが，②Ｃの相続放棄後は，ＢとＤが各２分の１となる。したがって，Ｄの相続分は増加するが，Ｂの相続分は増加しない。

ウ× 遺言は遺言者本人の最終意思を尊重する制度であるから，遺言の撤回は自由であり，遺言者は，いつでも，遺言の方式に従って，その遺言の全部または一部を撤回できる（1022条）。さらに，この自由を確保するために，遺言者は，遺言の撤回権を放棄できない（1026条）。

エ○ 遺留分権利者は，兄弟姉妹以外の法定相続人（配偶者・子・直系尊属）である（1042条１項）。ただし，遺留分は相続人に与えられる権利だから，相続放棄（939条）により相続権を失った子は，遺留分権利者ではなく，遺留分侵害額請求（1046条１項）をすることもできない。

以上より，妥当なものはエであり，肢３が正解となる。

正答 3

第2章 SECTION 4 相続法
相続総合

実践 問題 217 応用レベル

頻出度	地上★ 国家一般職★★ 特別区★ 裁判所職員★ 国税·財務·労基★★ 国家総合職★★

問 相続に関するア～オの記述のうち，妥当なもののみを全て挙げているのはどれか。ただし，争いのあるものは判例の見解による。（国家一般職2016改題）

ア：被相続人の子が，相続の開始以前に死亡した場合，又は相続を放棄した場合には，被相続人の子の配偶者及び被相続人の子の子は，被相続人の子を代襲して相続人となることができる。

イ：相続人が相続に関する被相続人の遺言書を破棄又は隠匿した場合において，相続人の当該行為が相続に関して不当な利益を目的とするものでなかったとしても，当該相続人は，民法第891条第5号所定の相続欠格者に当たる。

ウ：相続人は，自己のために相続の開始があったことを知った時から3か月以内であれば，一度した相続の承認及び放棄を撤回することができる。

エ：相続人は，遺産の分割までの間は，相続開始時に存した金銭を相続財産として保管している他の相続人に対し，自己の相続分に相当する金銭の支払を請求することはできない。

オ：共同相続人間において遺産分割協議が成立した場合に，相続人の一人が他の相続人に対して当該遺産分割協議において負担した債務を履行しないときであっても，他の相続人は民法第541条によって当該遺産分割協議を解除することができない。

1：ア，ウ　**2**：ア，オ　**3**：イ，ウ　**4**：イ，エ　**5**：エ，オ

（参考）民法

（催告による解除）

第541条　当事者の一方がその債務を履行しない場合において，相手方が相当の期間を定めてその履行の催告をし，その期間内に履行がないときは，相手方は，契約の解除をすることができる。（以下略）

（相続人の欠格事由）

第891条　次に掲げる者は，相続人となることができない。

（第1号～第4号略）

五　相続に関する被相続人の遺言書を偽造し，変造し，破棄し，又は隠匿した者

実践 問題 217 の解説

〈相続総合〉

ア× 代襲相続が開始するのは，①相続開始以前に被代襲者が死亡した場合，②被代襲者が相続欠格事由に該当する場合（891条），③被代襲者が廃除された場合である（892条・893条）。これに対して，相続放棄は，初めから相続人とならなかったものとみなされる（939条）から，代襲相続の原因とならない。また，被代襲者が被相続人の子である場合，被相続人の子の子は代襲者になるが（887条２項），被相続人の子の配偶者は，代襲者として規定されておらず，代襲相続できない。

イ× 判例は，相続人が相続に関する被相続人の遺言書を破棄または隠匿した場合でも，相続に関して不当な利益を目的とするものでなかったときは，当該相続人は891条５号所定の相続欠格者にあたらないとした（最判平9.1.28）。なぜなら，同号の趣旨は，相続に関し著しく不当な干渉行為をした相続人に対して相続人となる資格を失わせるという民事上の制裁を課すことにあるが，上記の不当な利益を得る目的を有しない相続人の破棄・隠匿行為は著しく不当とまでいえないからである。

ウ× 相続人は相続財産を調査して，相続の単純承認・限定承認または放棄のいずれを選択するかを考慮するため，自己のために相続の開始があったことを知った時から３カ月の熟慮期間が与えられている（915条１項本文）。もっとも，一度相続の承認または放棄をした場合には，それによって生じた効果を確定的にしなければ，他の相続人や第三者の地位が不安定になるので，熟慮期間中であってもこれを撤回することができない（919条１項）。

エ○ 金銭債権のような可分債権は法律上当然に分割され，各共同相続人が相続分に応じてこれを承継する（最判昭29.4.8）。これに対して，遺産中の金銭は，他の動産・不動産と同じく相続人全員の共有に属するので（898条１項），相続人は，遺産分割までの間は，相続開始時に存した金銭を相続財産として保管している他の相続人に対して，自己の相続分に相当する金銭の支払いを求めることはできない（最判平4.4.10）。

オ○ 本記述と同様の事案で，判例は，遺産分割協議自体は協議の成立により終了していること，かかる解除を認めると909条本文により遡及効を有する遺産の再分割を余儀なくされ法定安定性が害されることを理由に，541条に基づいて当該遺産分割協議の解除はできないとした（最判平元.2.9）。

以上より，妥当なものはエ，オであり，肢５が正解となる。

正答 5

S第2章 ECTION ④ 相続法
相続総合

実践 問題 218 応用レベル

頻出度			
	地上★	国家一般職★★	特別区★
	裁判所職員★	国税·財務·労基★★	国家総合職★★

問 平成30年の民法改正で新設された特別の寄与の制度に関する次の記述のうち，妥当なのはどれか。 （国家総合職2022）

1：共同相続人の中に被相続人の財産の維持・増加に特別の寄与をした者がいた場合にその寄与を相続の際に考慮する寄与分という制度があるが，特別の寄与の制度は，寄与分の特殊な類型である。したがって，特別の寄与の手続は，寄与分の場合と同様に，遺産分割手続の中で行われ，遺産分割における具体的相続分の確定の際の考慮事由となる。

2：特別寄与者になり得る者は，被相続人の親族である。相続人に加えて，相続人ではない者であっても被相続人の親族であれば，特別寄与者になり得る。

3：特別寄与者に対するその寄与に応じた額の金銭の支払について，当事者間で協議が調わない場合には，特別寄与者は，家庭裁判所に対して協議に代わる処分を請求することができる。また，当該金銭の額は，被相続人が相続開始の時において有した財産の価額から遺贈の価額を控除した残額を超えることができない。

4：特別の寄与とは，被相続人に対して療養看護その他の労務の提供をしたことによって，被相続人の財産の維持・増加について特別の寄与をしたことを意味し，その労務の提供が有償であるか無償であるかは問わない。

5：相続人の欠格事由に該当し又は廃除により相続権を失った者であっても，特別の寄与をした場合には，特別寄与者にはなり得る。

チェック欄		
1回目	2回目	3回目

実践 問題 218 の解説

〈特別の寄与〉

1 × 寄与分の制度は，共同相続人の中に，「被相続人の財産の維持又は増加」について「特別の寄与」をした者がいる場合に，その寄与を相続の際に考慮する制度である（904条の2）。寄与分のような微妙な判断は，遺産分割の中で柔軟に考慮するのが適当なので，寄与分を定める審判の申立て（同条2項）は，遺産分割手続の中で行われることが要求されている（同条4項）。これに対して，特別の寄与の制度は，相続人以外の被相続人の親族（肢2・5の解説参照）が，被相続人の財産の維持・増加に特別の寄与（肢4の解説参照）をした場合に，金銭支払請求権（肢3の解説参照）を与える制度である（1050条）。もっとも，特別の寄与の手続が遺産分割手続の中で行われると，相続を巡る紛争が複雑化，長期化するおそれがある。そこで，民法は，特別の寄与をした者を遺産分割の当事者とすることはせずに，遺産分割の手続外で相続人に対する金銭支払請求を認めることにしている。

2 × 特別寄与者になりうる者は，被相続人の親族であって，相続人ではない者に限られる（1050条1項）。相続人については，相続分の算定において寄与分が考慮されるから（肢1の解説参照），特別寄与者からは除外される。

3 ○ 特別寄与者は，相続の開始後，相続人に対し，その寄与に応じた額の金銭（特別寄与料）の支払いを請求することができる（1050条1項）。特別寄与料の額は，当事者間の協議で定めるが，協議が調わないとき，または協議をすることができないときは，特別寄与者は，家庭裁判所に対して協議に代わる処分を請求することができる（同条2項本文）。また，家庭裁判所は，寄与の時期，方法および程度，相続財産の額その他一切の事情を考慮して，特別寄与料の額を定めるが（同条3項），特別寄与料の額は，被相続人が相続開始の時において有した財産の価額から遺贈の価額を控除した残額を超えることができない（同条4項）。これは，特別寄与料の支払請求権はあくまでも公平の見地から法律上認められたものであり，当然に請求することができる性質のものではないことから，その総額については，相続人が相続財産から現に受ける利益の価額を上限にすることにしたものである。

4 × 特別の寄与とは，被相続人に対して「無償で」療養看護その他の労務の提供をしたことにより被相続人の財産の維持または増加について特別の寄与をしたことを意味する（1050条1項）。対価を得ていた場合には，特別の寄与として考慮する必要がないと考えられたためである。

5 × 相続人の欠格事由（891条）に該当し，または廃除（892条）により相続権を失った者は，特別寄与者から除外される（1050条1項かっこ書）。相続権を認めることが妥当でないとされる場合に，相続財産の一部を（特別寄与料として）与えることも適切でないと考えられるためである。

正答 3

第2章

相続法

章末CHECK

? Question

Q1 胎児は権利能力を有しないから，相続人になることはない。

Q2 子が相続人のとき，直系尊属は相続人とはならない。

Q3 特別縁故者とは，兄弟姉妹よりも相続の順位が低い相続人である。

Q4 被相続人の子が相続の開始以前に死亡した場合，その者の妻に代襲相続が認められる。

Q5 被相続人の曾孫が被相続人の相続財産を相続することはありうる。

Q6 相続人が，相続欠格事由に該当した場合，家庭裁判所の審判によって相続権を剥奪される。

Q7 被相続人は，遺言で遺産分割を禁止することはできない。

Q8 遺産分割は，分割の時から効力を生じる。

Q9 相続の承認・放棄は，民法に規定された期間内であれば，自由に撤回することができる。

Q10 相続の単純承認は，家庭裁判所への申述によってなされる必要がある。

Q11 相続放棄は公証人役場に届け出ることによってなされる。

Q12 相続放棄による所有権取得は登記なくして第三者に対抗できる。

Q13 相続放棄は詐害行為取消権の対象となる。

Q14 未成年者および成年被後見人のなした遺言は，当然に無効となる。

Q15 被保佐人は，遺言を有効にすることができない。

Q16 人の最終意思を尊重するため，遺言は自由な方式によって作成することができる。

Q17 特別方式遺言の一種として，伝染病隔離者遺言がある。

Q18 特定遺贈の受遺者は，相続人と同一の権利義務を有するが，遺贈を放棄することができない。

Q19 遺留分は，相続人とならなかった者の生活を保護するものである。

Q20 遺留分権利者として認められるのは直系尊属以外の法定相続人である。

Q21 遺留分侵害額請求権は，裁判上で行使しなければならない。

Q22 遺留分は，家庭裁判所の許可を受けた場合にのみ事前に放棄できる。

Answer

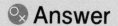

A1	×	胎児は相続に関してはすでに生まれたものとみなされる（886条1項）。胎児の保護のためである。
A2	○	相続に関して，子は直系尊属よりも先順位である（889条1項1号）。
A3	×	特別縁故者は，被相続人と特別の縁故があった者であるが，相続人ではない者である（958条の2参照）。
A4	×	本問の場合，代襲相続人となるのは被相続人の子の子（孫）である（887条2項）。被相続人の子の配偶者には代襲相続権はない。
A5	○	再代襲相続という制度がある（887条3項）。
A6	×	欠格事由に該当すると当然に相続権を失う（891条）。
A7	×	5年を超えない期間内ならば遺産分割を禁止できる（908条1項）。
A8	×	遺産分割の効力は，相続開始時に遡って生じる（909条本文）。
A9	×	相続の承認・放棄は撤回することができない（919条1項）。
A10	×	家庭裁判所への申述が必要なのは限定承認の場合である（924条）。
A11	×	相続放棄は家庭裁判所に申述することによって行う（938条）。
A12	○	判例は本問のように解している（最判昭42.1.20）。
A13	×	相続放棄は詐害行為取消権の対象にならない（最判昭49.9.20）。
A14	×	未成年者でも15歳以上であれば単独で遺言をすることが可能であるし（961条），成年被後見人も一定の場合に遺言能力が認められる（973条1項）。
A15	×	被保佐人は単独で遺言をすることが可能である（962条）。
A16	×	遺言の方式は民法上厳格に定められている（967条以下）。
A17	○	他に死亡危急者遺言，船舶遭難者遺言，在船者遺言がある。
A18	×	相続人と同一の権利義務を有するのは包括受遺者である（990条）。また，特定遺贈は，遺言者の死亡後，いつでも放棄できる（986条1項）。
A19	×	遺留分は，被相続人の自由な財産処分を制限して，「相続人」の保護を目的とするものである。
A20	×	遺留分権利者として認められるのは兄弟姉妹以外の法定相続人である（1042条1項）。
A21	×	遺留分侵害額請求権は，裁判上の請求による必要はなく，受遺者に対する意思表示によって行うことができる（最判昭41.7.14）。
A22	○	遺留分放棄の強要を防止するためである（1049条1項）。

INDEX

INDEX

INDEX

2024-2025年合格目標
公務員試験 本気で合格！ 過去問解きまくり！
⑪民法Ⅱ

2019年12月25日　第１版　第１刷発行
2023年12月15日　第５版　第１刷発行
編著者●株式会社　東京リーガルマインド
LEC総合研究所　公務員試験部

発行所●株式会社　東京リーガルマインド
〒164-0001　東京都中野区中野4-11-10
アーバンネット中野ビル
LECコールセンター　0570-064-464
受付時間　平日9：30～20：00/土・祝10：00～19：00/日10：00～18：00
※このナビダイヤルは通話料お客様ご負担となります。
書店様専用受注センター　TEL 048-999-7581 / FAX 048-999-7591
受付時間　平日9：00～17：00/土・日・祝休み
www.lec-jp.com/

カバーイラスト●ざしきわらし
印刷・製本●情報印刷株式会社

 ISBN978-4-8449-0776-3

スマートフォン・タブレットから簡単アクセス！ ▷▷▷

自慢の メールマガジン 配信中！（登録無料）

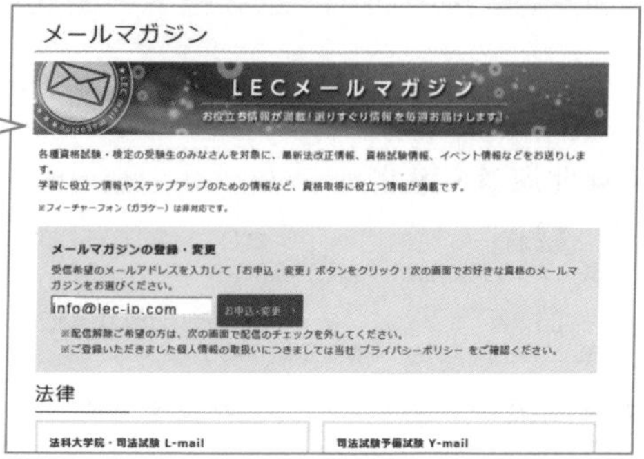

LEC講師陣が毎週配信！　最新情報やワンポイントアドバイス，改正ポイントなど合格に必要な知識をメールにて毎週配信。

www.lec-jp.com/mailmaga/

LEC E学習センター

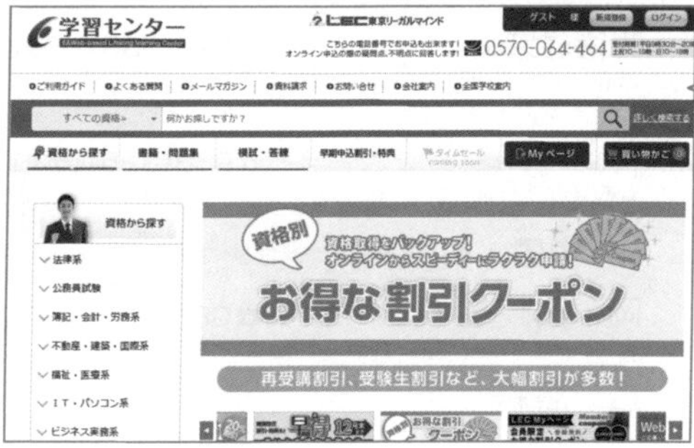

新しい学習メディアの導入や，Ｗｅｂ学習の新機軸を発信し続けています。また，ＬＥＣで販売している講座・書籍などのご注文も，いつでも可能です。

online.lec-jp.com/

LEC 電子書籍シリーズ

LECの書籍が電子書籍に！　お使いのスマートフォンやタブレットで，いつでもどこでも学習できます。

※動作環境・機能につきましては，各電子書籍ストアにてご確認ください。

www.lec-jp.com/ebook/

LEC書籍・問題集・レジュメの紹介サイト **LEC書籍部** **www.lec-jp.com/system/book/**

- LECが出版している書籍・問題集・レジュメをご紹介
- 当サイトから書籍などの直接購入が可能（＊）
- 書籍の内容を確認できる「チラ読み」サービス
- 発行後に判明した誤字等の訂正情報を公開

＊商品をご購入いただく際は，事前に会員登録（無料）が必要です。
＊購入金額の合計・発送する地域によって，別途送料がかかる場合がございます。

※資格試験によっては実施していないサービスがありますので，ご了承ください。

LEC提携校

＊提携校はLECとは別の経営母体が運営をしております。
＊提携校は実施講座およびサービスにおいてLECと異なる部分がございます。

北海道・東北

八戸中央校【提携校】 ☎0178(47)5011
〒031-0035　青森県八戸市寺横町13　第1朋友ビル　新教育センター内

弘前校【提携校】 ☎0172(55)8831
〒036-8093　青森県弘前市城東中央1-5-2
まなびの森　弘前城東予備校内

秋田校【提携校】 ☎018(863)9341
〒010-0964　秋田県秋田市八橋鯲沼町1-60
株式会社アキタシステムマネジメント内

関東

水戸校【提携校】 ☎029(297)6611
〒310-0912　茨城県水戸市見川2-3092-3

所沢校【提携校】 ☎050(6865)6996
〒359-0037　埼玉県所沢市くすのき台3-18-4　所沢K・Sビル
合同会社LPエデュケーション内

東京駅八重洲口校【提携校】 ☎03(3527)9304
〒103-0027　東京都中央区日本橋3-7-7　日本橋アーバンビル
グランデスク内

日本橋校【提携校】 ☎03(6661)1188
〒103-0025　東京都中央区日本橋茅場町2-5-6　日本橋大江戸ビル
株式会社大江戸コンサルタント内

東海

沼津校【提携校】 ☎055(928)4621
〒410-0048　静岡県沼津市新宿町3-15　萩原ビル
M-netパソコンスクール沼津校内

北陸

新潟校【提携校】 ☎025(240)7781
〒950-0901　新潟県新潟市中央区弁天3-2-20　弁天501ビル
株式会社大江戸コンサルタント内

金沢校【提携校】 ☎076(237)3925
〒920-8217　石川県金沢市近岡町845-1　株式会社アイ・アイ・ピー金沢内

福井南校【提携校】 ☎0776(35)8230
〒918-8114　福井県福井市羽水2-701　株式会社ヒューマン・デザイン内

関西

和歌山駅前校【提携校】 ☎073(402)2888
〒640-8342　和歌山県和歌山市友田町2-145
KEG教育センタービル　株式会社KEGキャリア・アカデミー内

中国・四国

松江殿町校【提携校】 ☎0852(31)1661
〒690-0887　島根県松江市殿町517　アルファステイツ殿町
山路イングリッシュスクール内

岩国駅前校【提携校】 ☎0827(23)7424
〒740-0018　山口県岩国市麻里布町1-3-3　岡村ビル　英光学院内

新居浜駅前校【提携校】 ☎0897(32)5356
〒792-0812　愛媛県新居浜市坂井町2-3-8　パルティフジ新居浜駅前店内

九州・沖縄

佐世保駅前校【提携校】 ☎0956(22)8623
〒857-0862　長崎県佐世保市白南風町5-15　智翔館内

日野校【提携校】 ☎0956(48)2239
〒858-0925　長崎県佐世保市椎木町336-1　智翔館日野校内

長崎駅前校【提携校】 ☎095(895)5917
〒850-0057 長崎県長崎市大黒町10-10　KoKoRoビル
minatoコワーキングスペース内

沖縄プラザハウス校【提携校】 ☎098(989)5909
〒904-0023　沖縄県沖縄市久保田3-1-11
プラザハウス　フェアモール　有限会社スキップヒューマンワーク内

※上記は2023年11月1日現在のものです。

書籍の訂正情報について

このたびは，弊社発行書籍をご購入いただき，誠にありがとうございます。
万が一誤りの箇所がございましたら，以下の方法にてご確認ください。

1 訂正情報の確認方法

書籍発行後に判明した訂正情報を順次掲載しております。
下記Webサイトよりご確認ください。

www.lec-jp.com/system/correct/

2 ご連絡方法

上記Webサイトに訂正情報の掲載がない場合は，下記Webサイトの入力フォームよりご連絡ください。

lec.jp/system/soudan/web.html

フォームのご入力にあたりましては，「Web教材・サービスのご利用について」の最下部の「ご質問内容」に下記事項をご記載ください。

- 対象書籍名（○○年版，第○版の記載がある書籍は併せてご記載ください）
- ご指摘箇所（具体的にページ数と内容の記載をお願いいたします）

ご連絡期限は，次の改訂版の発行日までとさせていただきます。
また，改訂版を発行しない書籍は，販売終了日までとさせていただきます。

※上記「2ご連絡方法」のフォームをご利用になれない場合は，①書籍名，②発行年月日，③ご指摘箇所，を記載の上，郵送にて下記送付先にご送付ください。確認した上で，内容理解の妨げとなる誤りについては，訂正情報として掲載させていただきます。なお，郵送でご連絡いただいた場合は個別に返信しておりません。

送付先：〒164-0001 東京都中野区中野4-11-10 アーバンネット中野ビル
株式会社東京リーガルマインド 出版部 訂正情報係

- 誤りの箇所のご連絡以外の書籍の内容に関する質問は受け付けておりません。
  また，書籍の内容に関する解説，受験指導等は一切行っておりませんので，あらかじめご了承ください。
- お電話でのお問合せは受け付けておりません。